KB060375

금융위기 극복을 위한
정부 및 기업의 조치와 국제통상법

이재민

박영사

이 저서는 2011년 정부(교육부)의 재원으로 한국연구재단의 지원을 받아 수행된 연구입니다. (NRF-2011-812-B00099)

머 리 말

    1997년, 2008년, 2010년 그리고 2014년 이후 현재까지 계속되고 있는 국제 금융위기로 인하여 여러 국가들은 심각한 어려움을 겪었다. 비단 개도국뿐 아니라 선진국들도 정도와 형태의 차이는 있을지언정 금융위기로부터 자유롭지 않았다. 이러한 금융위기를 극복하기 위하여 여러 국가들은 실로 광범위한 분야에서 다양한 조치를 취하였고 또 지금도 취하고 있다. 그런데 이러한 "금융위기 극복조치"들은 통상협정의 다양한 측면과 직·간접적으로 연관되고 있다. 금융위기를 극복하기 위하여 불가피하게 취하여진 조치나 심지어 국제공조체제의 일환으로 택하여진 정책이라 하더라도 WTO 및 FTA 협정 등 여러 통상협정에 저촉되거나 위반될 가능성을 내포하게 되었다. 또한 이러한 위반 문제는 때로는 실제 통상분쟁으로 비화되기도 하고 있다. 환율조정 문제와 관련하여 2016년 4월 현재 점증하고 있는 국가들간 분쟁이 대표적인 사례이다. 본질적으로 국제금융과 관련된 문제가 결국 통상협정의 기제를 통하여 발현되고 있다. 아마 통상협정이 강제적 분쟁해결절차와 효과적인 제재수단을 포함하고 있기 때문일 것이다. 그런데 정작 통상협정 자체에는 이러한 국제금융문제 내지 금융위기 관련 사항을 염두에 두고 있거나 이에 적용될 수 있는 규범을 포함하고 있는 조항은 대부분 찾아보기 힘든 실정이다. 이에 따라 국가간 갈등은 점차 심화되고 있는 양상을 노정하고 있다. 현재 통상협정이 금융위기 극복조치에 대하여 신뢰성 있는 규범을 제시하지 못하고 있다는 문제의식 하에 이 책은 저술되었다. 그리고 이러한 새로운 규범을 채택하기 위하여 필요한 가이드라인을 저자 나름대로 제시하고자 하였다.

    우리나라는 금융위기 극복과정에서 취해진 조치와 관련한 통상협정 위반 문제로 2001년 이래 지금까지 다양한 맥락의 국제분쟁해결절차에 참여하고 있는 국가 중 하나이다. 그리고 그 후속여파는 아직도 완전하게 극복되지 않은 실정이다. 따라서 이 문제에 대하여 우리나라는 특히 생생한 경험을 축적하고 있을 뿐 아니라 앞으로 발생할 이와 관련한 통상분쟁으로부터도 자유롭지 않은 상황이다. 나아가 OECD에 가입한 지난 20년간 우리나라는 국제금융체제의 변화에 가장 민감한 국가 중 하나가 되었다. 우리 금융체제가 개방되고 외국인 투자의 유출입이 자유로워진 반대급부로 볼 수 있을 것이다. 이에 따라 우리 스스로의 잘못이나 위기가 아닌 다른 국가의 잘못이나 위기로 인하여 우리 금융시장이 흔들리고 그 여파로 국내경제와 수출입에 곧바로 영향을 초래하는 상황을 우리는 항상 목도하고 있다. 그리고 이를 극복하기 위하여 정부에서는 다양한 대응조치를 취할 수밖에 없는 상황에 항상 처하고 있다. 그러므로 우리나라는 다양한 이유로 금융위기 극복조치를 취하여야 할 개연성이 높은 국가 중 하나이며 그 결과 이러한 조치가 통상협정에 대하여 어떠한 함의가 있는지에 대하여 항상 관심을 가져야 하는 국가 중 하나가 되었다. 이러한 맥락에서 이 책에서 제시하는 바는 우리에게도 중요한 시사점을 제시하고 있다.

이 책에서 제시하고 있는 현 통상협정의 한계와 이로 인하여 제기되는 새로운 과제는 단기간에 해결될 수 있는 성격의 문제는 아니다. 그러나 최소한 이에 관한 문제의식을 공유하고 금융위기 극복조치에 통상협정이 적용될 경우 발생하는 전체적인 문제점을 인식한다면 새로운 형태의 국제협의체제 내지 국제협정을 도입하는데 중요한 출발점을 제시할 수 있을 것이다. 또한 보다 현실적으로는 최소한 통상협정에 저촉되지 않는 방향으로 금융위기 극복조치를 도입하는데 중요한 도움을 제공할 수도 있을 것이다. 이러한 논의를 진행하는 데 이 책이 중요한 기여를 하였으면 하는 바람이 간절하다.

이 책은 한국연구재단의 인문저술출판지원사업으로 연구가 시작되었고 또 출판이 가능하게 되었다. 다양한 새로운 주제에 대하여 지원을 아끼지 않은 한국연구재단에 이 기회를 빌려 진심으로 감사의 마음을 전하고자 한다. 금융위기와 국제통상법이라는 흔치 않은 주제를 선정하고 지원하여 준 한국연구재단으로부터 필자는 큰 혜택을 받았다. 그 기대에 부응하였으면 하는 마음 역시 간절하다. 그리고 실무적으로 이 책의 출판에는 박영사의 헌신적인 기여가 있었다. 여러 가지 어려움에도 불구하고 출판을 선뜻 책임져 주신 박영사의 조성호 출판기획이사님께 역시 지면으로 감사의 마음을 전하고자 한다. 박영사의 김효선 선생님은 방대한 양의 편집과 교정에 혼신의 힘을 다하여 주셨다. 이 책의 출간은 이 분들의 도움이 없었으면 불가능하였을 것이다.

국제통상법이 점점 국가정책 수립과 이행의 여러 측면에 중요한 영향을 끼치는 상황을 실감하며 이 책이 국제통상법의 새로운 측면을 독자들에게 제시하여 주는 작은 밀알이 될 수 있기를 기대하며 머리말에 대신하고자 한다.

2016년 4월 15일
저자 이재민 씀

차 례

3장 각국이 취한 금융위기 극복조치 개관

7장 통상협정상 관련 규범

8장 주요 국제 분쟁 사례 검토

11장 대안의 모색 – 통상협정 개선 및 개정 방안

12장 금융위기 극복조치 모색 관련 정책 제언

13장 맺는 말 – 금융위기 극복조치에 대한 통상협정 적용의 한계 및 과제

제 1 장

들어가는 말
- 왜 금융위기 극복조치가 문제인가?

제1장

들어가는 말
- 왜 금융위기 극복조치가 문제인가?

국제경제체제에서 금융문제는 핵심적 지위를 차지하고 있다. 이러한 사실은 UN 주도의 경제제재 조치만 살펴보더라도 알 수 있다. 2011년 11월 이후 이란에 대한 국제사회의 경제제재가 다시 강화되고 있는 상황이다. 국제원자력기구(IAEA) 이사회가 2011년 11월 18일 이란의 핵개발을 비난하는 결의안을 채택하고 여러 국가에 대하여 제재를 요청하게 되자 미국을 비롯한 여러 국가가 대(對) 이란 제재조치 강화에 나선 바 있다. 이에 따라 유엔 안보리는 헌장 제7장에 따른 권한을 행사하여 결의 제1929호를 채택하여 대 이란 제재조치를 단행하였다. 이에 따라 2011년 11월 말 영국과 캐나다는 핵무기 개발 의혹을 받고 있는 이란을 징계하고자 자국 내 이란산 석유판매와 자국 금융기관의 이란 중앙은행과의 금융거래를 전면 차단하는 추가 제재를 발표하였다. 미국은 2011년 11월 말 Mark Kirk 상원의원과 Robert Menendez 상원의원이 주도하여 이란중앙은행(CBI)과 거래하는 모든 외국 은행에 대해 미국 내 자산을 동결하고, 미국 금융기관과의 거래를 중단하도록 하는 내용을 담은 국방수권법안 개정안(The amendment to the National Defense Authorization Act)을 만장일치(찬성 100표, 반대 0표)로 통과시켰다. 미 하원에서도 유사한 내용의 법안이 통과되어 상하원 법안간 조율을 거쳐 2011년 12월 31일 2012년 회계연도 국방수권법(National Defense Authorization Act for Fiscal Year 2012)이 발효하였다. 즉, 특정 국가에 대한 경제제재 조치에 있어서도 이제는 금융규제가 그 핵심적 위치를 차지하는 상황이 전개되고 있는 것이다.

2008년 9월 촉발된 범세계적 금융위기는 우리나라를 비롯하여 각국의 경제상황에 상당한 충격을 야기하였다. 2008년 세계 금융위기를 겪으면서 세계무역은 급속히 위축되었을 뿐만 아니라 교역구조에도 커다란 지각변동이 나타나게 되었다. 세계 금융위기가 심화됨에 따라 2009년 세계수입은 전년대비 29.9% 급감하였으며 이후 빠른 회복세를 보여 2011년에 이르러서야 금융위기 이전수준을 회복하였다.[1] 전례 없는 금융위기 상황을 신속히 극복하고자 미국, 유럽, 일본을 비롯한 각국 정부는 산업, 금융, 투자 등의 정책 분야에서 다양한 지원 조치를 취하였다. 이러한 범세계적 금융위기가 불과 2년이라는 짧은 시일 내에 극복된 사실에서 알 수 있듯이 당시 각국 정부가 취한 정책은 일단 표면적으로는 성공적이었다고 평가할 수 있을 것이다.

그러나 문제는 각국 정부가 금융위기 극복을 위하여 채택한 적지 않은 조치들이 현재 세계무역기구(World Trade Organization: WTO) 협정 및 다양한 자유무역협정(Free Trade Agreement: FTA), 그리고 투자보장협정(Bilateral Investment Treaty: BIT)에서 규정하고 있는 주요 통상규범에 대한 직/간접적 위반을 구성하고 있는 것으로 평가된다는 점이다. 따라서 현재 상황을 각국이 금융위기 상황을 탈출하고자 취한 다양한 정책 및 조치들이 심각한 국제통상분쟁의 불씨를 내포한 채 다양한 영역에서 국가간 긴장상태를 야기하고 있는 것으로 분석할 수 있다. 최근 미국과 중국간의 첨예한 대립도 위안화 환율조작 문제, 자동차 산업 지원조치, 금융산업 지원조치 등과 관련하여 2008년 금융위기와 상당히 밀접한 연관성을 갖고 전개되고 있는 상황이다.

또한, 미국 연방준비위원회(U.S. Federal Reserve Board)는 2014년 1월 29일 통화정책결정기구인 연방공개시장위원회(FOMC) 회의를 통하여 테이퍼링(Tapering)이라고 불리 우는 양적완화 조치 축소를 발표하였다.[2] 이 조치의 골자는 미국이 양적완화 규모를 매월 750억불에서 650억불로 축소한다는 것이다.[3] 미국은 일단 미국 경기가 회복 기조에 들어선 것으로 보고 국제사회 일각의 우려에도 불구하고 미국 내 인플레이션 등 경기과열을 우려하여 이 조치를 취하

---

[1] IMF, *World Economic Outlook(WEO) Database*, 2009 – 2011, at http://www.imf.org/external/ns/cs.aspx?Id=28 (2015. 4. 29. 방문).

[2] *Fed Press Release*(2014. 1. 29.)
"In light of the cumulative progress toward maximum employment and the improvement in the outlook for labor market conditions, the Committee decided to make a further measured reduction in the pace of its asset purchases."

[3] See *Id*.

였다. 이 조치는 오래 전부터 예견된 것이기는 하나 이 발표가 있은 직후 신흥국을 중심으로 상당한 파급효과가 나타났고 이들 국가에서 금융위기가 발생하였다.

이러한 신흥국발 금융위기 조짐으로 2010년 이후 처음으로 미국, 유럽, 일본, 영국의 증권시장에서 주가의 동반하락 조짐을 보였다.[4] 또한 IMF는 향후 금융시장의 혼란에 대하여 경고하였다.[5] 미국의 독자적인 양적완화 조치 축소로 인하여 세계 금융시장이 출렁이게 된 것이다. 즉, 일단 미국 연방준비위원회의 조치로 인하여 신흥국을 중심으로 파급효과가 발생하였으나 결국 세계 금융시장 전체로 그 효과가 확산될 가능성이 높아진 것이다.

일단 이러한 충격에 직접 노출된 신흥국들은 다양한 대응책을 각각 제시하였다. 특히 "위기의 5인방(Fragile Five)"으로 불리는 브라질, 인도, 인도네시아, 터키, 남아프리카 공화국은 독자적인 금리인상 조치를 발표하여 곧바로 미국의 조치에 대응하였다. 미국 연방준비위원회의 발표가 나오자 인도는 7.75%였던 금리를 곧바로 8%로, 브라질은 10%에서 10.5%로, 터키는 4.5%에서 10%로 인상하였다. 이러한 금리인상은 자국 기업의 연쇄 부도 등 국내적으로 상당한 부작용도 우려되었지만[6] 이들 국가들은 일단 이를 통해 자국 시장에서 달러화의 급격한 유출과 이로 인한 자국 화폐 가치의 급격한 평가절하를 막기 위하여 이러한 비상조치를 취한 것으로 여겨졌다.

한편 한국에서도 이러한 미국의 양적완화 정책 조정으로 인하여 신흥국의 경제위기가 우려된다는 내용이 각 일간지의 첫머리를 장식하였다. 그리고 그 상황에서 우리나라에는 어떠한 함의가 있을지 다양한 분석이 이루어졌다. 우리나라 역시 이러한 조치의 영향에서 벗어날 수 없다. 2014년 당시에는 3,450억불에 달하는 역대 최고의 외환보유고를 통해 단기적으로 현 위기를 극복할 수 있을 것이나 미국 조치로 인하여 국가를 불문하고 신흥국에서의 달러화 이탈이 일시에 발생할 가능성도 조심스럽게 제기된 바 있다.[7] 이는 곧 우리나라 역시 화폐가치의 급격한 변동에 직면할 가능성과 이로 인해 수출입에 부정적 영향을 초래할 가능성이 적

---

4) *Financial Times*(2014. 4. 9.).
5) IMF, Press Briefing on the Global Financial Stability Report, Washington D.C(2014. 4. 9.), http://www.imf.org/external/np/tr/2014/tr040914a.htm(2015. 4. 30. 방문).
6) 중앙일보(중앙 Sunday), "1월 신흥국 주식펀드 122억 달러 유출 금융/외환 '쌍둥이 위기' 악순환 우려", 2014년 2월 2일자, 제1면 참조. 이러한 상황은 1997년 한국의 IMF 위기 시에도 목도된 바 있다.
7) 중앙일보(중앙 Sunday), "경제체력 좋아지고 금고 두둑해 버틸만", 2014년 2월 2일자, 제18-19면 참조("지금과 같은 상황에서는 어떠한 신흥국이 상대적으로 덜 위험한 것인지 평가하는 것이 무의미"하다는 전문가의 언급을 인용).

지 않음을 보여준다.

　외국에서의 금융위기는 곧바로 우리 금융시장에도 실시간으로 영향을 미친다. 이는 세계 금융시장이 하나의 체제로 움직이는 현실이 그대로 반영된 결과이다. 그러므로 외국 금융시장의 위기는 곧바로 우리 금융시장의 위기로 이어질 수 있으며, 이것이 바로 외국의 위기가 단지 외국의 위기로만 머물지 않는 이유이다.

　또한 한편으로 외국에서의 금융위기는 우리의 실물 부문 수출에도 역시 영향을 초래한다. 금융위기 발생은 해당 시장을 위축시켜 우리 상품의 수출이 그만큼 줄어들게 되기 때문이다. 예를 들어 2013년 12월과 2014년 1월 미국이 두 차례에 걸친 양적완화 축소(테이퍼링) 조치를 취하자 금융위기에 직면한 신흥국 시장이 위축되어 이들 국가로의 우리나라 수출도 급감하였다.[8] 이들 신흥국들은 태국, 남아프리카 공화국, 아르헨티나, 터키, 인도네시아, 브라질, 러시아, 멕시코, 인도, 말레이시아 등 10개국으로 2013년 기준 우리나라 수출 비중의 14.1%를 차지하였다.[9] 만약 신흥국의 금융위기가 지속되면 우리 수출에 대한 부정적 영향도 장기화될 것으로 우려된다. 바로 이러한 이유로 우리 국내 금융시장의 파급효과를 차단하고 안정성을 확보하기 위할 뿐 아니라 우리 수출상품의 안정적인 수출을 보장하기 위해서도 이러한 외국 금융시장에 대한 모니터링은 긴요하다고 하겠다. 따라서 현재 전개되는 세계 금융시장의 상황은 바로 우리나라에 대하여도 직접적인 영향을 초래할 수 있다는 전제 하에 그 문제를 살펴보는 것이 시급하다. 즉, 각국이 취하는 금융정책은 이제는 그 나라만의 문제가 아니라 여러 국가에 대하여 직접적인 영향을 초래하고 있는 것으로 볼 수 있다.

　따라서 신흥국을 중심으로 확산되는 이러한 국제 금융위기를 극복하기 위해서는 결국 선진국과 개도국 모두를 포괄하는 국가들의 면밀한 공조체제가 시급하다.[10] 그러한 공조체제의 효율성은 2010년 11월 서울 G-20 회의에서 채택된 "서울선언"으로 대표되는 G-20 국가들의 공조 사례를 통하여 이미 확인되었다. 그리고 이와 같이 통상협정의 변방에서 그리고 여타 국제협정 소관 사항과 관련하여 제기되는 문제에 대하여는 설사 통상협정이 적용되더라도, 그리고 그로 인하여 구체적인 판정이 도출되더라도 그 효과는 제한적이라고 할 수 있다.

---

8) 산업통상자원부, 코트라 보도자료(2014년 2월 19일) 참조.
9) 2013년 수출 총액 5,597억 달러 중 이들 국가로의 수출액은 790억 달러에 달한다. 산업통상자원부, 코트라 보도자료(2014년 2월 19일) 참조.
10) 중앙일보(중앙 Sunday), "1월 신흥국 주식펀드 122억 달러 유출 금융/외환 '쌍둥이 위기' 악순환 우려", 2014년 2월 2일자, 제1면 참조(사공일 세계경제연구원 이사장 인터뷰).

이와 같은 국제공조의 필요성에도 불구하고 2014년 미국의 양적완화 축소 조치는 국제공조의 틀 내에서 이루어진 것이 아니라 미국 스스로의 이익 확보를 위하여 독자적으로 취해진 것이라는 점에서 2010년에 이루어진 G-20 국가들의 공조조치와 구별되고 있다. 미국의 양적완화 축소조치로 인해 피해를 입고 있는 신흥국들은 바로 이러한 이유로 미국의 조치를 비난하기도 하였다.[11]

즉, 2014년 당시 각국이 취한 금융조치 및 이에 대한 대응조치의 가장 큰 문제점 중 하나는 관련국들이 오로지 자국의 단기적 이익 확보에만 매몰되어 있었다는 것이다. 가령 미국의 경우를 살펴보자. 미국이 2008년 11월 이후 세 차례에 걸친 양적완화 조치의 효과를 거양한 기저에는 국제공조, 특히 중국 등 신흥국들의 협조가 있었다. 이러한 협조를 통하여 미국은 자국의 금융위기와 그로부터 초래된 불황을 극복할 수 있었다. 만약 이들 국가들이 각각 자국의 이익 확보를 위하여 이기주의적 조치를 취하였다면 2010년을 전후로 적지 않은 혼란과 국제사회의 갈등이 초래되었을 것이다. 이는 미국 국내경기의 회복에도 부정적 영향을 미쳤을 것임은 물론이다.

그러나 이러한 협조에도 불구하고 2014년 이후 미국이 취한 일련의 조치는 어떤 측면에서는 주로 자국의 이해관계 확보에만 초점을 두고 있는 모습을 보여주었다.[12] 다른 나라와 국제사회의 우려 및 경고에도 불구하고 충분한 논의 없이 자국의 경제적 필요에 의하여 독자적인 조치를 취한 것이다. 국제시장에서 통용되는 화폐를 발행할 수 있는 국가가 자신의 필요에 의해 4조 1천억 달러 상당의 자금을 국제사회에 유통한 후, 다시 자신의 필요에 의해 이를 급격히 회수할 경우 그로 인해 국제사회에 미치는 충격은 분명하다. 그러나 이러한 국제적인 상황에 대한 충분한 고려는 배제된 상태이다. 따라서 각국이 취하는 이러한 이기주의적 조치는 곧바로 국가간 갈등을 초래할 수밖에 없다.

더 큰 문제는 이러한 미국의 조치가 모든 상황의 종결점이 아니라 오히려 출발점에 가깝다는 것이다. 미국의 경기회복이 완연하여짐에 따라 미국 연방준비위원회는 앞으로도 지속적으로 장기간에 걸쳐 양적완화 축소 정책을 단계적으로 시행할 공산이 크다.[13] 이에 따라 이로

---

11) 가령 브라질 중앙은행은 선진국의 최근 조치를 "돈을 빨아들이는 진공청소기"에 비유한 바 있다. 인도 중앙은행 총재 역시 미국의 조치는 국제공조를 무색하게 하는 조치임을 주장하고 있다.

12) Richard Fisher 댈러스 연방준비은행 총재는 "미국 연방준비은행의 정책은 무엇이 미국에 유리한 지에 초점을 맞추어야 한다"고 언급하였다.

13) 가령 1978년부터 2002년까지 5차례에 걸쳐 양적완화 축소 정책을 취한 미국의 경우 이러한 정책은 평균 32.4

부터 직접 피해를 입는다고 판단하는 신흥국 및 여타 국가들은 각각 이에 대응하는 조치들을 채택할 가능성이 높다. 미국의 금융정책으로 인한 파급효과는 단기적인 달러화 유동성 문제에서 출발하지만 결국 이를 통해 이들 국가의 해외 수출이 줄어들고 수입이 증가하는 결과를 초래할 것이다. 반대로 미국의 수출입은 한결 유리한 상황에 처하게 될 것이다. 결국 이러한 상황은 국가간 환율전쟁 내지 금융조치 전쟁으로 이어지고 상호간 갈등을 촉발하게 될 것이다.

한편으로 각국의 자국 이기주의를 비난하면서도 우리나라 역시 이러한 자국 이기주의적 상황으로부터 그렇게 자유로운 것은 아니다. 우리나라 역시 최근의 미국의 테이퍼링 조치로 인하여 우리나라 수출입에 어느 정도의 파급효과가 있을지에 대해 관심을 기울이고 있다. 가령 우리의 주요 경쟁상대인 신흥국의 수출이 주춤해져서 우리나라가 반사적 이익을 볼 것이라는 기대감도 있다.[14] 특히 그간 엔저 현상으로 우리 수출에 상당한 부정적 영향을 초래하였던 일본 기업의 기세가 다소 누그러질 것이라는 전망도 있다.[15] 양적완화 축소가 미국 경기회복의 신호탄이라면 대미 수출에 사활을 걸고 있는 우리나라에 그렇게 나쁠 것도 없다는 시각도 있다.[16] 이처럼 우리나라 역시 이러한 조치가 우리나라에 초래하는 단기적 수출입 측면에서의 득실에 초점을 두고 있으며 이로 인해 초래되는 구조적 문제점에 대해서는 다소 둔감하게 대응하고 있는 실정이다. 2010년 11월 G-20 회의에서 바로 이 문제에 대한 국제사회의 합의를 도출한 국가로서는 소극적 자세가 아닐 수 없다. 이 문제에 대하여 적극적으로 대응하는 것은 단지 우리나라가 도덕적 우월감을 계속 유지하여 국격을 계속 유지하는 측면뿐 아니라 우리나라의 수출입에도 직접적인 영향을 초래한다는 측면에서도 역시 요구되는 바이다.

그러나 우리 입장에서는 반드시 미국이나 일본을 탓할 수만도 없다. 왜냐하면 국제법에 이러한 부분에 대한 규범을 도입하고 있는 것은 조약에서든 국제관습법에서든 찾아보기 힘들기 때문이다. 이와 같이 문제의 중요성에도 불구하고 이에 대한 규범이 부재하다는 것이 이 문제의 본질적인 이슈인 것으로 보인다.

그런데 이러한 상황에 대하여 각국이 단지 우려를 표하고 문제가 있다는 정도의 기초적인 논의만이 계속되고 있고, 구체적인 협정 조항 등 국제법에 의한 규율 문제는 상대적으로

개월에 걸쳐 적용되었다. 신세돈, 중앙일보(중앙 Sunday), "양적완화 축소에 증시 불안은 과민 공포", 2014년 2월 2일자, 제19면 참조(신세돈의 거시경제 읽기) 참조.

14) "경제체력 좋아지고 금고 두둑해 버틸만", 중앙일보(중앙 Sunday), 2014년 2월 2일자, 제18 – 19면 참조.

15) See *Id.*

16) See *Id.*

미약한 상황이다. 물론 G-20 등 비법률적인 메커니즘에서 이 문제가 논의되고 있으나 이것은 상호간에 이 상황을 어떻게 "조율"할 것인지에 대한 정책협의일 뿐이며, 이에 대한 국제법 규범을 적용하기 위한 진지한 움직임은 아직 발견되지 않는 것으로 보인다. 이러한 법의 공백 상태가 지속되는 것은 여러 국가에 불리한 상황을 초래하고 특히 개도국에 큰 타격을 입힐 것으로 보인다. 다른 나라의 경제정책 결정에 따라 자국의 이해관계가 상당한 영향을 받기 때문이다. WTO와 국제통화기금(International Monetary Fund: IMF)에서 일부 이러한 문제를 다루고 있기는 하지만 각국의 기본적인 재정정책 내지 환율정책의 주권을 인정하고 이에 대하여 서로 조율을 하고 협의를 한다는 정도의 의무를 부과하고 있을 뿐이며, 이 문제의 본질적 부분은 아직 다루고 있지 않은 것으로 보인다.

1. 각국의 금융조치에 따른 갈등의 국제통상규범에 따른 해결

상술한 다양한 이유로 여러 국가들은 외국의 금융위기 상황과 이를 극복하기 위하여 이들 외국 정부가 취하는 다양한 조치에 촉각을 곤두세우고 있다. 외국 정부가 취하는 조치가 자신들에게 불리한 상황을 초래하는 경우 이들 국가들은 즉각 문제제기를 하여 시정을 요구하거나 또는 이에 대응하기 위하여 스스로 조치를 취하기도 한다. 그런데 문제는 이러한 시정 요구나 대응 조치 모두 통상협정의 테두리 안에서 이루어지며 통상협정의 관련 조항이 대폭 원용되고 있다는 점이다. 금융위기 극복을 위하여 취하여진 조치들이 왜 IMF 대신 WTO 협정이나 다른 통상협정의 맥락에서 제기되고 있는가? 우선, IMF는 정치적 논의가 주된 모습을 띠고 있으며 내려진 결정을 집행할 만한 강제력이 미흡하기 때문이다. 환율문제가 그 동안 국제통상의 주요한 현안이었음에도 불구하고 단지 두 나라만(1982년 스웨덴, 1987년 한국) 환율의 인위적 조정을 이유로 하여 IMF에서 공식적인 논의의 대상이 되었고 결국 어느 나라도 환율 조작국으로 IMF에 의하여 지정되지는 않았다는 점에서도 IMF의 정치적 성격이 잘 나타난다.[17] 그러나 통상협정은 이러한 단점을 획기적으로 개선하고 있다. 일단 일국 정부가 취하는 모든 형태의 경제 관련 조치는 통상에 직/간접적으로 영향을 미치기 마련이므로 이 협정의 적용 범위가 지극히 넓다는 이유도 있다. 하지만 한편으로 통상협정으로 이 문제를 가지고 올 경우 결정적인 이점은 바로 통상협정에 내재하고 있는 강력한 분쟁해결절차이다.

---

17) James Boughton, *Silent Revolution: The IMF 1979−89*, Washington: International Monetary Fund, 2001.

다른 국제협정이나 조약과는 달리 WTO 협정과 FTA 등의 통상협정은 강력한 법적 구속력을 담보하는 분쟁해결절차를 보유하고 있다. 따라서 통상협정 위반 문제는 단지 이론적인 논의와 입장 개진의 차원에 머무는 것이 아니라 국내법원에 버금가는 파급효과를 초래하게 된다. 한편으로 자국의 주권을 침해하는 부분이 늘어가고 있는 통상협정을 비난하면서도 또 한편으로는 이를 이용하기 위하여 여러 국가들이 다양한 방안을 모색하는 결정적인 이유라고 하겠다. 원래 통상협정 이외의 영역에서 오랜 기간 원만하게 진행되어 오고 있던 여타 국제협정이나 조약도 바로 이러한 이유로 통상협정의 맥락으로 포함되는 추세가 목도되고 있다. 1995년 UR 협상 타결로 WTO 협정의 일부로 편입된 지적재산권 문제가 대표적이며,[18] 최근 논의가 진행되고 있는 수산보조금 문제도 마찬가지이다. WTO 무역관련 지적재산권협정(Agreement on Trade-Related Aspects of Intellectual Property Rights: TRIPS)은 세계지적재산권기구(World Intellectual Property Rights Organization: WIPO)를 중심으로 오랜 기간 안정적으로 운용되어 오던 국제 지적재산권 보호 관련 협약을 WTO 체제 내로 의도적으로 편입시킨 것이다. 그 이유는 바로 이를 통해 WTO가 보유하고 있는 강제적인 분쟁해결절차를 활용할 수 있기 때문이다.

그리고 통상협정과 관련하여 전개되는 이러한 분위기는 금융위기 극복조치에도 마찬가지로 적용된다. 즉, 국제 금융문제를 담당하는 기구와 협정이 따로 존재함에도 불구하고 이 문제가 국제통상의 주요한 현안의 하나로 대두되고 있는 것이다. 그리고 이에 대하여 통상협정의 규범이 적용되어 관련 이슈와 분쟁이 해결되게 되었다. 강력한 분쟁해결절차의 장점이 여기에서도 부각되고 있는 것이다. 그런데 문제는 이러한 비(非)통상 이슈들은 관련 국제기구와 협정에서도 오랜 기간 해결되지 못한 사항들이므로 이를 통상협정의 테두리 내로 가지고 온다고 하더라도 결정적인 해결책을 찾을 수는 없다는 점이다. 통상협정이 적용되는 분쟁해결절차에서 확인될 수 있는 부분은 단지 해당 조치가 통상협정의 관련 규범에 대한 위반을 초래하는지 여부일 뿐이다. 그리고 이러한 평가 작업은 상당히 기계적인 과정이라고 볼 수 있다. 이는 통상협정의 해석에 내재하는 기본적인 한계 때문이다.[19] 그러므로 선의를 가진 패널리스트가 통상협정을 충실히 적용하여 해당 분쟁에 대한 결론을 도출하더라도 그 결정은 통상협정 위반 문제를 평가한 것일 뿐 문제의 조치가 정책적으로 타당한 것인지, 관련 정부 정책을 추진하기 위하여 필요한 것인지, 다른 국제기구에서 논의되고 있는 것인지, 나아가 다른 국제협정이나 조약이 요구하고 있는 것인지에 대한 평가는 이루어질 수 없다.[20] 결국 통상협

---

18) WTO 무역관련 지적재산권협정은 WTO 부속협정의 하나로 부속서 1C에 포함되어 있다.

19) DSU 제3.2조 및 19.2조 참조.

20) See *Id.*

정에 따라 내려진 해당 분쟁에 대한 결론이 전체적으로 타당한 것인지에 대한 평가는 이루어지지 않게 되며 단지 통상협정의 맥락에서만 두 당사국간 승패가 결정될 뿐이다. 특히나 이와 같은 통상외적 문제는 그 본질을 이해하고 양 당사국의 입장을 이해하는 데 있어 상당한 수준의 전문적 식견을 요구하고 있다. 그러나 통상법 전문가들인 패널리스트들이 이러한 통상외적 쟁점에 대하여 짧은 시간 내에 정확한 평가를 내릴 수 있을지 의문이 제기될 수밖에 없다. 예를 들어 수산보조금 문제를 담당하게 될 환태평양경제협력협정(Trans-Pacific Partnership: TPP) 분쟁해결절차의 경우를 살펴보면, 3인의 법률전문가를 선임하여 항소심 절차도 없이 단심으로 신속하게 이루어지는 분쟁해결절차 특성상[21] 복잡다단한 수산과학적 문제를 충분히 검토하여 타당한 결정을 내릴 수 있을지 의문이 든다. 이러한 상황에서는 어떠한 취지의 판정이 내려지더라도 이에 대하여 당사국간 이견은 해소되기 힘들며 특히 자신의 입장이 배척된 패소국이 해당 판정을 진정으로 수용하여 국내적으로 이행할 것인지 또는 이행할 수 있을 것인지 의문이 제기될 수밖에 없다. 어떻게 보면 다른 국제기구와 국제협정에서 해결하지 못한 문제들을 통상협정의 맥락으로 이전시키는 것은 자신들의 책임을 통상협정의 책임으로 귀결시키려는 그리 떳떳하지 못한 의도도 일부 내포되어 있다고 볼 수도 있다. 이는 한편으로는 통상협정의 결정적 장점을 가장 효과적으로 보여주는 사례이기도 하나 또 한편으로는 통상협정을 남용하는 의미도 아울러 보여주는 것이기도 하다.

특히 우려되는 부분은 이와 같이 다른 국제기구와 국제협정의 영역에서 해결되지 않던 오래된 현안이 통상협정의 영역으로 들어오게 되면 분쟁의 강도와 빈도가 격화될 가능성이 높다는 점이다. 가령, 수산보조금의 경우 그 동안 오래된 현안인 수산보조금 금지조항이 WTO 보조금협정이나 TPP 협정 등에 포함될 경우 수산보조금 교부국에 대하여 오랜 기간 불만을 표출하여 온 일부 국가들은 새로운 조항을 통해 이들 교부국에 대하여 적극적 제재를 도모하고자 시도할 것이다. 이러한 분위기에서는 일견 TPP 협정의 수산보조금 규정에 합치하는 듯한 조치에 대해서도 일방 TPP 회원국이 타방 회원국에 대하여 소위 다양한 형태의 보조금(간접 보조금 포함하여) 공세를 전개할 가능성이 높아지게 된다.[22] 사실 WTO 분쟁해결절차 및 FTA 분쟁해결절차에서 일방 회원국의 제소 요건은 상당히 완화되어 있다. 협정 위반의 소지가 있는 조치가 시행된 사실만으로도 일단 제소 자체에는 원칙적으로 문제가 없기 때문이다. 일방 회원국이 어떻게 판단하는지 여부와 상관없이 제소국 스스로 그러한 회원국이 협정

---

21) TPP 협정안 제SS.12.6조 1항, 2항 각각 참조.
22) World Trade Organization, *Framework of the Disciplines on Fisheries Subsidies: Communication from the Republic of Korea*, TN/RL/W/245(24 November 2009)("Korean Proposal"), p. 2 참조.

위반 조치를 취하고 있다고 믿는 경우 얼마든지 제소가 가능하다. 이러한 절차를 거쳐 최종 결정이 어떻게 도출될지는 차치하더라도 일단 2~3년이 소요되는 WTO 분쟁해결절차 그리고 1~2년이 통상 소요되는 FTA 분쟁해결절차에 회부하는 것만으로도 제소국은 적지 않은 정치적 목적을 달성할 수 있을 것이다.[23] 특히 수산보조금과 같이 이미 그 출발점이 통상외적인 목표에 기초하고 있고, 국가간 입장 차이가 첨예하게 대립하는 사안이라면 이와 같은 정치적 동기에 의한 제소 가능성 역시 간과할 수는 없을 것이다. 이러한 우려는 각국이 취한 금융위기 극복조치 내지 금융관련 조치 일반과 통상협정의 연관성 측면과 관련하여서도 마찬가지로 제기되는 부분이다.

결국 이러한 성격의 분쟁은 관련 국제기구인 WTO와 IMF의 면밀한 조율과 협조가 필요한 영역이다. 때로는 OECD와 G-20를 통한 협의와 업무조율 역시 필요할 것이다. 그러나 이러한 부분에 대한 논의나 협조는 사실상 찾아보기 힘든 것이 현실이다.[24]

2. 통상규범에 따른 금융위기 극복조치 평가의 한계

만약 금융위기에 직면한 각국 정부의 노력이 통상분쟁의 촉매제로 작용하였다면 이는 WTO 협정 내지 자유무역협정의 중대한 내재적 문제점을 암시하고 있다. 급속한 세계화에 따른 금융시장의 가변성으로 이러한 금융위기는 향후에도 지속적으로 발생할 가능성이 농후하고, 이 경우 각국 정부는 다양한 지원조치를 취할 수밖에 없을 것이기 때문이다. 금융위기 상황에서 정부의 정당한 지원조치는 불가피하다는 현실을 감안하면 이러한 긴급조치가 통상협정 위반을 이유로 제약을 받게 되는 상황은 정책적으로도 타당하지 않을 뿐 아니라 WTO 체제에 대한 국제사회의 신뢰를 저하시키는 요인으로 작용할 수 있다.

다른 한편으로 2008년 이후 각국의 지원조치가 만약 각국 정부의 철저한 검토와 준비에 기초하여 실시되었더라면 WTO 협정 및 자유무역협정 테두리 내에서 협정에 합치하는 방법

---

23) WTO 분쟁해결양해사항(*Understanding on Rules and Procedures Governing the Settlement of Disputes*: DSU)에 규정된 패널 및 항소기구 심리에 소요되는 시간에 관해서는 DSU 제8, 12, 15, 17조 및 부록 3 등 참조. 한편 이러한 규정에도 불구하고 WTO 분쟁해결절차에 실제 소요되는 상당히 오랜 시간에 관해서는 WTO 웹사이트 http://www.wto.org/english/tratop_e/dispu_e/dispu_status_e.htm(2013년 12월 7일 방문)를 참조.

24) C. Fred Bergsten and Joseph E. Gagnon, *Currency Manipulation, the US Economy, and the Global Economic Order*, Peterson Institute for International Economics, N U M B E R P B 1 2 － 2 5 (December 2012), p. 11.

으로 조치의 효과를 달성할 수 있었을 것이라는 점을 가정할 수도 있다. 이 경우 앞으로의 과제는 현재 각국의 지원조치를 WTO 협정에 기초하여 면밀히 분석한 후 향후 유사한 상황에서 어떻게 지원정책을 채택하여야 하는지에 대한 시사점 및 교훈을 도출하는 것이 될 것이다.

3. 이 책의 저술목적 및 유의점

A. 이 책의 저술목적

금번 저술작업을 통하여 금융위기 극복을 위한 다양한 조치 채택의 필요성과 통상협정에 대한 합치성 유지라는 두 가지 목표 사이에서 발생하는 긴장관계에 대하여 체계적으로 분석하고 장기적 해결방안을 제시하고자 한다. 이러한 작업을 통하여 향후 유사한 국제적, 지역적, 국가별 금융위기 상황이 다시 도래할 경우, 우리나라를 비롯한 각국의 시행착오를 최소화할 수 있는 중요한 시사점을 도출할 수 있을 것으로 기대된다. 그러나 이러한 중요성과 필요성에도 불구하고 현재 이 분야에 대한 국내연구는 전무한 상황이며 국외연구도 일부 지원정책에 대한 단편적인 평가에 국한되어 있을 뿐 전체적인 시스템에 대한 포괄적인 분석은 미비한 실정이다. 특히 우리나라의 경우 국내 금융시장이 상대적으로 소규모이고 국제화가 급격히 진행되고 있어 중국, 일본 등 경쟁국에 비하여 국제 금융위기에 특히 취약한 바, 이 분야 국내연구의 신속한 개시가 시급히 요구되고 있다. 특히 이 분야의 선도적 연구를 통해 새로운 법적 화두를 제시함으로써 향후 국내학계에서 이와 관련된 제반 문제에 대한 의미 있는 논의 및 토론을 실시하기 위한 이론적 기초를 확립하는 데 본 저술사업은 중요한 기여를 할 것으로 생각된다.

최근 미국, 유럽을 중심으로 이 문제를 어떻게 접근할 것인가에 대한 몇몇 제안들이 제시된 바 있다. 그러나 이러한 제안은 선진국의 입장을 일방적으로 반영한 내용을 다수 담고 있어 현실적으로도 객관성을 상실하고 있으며 나아가 WTO 협정의 정확한 의미와 내용에 대한 분석도 결여되어 있어 법적으로도 흠결을 내포하고 있다. 따라서 향후 국제사회에서 이 분야 논의 전개에 있어 올바른 방향성을 제시하여 주기 위하여 본 저술작업이 기획되었다. 본 저술작업이 완료될 경우 이 분야에 관한 최초의 단행본이 될 것이며 우리 정부의 금융위기 극복 내지 산업지원 정책의 기조를 재검토하는 데에도 중요한 기준과 잣대를 제공할 수 있을 것으로 기대된다. 특히 현재 한·미, 한·유럽 FTA 등을 계기로 주요 교역 상대국과의 통상규범이 강화되는 시점에서 이러한 연구와 그 연구 결과의 간행은 이들 국가와 향후 협정 적용 과정에서 대두될 수 있는 주요 이슈를 우리측이 선점할 기회를 확보할 수 있다는 측면에서 특히 그 현실적 필요성이 있는 것으로 사료된다.

따라서 본 연구에서는 금융위기 극복조치와 관련하여 최근 WTO 분쟁해결절차 및 양자간 통상 분쟁에서 새로운 현안으로 대두된 각국 정부의 다양한 조치 및 정책에 대한 체계적 분석을 실시하여 도하 라운드 협상과정에서 WTO 협정 개정 필요성 및 향후 각국 정부 정책에 대한 함의를 도출하고자 한다. 특히 최근 우리나라는 이와 관련한 국제 분쟁에 제소 및 피제소된 경험이 축적되고 있는 바, 이러한 일련의 국제분쟁에 대한 비판적 분석을 통해 금융위기 극복조치가 의도하지 않은 무역제재 내지 무역장벽으로 작용하는 상황에 대한 심도 있는 분석을 실시하고자 한다.

특히 이와 관련하여 현재 WTO 협정, 자유무역협정 등이 명확한 규범을 제시하고 있지 않아 국가간 분쟁이 증폭되고 있는 점을 감안하여, 1986~1994년간 우루과이 라운드에서의 논의 상황, 현재 진행되고 있는 도하 라운드에서의 논의 상황 등에 대한 문헌적 검토를 통하여 이 문제에 관한 통시적 접근을 또한 시도하고자 한다. 특히 이 문제는 지난 2010년 11월 서울에서 개최된 G-20 회의에서도 집중적으로 논의되었는 바, 서울 회의의 결과를 향후 적극 활용하는 데에도 이 연구가 중요한 객관적 근거자료로 활용될 수 있을 것으로 여겨진다. 이 맥락에서 G-20 회의 시 제기된 이 문제에 관한 각국의 입장을 비판적 시각에서 체계적으로 정리하고 대안을 제시하고자 한다.

궁극적으로 본 건 저술작업을 통하여 현 WTO 협정 및 FTA와 BIT가 금융위기 시 채택되는 조치를 규율할 수 있는 적절한 법적 기본틀(legal framework)을 제시하고자 한다. 연구 결과에 따라 현 WTO 협정에 대한 개정 필요성이 확인되면 구체적으로 어떠한 조항이 어떻게 개정되어야 하는지에 대한 의견을 제시하고, 만약 현재 WTO 협정으로 이러한 경제위기 상황에 대한 각국의 대응이 충분히 가능하다면 현 WTO 협정을 어떻게 운용하는 것이(그리고 각국이 어떻게 지원정책을 도입하는 것이) 적절한 지에 대한 의견을 제시하고자 한다.

B. 유의점

(1) 금융위기와 경제위기의 구별

국가의 경제위기는 다양한 원인과 이유에서 발생한다. 그러므로 그러한 경제위기를 극복하는 방법에도 다양한 방법과 처방이 제시될 수 있다. 그리고 이러한 다양한 방법과 처방은 역시 다양한 내용의 국제법적 함의를 초래하게 되며 여러 조약 및 협정 위반 문제를 제기할 수 있다. 통상협정 위반 문제나 투자협정 위반 문제도 여기에 포함된다. 이 책에서는 이러한 경제위기 일반이나 이를 극복하기 위하여 취해지는 조치에 대한 국제법적 검토를 시도하는 것이 아니다.

가령 각국은 경제위기에 직면하면 자국 국내경기를 부양하고자 다양한 조치를 취하며 수출증진과 수입억제를 위한 조치를 취한다. 이러한 조치들의 상당수가 WTO 협정 내지는 FTA 협정에 대한 위반 문제를 초래할 가능성을 내포하고 있음은 물론이다. 때로는 협정 위반 여부가 불분명한 사항에 대하여 우회적인 방법이나 간접적인 방법으로 이러한 목적을 달성하고자 하기도 한다. 이러한 문제는 GATT 협정의 내국민 대우 위반 문제나 보조금협정 위반 문제, 또는 보다 일반적으로 비관세장벽 문제로 비화되기도 한다. 이 역시 국제통상법의 주요한 과제이며 앞으로 해결하여 나가야 할 현안임은 물론이다.

그러나 이 책은 이와 같이 광범위한 이슈를 다루고자 하는 것은 아니다. 이 책에서 다루는 문제는 구체적인 이슈에 초점을 두고 있다. 바로 금융위기 상황에만 국한하여, 각국이 이러한 금융위기 극복과정에서 채택한 다양한 조치가 어떠한 통상법적 함의를 내포하는지의 문제만을 살펴보는 것이 이 책의 목적이다. 경제위기와 금융위기가 서로 구별되는 개념이라는 점은 우리나라만 하더라도 1997년 11월 상황을 금융위기(또는 외환위기)라고 칭하지 경제위기라고 언급하지 않는다는 점에서도 잘 알 수 있다. 마찬가지로 2008년 9월 상황 역시 금융위기라고 부르고 있다. 이 두 상황 모두 외국 자본의 급속한 이탈과 이로 인한 금융체제의 붕괴로 우리나라가 심각한 어려움에 처했던 상황이며, 이러한 상황이 본질적으로 금융위기에 해당한다.

물론 금융위기와 경제위기는 밀접한 관계가 있다. 금융위기가 경제위기와 동시에 발생하거나 또는 금융위기로 인하여 경제위기가 초래되기도 한다. 반대로 경제위기가 발생하면 곧바로 외국인 자본이 이탈하는 등으로 인해 금융위기가 초래되기도 한다. 그리고 국제 금융시장에 대한 파급효과는 단지 경제상황의 변동으로부터 초래되는 것만은 아니라 다양한 요인도 가세할 수 있다. 예를 들어 2014년 2월 당시 악화일로를 걷고 있었던 우크라이나의 정정불안 사태가 동일한 시점에 진행되고 있던 신흥국의 금융위기에 불을 붙일 수 있다는 전망도 나온 바 있다.[25] 우크라이나가 국내혼란으로 디폴트 상태에 빠지면 이는 곧바로 다른 신흥시장에서의 외국인 투자자의 투매현상을 촉발할 개연성이 농후하다는 것이다.[26] 금융이 경제체제 전체에서 차지하는 비중을 감안하면 이러한 측면은 어쩌면 당연한 결과라고 할 수 있을 것이다. 어떤 경우에는 금융위기 등 모든 형태의 위기 상황을 포함하여 포괄적으로 경제위기라고 칭하는 경우도 없지 않다.

　양자간 이러한 밀접한 연관성에도 불구하고 이 책에서는 금융위기 문제에만 국한하여 분석하고자 한다. 그 이유는 다음과 같다. 현재 국제사회에서 직접적인 파급효과를 초래하고 국가간 이견을 노정하고 있는 이슈들은 금융위기를 극복하기 위하여 취해진 조치이거나 또는 금융관련 조치들이다. 따라서 여러 가지 원인과 이유로 발생하는 경제위기 대신 금융위기만을 구체적으로 분석하는 것이 현재 제기된 문제에 대한 보다 직접적인 답변을 제시하여 줄 수 있을 것으로 여겨진다. 그 다음으로 이 문제는 현재 우리나라가 직접 당면하고 있는 문제라는 점이다. 우리나라는 이미 1997년에 금융위기를 겪으며 호된 시련을 겪은 바 있고 또 2008년 금융위기에도 다시 한번 위기를 겪은 바 있다. 2014년에도 새로운 금융위기의 위험이 우리 경제를 위협하였다. 따라서 바로 이 문제는 우리 스스로의 문제이기도 하다.

(2) 통상협정의 의미

　한편 이 책에서는 통상협정이라는 개념을 광범위하게 사용하였다. 여기에는 WTO 협정과 FTA 협정뿐 아니라 투자협정도 역시 포함하여 평가하였다. 그 이유는 다음과 같다. 통상협정과 투자협정이 적용되는 영역이 이미 다양하게 중첩적으로 나타나고 있으며, 양자의 적용범위를 실질적으로 나누는 것이 어렵게 되었기 때문이다. 통상조치가 투자조치이며 반대로 투자조치가 통상조치인 경우도 적지 않게 발견되고 있다. 현재 진행 중인 호주와 필립 모리스간 담배갑 규제와 관련한 국제분쟁은 이러한 측면을 효과적으로 보여주고 있다. 또한 투자조치는 곧바로 통상문제의 주요 이슈 중 하나인 서비스교역의 공급형태 제3유형(Mode 3) 문제와 동일한 문제이기도 하다. 바로 이러한 이유로 FTA 협정에서도 투자문제가 가장 중요한 챕터의 하나가 되었으며 WTO 논의에서도 투자문제가 지속적으로 제기되어 검토되고 있다. 특히

---

25) *Financial Times*, 2014년 2월 20일자 보도 참조.
26) See *Id.*

각국 정부가 취하는 투자조치는 외국인 투자 및 투자자와 밀접하게 연관되어 있어 이는 곧바로 통상협정에로 직접적인 함의를 초래하여 양자의 연결고리는 더욱 탄탄하다고 할 수 있다. 특히 금융분야에서는 통상조치와 투자조치가 사실상 하나의 유기체로 움직이는 것으로 보는 것이 보다 정확하다. 그러므로 금융위기 극복조치를 통상협정 맥락에서 검토하는 목적상 "통상협정"은 단지 '협의'의 통상협정뿐 아니라 투자문제를 포함하는 '광의'의 통상협정으로 파악하는 것이 타당하다. 이를 반영하여 이 책에서는 WTO, FTA뿐 아니라 금융관련 조치와 직접 연관되는 투자협정상의 관련 규정과 분쟁내용도 포함하여 분석하였음을 밝혀 둔다.

제 2 장

국제법과 국제협정
- 금융위기 극복조치에 적용되는 구체적 사항을 중심으로

국제법과 국제협정
– 금융위기 극복조치에 적용되는 구체적 사항을 중심으로

1. 들어가는 말

각국이 취하는 다양한 금융위기 극복조치 및 금융관련 조치와 이로 인하여 초래되는 국제통상법적 함의를 평가함에 있어서도 국제협정의 해석과 적용, 그리고 국제분쟁의 해결에 적용되는 기본원칙과 법리에 기초할 필요가 있다. 결국 이 문제도 국제법의 테두리 내에서 평가되고 분석되는 문제이기 때문이다.

즉, 국제통상법은 WTO 협정을 중심으로 운용되고 있다는 내재적 특성으로 인하여 WTO 협정의 적용만을 받고 국제법의 기본원칙 내지 법리와는 유리되어 독자적으로 운용되는 법체계라고 오해되는 경우도 없지 않다. 그 동안 국제통상법의 연구나 분쟁해결에 있어 국제법 기본원칙 내지 법리에 대한 고려가 상대적으로 미흡하였던 이유는 아마 대부분의 통상분쟁은 WTO 협정의 적용만으로 해결될 수 있는 성격의 분쟁이었다는 점에서 기인하는 것으로 보인다. 즉, WTO 협정 체제에는 각 분야별로 지극히 세분화된 구체적인 협정 내용이 존재하고 있고, 여기에서 발생하는 모든 분쟁은 오로지 WTO 자체의 분쟁해결절차만을 이용하도록 규정하고 있는 소위 "자기완결적 체제(self-contained regime)"를 채택함에 따라[1)]

---

1) WTO 분쟁해결체제의 개략적 특성에 관해서는 Peters S. Watson, Joseph E. Flynn & Chad C. Conwell,

구체적인 분쟁의 심리 및 해결과정에서 보다 큰 법적 테두리를 제공하고 있는 국제법의 기본원칙 및 법리에 대한 의존 필요성은 크게 대두되지 않아 온 것이 사실이다. 그러나 국제통상법도 엄연히 국제법의 한 분야인 이상 국제법의 기본원칙과 법리가 그대로 적용됨은 물론이다. 또한 최근 진행 중이거나 또는 판결이 내려진 국제통상분쟁들이 단순히 통상 이슈에만 국한되지 않고 여타 주요 국제법 쟁점과 결부된 경우가 증가하는 상황이 더욱 빈번해지고 있어 국제법의 기본원칙의 중요성이 다시금 상기되고 있는 추세이다. 가령 통상과 환경, 통상과 문화, 통상과 인권, 통상과 노동, 또는 통상과 안보 등이 그러한 사례이다. 구체적 내용이 어찌되었든 이들은 국제통상과 관련된 이슈인 이상 WTO 협정문의 해석 및 적용과 직/간접적으로 관련이 되고, 또 그 한도 내에서 이들은 당연히 WTO 분쟁해결절차에서 다루어지는 통상분쟁에 해당한다.

이러한 새로운 성격의 통상분쟁들은 국제통상법과 회원국의 전통적인 국가주권이 상호 접점을 이루거나 혹은 대칭을 이루는 영역에서 발생하고 있다. 그러므로 새로운 성격의 분쟁을 해결하기 위해서는 단지 WTO 협정에 대한 기계적 해석만으로는 기본적 한계가 있으며 각 사안과 관련된 국제법 기본원칙과 법리에 대한 고려도 아울러 요구된다. WTO 협정도 협정상 당사국의 권리와 의무에 변경을 초래하지 않는 한도 내에서 특정 이슈와 관련된 국제법 법리를 고려할 가능성을 아울러 열어두고 있다.[2] 또한 국제통상법과 여타 국제법 규범의 상호작용에 대한 평가를 요구하는 성격의 분쟁이 증가하고 있으며 최근 진행되었던 미국과 중국의 위안화 환율 분쟁에서 목도한 바와 같이[3] 이러한 성격의 분쟁은 앞으로도 계속 증가할 것으로 예측된다. 이러한 상황변화에 따라 WTO 패널 및 항소기구(Appellate Body)도 특정 분쟁을 심리하고 해결하는 데 있어 점차 국제법 기본원칙과 법리를 활용하거나 언급하는 사례가 증가하고 있다.

특히 금융위기 극복조치와 같이 전통적인 통상협정의 적용대상에 해당되는 것이 아닌 것으로 간주되는 이슈이거나 복수의 국제협정이 중복 적용될 가능성이 존재하는 사안의 경우에는 그 전체를 아우르는 국제법의 기본원칙과 법리를 확인하고 이를 적용하려는 노력을 경주할 필요가 있다.

Completing the World Trading System, Kluwer Law International(1999), p. 44를 참조.

2) *Understanding on Rules and Procedures Governing Settlement of Disputes*("DSU") 제3.2조, 19.2조 참조.

3) 이 문제와 관련한 미국과 중국의 공식입장에 관해서는 로이터 통신의 다음 언론보도 내용 참조. http://www.reuters.com/article/idUSN239690720100325; http://www.reuters.com/article /idUS N07 21976720100608.

일단 통상협정 내부로 들어가게 되면 그 틀 내에서 관련 조항 위반 여부를 분석하게 되며 협정 전체에 적용되는 원칙과 법리에 대한 평가는 힘들어지게 된다. 이러한 점을 감안하여 아래에서는 먼저 국제법의 주요 원칙과 법리에 대하여 살펴보고 이러한 원칙과 법리가 이 책에서 분석하는 문제에 대하여 어떻게 적용되는지에 대하여 평가하도록 한다.

2. 국제관습법상 주요 원칙

A. 국내문제 불간섭 원칙

타국의 금융위기 극복 정책에 대한 문제제기나 관여는 한편으로 국제법의 기본원칙 중 하나인 국내문제 불간섭 원칙에 대한 저촉을 초래할 수도 있다. 이 문제가 특히 국내경제의 사활이 걸린 중요한 경제 이슈와 연관될 뿐 아니라 나아가 이 문제가 여타 통상협정 또는 국제협정에 따라 규율되는지 여부가 불명확한 상황이기 때문에 특히 국내문제 불간섭 원칙에 대한 저촉 여부가 제기될 수 있게 된다. 이 주장을 전개하는 국가 입장에서는 기본적으로 "국제문제화"되지 않은 금융위기 극복조치 내지 금융관련 정책에 대하여 외국 정부가 자신의 의견과 입장을 개진하여 상황변동을 노리는 것이라고 주장할 수도 있기 때문이다.

국제법에서는 주권평등 원칙의 또 다른 표현으로서 일국의 국내문제에 대한 타국의 관여를 금지하고 있다.[4] 유엔 헌장 제2조 제7항은 이러한 국제법 원칙을 거듭 확인하고 있다.[5] 이러한 국내문제에 해당하는 대표적인 사안으로는 그 국가의 헌정질서, 국제법의 국내법으로의 도입 기제, 외교정책 수립, 외국인의 출입국 문제 등을 들 수 있다. 자국의 금융위기를 극복하기 위하여 다양한 조치를 취하는 데 대하여 다른 국가가 통상협정 위반 문제로 대응하게 된다면 금융위기 극복조치를 취한 국가는 그러한 문제제기국에 대하여 국내문제 불간섭 원칙

---

4) 정인섭, 『新 국제법강의: 이론과 사례』, 박영사(2014), p. 155; 김대순, 『국제법론』 제17판, 삼영사(2013), p. 382; 이병조 · 이중범 공저, 『국제법신강』, 일조각(2008), p. 174; Antonio Cassese, 강병근 · 이재완 譯, 『국제법』, 삼우사(2010), p. 104, 107; John H. Jackson, *The Jurisprudence of GATT & the WTO*(Cambridge University Press, 2002), p. 133 각각 참조.

5) 국제법상 국내문제 불간섭 원칙을 선언하고 있는 유엔 헌장 제2조 7항은 다음과 같이 규정하고 있다:

7. Nothing contained in the present Charter shall authorize the United Nations to intervene in matters which are essentially within the domestic jurisdiction of any state or shall require the Members to submit such matters to settlement under the present Charter; but this principle shall not prejudice the application of enforcement measures under Chapter VII.

을 위반하고 있다는 주장을 전개할 수 있다.

물론 국제법 법리에 따르면 원래 국내문제에 속하는 사항도 경우에 따라서는 국제문제화 될 수 있다. 가령 기본적으로 국내문제에 속하는 사항과 관련하여 일국이 타국과 자발적으로 조약을 체결하여 국제법상 권리와 의무를 창출하게 되면 원래 국내문제였던 사안도 국제문제로 전환되며 그 범위 내에서 국제법의 적용을 받게 될 것이다.[6] 가령, A국과 B국이 비자면제 협정을 체결하게 되면 양국은 타국 국민이 자국 영역에 입국하는 경우에 원래 요구할 수 있었던 비자의 사전발급을 자발적으로 포기하게 된다. 이러한 상황에서 A국이 기존과 같이 B국 국민에게 비자를 요구하게 된다면 이는 조약(즉, 국제법) 위반을 구성하게 될 것이다. 원래는 국내문제였던 사안이 비자면제 협정 체결을 통하여 국제문제화 되었기 때문이다. 그러므로 금융위기 극복조치도 그러한 조치가 WTO 협정 등 통상협정의 적용 범위 내에 위치하게 되는 것으로 간주된다면 이는 이미 국제문제화 된 것으로 이제 와서 이는 국내문제이므로 다른 국가가 관여하여서는 아니 된다는 주장은 힘을 잃게 될 것이다.

그러나 금융위기 극복과정에서 채택되는 조치들 중 통상협정의 관련 규정이 직접 적용되는 것인지 여부가 불투명한 내용 —가령 환율 문제— 을 담고 있는 경우에는 이와 같이 이미 국제문제화 된 것인지 여부가 불분명하다. 특히 통상협정에 따른 조치도 취하지 않은 채 단지 다른 국가의 금융위기 극복정책이나 금융관련 정책이 통상협정에 위반하는 효과가 있다는 주장만을 일방적으로 전개하는 상황에서는 이는 다른 나라의 금융제도 및 운용에 관한 개입에 해당한다는 주장이 받아들여질 가능성도 없지 않다.

국내문제 불간섭 원칙은 WTO 분쟁해결절차에서도 역시 심심찮게 언급되고 있다. 유럽연합과 미국/캐나다간 *U.S.−Hormones Suspension* 사건[7]에서 국가가 채택하는 조치 또는 행위는 의문이 제기될 경우 가급적 국제법상 의무에 합치하는 것으로 해석되어야 한다는 "선의해석의 원칙(principle of good faith)"[8]이 패널과 항소기구 판결을 통해 확인되었

---

6) 정인섭, *supra* note 4, p. 155; 김대순, *supra* note 4, p. 383 참조. 가령 우리나라는 2012년 12월 31일 현재 세계 여러 국가와 164건의 비자면제 협정을 체결하고 있는 것으로 확인되고 있다. 외교부 웹페이지(http://www.mofa.go.kr/trade/treatylaw/treatyinformation/bilateral/index.jsp?mofat=001&menu=m_30_50_40) 참조(2014년 2월 14일 검색). 조약 상대방인 국가에 대하여 우리나라는 원래 국내문제이던 출입국 문제를 자발적으로 "국제문제화"한 것으로 파악할 수 있을 것이다.

7) *United States−Continued Suspension of Obligation In the EC−Hormones Dispute*, WT/DS320/AB/R(Nov 14, 2008)("*U.S.−Hormones Suspension*").

8) 김대순, *supra* note 4, p. 386; Antonio Cassese, 강병근·이재완 譯, *supra* note 4, p. 96 각각 참조.

다.[9] 동 사건은 호르몬 투여 미국산 육류에 대한 위해성 평가(risk assessment)[10] 미비로 과거 *EC-Hormones*[11] 사건에서 패소 판정을 받은 유럽연합이 이후 과학적 증거에 기초한 새로운 위해성 평가(risk assessment)에 근거하여 수입금지 조치를 부과하고 있음에도 불구하고 미국과 캐나다의 무역제재 조치가 지속되자 이들 국가를 WTO "분쟁해결양해사항(Understanding on Rules and Procedures Governing the Settlement of Disputes)" 위반으로 제소한 사건이다. 특히, 유럽연합의 "선의해석의 원칙" 주장과 관련하여 패널은 이에 대한 상세한 법적 해석을 시도하였다. 패널에 따르면 동 원칙은 WTO 협정에도 적용되는 국제법상 기본원칙으로서 명시적인 협정 위반사항이 존재하지 않을 경우 분쟁 당사국의 국내 조치 또는 행위는 가급적 WTO 협정과 합치하는 것으로 해석되어야 함을 지적하며 다음과 같이 판시하였다:[12]

> 7.320[…]선의로 행위를 하는 국가는 자신의 의무를 성실히 준수하기 위하여 노력하여야 한다. 따라서 선의의 추정은 의무의 준수에 대하여도 연장되어 적용될 수 있다. 선의해석의 원칙에 대한 위반이 추정되는 것은 아니라는 원칙으로부터 국가는 혜택을 향유하며, 이러한 권리의 남용 또는 선의해석의 원칙에 대한 위반 사실은 이를 주장하는 국가가 입증 책임을 부담한다는 것이 패널이 이해하는 바이다.[13]

---

9) *U.S. -Hormone Suspension(Panel)*, para. 7. 317; *U.S. -Hormone Suspension(AB)*, para. 314.

10) Tsai-fang Chen, *What Exactly is the Panel Reviewing: The First Step in the Standard of Review Analysis in the WTO Dispute Resolutions*, 4 Asian Journal of WTO & International Health Law and Policy 467(2009), pp. 499-500 참조.

11) *EC Measures Concerning Meat and Meat Products(Hormones)*, WT/DS26, 48/AB/R(Feb. 13, 1998); 동 사건은 성장호르몬을 투여한 미국산 육류에 대해서 유럽연합이 부과한 수입금지 조치가 SPS 협정 위반임을 이유로 미국/캐나다가 유럽연합을 WTO에 제소한 사건이다. 심리 결과 유럽연합은 패소하였고 미국/캐나다는 분쟁해결기구(Dispute Settlement Body: DSB)로부터 보복권한(suspension of concession)을 획득한 후 유럽연합 수입품에 대해 관세부과 등 무역제재 조치를 부과하였다.

12) *U.S. -Hormones Suspension(Panel)*, paras. 7.318-7.323; 항소기구는 "선의해석의 원칙"이 국제법상 기본 법리라는 주지의 사실을 재차 확인하지는 않았지만 이를 전제로 동 사안을 검토하였다. *U.S. -Hormones Suspension(AB)* 참조.

13) 동 판결의 원문은 다음과 같다:
7.320[…][A] State acting in good faith should be honestly seeking to comply with its obligations. A presumption of good faith could thus extend to compliance. It is the understanding of the Panel that States benefit in their actions from the principle that a breach of the principle of good faith cannot be presumed and that any State alleging an abuse of right(abus de droit) or, more particularly, a breach of the principle of good faith, must prove it.
U.S. -Hormones Suspension(Panel), para. 7.320.

7.321 결국 일반 국제법에 따르면 유럽연합은 선의해석의 원칙에 의거하여 협정상 의무를 준수하였음이 추정된다고 주장할 권리를 보유한다.[14]

동 사건의 쟁점인 유럽연합의 수입금지 조치는 WTO "위생 및 식물위생조치의 적용에 관한 협정(Agreement on the Application of Sanitary and Phytosanitary Measures: SPS 협정)"에 따라 평가되었다. SPS 협정은 각국이 위생검역 조치를 시행함에 있어 준수하여야 할 규범을 구체적으로 제시하고 있으나, 실제 사안에서 어떠한 검역기준에 따라 어떠한 조치를 시행할 지에 관해서는 각 회원국의 재량권을 기본적으로 인정하고 있다. SPS 협정에도 불구하고 각국의 위생검역 주권은 여전히 존재하고 있으며 WTO가 이러한 위생검역 주권의 본질적 사항에 개입하는 것은 적절하지 않다는 인식이 그 바탕에 깔려 있는 것으로 볼 수 있을 것이다. 이와 관련하여, *EC-Hormones* 사건의 항소기구는 상술한 WTO SPS 협정에 따라 회원국이 독자적인 위생검역 기준을 설정할 권리는 협정상의 일반적 의무에 대한 예외로서 부여되는 반사적 권리가 아니라 회원국의 자주적인 권한이라고 판시한 바 있다.[15] 따라서, 동 사건에서와 같이 외견상 WTO 협정과 관련하여 쟁점이 된 당사국의 조치일지라도 그것이 전통적으로 국가주권에 위임된 사항이고 WTO 협정 역시 그러한 국가주권을 인정하는 취지의 규정을 담고 있는 경우, 명백한 협정 위반사항이 확인되지 않는 이상 선의해석 추정의 원칙이 적용됨으로써 자연스럽게 WTO의 간섭이 배제되는 효과가 발생하게 될 것이다. 이는 국내문제 불간섭 원칙의 WTO 협정 차원의 발현이라고 볼 수 있을 것이다.

이와 유사한 문제가 *U.S. -Softwood Lumber IV* 사건에서도 논의된 바 있다. 이 사건에서 국내 천연자원의 개발에 관한 문제는 WTO 협정의 적용 범위에서 벗어난다는 취지의 주장이 개진된 바 있다.[16] 동 사건은 캐나다 주정부가 자국 기업에 대해 입목 벌채권(stumpage)

---

14) 동 판결내용의 원문은 다음과 같다:

    7.321 As a result, we note that, under general international law, the European Communities would be entitled to claim a presumption of good faith compliance.

    Id., para. 7.321.

15) 항소기구의 판시내용은 다음과 같다:

    172[…]As noted earlier, this right of a Member to establish its own level of sanitary protection under Article 3.3 of the SPS Agreement is an autonomous right and not an "exception" from a "general obligation" under Article 3.1.

    European Communities-Measures Concerning Meat and Meat Products(WT/DS26, 48/AB/R) ("*EC-Hormones*"), para. 172.

16) United States-Final Countervailing Duty Determination With Respect To Certain Softwood Lumber From Canada(WT/DS257/R)(Aug. 29, 2003)("*U.S. -Softwood Lumber IV(Panel)*"), para. 7.2.

을 부여한 것을 미국이 보조금 교부로 인정하여 캐나다산 연목재(softwood lumber)에 대하여 상계관세를 부과하자 캐나다가 WTO 보조금협정(Agreement on Subsidies and Countervailing Measures: SCM Agreement) 위반을 이유로 미국을 WTO에 제소한 사안이다.[17] 동 사건에서 캐나다는 천연자원의 개발을 위해 국내기업에게 입목 벌채권을 부여한 것은 WTO 보조금협정 제1.1조(a)(1)(iii)항[18]상의 "정부에 의한 재정적 기여" 유형 가운데 하나인 "정부가 일반적인 사회간접자본 이외의 '상품(goods)' 또는 용역을 제공하는 경우"에 해당한다고 볼 수 없으므로 보조금을 구성하지 않는다고 주장하였다.[19] 아울러, 캐나다는 부수적인 이론적 논거로서 문제의 입목 벌채권과 같은 천연자원 교역시장은 공급이 제한되어 있는 "경제적 지대 시장(economic rent market)"이라는 주장을 전개하였다.[20] 캐나다의 주장에 따르면 경제적 지대 시장에서는 토지, 입목 등과 같은 천연자원 생산요소에 대해 지불하는 비용이 동 생산요소의 후속 대량생산이나 민간시장대비 저렴한 가격을 통한 경쟁력 창출에 기여하지 못한다는 것이다.[21] 캐나다의 이러한 주장은 천연자원 시장에 대한 일정 수준의 정부 개입이 불가피하며 이는 국가의 주권행사의 영역으로서 WTO 내지 타국의 간섭이 적절하지 않다는 취지인 것으로 해석할 수 있을 것이다. 이에 대해 패널과 항소기구는 캐나다의 경제적 지대 이론에 대한 검토는 생략한 채 양 당사국이 직접적으로 요청한 보조금협정상의 규정에 대한 검토만을 진행하였다. 그리고 동 규정이 명시적으로 천연자원을 "상품"의 개념에서 배제시키고 있는 것이 아니기 때문에 천연자원에 대하여 보조금협정의 적용을 제한할 이유가 없다고 판시하며 캐나

---

17) 동 사건에 대한 자세한 평석은 다음을 참조: John H. Jackson, William J. Davey & Alan O. Sykes, *Legal Problems of International Economic Relations*(West Publishing Company, 4th ed. 2002), p. 845.

18) 보조금 협정 제1.1조(a)(1)(iii)항은 다음과 같이 규정하고 있다:

1.1 For the purpose of this Agreement, a subsidy shall be deemed to exist if:

(a)(ⅰ) there is a financial contribution by a government or any public body within the territory of a Member (referred to in this Agreement as "government"), i.e. where:

(iii) a government provides goods or services other than general infrastructure, or purchases goods;

19) 캐나다는 보조금협정상 "상품"의 통상적 의미는 "재화 이외의 유형자산 또는 동산(tangible or movable personal property, other than money)"이라고 할 수 있는데 입목을 벌채할 수 있는 "권리"를 유형자산으로 볼 수 없고, "입목" 역시 이동 가능한 자산, 즉 동산(動産)으로 볼 수 없기 때문에 문제가 된 입목 벌채권은 보조금협정의 규율 대상인 "상품"에 해당하지 않는다는 논거를 제기하였다(*U.S.—Softwood Lumber Ⅳ (Panel)*, para. 7.3—7.4 참조.

20) 이 판결의 원문은 다음과 같다:

7.36 Finally, Canada argues that studies on the record demonstrate, consistent with classical economic theory, that the market for stumpage is an "economic rent" market, in which, for an input that is fixed in supply, such as an in situ natural resource like standing timber, the level of charges or fees for access to that resource will not lead to greater production of the output(logs or lumber), or lower prices for them than in a private competitive market[…].

Id., para. 7.36.

21) *Id.*

다의 주장을 기각하였다. 이와 관련한 패널의 판시내용은 다음과 같다:

7.25[…]패널은 동 협정의 제정 과정에서 "일반적인 사회간접자본"을 명시적으로 제외하는 것이 고려되었다는 점에 비추어, 동 조항을 광범위하게 해석할 필요가 있음을 재차 확인하는 바이다. "상품 또는 용역"은 "일반적인 사회간접자본"을 포함하는 광의의 개념으로 볼 수 있는데, 만약 이것이 협의의 개념이었다면 제1.1조(a)(1)(iii)항에서 "일반적 사회간접자본"을 배제할 이유가 없었을 것이다. 아울러, 동 조항은 오로지 "일반적 사회간접자본" 만을 그 적용에서 배제하고 있는 것으로 해석되어야 한다. 만약 천연자원이나 교역이 불가능한 상품 등을 제외하고자 하였다면 동 협정 내 그러한 취지의 명시적인 규정이 존재하였을 것이기 때문이다.[22]

한편, 항소기구 역시 패널의 견해를 지지하며 다음과 같이 언급하였다:

60[…]제1.1조(a)(1)(iii)항 하에서 정부에 의한 상품의 제공이 재정적인 기여로 간주되지 않는 유일한 명시적 예외는 동 상품이 일반적 사회간접자본에 해당하는 경우 뿐이다. 제1.1조(a)(1)(iii)항의 맥락에서는 기업이 자신의 이익을 위하여 사용하는 모든 상품은 -일반적 사회간접자본으로 간주될 수 있는 상품을 포함하여- 일반적인 성격을 보유하는 간접자본에 해당하지 아니하는 한 동 조항 상의 상품으로 간주되어야만 한다.[23]

---

22) 이 판결의 원문은 다음과 같다:
   7.25[…]We find further confirmation of this broad meaning in the fact that the drafters of the Agreement considered it necessary to explicitly exclude "general infrastructure." This implies that "goods or services" is sufficiently broad as to include "general infrastructure"; if not, there would have been no reason to explicitly exclude it. At the same time, "general infrastructure" is the only "good or service" which is excluded from the broad scope of Article 1.1(a)(1)(iii) SCM Agreement. In our view, if the drafters had wanted to exclude other items such as natural resources or non-tradable goods, they would have also explicitly excluded such "goods or services."
   Id., para. 7.25.
23) 동 판결내용의 원문은 다음과 같다:
   60[…]In Article 1.1(a)(1)(iii), the only explicit exception to the general principle that the provision of "goods" by a government will result in a financial contribution is when those goods are provided in the form of "general infrastructure." In the context of Article 1.1(a)(1)(iii), all goods that might be used by an enterprise to its benefit—including even goods that might be considered *infrastructure*—are to be considered "goods" within the meaning of the provision, unless they are infrastructure of a general nature.
   United States－Final Countervailing Duty Determination With Respect To Certain Softwood Lumber From Canada(WT/DS257/AB/R)(Jan. 19, 2004)("*U.S.－Softwood Lumber Ⅳ(AB)*"), para. 60.

　동 분쟁은 보조금협정의 해석과 관련된 사안으로서 정부가 제공하는 "상품 또는 용역"의 범위에 천연자원이 포함될 수 있는지 여부가 주된 쟁점이었다고 볼 수 있다. 그러나 전술(前述)한 캐나다의 주장과 같이 천연자원의 경우 그 한정적인 속성으로 인하여 민간시장의 수요－공급 법칙에 전적으로 위임할 경우 자원고갈로 인한 심각한 경제문제와 환경문제를[24] 초래할 개연성이 존재하는 것으로 볼 수 있을 것이다. 캐나다는 이러한 천연자원 영역에 대해서는 정부의 개입과 통제가 필요하며 국가마다 상황도 상이한 바, 여기에 대하여 WTO 협정이 적용될 여지가 없다는 것이다. 천연자원 관리 및 운용 문제에 대하여 외국과 국제기구의 간섭을 배제한다는 관점에서 국내문제 불간섭 원칙의 간접적인 발현 사례로 볼 수 있을 것이다.

　나아가 최근에 진행되는 WTO 통상 분쟁에서는 각국의 입법조치들이 다양하게 검토되고 있다는 점도 주목할 만하다. 미국, 유럽연합 등이 중국을 제소하여 전개되는 제반 분쟁에서는 말할 나위도 없거니와, 미국, 유럽연합, 캐나다, 호주, 한국 등을 피제소국으로 하여 제기된 분쟁에서도 이들 국가의 다양한 입법조치들이 검토되고 있다. 이러한 입법조치의 검토에 있어 적용되는 기본 법리는 전술한 바와 같이 명백히 협정 위반 사항이 적시되지 않은 경우 가급적 이를 최대한 선의(good faith)로 해석하여 합법성을 추정한다는 점이다.[25] *U.S.－OCTG Sunset Review* 사건 이후로 WTO 항소기구는 피제소국의 입법조치와 관련하여 피제소국 정부에 재량권이 부여되어 있는 경우 그러한 재량권은 WTO 협정에 합치되는 방향으로 행사될 것으로 추정한다는 원칙을 채택하고 있다.[26] 이 원칙은 한편으로는 "의심스러울 경우에는 국가주권에 침해를 덜 부여하는 방향으로("*in dubio mitius*")" 조약을 해석, 적용하여야 한다는 법리의 발현으로 파악할 수도 있으나, 또 다른 측면에서는 WTO 협정의 국내적 이행과 관련하여 각국의 재량권을 최대한 보장하고 이러한 구체적 이행방법에 대해서는 WTO 패널이나 항소기구가 개입하여서는 아니 된다는 원칙의 표현이기도 하다. 각국의 국내입법 및 이를 통한 구체적 이행방법에 대하여 제소국이 추상적인 문제 제기를 하거나 이에 대하여 패널 및 항소기구가 심리하는 경우 피제소국은 이를 회원국 국내 제도에 대한 부당한 간섭의 사례로 주장하는 사례가 나타나고 있다. 이러한 측면에서는 이 역시 국내문제 불간섭 원칙의 발현 사례로

---

24) 환경규범 맥락에서 통상 문제의 접근에 관해서는 Peters S. Watson, Joseph E. Flynn & Chad C. Conwell, *Completing the World Trading System*, Kluwer Law International(1999), p. 47; 국제경제법학회, 『新 국제경제법』, 박영사(2012) p. 713 각각 참조.

25) Andrew D. Mitchell & David Heaton, *The Inherent jurisdiction of WTO Tribunals: The Select Application of Public International Law Required by the Judicial Function*, 31 Michigan Journal of International Law 559(2010), pp. 606－607 참조.

26) *United States－Sunset Reviews of Anti－Dumping Measures on Oil Country Tubular Goods from Argentina*, WT/DS268/AB/R(Nov. 29, 2004), para. 173.

파악할 수도 있을 것이다.

한편, 이와 유사한 이슈가 패널 절차에서도 제기된 바 있다. 즉, *China−Raw Materials* 사건에서[27] 중국은 자신의 일반적인 경제정책에 대하여 미국 등 제소국이 WTO 위반을 주장하는 것은 자신들의 국내문제에 대한 부당한 간섭이라는 취지의 주장을 전개하였다.[28] 이 분쟁은 중국의 천연자원 수출 제한조치가 수출입 상품에 대한 수량제한을 금지하는 GATT 제11조에 위반되는지 여부가 문제로 제기된 사건이다.[29] 이 분쟁에서 중국은 천연자원에 대해서는 WTO 협정과 상관없이 각국이 주권을 보유함을 언급하고 있다. 어떻게 보면 이전의 캐나다 주장과 일맥상통하는 측면이 있다고 볼 수 있을 것이다. 나아가 중국은 GATT 제20조(g)항이 고갈될 수 있는 천연자원의 보존과 관련된 국내 조치에 대해 일반적 예외를 인정하고 있는 취지도 "천연자원에 관한 주권행사가 사회적·경제적 발달을 위한 방향으로 이루어져야 한다"는 의미로 해석되어야 한다는 주장을 개진한 것으로 알려졌다.[30] 요컨대 WTO 협정을 원용하여 천연자원 수출에 대한 중국 정부의 조치를 철폐하고자 하는 제소국의 시도는 사실상 천연자원의 관리에 관한 중국 국내문제에 대한 부당한 간섭에 해당한다는 것이 중국의 입장인 것으로 볼 수 있을 것이다.[31]

3. 조약법상 주요 관련 원칙

A. 국제법상 조약의 정의

국제법에서 의미하는 조약(treaty)이란 무엇인가? 국제법에서 말하는 조약이란 "국가간 문서에 의한 합의"를 지칭한다. 국가간 구두에 의한 합의도 불가능한 것은 아니나, 일반적으로 조약이라고 할 때 이는 기본적으로 문서에 의한 국가간 합의에 국한된다. 국가간 조약의 체결, 효력, 해석 등에 대한 일반적 규율은 오랜 기간 동안 국제관습법을 통해 이루어져 왔으나,

---

27) *China−Measures Related to the Exportation of Various Raw Materials*(DS394/395/398)("*China−Raw Materials(Panel)*").
28) 이와 관련하여 중국 상무부(Ministry of Commerce) 웹사이트에 게시된 다음의 *China Daily* 언론보도 참조, http://english.mofcom.gov.cn/aarticle/bilateralexchanges/201006/20100606948191.html.
29) *Request for the Establishment of a Panel by the United States*, WT/DS394/7(Nov. 9, 2009)
30) Opening Oral Statement of the Complaints at the First Substantive Meeting of the Panel with the Parties, *China−Raw Materials(Panel)*, paras. 10−11.
31) Second Written Submission by the United States, *China−Raw Materials(Panel)*, paras. 117−119.

그 점증하는 중요성으로 인하여 이에 대한 법전화 작업이 진행되어 "1969년 조약법에 관한 비엔나 협약(1969 Vienna Convention on the Law of Treaties, 이하 '비엔나 협약')"이 채택되었다. 비엔나 협약은 국제법상 조약법에 관한 제반 규범을 상세히 제시하고 있어 다양한 조약 관련 분쟁해결의 기본적 지침을 제공하고 있다. 따라서 WTO 협정 및 투자협정을 포함하여 국가간 합의 문서의 법적 성격과 효력에 대한 일체의 문제는 비엔나 협약의 규정과 법리에 따라 평가되고 해결되어야 한다. 특히 비엔나 협약의 적용대상이 되는 조약인지 여부는 '국가간 문서에 의한 합의'라는 실질에 의해 결정되며 그 형식이나 명칭에 의해 좌우되는 것이 아니다.따라서 특정 문서가 새로운 법적 규범 창출을 위한 국가간 합의의 의사를 분명히 포함하고 있다면 명칭에 상관없이 이는 조약으로 취급된다. 일반적으로 양자조약의 경우에는 "조약(Treaty)" 또는 "협정(Agreement)"이라는 용어를, 다자조약의 경우에는 "협약(Convention)"이란 용어를 조약의 명칭으로 사용하나, 당사국은 그 외에도 교환각서(Exchange of Letters), 최종의정서(Final Act), 양해각서(Memorandum of Understanding) 등 다양한 명칭을 조약에 부여하고 있다. 이러한 다양한 명칭 여하에도 불구하고 조약의 실질 —즉, 문서에 의한 국가간 합의— 을 담고 있는 한 그러한 문서는 모두 동등하게 조약으로 취급되며 동일한 법적 효력을 부여받고, 따라서 비엔나 협약의 적용을 받게 되는 것이다. 반대로 법적 규범 창출을 위한 국가간 합의의 의사가 존재하지 않는다면 그 형식 및 명칭에도 불구하고 이는 정치적 선언에 불과하며 국제법상 조약은 아니다.

이러한 시각에서 평가한다면 설사 국가간 합의 문서를 "약정"으로 칭한다고 하여 그 문서의 법적 효력이나 성격에 본질적인 변화가 생기는 것은 아니며, 여전히 국제법상 조약으로서의 성격을 보유하는 것으로 보아야 한다. 1933년 몬테비데오 협약이 규정하고 있는 국가성립의 네 가지 요건을 충족하고 있는 국가간 문서를 통한 합의를 담고 있는 것이 바로 WTO 협정 및 각종 투자보장협정이기 때문이다.

B. 비엔나 협약 제31조: 조약 해석의 원칙

한편 모든 조약 관련 분쟁의 궁극적 귀결점은 문제된 조약의 관련 조항을 어떻게 해석할 것인지의 문제이다. 이 문제에 대하여 적용되는 국제법 규범은 비엔나 협약 제31조에 다음과 같이 규정되어 있다:

제31조(해석의 일반규칙)

① 조약은 조약문의 문맥 및 조약의 대상과 목적으로 보아, 그 조약의 문면에 부여되는 통상적 의미에 따라 성실하게 해석되어야 한다.

② 조약의 해석 목적상 문맥은 조약문에 추가하여 조약의 전문 및 부속서와 함께 다음의 것을 포함한다.

　(a) 조약의 체결에 관련하여 모든 당사국간에 이루어진 그 조약에 관한 합의

　(b) 조약의 체결에 관련하여, 1 또는 그 이상의 당사국이 작성하고 또한 다른 당사국이 그 조약에 관련되는 문서로서 수락한 문서

③ 문맥과 함께 다음의 것이 참작되어야 한다.

　(a) 조약의 해석 또는 그 조약규정의 적용에 관한 당사국간의 추후의 합의

　(b) 조약의 해석에 관한 당사국의 합의를 확정하는 그 조약 적용에 있어서의 추후의 관행

　(c) 당사국간의 관계에 적용될 수 있는 국제법의 관계규칙

④ 당사국의 특별한 의미를 특정용어에 부여하기로 의도하였음이 확정되는 경우에는 그러한 의미가 부여된다.[32]

이와 같이 비엔나 협약 제31조는 조약해석의 기본원칙을 제시하고 있으며 이에 따르면 모든 조약의 해석은 오로지 해당 조약의 문언, 문맥, 그리고 조약의 목적과 대상에 기초하여 진행된다.[33] 따라서 이 과정에서 체약 당사국 정부가 내포하고 있는 여타 정책목적이나

---

[32] Article 31 General rule of interpretation

　1. A treaty shall be interpreted in good faith in accordance with the ordinary meaning to be given to the terms of the treaty in their context and in the light of its object and purpose.

　2. The context for the purpose of the interpretation of a treaty shall comprise, in addition to the text, including its preamble and annexes:

　　(a) any agreement relating to the treaty which was made between all the parties in connection with the conclusion of the treaty;

　　(b) any instrument which was made by one or more parties in connection with the conclusion of the treaty and accepted by the other parties as an instrument related to the treaty.

　3. There shall be taken into account, together with the context:

　　(a) any subsequent agreement between the parties regarding the interpretation of the treaty or the application of its provisions;

　　(b) any subsequent practice in the application of the treaty which establishes the agreement of the parties regarding its interpretation;

　　(c) any relevant rules of international law applicable in the relations between the parties.

　4. A special meaning shall be given to a term if it is established that the parties so intended.

[33] 가령 WTO 패널 및 항소기구는 모든 분쟁의 심리, 결정에 있어 1969년 비엔나 협약 제31조의 조약 해석 일반원칙(General Rules of Treaty Interpretation)을 충실히 적용하여 분쟁을 해결하고 있다. 지금까지 제기된 분쟁들은 모두 이 해석원칙의 충실한 적용을 통하여 결론이 도출되고 있다.

의도가 특별히 반영되거나 고려되지는 않는다. 따라서 체약 당사국 정부가 어떠한 조치를 취함에 있어 타당하거나 또는 합목적적인 의도를 보유하고 있었다는 사실만으로 그러한 조치가 반드시 조약에 합치되는 것으로 해석되지는 않는다는 점에 유념할 필요가 있다. 오로지 체약 당사국이 합의하여 조약문에 기술된 사항이 그대로 이행되었는지 여부가 조약 해석과 적용의 결정적 기준임에 유념할 필요가 있다. 물론 경우에 따라서는 조약문의 문구를 특별한 방향으로 해석하기 위하여 체약 당사국이 합의하는 경우도 있을 수 있으나, 이 경우에도 그러한 취지를 담고 있는 별도의 합의가 문서 또는 여타의 방식으로 명백히 존재하여야 한다.

그러므로 최근 문제가 되고 있는 통상 및 투자협정의 해석에 있어서도 관련 조항에 기재된 그대로의 문맥의 충실한 해석과 적용을 통하여 진행되어야 하며, 우리나라의 상황에서 이를 어떻게 이해하고 적용하는 것이 타당한 것인가의 관점에서 접근하는 것은 올바른 방향이라고 할 수 없을 것이다. 즉, 우리 정부가 어떻게 이 조항을 적용하는 것이 타당하다고 판단하는지 여부, 또는 동일한 맥락에서 우리 지방자치단체가 관련 조항을 어떻게 운용하는 것이 적절한 방향이라고 간주하는지 여부는 이 문제를 검토함에 있어 결정적인 변수로 작용하지는 아니한다. 특히 실무적인 측면에서도 WTO 협정과 같이 이를 관할하는 국제기구가 존재하여 국제사회에서 이를 통한 체계적인 운용이 이루어지는 조약의 경우, 일방 체약 당사국의 의도와 설명이 여타 체약 당사국의 이해와 거리가 있는 경우 그 설득력을 유지하기는 특히 힘들다고 할 것이다.

(1) 기본규칙: 제31조 제1항

(a) 성실한 해석(interpretation *in good faith*)

제31조에 포함된 조약해석의 첫 번째 원칙인 '성실하게 해석되어야 한다'는 언급은 바로 비엔나 협약 제26조의 약속은 지켜져야 한다(*pacta sunt servanda*)의 원칙을 다시 한번 해석 맥락에서 언급하고 있는 것이다. 즉, 조약해석은 조약 이행의 한 부분이며 관련된 요소를 설명하는 과정이기 때문에, 신의 성실하게 해석하는 것이 조약을 신의 성실하게 이행하는 것과 동일한 의미이다.

조약 등의 이행과 관련하여 특정 국가가 채택하는 조치 또는 행위에 대하여 다소의 의문이 제기되는 경우라도 가급적 국제법상 의무에 합치하는 것으로 해석되어야 한다는 것이 소위 "선의해석의 원칙(principle of good faith)"이다. 이 원칙은 과거 분쟁 사례를 통하여 국제법원에서 여러 차례 인정된 바 있다.[34] WTO 패널 및 항소기구도 이러한 원칙을 확인한 바 있다.[35] 즉, *U.S.—OCTG Sunset Review* 사건 이후로 WTO 항소기구는 WTO 회원국의 입법조치와 관련하여 회원국 정부에 재량권이 부여되어 있는 경우 명백한 협정 위반사항이 확인되지 않은 경우 그러한 재량권은 WTO 협정에 합치되는 방향으로 행사될 것으로 추정한다는 원칙을 채택하고 있다.[36]

따라서 각국이 취하는 금융위기 극복조치 또는 금융관련 조치가 통상협정에 위반하는지 여부가 명확하지 않은 경우에는 그러한 조치가 통상협정에 합치되지 않는다는 점이 분명히 입증되기 전까지는 기본적으로 조치 시행국 정부의 입장과 결정에 대한 존중이 필요하다는 논거도 아울러 성립 가능하다.

(b) 통상의 의미(ordinary meaning)

조약의 해석은 적어도 반대가 성립되지 않는다면, 용어에 부여된 통상의 의미를 고려해서 이루어져야 한다. 왜냐하면 통상의 의미는 당사국의 의사가 무엇인지를 가장 잘 나타내고 있기 때문이다. 통상의 의미는 조약의 대상(object)과 목적(purpose)에 비추어 조약의 문맥 속에서 고려해야 한다.[37] 따라서 만약 해석이 조약의 대상과 목적에 양립하지 않는다면 그 해석은 잘못된 것이다. 그러므로 비록 제1항에서 원문 그대로의 문언 해석(textual or literal)과 실효성(effectiveness or teleological)의 두 가지 접근법을 포함하고 있다고 하더라도 원문 그대로의 해석(textual)이 우위를 점하는 것으로 보아야 한다.

(2) 문맥(context)에 따른 해석: 제31조 제2항

협약상의 문맥이라고 하면 전문과 부속서를 포함한 본문에 부가하여, 조약을 체결할 때 당사국 사이에 이루어진 조약에 관한 협의와, 당사국이 작성한 문서와 당사국들이 관련되는 문서로서 인정한 것을 전체적으로 포함하고 있다. 이러한 문서에서 해당 조항과 동일하거나 관련되는 내용을 언급하거나 규정하고 있으면 그 내용은 문제의 조항을 해석하는 데에 있어 중요한 문맥을 제공하여 준다.

---

34) 김대순, *supra* note 4, p. 386; Antonio Cassese, *supra* note 4, p. 96 각각 참조.
35) *U.S.—Hormone Suspension(Panel)*, para. 7.317; *U.S.—Hormone Suspension(AB)*, para. 314.
36) *United States—Sunset Reviews of Anti-Dumping Measures on Oil Country Tubular Goods from Argentina*, WT/DS268/AB/R(Nov. 29, 2004), para. 173.
37) 이 개념은 조약의 유보와 관련하여 살펴볼 수도 있다.

(3) 추후의 합의와 관행(subsequent agreements and practice) 및 관련 국제법규:
제31조 제3항

(a) '추후의 합의'(subsequent agreement)

제31조 2항의 문맥과 함께 '추후의 합의'도 조약의 해석이나 규정의 적용과 관련해서 당사국들 사이에서 참작되어야 한다. 이 합의는 다양한 형태로 존재할 수 있으며, 당사국간 회의에서 채택되고 분명한 목적을 제시하고 있는 결정도 포함된다.

(b) '추후의 관행'(subsequent practice)

조약의 해석에 있어 문맥과 함께 고려해야 할 사항으로 당사국간 조약의 적용에 있어 축적되는 '추후의 관행'이 있다. 이것은 조약의 해석에서 가장 중요한 요소이고 국제법원의 판결에 의해서도 확인된 부분이라고 할 수 있다. 그러나 여기에서 의미하는 관행은 일관성을 보유하여야 하며 조약 당사국들의 승인이 수반되어야 한다.

(c) '관련 국제법규'(relevant rules of international law)

문맥과 함께 고려해야 할 또 하나의 사항으로 당사국간 관계에서 적용될 수 있는 관련 국제법규가 있다. 국제법규에는 조약을 체결할 당시의 국제법뿐만 아니라 추후 조약 해석이 문제가 된 시점에서의 국제법규도 포함될 수 있다. 예를 들어 *Free Zones of Upper Savoy and the District of Gex* 사건[38]에서 PCIJ가 언급한 바와 같이, 단지 "의심이 있으면 주권의 제한은 제한적으로 해석하여야 한다."는 원칙과 같이 국가간 조약의 해석에 있어 일반적으로 원용되는 기본원칙 내지 기본법리를 상정할 수 있다.[39]

(4) 특별한 의미(special meaning): 제31조 제4항

특별한 의미는 당사국들이 특정 용어에 특별한 의미를 부여하겠다는 의도를 확정하는 경우에만 인정된다. 이것은 용어의 문맥에서의 분명한 의미에도 불구하고, 당사자들이 특별한 의미를 원용하는 것이며 그 입증책임은 그것을 원용하는 당사자에게 있다. 따라서 각종 통상/투자보장협정에서 특정 문구에 대하여 특정한 의미를 부여하기를 희망한다면 그러한 사실이 동 협정에 명문으로 포함되어 있거나 해당 협정 체결과 함께 수반되는 별도의 문서를 통해 그 내용이 서술되는 것이 필요하다.

---

38) PCIJ(1932), Series A/B, No. 46, p. 167.
39) 김대순, *supra* note 4, p. 211 참조.

(5) 해석의 보충적 수단

위에서 언급한 조약해석의 일반원칙을 따르더라도 해석이 모호해지거나 애매하게 되는 경우, 또는 명백히 불투명하거나 불합리한 결과 등을 초래하는 경우가 있을 수 있다. 이 경우에는 그 의미를 명확히 하기 위하여 조약의 교섭기록 및 그 체결시의 사정을 포함한 제반 사정을 고려하여 조약을 해석할 수 있으며, 비엔나 협약 제32조는 그러한 가능성을 아울러 제시하고 있다.[40] 그러나 이러한 방법은 어디까지나 보충적인 수단에 그쳐야 하며, 이를 주된 해석 방법으로 해서는 안 될 것이다.

따라서 각종 통상/투자보장협정 체결 시 추후 그 해석의 기준이 되는 것은 실제 그 협정에 어떠한 방식으로 기술되어 있는지, 그리고 함께 첨부된 부속문서에 어떠한 사항이 기술되어 있는지 여부이며, 교섭과정에서 상호간 주고 받았던 여러 협상 문서가 그 일차적 기준이 되는 것은 아니라는 점을 염두에 둘 필요가 있다.

(6) 효과적 해석 원칙

비엔나 협약 제31조에 규정된 조약해석의 또 다른 원칙은, 관련 조항의 해석은 가급적 해당 규정에 '실질적 효과'를 부여하는 방향으로 이루어져야 한다는 것이다. 이 원칙을 적용한 사례는 다양하게 발견되고 있다. 가령, GATT 1994 제20조(g)항에 포함된 "고갈될 수 있는 천연자원(exhaustible natural resources)"이라는 용어가 비생물/광물 자원뿐만 아니라 생물 자원도 포함하는 것으로 해석되는 것이 조약의 효과적 적용을 위해 필요하다는 이유로 *U.S.─Shrimp* 사건에서 항소기구는 효과적 해석 원칙을 적용한 바 있다.[41]

---

40) 동 조항은 다음과 같이 규정하고 있다:
   제32조: 해석의 보충적 수단
   제31조의 적용으로부터 나오는 의미를 확인하기 위하여, 또는 제31조에 따라 해석하면 다음 같이 되는 경우에 그 의미를 결정하기 위하여, 조약의 교섭기록 및 그 체결시의 사정을 포함한 해석의 보충적 수단에 의존할 수 있다.
   (a) 의미가 모호해지거나 또는 애매하게 되는 경우, 또는
   (b) 명백히 불투명하거나 또는 불합리한 결과를 초래하는 경우
41) "We hold that, in line with the principle of effectiveness in treaty interpretation, measures to conserve exhaustible natural resources, whether *living or non-living*, may fall within Article XX(g)"(강조는 원문에 포함), United States─Shrimp, WT/DS58/AB/R(1998년 10월 12일), para. 131; United States─Gasoline, WT/DS52/AB/R(1996년 5월 20일) p. 23 참조; Japan─Taxes on Alcoholic Beverages, WT/DS8/AB/R, WT/DS10/AB/R, WT/DS11/AB/R(1996년 11월 1일), p. 12 참조; United States─Restrictions on Imports of Cotton and Man-made Fibre Underwear, WT/DS24/AB/R(1997년 2월 25일), p. 16 참조.

　따라서 통상/투자보장협정에서도 일단 문안에 포함된 경우 그 용어는 어떠한 방식으로든 특별한 의미를 지니는 것으로 해석되며, 그러한 용어가 특별한 의미를 갖지 않는다든가 또는 의례적으로 포함되었다든가와 같은 주장은 받아들여지지 않을 가능성이 상당히 높다.

(7) 협정 해석과 관련하여 제기되는 난점

(a) 발전적 해석(Evolutionary Interpretation)의 원칙

　최근 투자협정에서 제기되는 일정 문제들은 조약해석의 원칙과 관련하여 중요한 부분을 제시하고 있다. 바로 조약이 체결된 이후 오랜 세월이 경과하고, 그 과정에서 원래 조약문에 포함되었던 용어의 의미가 조금씩 변천하는 경우 이러한 부분이 비엔나 협약 제31조에 따른 통상의 의미에 따른 해석원칙에 어떻게 반영되는가 하는 부분이다. 가령, 투자분쟁에서 주요 쟁점으로 대두되고 있는 "투자(investment)"의 경우 대부분의 BIT는 기본적으로 1965년 채택된 ICSID 협약의 정의를 그대로 차용하고 있다. 그런데 1965년 당시 포함된 "투자"의 사전적 의미와 현 시점의 "투자"의 사전적 의미가 반드시 동일하지는 않다. 지난 60년간 국제금융과 거래가 엄청난 속도로 변화하였기 때문에 그 당시에는 전혀 상정하지 못하였던 부분도 새로운 투자의 형태로 등장하고 있다. 마찬가지로 지금은 상정하지 못하고 있는 새로운 형태의 거래가 또 향후 새로운 투자의 형태로 나타나게 될 것이다. 이러한 상황은 특히 금융거래나 IT 분야 등 국제사회에서 발전속도가 빠른 영역에서 목도되는 상황이다.

　그렇다면 1965년 ICSID 협정에 근거하여 투자의 의미를 파악하거나 또는 10~20년 전에 체결된 BIT 또는 FTA에 근거하여 투자의 의미를 파악하게 될 경우 현재 시점에서의 "투자"의 의미와 상이한 점을 보여줄 가능성이 농후할 것이다. 만약 이와 같이 양자간 상이성이 존재하는 경우 협정의 적용과 분쟁의 해결은 과거 최초 체결된 당시의 의미에 기초하여야 하는지 아니면 이후 시대의 흐름에 따라 변화된 의미에 기초하여야 하는지에 대한 입장대립이 있을 수 있다. 투자협정의 주요 용어는 특히 이 부분에 관하여 향후 문제나 분쟁 발생의 소지가 적지 않다. 따라서 이 부분에 대한 사전 검토와 법리 정립 노력이 필요하며, 이에 기초하여 향후 FTA 및 BIT 협상에 임하여야 할 것이다.

　사실 이러한 문제는 최근 ICJ 분쟁이나 WTO 분쟁에서도 이미 제기된 바 있다. 가령 ICJ는 코스타리카와 니카라과간 니카라과 강에서의 항행 권리와 관련한 양국 분쟁을 다룸에 있어 1858년 양국 국경 획정 조약에 포함된 "for the purpose of commerce"의 의미가 무엇인지에 관하여 심도 깊은 논의를 하였다.[42] 즉, 동 조약에 포함된 "commerce"가 조약 체결 시점인 1858년 당시의 상업적 상황에 머물러 있는 것인지, 아니면 현재 시점에서의 상업적 상황도 아울러 포괄하는 것인지에 관하여 양측의 대립이 있었던 것이다. ICJ는 양 당사국간 "commerce"라는 단어의 의미에 관하여 특별한 합의가 존재하지 않았다면 이 개념은 변화하는 시대상황에 맞추어 해석되어야 한다는 입장을 피력하였다. 또한 이러한 점은 최근 진행된 미국과 EU간의 IT 품목 관세분류 분쟁에서도 마찬가지로 제기되었다.[43] 이 분쟁에서는 관세 양허표상 FPD(Flat Panel Displays), set-top boxes의 의미가 무엇인지가 주요 쟁점이었다. 이 품목들은 IT 분야의 새로운 품목들로 UR 협상 당시에는 존재하지 않던 품목이다. 따라서 이러한 새로운 품목이 원래 양허표에 기재된 상품 중 어디에 해당하고 따라서 어떠한 관세율이 적용되어야 하는지에 관하여 미국과 EU간 입장대립이 발생하게 된 것이다. 이 분쟁에서도 WTO 패널은 양 당사국간 특별한 합의가 부재하는 한, 조약에 사용된 특정 단어는 변화하는 환경과 기술의 진보에 부합하게 해석되고 적용되어야 한다는 입장을 표명한 바 있다.

(b) 복합단어의 해석 문제

비엔나 협약 제31조가 규정하고 있는 조약해석 원칙이 난관에 직면하게 되는 또 다른 부분은 복합단어의 해석 문제이다. 가령 TRIPS 협정 제61조가 규정하고 있는 "commercial scale"을 해석함에 있어 이 단어를 하나의 개념인 단일체로 평가하여야 하는지 아니면 두 가지의 개념을 별도로 각각 평가한 후 이를 합하여서 해석하여야 하는지에 대하여 분쟁 당사국의 입장이 대립하였다. 미국은 "commercial"과 "scale"을 따로 해석하여 궁극적으로는 어떠한 규모(scale)이든지 간에 "commercial scale"의 의미에 포섭될 수 있음을 주장하였다. 반면에 중국은 이 두 단어를 합한 commercial scale이 그 자체로서 독자적인 의미를 가진다는 점을 강조하였다. 이를 심리한 패널은 미국의 주장을 배척하고 "commercial scale"을 함께 해석하는 방법으로 제61조상의 의무를 심층 분석하였다. 그리고 이 단어는 행위의 성격/본질과 시장에서의 상대적 수량의 의미를 모두 포함한다는 결론을 내리고 장기적으로는 이 개념이 수익성과 연관될 것이라고 보았다. 동일한 단어들도 이를 어떠한 유기체로 평가하여 해석하는지 여부에 따라 최종결과는 천양지차에 이를 수도 있음을 이 분쟁은 잘 보여주고 있다.

---

42) Case Concerning the Dispute regarding Navigational and Related Rights(*Costa Rica v. Nicaragua*, ICJ, Jul. 13, 2009).
43) European Communities and Its Member States–Tariff Treatment of Certain Information Technology Products(WT/DS375,376,377/R)(Jul. 21, 2010).

C. 국내법을 이유로 한 국제법 위반 정당화 불가

국제협정의 체결 및 이행과 관련하여 확립된 국제법 법리 중 하나는 "어느 국가도 자신의 국내법을 이유로 국제법상 의무 위반을 정당화하지 못한다"는 것이다.[44] 이 내용은 비엔나 협약 제27조 등에도 규정되어 있을 뿐 아니라 그간 수많은 판례를 통하여 지속적으로 확립된 바 있다.[45] 나아가 이러한 원칙은 국가간 분쟁이 가장 활발하게 전개되고 있는 국제법원인 WTO 분쟁해결절차에서도 지속적으로 확인된 바 있다.[46]

---

44) 김대순, *supra* note 4, p. 231; 정인섭, *supra* note 4, p. 90; 이병조·이중범 공저, *supra* note 4, p. 23; Martin Dixon, *Textbook on International Law*, Oxford University Press(2005), p. 84 각각 참조.

45) 비엔나 협약 제27조는 다음과 같이 규정하며 국내법을 원용한 조약 위반 정당화 시도 가능성을 차단하고 있다: 제27조(국내법과 조약의 준수)
어느 당사국도 조약의 불이행에 대한 정당화의 방법으로 그 국내법규정을 원용해서는 아니된다. 이 규칙은 제46조를 침해하지 아니한다.
역시 국가책임 분야에 관하여 국제관습법을 제시하고 있는 것으로 간주되고 있는 2001년 ILC 국가책임협약 초안(2001 ILC Draft Articles on Responsibility of States for Internationally Wrongful Acts) 초안 역시 제43조에서 유사한 규정을 다음과 같이 두고 있다:
Article 43 Irrelevance of internal law
The responsible State may not rely on the provisions of its internal law as justification for failure to comply with its obligations under this Part.
또한 이와 관련한 대표적인 국제판례로는 다음을 들 수 있다:
See, e.g., Concerning Factory at Chorzów(Claim for Indemnity)(The Merits)(F.R.G. v Pol.), 1928 p. C.I.J.(ser. A) No. 17, pp. 4–65(Sept. 1928); *Concerning Rights of Nationals of the United States in Morocco*(Fr. v. U.S.) 1952 I.C.J. 176(Aug. 27); *Free Zones of Upper Savoy and the District of Gex*(Fr. v. Switz.), 1932 p. C.I.J.(ser. A) No. 22, pp. 12–21; *Appeal from a Judgment of the Hungaro/ Czechoslovak Mixed Arbitral Tribunal(The Peter Pazmany University), Judgment, 1933, P. C.I.J., Series A/B, No. 61*, p. 208, p. 249.

46) United States–Measures Relating to Zeroing and Sunset Reviews–Recourse To Article 21.5 Of The DSU By Japan, Appellate Body Report, WT/DS322/AB/RW, 18 August 2009, para. 182 n. 463; Canada –Export Credits And Loan Guarantees For Regional Aircraft–Recourse to Arbitration by Canada under Article 22.6 of the DSU and Article 4.11 of the SCM Agreement, Decision by the Arbitrator, WT/DS222/ARB, 17 February 2003, paras. 3.103–3.104; United States–Subsidies on Upland Cotton–Recourse to Article 21.5 of the DSU by Brazil, Panel Report, WT/DS267/RW, 18 December 2007, para. 14.23 n. 613; Australia–Measures Affecting Importation of Salmon–Recourse to Article 21.5 by Canada, Panel Report, WT/DS18/RW, 18 February 2000, para. 7.12 n. 146; Brazil–Export Financing Programme for Aircraft–Recourse to Arbitration by Brazil Under Article 22.6 of the DSU and Article 4.11 of the SCM Agreement, Decision by the Arbitrators, WT/DS46/ARB, 28 August 2000, para. 3.65 n. 61; Brazil–Export Financing Programme for Aircraft–Recourse By Canada to Article 21.5 of the DSU, Panel Report, WT/DS46/RW, 9 May 2000, para. 6.16 n. 23; United States–Import Measures on Certain Products from the European Communities, Panel Report, WT/DS165/R, 17 July 2000, para. 6.81 n. 139; Mexico–Measures Affecting Telecommunications Services, Panel Report, WT/DS204/R, 2 April 2004, para. 7.244; United States–Sections 301–310 of the Trade Act of 1974, Panel Report, WT/DS152/R, 22 December 1999, para. 7.80. 각각 참조.

헌법을 최고의 법규범으로, 그리고 때로는 국내법이 조약 등 국제법에 우선하는 것으로 해석하는 국내법 체계와 시각에서 바라보면 이러한 법리는 상당히 생소하다. 그러나 이 법리는 평등한 주권을 보유하고 있는 국가 대 국가간 법률관계를 다루는 국제법에서는 그 위반 여부를 평가함에 있어 두 나라간 적용되는 국제법이 적용되며 특정 국가의 국내법이 적용되지 않는다는 단순한 원칙을 선언하고 있을 따름이다. 이러한 국제법을 구성하는 가장 대표적인 사례로는 조약과 국제관습법을 들 수 있으며,[47] 국제관계가 복잡하게 진행됨에 따라 점차로 조약의 비중이 커져가고 있다.[48] 조약을 체결한 국가들이 조약 위반 상황에 직면하면서 자신의 국내법을 원용하며 문제의 국제법 위반을 정당화하는 사례가 지속적으로 발생하게 되자 이로부터 초래되는 문제점에 대응하고자 1920년대 중반 이후부터 이 법리가 발전하였다.[49] 특정 국가의 조약 위반 여부는 그 나라가 체결한 조약의 내용에 따라 결정되며 그 조약과 관련되거나 또는 그 조약을 이행하기 위한 국내법의 내용에 따라 좌우되는 것은 아니다. 달리 말하면 국제법원 입장에서는 분쟁 당사국의 국내법은 하나의 "사실"에 불과하며 그 자체로서 법규범을 창설하지 않는다는 것이다.[50] 따라서 조약을 체결한 국가가 자신의 국내법을 도입하여 그러한 조약상 의무를 변경하거나 또는 이행을 거부하는 경우 이는 곧바로 해당 조약에 대한 위반을 구성하게 되며, 그러한 변경과 거부의 근거를 제공하고 있는 국내법이 있다고 하여 그러한 위반이 정당화되지는 아니한다.[51]

이러한 법리는 특히 지방자치단체가 취하는 조치와 밀접한 연관이 있다. 즉, 지방자치단체가 다양한 국제적 함의를 갖는 조치를 취하며 흔히 제기하는 항변 중 하나는 자신들이 그러한 조치를 취할 우리 국내법상 근거가 있다는 주장이다. 다시 말해, 해당 지방자치단체가 자신들이 주관하는 행사와 관련하여 외국의 관련 기관과 협의를 진행하거나 또는 필요하다면 문서로 합의를 할 법적 근거가 관련 법령 및 조례에 존재한다는 점이다. 그러나 설사 이러한 우리 국내법상 근거가 사실이라 하더라도[52] 그러한 내용이 우리 정부의 조약 위반 여부에 하등의 영향을 미치지는 못한다는 점에 유념하여야 한다. 따라서 이 문제는 해당 협약 조항을 어떻게 해석하고 적용할 것인가의 문제로 귀결되며 이와 연관되는 우리 국내법령에 따라 좌

---

47) ICJ 규정(Statutes of the International Court of Justice) 제38조 1항 참조.
48) 정인섭, *supra* note 4, p. 85; Martin Dixon, *supra* note 44, p. 86.
49) 정인섭, *supra* note 4, p. 89; Martin Dixon, *supra* note 44, p. 85.
50) 김대순, *supra* note 4, p. 234; 정인섭, *supra* note 4, p. 89; Martin Dixon, *supra* note 44, p. 86.
51) 김대순, *supra* note 4, p. 234; 정인섭, *supra* note 4, pp. 89–90; Martin Dixon, *supra* note 44, p. 86.
52) 사실 이러한 주장은 사실과 부합되지 않는다. 그 이유는 우리 지방자치법에서도 국제조약 이행과 관련한 문제를 중앙정부의 소관사항으로 규정하고 있기 때문이다. 지방자치법 제11조 참조.

우되는 것은 아님을 관련 지방자치단체 등에 지속적으로 주지시킬 필요가 있다. 물론 이 문제와는 별도로 우리 정부가 통상/투자협정을 국내적으로 체계적으로 이행하기 위하여 국내법령 정비 필요성이 제기된다면 이는 적극 추진하여야 할 필요가 있다. 이는 국제법과 국내법의 간극을 줄이고 불필요한 분쟁을 사전에 예방하기 위한 필요하고 적절한 조치라고 볼 수 있기 때문이다. 이는 해당 협약을 충실히 이행하기 위한 우리 국내적 이행기제를 '정비'한다는 의미이지 우리 국내법령이 이와 관련된 사항에 대하여 외국과의 분쟁에서 우선 '적용'된다는 점은 아님을 지방자치단체 등에 명확하게 전달하는 것이 적절할 것으로 판단된다.

이 법리는 조약의 해석 및 이행과 관련하여 현재 확고히 그 자리를 잡고 있으며 최근 WTO 분쟁 등에서는 이러한 원칙은 거의 논의가 되지 않는 상황에까지 이르렀다. 국내법을 이유로 조약 위반을 정당화한다는 것이 불가능하다는 점이 모든 국가들의 인식 속에 확고히 자리 잡게 된 결과이다.[53] 또 한편으로 더 이상 이러한 주장이 제기되지 않는 이유는 이러한 주장을 전개하는 것 자체가 주장국 자신의 이해관계에 부합하지 않는 경우가 많기 때문이다. 급속한 국제화의 진행으로 국가간 상호의존이 심화됨에 따라 어느 국가도 단독으로 자신의 목표를 달성할 수 없고 반드시 여러 관련국의 협조와 협력을 필요로 하게 된 것이 작금의 실정이다.[54] 이러한 상황에서 어떤 국가가 자신의 국내법을 통해 국제법을 위반할 수 있다는 주장을 제기하는 것 자체가 자신의 장기적 이해관계에 부정적 영향을 초래하는 상황이 도래한 것이다. 요컨대 이러한 주장을 전개하면 해당 분쟁에서도 승소 가능성이 없을 뿐 아니라 그러한 논리를 전개하였다는 것 자체로 국제법 경시국으로 낙인이 찍히는 효과도 아울러 보유하게 된 것이다.

다만 이러한 법리에도 불구하고 최근 진행된 WTO 분쟁해결절차에서 일부 피제소국은 여전히 자신의 국내법 및 제도를 이유로 국제법인 WTO 협정 위반을 정당화하고자 시도하는 사례가 나타난 바 있다. 이처럼 국제법의 기본 법리를 인지하면서도 피제소국이 자국의 국내법 및 제도를 WTO 분쟁에서 원용하는 근본적인 이유는 명백한 WTO 협정 위반 사례를 국내법을 통해 정당화하는 시도라기보다는, 문제가 된 사안이 WTO 협정이 적용되는 영역이 아니라 국내관할권에 여전히 남겨진 영역이라고 피제소국이 파악한 데에 상당 부분 기인하고 있

---

53) 이 문제가 WTO 분쟁해결절차에서 본격적으로 논의된 마지막 분쟁이 미국과 멕시코간 2004년 통신서비스 분쟁이었으며, 멕시코가 자국 법령을 근거로 WTO 협정 위반을 시도하였으나 패널은 상기 국제법 원칙 등을 언급하며 멕시코 입장을 기각하고 미국의 승소 판결을 내린 바 있다.

54) John H. Jackson, "Sovereignty-Modern: A New Approach to an Outdated Concept", *American Journal of International Law*, Vol. 97(2003), p. 782, 802.

는 것으로 보인다. 전자의 취지의 주장과 관련하여서는 국제법이 그러한 입장을 배척하고 있다는 점이 너무나 명백하여 이러한 주장을 전개하는 것이 사실상 불가능한 것으로 피제소국들이 판단하고 있는 듯하며, 대신 후자 취지의 입장 전개로 자국 국내법 및 제도에 대한 설명을 시도하여 사실상 문제가 된 협정 위반이 경감 내지 치유된다는 주장을 전개하고 있는 것이다. 그러나 이러한 후자의 입장에 대해서도 WTO 패널 및 항소기구는 단호한 입장을 견지하고 있는 것으로 보인다. WTO 패널 및 항소기구는 설사 해당 이슈가 여타 국제법 영역 내지 국내관할사항과 연관되는 경우에도 WTO 협정상의 조치("measure")에 해당하고 그러한 조치가 WTO 협정에 대한 위반을 구성하는 것으로 판단되는 경우에는 적극적으로 이를 확인하고 있다.

이 이슈를 다룬 대표적인 사례 중 하나는 *China—Intellectual Property Right* 사건이다.[55] 이 분쟁에서 중국은 자신의 WTO TRIPS 협정 위반을 자국 형사법과 형사법 관련 제도를 원용하며 정당화하고자 노력하였으나 패널은 이러한 중국의 입장을 기각하였다.[56] 특히 중국은 형사사법제도 운용과 관련한 각 회원국의 고유한 주권을 언급하며 여기에 대하여 WTO가 자신의 기준을 적용하며 개입하는 것은 부당하다는 입장을 견지하였으나, 이러한 입장은 기각되었다. 이와 관련하여 패널은 다음과 같이 결정하였다:

7.513[…]패널은 지적 재산권 보호 제도의 집행 영역에서 개별 회원국의 사법제도와 관행의 상이성이 보다 중요하게 부각된다는 사실에 동의한다. 그러나 제1.1조의 세 문장을 일관되게 해석하면 지적 재산권 보호 제도의 집행에 효력을 부여하여야 하는 회원국의 기본적 의무로부터 일탈을 정당화하기 위한 국내 사법제도와 관행의 상이성은 허용되지 아니함을 알 수 있다.[57]

7.514 따라서 제61조가 부과하고 있는 준수기준은 그 조항이 규정하는 최소한의 국제기준이

---

55) *China—Measures Affecting the Protection and Enforcement of Intellectual Property Rights* (WT/DS362/R)(Mar. 20, 2009)("*China—Intellectual Property Rights*").

56) Tania Voon & Andrew Mitchell, "Open for Business? China's Telecommunications Service Market and the WTO", *Journal of International Economic Law*, Vol. 13(2010), pp. 322—323 참조.

57) 동 판결내용의 원문은 다음과 같다:
7.513[…]The Panel agrees that differences among Members' respective legal systems and practices tend to be more important in the area of enforcement. However, a coherent reading of the three sentences of Article 1.1 does not permit differences in domestic legal systems and practices to justify any derogation from the basic obligation to give effect to the provisions on enforcement.
China—Intellectual Property Rights, para. 7.513.

다. 별도의 명시적 언급이 없는 한 제61조가 부과하는 최소기준은 TRIPS 협정상 의무가 적용되지 않는 영역에서 발생한 불법행위에 대한 형사상 책임 및 처벌의 정의와 관련된 중국의 국내 관행에 좌우되지 아니 한다[…].58)

중국은 또한 세계지적재산권 기구(World Intellectual Property Organization: WIPO)가 채택한 국제기준은 각국의 주권에 대한 침해를 회피하고자 노력하고 있다는 점을 부각시키며, 이러한 국제기준이 중국의 WTO 협정 위반 여부를 검토함에 있어서도 중요하게 고려되어야 한다는 입장을 전개하였다.59) 이러한 여타 관련 국제기준 원용을 통하여 중국의 국내법과 제도가 이 분야에서 여전히 결정적인 변수로 고려되어야 함을 강조하면서 중국은 WTO 협정 위반을 경감 내지 정당화하고자 노력한 것으로 보인다. 그러나 패널은 이러한 중국의 입장 역시 기각하였다. 분쟁 당사국의 국내법 및 제도에 대한 평가에 있어 이들은 단지 하나의 사실에 불과하며 오로지 협정문의 적용으로 국제법 위반 여부가 평가된다는 국제법 법리가 여기에 적용된 것으로 볼 수 있을 것이다.60)

한편, 중국과 미국간 진행된 또 다른 분쟁인 *China – Trading Rights*61) 사건에서 중국은 외국 서적 및 영상물에 대한 규제에 대하여 이는 자국의 문화주권을 지키기 위하여 필요한 조치라는 관점에서 접근하며, 문화주권 보호를 기조로 하고 있는 다양한 국내법과 제도들에 대한 언급을 통하여 정당화를 시도하였다.62) 중국의 정당화 시도는 공중도덕 보호를 위하여

---

58) 동 판결내용의 원문은 다음과 같다:
  7.514 Therefore, the standard of compliance with Article 61 is the minimum internationally agreed standard set out in that Article. The minimum standard in Article 61 does not defer to China's domestic practice on the definition of criminal liability and sanctions for other wrongful acts in areas not subject to international obligations under the TRIPS Agreement, unless it so states.[…] *Id.*, para. 7.514.
59) 이와 관련하여 동 분쟁 패널 보고서는 다음과 같이 중국의 입장을 정리하고 있다:
  7.131 China draws the Panel's attention to the WIPO Guide to the Berne Convention, which states as follows regarding Article 17 of the Berne Convention(1971):
  "It covers the right of governments to take the necessary steps to maintain public order. On this point, the sovereignty of member countries is not affected by the rights given by the Convention. Authors may exercise their rights only if that exercise does not conflict with public order. The former must give way to the latter. The Article therefore gives Union countries certain powers to control." *Id.*, para. 7.131.
60) 지적재산권과 WTO 통상규범간 구체적 논의는 박덕영·이일호, 『국제저작권과 통상문제』, 세창출판사(2009), p. 235 참조.
61) *China – Measures Affecting Trading Rights and Distribution Services for Certain Publications and Audiovisual Entertainment Products*(WT/DS363/R)("*China – Trading Rights(Panel)*")
62) 이 분쟁에서 중국은 다음과 같이 주장하였다:
  It results from the above that cultural goods have clearly a major impact on societal and individual morals. As vectors of identity, values and meaning, cultural goods play an essential role in the

필요한 조치에 대한 예외를 인정하고 있는 GATT 제20조(a)항을 통해서도 전개되었으나 보다 본질적으로는 자국 문화에 대한 이러한 보호조치 자체가 WTO 협정 체제 내에서 기본적으로 인정되어야 한다는 점이었다. 이러한 중국의 주장에 대하여 패널은 문화와 관련된 상품이라고 하더라도 이에 대하여 WTO 협정이 특별한 대우를 부여하고 있지는 않으며 그 정당화 여부는 오로지 GATT 제20조에 따라 결정될 문제라는 취지의 결정을 내림으로써 중국의 입장을 기각하였다.63) 이 과정에서 중국은 "유네스코 문화다양성 선언(*UNESCO Universal Declaration on Cultural Diversity*)"과 "유네스코 문화적 표현의 다양성 보호와 증진에 관한 협약(*UNESCO Convention on the Protection and Promotion of the Diversity of Cultural Expressions*)"을 각각 언급하였으나64) 패널과 항소기구는 오로지 WTO 협정문과 중국의 가입의정서에65) 기초하여 판단을 내린다는 입장을 밝힌 바 있다.66) 유사한 맥락에서 간행물의 중국 내 배급과 관련하여서도 중국은 WTO 서비스 협정이 채택하고 있는 도매 및 소매 구별과 별도로 중국의 고유한 배급제도를 언급하며 서비스 시장 개방 양허표(schedules of specific commitments)의 적용을 회피하고자 력하였으나67) 이 역시 패널 및 항소기구에 의하여 기각된 바 있다. 국내법과 제도를 이유로 협정문의 위반을 경감 내지 치유하는 것은 불가하다는 입장이 이러한 패널과 항소기구 판정의 기저에 깔려 있는 것으로 볼 수 있을 것이다.

이 법리에 관하여 한 가지 유념할 점은 이 법리가 오로지 국제법원에서만 적용된다는 것이다. 오로지 조약 등 국제법에만 근거하여 판결을 내린다는 법리는 국가 대 국가간 분쟁을 담당하는 국제사법재판소, WTO 패널 및 항소기구, 국가간 중재법원 등에서만 적용되며 국내법원에 적용되지는 않는다. 각국의 국내법원은 오로지 자신의 헌법과 국내법 질서에 따라 관련 문제를 심리, 결정하게 되는 것이다.68) 각국의 국내법원은 이 과정에서 국제법을 고려할

---

evolution and definition of elements such as societal features, values, ways of living together, ethics and behaviours.

China – Trading Rights(Panel), para. 7.708.

63) *China – Trading Rights(Panel)*, para. 7.758, footnote 538.

64) *China – Trading Rights(AB)*, para. 25; *China – Trading Rights(Panel)*, at 7. 751; 2001년 채택된 "유네스코 문화다양성 선언"은 각국 고유 문화의 다양성 존중 및 타 문화와의 교류를 통해 문화적·사회적 통합에 기여함을 목적으로 하고 있으며, 동 선언을 계기로 2005년 채택된 "문화적 표현의 다양성 보호 및 증진에 관한 협약"은 문화 다양성의 보호 및 증진을 위한 재정지원, 공공기관 설립 등 구체적 이행을 위한 의무에 관한 내용을 포함하고 있다.

65) *Accession of the People's Republic of China*, WT/L/432(Nov. 10, 2001); WT/ACC/CHN/49(Oct. 1, 2001).

66) *China – Trading Rights(Panel)*, footnote 538 to para. 7.758.

67) *Id.*, para. 7.1009.

68) 김대순, *supra* note 4, p. 283; 정인섭, *supra* note 4, p. 89; J. L. Brierly, *The Law of Nations*, Oxford

수도 있고 또한 이를 규범력 있는 법규범으로 받아 들일 수도 있으나 이 문제는 오로지 각국의 국내법 질서에 따라 결정될 문제이다.[69] 따라서 이 법리는 국내법이 국제법에 복속된다거나 혹은 국내법원이 국제법원에 복속된다는 것을 의미하는 것은 아니다. 오로지 국제법원에서 분쟁당사국에 적용되는 법규범은 조약 등 국제법이며 분쟁당사국들의 국내법이 아니라는 것이다.

D. 지방자치단체 체결 국제적 합의 문서의 법적 효력

금융위기가 발생한 경우 지방자치단체가 위기 극복을 위해 외국 정부기관 및 단체와 다양한 형태의 합의 문서를 체결하게 되면 이로부터 다양한 법적 이슈가 발생할 수 있다. 따라서 이러한 법적 이슈들을 살펴볼 필요가 제기된다. 물론 특정 지방자치단체가 외국과의 아무런 교류나 협의 없이 독자적으로 각종 지원조치를 추진한다면 아예 처음부터 이러한 문제는 발생하지 않을 것이다. 그러나 최근 여러 지방자치단체들이 다양한 형태의 국제 합의 문서를 체결하고 있는 상황을 감안하면, 지방자치단체 차원의 금융위기 극복과정에서 외국의 정부기관 및 단체와 여러 명목과 목적의 합의 문서를 체결할 가능성 역시 상당히 존재하는 것으로 볼 수 있다. 그리고 이러한 합의 문서 역시 다양한 법적 쟁점을 제기할 수 있는 바, 이에 대한 검토가 필요한 상황이다.

국제법에 따른 정식의 조약체결은 중앙정부 주도하에 또는 중앙정부의 위임을 받아 정해진 절차와 요건에 따라 이루어지며 이는 우리나라의 경우도 마찬가지이다. 이와 같이 체결된 조약은 오랜 기간의 협상과 국내법 및 국제법상 다양한 검증장치를 거치므로 안전장치가 마련되어 있다. 그런데 지방자치단체가 체결하는 다양한 국제적 합의 문서는 이러한 국제법과 우리 국내법령에 따른 체결절차를 거치지 않으므로 이는 "조약"에 해당하지 아니한다. 또한 지방자치단체가 체결하는 이러한 국제적 합의 문서는 조약이 성립하기 위한 기본요건인 "문서에 의한 국가간 합의"라는 부분이 부재하는 바, 조약체결을 위한 국내절차를 거쳤는지 여부와 상관없이 법리적으로는 사실 조약에 해당하지 않는 것으로 파악할 수 있다.

University Press(1976), p. 291.

69) 김대순, *supra* note 4, p. 283; 정인섭, *supra* note 4, p. 73; 최태현·이재민, "국제법(조약·관습법)의 국내적 적용체계에 관한 연구", 법제처(2007), p. 88; Martin Dixon, *supra* note 44, p. 87; J. L. Brierly, *supra* note 68, p. 291.

반대로 "문서에 의한 국가간 합의"라는 기준을 충족시키고 적절한 국내 절차에 따라 체결된 국제 합의 문서는 설사 형식적 체결 주체가 지방자치단체 또는 그 관리로 규정되어 있더라도 이는 국제법상 그리고 우리 국내법상 정식의 조약으로 취급되게 된다. 바로 이러한 이유로 특정 지방자치단체가 체결한 국제 합의 문서는 법적으로는 단지 그 외관만 보아서는 과연 이 문서가 국제법상 조약에 해당하는 문서인지 아니면 단지 지방자치단체가 아무런 근거 없이 자신의 국제활동을 지원하기 위하여 독자적으로 체결한 문서인지 명확히 판명하기가 쉽지 않으며, 이러한 문제는 경제/금융위기 극복과 관련하여서 체결되는 문서에도 공히 적용되는 본질적 문제이다.

국제법상 조약에 해당하는 문서와 그렇지 않은 문서 양자간에는 국제법상 효력에 본질적 차이가 있으므로 만약 지방자치단체가 체결한 국제 합의서가 조약이 아니라면 우리 국내적으로도 그리고 체결 상대방에 대해서도 이 문서가 조약으로 혼동되지 않도록 주의를 기울이는 것이 긴요한 과제가 된다. 그러나 현재 이러한 문서를 빈번히 서명, 체결하고 있는 각급 지방자치단체는 그 현실적 필요성에만 초점을 두고 조약법에 기초한 심도 있는 사전검토를 충분히 실시하고 있지는 않은 것으로 보인다. 이러한 상황을 초래한 근본적인 이유로 여러 가지를 생각할 수 있을 것이나 대체로 첫째, 지방자치단체가 소관업무에 관한 어떠한 형식의 국제합의 및 이를 구현하는 문서의 체결도 당연히 실시할 권한이 있는 것으로 결론짓고 이에 기초하여 의사결정을 실시하는 분위기, 둘째, 동 국제 합의서에 포함되는 내용이 단순하고 추상적이어서 특별히 법적 문제점을 초래하지는 않을 것이라고 지방자치단체 담당자들이 예단하는 상황, 셋째, 각 지방자치단체는 대외적 홍보 필요성 등으로 인하여 자신이 체결하는 기관간 약정을 가급적 정식의 조약과 유사한 방식과 형식으로 체결하고자 노력하는 측면 등이 각각 영향을 미치고 있는 것으로 사료된다.

이에 따라 이들 지방자치단체가 체결하는 국제 합의 문서는 조약에 수반되는 형식성, 엄숙성, 정형성 등을 차용하며 정식의 조약에서만 사용되는 용어 및 어투를 그대로 답습하게 되고 이것이 국내적으로 또는 상대방에 대하여 해당 문서가 정식의 조약인 것으로 오해를 초래하는 상황이 발생하고 있다. 특히 대부분의 기관간 약정에 사용되는 영어 단어의 정확한 법적 의미에 대한 검토가 불충분한 경우가 있으며 특정 조약의 영어 원문 내용을 그대로 차용하는 경우도 있어 불필요한 오해와 혼동을 증폭시키는 측면이 있는 것으로 판단된다. 또한 일부 지방자치단체는 경우에 따라서는 자신이 체결하는 기관간 약정이 국제법상 법적 구속력이 결여되어 있다는 점을 오히려 명시적으로 언급하는 것을 회피하고자 하는 분위기도 일부 있다. 그러한 문언의 삽입이 해당 문서의 품격과 지위를 낮춘다고 오해하기 때문이다.

특히 다음과 같은 점이 구체적으로 문제점으로 지적될 수 있으며, 이러한 부분은 지방자치단체가 추진하는 조치와 관련하여 논의, 서명, 이행되는 다양한 국제적 합의 문서에 공히 나타나는 문제점이다.

먼저 합의 문서 체결 주체와 관련하여 지방자치단체의 국제적 합의 문서를 체결함에 있어 가장 중요한 점은 체결 주체가 국가나 중앙정부가 아닌 지방자치단체임을 명백히 하는 것이다. 따라서 제목, 전문, 최종조항, 서명란 등에 동 약정의 체결 주체가 특정 지방자치단체임을 명백히 하고 서명권자도 지방자치단체의 담당자임을 분명히 하는 것이 필요하다. 그러나 최근 지방자치단체가 체결한 일부 문서의 경우 해당 문서의 최종 서명란에 "한국을 대표하여 (for the Republic of Korea 또는 for Korea)" 또는 "한국측을 대표하여(for the Korean side)" 등과 같은 용어가 포함되는 경우도 발견되는 바, 이는 오해의 소지가 다분하므로 최대한 회피되는 것이 바람직하다. 이 서명란에는 오로지 해당 지방자치단체장의 직명과 성명이 기재되는 것이 필요하다.

한편, 이러한 국제적 합의 문서에 포함되는 내용에 관하여 살펴보면 이러한 문서는 오로지 해당 지방자치단체의 고유 업무에 대해서만 규정하여야 한다. 다시 말해 중앙정부, 여타 정부기관, 또는 여타 지방자치단체의 소관업무나 이들로부터의 인력 및 예산지원이 필요한 사항을 포함시킴으로써 이를 "탈 지방자치단체화"하는 경우 점차 조약으로서의 성격을 갖는 것은 아니냐는 오해의 소지를 증폭시키게 될 것이다. 해당 합의 문서의 이행은 오로지 그 문서에 서명하는 특정 지방자치단체의 독자적인 인력과 예산에 국한되며 여타 지방자치단체 또는 중앙정부 기관과는 무관하다는 점을 해당 합의문에 명기하는 것이 요구된다.

최근 각급 지방자치단체가 다양한 국제적 합의 문서를 체결함에 있어 가장 흔히 사용되는 문서의 제목 중 하나는 "양해사항(Memorandum of Understanding: MOU)"이라는 용어이다. 통상 이 용어가 조약에 사용되는 명칭인 agreement나 treaty에 비하여 "하위의 법적 성격"을 갖는 것으로 오해하는 경우가 간혹 있으나 이는 정확하지 않으며 실제에 있어서는 정식의 조약에서도 이 명칭을 사용하는 사례가 적지 아니하다. 따라서 오히려 MOU라는 용어는 해당 문서의 법적 성격(한국 정부가 체결한 조약 중 하나에 해당하는지 여부)을 평가하는 데 있어 불필요한 오해를 증폭시킬 소지가 적지 않다.

나아가 이러한 국제적 합의 문서의 체결 절차와 관련하여 위에서 언급한 바와 같이 정식의 조약 체결을 위해서는 국제법상/국내법상 일정한 절차를 거쳐야 하나 지방자치단체의 국제적 합의 문서 체결에는 이러한 절차가 요구되지 아니한다. 따라서 이러한 문서를 체결한 상대방이나 상대국이 그러한 문서가 조약에 해당하는 것으로 주장하여 우리측과 분쟁이 발생하는 경우, 우리측은 해당 문서가 조약 체결을 위한 국내적 절차를 거치지 않았으므로 전혀 효력을 가질 수 없다는 점을 주장할 수는 있을 것이다. 실제 비엔나 협약은 조약의 상대적 무효의 한 근거로 조약 체결이 조약체결 권한에 관한 국내법 규정에 위반하여 이루어진 경우를 규정하고 있기도 하다. 그러나 이 무효 사유를 원용하기 위해서는 그러한 위반이 명백 (manifest)하고 기본적 중요성(fundamental importance)을 가진 조항에 대한 위반이어야 한다. 따라서 국내법상의 소정의 절차를 거치지 않고 지방자치단체가 국제적 합의 문서를 서명한다고 하여 이 사실만으로 이러한 모든 문서는 자동적으로 "무효인" 조약으로 주장할 수 있는 것은 아니라는 점에 유념할 필요가 있다.

이러한 점을 종합적으로 검토하면 지방자치단체가 체결하는 다양한 국제적 합의 문서는 국제법적 함의를 초래하므로 그 내용과 형식에 있어 신중한 검토와 접근이 필요하며, 특히 금융위기 극복조치를 취하기 위하여 우리 지방자치단체가 다양한 교섭 및 약속을 문서를 통하여 진행하는 경우 이러한 국제법적 함의를 충분히 인지하고 진행하는 것이 필요하다고 할 수 있다.

4. 국제법과 국내법의 관계: 조약 수용 국내법 기제

국제법을 국내법으로 계수하는 문제는 대표적인 국내관할사항 중 하나이다.[70] 즉, 국제법을 어떠한 방식으로 국내법으로 계수할 것인지 문제는 모두 각국의 독자적 결정에 위임되어 있으며 어떠한 방식으로만 수용하여야 한다는 규범은 존재하지 않는다.[71] 물론 경우에 따라서는 특정한 조약에서 "해당 조약은 어떠한 방식으로만 체약 당사국이 계수하여야 한다"는 구체적 의무를 부과할 수도 있으며 그 경우에는 그러한 의무는 준수되어야 할 것이다. 대부분의 조약에는 그러한 조항은 존재하지 않으며 따라서 구체적인 국내법 계수 문제는 각국의 독자적 결정에 위임되어 있다. 현재 전 세계에 196개의 국제법상 국가가 존재하는 상황에서는

---

70) 김대순, *supra* note 4, p. 216; 정인섭, *supra* note 4, p. 74; Martin Dixon, *supra* note 44, p. 83.
71) 김대순, *supra* note 4, p. 217; 정인섭, *supra* note 4, p. 73; Martin Dixon, *supra* note 44, p. 83.

196개의 서로 다른 계수 방법이 이론적으로 존재하게 될 것이다. 특히 이러한 계수 방법의 차이는 조약의 국내법 체계로의 계수에서 두드러지게 나타난다.[72]

국가별 상이성에도 불구하고 이러한 계수 방법은 크게 두 가지로 나뉜다. 일원주의와 이원주의가 그것이다.[73] 전자는 국제법과 국내법을 하나의 법체계에 있는 것으로 보는 입장이며 후자는 양자를 서로 다른 법체계에 있는 것으로 보는 입장이다.[74] 따라서 일원주의에 따를 경우 조약은 자동적으로 국내법으로 수용(incorporation)되어 그 질서 내로 편입되게 된다.[75] 이 경우 그렇게 편입된 국내법에서 어떠한 지위를 차지하는지는 또 별도의 문제가 될 것이다. 반대로 이원주의 입장을 따를 경우 조약은 국내법으로 자동적으로 편입될 수 없고(서로 다른 성격의 법체계를 담고 있으므로), 별도의 국내입법 작업을 거쳐 국내법화 된 이후에야 국내법 질서로 편입될 수 있게 된다.[76] 이러한 절차를 흔히 "변형(transformation)"절차라고 부른다. 국제법을 국내법으로 변형시킨다는 것이다.[77]

우리나라를 비롯한 많은 국가들은 일원주의 입장을 따르고 있다.[78] 우리 헌법 제6조 1항은 일원주의를 표방하고 있는 대표적인 조항이다.[79] 따라서 우리나라의 경우 조약 체결 시

---

72) 국제법의 또 다른 축을 이루는 국제관습법 역시 국제법의 일부로서 국내법으로 계수되는 문제가 아울러 발생하나 국제관습법은 "눈에 보이지 않는" 특성으로 인하여 모든 국가들이 이를 특별한 절차 없이 계수하는 또는 계수된 것으로 보는 입장을 견지하고 있다. 조약의 경우 이원주의를 따르는 입장에서는 항상, 그리고 일원주의를 따르는 입장에서도 경우에 따라서는 국내법 계수에 특별한 절차가 요구된다는 점에서 국제관습법의 경우와는 차이가 있다.

73) 김대순, *supra* note 4, p. 217; 정인섭, *supra* note 4, p. 63; 이병조·이중범 공저, *supra* note 4, p. 19; Martin Dixon, *supra* note 44, pp. 81-82; Burns H. Weston 외, *International Law and World Order*, West Publishing Co.(1997), p. 229.

74) 김대순, *supra* note 4, pp. 217-219; 정인섭, *supra* note 4, p. 69; 이병조·이중범 공저, supra note 4, pp. 19-20; Barry E. Carter 외, *International Law*, *Aspen Publishers*(2003), pp. 415-417; Burns H. Weston 외, *supra* note 73, p. 229.

75) 김대순, *supra* note 4, p. 217; 이병조·이중범 공저, *supra* note 4, p. 20; Martin Dixon, *supra* note 44, p. 81; Burns H. Weston 외, *supra* note 73, p. 230.

76) 가령, 이원주의 입장을 따르는 대표적인 국가인 영국은 조약의 체결과 비준이 왕의 대권이라고 하더라도 시민에게 부담을 지우는 조약 등은 반드시 의회의 제정법을 통해야 비로소 국내적으로 유효하도록 하는 입장을 따르고 있다. Malcolm N. Shaw, *International Law*(2003), p. 129; 김대순, *supra* note 4, p. 219; 이병조·이중범 공저, *supra* note 4, p. 19; Burns H. Weston 외, *supra* note 73, p. 229 각각 참조.

77) 김대순, *supra* note 4, p. 219; 정인섭, *supra* note 4, p. 64; 이병조·이중범 공저, *supra* note 4, p. 19; Martin Dixon, *supra* note 44, p. 83; Burns H. Weston 외, *supra* note 73, p. 229.

78) 김대순, *supra* note 4, p. 262; 정인섭, *supra* note 4, p. 94; 이병조·이중범 공저, *supra* note 4, p. 26.

79) 이와 관련하여 우리 대법원은 2005년 9월 9일의 판결에서 "GATT는 1994년 12월 16일 국회의 동의를 얻어 같은 달 23일 대통령의 비준을 거쳐 같은 달 30일 공포되고 1995년 1월 1일 시행된 조약인 WTO 협정…의 부속협정…이고, '정부조달에 관한 협정'…은 1994년 12월 16일 국회의 동의를 얻어 1997년 1월 3일 공포·시행된 조약…으로서 각 헌법 제6조 제1항에 의하여 국내법령과 동일한 효력을 가지므로 지방자치단체가 제정한 조례

별도의 입법사항이 해당 조약에 나열되어 있지 않는 한 조약 자체를 이행하기 위한 별도의 입법조치는 필요하지 않다.[80] 만약 우리나라와 조약을 체결한 상대방 국가가 일원주의를 따르는 국가라면 우리와 유사한 절차를 거칠 것이나 이원주의를 따르는 국가라면 그 국가는 조약 발효일에 맞추어 스스로 이행입법을 채택하여 우리와 체결한 조약을 이행하기 위한 국내적 준비를 하게 될 것이다. 이원주의는 의회의 권력을 강조하는 영국법의 전통으로서 지금도 영미법계 국가에서 이 입장을 따르는 국가들이 많다.[81]

미국의 경우 통상협정을 국내적으로 이행하기 위해서는 이행입법을 항상 필요로 하는 방식을 채택하고 있으며, 이러한 방식을 채택하는 국가들은 반드시 국내 이행입법을 거쳐 개정된 국내법을 통해 해당 통상협정이 국내적으로 이행되게 된다. 따라서 통상협정 이행과 관련하여 모든 경우에 원칙적으로 국내법이 적용된다는 취지의 조항을 이행입법에 포함한 것으로 이러한 조항의 의미를 이해할 수 있을 것이다. 바로 이러한 이유로 해당 조항은 WTO 협정 등 미국이 체결한 모든 통상협정에 동일하게 나타나는 것으로 보인다.

이와 관련하여 유념할 점은 조약 당사국이 일원주의를 따르든 이원주의를 따르든 조약의 의무의 성격과 범위에 대해서는 하등의 변동을 가져오지 못한다는 것이다. 조약 체결 당사국이 국내법을 이유로 해당 조약에 대한 위반을 정당화하지 못한다는 원칙은 앞에서도 이미 설명하였다. 조약 당사국이 일원주의를 채택하든 이원주의를 채택하든 이는 해당 국가의 국내법상 문제이다. 그리고 그러한 국내법상 문제로 인하여 조약 위반이 초래되게 되면 그 국가는 그러한 위반에 대하여 국가책임을 부담할 수밖에 없다.

바로 이러한 이유로 조약 교섭 과정에서 상대방이 일원주의 국가인지 또는 이원주의 국가인지 여부가 별로 현실적으로는 중요한 의미가 없다. 결국 동일한 의무가 동일하게 적용되

가 GATT…에 위반되는 경우에는 그 효력이 없다고 할 것이다"라고 판시한 바 있다.(대법원 2005. 9. 9. 선고 2004추10 판결). 이와 동일한 입장을 나타내는 판례 및 결정으로는 특정범죄가중처벌 등에 관한 법률 부칙 제2항 등 위헌소원 사건(헌법재판소 97헌바65 결정, 1998년 11월 26일), 항공협정의 국내적 효력 사건(대법원 1986. 7. 22. 선고 82다카1372판결) 등을 들 수 있다. 이와 함께 김대순, *supra* note 4, p. 262; 이병조·이중범 공저, *supra* note 4, p. 26; 정종섭, 『헌법학원론』, 박영사(2010), p. 259도 각각 참조.

80) 가령, 우리나라는 한미 FTA를 이행하기 위한 14건의 이행입법을 채택하였으며 이명박 대통령은 2011년 11월 29일 이 이행입법에 서명하였다. 이들 이행입법은 우리나라가 이원주의 입장을 채택하고 있으므로 필요한 이행입법이 아니라 문제의 조약에서 이행입법을 규정하고 있으므로 채택되었다. 매일경제, 「한미 FTA 성공적 활용 위한 열쇠는?」(2011년 12월 5일자) 참조.

81) 김대순, *supra* note 4, p. 231; 정인섭, *supra* note 4, p. 74; 이병조·이중범 공저, *supra* note 4, p. 25; Martin Dixon, *supra* note 44, p. 82.

므로 이 문제를 논의할 실익이 별로 없기 때문이다. 이원주의 입장을 채택하고 있는 대표적인 국가인 영국과 우리나라가 조약체결을 교섭하는 경우이든지 우리와 같이 일원주의 입장을 채택하고 있는 일본과 조약체결을 교섭하는 경우이든지 실제 교섭과정 측면에서나 또는 조약체결과 관련된 우리 국내법 절차 측면에서나 특별한 차이가 없다. 조약 교섭에 임하는 우리의 관심사는 해당 조약에 포함되는 내용이 어떻게 규정되는지에 있으며 그 조약이 영국 국내적으로 또는 일본 국내적으로 어떻게 시행되는지는 대부분의 경우 크게 관심을 기울이지 않는 것이 일반적이다. 이들 국가의 국내적 이행 문제에 대하여 우리가 원칙적으로 관여할 이유도 또는 관여할 수도 없기 때문이다.[82)]

5. 국가책임법 관련 주요 원칙

A. 국제법상 조약의 체약당사국의 의무

국제법상 국가의 국가책임을 논하기 위해서는 먼저 관련 조약과 국제관습법에 대한 논의에서 출발하여야 한다.[83)] 그러나 현재 논의되고 있는 금융위기 관련 통상분쟁 사안은 별도의 국제관습법이 존재하는 영역이라고 볼 수 없으므로 오로지 조약 문제, 특히 이 문제를 직접 다루고 있는 협약들에 대한 검토를 통하여 그 법적 쟁점을 중점적으로 검토할 수밖에 없다.

특히 이 문제와 관련하여서는 WTO 협정, 국가간 조약 해석의 지침을 제시하는 비엔나 협약, 국제법상 국가책임의 근거와 항변사유를 제시하고 있는 "2001년 국가책임에 관한 ILC 협약 초안(2001 ILC Draft Articles on State Responsibility, 이하 "ILC 국가책임협약 초안"이라고 함)"에 대한 면밀한 평가가 각각 필요하다.

비엔나 협약과 ILC 국가책임협약 초안은 각각 통상/투자협정의 정확한 적용 범위와 의미

---

82) 국제법의 국내법 계수 문제가 대표적인 국내관할문제라는 점은 일방 국가가 타방 국가의 국제법 계수 체제에 대하여 평가를 내리는 경우 국내문제 불간섭 의무에 대한 저촉에 해당될 수도 있다는 점을 내포하고 있다. 김대순, *supra* note 4, p. 332; 정인섭, *supra* note 4, p. 116; 이병조·이중범 공저, *supra* note 4, p. 174; Burns H. Weston 외, *supra* note 73, p. 276.

83) *Draft Articles on the Responsibility of States for Internationally Wrongful Acts*, Report of the ILC on the Work of its Fifty-third Session, UN GAOR, 56th Sess, Supp No 10, p 43, UN Doc A/56/10(2001) 제2조; 국제사법재판소규정 제38조 1항 각각 참조.

를 밝혀주는 데 있어 중요한 법적 근거를 제시하고 있는 협약들이므로 이들은 WTO 협정의 해석과 적용에 있어서도 중요한 역할을 담당한다. 이들 협약의 가이드라인 하에서 보다 구체적으로 통상/투자협정이 체약 당사국에 대하여 권리와 의무를 제시하고 있다. 따라서 이하에서는 이들 두 협약은 보조적으로 평가되며 주된 평가는 주로 통상/투자협정과 관련되어 진행된다는 것을 밝혀 두고자 한다.

국제법상 조약의 체약 당사국은 조약의 내용을 선의에 따라(in good faith) 준수할 법적 의무를 부담한다. 또한, 이러한 법적 의무가 준수되지 않는 경우 국가책임을 부담하게 된다(ILC 국가책임협약 초안 제2조).[84] 특히 본 장에서 다루고 있는 문제는 적용 조약이 명확히 존재하는 반면 이에 적용되는 국제관습법은 발견되지 않고 있는 바, 오로지 각 통상/투자협정의 적용에 따라 당사국의 권리와 의무를 확인하여야 한다.

이러한 관련 조약을 적용, 해석함에 있어서 먼저 염두에 두어야 할 몇 가지 기본원칙은 다음과 같다. 이러한 기본원칙에 대한 정확한 이해가 부족한 경우 그 의미와 적용 범위 등에 관하여 여러 혼선을 초래하는 경우가 빈번히 목도되고 있으므로, 이에 대한 명확한 이해에 기초하여 구체적으로 WTO 협정상 권리와 의무를 논하는 것이 필요하다.

B. 국가기관의 행위에 대한 국제법상 책임 발생

국제협정의 적용을 평가함에 있어 먼저 유념하여야 할 부분은 국제법상 오로지 정부기관의 행위만이 국가로 귀속된다는 점이다(ILC 국가책임협약 초안 제4조). 따라서 오로지 정부기관의 행위 내지 조치만이 조약 위반으로 귀결될 가능성을 내포하고 있으며, 이에 반하여 민간기관의 행위나 조치는 조약에 대한 합의를 초래하지 아니한다. 다만 민간기관의 행위나 조치이더라도 그것이 정부가 법령상 통제권을 행사하거나 또는 다른 방식으로 통제권을 행사하는

---

84) 이한기, 『국제법강의』, 박영사(2002), p. 572; 김대순, *supra* note 4, p. 602; Antonio Cassese, 강병근·이재완 譯, *supra* note 4, 삼우사(2010) p. 326; 정인섭·최승환·이근관 외 공저, 『국제법』, 한국방송통신대학교 출판부(2010), p. 135; 이병조·이중범 공저, *supra* note 4, p. 203; 정인섭, *supra* note 4, p. 290; 김석현, 『국제법상 국가책임』, 삼영사(2007) p. 153 이하 참조. 한편 이 조항의 원문은 다음과 같이 규정하고 있다:
Article 2 Elements of an internationally wrongful act of a State
There is an internationally wrongful act of a State when conduct consisting of an action or omission:
(a) is attributable to the State under international law; and
(b) constitutes a breach of an international obligation of the State.

경우라면 이는 정부로 귀속될 가능성을 보유하고 있다(ILC 국가책임협약 제5조, 8조).[85]

　　또한 국가기관의 경우 중앙기관이든 지방기관이든 이를 불문하여 양자에 대하여 동일한 수준과 조건의 국가책임을 초래한다(ILC 국가책임 협약 초안 제4조).[86] 따라서 지방정부기관의 행위는 국제법상 달리 취급된다거나 또는 국제법 위반의 정도가 경미하여 문제가 되지 않는다는 취지의 이해 내지 설명은 잘못된 입장임에 유념할 필요가 있다. 지방자치단체와 관련한 최근 국제분쟁의 대부분은 이러한 잘못된 이해에서 출발하고 있다.

　　따라서 중앙 또는 지방 정부기관에 해당하지 않는 다양한 단체, 그룹 및 협회 등이 진행하는 다양한 사항들은 그 자체로는 우리 정부의 행위로 귀속되지 아니하며 그 결과 이로부터 통상/투자협정에 대한 위반 문제를 초래하지는 않게 된다. 물론 그러한 비정부기관의 행위가 정부의 요청과 위임으로 진행된다면 그러한 정부의 요청 및 위임 행위, 그리고 그러한 요청과 위임으로 진행되는 비정부기관의 행위가 모두 우리 정부로 귀속되어 통상/투자협정 위반 문제를 초래하게 될 것이다. 또한 마찬가지로 통상/투자협정이 우리 정부에 대하여 구체적으로 어떠한 조치를 취하도록 의무를 부과하고 있는 경우에는 그러한 의무를 이행하지 않으면 그러한 부작위(즉, 정부기관의 조치가 부재한다는 사실) 역시 곧바로 협약 위반으로 이어질 수도 있음에 유념할 필요가 있다.

---

85) 이들 두 조항은 다음과 같이 규정하고 있다:
　　Article 5 Conduct of persons or entities exercising elements of governmental authority
　　The conduct of a person or entity which is not an organ of the State under article 4 but which is empowered by the law of that State to exercise elements of the governmental authority shall be considered an act of the State under international law, provided the person or entity is acting in that capacity in the particular instance.
　　Article 8 Conduct directed or controlled by a State
　　The conduct of a person or group of persons shall be considered an act of a State under international law if the person or group of persons is in fact acting on the instructions of, or under the direction or control of that State in carrying out the conduct.

86) 이 조항은 다음과 같이 규정하고 있다:
　　Article 4 Conduct of organs of a State
　　1. The conduct of any State organ shall be considered an act of that State under international law, whether the organ exercises legislative, executive, judicial or any other functions, whatever position it holds in the organization of the State, and whatever its character as an organ of the central Government or of a territorial unit of the State.
　　2. An organ includes any person or entity which has that status in accordance with the internal law of the State.

그러므로 일단 향후 금융위기 관련 조치 및 이로 인한 WTO 협정상의 함의를 평가함에 있어 그 첫 번째 질문사항은 그러한 조치를 취하는 주체가 누구인지를 일단 분명히 밝히는 것이라고 할 수 있다.

최근 일련의 WTO 분쟁에서 국가기관 또는 지방정부의 조치의 국가행위 귀속 문제와 이에 따른 국가책임 문제가 논의되는 사례가 발견되고 있다. *U.S.-Zeroing(Japan)(21.5)* 분쟁에서 미국 정부는 원심분쟁에서 패소하였음에도 불구하고 DSU 제21.5조 상의 "합리적 이행기간(Reasonable Period of Time: RPT)" 종료 시까지 문제의 "제로잉(zeroing)" 조치를 대부분 철회하지 않았다. 미국과 일본간 전개된 이 분쟁에서 쟁점으로 대두된 사안은 일본 상품의 미국 내 수입과 반덤핑 관세의 부과는 RPT 이전에 이루어졌으나 실제 반덤핑 관세의 최종청산(liquidation)은 RPT 이후에 이루어진 경우, 이러한 최종청산 과정에서 미국 정부가 WTO 판정에도 불구하고 제로잉 조치를 실시하게 되면 이는 미국 정부가 RPT 이후에 원심판정과 배치되는 조치를 취한 것으로서 미국의 WTO 판정 미이행에 해당되어 일본의 보복절차에 직면하게 되는지 여부였다. 미국은 이러한 RPT 이후 관세의 최종청산은 후속적인 성격의 행정절차(ministerial procedure)에 불과하며 핵심적인 절차는 RPT 이전의 통관 및 관세 부과임을 주장하였다. 따라서 그러한 핵심적인 절차가 RPT 이전에 이루어 졌으므로 이에 대하여 미국은 이행책임을 부담하지 않는다는 것이 미국 주장의 골자였다. 물론 일본은 그 반대의 주장을 전개하였다. 이러한 양국의 주장에 대하여 WTO 항소기구는 ILC 국가책임협약 초안 제4조에 나열된 원칙을 언급하며 후속행정절차 여부인지를 불문하고 여하한 국가기관의 모든 행위는 국가로 귀속됨을 언급하며, 해당 행위 역시 미국 정부로 귀속됨을 확인하였다.[87] 즉, 국제법상 국가행위의 귀속 원칙과 국가책임 원칙을 원용하여 WTO 협정 해석과 관련한 양국의 입장을 정리한 것으로 볼 수 있을 것이다.

한편, 보잉사와 에어버스사에 대한 보조금 교부를 이유로 미국과 유럽연합간 진행된 쌍방 제소 보조금 분쟁에서 미국이 유럽연합을 제소한 *EC-LCA* 분쟁[88]에서 프랑스, 스페인 등 유럽연합 국가들의 지방정부의 보조금 교부 행위도 중앙 정부의 보조금 교부행위와 동일하게 취급되어 협정 위반 판정이 내려진 바 있다.[89] 이 역시 중앙정부와 지방정부를 불문하고 국

---

87) *United States-Measures Relating to Zeroing and Sunset Reviews*, Recourse to Article 21.5 of the DSU by Japan(WT/DS322/AB/RW)(Aug. 31, 2009)("*U.S.-Zeroing(Japan)(21.5)(AB)*", para. 183.

88) *European Communities and Certain Member States-Measures Affecting Trade in Large Civil Aircraft*(WT/DS316/R)(Circulated on Jun. 30, 2010)("*EC-LCA(Panel)*").

89) *Id.*, paras. 6.233, 7.150.

가행위 귀속여부를 평가하도록 한 ILC 국가책임협약 제4조의 통상법적 적용의 사례로 볼 수 있을 것이다.

C. 지방정부의 행위에 의한 국가책임 발생

확립된 국제법 법리에 따를 경우 지방자치단체의 정책 및 조치는 중앙정부의 그러한 정책 및 조치와 동일시되고, 경우에 따라서는 우리나라의 국가책임을 초래할 수도 있다. 국제법에서는 특단의 사정이 존재하지 않는 한(가령, 별도의 문구가 조약문에 존재하는 등) 중앙정부와 지방정부를[90] 구별하지 않고 있다. 중앙정부의 행위이든 지방정부의 행위이든 모두 해당 국가의 행위로 귀속되고 그러한 행위가 국제법에 대한 위반을 구성하면 그대로 국가책임이 성립하게 되어 원상회복, 손해배상 등의 문제로 귀결된다. 따라서 우리 지방자치단체의 조치로 인하여 한국이 궁극적으로 국가책임을 부담하게 되는 상황은 얼마든지 발생 가능하다. 특히 이러한 문제는 최근 진행되고 있는 다양한 FTA 교섭과 관련 분쟁에서 주로 제기되고 있는 문제이기도 하다.

이러한 점을 감안하면 중앙정부가 지방자치단체의 국제활동 전반에 대하여 관심을 갖고 모니터링하며 필요한 경우 적절히 조율에 나서는 것은 모든 영역에서 시급히 요구되는 사항 중 하나라고 할 수 있다. 이를 지방자치단체의 문제로만 파악하고 방관하는 것은 중앙정부 역시 정확하게 이와 관련된 법적 함의를 정확하게 이해하지 못하고 있는 것으로 볼 수 있다. 따라서 이 문제는 현재 우리가 직면하고 있는 지방자치단체 관련 다양한 법적 쟁점을 종합적으로 살펴볼 수 있는 중요한 계기를 제시하고 있는 것으로 판단된다.

국제법상 "정부(government)" 개념은 특정 국가의 국가운영 조직 전체를 포함하는 포괄적인 개념이다.[91] 따라서 여기에는 국가의 입법부, 행정부, 사법부 및 각급 지방정부가 모두 포함된다.[92] ILC 국가책임협약 초안도 제4조에서 이러한 원칙을 구체적으로 선언하고 있으

---

90) 이 책에서는 일반적인 의미의 국제법상 지방정부를 지칭하는 경우에는 "지방정부"라는 용어를, 그리고 구체적으로 우리나라의 지방정부를 지칭하는 경우에는 "지방자치단체"라는 용어를 사용함을 밝혀 둔다.

91) ILC 국가책임협약 초안 제4조 제1항 참조.

92) International Court of Justice, *Difference Relating to Immunity from Legal Process of a Special Rapporteur of the Commission on Human Rights*, I.C.J. Reports(1999), para. 62 참조. 김대순, *supra* note 4, p. 214; 이한기, *supra* note 84, p. 140, 647; 이병조 · 이중범 공저, *supra* note 4, p. 196; 정인섭, *supra* note 4, p. 216; Antonio Cassese, 강병근 · 이재완 譯, *supra* note 4, p. 148, 163 참조.

며,93) 국제관습법도 이 문제에 관하여 동일한 입장을 취하고 있다.94) 국제법의 이러한 법리는 흔히 중앙 행정부만을 정부로 이해하고, 중앙 행정부의 정책과 조치만 국제법상 문제를 초래하는 것으로 이해하는 일반적인 인식과 상당한 차이가 있다. 즉, 확립된 국제법 법리는 지방정부와 중앙정부를, 그리고 지방정부 공무원과 중앙정부 공무원을 구별하지 않는다. 이 법리에 따를 경우 지방정부의 정책이나 조치라고 하여 그 법적 효과가 제한되거나 경감되는 것이 아니며 중앙정부의 정책 및 조치와 동일하게 취급된다. 양자 모두 동일한 "정부"이기 때문이다.

우리 국내적으로는 지방정부를 지방자치단체로 통칭하고 있으므로 우리나라 지방자치단체는 서울의 중앙정부와 함께 집합적 개념의 대한민국 "정부"를 구성하게 된다. 따라서 각급 지방자치단체의 모든 정책 및 조치는 대한민국 "정부"의 정책과 조치로서 서울 중앙정부의 그것과 국제법의 시각에서는 하등의 차이가 없게 된다. 만약 특정 지방자치단체의 정책 및 조치가 우리가 기 체결한 각종 국제협정상 의무로부터 일탈하게 되는 경우 우리 "정부"가 그러한 협정을 위반한 것으로 간주될 수밖에 없다. 특히 최근에는 지방자치단체가 중요한 역할을 수행하는 BIT 및 FTA와 같은 협정 영역에서 조금이라도 이러한 논란의 가능성을 사전에 차단하고자 아예 관련 협정이 지방자치단체에도 적용됨을 명시적으로 규정하는 사례가 일반적으로 나타나고 있다. 가령, 2007년 6월 30일 서명된 한미 FTA는 투자에 관한 규범을 제시하고 있는 제11장의 첫 번째 조문인 제11.1조에서 다음과 같은 명시적 규정을 두고 있다:

제11.1조 적용범위

3. 이 장의 목적상, 당사국이 채택하거나 유지하는 조치라 함은 다음을 말한다.

가. 중앙·지역 또는 지방 정부와 당국이 채택하거나 유지하는 조치…95)

상기 조항은 체약당사국인 한국과 미국이 투자와 관련하여 채택하거나 유지하는 조치는 각각의 지방정부와 당국이 채택하거나 유지하는 조치도 포함함을 분명히 밝히고 있다. 또한 동 협정 제11.12조 1항 가호 3)에 첨부된 각주 8은 "대한민국의 경우, '지방정부'라 함은 지방자치

---

93) ILC 국가책임협약 초안 제4조 제1항; *supra* note 86 참조.

94) *LaGrand Case(Provisional Measures)*, *Germany v. United States of America*, 1999 ICJ Reports 9, para. 28; 김석현, *supra* note 84, pp. 70−73; 김대순, *supra* note 4, pp. 608−609 각각 참조.

95) 동 조항의 영어본은 다음과 같다:

Article 11.1: Scope

3. For purposes of this Chapter, measures adopted or maintained by a Party means measures adopted or maintained by:

central, regional, or local governments and authorities…

법에 정의된 지방정부를 말한다"[96]라고 규정하여 대한민국에 대한 지방정부의 구체적 범위 역시 명백히 밝히고 있다.[97] 이와 유사한 내용은 여타 협정에서도 마찬가지로 확인되는 바 예를 들어 2010년 1월 1일자로 발효된 한·인도 CEPA[98]의 경우 내국민 대우와 관련하여 다음과 같은 규정을 존치하고 있다:

제10.3조 내국민 대우

1. 각 당사국은 자국 영역 내 투자의 설립·인수·확장·경영·영업·운영과 매각 또는 그 밖의 처분에 대하여 동종의 상황에서 자국 투자자에게 부여하는 것보다 불리하지 아니한 대우를 다른 쪽 당사국의 투자자에게 부여한다.

2. 각 당사국은 투자의 설립·인수·확장·경영·영업·운영과 매각 또는 그 밖의 처분에 대하여 동종의 상황에서 자국 영역 내 자국 투자자의 투자에 부여하는 것보다 불리하지 아니한 대우를 다른 쪽 당사국 투자자의 투자에 부여한다.

3. 제1항 및 제2항에 따라 당사국이 부여하는 대우란, *지역 또는 지방정부에 대해서는*, 동종의 상황에서 그 지역 또는 지방정부가 자신이 일부를 구성하는 당사국의 투자자 및 투자자의 투자에 대하여 부여하는 가장 유리한 대우보다 불리하지 아니한 대우를 말한다.[99]

---

96) 동 각주의 영어본은 다음과 같다:
   Footnote 8 to Article 11.12, paragraph 1, sub–paragraph(a), item(iii): For Korea, local level of government means a local government as defined in the *Local Autonomy Act*.
97) 지방자치법 제2조는 다음과 같이 지방자치단체를 규정하고 있다:
   제2조(지방자치단체의 종류) ① 지방자치단체는 다음의 두 가지 종류로 구분한다.
   1. 특별시, 광역시, 도, 특별자치도
   2. 시, 군, 구
   양자 중 특별시, 광역시, 도는 광역자치단체, 그리고 시, 군 구는 기초자치단체로 일반적으로 불리고 있다.
98) 대한민국과 인도공화국간의 포괄적 경제 동반자 협정(Comprehensive Economic Partnership Agreement Between the Republic of Korea and the Republic of India: "한·인도 CEPA").
99) 동 조항의 영어본은 다음과 같다:
   ARTICLE 10.3: NATIONAL TREATMENT
   1. Each Party shall accord to investors of the other Party treatment no less favourable than that it accords, in like circumstances, to its own investors with respect to the establishment, acquisition, expansion, management, conduct, operation, and sale or other disposition of investments in its territory.
   2. Each Party shall accord to investments of investors of the other Party treatment no less favourable than that it accords, in like circumstances, to investments of its own investors in its territory with respect to the establishment, acquisition, expansion, management, conduct, operation, and sale or other disposition of investments.
   3. The treatment to be accorded by a Party under paragraphs 1 and 2 means, with respect to a regional or local government, treatment no less favourable than the most favourable treatment accorded, in like circumstances, by that regional or local government to investors, and to investments of

또한 동 협정 제10.8조 1항 가호 2)에 첨부된 각주 2는 "대한민국의 경우, 지방정부란 지방자치법에 정의된 지방정부를 말한다."라고 역시 한미 FTA와 동일한 언급을 포함하고 있다.[100] 한편 2006년 3월 2일 발효된 한·싱가포르 FTA[101]의 관련 규정을 살펴보면 다음과 같다:

제10.2조 적용범위

3. 이 장의 목적상, 당사국이 채택하거나 유지하는 조치라 함은 중앙 또는 지방 정부와 당국이, 또는 중앙 또는 지방 정부와 당국으로부터 위임받은 규제적, 행정적 또는 그 밖의 정부권한을 행사하는 비정부 기관이 채택하거나 유지하는 조치를 말한다.[102]

또한, 2003년 1월 1일자로 발효한 한일 BIT 제22조 및 2007년 12월 1일자로 발효한 개정 한중 BIT[103] 제10조도 동일한 취지의 규정을 다음과 같이 포함하고 있다:

한·일 BIT 제22조

이 협정상의 의무를 이행함에 있어 각 체약당사국은 자국의 영역 안에서 지방정부가 이 협정상의 의무를 준수하는 것을 보장하기 위하여 이용가능한 합리적인 조치를 취한다.[104]

---

investors, of the Party of which it forms a part.

100) 동 각주의 영어본은 다음과 같다:
Footnote 2) to Article 10.8, paragraph 1, sub-paragraph A: For Korea, local government means a local government as defined in the Local Autonomy Act.

101) 대한민국 정부와 싱가포르공화국 정부간 자유무역협정(Free Trade Agreement Between the Government of the Republic of Korea and the Government of the Republic of Singapore: "한·싱가포르 FTA").

102) 동 조항의 영어본은 다음과 같이 규정하고 있다:
Article 10.2: Scope and Coverage
3. For the purposes of this Chapter, measures adopted and maintained by a Party mean measures adopted or maintained by central or local governments and authorities or by non-governmental bodies in the exercise of any regulatory, administrative or other governmental authority delegated by central or local governments and authorities.

103) 대한민국 정부와 중화인민공화국 정부간 투자의 증진 및 보호를 위한 협정(2007년 12월 1일 발효, 조약 1872호)("한중 투자보장협정", 또는 "한중 BIT").

104) 동 조항은 다음과 같이 규정하고 있다:
Article 22
1. In fulfilling the obligations under this Agreement, each Contracting Party shall take such reasonable measures as may be available to it to ensure the observance of this Agreement by local governments in its territory.

한·중 BIT 제10조

그 밖의 의무

4. 이 협정상의 의무를 이행하는 데 있어 각 체약당사자는 자국의 영역 안에서 지방정부가 이 협정상의 의무를 준수하는 것을 보장하기 위하여 이용가능한 합리적인 조치를 취한다.[105]

이와 같이 최근에 우리가 체결한 FTA 및 BIT를 통해서 알 수 있는 사실은 다양한 규범을 제시함에 있어 당연히 지방정부도 그 규율대상에 포함된다는 내용을 거듭 확인하는 명문의 조항을 포함시킨다는 것이다. 그럼으로써 각각의 지방정부가 협정상 의무를 완벽히 준수하도록 체약당사국이 의지를 표명하고 있다는 점이다. 또한 우리나라의 경우 그러한 지방자치단체는 우리 지방자치법에 규정된 광역지방자치단체 및 기초지방자치단체가 모두 이러한 규범의 적용을 받음을 역시 명시적으로 확인하고 있다. 특히 지방자치단체의 국제활동이 국제법상 문제를 초래하는 가장 근본적인 이유는 의사결정의 주체와 효과귀속의 주체가 동일하지 않다는 점이다. 즉, 지방자치단체의 보조금 지원 조치 등 의사결정은 해당 지방자치단체 스스로가 내린 결정임에 반하여 그 결과물로 초래되는 통상/투자 협정상의 의무는 관련 지방자치단체의 영역에만 국한되지 않고 한국 전 영역과 우리 정부 전체에 걸쳐 법적 효과를 창출하게 된다.

독자적 의사결정의 모든 법적 효과 및 책임이 해당 지방자치단체에만 귀속된다면 이는 그 지방자치단체가 고민하여야 할 문제이며 중앙정부가 이에 관여할 명분과 필요는 찾기 힘들 것이다. 그러나 특정 지방자치단체의 정책 및 조치의 법적 효과가 우리 중앙정부와 여타 지방자치단체를 포함하는 한국 전 영역에 미치는 상황이라면 이 문제는 더 이상 해당 지방자치단체가 독자적으로 결정하거나 집행할 수 있는 영역에 머무르는 것이라고만은 볼 수 없을 것이다. 이 부분은 특히 향후 지방자치단체에 대하여 각종 지원조치가 갖는 법적 문제점을 설명함에 있어서 주지시켜야 할 중요한 부분 중 하나라고 볼 수 있다. 즉, 단지 이 문제가 해당 지방자치단체의 소관업무에 속하거나 또는 지자체의 책임 아래 진행될 수 있는 것이 아니라 우리 정부에 대한 다양한 법적 함의를 초래한다는 점을 강조하여 이를 정확하게 이해하도록 유도하는 것이다. 그리고 이에 기초하여 중앙정부는 지방정부와 협조하여 관련 사항을 통일

---

105) 동 조항의 영어본은 다음과 같이 규정하고 있다:

Article 10: Other Obligations

4. In fulfilling the obligations under this Agreement, each Contracting Party shall take such reasonable measures as may be available to it to ensure the observance of this Agreement by provincial governments in its territory.

적으로 규율, 집행하여 나가는 것이 기본 목표임을 전파하는 것이 지방자치단체의 자발적 협
조를 도출할 수 있는 첩경일 것으로 판단된다.

D. 국가책임의 발생과 해제

어떠한 국가가 특정 조약을 위반하였는지 그리고 그러한 위반 결과 어떠한 국제법상 책임을
부담하게 되는지의 문제는 국제법에서 "국가책임(state responsibility)"의 문제로 다루어지고 있다.
또한 협정 위반이 발생하게 되더라도 언제 그러한 위반이 치유되는지 여부 역시 국가책임의 영
역에서 다루는 중요한 항목 중 하나이다. 따라서 어떠한 국가가 금융위기를 극복하기 위하여 취
한 조치가 통상협정상의 의무를 위반하는지 그리고 그러한 위반에도 불구하고 정당화사유가 존
재하는지 여부에 대한 논의는 필연적으로 국가책임에 대한 논의를 수반한다. 국가책임 문제는
국제관습법으로 규율되는 문제이며 그 내용은 UN 국제법위원회가 2001년 채택한 국가책임협약
초안(ILC Draft Articles on State Responsibility)에 상세히 제시되어 있다. 이러한 점을 염두에 두고
이 장에서는 국가책임협약 초안에서 국가책임문제가 어떻게 다루어지고 있는지를 간략히 살펴
보고자 한다.

(1) 국가책임의 발생 방식

조약위반으로 인한 국가책임은 작위(action)뿐 아니라 부작위(omission)에 의해서도 초래된다.
따라서 특정한 상황이 발생하고 있고 이에 대하여 특정 국가가 필요한 조치를 취할 의무를 부담
하고 있음에도 불구하고 이 국가의 정부가 이에 대한 대처를 효과적으로 진행하지 못한다면 이러
한 "부작위"로 인한 조약위반과 이로 인한 국가책임을 부담하게 된다. 그러므로 우리 정부가 통상
/투자협정에 위반되는 어떠한 행위나 조치를 적극적으로 채택하는 것은 물론이고, 협정에 규정된
사항을 충실히 이행하지 않거나 이를 해태히 하는 경우에도 국가책임이 발생할 가능성이 있다.
그러나 대부분의 경우 이러한 부작위로 인한 국가책임 발생 가능성에 대해서는 잘 인지하지
못하고 있는 것이 현실이다. 가령 투자협정에서 외국인 투자자의 재산을 부당하게 수용하여
서는 아니된다는 구체적 규범이 있는 경우,[106] 만약 투자 유치국 정부가 특정 외국인 투자자
의 재산을 부당하게 국유화한다면 이는 이 국가가 적극적인 "작위"를 통하여 협정을 위반한
것이다. 한편 투자협정의 공평하고 형평한 대우(Fair and Equitable Treatment: FET) 조항의 주요
항목 중 하나는 투자 유치국 사법당국이 외국인 투자자의 재산과 생명을 외부의 위협으로부

---

106) 주로 수용(expropriation) 조항이 그러하다.

터 유효한 방법으로 보호하여 주어야 한다는 소위 완전한 보호와 안전(full protection and security)의무이다. 만약 이러한 보호를 제공하지 못하거나 아니 하게 된다면 이러한 "부작위"는 해당 조항에 대한 위반이 될 것이다. 따라서 국제협정에 대한 위반은 이와 같이 작위 및 부작위의 형태로 동시에 발생할 수 있다는 점을 염두에 두어야 한다.

(2) 정부기관에 의한 국가책임

ILC 국가책임협약 초안 제4조는 특정 협정 체약 당사국의 정부기관에 의하여 행하여진 작위 또는 부작위로 인하여 해당 협정을 위반하게 되면 국가책임이 당연히 발생하는 것으로 설명하고 있다. 그리고 이러한 정부기관은 입법부, 행정부, 사법부는 물론이며 중앙정부뿐 아니라 지방정부도 동시에 포함한다. 이들 모든 정부기관의 작위 또는 부작위는 해당 정부기관의 국적국으로 '귀속(attribution)'된다. 따라서 어떤 국가의 정부기관이 작위 또는 부작위의 조치를 취하고 이러한 조치가 협정 위반의 속성을 내포하고 있다면 이 위반은 그러한 국가에로 귀속된다. 이제 이 국가의 정부가 이에 대한 국가책임을 부담하게 될 것이다.

(3) 입법의 위임에 따른 비정부 기관의 행위와 국가책임

ILC 국가책임협약 초안 제5조는 민간기업이라 하더라도 정부기관으로 간주되어 해당 기업의 행위(작위 및 부작위)가 그 정부기관의 국가로 귀속되는 경우를 규정하고 있다. 이러한 상황은 바로 해당국 국내법에 그 민간기업에 대한 정부권한의 위임이 명시적으로 규정되어 있는 경우와 연관된다. 외관은 민간기업이더라도 법령상 근거에 따라 정부권한을 위임받아 국가사무를 처리하는 것이라면 그러한 기업은 최소한 이 조항의 맥락에서는 정부기관인 것으로 의제될 것이다. 요컨대 민간기업이 법령상 위임 요건에 의거하여 그 위임 사무 영역 내에서는 정부기관으로 간주된다는 것이다. 이 조항은 금융위기 극복조치가 통상협정이나 투자협정에 위반하는지 여부를 평가함에 있어 자주 언급되는 규정 중 하나이다.

(4) 비정부 기관의 통제를 매개로 한 국가책임

ILC 국가책임협약 초안 제8조는 법령상 위임이라는 매개물이 없는 순수 민간기업이라하더라도 경우에 따라서는 정부기관에 준하는 것으로 간주되어 해당 민간기관의 행위가 국가로 귀속되어 국가책임이 발생하는 상황을 규정하고 있다. 이러한 상황이 발생하는 것은 문제의 민간기업이 자국 정부의 "유효한 통제(effective control)" 하에 있는 경우이다. 외관상 또는 법령상 정부와 전혀 관련이 없는 민간기업이나 실제로는 정부의 요구에 따라 움직이는 사실이 입증되면 해당 기업을 역시 정부기관으로 간주하는 것이다. 이 조항 역시 금융위기 극복조치 및 이로 인한 통상협정 및 투자협정 위반 문제를 논의할 때 흔히 대두되는 문제이다.

(5) WTO분쟁해결절차에서의 국가책임의 발생과 해제

WTO DSU협정은 협정 위반국에 대하여 국가책임이 발생함을 확인하고 이에 대한 구제수단을 상세히 나열하고 있다. 그러나 이 경우 국가책임은 협정 위반 자체로부터 자동적으로 발생한 것이 아니라 일단 협정 위반으로 주장된 조치가 WTO 분쟁해결절차를 거쳐 그 위법성이 최종 확인되고, 그러한 위법성을 시정하기 위한 합리적 이행기간(Reasonable Period of Time)이 종료된 이후에도 문제의 조치가 시정되지 않은 경우에 한하여 발생한다는 입장이 견지되고 있다.107) 보통 WTO 분쟁의 경우 최초 조치 부과 후 양국간 외교 교섭을 통한 해결 노력에 6개월 내지 1년이 소요되고, 일단 분쟁해결절차에 회부되면 다시 2~3년이 소요되며, 최종 결정이 내려진 이후에도 합리적 이행기간이 1년 정도 부여되는 점을 감안하면, 최초 조치 부과 시(즉, 국제법 위반 발생 시)부터 이에 대한 시정조치의 실시까지에는 거의 3년 반에서 5년의 시차가 발생하게 된다. 그러나 이러한 경우에도 패소국의 국가책임은 국제법 위반이 발생한 최초 조치 채택 시점이 아니라 그보다 훨씬 이후 시점인 합리적 이행기간의 종료시 발생하게 된다는 것이다. 즉, 합리적 이행기간이 종료되었음에도 문제의 조치가 그대로 남아 있거나 또는 필요한 시정조치를 취하지 않은 경우에만 국가책임이 발생하게 된다.

ILC 국가책임협약 초안의 개념 하에서는 WTO 협정 위반으로부터 자동적으로 국가책임이 발생하는 것으로 새겨야 할 것이다.108) 그러나 WTO 협정은 협정 위반에 대하여 일단 패널 및 항소기구 심리기간과 그 이후의 합리적 이행기간 동안에는 일종의 '기한의 이익'을 부여하여 이 기간 동안에는 국가책임이 발생하지 않는 것으로 협정상 의제하는 입장을 취하고 있는 것으로 이해할 수 있다. 국가간 합의를 통하여 국가책임 분야에서 일종의 특칙을 마련하고 있는 것이다. WTO 분쟁해결절차의 궁극적인 목표 또한 문제된 조치의 철회이지,109) 피해국에 대하여 소급하여 보상 내지 배상을 제공하는 것이 아니라는 점을 보더라도 결국 WTO 분쟁해결제도가 국제법상 국가책임 관련 법리상 일종의 특칙에 해당한다는 점이 나타나고 있다.

미국과 유럽연합간의 *U.S. -Zeroing(EC)(21.5)* 분쟁에서는110) WTO 협정 체제에서 국가

---

107) *U.S. -Zeroing(Japan)(21.5)(AB)*, para. 299.
108) ILC 국가책임협약 초안 제1조 참조.
109) DSU 제3.2조 참조.
110) *United States-Laws, Regulations and Methodology for Calculating Dumping Margins("Zeroing"),* Recourse to Article 21.5 of the DSU by the European Communities(WT/DS294 /AB/RW)(June 11,

책임의 발생 시점과 이에 대한 해제의 방법이 심도 있게 논의되었다. 이 논의 과정을 통하여 RPT 종료 시점 이후에만 국가책임이 발생한다는 점이 거듭 확인되어, WTO 체제의 '미래지향적 구제제도(prospective remedy)'로서의 특성이 재차 강조되었다.[111] WTO 협정 위반 시점과 국가책임 발생시점간의 괴리가 초래하는 부당한 상황에 대한 여러 국가들의 문제의식과 우려가 대두하고 있어 현재 이 문제는 DDA 협상의 일환인 DSU 개정 협상에서 중요한 의제로 다루어지고 있기도 하다.

E. 위법성 조각사유

국제법상 국가책임의 발생요건인 귀속성과 위법성이 모두 갖추어진다 하더라도, 혹시 해당 행위가 위법성 조각사유에 해당한다면 결국 그러한 행위를 실시한 국가에 대하여 국가책임을 물을 수 없게 된다. 2001년 국가책임 협약 초안이 규정하고 있는 위법성 조각사유는 피해자 동의(consent), 자위권(self-defense), 대항조치(countermeasure), 불가항력(force majeure), 조난(distress), 긴급피난(necessity) 등이 있다. 위법성 조각사유로 인하여 원래의 의무가 무효로 되거나 자동적으로 종료하는 것은 아니다. 다만 해당 사유가 존재하는 한 의무의 불이행이 정당화 되거나 면책되는 것에 불과하다. 각 사유를 보다 상세히 살펴보면 다음과 같다.

(1) 피해자 동의

특정 국가의 행위가 관련 협정을 위반하나 이러한 행위에 대하여 사전 또는 사후에 피해국의 동의가 있는 경우에는 그러한 위반이 면책된다. 물론 동의가 주어진 구체적인 범위 내에서만 이러한 면책이 적용될 것이다. 동의가 있더라도 그 범위를 초과하게 되면 면책이 되지 않고 초과부분에 대해서는 국가책임이 그대로 발생하게 될 것이다.

(2) 자위권

UN 헌장은 제51조에서 자위권을 국가의 고유의 권리의 하나로 규정하고 있다. 따라서 어떤 국가의 행위가 관련 협정에 대한 위반에 해당하더라도 그 행위가 정당한 자위권 행사의 맥락에서 이루어진 것이라면 역시 그 위반으로 인한 국가책임이 면책되게 된다. 다만 UN 헌장 제51조와 1986년 니카라과 사건 등 이에 대한 판례에서는 정당한 자위권 행사에 대하여 구체적인 법적 가이드라인을 제시하고 있으므로 이를 충족하는 경우에 한하여 정당한 자위권

2009) *U.S. -Zeroing(EC)(21.5)(AB)*.
111) *Id.*, paras. 298-300.

에 해당하고, 나아가 위법성이 조각된다.

(3) 대항조치

타국의 불법행위에 대응하는 대항조치는 위법성이 조각된다. ILC 국가책임협약 초안에 의하면 대항조치는 타국의 국제위법행위를 중지시키거나 또는 이에 대한 손해배상을 추궁하기 위하여 그 타국에 대한 국제의무를 이행하지 않는 것을 의미한다. 예컨대 조약관계에 있는 A국이 동 조약상의 의무를 이행하지 않으면서도 B국에 대하여 B국의 동 조약상의 의무를 이행하라고 요구하는 것은 형평에 반한다. 국내계약법상의 동시이행의 항변권이 이러한 이념에 부응하는 제도라고 볼 수 있을 것이다. 예를 들어 일국 정부가 금융위기 극복관련 조치를 취하게 되면 이로 인하여 피해를 입게 되는 여타 국가도 동일한 정도와 범위에서 유사한 조치를 취할 수 있게 된다.

(4) 불가항력

불가항력이란 국가의 통제가능 범위를 넘어 의무수행을 실질적으로 불가능하게 만드는 상황으로서 저항할 수 없는 힘 혹은 예기치 못했던 사태의 발생을 의미한다.[112] 행위의 의무가 이행을 실질적으로 불가능하게 만드는 저항 할 수 없는 힘 또는 예상하지 못한 사건의 발생에서 기인하는 경우, 그러한 행위에 관하여는 위법성이 조각된다. 구체적으로 위법성이 조각되는 불가항력에 해당하기 위해서는 1) 그 행위가 저항할 수 없는 힘 또는 예상하지 못한 사건에 의하여 발생되었을 것, 2) 그 행위는 해당국의 통제를 벗어난 행위일 것, 3) 그 결과의 국제의무의 이행이 실질적으로 불가능하게 되었을 것을 필요로 한다. 다만, 그 불가항력의 상황이 해당 국가의 행동으로 인해 초래된 경우, 또는 국가가 이미 그러한 상황의 위험부담을 스스로 감수한 경우에는 불가항력을 이유로 위법성이 조각되지 않는다.

(5) 조난

조난의 상황에서 자신의 생명 혹은 자신이 책임지고 있는 사람들의 생명을 구할 다른 합리적인 방법이 없는 경우에는 해당 행위가 설사 관련 협정에 위반하게 되더라도 그러한 위법성은 조각된다. 다만, 해당 국가의 행동으로 인해 조난상황이 초래되었거나 그러한 행위가 유

---

112) Article 23 : Force majeure

　　1. The wrongfulness of an act of a State not in conformity with an international obligation of that State is precluded if the act is due to force majeure, that is the occurrence of an irresistible force or of an unforeseen event, beyond the control of the State, making it materially impossible in the circumstances to perform the obligation.

사한 혹은 더 큰 위험(peril)을 야기할 것 같은 경우에는 조난을 이유로 반드시 위법성이 조각되지는 않는다.

(6) 긴급피난(필요성)[113]

중대하고 급박한 위험에 처한 국가의 본질적 이익(essential interest)을 보호하기 위하여 취하여진 유일한 행위에 대하여는 비록 그 행위가 국제의무에 위반되는 경우라도 위법성이 조각된다. 긴급피난이 인정되기 위한 요건으로는 다음의 두 가지가 있다. 첫째, 중대하고 급박한 위험으로부터 국가의 본질적 이익을 보호하기 위해서만 원용될 수 있다. 위험은 객관적으로 존재하여야 하며, 단지 예상되거나 가능성이 있는 정도로는 적용될 수 없다. 또한 위험은 비록 아직 발생하지 않았더라도 급박한 상태여야 한다. 또한 문제의 행위는 해당 국가의 본질적 이익을 보호하기 위한 유일한 방법이어야 한다. 두 번째 요건은 문제의 행위가 관련국가나 국제사회 전체의 본질적 이익을 심각하게 침해하지 않아야 한다는 것이다. 다만, 위반되는 의무 자체가 긴급피난에 기초한 위법성 조각사유의 원용을 처음부터 금지하고 있는 경우, 혹은 해당 국가가 해당 상황의 발생에 스스로 기여한 경우에는 위법성이 조각되지 않는다. 특히 이 위법성 조각사유는 금융위기 극복을 위한 조치와 가장 직접적으로 연결되는 사항임에 유념하여야 한다.

(7) 강행규범의 준수

한편 위의 위법성 조각사유들은 국제법이 규정하고 있는 강행규범(jus cogens) 위반에 대해서는 적용되지 않는다. 즉, 강행규범에 대한 위반은 그 어떠한 경우에도 조각사유가 적용될 여지가 없다는 의미이다. 강행규범이란 국제사회의 핵심 가치에 해당하여 어느 국가도 스스로의 결정으로 이로부터 이탈할 수 없는 규범을 말한다. 집단살해금지, 해적행위 금지 및 처벌, 고문행위 금지, 노예무역 금지가 대표적인 사례이다.

---

113) Article 25 : Necessity

  1. Necessity may not be invoked by a State as a ground for precluding the wrongfulness of an act not in conformity with an international obligation of that State unless the act:

    (a) is the only way for the State to safeguard an essential interest against a grave and imminent peril; and

    (b) does not seriously impair an essential interest of the State or States towards which the obligation exists, or of the international community as a whole.

(8) 위법성 조각사유 원용의 결과

위와 같은 위법성 조각사유들에도 불구하고(a), 그러한 위법성 조각사유의 상황이 더 이상 존재하지 않게 되면 관련된 의무를 그 시점부터는 준수해야 하며(b) 위법성 조각 문제와 해당 행위로 인하여 초래된 손해에 대한 배상은 별개의 문제이다.[114] 즉, 처음에는 위법성 조각사유에 해당하는 상황이 존재하여 위반이 정당화되더라도 추후 그러한 상황에 변화가 발생하면 그 위반은 더 이상 정당화되지 않고 그 변화시점부터는 협정상 의무가 그대로 이행되어야 한다. 또한 위법성이 조각된다고 하더라도 문제의 행위가 여타 국가에 손해를 초래한 경우에는 이에 대하여 손해배상을 제공하여야 한다.

F. 필요성 원용을 통한 협정 위반 정당화 가능성

금융위기 극복을 위하여 특정 국가가 취한 조치에 대하여 ILC 국가책임초안 제25조에 따른 필요성 항변(Necessity Defense)을 원용할 수 있는 가능성은 열려 있다. 그러나 금융위기와 관련하여 이 주장을 제기하더라도 이러한 주장이 성공하는 것이 반드시 용이한 것은 아니다. 바로 이 항변 사유를 원용하는 국가도 그러한 상황 발생에 기여하여서는 아니 된다는 요건 때문이다. 대부분의 경우 금융위기 발생에는 국제사회의 요인과 국내사회의 요인이 복합적으로 관여하고 있는 것이 일반적이며 양자를 구별하여 판단하는 것도 용이하지 않다. 결국 대부분의 금융위기에는 그러한 위기에 처한 국가가 스스로 기여하거나 문제의 누적에 관여한 상황이 내재하고 있다. 따라서 결국 제25조의 후단에 기재된 요건으로 인하여 이 항변사유를 제대로 원용하지 못하는 경우가 대부분이다. 따라서 금융위기 상황에서 특정 국가의 스스로의 기여라는 부분을 어떻게 평가할 것인지의 문제가 이 논의를 전개함에 있어 중요한 위치를 차지하고 있다. 이러한 상황은 아르헨티나 정부를 상대로 제기된 외국인 투자자의 ISDS 분쟁에서 몇 차례 확인된 바 있다.[115]

---

114) ILC 국가책임협약 초안 제27조 참조.
115) 예를 들어, Suez, Sociedad General de Aguas de Barcelona S.A., and Vivendi Universal S.A.(Claimants) and The Argentine Republic(Respondent), ICSID Case No. ARB/03/19 참고.

6. 기타 관련 원칙

한편 금융위기 극복을 위하여 각국 정부가 취하는 다양한 조치들에 대한 통상법적 검토를 실시함에 있어 염두에 두어야 할 기본원칙들이 있다. 이러한 기본원칙을 정확히 이해하여야 각국 정부의 관련 조치의 법적 성격과 협정 위반 여부를 평가함에 있어 정확성과 체계성을 담보할 수 있게 된다. 아래에서는 이에 대하여 살펴보기로 한다.

A. 국제협정과 국가재량권의 확보

1928년 *Lotus*호 사건에서 상설국제사법재판소(PCIJ)는 "국제법에 의해 금지되지 않은 것은 허용된다"고 판시한 바 있다. 그러므로 특정 사항이 국제협정의 적용 범위 내에 위치하는지 여부가 명확하지 않다면 결국 이는 국제법에 의하여 금지되지 않은 것에 해당할 가능성이 높고, 따라서 궁극적으로 이러한 사항은 원칙적으로 허용되는 것으로 해석될 수도 있다. 따라서 어떠한 조항이 어떻게 해석되고 적용되는 것이 바람직한 것인지의 문제가 아니라 실제 그러한 조항이 특정한 형태의 정부 조치를 금지하고 있는 것인지 여부를 밝히는 것이 이 과정에서는 중요한 의의를 띠게 된다. 예를 들어 *China – Intellectual Property Rights* 분쟁에 대하여 이 사건의 핵심 키워드를 "유연성(flexibility)"으로 보고, TRIPS협정 제61조의 의무 이행방법에 대한 유연성의 범위를 좁혀서 결과적으로 이행수준을 제고하려 하였던 미국과 이행방법의 유연성을 지키고자 하였던 중국간의 갈등에서 패널이 각국 정부가 가질 수 있는 유연성을 확인한 것으로 보는 있는 학자도 있다.116) 이 역시 명확하지 않은 경우 가급적 해당 국가의 정책적 재량권을 인정하여 주는 원칙을 반영한 것이라고 볼 수 있을 것이다. 이러한 유연한 접근법의 부정적인 측면은 법적 안정성을 확보하는 데에는 큰 도움을 주지 못한다는 것이다. 가령 *China – Intellectual Property Rights* 분쟁을 담당한 패널이 TRIPS협정에 합치하도록 자국법을 제정 및 이행하려는 각국 정부에 대하여 구체적인 지침을 주지 못하였다는 견해도 이러한 맥락에서 제시되고 있다.117)

---

116) Xuan Li, Xuan Li, "The Agreement on Trade-Related Aspects of Intellectual Property Rights Flexibilities on Intellectual Property Enforcement: The World Trade Organization Panel Interpretation of China—Intellectual Property Enforcement of Criminal Measures and Its Implications", *The Journal of World Intellectual Property*(2010) Vol. 13, no. 5, pp. 639–659 참조.

117) James Mendenhall, "WTO Panel Report on Consistency of Chinese Intellectual Property Standards", *ASIL Insight*, Volume 13, Issue 4(April 3, 2009), http://www.asil.org/insights/volume/13/issue/4/

B. 국내법의 역외적용 문제

금융위기 극복조치 내지 금융관련 조치와 관련하여 다른 한편으로 제기되는 문제는 국내법의 역외적용에 관한 문제이다. 이러한 조치의 필요성 및 합리성을 평가함에 있어서 특정 국가가 자국 법령상의 기준을 상대방에 대하여도 적용하게 되면 국제법의 오래된 논의사항 중 하나인 국내법의 역외적용 문제를 야기할 가능성이 있다는 점이 지적되었다. 즉, 기본적으로 타국과의 논의나 타국의 사전동의 없는 국내법의 역외적용은 원칙적으로 국제법 위반을 야기할 소지가 농후하다. 국내법의 역외적용 문제가 입법관할권 및 집행관할권과 관련한 국제법 기본법리에 대한 위반을 구성할 수도 있다.

특히 최근 국내법의 역외적용 문제에 대하여 많은 국가들이 이를 용인하는 듯한 태도를 취하고 있는 것도 사실이다.[118] 그러나 이는 일부 경제관련 법령(가령, 반독점금지법, 경쟁법 등)에만 국한되어 나타나는 현상이며 이를 국내법의 역외적용 일반에 대하여 포괄적으로 적용할 수 있는 것은 아니다. 금융제도 일반에 관해서도 아직 국내법의 역외적용 문제가 일반적으로 허용되는 상황으로 보기는 힘든 실정이다.

C. 선례구속의 원칙

선례구속(*stare decisis*)의 원칙이란 이전 재판의 판결이 후속 분쟁에서도 재판부와 당사국을 구속한다는 법리이다. 국제재판에서 기본적으로 선례구속의 원칙은 최소한 공식적으로는 부인되는 것이 일반적인 현상이다.[119] 여타 국제재판과 마찬가지로 WTO 분쟁해결절차도 원칙적으로 선례구속 원칙을 부인하는 입장을 채택하고 있다.[120] WTO DSU 제11조는 모든 분

---

wto-panel-report-consistency-chinese-intellectual-property-standards(2013년 12월 10일 검색).

118) 우리나라의 경우도 공정거래위원회가 2005년 흑연전극봉 사건에서 불공정거래 행위와 관련한 한도 내에서는 우리 국내법이 외국인이 외국에서 범한 행위에 대해서도 적용된다는 입장을 확인한 바 있다

119) 이한기, *supra note 84*, p. 675; 김대순, *supra note 4*, p. 83; Antonio Cassese, 강병근·이재완 譯, *supra note 4*, p. 269; 정인섭, *supra note 4*, p. 47; Raj Bhala, *The Power of the Past Towards De Jure Stare Decisis In WTO Adjudication(Part Three of a Trilogy)*, *George Washington International Law Review*, Vol. 33(2001); Raj Bhala & David Gantz, *WTO Case Review 2009*, 27 *Arizona Journal of International and Comparative Law* 85(2010), pp. 164-165 참조; ICJ 규정 제59조는 국제재판의 결정은 당사국과 특정사건에 한해서만 구속력을 갖는다고 규정하며 선례구속의 원칙이 적용되지 않음을 성문화하였다.

120) *U.S. -Softwood Lumber Ⅳ(AB)*, *paras. 109-112*; *U.S. -Shrimp(Article 21.5-Malaysia)(AB)*, para. 97; *Japan-Alcoholic Beverages Ⅱ(AB)*, pp. 12-15, DSR 1996: I, 97, at 106-108("Appellate Body reports adopted by the DSB are binding and must be unconditionally accepted by the parties to the particular dispute.")

쟁은 그 분쟁의 독자적인 법적, 사실적 쟁점에 기초하여 평가되며 판결의 구속력은 오로지 해당 사건에만 적용됨을 확인하고 있다. 그러나 이러한 형식적인 선례구속 원칙의 부인에도 불구하고 해당 판결의 사실상 내지 실질적인 구속력은 엄격하게 인정되고 있다.[121] 그리고 이러한 사실상 구속력의 인정 필요성은 분쟁의 신속한 해결을 골자로 하는 DSU의 기본목표와도 부합한다는 점 역시 WTO 항소기구의 일관된 입장이기도 하다.[122] 전체적으로 선례구속의 법리와 관련한 이러한 WTO 분쟁해결절차의 기본틀은 ICJ의 경우와 대동소이한 것으로 볼 수 있을 것이다.

그러나 DSU상 이러한 선례구속 법리의 공식적인 부인과 사실상 구속력의 인정간의 간극은 그 자체로서 적지 않은 분쟁을 초래하고 있다. 그러한 간극은 최근의 분쟁을 통하여 심각하게 대두되고 있는 상황이다. 즉, WTO 패널이 동일한 사안에 대한 항소기구의 명확한 선례를 거부하고 독자적인 결정을 내리게 됨에 따라 동일한 이슈가 다시 재심되고 번복되는 상황이 심심찮게 초래되고 있다. 예컨대 일련의 *U.S.-Zeroing* 사건에서 패널은 이미 동일한 사안에 대하여 항소기구가 명확한 결정을 내렸음에도 불구하고, WTO 분쟁해결절차의 기본원칙은 선례구속 법리를 부인하는 것임을 언급하며 항소기구의 선례를 따르는 것을 명시적으로 거부한 바 있다. 해당 패널은 DSU 제11조가 부과하고 있는 자신의 의무를 이행하는 것이 항소기구의 선례를 따르는 것보다 우선한다는 입장을 표명하였다. 패널의 이러한 입장에 대하여 WTO 항소기구는 비록 각 사건은 그 자체의 독자적인 사실관계와 배경에서 검토되어야 하지만, 항소기구가 검토한 법리는 해당 사건뿐 아니라 동일한 이슈를 포함한 여타 사건에도 적용됨을 언급하며 패널의 결정을 계속하여 번복한 바 있다. 이와 관련하여 미국과 멕시코간 제로잉 분쟁에서 항소기구는 "협정 조항의 적용은 특정 사안이 발생하는 맥락에 한정된 것으로 간주될 수 있으나 채택된 항소기구 보고서에 포함된 관련 법리의 확인은 특정 사안에서 해당 조항의 적용에만 국한되지는 아니 한다"라고 판시하며 선례적용의 중요성을 거듭 확인하였다.[123]

---

121) *Japan-Alcoholic Beverages II (AB)*, p. 14, DSR 1996:I, 97, p. 108; *U.S.-Shrimp(Article 21.5-Malaysia)(AB)*, para. 109("Adopted panel and Appellate Body reports create legitimate expectations among WTO Members and, therefore, should be taken into account where they are relevant to any dispute."); *U.S.-Oil Country Tubular Goods Sunset Reviews(AB)*, para. 188("Following the Appellate Body's conclusions in earlier disputes is not only appropriate, it is what would be expected from panels, especially where the issues are the same.")
122) DSU 제3.2조 참조.
123) 이 판결의 원문은 다음과 같다:
      161[…]Clarification, as envisaged in Article 3.2 of the DSU, elucidates the scope and meaning of the provisions of the covered agreements in accordance with customary rules of interpretation of public

U.S. −Zeroing 분쟁에서 계속되는 패널의 항소기구 판정 저항에 대하여 항소기구는 다음과 같이 최종적인 언급을 하며 선례구속 법리와 관련한 논란에 대하여 종지부를 찍으려 하였다. 즉, 항소기구는 이 문제에 관하여 상충하는 회원국의 입장을 그간 모두 청취하였으며 이에 기초하여 두 입장 중 하나를 선택하여 이것이 WTO 반덤핑 협정에 보다 부합하는 것으로 결정을 내렸다는 것이다. 이러한 결정은 이후의 WTO 패널들이 모두 따라야만 회원국의 예측 가능성과 법적 체제의 안정성을 도모할 수 있다는 것이다. 이 과정에서 항소기구는 통상의 항소기구 판정문에서는 보기 힘든 강력한 어휘들을 동원하며 선례존중의 필요성을 강조하며 패널을 비난하였다. 이와 관련한 항소기구의 언급은 다음과 같다:

> 312[…]금번 판결을 통해 이에 관한 모든 논쟁을 종식하고자 한다. 항소기구는 대상협정의 의미를 명확히 하기 위하여 존재한다. 그 동안 제로잉 조치의 문제와 관련하여 항소기구는 명확한 입장을 개진하여 왔고 이러한 입장은 분쟁해결기구에서 채택되었다. WTO 회원국은 이러한 판정을 인용할 권리를 갖는다. "덤핑"의 의미에 대한 해석이 용이하지는 않지만, 분명한 것은 동 개념이 개별 수출자 중심적 관점과 개별 수출거래 중심적 관점을 내포할 수는 없다는 사실이다. 항소기구는 제17.6조(ii)항 두 번째 문장이 각 회원국의 재량권을 어느 정도 허용하고 있는지에 관한 개념을 분명히 하고자 시도해 왔다. 그러나 허용가능한 회원국의 재량권에 대한 해석이 상반되는 두 입장을 모두 수용할 수 있을 정도로 광범위한 가변성을 내포하는 개념이라고 볼 수는 없을 것이다. 두 가지 입장 가운데 어느 하나는 반드시 우세하여야 하며, 항소기구는 이 문제에 관하여 이미 결론을 내렸다. 즉, 모든 논쟁의 과정에는 분쟁해결 체제가 이미 종결된 사안을 계속하여 검토하는 것보다 명확한 입장을 표명하는 것이 보다 중요할 때가 있다. 제로잉 분쟁과 관련하여 이제 그러한 시점이 도래하였다.124)

---

international law. While the application of a provision may be regarded as confined to the context in which it takes place, the relevance of clarification contained in adopted Appellate Body reports is not limited to the application of a particular provision in a specific case.
United States−Final Anti-dumping Measures on Stainless Steel from Mexico, WT/DS344/AB/R(Apr. 30, 2008)("*U.S. −Stainless Steel(AB)*"), para. 161.
124) 동 판결내용의 원문은 다음과 같다:
312[…]In matters of adjudication, there must be an end to every great debate. The Appellate Body exists to clarify the meaning of the covered agreements. On the question of zeroing it has spoken definitively. Its decisions have been adopted by the DSB. The membership of the WTO is entitled to rely upon these outcomes. Whatever the difficulty of interpreting the meaning of "dumping", it cannot bear a meaning that is both exporter-specific and transaction-specific. We have sought to elucidate the notion of permissibility in the second sentence of Article 17(6)(ii). The range of meanings that may constitute a permissible interpretation does not encompass meanings of such wide variability, and even contradiction, so as to accommodate the two rival interpretations. One must

그러나 이러한 항소기구의 확고한 입장에도 불구하고 미국의 경우 여전히 제로잉 제도의 상당 부분에 대하여 WTO 판정의 이행을 거부하고 있으며, 선례구속(존중) 원칙의 적용을 부인하고 각 패널이 독자적인 판단에 따라 이 문제를 결정하여야 한다는 점을 계속 견지하고 있다. 이러한 미국의 입장은 우리나라와의 제로잉 분쟁에서도 마찬가지로 나타난 바 있다.

7. 소 결

이상에서는 최근 진행된 WTO 패널 및 항소기구 판정에서 언급된 국제법 기본원칙 및 법리를 살펴보았다. 1995년 WTO 체제 출범 이래 진행되어 온 수많은 사건에서 국제법의 기본원칙과 법리는 WTO 패널과 항소기구에 의하여 직/간접적인 방식으로 지속적으로 논의되어 왔지만 특히 최근 이러한 경향이 두드러지게 나타나고 있다. 그 이유는 아마도 최근 통상분쟁이 단순히 WTO 협정의 기계적 해석의 영역을 넘어 여타 국제법 규범 내지 국가주권과 충돌하는 부분을 담고 있기 때문인 것으로 보인다. 특히 2007년 이래 중국이 WTO 분쟁해결절차에 적극 참여하며 미국, 유럽연합 등 기존의 주요 회원국들과 협정 해석과 적용범위에 대하여 이견을 보임에 따라 이러한 경향이 더욱 심화되고 있는 상황이다. 최근 몇 년간 WTO 분쟁해결절차에서 제기되었던 사안들도 영역과 정도에서 차이는 있지만 WTO 협정과 국가주권의 충돌문제를 다룬 바 있고, 이 과정에서 국제법의 기본원칙과 법리가 심심찮게 원용되었다.[125]

환율문제, 천연자원문제, 국내서비스 시장 규제문제, 비관세 무역장벽 문제 등 최근 WTO 및 FTA 맥락에서 제기되는 통상 문제의 상당 부분이 사실 여타 국제법 영역과의 접점에 놓여 있는 사안들이라고 볼 수 있을 것이다. 따라서 현재 WTO 패널 및 항소기구 판정에서 목도되는 추세는 앞으로 당분간 지속될 것으로 예측된다. 한·EU FTA 및 한미 FTA가 (잠정)발효된 지금 독자적인 분쟁해결절차를 보유하고 있는 FTA의 양자분쟁해결절차 맥락에서도 이러한

prevail. The Appellate Body has decided the matter. At a point in every debate, there comes a time when it is more important for the system of dispute resolution to have a definitive outcome, than further to pick over the entrails of battles past. With respect to zeroing, that time has come.
United States－Measures Relating to Zeroing and Sunset Reviews, Recourse to Article 21.5 of the DSU by Japan(WT/DS322/AB/RW)(Aug. 31, 2009)("U.S. －Zeroing(Japan)(21.5)(Panel)"), para. 312.

125) 이러한 상황은 우리나라가 소송당사자로 참여한 Korea－Beef(DS391) 및 U.S. －Zeroing(DS402) 사건에서도 마찬가지였다. Request for the Establishment of a Panel by Canada, Korea－Measures Affecting the Importation of Bovine Meat and Meat Products from Canada(WT/DS391/3)(Jul. 10, 2009); Request for the Establishment of a Panel by Korea, United States－Use of Zeroing in Anti-Dumping Measures Involving Products from Korea(WT/DS402/3)(Apr. 9, 2010) 각각 참조.

문제가 역시 집중적으로 제기될 것으로 보인다.

　　이와 같이 국제통상법이 단순한 관세부과 내지 국경조치의 영역을 넘어 본질적으로 국가 주권의 행사와 관련되어 있는 다양한 요소를 검토함에 따라 국제법과의 교차점도 점차 확대되고 있으며 이에 따라 다양한 영역에서의 국제법 기본원칙과 법리들이 WTO 분쟁해결절차에서 논의되고 거듭 확인되고 있다. 국제통상법도 국제법의 일부분인 이상 국제법 법리의 확인과 적용은 당연하다. 그러나 한편으로 그간 WTO 협정을 중심으로 운용되는 국제통상법의 경우 협정 자체의 해석과 적용에 초점을 맞추다 보니 협정 외의 여타 국제법 원칙 내지 법리에 대해서는 큰 관심을 기울여오지 않은 측면도 없지 않았다. 최근 진행되고 있는 통상분쟁은 이러한 접근법의 한계를 잘 보여주고 있으며 국제통상분쟁의 해결도 국제법 기본원칙 및 법리와의 지속적인 상호작용과 피드백(feedback)이 필요하다는 점을 잘 보여주고 있다.

제 3 장

각국이 취한
금융위기 극복조치 개관

제 3 장

각국이 취한 금융위기 극복조치 개관

앞에서 살펴본 문제의식에 기초하여 이 장에서는 그간 각국이 취한 다양한 금융위기 극복조치들에 대하여 개괄적으로 살펴보고자 한다. 전 세계 모든 국가들이 정도의 차이는 있을지언정 다양한 형태의 금융위기 극복조치를 취하고 있으므로 이들 모두를 살펴보는 것에는 물리적 제약이 따른다. 다만 주요 국가들이 그간 취해온 다양한 형태의 조치들을 개괄적으로 살펴보게 되면 어떠한 형태의 조치가 이 맥락에서 취해지는지에 대하여 전체적인 태양을 확인할 수 있을 것이다. 이를 위하여 아래에서는 각 시기별로 각국이 취한 금융위기 극복조치를 살펴보도록 한다.

1. 1992~1993년 금융위기 극복조치

A. 스웨덴

스웨덴의 금융위기는 급격한 금융자유화로 초래된 은행권 부실로 인해 발생하였다.[1] 이

---

1) 삼성경제연구소, "각국의 거버넌스와 금융위기 대응", *Issue Paper*(2010.7.), pp. 24−26.

에 정부는 구제금융 조치를 시행하였는바, 이는 주식을 제외한 은행의 모든 채권에 대해 지급을 보장하는 것이었다. 구체적으로 1992년 9월 스웨덴 정부는 채권자들의 모든 손실을 무제한 보호하는 내용의 은행지원보증(Bank Support Guarantee)을 공표하였으나 보호대상에서 은행 주주들은 철저히 배제되었다. 그런데 이러한 조치와 함께 구제금융에 따른 도덕적 해이 문제가 제기됨에 따라 은행 주주들의 자본으로 부실채권을 우선 처리하여야 한다는 원칙을 정하고 관련 규정을 구제금융 계획에 포함시키게 되었다.[2]

이후 스웨덴 정부는 금융 구조조정 과정에 적극적으로 개입하는 입장을 취했다. 이는 국유화와 부실자산 매입의 방식으로 취해졌다. 우선, 정부는 자산관리공사인 세큐럼과 레트리바를 설립하여 노르드방켄과 고타방크의 부실자산을 인수하였다. 또한, 은행지원청(BSA)를 신설하였는데, 이는 재무부 산하의 구조조정 대상 은행을 관리, 감독하는 기관으로서 구제금융을 신청하는 은행들의 자산가치를 평가한 뒤 회생가능성을 판단하여 적절한 등급을 부여하는 역할을 하였다.[3]

2. 1994~1995년 금융위기 극복조치

A. 아르헨티나

아르헨티나는 금융위기 극복을 위해 우선 IMF 등으로부터 긴급자금을 차입하는 조치를 취했다. 즉, 1995년 초 외환보유고 부족에 대응하기 위하여 IMF 등으로부터 60억 달러 규모의 긴급자금을 차입하였다.[4] 또한, IMF(24억 달러), IBRD(13억 달러), IDB(13억 달러) 등 국제금융기구로부터 85억 달러에 달하는 구제금융을 도입하였다.[5]

둘째, 태환정책이 유지되었다.[6] 즉, 태환법에 의해 중앙은행의 최종 대부자 기능이 제한되었고 대신 정부소유 Banco de la Nacion(BN)이 유동성이 필요한 은행에 대해 담보부선급금을 제공함으로써 중앙은행 대신 최종 대부자 역할을 수행하였다.

---

2) *Id.*
3) *Id.*
4) 국제금융센터, "1970년대 이후 주요국 외환위기 사례조사"(2008), pp. 16 – 17.
5) 한국수출입은행, "아르헨티나 국가현황 및 진출방안", 한국수출입은행 해외경제연구소, p. 9.
6) *Id.*

셋째, 문제은행의 부실자산매입을 위한 안정자금을 조성하는 방침이 취해졌다. 이에 따라 1995년 1월 초, 대형우량은행을 통해 자금 조성하였다. 1차 안정자금으로 중앙은행이 5개 대형우량은행을 설득하여 지급준비금을 낮추는 대신 파산한 도매은행의 자산을 매입하기 위해 2.5억$(페소)를 조성하였다. 곧이어 2차 안정자금으로 25개 은행의 의무지급준비율을 위기 이전 예금의 2%만큼 낮추어 7.9억$(페소)를 조성하였으며 이 자금은 중앙은행(CBRA)으로부터 BN으로 이전되었다.[7]

넷째, 은행의 유동성 문제 완화 조치가 이루어졌다. 1994년 12월 28일, 중앙은행은 달러 표시예금에 대한 예급지급준비율을 인하하여 요구불 및 저축예금에 대해서는 43%에서 30%로, 정기예금에 대해서는 3%에서 1%로 인하하였다. 1995년 1월 26일에는 중앙은행은 금융기관간에 초과 법적준비금의 거래를 허용하였고, 1995년 3월 13일에는 은행의 예금지급준비율 기준을 완화하였다.[8] 이는 은행예금의 급격한 인출에 따라 뱅크런이 발생하는 것을 완화하는 것이 목적이었다. 또한, 예금지급준비금 기준 충족을 위해 어려운 상황에 처해있는 은행으로부터 자산을 매입하기 위해 사용한 재원뿐만 아니라 금고에 보유하고 있는 현금의 50%를 사용할 수 있도록 허용하였다.[9] 더 나아가 1995년 8월에는 지급준비율 요건을 유동성 요구량으로 대체하였다.

다섯째, 금융시스템 개혁정책을 실시하였다. 이는 시스템 리스크 대처를 위한 예방적 정책이었다. 구체적으로 신용평가제도를 도입하고 은행 감독기능을 강화하였다.[10] 이러한 조치들은 멕시코 위기에 따른 은행시스템 붕괴를 예방하고 은행시스템을 강화하였으며, 위기의 재발 방지에 기여하였다. 1996년 11월에는 건전성 규제(BASIC 시스템)를 강화하였다. 이에 따라 중앙은행의 전통적 감독기능을 시장기능에 의해 보완하게 되었다.[11] 즉, 개선된 회계 및 공시기준과 정기적으로 후순위채발행 요구를 통한 시장감시를 강화하게 되었다. 또한, 은행성과에 대한 더욱 완전한 정보를 공개하며 은행이 민간신용평가기관에 의해 등급이 매겨지는 제도를 도입하였다.[12] 이 제도 하에서 은행은 자신의 전망에 대해 계속적인 시장평가가 이루어질 수 있도록 채권을 발행할 의무를 부담하였다. 이 밖에도 공공부문 은행의 민영화, 외국

---

7) *Id.*
8) *Id.*
9) 이재연·이병윤, "해외의 공적자금 상환사례 연구", 재정경제부 보고서, 한국금융연구원(2003. 6. 30.) p. 113.
10) *Id.*
11) *Id.*
12) *Id.*

자본에 대한 은행의 완전개방, 강화된 자기자본비율, 최소 유동성 요구량의 확대(유동성 요건 강화) 등의 조치가 취해졌다.

여섯째, 중앙은행이 은행감독기능을 강화하였다. 이는 태환법 하에서 중앙은행의 최후대부자기능이 제한됨에 따라 금융시스템의 유동성문제를 해결하는 능력에 대한 의구심이 확대된 것에서 비롯되었다.[13] 아르헨티나는 1995년 2월 중앙은행 헌장을 수정하였고,[14] 1992년의 금융기관법에 포함된 조항은 문제은행의 구조조정을 지원하기 위한 공식적 조치를 포함하고 있지 아니하여 이 법을 개정하였다. 또한, 금융기관의 영업정지(suspension) 기한을 확대하였다. 구체적으로 금융기관법에 따르면 건전성 문제, 유동성 부족, 또는 은행기능에 영향을 미치는 어떠한 어려움을 겪는 은행은 중앙은행의 승인 하에 정상화 계획에 따라야 하며 동 계획을 따르지 못할 경우 금융기관은 자동청산하도록 되어있었다. 이러한 규정의 엄격한 적용은 많은 금융기관의 청산을 야기할 수 있으며 금융당국으로 하여금 위기대응을 불가능하게 하였다.[15] 아르헨티나는 금융기관법을 수정하여, 중앙은행이 은행의 재무상황을 파악할 충분한 시간을 확보하기 위해 은행의 영업을 정지시킬 수 있는 기간을 30일에서 90일로 확대하였다. 더 나아가 심각한 건전성 문제가 있는 금융기관에 대한 중앙은행의 권한을 확대하였다. 즉, 중앙은행은 어려움을 겪고 있는 금융기관의 인수, 또는 동 금융기관의 자산과 부채 일부를 더욱 건전한 금융으로 매각토록 유도함으로써 은행예금자와 차입자의 이익을 보호하였다. 구체적으로, 문제금융기관은 청산과 이에 따른 투자자손실을 회피하기 위해 건전한 은행에 의한 인수에 동의하도록 유도하였고, 금융기관으로 하여금 부실금융기관 회생 과정에 참여토록 하기 위해 새로운 은행지점의 설치를 금지하였으며, 금융기관법을 수정하여 중앙은행에 대해 규제위반의 책임이 있는 개인에 대한 벌과금을 부과하는 권한과 함께 은행구조조정에의 참여를 확대하였다. 한편, 일부 금융기관에 대해서는 예금의 롤오버(rollover)를 강제할 수 있도록 허용하였다.[16] 이 조치는 위기상황의 악화를 방지하며 금융기관의 영업정지와 청산을 가급적 회피하는 것이 가능하도록 유도하였다.

일곱째, 새로운 금융기관 정리제도를 도입하였다. 아르헨티나는 부실금융기관들을 처리하여, 3개 부실은행이 파산하고 11개 은행의 영업을 정지시키는 등의 조치가 취해졌다.[17] 그

---

13) *Id.*, p. 112.
14) *Id.*, p. 111.
15) *Id.*, p. 112.
16) *Id.*, p. 114.
17) 국제금융센터, *supra* note 4, p. 17

러나, 부실은행을 파산시키는 중앙은행의 정리방식이 특히 대형은행의 정리에 적합하지 않다는 문제점이 노정되었다. 즉, 은행에 대한 법률적 파산은 은행시스템에 대한 신뢰도를 저하시킴으로써 뱅크런을 가속시킨 것이다. 따라서, 금융기관법(Financial Institutions Law) 제35조 추가(Article 35 bis)를 개혁하였다. 이 조항에 따르면, 중앙은행은 부실은행을 파산시키기 전에 폐쇄함으로써 "good bank"와 "bad bank"로 나누어 정리할 수 있는 권한을 부여받게 되었다.[18] 또한, 중앙은행의 단독 결정에 의해 부실은행의 부채에서 임금, 예금, 중앙은행에 대한 부채 등 우선적 부채와 일부 자산을 분리하여 자산부족분을 보완한 후 타 금융기관으로 이전하는 것이 가능해졌다. 분리되어 이전되지 않은 자산과 부채를 보유하고 있는 "bad bank"는 법률적으로 파산 조치를 실시할 수 있었다.

여덟째, 예금보험제도를 수립하였다. 이에 따라 예금자 예금을 미국 달러 기준으로 30,000달러까지 보호하게 되었다. 예금보험대상은 당좌 및 예금계좌로서, 90일 이하의 정기예금계좌의 모든 국내 및 외화통화 예금에 대해 1만 페소까지 보호하며 장기예금에 대해서는 2만 페소를 보호하였다.[19] BNA 결정 금리보다 2% 포인트를 초과하는 금리의(동일종류의) 예금은 보호에서 제외하였는바, 예금보호로부터 발생되는 도덕적 해이를 예방하기 위함이었다. 보험료율은 은행감독기구에 의해 설정된 CAMEL 등급에 의해 책정된 위험도에 따라 은행에 대해 차별화된 보험료율 적용하였다.[20] 또한, 중앙은행은 일일평균 예금에 대해 최소 0.015%에서 최고 0.06%의 의무보험료를 부과하며 2년간 보험료의 선납을 요구할 수 있었다. 이러한 예금보험제도는 예금보험기금(FGD)과 이를 관리하는 공사(SEDESA)로 구성되었다. FGD의 투자와 사용은 보험료 납부 금융기관 대표자들과 거부권은 있으나 투표권이 없는 중앙은행 대표자로 구성된 상임이사회에서 결정하였다.[21] SEDESA는 은행정리 시 예금자에 대해 대지급을 할 수 있으며 이 경우 파산재단 배분 시 비부보 예금자에 대해 우선권을 보유하였다. 상임이사회는 자본주입 또는 대출 목적의 FGD 자금의 사용을 승인할 수 있었다. 이러한 제도는 회생 계획 하의 금융기관, 제35조 bis 절차에 속해 있는 은행예금 및 자산을 매입하는 금융기관, 그리고 회생 계획하의 은행을 매입하는 금융기관을 대상으로 하였다.

아홉째, 은행 자본화 신탁기금(Bank Capitalization Trust Fund)을 설립하였다. 이는 멕시코

---

18) *Id.*
19) *Id.*
20) *Id.*
21) *Id.*

위기로 인해 발생한 은행시스템 혼란을 처리하는데 있어서의 당국의 정리수단을 강화하는 조치였다. 즉, 지원금융기관 부실화 시, 신탁기금이 손실을 부담함으로써 Article 35 bis 절차에 따른 "good bank" 설립을 지원할 수 있었다. 또한, 신탁기금은 직접적으로(주식으로 전환할 수 있는 대출을 통해), 또는 간접적으로(부실금융기관의 자산을 매입함으로써) 금융기관에 자본을 투입할 수 있었다. 실제적으로 신탁기금은 금융기관 지원시 담보부대출 또는 협상가능 채무(negotiable obligation)로 전환할 수 있는 비담보부 후순위 대출 등 2가지 방법만을 사용하였다.[22]

열번째로, 부실민간은행의 구조조정 조치가 취해졌다. 구체적으로, 25억 미달러의 신탁기금이 조성되었으며 이중 20억 미달러는 국채발행에 의해, 5억 미달러는 세계은행의 부담으로 조성되었다.[23] 이와 함께, 공공은행 민영화를 위한 구조조정이 이루어졌다. 12.5억 미달러의 신탁기금이 조성되었으며 이는 미주개발은행(Inter-American Development bank)과 세계은행 자금으로 조성되었다.[24]

위와 같은 조치들의 최종결과로 1994년 12월부터 1995년 8월의 구조조정기간 중, 상업금융기관 수는 205개에서 166개로 축소되었다.[25] 또한, 1995년 7월부터 1999년 4월 사이에는 금융기관법 제35조 추가의 19개 부실금융기관을 정리하였다. 그 중 10개 금융기관에 대해 자본화 신탁기금은 총 3.82억 미국달러를 제공하였으며, 이들 은행의 정리에 투입된 총 비용은 총 11.3억 미국달러로, GDP의 약 0.3%에 해당하였다.[26] 한편, 1993년부터 1998년까지 기간 동안 19개 지방은행이 민영화되었으며, 그 중 17개 은행이 자본화 신탁기금으로부터 총 13.3억 미국달러의 지원을 수혜하였다. 개발은행이었던 BANDE을 폐쇄하였다. 1996년 12월에는 아르헨티나 중앙은행이 13개의 대형국제은행과 스와프 계약을 체결하였다.[27] 이는 투기적 공격에 대한 보장장치로 활용할 목적이었다. 중앙은행은 관련은행에 재매입 약정 하에 공채를 매각함으로써 60억 달러(국내은행 총예금의 10%)를 확보할 수 있게 되었다.

아르헨티나 정부의 이러한 조치는 2000년대 초반까지 계속되었으며, 정부의 시장 개입과

---

22) 이재연·이병윤, *supra* note 9, p. 117
23) *Id.*, p. 116.
24) *Id.*, p. 118.
25) *Id.*
26) *Id.*
27) *Id.*, p. 114.

경제 개입이 확대되었다.[28] 2003년에는 민영화했던 우편회사와 2개의 항공회사를 다시 국영화하였고, 2004년에는 에너지위기로 인해 국영 에너지회사(ENARSA) 설립을 발표하였다. 한편, 금융거래세를 인하 및 폐지하였는바, 2004년 5월 금융거래세 세율을 0.6%에서 0.4%로 인하하였고, 2005년에는 금융거래세를 폐지하기로 IMF와 합의하였다.[29]

B. 멕시코

멕시코는 1994년 12월 세디요(E. Zedillo) 정부가 출범하면서 위기가 발생하였다. 같은 해 12월 20일 멕시코 정부는 위기 상황 해결을 위해 14%에 달하는 페소화의 평가절하를 단행하였고, 12월 22일에는 완전 자유변동 환율제를 도입하였다. 그러나 예상과 달리 외국인 투자자금 이탈이 지속되면서 페소화의 투매 사태가 이어져 멕시코 정부도 방어를 포기하였고 외국인들의 주식 및 채권 투매가 급증하여 주가 폭락하고 금리가 폭등하였다. 특히 페소화 가치의 급락이 멕시코 물가의 급등으로 이어지자 멕시코 정부는 금리를 연 80% 이상으로 인상하는 등 초고금리 정책을 시행하기에 이르렀다.[30]

이에 미국 및 국제사회는 위기를 해소하기 위해 적극적인 지원 조치를 취하였다. 특히 NAFTA 발족 차질을 우려한 미국이 적극적으로 개입하였다. 구체적으로, 1995 년 1월, 미국과 캐나다는 각각 60억 달러 및 7억 달러 등 총 67억 달러의 신용지원을 결정하였다.[31] 또한, 총 500억 달러의 구제자금이 조성되었는데, 이는 미 재무부 외환안정화기금(Exchange Stabilization Fund) 200억 달러, IMF 180억 달러, BIS 가 주선한 유럽내 중앙은행들 100억 달러, 캐나다 20억 달러 등으로 이루어졌다.

또한, 통화, 재정, 환율 정책이 취해졌다. 우선, 페소화가 평가절하 되었고, GDP 성장률 목표를 2%에서 -%로 하향조정하였다. 또한, 통화긴축정책이 취해져서 통화증가율을 17% 이내로 억제하였다. 재정지출도 대폭 삭감하여 GDP 대비 4.4%의 재정흑자 달성을 유도하였다.[32]

---

28) 한국수출입은행, *supra* note 5, p. 38
29) *Id.*
30) 국제금융센터, *supra* note 4, p. 26.
31) *Id.*, p. 27.
32) *Id.*

이와 더불어 금융권 개혁 조치도 이어졌다. 멕시코는 IMF의 정책권고를 전폭 수용하여 부실금융기관을 신속히 처리하는 등 개혁정책을 적극 추진하였다.[33] 금융산업의 체질을 바꾸기 위해 은행 민영화 및 M&A 를 추진하였고, 외국인 투자제한을 철폐하였다. 단, 외국인의 100% 지분 소유는 금지하고 3대 은행에 대해서는 외국인 소유 규제를 그대로 유지하였다. 국제기준의 금융부문 인프라를 구축하는 조치도 취해졌다.[34] 공기업 민영화의 일환으로 최대 공기업인 PEMEX(석유공사) 민영화 등이 계속 추진되었다.

위와 같은 조치의 결과, 멕시코 사태는 비교적 단기간에 진정되었다. 우선, 대규모 지원 결정이 시장에 확신을 주면서 외환시장이 급속히 안정세로 돌아섰다. 또한, 자본유출이 멈추고 외국인자본 유입이 재개되었다.[35] 이에 따라 총 500억 달러로 조성된 구제자금 중 미국이 조성한 125억 달러만 동원되었고, 1995년 가을부터 차입금의 대외변제가 시작되었다. 1995년 하반기부터 수출 관련 제조업이 회복세로 돌아섰고, 자본재, 중간재, 건설업 등으로 회복세가 확산되었다. 1996년부터 본격적 경기 회복 기조가 나타나 금리가 하락하고 거시 경제지표들이 안정되었다. 공기업 민영화 등의 구조개혁에 의하여 제조업의 효율성이 증대 되면서 수출기반이 확충되었고, 1982년과는 달리 환율절하에 따른 수출 증대가 대폭 이루어져 경제회생의 견인차 역할을 담당한 것으로 평가되었다.[36] 이러한 멕시코의 경험은 글로벌 자본이동 규모가 급속도로 확대되고 있는 상황에서 대외 통화협력의 중요성을 시사해 준다.[37]

금융위기 후 멕시코의 개혁정책에 대해서는 다음과 같이 평가할 수 있다. 멕시코 정부는 국영기업 민영화, 재정지출 삭감, 경상수지 적자폭 축소, 임금인상 제한, 물가상승률 하향 조정 등의 조치를 발표하였다. 이에 대해 위기 발생 후의 개혁 정책들이 별다른 실효를 거두지 못하는 등 초기 대응이 미흡하였다는 부정적 평가도 있는 것이 사실이다.[38] 그러나, 노사정의 합의하에 경제회생방안을 채택하여 대내적 안정성을 유지하였다는 점,[39] 환율절하 및 공공요금 인상, 세율인상 등의 인플레이션 압력에도 불구하고 재정균형 유지 및 노사정 합의에 의해 인플레이션 기대를 억제하는 것이 가능함으로써 1982년과 같은 초인플레이션 현상 예방하였

---

33) *Id.*
34) 신인석, "외환위기 극복의 조건: 멕시코 사례분석 및 시사점", 한국개발연구원(1998. 1.) p. 12.
35) 국제금융센터, *supra* note 4, p. 28.
36) 신인석, *supra* note 34, p. 12.
37) 국제금융센터, *supra* note 4, p. 30
38) *Id.*, p. 27.
39) 신인석, *supra* note 34, p. 10.

다는 점,[40] 환율정책의 오류가 시정되면서 그 간의 구조 개혁의 효과가 나타나고 국제사회의 적극적인 협조가 유지된 결과 신속한 외환위기 극복 가능하였다는 점에서 전반적으로 긍정적인 평가를 할 수 있을 것이다.[41]

3. 1997년 금융위기 극복조치

A. 한 국

우선, 부실금융기관 구조조정 조치가 이루어졌다. 대체로 정부는 IMF의 권고사항에 따라 거시경제 정책 및 산업의 구조조정 방안 마련하였으며, IMF와 총 11차례에 걸쳐 의향서를 교환하였다. 한편, IMF의 권고와 별개로 한국 정부가 자구적 노력을 시도하기도 하였다. 즉, 국제금융기구들로부터 자금지원이 이루어졌고, 1997년 12월 초 IMF로부터 210억 달러 이외에 세계은행으로부터 100억 달러, 아시아개발은행(ADB)으로부터 40억 달러, 기타 국제금융기구 및 선진 13개국으로부터 233.5억 달러를 각각 차입하였다.

둘째, 급박한 국가 부도위기 방지를 위한 조치가 취해졌다. 구체적으로 외국인들의 자금 인출사태를 방지하기 위하여 외국 채권단을 통한 외채만기연장이 이루어졌다. 1998년 1월에는 외국 채권은행 대표단과의 협상이 이루어졌다. 국내 금융기관들은 단기외채 만기연장에 합의하여, 1년 미만의 단기외채를 정부의 지급보증을 통해 13년 만기의 중장기 외채로 전환하였다.[42] 또한, 같은 해 3월에는 단기외채의 인출사태를 방어하기 위하여 외채만기연장에 대한 최종합의가 이루어졌다. 그리고 4월에는 총 40억 달러의 외화표시 외국환평형기금채권을 발행하였다.

셋째, 긴축적 통화정책을 채택하였다. 이와 관련하여 고금리 유지 및 본원통화축소를 기본으로 하는 고금리정책이 취해졌다. 이러한 정책은 경상수지 개선, 외자유입 촉진, 자본유출 억제를 그 목적으로 하였다. 이를 통해 환율 안정과 외환보유 확충이 이루어지고 경상수지가

---

40) 국제금융센터, *supra* note 4.
41) 신인석, *supra* note 34, p. 12.
42) 성태윤·박기영·김도연, "금융위기와 구제금융: 글로벌 금융위기와 외환위기의 비교를 중심으로", 한국경제의 분석 17, 한국금융연구원(2011), p. 16.

흑자로 전환되며 자본유출 억제에 성공하게 되었다. 외환위기 이후에는 환율이 상승하여 물가수준을 9%대로 상승 조정하였다.[43] 그러나 고금리 정책에 대해서는 다음과 같은 부정적 평가도 존재한다.[44] 즉, 경제의 불황이 예상되는 상황에서 통화정책을 긴축적으로 운용하는 것은 불황을 더욱 가속화한다는 점이다. 한국 기업들은 특히 부채비율이 높기 때문에 금리가 높아져 부채 상황에 대한 부담 가중된다. 따라서 기업의 연쇄 부도 및 도산을 촉진하여 금융 부실과 신용경색(경제 전반 불황)이라는 악순환을 유발할 수 있다. 또한, 강도 높은 긴축정책은 오히려 금융부문의 유동성 위기를 심화시키고 경제적 불안정성을 확대할 수 있다는 점도 지적되었다.[45]

넷째, 환율변동폭 제한을 철폐하였다. 우선, 환율안정과 외환보유 확충에 중점을 두었다. 이에 따라 경제회생은 상대적으로 후순위에 놓이게 되었는데, 이는 내수 경기의 회복보다는 외환의 확보 및 경상수지 개선이 시급하다고 판단하였기 때문이다. 또한, 정부의 환율 개입이 최소화되었다. 외국 자본의 대량 인출 사태에 국내 금융기관이 지급불능 상태에 처하자, 이를 적극적으로 방어하기 위해 외환보유고가 소진되었다. IMF는 이러한 정부의 환율 개입이 원화 가치를 왜곡한다고 판단하였다.[46]

다섯째, 1997년 12월부터 IMF 구조조정 프로그램이 시행되어 구제금융과 금융 구조조정이 이루어졌다. 우선, IMF는 금융개혁법안을 조속히 처리해 부실한 금융기관들을 퇴출시키고 자력갱생이 가능한 금융기관들은 구조조정을 통해 금융기관의 경쟁력을 갖출 것을 강력히 권고하였다.[47] 금융기관의 구조조정을 위해 64조원 규모(GDP의 13.3%)의 채권발행자금(공적자금)을 조성하였고, 이러한 자금을 1999년 말까지 채권을 전액 발행하여 사용하였다.[48] 또한, 금융기관의 부실이 심해 재무 건전성을 회복하는 데 많은 공적자금이 투입되었다. 정부는 원리

43) 김영선, "아시아 경제위기에 대한 IMF프로그램과 각국의 대응방안 비교분석" 연세대학교 행정대학원 석사학위 논문(2000), p. 90.
44) Krugman은 유동성 제약과 고금리 정책을 통한 강력한 구조조정은 기업의 파산과 부실채권을 누적시켜 경제 상황을 악화시킨다고 비판하며 대안으로 외환통제책(Exchange Controls)이 필요하다고 권고하였다. P. Krugman, "Saving Asia: It's time to get radical", *Fortune*(September 7, 1998); 또한 Feldstein은 IMF 프로그램이 오히려 경제적 불안정성을 확대시켰다고 지적하였다. M. Feldstein, "Refocusing the IMF", *Foreign Affairs*, Vol. 77 No. 2(March/April, 1998), pp. 20－33.
45) 이규선, "외환위기 극복을 위한 정책대응 비교: 한국과 말레이시아를 중심으로", 산업은행경제조사연구(2008) p. 10.
46) 성태윤·박기영·김도영, *supra* note 42, pp. 16－18.
47) 김형철, "금융위기의 원인과 극복전략, 그리고 위기방지를 위한 정책대응에 대한 연구", 국민대학교 대학원 박사학위논문(2011), p. 87.
48) 성태윤·박기영·김도영, *supra* note 42, p. 21.

금의 지급을 보증한 채권을 발행하는 형태로 자금을 조성하였다. 구체적으로 예금보험공사가 금융기관의 증자 지원 및 예금 대지급을 위해 43.5조원, 자산관리공사가 금융기관의 부실채권을 매입하기 위해 20.5조원, 은행들이 45.2조원, 제2금융권(생명보험사와 종금사)에서 18.8조원을 조성하였다.[49] 제1차 금융 구조조정으로서, 금감위는 1997년 12월 기준 BIS 비율이 8%에 미달하는 12개 시중은행에 대해 경영평가를 실시하여, 그 결과에 따라 부실은행을 정리하였다. 비은행 금융기관은 대주주가 구조조정을 주도하였으나 은행의 구조조정에는 정부의 역할이 필요하다고 판단하였다.[50] 5개 부실 시중은행을 영업정지, 인가 취소 후 퇴출하였다(대동/동남/동화/충청/경기 은행의 우량자산과 부채를 BIS 8% 초과하는 대형 시중은행으로 계약이전하였다). 또한, 자산부채이전방식을 통한 인수도 이루어져서, 자본잠식에 이를 정도로 재무구조가 부실했던 서울은행과 제일은행을 국유화하였다.[51] 공적자금(1조 5천만원씩의 정부출자)을 적극적으로 투자하여, 자기자본비율을 8% 이상으로 상향조정하고 부실채권 매입 및 증자를 위한 공적자금 투입 후 서울은행은 경영정상화, 제일은행은 미국의 New Bridge Capital에 매각하였다.[52] 이와 함께 14개 종합금융회사에 영업정지 처분이 내려졌다. 제2차 금융 구조조정으로는 2000년에 남아 있는 부실은행 처리와 거대은행체제로의 개편이 추진되었다.[53] 국민은행(국민-주택)과 한빛은행(한빛-평화) 등을 인수 및 합병하였고, 나머지의 부실은행들도 정부주도 하에 금융지주회사로 통합하였다. 1997년 11월부터 2008년 1월까지 지원된 공적자금은 168.5조원에 달하였는데, 이 중 은행에 86.9조원, 제2금융권에 79.2조원, 기타 해외금융기관등에 2.4조원으로 분배되었다. 그 결과 1997년 외환위기 당시 2,103개에 달했던 금융기관은 2008년 1월에는 1,298개로 축소되었고, 전체금융기관의 44.1%가 10년의 기간동안 시장에서 퇴출 및 M&A를 통해 정리되었다.[54]

여섯째, 금융개혁법과 금융감독위원회가 도입되었다. 우선, 금융개혁법은 1997년 도입되었는바, 통합금융감독기구 설치법 등에 따라 부실 금융기관 퇴출되고 구조조정이 추진되었다. 건전성 규제 강화 및 금융관련 추가 입법 등 구체적 정책이 마련되었다. 한편, 금융감독위원회는 IMF의 요구에 따라 1997년 12월 입법화되고 1998년 4월 출범하였다.[55] 이는 금융안전망 정비를 위한 통합감독기구이자, 효율적인 금융구조조정을 위한 금융 구조조정의 중심기구

49) Id.
50) 김영선, *supra* note 43, p. 92.
51) 성태영·박기영·김도영, *supra* note 42, p. 23.
52) Id., p. 21
53) 삼성경제연구소, *supra* note 1, p. 30.
54) 이규선, *supra* note 45, p. 13
55) Id.

로서 회생 이 불가능한 부실금융기관을 폐쇄할 수 있는 권한을 보유하였다. 또한, 은행의 구
조조정 및 공공부문의 지원을 점검, 조정하는 은행구조 조정전담반이 금융감독위원회 내에
발족하였다.

일곱째, 1997년 11월, 한국자산관리공사(KAMCO)가 설립되었다. 이 기관은 부실채권정리
기금의 관리·운용, 부실채권의 수임 및 인수·정리, 금융기관 부실자산의 인수·정리 등을 목
표로 하였다. 한국자산관리공사는 상업적인 베이스를 기조로 하여 부실화된 채권 등의 자산
을 매입하여 관리하였다가 다시 일정한 수준의 가격으로 올랐을 때, 다시 되파는 식의 형태로
서 부실채권을 처리하였다.[56]

여덟째, IMF 프로그램의 점진적 수정이 이루어졌다. 왜냐하면 고금리 정책은 국내자금시
장을 경색시키고 유동성 부족을 야기하였기 때문이다.[57] 고금리 정책으로 기업들이 연쇄적
으로 도산하고 실업률이 급등하였다. 즉, 1998년 1/4분기 GDP는 전년동기대비 3.8% 감소하
였고, 2/4분기에는 6.6% 감소를 기록하였다. 또한, 자금경색현상과 경기 침체에 대한 우려가
고조되면서 경제의 과잉 축소(overkill) 문제가 대두하였다.[58] 이에 따라 정부는 IMF와 재협
의하여 거시경제 목표치를 수정하고 재정 및 금융 정책을 보다 신축적으로 운용하기로 하였
다. 구체적으로 부실금융기관 정리, 기업의 재무건전성 강화 등 구조조정의 기본 틀을 유지
하면서도 고금리 정책을 완화하고 경기부양과 기업구조조정 위주로 정책 중점을 전환하는
것이었다.

아홉째, 무역장벽 해소와 자본 시장 개방 및 자유화 조치가 취해졌다. 네 개의 보조금이
폐지되었고, 1997년 12월에는 25개 수입선다변화품목을 WTO 양허계획보다 조기에 폐지하였
다. 1998년 6월 30일에는 40개 수입선다변화품목을(예정대로) 추가 폐지하였다. 1998년 1월 1
일에는 조정관세 적용품목을 62개에서 38개로 축소하였다. 또한, 자본자유화와 관련하여 IMF
와의 합의사항을 능가하는 과감한 자본시장개방을 추진하였다.[59] 구체적으로 외자유입 확대
를 위한 다양한 정책수단을 개발하였고, 외국인주식투자한도를 7%에서 50%로 대폭 확대하고
종국에는 완전히 철폐하였다. 이와 함께 채권시장 개방을 확대하여, 1997년 12월 말 모든 장
단기 국공채, 회사채에 대한 외국인 투자한도를 폐지하고 3년 이상 현금 차관 등 민간기업의

56) 한국경제신문, 금감원, 부실채권 감소세… "맥킨지 산정은 주관적"(2001. 05. 30).
57) 이규선, *supra* note 45, p. 10
58) *Id.*
59) 김형철, *supra* note 47, p. 92

해외차입에 대한 제한을 철폐하였다. 은행과 기업 발행 모든 단기금융상품은 1998년 5월 25일 외국인들에게 완전 개방하였다.[60) 또한, 외국인 직접 투자를 촉진하는 조치가 취해졌다. 즉, 적대적 M&A 등 외국인 투자자들의 국내기업 인수, 합병에 대한 제도적 제한을 완전히 폐지하였다.

마지막으로, 외국인의 토지취득이 자유화되었다. 외국인투자 업종개방이 확대되어 보험업, 리스업 등 30개 업종이 추가 개방되었다. 그리고 외국인투자 여건 개선을 위한 외국인 투자 상담 및 서비스 지원체제가 대한무역투자진흥공사로 단일화 되어 일괄서비스 체제를 운영하였다.[61)

B. 말레이시아

말레이시아는 우선 독자적인 위기 극복 노선을 채택하였다. 즉, IMF의 구제금융과 구조개혁 처방을 거부하였다. 이는 한국과 태국, 인도네시아와는 정반대의 정책을 편 것임에도 말레이시아는 경제위기를 성공적으로 극복하였다. 즉, 한국, 태국과 유사한 속도로 외환위기에서 탈출하였다.[62) 이와 달리 아시아의 다른 국가들인 한국, 태국, 인도네시아의 대응은 IMF 프로그램 초기에 금융 및 재정긴축 정책을 통해 총수요를 억제시키는 한편, 고금리를 의도적으로 형성한 후, 이에 따르는 디플레이션에 대응하여 지속적으로 고금리와 긴축 목표를 지속적으로 완화하는 노선이었다.

둘째, 자본의 해외유출 통제 정책을 도입하여 1999년 2월까지 시행하였다. 말레이시아의 독자 노선은 많은 논란이 되었으며 그 정책 대응의 유효성은 많은 이들의 관심의 대상이었다.[63) 이에 따라 자본자유화, 무역자유화 등에 대한 IMF의 급격한 요구의 정당성에 의문이 제기되었고, 나아가 IMF가 선진 자본의 이익을 대변하고 있다는 지적에 대한 방증으로도 평가되었다.[64)

셋째, 고금리 긴축정책에서 경기부양책으로 전환하였다. 구체적으로 안와르 이브라힘

---

60) *Id.*
61) *Id.*
62) 이현훈, "동아시아 금융위기와 국제금융체제 개편", 산업과 경제, 10집(2000), pp. 35 – 55.
63) 이규선, *supra* note 45.
64) 김영선, *supra* note 43.

(Anwar Ibrahim) 부총리 겸 재무장관 주도로 고금리 및 경상수지 적자 축소 등 긴축정책을 추진하였다. 이 정책은 IMF가 다른 국가에 금융지원의 조건으로 제시한 정책과 유사하였다. 그러나 1998년 1분기 경제상황이 악화(경제성장률 마이너스를 기록, 생산활동 둔화 등)되자, 적극적인 경기부양책으로 정책을 선회하였다.[65] 마하티르 모하마드(Mahathir bin Mohamad) 총리는 경기부양을 위해 재정 및 금융정책에 정부의 직접개입을 강화하였고, 구조조정은 후순위를 차지하였다. 한편, 경기부양 과정에서 자금시장의 경색과 부실채권의 증가가 우려되었다. 이에 외환위기에도 불구, 금융기관 부실화를 회피하기 위한 조치가 취해졌다. 중앙은행은 시장 개입이자율(중앙은행의 상업은행 대출이자율)을 1998년 8월 초, 11%에서 9월 8%로 인하하였고, 지급준비율도 8월 말 8%에서 9월 중순 4%로 인하하였다.[66] 또한, 상업은행의 대출 확대를 위한 정부의 개입 강화하여 1998년 말까지 금융기관의 대출을 8% 확대하도록 지시하였다. 이와 함께 인프라 투자를 확대하여 1998년 6월, 1998년 재정지출액을 당초 계획보다 19%만큼 확대하였다.

넷째, 1998년 8월 국가경제회복계획(National Economic Recovery Plan)을 발표하였다. 이 계획에 의하면, 링깃화의 안정화 및 달러화에 대한 의존도를 축소하고, 투명성과 규제개선을 통한 시장의 신뢰회복을 도모하며, 시장지향적인 정부정책의 일관성을 제고하고, 은행부문의 부실채권 정리하는 한편 은행 합병을 통한 금융시장 안정화 등을 꾀하는 것이었다.[67]

다섯째, 금융기관 감독을 완화하였다. 금융기관의 대출여력을 확충하기 위해 무수익여신 (NPL) 분류 기준을 완화하였는데, 이는 부실채권기준을 강화한 한국과는 반대의 조치였다. 1998년 1월 부실채권 산정 기준을 강화하였으나 경기 둔화와 더불어 부실채권 비율이 급격히 상승하자 1998년 9월 그 기준을 다시 완화하였다. 그 후 말레이시아 금융기관의 부실채권 비율은 1998년 13.6%에서 2006년 4.8%로 크게 하락하는 모습을 보임으로써 금융기관의 건전성과 수익성이 개선된 것으로 나타났다.[68]

여섯째, 자본통제(Capital Control) 정책이 취해졌다. 1998년 9월 1일 말레이시아 정부는 자본유출을 봉쇄하기 위하여 링깃화 환율을 1달러당 3.8링깃으로 고정하는 조치를 취했다. 이러

---

65) 정계룡·손승호·이진경·이세린, "동남아 전략산업 분석: 금융 – 금융산업 현황과 협력방향", 대외경제정책 연구원(2010), p. 6.
66) Id.
67) Id.
68) Id.

한 고정환율제와 자본통제 조치는 금리인하를 통한 경기부양 시 수반되는 자본유출과 환율 급등 등의 문제를 해결하려는 목적을 갖고 있었다.[69] 또한, 경기부양정책의 효율성 제고와 경제의 선순환구조 창출을 도모하였다. 대외계정의 자금인출 제한 및 계정간 자금이동 규제가 추진되었다. 이와 더불어 해외송금규모를 대폭 축소하고 무역거래에서의 외화사용을 의무화하였으며, 여행자 링깃화 반출입 1,000링깃 이하만 허용되었다.[70] 한편, 외화의 경우 반입의 제한은 없으나 반출은 10,000링깃 상당의 외화만 허용되었다. 1999년 2월 4일에 이르러 위와 같은 자본통제정책을 완화하면서, 자본통제 유효기간 종료에 따른 부작용을 완화하고 외국자본을 유치하고자 외국자본의 유출입에 대해 세금을 부과할 수 있는 국외유출세(exit tax)를 도입하는 방향으로 전환하였다. 그리고 2001년 5월 2일 자본통제 정책 및 유출세를 전면 해제하였다.[71]

일곱째, 외국인 투자 규제 조치가 취해졌다. 외국계은행의 국내은행에 대한 지분율을 30%로 계속 제한하였는바, 이는 외국계은행의 국내은행에 대한 투자를 무제한 허용한 우리나라와 대조적이었다.[72] 이러한 말레이시아의 조치는 외국계 금융기관의 시장점유율 확산을 방지할 수 있었다. 또한, 1999년 상반기 이후에는 외국자본 유치를 통한 경기부양 노력을 하여, 외국인투자 중 부동산 부문에 대한 자금 유출에 대해서만 유출세를 면제하는 등의 조치가 취해졌다.

위와 같은 말레이시아의 정책은 같은 시기 금융위기를 경험하였던 한국의 대응과 크게 차이를 보여주고 있다. 그 원인은 무엇보다 금융위기 발생원인에 대한 양국의 인식 차이에 기초하였다.[73] 즉, 말레이시아 정부는 외국인투자자의 신뢰 회복보다는 자본 유출의 통제를 가장 시급한 문제로 인식하였다. 다시 말해 외환위기가 자국의 문제가 아닌 외국인투자자들의 무분별한 자금 유출에서 비롯되었다고 인식하였고, 이는 한국과 상반되는 것이었다. 외환위기 이전 말레이시아의 경제성장이 안정적으로 이루어졌으며 외채구조 또한 상당히 양호하였다는 데에서 기인한 것이었다. 또한, 자본투입과 금융기관의 부실채권 해결을 통한 자발적 금융구조조정을 유도하고 감독·규제체제를 정비하는 조치를 취하였다는 점이 주목된다. 이는 외환위기 초부터 강력한 금융구조조정을 추진한 한국과 대조적이며, 이를 통해 외환위기에 따른

69) *Id.*, pp. 41−43
70) *Id.*
71) *Id.*
72) *Id.*, p. 24.
73) *Id.*

혼란을 방지하였다.

C. 인도네시아

첫째, 인도네시아 정부의 환율 시장 개입이 이루어졌다. 이와 관련하여 환율변동폭의 확대가 이루어졌는바, 1997년 7월 11일에 환율의 일일거래 변동제한폭을 8%에서 12%로 확대하였다. 한편, 미 달러화 대비 루피아화 환율은 계속 하락하여 1997년 8월 말에는 2,290루피아로 7월 말 대비 11% 하락하였다.[74] 중앙은행이 외환보유고를 동원하여 외환시장 개입에 적극적으로 나섰음에도 불구하고 8월 13일 변동제한폭의 상한선을 돌파하여, 달러당 2,682루피아를 기록하였다. 또한, 변동환율제로 전환하였다. 즉, 1997년 8월 14일, 환율변동폭의 확대만으로는 루피아화의 방어를 할 수 없고, 더 이상의 외환보유고를 낭비할 필요가 없다고 판단한 인도네시아 중앙은행은 환율의 일일변동폭을 폐지하고 더 이상의 외환시장 개입이 없을 것임을 발표하였다. 이와 함께 비교적 신속하게 환율변동폭을 확대하고 자유변동환율제로 이행하여 나가는 등 환율정책에 있어서 유연한 대응을 하였다.[75]

둘째, 고금리로 시중자금의 유동성을 억제하였다. 1997년 4월 23일 인도네시아 중앙은행은 환율안정을 위해 중앙은행증권(Bank Indonesia Certificates) 발행금리를 평균 4.1%포인트 인상하였다. 이어 1997년 5월 7일 인도네시아 중앙은행은 환율안정을 위해 중앙은행증권 발행금리를 평균 7.5% 포인트 인상하였다.[76]

셋째, 인도네시아는 다음과 같이 IMF 구제금융을 신청하였다. 구체적으로 1997년 10월 8일 인도네시아 정부는 IMF, 세계은행, ADB 등에 370억 달러에 달하는 자금지원을 요청하였다. 이어 10월 30일에 IMF가 330억 달러 규모의 긴급자금 지원 결정을 하였고, 동시에 100억 달러 규모의 대기성차관(stand-by credit)지원을 합의하였다.[77] 또한, 같은 해 11월 5일 IMF와 101억 달러에 달하는 구제금융 합의에 이르렀다. 이러한 구제금융 지원을 받는 조건으로 경상수지 적자규모 일정 비율 유지, 금융부문개혁, 공공사업 투명성 제고, 국영기업 민영화 및 구조조정 추진, 수입관세 인하 등의 경제개혁을 추진하기로 합의하였다.

---

74) Id., p. 48.
75) 최두열, "아시아 외환위기의 발생과정과 원인", 한국경제연구원(1998), p. 68.
76) Id.
77) Id.

넷째, IMF 권고 비준수 및 지원 중단이 이루어졌다. IMF와의 협약상 합의된 정책사항을 지키지 않아, IMF로부터의 자금지원 중단 조치에 직면하게 되었다. 즉, 인도네시아 정부는 1998년 1월 6일 IMF의 권고를 무시하고 재정수지 균형을 유지하는 1998 회계연도 신년예산안을 발표하였다.[78] 이로 인해 대외신인도가 크게 하락하였고 인도네시아, 태국, 말레이시아, 싱가포르의 환율이 사상최고치를 기록하였다.[79] 이에 따라 1998년 5월부터 다시 금융위기에 직면하게 되었다. 1998년 1월 15일 IMF와 재협상을 하여 IMF 협약을 수정하였다. 위 제2차 협약은 경제개혁의 가속화가 주된 내용이었으나 인도네시아 정부는 "IMF의 국책프로젝트 연기요구는 매우 비현실적"이라는 입장을 견지하였다.[80] 1998년 3월 6일 IMF는 3월 15일로 예정된 인도네시아에 대한 2차 자금지원분(30억 달러)을 연기한다고 발표하였다. 그러나 같은 해 3월 8일, 인도네시아의 수하르토 대통령은 "IMF의 요구는 경제가 '가족주의'와 협동체계에 근거를 둔 인도네시아 헌법에 부합되지 않는다"고 밝혀 IMF의 개혁조건을 따를 의사가 없음을 시사하였다.[81] 미국, 일본 등 선진국들과 IMF의 적극적인 개입은 구조조정 압력을 높이고 채권단들에게 단기채무 연장을 종용하는 무언의 압력으로 작용하였다. 또한, 대규모 프로젝트 연기를 포함한 정부의 긴축정책, 금융부문의 구조조정, 각종 규제완화와 민영화, 그리고 정부정책의 투명성과 일관성 확보 등을 요구하였다. 사실 정치적 기반이 취약한 태국이나 인도네시아에서는 강도 높은 구조조정이 사실상 곤란한 현실이었다. 즉, IMF 요구만큼 포괄적이고 혁신적인 내용을 담기가 힘들뿐더러 혁신적인 개혁조치라 하더라도 국제투자자들의 신뢰를 회복할 수 있을 만큼 신속하고 효과적으로 실행되기 어려운 현실이었다.[82]

다섯째, 세계은행과 ADB는 인도네시아의 금융산업 개편과 산업구조 조정 등을 위해 각각 45억 달러와 42억 달러의 중장기자금을 지원하기로 결정하였다. 그 외에도 각국 정부가 지원의사를 표명하였다. 즉, 1998년 7월 15일 IMF 및 여타 국제금융기구들이 미국 및 일본 등과의 협의를 거쳐 1999년 3월까지 인도네시아에 대해 60억 달러의 자금을 추가로 지원하기로 결정하였음을 발표하였다.[83] 또한, 1998년 7월 30일 세계은행 등과 1999년 3월까지 79억 달러의 추가자금을 지원받기로 합의하였다.

---

78) *Id.*, pp. 283 – 304.
79) LG 경제연구소, "꺼지지 않는 불씨 동남아 위기"(1998).
80) 최두열, *supra* note 75, p. 295.
81) *Id.*, p. 297.
82) *Id.*
83) *Id.*

여섯째, IMF 프로그램 이행 노력으로 일련의 경제개혁 조치가 취해졌다.[84] 1997년 8월 예산삭감계획을 발표하여, 1997년 9월 1일에 1차 경제개혁조치로서 16개 부실은행의 영업허가가 취소되었다. 1997년 9월에는 외환위기 대응책을 발표하여, 39조 루피아 규모의 프로젝트를 연기하였고, 프로젝트를 재검토하였다. 즉, 수입유발효과가 큰 대형 건설사업의 연기 또는 취소와 재정지출 삭감 등이었다. 또한, 은행부분 구조조정이 이루어져서, 은행개혁안을 발표하고 부실은행의 합병을 적극 유도하였다. 이에 따라 1997년 11월에 16개 부실은행 폐쇄를 결정하고, 같은 해 12월에는 7개 국영은행을 4개로 합병하였다.[85] 이와 함께 지방정부 관할 하에 있는 일부 지방은행을 폐쇄하거나 중앙정부 관할로 이관하기로 결정하였다. 뒤이어 1998년 1월 15일에 2차 경제개혁조치가 취해졌다. 즉, 공공부문 프로젝트의 축소, 은행과 기업에 대한 구조조정안 마련, 주요 생필품 공급의 독점권 폐지 등을 그 내용으로 하고 있었다. 이에 따라 14개 부실금융기관 중 7개 은행을 영업정지하였고, 나머지 7개 은행은 은행재건청(IBRA)에서 관리하도록 결정하였다.[86] 또한, 파산은행의 자산처리 및 예금자 보호를 위하여 2개 국영회사를 설립하기로 결정하였다. 영업정지된 7개 은행의 예금자 보호를 위한 재원마련을 위하여 3조 2,000억 루피아의 국채를 발행하였다. 1998년 4월 21일, 통화점검위원회(Monetary Monitoring Committee)를 설치하였다. 이즈음 중앙은행은 구제금융의 이행조건에 관하여 IMF와 재합의(4월 8일, IMF와 제3차 협상 타결)에 따른 조치를 실시하였다. 또한, 같은 해 8월 4일, 중앙은행이 관리하는 인도네시아 외채조정기구인 Indonesian Debt Restructuring Agency(INDRA)를 설립하고, 8월 21일에는 11개 부실은행 국유화, 합병 및 영업정지 등의 조치를 발표하여 국내 최대 상업은행 BCA(Bank Central Asia) 국유화 등이 이루어졌다.[87]

일곱째, IMF 프로그램이 종료하였다. 2000년대 거시경제지표가 회복세를 보임에 따라 IMF채무를 일시 상환하고 IMF의 간섭으로부터 벗어나야 한다는 주장이 지속적으로 제기되어, 2003년 말 IMF 프로그램을 종료하였다. 다만 차관 도입은 중단하되 채무상환은 유예하는 PPM(Post Program Monitoring)을 지속하였다. PPM은 IMF 프로그램이 종료되는 시점에 IMF로부터 도입한 차관 잔액이 대출 쿼터액을 초과하는 국가가 의무적으로 시행해야 하는 프로그램이었다. IMF는 정기적으로 경제정책에 대해 조언할 수 있으나 정식 프로그램과 달리 인도네시아가 경제정책을 IMF의 요구에 따라 변경할 필요는 없는 프로그램이었다.[88]

---

84) *Id.*, pp. 283 – 304.
85) *Id.*
86) *Id.*
87) *Id.*
88) 정계룡 · 손승호 · 이진경 · 이세린, *supra* note 65, p. 151.

마지막으로 2000년대 이후 금융권 개혁이 이루어졌다. 구체적으로, 은행산업 개혁 정책을 추진하여 최소자본금을 확대하고 동일 주주의 복수 은행 소유 제한 등의 조치를 취하였다. 또한, 은행의 부실로부터 예금자를 보호하기 위하여 중앙은행에게 비상 시 유동성을 공급할 수 있는 최종대출자 역할을 부여하고 예금보험공사를 설립하였다. 금융산업 안전망을 구축하여 금융기관안정위원회 등을 설립하였다. 이와 함께 자본시장의 발전을 도모하여, 2000년 자본시장 청사진을 도입한 후 2005년부터 자본시장 마스터플랜을 추진하였다.[89]

D. 필리핀

필리핀 정부는 금융위기에 대해 우선 외환시장에 대한 대책을 강구하였다.[90] 즉, 1997년 7월 2일에 페소화 절하압력이 강해짐에 따라 중앙은행의 외환시장 개입이 이루어졌다.[91] 1997년 7월 11일 필리핀 중앙은행은 페소화 방어를 포기하여 자유변동환율제로 이행하였다. 페소화는 즉시 10% 이상 하락하여 1달러에 29.45페소를 기록하였다. 이에 따라 필리핀 정부는 잠시 변동폭을 폐지하였다가 1997년 10월에 4%의 변동폭을 재도입하였다. 이처럼 페소화에 대한 방어를 즉각 포기하고 자유변동환율제로 이행한 동 조치는 외환보유고의 낭비를 막는데 기여하였다. 이는 원화방어에 집착하여 외환보유고를 소진한 한국의 정책당국의 상황판단과 대조적이었다고 평가된다.[92]

둘째로 은행간 인수합병을 유도하였다. 1998년 3월 필리핀통화위원회의 결의안 374호에 의하면, 은행별 법정 최소자본금 규모를 일부 상향 조정하여 유예기간의 성격으로 1999년 말까지 일차적으로 적용한 후 2000년부터는 한 단계 더 상향 조정된 자본 규모를 적용하도록 하였다.[93] 또한, 법정 최소자본금 규모의 확대로 은행간 인수합병이 촉진되는 한편 자본 규모를 충족시키지 못한 은행은 퇴출되었다. 이로써 1998년 말 기준 996개이던 은행 수는 1999년 976개, 2000년 947개로 감소하였다. 각 은행이 자본금 규모 및 자기자본비율에 대한 요구 조건을 충족하기 위한 일정을 필리핀중앙은행과 양해각서로 체결하여 준수하도록 하였으며, 이를 지키지 못할 경우 타 기관과의 인수합병을 추진토록 하였다.[94]

89) *Id.*
90) *Id.*, pp. 64-70.
91) 최두열, *supra* note 75, pp. 283-304.
92) *Id.*, p. 218
93) 정계룡·손승호·이진경·이세린, *supra* note 65, p. 165.
94) *Id.*

셋째, 금융감독체계를 재정비하였다. 외환위기 후 금융기관 감독의 주안점을 규정 준수 여부에서 '리스크 관리'로 조정하였다. 즉, 기존 방법은 특정 기간 동안 행해진 거래에 관해 표본 추출 방식으로 감사를 실시하여 은행법 및 규정 위반 여부를 심사하는 것이었다. 그러나 외환위기 이후부터는 감독의 기준을 은행의 리스크 관리 시스템의 질과 내부 감사의 효율성에 초점을 맞추었다.[95]

넷째, 투명성과 정보공개가 강화되었다. 구체적으로, 1998년 12월부터 증권거래소에 공시된 은행의 경우 무수익채권 총액 및 비율, 위험자산 총액 고정이하자산 및 정상자산에 대한 대손충당금 규모 등에 대한 정보를 분기 별로 공시하도록 하였다. 또한, 1999년 12월부터는 자본 규모 10억 페소 이상의 상업은행과 저축은행으로 공시 대상을 확대하였다. 공시 내용도 자기자본이익률(ROE), 내부 이해관계자 앞 대출 총액 및 비율, 그리고 이 중 연체금액 및 연체비율을 포함하도록 하였다.[96]

다섯째, 외부감사를 의무화하였다. 즉, 1998년 9월부터 예금자와 대주의 이익에 반하는 부정 거래나 은행 자본 규모를 축소시키는 손실이 발생하는 모든 경우를 중앙은행에 보고하도록 하였다.[97]

여섯째, 새로운 회계기준을 적용하여 1998년 은행연합회의 동의 하에 거래계정 포트폴리오를 시가평가하도록 하였다. 또한, 같은 해 연결감독(consolidated supervision) 제도를 도입하였다. 이는 은행, 자회사은행 및 관계회사에 대해 통합적으로 감독을 실시하는 제도였다. 일부 재벌 금융기관들에 의한 재정거래의 확대로 동 제도의 도입 필요성이 제기되어 왔고, 동 제도의 시행을 위해 필리핀 중앙은행은 자회사 및 관계회사 모두 감사 대상 기간인 회계연도를 일치시키도록 하였다.[98]

일곱째, 자기자본비율 요건을 강화하였다. 1999년 1월 일부 금융지주회사에 10% 대신 8%의 낮은 자기자본비율을 적용하던 관행을 일제히 폐지하였다. 2001년 3월, 통계 모델을 이용한 조기경보 시스템을 도입하였다. 바젤I의 신용위험을 기준으로 한 자기자본비율을 산출하도록 하였다. 2002년에는 신용위험 외에 시장위험까지 위험가중자산에 포함하도록 하였다.

---

95) *Id.*
96) *Id.*
97) *Id.*
98) *Id.*

바젤 Ⅰ에서 포함하고 있지 않은 운영위험과 같은 기타 리스크 요소를 고려하여 최소 자기자본비율을 8%보다 높은 10%로 정하였다. 2004년 12월, 바젤 Ⅱ를 도입하였는바, 세 가지 중심 권고안(pillars) 중 최저자기자본(Pillar 1), 시장규율강화(Pillar 3)에 대한 내용을 담는 규정을 제정하여 2007년 1월부터 시행하기로 하였다. 2009년 1월에는 감독기능강화(Pillar 2)에 대한 규정을 제정하여 자본의 적정성과 의무관리체계에 대한 기본지침을 마련하였다.[99]

여덟째, 부실채권 정리가 이루어졌다. 2002년 특수목적회사법(Special Purpose Vehicle Act)을 제정하여, 필리핀중앙은행은 민간부분에서 부실채권문제를 해결할 수 있도록 부실채권을 특수목적회사에 대량 매각하도록 하였다. 이 법은 필리핀 정부 주도가 아닌 민간 주도로 금융기관의 부실채권을 처리하도록 하는 법적 기반을 마련한 것이었다.[100] 또한, 정부는 등록세 및 양도세 면제 등의 세제 혜택을 부여하였다. 동 법에 따라 부실채권을 매각하는 금융기관은 특수목적회사의 지분을 5%까지 소유할 수 있게 되었다. 특수목적회사는 매입자금을 조달하기 위한 투자증서 발행이 허용되었다. 또한, 2003년 특수목적회사법 시행규칙이 마련되어, 2004년 하반기부터 본격적인 매각이 성사되었다. 이에 따라 2005년 6월까지 총 9,670억 페소의 부실채권이 정리되었다.[101]

아홉째, 은행권 부실에 대한 규제가 강화되었다. 우선, 대출채권 기준이 강화되었다. 1999년 4월부터 은행들은 대출채권에 대한 대손충당금 기준을 충족하도록 하는 요구를 받게 되었다. 즉, 요주의분류여신은 5%, 고정이하여신은 최대 25%를 적립하도록 요구하였다. 이를 충족하지 못한 은행들에는 지점 개설, 배당금 지급 등에 대한 제한 조치를 즉각적으로 적용하였다. 1999년 4월 25일, 금융기관의 부동산관련 대출을 총대출의 20% 이내로 억제하였고, 같은 해 7월 3일 중앙은행은 일일물대출금리(Overnight Lending Rate)를 15%에서 24%로 인상하였다.[102]

E. 태 국

태국 정부는 금융위기 극복조치로서 우선 환율정책을 실시하였다. 1997년 7월 2일, 환율제도를 복수통화바스켓제도에서 관리변동환율제도로 변경하였다.

---

99) *Id.*
100) *Id.*
101) *Id.*
102) *Id.*

둘째로, 긴급구제금융과 금융안정화 정책이 취해졌다. 태국 정부는 IMF에 긴급구제금융을 요청하였다. 1997년 8월 20일 태국 정부와 IMF는 40억 달러의 긴급 지원을 포함하는 총 172억 달러 규모의 구제금융에 합의하였다. IMF는 태국 정부에 대해 금융부문에 대한 구조조정 요구와 함께 재정, 통화, 환율 등에 대한 정책수정을 요청하였다. 금융안정화 정책의 경우 IMF가 구제금융 제공의 조건으로 요구한 금융불안 조기해소를 위해 1997년 10월 발표되었다.103) 구체적인 내용으로는 태국 금융기관의 재무 기반 강화를 위한 외국자본 출자 규제가 완화되었고, 파이낸스회사(Fianancial Companies: FC) 재편이 이루어졌다. 또한, 부실채권(NPL) 담당을 위한 금융재건청(Financial Restructuring Agency: FRA)이 마련되었고, 부실채권 정리를 위한 자산관리공사(Asset Management Corporation:AMC)도 신설되었다. 이와 함께, 영업정지 상태인 파이낸스회사 58개의 예금 및 채권을 금융재건청(FRA)이 승계하였다. 여타 파이낸스회사의 예금 및 채권에 대해서는 금융기관개발기금(Financial Institutions Development Fund: FIDF)이 전액 보증하기로 하였다.

셋째, 금융부문 개혁 및 구조조정이 이루어졌다. 태국 정부와 IMF는 금융개혁의 목적을 국내 금융기관의 지급능력과 유동성 강화로 합의하였다. 이를 위하여 부실한 것으로 판단된 4개 은행을 국영화하였다. 또한, IMF는 금융지원과 동시에 가장 먼저 부실 파이낸스사 처리를 태국정부에 요청하였다.104) 즉, 1997년 12월 부실경영으로 인해 영업정지 상태인 58개 파이낸스회사 중 56개사에 대해 폐쇄 명령을 단행하였고,105) 폐쇄된 파이낸스회사의 부실채권은 자산관리공사(AMC)로 이관되어 대부분 청산되었다. 이 과정에서 태국 내 금융기관의 수는 큰 폭으로 감소하였다. 재무부 관할 금융기관들의 구조조정 추이를 보면 상업은행의 수는 1997년 31개에서 30개로 유지되었으나, 외환위기 이전에 42개에 이르던 IBFs와 91개사에 이르던 파이낸스회사들의 대부분은 청산되거나 합병되었다. 이에 따라 재무부 관할 태국 내 금융기관 총 수는 1997년 1월 기준 176개에서 2009년 3월에는 41개로 축소하였다.106) 다음으로, 경제회복을 위한 금융재건방안이 마련되었다.107) 이 방안에 의하면, 대손충당금의 담보 설정기준과 단계적 적용 기준이 마련되었고, 공적자금 투입을 통한 금융기관의 자본금 확충이 이루어졌다. 또한, 민간 자산관리회사(AMC)가 설립되고 국유화한 상업은행의 민영화가 추진되었다. 이와 함께, 파산법, 국영기업민영화법, 부동산임대차법, 담보물처리법 등을 1999년

---

103) *Id.*, p. 31.
104) 김영선, *supra* note 43, p. 32
105) 정계룡 · 손승호 · 이진경 · 이세린, *supra* note 65, pp. 31.
106) 김영선, *supra* note 43, p. 33.
107) 정계룡 · 손승호 · 이진경 · 이세린, *supra* note 65, pp. 30 – 33.

3월 도입하였다. 은행 부실채권의 조기 해결을 위한 장치들을 마련하였으며, 국영기업의 민영화로 조성되는 기금은 금융기관개발기금(FIDF)의 부실채권을 해결하는 데 사용하였다.

넷째, 외국인 직접투자 유입과 대외개방 노력이 이루어졌다. 1998년 8월, 이전까지 외국인 투자가 금지되었던 시멘트, 축산, 경매 등 제조업과 서비스부문의 30개 분야에 대한 외국인 투자를 허용하는 법안이 마련되었다. 이에, 외국인 투자 금지 분야는 자연보호 차원 등으로 투자가 제한되는 38개 부문으로 축소되었다.[108]

다섯째, 예금자보호제도가 1998년 말 공식적으로 마련되었다. 이는 당시 FIDF를 통해 이루어지던 금융기관에 대한 포괄적 예금보장장치를 대체해 나가는 조치였다.[109]

여섯째, 산업 구조조정 조치가 다음과 같이 취해졌다. 즉, 공기업 민영화를 중기 프로그램으로 설정하였고, 특히 에너지, 통신 운송부문 공기업의 민영화에 역점을 두었다. 1997년 11월 2차 의향서에서 공기업 감독을 강화하고 민영화를 지원하기 위한 국영기업청 설립을 약속하였다. 또한, 태국정부는 1998년 5월 의향서에서 기업구조조정은 자발적이고 시장지향적인 방식으로 추진하겠다고 결정하였다.[110] 다만, IMF는 공적자금을 이용한 기업구조조정은 하지 못하도록 했으며, 이 기본원칙에 태국정부는 충실하게 따랐다. 태국 정부의 개혁조치에 힘입어 태국 경제는 점차 안정세를 되찾게 되었다. 특히 미국과 세계은행(World Bank)의 자금 지원이 발표되면서 당시 상환 압박에 있었던 380억 달러에 이르는 단기채무의 연장이 비교적 순조롭게 진행될 수 있었다.[111]

일곱째, 2004년 금융부분 마스터플랜(FSMP)이 추진되었다. 2000년 이후 추진된 태국의 금융개혁은 낙후된 금융산업을 발전시키고자 하는 자발적이고 종합적인 개혁과정으로 평가되었다. 1997년 외환위기 발생 이후 1999년까지 추진된 태국의 금융개혁은 경제위기를 극복하기 위한 비자발적이고 임기응변식의 개혁으로 평가되는 것과 대비된다.[112] 즉, FSMP는 금융산업 발전을 위한 방안으로 금융서비스에 대한 접근성 확대와 금융산업의 효율성 증대를 위한 세부적인 방안을 제시하였다.

---

108) Id.
109) 김영선, *supra* note 43, p. 33.
110) Id.
111) 정계룡 · 손승호 · 이진경 · 이세린, *supra* note 65, p. 32.
112) Bank of Thailand, Thailand's Financial Sector Master Plan Handbook(2006).

여덟째, 금융서비스에 대한 일반적인 접근성 확대를 목표로 한 일련의 조치들이 취해졌다. 저소득층에 대한 금융서비스 이용 증대를 위해 이들에 대한 기초 금융서비스를 장려하였고, 농촌지역에 금융서비스를 제공하는 농업협동조합은행(BAAC)을 농촌개발은행으로 개편하였다. 또한, 기존 금융기관들의 저소득층에 대한 금융서비스 확대 등을 제안하였다.[113]

아홉째, 금융산업의 효율성 증대 위한 실천 조치가 이루어졌다. 즉, 기존 금융기관 기능의 중복성을 축소하기 위한 구조조정과 효율성 향상 정책을 추진하였다. 이를 위해 은행을 상업은행과 소매은행 두 그룹으로 개편하고 외국계 금융기관은 자회사와 외국은행의 지점으로만 허가하였다. 한편, 소매고객 및 중소기업에 대한 대출에 인센티브를 제공하였다. 금융산업에 대한 제반 규제 완화를 위해 금융감독기관간 협력을 촉진하였으며, 담보법 및 파산법을 개정하였고, 금융기관의 합병 시 세제 규제를 완화하였다.[114] 또한, 부실 금융기관에 대한 신속한 퇴출방안을 도입하였고, 지속적인 자본시장 육성을 위한 조치도 취하여졌다. 이와 함께, 소비자 보호를 강화하기 위하여 금융서비스 고객의 불만처리를 위한 절차를 확립하였고, 국제기준에 적합한 재무상황 및 실적에 관한 정보를 공개하였으며, 현재의 예금 전액 보장제도에서 부분 보장제도로 변경하는 방안을 도입하였다.[115]

열번째로, FSMP는 3단계로 계획되었다. 1단계(1~3년차)에서는 금융서비스 보급확대, 금융기관의 구조와 기능 합리화, 규제 간소화, 소비자 권리 강화 등을 중점적으로 추진하였고, 2단계(4~6년차)에서는 금융부문 효율화, 금융 기관 경쟁력 강화, 재원 조달 방안 다양화 등을 추진하였다. 3단계(7~10년차)는 2단계까지의 개혁성과를 평가한 후 새로운 금융개혁 방안을 검토하였다. 이러한 단계별 구분은 실제 시행 단계에서 일부 변경되었으며, 태국중앙은행은 FSMP 1단계를 2004~08년으로 재규정하고 2009년 11월에 2010~14년까지의 FSMP 2단계 시행계획을 발표하여 추진하였다.

F. 일 본

일본이 금융위기 극복을 위해 취한 첫 번째 조치는 환율 정책이었다. 우선 외환거래의 자유화 확대 등을 주요내용으로 하는 외국환관리법 개정안을 확정하였다.[116]

---

113) *Id.*
114) *Id.*
115) *Id.*
116) 최두열, *supra* note 75, p. 285.

다음으로, 팽창 및 경기부양 정책이 취해졌다. "재정구조개혁 추진에 관한 특별조치법"(이하 "재정개혁법")이 마련되었고, 재정구조개혁 추진 기본방침을 세수증대 없이 공공사업비 축소 등 세출감축을 통해 재정건전화를 달성하는 것으로 정하였다. 1997년 3월 20일에는 "재정개혁법"을 3년간의 한시법으로 제정하기로 결정하였다. 2003년도 적자국채를 발행하지 않고, 공채의존도를 1997년도 당초 예산 수준 23.5%이내로 억제하고, 2003년까지 GDP 대비 재정적자 비율을 3% 이하로 낮춘다는 내용이었다.[117] 1997년 6월에는 재정구조개혁회의 세출삭감계획 최종안을 확정하였는데, 재정적자를 2003년까지 GDP 대비 3% 수준으로 줄이는 것을 목표로 하였다.

셋째로, 재정 정책을 재조정하였다. 1998년 5월 일본 정부는 재정건전화 목표 달성 시기를 2003년에서 2005년으로 연기하였다. 이와 함께 "재정개혁법 개정법"을 실시하였다. 또한, 1998년 이후, 재정 적자를 확대하는 조처를 취하였다.[118] 대규모 감세 및 재정 지출 확대가 이루어졌다. 1998년 28조 엔, 1999년 18조 엔의 감세 및 지출 확대 정책이 시도되었다. 1998년 3월 26일 종합경제대책의 기본방침을 수립하여, 경기부양을 위하여 공공투자 확대, 세금감면, 부실채권처리 촉진 등을 총 16조 엔 규모로 추진하기로 하였다. 1998년 4월 9일에는 종합경제대책을 추가 보완하여 종합경제대책에 4조 엔 규모의 추가 감세와 세율인하를 검토하고 재정구조개혁법 개정 등을 포함하기로 발표하였다.[119]

넷째, 팽창적 재정 및 통화 정책 기조를 견지하였다. 1998년 9월, 제로 인플레이션 정책을 도입하여 통화 팽창을 시도하였으며, 1998년 9월 '제로 이자율 정책'을 도입하여 1997년 연 0.7%였던 정책금리가 1998년 0.05%, 1999년 0.04%로 대폭 하락하였다.[120]

다섯째, 금융기관 대상 위기 후 긴급 대처를 마련하여, 금융시장 불안을 진정하고자 하였다. 1997년 3월, 대장성과 일본은행은 경영위기에 처해 있는 일본 채권은행에 대한 구제지원 방안을 발표하였다. 이에 따르면, 1998~99년의 2년간, 총 10.5조 엔의 구제금융을 21개 금융기관에 지급하는 방안이었다. 또한, 1997년 4월, 일본 채권신용은행의 재건책을 발표하여, 부실채권상각 및 경영합리화 등을 추진하였고, 일본 북해도척식은행과 북해도은행간의 합병 계획을 포함하였다.[121]

---

117) 서세욱, "일본 재정개혁 사례의 시사점", 예산정책연구 1(2), p. 217.
118) 삼성경제연구소, *supra* note 1, p. 15.
119) *Id.*
120) *Id.*
121) *Id.*

여섯째, 부실채권 및 금융관련 긴급 대책을 수립하였다.[122] 1997년 3월, 토지유동화 대책을 발표하여 부실채권 조기정리를 위한 담보부동산의 증권화 촉진 등을 추진하였다. 1997년 7월, 일본 정부와 자민당의 금융기관 부실채권 처리대책(金融再生 토탈 플랜)을 수립·발표하여, 架橋銀行(Bridge Bank)을 설립하기로 하였다. 1998년 2월에는 자민당에서 토지유동화 촉진, 금융시스템 안정, 증권시장 활성화 등을 주요 내용으로 하는 긴급경제대책을 발표하였다.

일곱째, 은행 국유화 조치가 취해졌다. 1998년에 일본장기신용은행과 일본채권신용은행을 한시적 국유화하였고, 1998년 "금융기능안정화조치법"을 제정하였다.[123] 이와 함께 1조 엔의 구제금융 재원을 마련하여 후순위 채권 및 우선주 매입 방식으로 금융기관에 지급하였다.

여덟째, 금융시스템 개혁 노력의 일환으로 각종 법률을 재정비하였다.[124] 구체적으로, 1997년 1월에는 "일본은행법" 개정안의 주요내용이 확정되었는바, 일본금융제도조사회의 일본은행법개정소위원회, 정책위원회의 기능 강화 등을 그 내용으로 하였다. 1997년 3월에 정부는 "일본은행법" 및 "독점금지법" 개정안, "금융감독청 설치법안", "금융감독청 설치법 시행에 따른 관계법률의 정비에 관한 법률안" 등을 확정하여 국회에 제출하였다. 일본은행의 금융정책 수립 운용에 있어서의 독립성 제고를 목표로 하는 정부의 "일본은행법" 개정안이 1997년 6월에 확정되었다. 또한, 같은 달 참의원에서 금융시스템 개혁법안을 승인하였는데, 은행법, 증권거래법, 보험업법 등 22개 관련법안에 대한 것이었다.[125]

아홉째 금융개혁 이행 및 감독기구가 수립되었다.[126] 1997년 2월 13일, 일본 공정거래위원회는 지주회사 설립관련 기준을 발표하였는데, 금융자본에 의한 산업지배 가능성이 있는 경우 지주회사 설립 금지 등을 그 내용으로 하였다.[127] 뒤이어 1997년 6월 13일, 금융개혁자문기구는 2001년까지의 금융개혁에 관한 실행방안과 그 실시시기를 구체적으로 제시한 최종 보고서를 대장성에 제출하였다. 또한, 대장성은 "금융감독청설치법" 확정하여 은행, 증권, 보험회사에 대한 검사 및 감독업무를 총리부 산하에 신설되는 금융감독청으로 이관하기로 하였다.[128]

---

122) 최두열, *supra* note 75, pp. 284 – 286.
123) 삼성경제연구소, *supra* note 1, p. 15.
124) 최두열, *supra* note 75, pp. 283 – 286.
125) *Id.*
126) *Id.*
127) *Id.*
128) *Id.*

열번째, 일본 정부의 금융위기 극복조치는 구조조정을 회피하여 은행권 부실 처리 성과가 미약하다는 한계를 갖고 있었다. 일본은 금융 구조조정 방식을 은행 자율에 맡기고 정부는 간섭을 자제하는 방식을 취하였다.[129] 이에 따라 일본 은행들은 채무불이행 위험이 높은 기업들에 대한 대출을 손실로 기록하기보다는 대출 연장을 선택하는 등 구조조정을 회피하게 되었다.[130] 이처럼 금융기관의 경영 개선노력이 부족하여 구조조정 성과가 미미하였다. 또한, 정부 정책에 따라 경영개선 없이 대출을 확대하여 차후 부실대출이 증대되었다. 즉, 구제금융을 받은 금융기관의 부실대출이 1999년 29.6조 엔에서 2002년 42.0조 엔으로 증가하였다. 1998년 구제금융 제공 시 자산실사가 없어 부실대출 규모를 파악하지 못했고, 1999년에는 자산실사가 있었지만, 부실대출 처리에 대한 조건 없이 제공되었다. 1990년대 후반 일본 세제개편은 경기부양을 위한 감세정책에 집중되었다. 이에 따라 감세를 통한 경기부양정책보다는 당분간 고통은 수반되더라도 구조조정이 필요하다는 지적이 나타났다.[131]

4.　1999~2002년 아르헨티나와 브라질 재정위기

A. 아르헨티나

1990년대 후반부터 아르헨티나에서는 복합적인 정부 재정 위기의 전조가 나타났다. 2001년 4월에는 지나치게 높은 금리로 국채발행이 일시 중단되었다. 뒤이어 외채 상환에 필요한 자금이 부족해져서 채무불이행 가능성이 증폭되었다. 또한, 투자자들이 시장에서 대거 이탈하는 등 금융시장의 혼란이 가중되면서 외채위기로 경제가 붕괴될 것이라는 우려가 확산되었다. 이에 따라 아르헨티나 정부는 긴급 대응을 통한 일시적 안정화 효과를 갖는 일련의 조치를 취하기 시작하였다. 2001년 아르헨티나 정부는 위기국면 타개를 위한 경제정책 발표하여 재정적자 개선 대책과 세제 개편 등을 추진하였다. 또한, IMF는 2000년 약속한 400억 달러 자금 지원을 재확인하여 금융시장이 일시적 안정세를 회복하였다.[132] 2001년 6월 중순에는 295억 달러 규모의 단기부채를 장기부채로 전환하여 채무불이행 리스크를 일시적으로 감소시킬 수 있었다.

129) 삼성경제연구소, *supra* note 1, p. 15.
130) *Id.*
131) 국중호, "1990년대 후반 일본의 재정개혁과 세제개편", 한국조세연구원(2012) 참조.
132) 국제금융센터, *supra* note 4, p. 21.

구체적으로 첫째, 환율 정책을 추진하였다. 통화위원회제도(Currency Board System)를 수립하여 1991년에 메넴 정부의 경제장관이었던 까바요(Cavallo)가 입안한 태환정책(Convertibility Plan)에 따라 달러화에 대한 페소화 환율을 1 : 1로 고정시키고 달러화의 자유로운 태환을 허용하였다.133) 이는 특정 기축통화(anchor currency)인 달러화에 대한 고정환율제를 유지하는 것을 의미하였고, 동시에 명시된 고정환율로 국내통화와 기축통화간의 완전한 태환을 허용하는 조처였다. 또한, 통화정책기관은 중앙은행이 아니라 통화위원회로 지정되었다. 그러나 이와 같은 고정환율제를 통한 경제안정화정책 실시는 페소화의 만성적인 고평가를 초래하였다. 2001년 6월 19일에는 달러−유로화의 50 : 50 평균에 페그시키는 제도로 환율제도를 변경하였다.134) 하지만 시장에서는 환율제도 변화의 효과에 대해 의문을 표시하며 페소화의 급격한 평가절하 가능성을 우려하기 시작하였다. 결국 아르헨티나는 2002년 1월, 변동환율제를 채택하면서 통화위원회제도를 포기하였다. 이후 페소화의 대미달러 환율이 급격히 인상되고 기업도산이 속출하였다.135)

둘째, 대외채무의 지불을 유예하는 모라토리엄 조치를 취하였다. 2001년 11월부터 예금인출(Bank Run)사태가 재연되면서 금융시장이 혼란에 빠졌고 중앙은행 외환보유고는 11월 말 하루에만 20억 달러가 감소하였다.136) 이에 아르헨티나 정부는 2001년 12월 1일 델라루아 대통령이 1인당 예금인출 규모를 한 달에 1,000달러로 제한하는 예금인출 제한조치를 발표하였다. 이와 함께 외채에 대해 지불유예를 선언하였다.137) 2001년 12월 23일, 로드리게스 사아 임시 대통령은 1,320억 달러에 이르는 대외채무 상환의 일시 중단을 선언하였다. 아르헨티나 정부는 11월 600억 달러 규모의 채무에 대해 채무재조정을 단행하였지만 국제신용평가사들은 이를 사실상의 디폴트로 평가하였다.138)

셋째, 2002년 이후 아르헨티나 정부는 경제 회복 정책을 취하였다. IMF 및 세계은행의 차관 제공 및 국제원자재 가격 상승에 따른 수출 호조 등으로 2003년부터 8% 이상의 높은 성장률을 기록하는 등 회복국면에 진입하였다.139) 또한, 위기 이전 유지했던 고정환율제 철폐 등으로 자국 통화가치의 하락이 수출경쟁력 향상 요인으로 작용하였다. 2004년 당선된

---

133) 한국수출입은행, *supra* note 5, p. 6.
134) *Id.*
135) *Id.*, p. 9.
136) 국제금융센터, *supra* note 4, p. 21.
137) *Id.*
138) *Id.*
139) *Id.*, p. 22.

키르네츠 대통령은 2006년 1월 IMF차관 잔액 98억 달러를 조기 상환(만기 2008년)할 수 있었다.[140]

넷째, 내수부양 정책을 취하였다. 내수 부양을 위한 저금리 정책과 국내산업 장려, 수출경쟁력 확보를 위한 고환율 유지, 강력한 물가억제 등 위기 탈출을 위한 경제정책을 시행하였다. 이와 함께, 국제금융기구로부터 차관과 긴급유동성 확보 등을 통해 재정파산 상황에서 점차 회복할 수 있었다.[141]

다섯째, 2002년 9월 IMF와의 금융시스템 개혁안에 합의하였다.[142] 금융시스템을 정상화하는 은행계획을 추진하였는바, 중앙은행과 별도로 금융시스템에 대한 감독 기구를 창설하였다. 또한, 국영은행의 구조조정을 위한 계획을 수립하였다. 더 나아가 금융시스템의 강화를 위해 최소자본준비율 및 對정부 대출 등급 등에 대한 신규법률을 도입하였다. 중앙은행은 M&A 등을 통해 부실은행 청산에 개입하였다. 이와 더불어 IMF와의 차관협상 타결을 위해 노력하였다.[143] 한편, 2002년 11월에는 국제금융기관 채무에 대한 모라토리엄을 선언하였다. 국제금융기관에 대한 채무는 외환보유액을 사용해 상환해 왔으나, IMF와의 구제금융 협상이 지연되자 모라토리엄을 선언하게 되었다.[144] 그러나 2003년 1월에는 상환을 재개하였는데, 이는 IMF와 단기 차관협상을 타결하였기 때문이었다. 즉, 2003년 5월 출범한 키르츠네르 신정부의 경제 개혁 정책에 따라 투기성 자금유입에 대한 규제강화, 경기부양을 위해 중소기업과 개인을 대상으로 한 대출재개, 정기예금에 대한 규제해제 등이 취해졌다.[145] 또한, 2003년 9월, IMF와의 중장기 신규차관 지원 협상이 타결되었다.

여섯째, IMF의 요구 사항에 관한 재협상 노력이 이루어졌다. 본래 IMF의 지원은 다음과 같은 엄격한 조건에 기초하였다. 즉, 당초 IMF는 엄격한 재정수지목표 달성, 급격한 페소화 평가절하에 따른 은행손실 보상 확대, 민영화된 서비스요금의 동결조치 해제 등을 요구하였다.[146] 그러나 아르헨티나 정부는 위와 같은 IMF의 지원조건이 현 아르헨티나 경제상황에 비추어 지나치게 엄격함을 주장하였다. 이와 함께, IMF와의 협상을 일방적으로 연기하기도 하

---

140) *Id.*
141) 최호상, "과거 재정위기국 사례로 본 남유럽 위기의 향방", 국제금융센터(2011. 11. 1.), p. 1.
142) 권기수, "아르헨티나 경제위기 조기극복 가능성과 향후 과제", KIEP 세계경제(2003. 11.), p. 101.
143) *Id.*
144) 한국수출입은행, *supra* note 5, pp. 15 - 18.
145) 권기수, *supra* note 142, p. 96.
146) *Id.*

였다. 즉, 2004년 8월, 아르헨티나 정부는 현재 추진 중인 채무재협상에 방해가 된다는 이유로 9월 예정이었던 대기성차관협정(stand-by loan agreement) 평가를 위한 IMF와의 협상을 연기한다고 일방적으로 발표하였다.[147] 또한, 2004년 9월 9일에는 IMF 만기 도래금 30억 달러에 대해 디폴트를 선언하였다. 이러한 과정을 거쳐 2004년 9월 11일, 디폴트된 IMF 만기 도래금 30억 달러를 상환하는 조건으로 합의에 이르렀다. IMF와 합의된 지원조건은 당초 논의에서 크게 후퇴한 것으로 2004년 기초재정수지 목표(GDP 대비 3% 흑자)를 설정하는 수준으로 국한되었다. 2005~06년 재정수지 목표는 경제사회 여건을 반영하여 추후 결정하기로 합의하였다.[148]

일곱째, 모라토리엄 이후, 채무재조정 협상을 위해 노력하였다. 디폴트를 선언한 직후 아르헨티나와 채권국간에는 2005년까지 3차례 채무재조정과 최대 42년까지 만기 연장(평균 손실률은 59%)이 이루어졌다.[149] 2004년 채무재조정 수정안을 발표하였고 채무재조정 협상이 난항을 겪었다.[150] 2004년 6월 1일 아르헨티나 정부는 2001년 12월 이후 지급 중단된 정부채(sovereign bond)에 대한 채무재조정 수정안을 발표하였다. 즉, 채권 액면가의 75% 삭감(종전과 동일)하는 것으로서 정부는 채권 액면가의 25%인 203억 달러와 이자 225억 달러를 합한 총 432억 달러에 대해서 신규 장기채권(Par, Discount, Capitalisation Bond)으로 스왑하여 지급하기로 하였다.[151] 또한, 아르헨티나 정부가 2001년 12월 이후 이자와 연체 이자 누적금액 225억 달러를 지급하기로 제안하였다. 액면 이자율은 경제성장과 연동하기로 하였다. 원활한 외채상환을 위해 기초 재정수지 흑자 목표치를 종전의 2.4%에서 2.7%로 상향조정하여 제시하였다. 이러한 조치에 기초하여 2004년 9월 22일에는 943억 달러의 민간채무에 대한 75% 탕감을 공식 제안하였다. 주요 부채탕감안은 1) discount bonds(액면가 자체 축소), 2) par bonds(액면가는 축소하지 않은 상태에서 지급만기일 연장), 3) 아르헨티나 정부의 GDP 성장률과 연동해 기금 출자가 전제된 채권 등이었다.[152] 한편, 2001년 12월 디폴트 선언 이후 연체된 이자분(180~200억 달러 추정)은 지급하지 않겠다고 선언하였다. 이에 대하여 채권단은 수용 불가 입장을 내세웠고 이에 따라 협상이 어려움을 겪었다.[153] 즉, 세계 채권단(Global Committee of Argentina Bondholders)은 러시아, 에콰도르 등의 채무재조정이 35% 삭감 수준에서 결정되었던 점을 강

---

147) *Id.*
148) *Id.*
149) 최호상, *supra* note 141, p. 6.
150) 한국수출입은행, *supra* note 5, p. 15.
151) *Id.*
152) 권기수, *supra* note 142, p. 97.
153) 한국수출입은행, *supra* note 5, p. 17.

조하면서 아르헨티나의 75% 삭감 요구는 현실성이 없으며, 재정수지 흑자 목표가 너무 낮은 점을 지적하였다. 그러므로 해외채권단이 보유하고 있는 정부채에 대한 신규 채무협상안을 마련하여 원금 탕감률을 58~63%로 조정하기로 하였다. 국내채권단과는 별도로 채무재조정협정을 체결하였다. 2004년 10월에는 아르헨티나 정부는 국내 연기금사가 보유하고 있는 정부채를 신규 채권으로 스왑하는 협정을 체결하였다. 주요 협정 내용은 아르헨티나 연기금사에 대해 디폴트된 총 채무 160억 달러(아르헨티나 정부 총 디폴트 채무의 17%에 해당) 중 23억 달러를 10년 만기, Bodens라는 신규 채권으로 스왑하는 방식이었다.[154)

여덟째, 외국계 민영화 기업과의 분쟁이 가시화되었다. 1990년대 적극적인 시장친화적 개방정책을 추진하면서 안정적인 투자요건 조성을 위해 주요 투자국과 양자간 투자보장협정을 체결하였다. 또한, 1991년, 세계은행의 후원 하에 설립된 투자 분쟁해결을 위한 국제센터(ICSID)에도 가입하였다. 이에 따라 2002년 이전까지는 많은 외국인투자 유치에 비해 투자 관련 국제소송건은 미미하였으나 2002년 1월 페소화 평가절하 이후 투자환경이 크게 악화되면서 아르헨티나에 대해 각종 투자 관련 소송들이 제기되었다.[155) 즉, 도로, 전력, 가스 등 주로 인프라부문에서 민영화된 외국계 기업들은 평가절하 이후 아르헨티나 정부가 서비스요금을 페소화로 전환하는 과정에서 피해를 보았다는 주장을 제기하였다. 이는 아르헨티나 정부가 물가인상 억제를 위해 급격한 페소화의 평가절하가 발생했음에도 불구하고 각종 서비스요금을 동결해 커다란 피해를 보았다는 주장이었다. 이에 정부는 2002년 10월, 의회로부터 각종 서비스요금을 인상할 수 있는 권한을 부여하였다.[156)

B. 브라질

브라질 정부는 우선 환율 정책을 취하였다. 그 이유는 고정환율제 아래서 헤알화 가치를 방어하는데 한계가 있었기 때문이었다. 1999년 1월, 헤알화의 고정환율제를 폐지하면서 전격적인 헤알화 평가절하를 추진하였다. 그러나 외자유출이 지속되었고 외환시장의 불안도 계속되었다. 뒤이어 헤알화 가치 폭락하자 국제신용평가기관들의 국가신용등급 하향조정이 이루어졌다.

---

154) *Id.*
155) *Id.*
156) *Id.*

둘째 긴급금융 지원조치가 이루어졌다. 1997~98년 아시아와 러시아 외환위기 여파로 브라질 외환보유액이 큰 폭으로 감소하였다. 이에 브라질 정부는 1998년 11월, IMF와 접촉하여 415억 달러 규모의 긴급금융지원 협상을 타결하였다. 미국을 비롯한 G7과 IMF 등 국제금융기구들이 브라질을 지원하기 위한 300억 달러 규모의 펀드 조성을 논의하였다. 1999년 2월, 미국을 비롯한 IMF, IDB 등의 국제금융기관들이 긴급 유동성을 공급하면서 헤알화 가치가 진정되었고 외자유출규모도 감소하였다.[157] 특히 미국은 가장 적극적이었는데, 미국은 중남미 지역에서 브라질경제의 위상을 고려하여 IMF의 180억 달러 출자건을 재승인하였다.[158] 그러나, 재정개혁의 지연과 연방–지방정부간 갈등 등으로 급격한 외자유출이 발생하였다.

위와 같이 선진국들이 브라질 외환위기에 신속하게 대응한 이유는 브라질 경제가 중남미에 미치는 파급효과와 경제적 중요성을 고려하였기 때문이었다. 즉, 브라질은 미국 총수출의 20%를 차지하며 전세계 26대 대형 투자펀드 자산의 20%가 투자되고 있었다.

5. 2008년 금융위기 극복조치

A. 한 국

우선, 국가 개입에 의한 산업 구조조정이 이루어졌다.[159] 이는 1998년 금융위기 시기에 추진했었던 정책으로, 2009년 글로벌 경제위기 시에도 국가차원의 산업 구조조정 및 부실기업 퇴출 등의 정책을 추진하였다. 금융위원회 진동수 위원장은 재무구조가 부실한 그룹은 스스로 부실을 털어내지 못할 경우 은행을 동원해 구조조정을 추진하겠다는 의지를 밝혔다. 또한, IMF 금융위기 이후 처음으로 10개 대표업종이 구조조정 대상으로 거론되었다. 당시 지식경제부의 '주요 업종별 구조조정 방향' 보고서에서 자동차, 조선, 화학, 철강 등 10개 국내 대표 업종에 대한 구조조정 방안을 제시하였다. 동 보고서에서 정부는 국내 자동차 5개사 중 글로벌 5대 기업에 포함되는 1개사를 비롯한 3~4개사를 집중적으로 육성한다는 계획을 밝혔다. 즉, 정부는 '그린카' 개발에 역점을 두는 한편, 한국 자동차 산업의 세계 시장점유율을 끌

---

157) 국제금융센터, *supra* note 4, p. 33.
158) 최호상, *supra* note 141, p. 6.
159) 황인표, "글로벌 금융위기와 국가 대응의 다양성: 한국, 미국, 일본, 스페인을 중심으로", 고려대학교 대학원 석사 학위논문(2009. 6.), p. 51.

여 놓겠다는 구상을 내놓는 등, 구체적이고 적극적으로 부실 기업 퇴출과 경쟁력 강화를 위한 지원 계획을 추진하였다.[160] 또한, 2009년 4월 30일, 비상경제대책회의 개별 대기업 및 개별 산업(건설업, 조선업)에 대한 구조조정계획이 마련되었다.

둘째, 금융 구조조정이 추진되었다. 즉, 금융계에서 수익성과 재무안정성이 다른 곳에 비교할 때 많이 떨어지는 중하위그룹 6~7곳이 금융당국과 채권은행이 추진하는 '선제적 구조조정' 대상에 올랐다. 채권은행들은 2009년 4월부터 45개 주채무계열(금융권 채무가 많은 그룹)에 대한 신용위험 평가 작업을 시작하였다. 채권은행 중 현재 재무구조가 취약하면서도 미래 수익성까지 부실할 것으로 예상되는 그룹에 대해서는 자산매각이나 인력감축 등이 포함되는 워크아웃(기업개선작업)을 추진하였다.[161]

셋째, 구조조정기금이 마련되었다. 2009년 2월 19일, 대통령 주재 비상경제대책회의에서 조성되었다. 구체적으로 자산관리공사에 구조조정기금을 설치해 은행 등 금융기관의 부실 채권과 기업 자산을 사들여 구조조정을 지원하기로 하였다. 이 과정에서 캠코는 은행의 부동산 프로젝트 부실 채권뿐 아니라 부실화된 가계, 기업대출 채권의 인수도 추진하였다.[162] 이러한 구조조정기금은 금융기관이 보유한 부실 채권을 인수하여 필요 시 구조조정 기업의 자산도 사들인다는 것을 골자로 하고 있었다. 즉, 부실화된 기업 대출채권이나 자산을 싸게 산 뒤 해당 기업이 정상화되면 비싸게 되팔아 이익을 내는 방식이었다. 또한, 산업은행과 민간 자금이 참여하는 구조조정 펀드도 조성하였다.

넷째, 다음과 같은 통화정책이 취해졌다. 한국은행은 리먼브라더스의 파산으로 글로벌 금융위기가 본격적으로 확산되기 시작한 2008년 10월부터 2009년 2월까지 6차례에 걸쳐 기준금리를 3.25% 인하하였다. 그 결과 기준금리는 정책금리 목표치 공표를 시작한 1999년 5월 이후 최저 수준인 연 2.0%로 낮아지게 되었다. 총액한도대출금리 또한 연 3.5%에서 1.25%로 하향 조정되었다. 또한, 한국은행은 적극적으로 금융기관의 신용공급여력을 확충하였다. 즉, 장기, 비정례 RP 매입을 통해 16.8조원의 유동성을 공급하였고, 통안증권 중도환매와 국고채 단순매입 등을 통해 1.7조원을 공급하였다. 중소기업 지원 조처도 취해졌다. 즉, 자금사정 완화를 위해, 총액한도 대출규모를 10조원으로 증액하였고 총액한도대출금리

160) *Id.*, p. 52.
161) *Id.*
162) *Id.*

를 연 1.25%까지 낮추었다.[163]

다섯째, 주식시장 안정대책이 취해졌다. 구체적으로 글로벌 금융위기에 따른 주식시장 변동성 확대에 사전적으로 대응하기 위해 주요국 금융당국에서 한시적으로 공매도 제한조치를 도입하는 등 다양한 주식시장 안정대책을 실시하였다. 2008년 9월에는 자사주 일일매입한도를 확대하고 모든 상장종목에 대한 공매도를 한시적으로 금지하는 조치를 발표하였다. 또한, 시장안정과 투자자 보호를 위하여 2008년 10월 1일부터 유가증권시장 및 코스닥시장 전체 상장종목에 대하여 공매도를 금지하는 조치가 취해졌다. 그러나 글로벌 금융위기가 다소 진정되고 우리 시장이 안정국면으로 진입한 2009년 6월 1일부터는 금융주를 제외한 상장종목에 대해 공매도를 다시 허용하였다.[164] 이와 함께 공매도 관리체계 선진화 위한 제도개선을 추진하였다. 즉, 2008년 10월, 통합대차거래시스템을 구축, 대차거래정보를 금융투자협회에 집중공시 하도록 하여 투자자가 대차거래 관련 정보를 손쉽게 파악할 수 있게 되었다. 2008년 11월, 외국인 투자자 순매도 급증에 대응하여 증권시장 안정화를 위해 증권 유관기관들이 공동으로 출연하여 3년 만기 5,150억원의 증시안정 공동펀드를 조성하였다.[165]

여섯째, 채권시장 안정대책이 마련되었다. 채권시장안정펀드를 설치하고 회사채펀드에 세제혜택을 주는 등 채권시장 안정대책을 신속하게 마련하고 시행하였다.[166] 자금난에 처한 기업 및 비은행 금융회사의 부도사태를 예방하고, 비정상적으로 확대된 국고채와 회사채간의 스프레드를 해소하여 채권시장을 안정하고자 하였다. 2009년 12월 말 시한으로 펀드재산의 60% 이상을 국내 주식형(적립식) 및 회사채(거치식) 펀드에 3년 이상 투자할 경우 비과세 및 소득공제 혜택을 부여하였다.[167] 자산의 60% 이상을 국내 회사채·금융채·CP에 투자하는 펀드에 대해 1인당 5천만원 이하를 거치식으로 불입한 후 3년 이상 보유할 경우 3년간 발생하는 배당에 대해 비과세 혜택을 부여하였다. 또한, 재외동포 전용펀드제도를 신설하여 배당소득에 대한 원천과세 세율을 인하하고 외국인 투자자 등록 및 투자전용계좌 개설 등의 절차를 간소화하였다. 이를 통해 재외동포의 국내펀드 투자를 유도하였다.

일곱째, 파생상품시장 안정대책을 마련하였다. 즉, 정부는 민관합동 TF를 구성하여 '파생

163) *Id.*
164) *Id.*
165) 글로벌 금융위기 극복백서 편찬위원회, "글로벌 금융위기와 한국의 정책대응"(2012), p. 104.
166) 홍순영·이종욱, "글로벌 금융위기하의 정책금융 대응 및 지원효과 분석", 중소기업연구원 10-12(2010), p. 27.
167) 글로벌 금융위기 극복백서 편찬위원회, *supra* note 165, p. 67.

상품시장 감독체계 개선방안'을 마련하였다.168) 구체적으로 파생상품시장에 대한 모니터링 체계를 개편하고, 상품별·투자자별 특성에 맞는 투자자 보호체계를 강화하며, 파생거래로 인한 금융회사의 부실화 및 시스템 리스크를 방지하고, 파생상품시장 감독기능을 재정립하는 것 등이었다.

여덟째, 자금시장 및 외환시장 안정대책이 취해졌다. 이는 글로벌 금융시장 불안으로 인해 자금시장이 위축되는 것을 최소화하기 위한 노력이었다. 중앙은행은 기준금리를 단계적으로 총 325bp 인하(5.25%→2.0%)함으로써 가격기능 측면에서의 금융 및 외환시장 안정화를 유도하였다. 공개시장조작, 한은 총액대출한도 확대, 외화차입 지급보증, 통화스왑 체결 및 확대 등을 통해 원화 및 외화 유동성 공급을 확대하였다.169) 또한, 은행의 지급준비예치금에 대한 이자지급, 제2금융권에 대한 긴급유동성 지원, 공개시장조작 대상 증권 및 기관 확대 등의 정책을 실시하였다. 한편 정부도 증권금융을 통한 증권사 자금지원, 원화유동성비율 규제완화, MMF 자산운용규제 합리화 등의 자금시장 안정대책을 마련하였다. 중소기업대출의 만기연장, 신용보증비율의 상향조정(85%→100%) 등을 통해 신용경색으로 인한 금융시장 불안심리 확산을 차단하였다.170)

아홉째, 정부 지급보증을 통한 금융사 유동성 지원대책이 취해졌다. 2008년 9월 이후 해외 외화차입에 어려움을 겪고 있는 국내 금융회사의 외화유동성 지원을 위해 은행 대외채무에 대한 지급보증을 시행하였다. 2008년 10월 30일 정부의 '은행 대외채무 정부보증 동의안'을 국회에서 의결하였다. 보증규모를 1,000억 달러 상당액 이내로 정하되, 기획재정부장관이 필요하다고 인정하는 경우 총보증한도액 범위 내에서 은행별 보증한도를 조정할 수 있도록 허용하였다.171)

열번째, 미국 등 주요국 중앙은행과의 통화스와프계약을 체결하였다. 2008년 10월 30일 美 연준과 300억 달러 규모의 통화스와프계약을 성공적으로 체결하였다. 한국은행은 한·미 통화스와프자금을 활용하여 2009년 1월 말까지 163.5억 달러의 유동성을 공급하였다. 아시아 역내 중앙은행과의 협력을 확대·강화하기 위해 2008년 12월 12일 중국 및 일본과도 통화스와프계약을 체결·확대하였다. 중국인민은행과 계약기간 3년의 1,800억 위안/38조원 규모의

---

168) *Id.*, p. 68.
169) 홍순영·이종욱, *supra* note 166, p. 24.
170) *Id.*
171) *Id.*

원/위안 통화스와프계약을 신규로 체결하였다. 또한, 일본은행과 2005년 5월 체결한 30억 달러 상당의 기존 원/엔 통화스와프계약 규모를 200억 달러 상당액으로 확대하였다.[172] 그러나 금융시장이 안정화되면서 정부는 외화유동성에 대한 점진적 회수 조치를 병행하였다. 즉, RP 매입을 축소하고, RP 거래 대상기관 및 증권의 확대도 각각 2009년 7월 말과 11월 6일까지만 운용하기로 하였다.

열 한번째, 외환건전성 감독을 강화의 일환으로서 2009년 12월 31일에 금융회사 외환건전성 감독제도 개선 조치가 취해졌다. 즉, 위기 시 회수 가능성을 감안하여 외화자산 유형별로 유동화 가중치를 부여하여 합산하도록 외화유동성비율 산출방식을 변경하였다.[173] '외화유동성리스크 관리기준'을 신설하여 은행들이 외화유동성리스크에 대한 체계적인 내부통제시스템을 구축하도록 유도하였다. 외환파생상품 거래리스크 관리기준을 신설하여 기업의 실물거래규모에 비해 과도한 선물환 거래를 억제할 수 있는 시스템도 구축하였다.

열 두번째, 자본유출입 변동성 완화를 통한 거시건전성을 제고하였다. 정부, 한국은행, 금융감독원은 공동으로 2010년 6월과 11월 2차례에 걸쳐 '자본유출입 변동성 완화방안'을 마련하였다. 선물환포지션 한도제도 역시 마련되어, 은행 등의 과도한 선물환매입으로 인한 외화단기차입 증가를 억제하는 조치가 2010년 10월부터 시행되었다. 은행 등의 선물환포지션을 자기자본 대비 일정 비율(국내은행, 증권, 종금사 50% 이내, 외은지점 250% 이내)로 제한하였다.[174] 2010년 7월부터 외화대출을 해외사용용도로 제한하였다. 2011년 1월, 외국인 채권투자 과세환원조치가 취해졌다. 즉, 외국인 채권투자에 대한 기존의 세제혜택을 취소하고 이자소득(14%) 및 양도차익(20%)에 대한 법인세 및 소득세를 원천징수하는 조치를 시행하였다.[175] 2011년 8월, 은행의 비예금성 외화부채에 부과하는 외환건전성 부담금제도를 시행하였다. 이는 금융기관의 외화차입 억제가 목적이었다. 또한, 외국환거래법 개정안이 2011년 4월 국회본회의를 통과하여 2011년 8월부터 시행되었다.[176] 외환건전성부담금 제도는 외화차입의 비용을 상승시켜 증가를 억제하는 한편 단기부채에 상대적으로 높은 요율을 적용함으로써 외화부채의 장기화를 유도하기 위한 조치였다. 동 부담금은 비예금 외화부채를 부과대상으로 하는 한편 위기 시 금융기관에 대한 외화유동성 지원에 활용되었다.

---

172) *Id.*
173) *Id.*
174) *Id.*, p. 25.
175) "자본유출입에 대한 정책대응 사례와 평가", 한국은행 연구보고서 5월호(2011), p. 64.
176) *Id.*

열 세번째, 재정기능이 강화되었다. 유가환급금 지급(3.5조원) 등을 담은 고유가극복 종합대책 마련 및 2008년 추경예산(4.6조원)이 마련되어 집행되었다. 또한, 대폭적인 감세안이 취해져서 임시 투자세액공제 1년 연장(2009년 12월 말까지) 및 적용대상 확대를 통해 기업들에게 약 3조원의 세금부담이 경감되었다. 2009년 예산의 64.8%를 상반기에 조기집행하기로 하였다.[177]

열 네번째, 해외 IR 활동이 이루어졌다. 즉, 글로벌 금융위기 확산 초기, 한국경제에 대한 대외불안감이 고조되고 급격한 자본유출입 변동성이 발생한 주요 원인 중 하나는 정보 불확실성이었다.[178] 따라서 한국경제 및 금융상황에 대한 해외투자자들의 막연한 불안심리를 해소하고 한국시장에 대한 우호적 분위기를 조성하기 위해 해외 현지 설명회 및 유력인사 면담을 집중적으로 추진할 필요성이 제기되었다.[179] 정부는 2009년 1월부터 6월까지 운영하는 한시 조직으로 민·관 합동 '한국경제 바로 알리기 지원단'을 구성하였다. 이와 같이 해외 IR을 통해 국제 신용평가사, 글로벌 IB 애널리스트·이코노미스트, 해외 유력 금융인사 등을 대상으로 한국 자본시장 및 금융시장, 한국경제 등에 대한 설명회를 개최하였다.

열 다섯째, 국내 금융규제체제를 개선하였다. G-20 서울 정상회의 이후 도출된 합의안 등을 토대로 국내 금융시스템을 국제기준에 부합시키기 위한 정책적 노력이 이루어졌다.[180] 금융시스템의 건전성을 제고하기 위하여 국내은행에 대한 예대율 규제를 시장상황을 보아가며 점진적으로 강화하였다. 2008년 10월에 원화유동성비율을 잔존만기 1개월 이내 유동성 자산 및 부채를 기준으로 산출하도록 규제를 개편하였다. 2009년 9월에 은행의 '유동성리스크 관리기준'을 도입하였다. 동 기준은 은행들로 하여금 유동성리스크 관리목표, 관리정책 및 내부통제체계 등을 포함하는 유동성리스크 관리전략을 수립·운영하도록 규정하였다.[181] 2010년 7월에는 '콜시장 건전화 및 단기지표채권 육성 등을 통한 단기금융시장 개선방안'을 발표하였다.

위와 같은 한국 정부의 금융위기 극복조치에 대해 다음과 같이 전반적으로 평가할 수 있다. 경제위기 상황에서 이 같은 국가의 적극적 개입에 의한 구조조정 과정은 다른 나라에서도

---

177) Id.
178) 글로벌 금융위기 극복백서 편찬위원회, *supra* note 165, p. 227.
179) Id., p. 228.
180) Id.
181) Id.

마찬가지로 발견되며, 한국만의 특수한 정책은 아니라는 점이다. 이에 따라 국가 성격의 변화, 즉 '발전국가'-'규제국가'-'탈규제국가'의 수준 및 정도에 대한 논의가 활발해질 수 있다.[182]

B. 영 국

첫째, 영국 정부는 구제금융을 실시하였다. 2008년 GDP대비 89.9% 수준(2009년 9월 기준)에 달하는 대규모 구제금융을 실시하여 자본확충을 지원하였고 신규은행채 발행보증 등을 취하였다. 구체적으로 2008년 10월, 정부는 자본확충과 정부보증을 주요 내용으로 하는 구제금융안을 마련하였다. 2009년 1월, 자산보호제도 및 ABS지급보증제도 등 금융시장 종합대책을 실시하였다. RBS, HBOS, Lloyd 등 3대 은행의 자본확충을 위해 370억 파운드를 투입하였다. 금융기관 부채에 대한 정부보증 조치는 2,500억 파운드 규모로서 2009년 4월을 시한으로 하였다.[183] 다음으로 중앙은행의 유동성 공급조치가 이루어졌다. 영란은행은 MBS와 국채간 스와프 한도를 확대하여 금융기관 보유증권을 담보로 국채를 대여하거나 자금을 공급하는 재할인제도를 도입하였다. 투자등급 CP, 회사채 등을 대상으로 하는 민간자산 매입제도도 신설하였다.[184]

둘째, 정부 주도의 금융 구조조정 대책이 취해졌다. 즉, 정부가 은행 경영에 직접 간섭하여 국유화 및 지분율 확대 등을 시도하였다. 2007년 9월 예금 대량 인출사태를 겪었던 영국 5위의 모기지 은행 노던록이 국유화되었다.[185] 2008년 10월, RBS(자산규모로는 세계 최대 금융지주회사)의 지분 58%를 정부가 우선주 방식으로 인수한 후, 보통주로 전환하면서 정부 지분율을 70%로 확대하였다.[186] 또한, 로이즈뱅킹그룹의 의결권 43.4%를 취득하여 사실상 국유화하였다. 이와 함께 RBS, 로이즈, HBOS 은행 자금운영에 간섭하여 정부가 구제금융을 제공하는 대신 국내 대출 우선 조건을 부과하였다.[187] 한편, 영국 정부의 부실자산 대책은 특별유동성제도와 자산보호제도에 초점을 두고 있었다.[188] 특별유동성제도가 2008년 4월에 도입되어 은행의 부실채권인 주택저당증권(MBS)을 우량채권인 국채(Treasury bill)와 교환해줌으로써 자산유동화를 도모하였다. 자산보호제도는 2008년 10월에 도입되어 재무성은 은행의 손실 발생

---

182) 이연호, "한국에서의 금융구조개혁과 규제국가의 등장에 관한 논쟁" 한국사회학 제36집 4호(2002).
183) 홍순영 · 이종욱, *supra* note 166, p. 16.
184) 글로벌 금융위기 극복백서 편찬위원회, *supra* note 165, pp. 28-31.
185) 삼성경제연구소, *supra* note 1, p. 34.
186) *Id.*
187) *Id.*
188) *Id.*, pp. 33-34.

시 총 손실의 일정 부분을 보상해주고 수수료 또는 우선주 등을 수취하는 보험계약을 체결하였다.

셋째, 일련의 경기부양 조치가 취해졌다. 2008년 9월에 주택경기 부양책이 발표되었고, 2008년 10~11월에 두 차례의 경기부양책을 시행하였다. 1차 경기부양대책은 주택, 에너지 사업 등 사회기반시설 확충에 40억 파운드를 투입하는 내용이었고, 2차 경기부양대책은 인프라 투자 조기실시와 부가가치세율 인하 등 조세감면을 내용으로 하였다.[189] 2008년 11월 24일, 예산안 초안을 발표하여 향후 2년간 256억 파운드(388억 달러) 경기부양책을 실시하기로 하였다. 또한, 2008년 12월 1일부터 17.5%인 부가가치세를 15%로 2.5%p 인하하였다. 한편, 저소득층 지원을 위해 소득세 환불금을 120파운드에서 145파운드로 인상하였다. 2010 · 2011년에 예정된 공공투자예산 30억 파운드를 앞당겨 시행하여 고속도로개선, 공영주택 건설, 학교시설 보수 등에 긴급 투입하기로 하였다.[190]

넷째, 보호주의적 조치를 강화하였다. 영국은 은행의 자본금 확충 지원시 향후 3년간 국내 주택모기지 및 중소기업 대출잔액을 2007년말 수준으로 유지토록 하는 조건을 부과하였다.[191]

다섯째, 금리 인하하는 조치로서 2009년 2월까지 영란은행은 정책금리를 400bp 인하하기로 하였다.[192]

C. 미 국[193]

우선, 금융시장 안정 대책을 마련하여 구제금융을 시행하였다.[194] 즉, 금융시스템 붕괴를 막기 위해 중앙은행이 직접 금융시장을 지원하였다.[195] 정부가 위기를 진정시키기 위해 필요한 자금을 시장에 공급하였는바, 美 연준은 공개시장조작 대상기관에 대한 신용공여(Primary Dealer Credit Facility)의 담보대상증권을 확대하였다. 또한, 신용위험증권시장에 대한 유동성 지원장치를 마련(ABCP, CP, CD, ABS, MBS 등)하였다. 이와 함께 기간입찰대출제도(Term Auction

189) 홍순영 · 이종욱, *supra* note 166, p. 18.
190) 허찬국 · 안순권 · 김창배, "글로벌 금융위기의 파장과 대응방안", 한국경제연구원 09 – 12(2009), p. 34.
191) 홍순영 · 이종욱, *supra* note 166, p. 22.
192) 글로벌 금융위기 극복백서 편찬위원회, *supra* note 165, p. 33.
193) 허찬국 · 안순권 · 김창배, *supra* note 190, p. 33.
194) *Id.*
195) 글로벌 금융위기 극복백서 편찬위원회, *supra* note 165, pp. 28 – 31.

Facilities, TAF: 기일물 신용공여제도)가 실시되었는데, 이는 2007년 12월 12일에 유동성을 신속히 증대하기 위해 미국 연방준비은행이 도입한 제도였다. 이 제도 하에서 중앙은행은 전통적인 유동성 공급경로를 넘어서는 조치를 취할 수 있었다. 즉, 유동성이 부족한 금융회사에 경매방식으로 직접 자금을 공급하는 제도로서 환매조건부채권(RP)보다 대출기간이 길고, 적용대상과 담보대상이 광범위하였다.[196] 또한, 예금취급기관에 대한 신요공여의 한도를 증액하였다.

둘째, 부시 정부의 구제금융 조치가 이루어졌다.[197] 7,000억 달러의 부실자산회생법안(Troubled Asset Relief Program: TARP)이 마련되었고, 2008년 10월 3일 통과되었다. 헨리 폴슨 재무장관이 도입한 것으로 월스트리트의 은행들에게 정부가 우선주 매입 방식으로 은행의 자본 확충을 지원하는 제도였다. 위 TARP 자금 중 2,500억 달러를 자본매입프로그램(Capital Purchase Program)에 투입하였다. TARP 자금은 자본확충, 손실보증 및 부실자산의 매입 등과 같은 금융기관 구제용도로 절반 이상을 사용하였다. 또한, 가계 및 중소기업, 주택소유자, 자동차산업 등에도 지원조치가 취해졌다. 그 밖에 2008년 10~11월 중 예금보험한도를 확대하였고, 금융기관 신규 발행채권 보증 등 공공기관을 통한 지원대책을 실시하였다.[198] 美 연준은 실시 중인 긴급대출 프로그램인 프라이머리 딜러대출(PDCF), 기간부국채임대대출(TSLF), 머니마켓 투자펀드기구(MMIFF)의 대출 프로그램 시한을 종전 2009년 1월 30일에서 4월 30일로 연장하였는바 이는 신용경색 해소가 목적이었다.[199]

셋째, 오바마 정부의 금융구제안(가이스너 플랜)이 마련되었다. 이는 우선주 매입을 통한 자본확충과 민간자본의 부실자산 인수를 유도하는 계획이었다. 2009년 1월 28일, 8,190억 달러 대규모의 경기부양 법안이 하원을 통과하였다.[200] 이는 美 연준의 8,000억 달러 금융지원을 주요 내용으로 하였으며, 이를 주택대출 활성화, 소비자 및 중소기업의 신용경색 완화 목적으로 사용하는 것이었다. 또한, Fannie Mae, Freddie Mac, 연방주택대출(FHLB)이 발행한 모기지 채권 1,000억 달러를 美 연준이 직접 매입하고, Fannie Mae, Freddie Mac, Ginnie Mae가 보증하는 모기지담보부증권(MBS) 5,000억 달러를 매입하기로 하였다. 한편, 신규대출프로그램 TALF(Term Asset-backed securities Loan Facility)를 통하여 학자금대출, 자동차대출, 신용카드대출, 연방중소기업청이 보증한 대출 등을 담보로 한 자산유동화증권(ABS)을 발행하여 이

---

196) 홍순영·이종욱, *supra* note 166, p. 16.
197) 삼성경제연구소, *supra* note 1, p. 20.
198) 홍순영·이종욱, *supra* note 166, p. 16.
199) 허찬국·안순권·김창배, *supra* note 190, p. 33.
200) 홍순영·이종욱, *supra* note 166, p. 17.

를 매입하는 특수목적법인을 지원함으로써 소비자 및 중소기업 금융에 기여하는 조치를 2009년 말까지 시행하기로 하였다.[201] 이와 함께 금융시스템의 전반적 리스크를 파악하기 위해 19개 은행에 대해 스트레스 테스트를 실시하였다.[202] 자본지원프로그램(Capital Assistance Program)은 TARP의 남은 3,500억 달러를 사용해 부실은행의 자본을 확충하는 것이었다. 또한 민관합동투자프로그램(Public-Private Investment Program)을 통해 민간투자자가 부실자산을 매입하도록 유도하였다. 이러한 조치들을 통하여 오바마 정부는 부실은행 구제에 대규모 공적자금을 지출하면서도 은행의 경영권을 제한하지 않고 부실자산 처리도 은행 자율에 맡긴다는 입장을 취하였다.[203] 이는 국유화와 금융 규제 강화 조치 등을 통해 적극적으로 개입한 영국 정부의 정책과 대조적이었다.

넷째, 감세 및 재정 확대를 통하여 경기 부양 정책을 실시하였다. 2008년 2월, 소득세 환급 등 총 1,680억 달러 규모의 세제지원을 실시하여[204] 가계부문을 지원하는 정책을 도입하였다. 즉, 소득세 환급 600~1,200달러, 소득세원천징수 축소 500~1,000달러, 실업수당 일시적 인상(25달러/주), 긴급실업보상금 기간확대 등을 그 내용으로 하였다.[205] 2008년 10월에는 경제촉진구제법(Economic Stimulus Relief Bill: ESRB)을 제정하였고, 감세안(2009~11년 중 1,228억 달러)을 마련하였다. 또한, 2008년 11월에는 美 연준이 소비자 대출, 중소기업 대출에 2,000억 달러를 투입하였다. 뒤이어 2008년 12월, 도산위기에 몰린 미국 자동차 산업에 TARP 자금 1,000억 달러를 지원하였다.[206] 2009년 2월에는 경기부양책(Stimulus Package)을 추가 발표하였다. 「American Recovery and Reinvestment Act of 2009(ARRA)」는 총 7,872억 달러 규모의 재정을 민간에 투입하는 법안이었는데, 이는 총 GDP의 5.87%에 해당하였다.[207] 재정지출 규모는 5,754억 달러로서 일자리 창출, 실업대책, 지방정부 재정확충(1,440억) 기간산업 및 과학 기술 연구개발(1,110억), 사회적 약자 보호(810억), 건강보험(590억), 교육(530억), 에너지(430억) 등에 투입하였다. 한편, 감세 규모는 2,118억 달러(2009년 중 648억 달러)로서 개인소득공제 및 기업세액공제 확대 등을 위해 이루어졌다.[208] 이와 같이 글로벌 금융위기 동안 공적자금을 투입하면서 외국인고용

201) *Id.*, p. 16.
202) 삼성경제연구소, *supra* note 1, p. 12.
203) *Id.*, p. 5.
204) 허찬국·안순권·김창배, *supra* note 190, p. 33.
205) 홍순영·이종욱, *supra* note 166, p. 23.
206) 삼성경제연구소, *supra* note 1, p. 20.
207) 성태윤·박기영·김도현, "금융위기와 구제금융: 글로벌 금융위기와 외환위기의 비교를 중심으로", 한국경제의 분석 17(2011), 한국금융연구원, p. 19.
208) 홍순영·이종욱, *supra* note 166, p. 18.

제한, 국내대출 우선 취급 등을 의무화하는 등 보호주의적 조치를 강화하는 모습을 보이기도 하였다. 즉, TARP, TAF 등 공적자금이 투입된 금융기관이 외국인 근로자를 채용하기 위해 비자를 신청할 경우, 채용 전후 3개월간 미국인 직원의 해고를 금지하였다.[209]

다섯째, 금리 인하조치를 통하여 극단적으로 확장적인 통화정책을 운용하였다. 즉, 美 연준은 리먼 사태 이후 기준금리를 200bp 가까이 인하한 연 0~0.25%로 조정하여 사실상 제로 금리체제로 이행하였다.[210] 이와 같이 지속적으로 금리를 낮춘 것은 대출 상환에 대한 부담을 감소시켜, 금융위기로부터 받는 경제 전반의 충격을 최소화하고자 하는 방안이었다. 즉, 기준금리를 2007년 8월, 6.25%에서 5.75%로 낮춘 이후, 지속적으로 금리를 낮추어 2008년 12월에는 0~0.25%까지 금리를 낮추었다.

D. 유럽연합[211]

첫째로 구제금융 조치가 이루어졌다. 즉, 유럽 국가들은 2008년 10월 12일 유로지역 15개국 정상회담에서 금융시장 안정을 위한 공동조치에 합의하여 은행의 자본확충 등을 지원하기로 하였다.[212] 우선 유동성 공급 조치로서 ECB는 신용공여 시 담보대상증권을 확대하였다. 정례 RP 거래 외에 장기 RP 매입을 통해 유동성을 공급하였다.[213]

둘째, 금리 인하를 통해 적극적인 금융완화조치를 취하였다. ECB는 2009년 2월 말까지 정책금리를 225bp 인하하였다.[214]

셋째, 경기 부양책이 취해졌다. 2008년 11월 26일, EU 집행위원회는 향후 2년간 재정지출과 감세 등에 의한 총액 2,000억 유로(약 2,590억 달러) 규모의 경기부양책을 발표하였다.[215] 이는 EU 27개 회원국 GDP의 1.5%에 해당하는 규모로 1,700억 유로는 각 회원국, 300억 유로는 EU기금 및 유럽투자은행이 투입하기로 하였다. 이러한 경기부양책은 정상회의(2008년 12월 15일)에서 합의됨에 따라 2009년부터 시행되었다. 특히 역내의 구매력 진작 등 소비확대에 초

---

209) Id., p. 22.
210) 글로벌 금융위기 극복백서 편찬위원회, supra note 165, pp. 28-31.
211) 허찬국 · 안순권 · 김창배, supra note 190, p. 34.
212) 글로벌 금융위기 극복백서 편찬위원회, supra note 165, pp. 28-31.
213) Id., pp. 28-31.
214) Id., p. 33.
215) 허찬국 · 안순권 · 김창배, supra note 190, p. 34.

점을 맞추었다. 재정적자 기준(GDP의 3% 이내)의 적용 유예, 실업급여 확대, 부가가치세 인하, 중소기업 지원 등을 포함하고 있었다.

E. 일 본216)

첫째, 일본 정부는 다음과 같은 경기부양책을 취하였다. 2008년 8월 29일 1년간 한시적으로 소득세 및 주민세 감세조치가 취해졌다. 신에너지 기술의 도입 및 개발촉진, 성장잠재력 확충 등을 위해 약 11.8조 엔 규모를 투자하였다. 또한, 2008년 10월 이후 세 차례에 걸쳐 각각 2.9조 엔, 4조 엔 및 33.4조 엔 규모의 경기부양책을 발표하였다.217) 2008년 10월, 1차 '생활대책'은 국민생활 및 지방정부 지원 등을 목표로 하여 서민생활안정(3조 엔: 재정지출은 3조 엔), 중소기업 지원(21.9조 엔: 재정지출은 0.6조 엔), 지역 활성화(2조 엔: 재정지출은 1.6조 엔) 등 총 26.9조 엔(재정지출은 5.2조 엔) 규모로 추진되었다. 이어 2008년 12월, 2차 '생활보호를 위한 긴급대책'으로 고용안정 및 성장전략 추진하려는 목표 하에 급격한 경기침체와 고용악화 등에 대처하기 위해 총 23조 엔 규모의 긴급경제대책을 발표하였다 2009년 4월의 3차 '경제위기대책'은 고용안정 및 성장전략을 추진하였다.218)

둘째, 금융시장 유동성 공급조치가 취해졌다. 비전통적인 정책수단을 도입한 것은 금융시스템 붕괴를 방지하기 위함이었다. 일본은행은 CP 및 금융기관 보유 주식 직접매입을 통해 유동성 공급을 확대하였다.219) 2008년 10월 27일, 금융안정대책을 발표하여 금융회사에 투입할 수 있는 공적자금 한도를 확대하였으며(2조 엔 → 10조 엔), 은행의 주식취득제한을 완화하기로 하였다.

셋째, 금리 인하를 추진하여 일본은행은 40bp씩 금리를 인하하였다.220)

F. 중 국

첫째, 총 4조 위안(5,860억 달러) 규모의 초대형 내수부양 계획, 각종 세금인하정책, 가전하

216) *Id.*, p. 33.
217) 글로벌 금융위기 극복백서 편찬위원회, *supra* note 165, p. 30.
218) *Id.*
219) *Id.*, pp. 28 – 31.
220) *Id.*, p. 33.

향(家電下鄉)정책, 10대 산업 진흥정책, 부동산 경기활성화 정책, 수출 안정화 조치 등의 정책 등을 시행하였다.[221] 중국 정부는 2008년 중반까지 물가 및 부동산가격 억제에 정책의 초점을 맞추고 긴축기조를 지속하는 등 글로벌 금융위기 발생 이후 정책기조를 전면적으로 전환하였다. 내수 확대 4대 조치(2008. 11. 12.)는 투자사업의 조속 비준, 수출환급률 및 수출세 조정, 지진피해지역 복구사업 촉진, 생태환경 조성 투자를 그 내용으로 하였다. 경공업 발전 6개 조치(2008. 11. 19.)는 경공업에 대한 보조 실시, 감세, 수출지지, 금융 및 기술개조 지원 등을 내용으로 하였다.

둘째, 증시 부양 및 주식시장 안정화 조치가 취해졌다. 2008년 9월 19일 중국 정부는 증시부양대책을 발표하였다. 중국 국부펀드, 중국공상은행, 중국은행, 건설은행의 주식을 매입하고, 주식 매입거래세를 0.1%에서 0.0%로 하향(매도거래세는 유지)하는 조치를 취하였다. 또한, 상장회사 자사주 매입규제를 완화하고, 주식 신용거래를 허용하였다. 한편 국영투자기관인 중앙휘금투자유한공사의 은행주를 매집하였고, 더 나아가 6,000~8,000억 위안 규모의 주식시장 안정화 기금 설립도 검토하였다.[222]

셋째, 재정지출을 확대하였다. 총 4조 위안 규모의 자금을 2010년까지 철도·도로·항만 등 사회간접자본에 투자하였다. 이는 경기부양정책의 종합판으로 2010년까지 집행하기로 되어 있었다. 또한, 농촌인프라 개선, 신(新)성장산업 육성, 성장잠재력 확충, 의료보험제도 개선, 내수 진작 등에 자금을 투입하였다. 2008~10년 중 대규모 경기부양책을 실시함으로써 경기침체에서 빠르게 벗어났을 뿐 아니라 세계경제의 회복을 견인하였다.[223] 11월 27일, 국가발전개혁위원회는 철도·항만 및 지진피해 복구 등 사회 인프라에 약 80%를 투자하는 등 아래와 같은 구체적인 투자대상과 비중을 밝혔다. 즉, 철도 등 주요 인프라에 45%, 지진피해 복구 25%, 농촌기초설비 9%, 환경보호 9%, 서민주택건설 7%, 기술개발 4%, 의료·문화에 1%로 확정하였다.[224] 이를 위해 중앙정부가 29.5%인 1.18조 위안을 국채발행 등을 통해 지원하고 나머지는 지방정부가 분담한다는 계획이었다.[225] 철도, 도로 건설 등 인프라투자 지출을 크게 확대했으며 총 4조 위안(중국 GDP의 약 16%) 중 중앙정부 자금(약 1.3조 위안)을 제외한 부

---

221) 허찬국·안순권·김창배, supra note 190, p. 35.
222) 이장규 외, "글로벌 경제위기에 대한 중국의 대응과 미·중 경제관계", 연구보고서 10 - 11, 대외경제정책연구원, p. 42.
223) "선진국 경제 불안에 대한 중국의 대응 전망 및 시사점", 한국은행 국제경제정보(2011. 10. 4.).
224) 이치훈, "中, 4조 위안 경기부양책의 투자대상 확정 및 효과 점검(2008)", 한국국제금융센터.
225) Id.

분은 주로 지방공사의 은행차입을 통해 조달하였다. 경기부양책 후속 방안으로 2,059억 위안의 사회 인프라 투자, 3,770개 수출물품증치세 환급률 제고, 지진피해 복구기금 배정방안 확정, 임업·생태회복 정책 강화 등을 모색하였다. 지방 정부는 경기부양을 위해 정부 산하 도시투자공사를 설립하여 막대한 은행 대출을 받은 후 대규모 건설 사업을 추진하였다.226)

넷째, 제조업을 활성화하였다. 2008년 중국 정부는 경기부양을 위해 제조업의 생산량을 크게 확대하였다. 자금은 대부분 지방정부가 철강, 시멘트, 알루미늄 등 소재의 생산량을 확대하는 데 사용하였다.227)

다섯째, 10대 산업 진흥조치를 취하였다. 2009년 1~2월에 중국 정부는 자동차, 철강, 조선, 석유화학, 경공업, 방직, 비철금속, 설비 제조, 전자정보, 물류업 등 10대 산업부문에서 내수확대, 기술개발, 구조조정을 핵심으로 하는 진흥조치를 발표하여 주요 산업에서 국유기업 주도의 구조조정이 활발하게 이루어졌다. 즉, 산둥(山東)철강(국유)의 르자오(日照)철강(민영) 인수, 쓰촨(四川)항공(국유)의 잉롄(鷹聯)항공(민영) 인수 등이 대표적 사례이다.228) 한편, 재정지출은 국영부문에 집중하여 정부발주 프로젝트의 국유기업이 이를 독점하였다. 4조 위안 경기부양 중 대규모 건설 프로젝트 수주자는 중앙 또는 지방정부 소속 국영기업으로 전체 발주량의 90% 이상을 수주하였다. 재정지출이 국영부문에 집중되면서 민간부문 투자를 구축하고 경쟁력을 약화시키는 것은 중국경제의 성장잠재력을 훼손한 측면도 존재하였다.229)

여섯째, 부동산활성화 대책이 2008년 11월부터 시행되었다. 구체적으로, 부동산 거래세를 인하하여 90㎡ 이하 첫 주택 구입자의 구입세는 1%까지 인하하였다. 또한, 개인이 거래하는 주택에 대해 인지세(0.5%), 토지증치세(1%) 등을 면제하였다. 더 나아가 주택구입 선수금을 기존 30%에서 20%로 인하하였으며 90㎡ 이내의 소형주택 매입 시, 부동산취득세를 기존 1.5%에서 1%로 인하하였다. 건설업체에 대한 금융규제를 완화하고 외국인 부동산투자에 대한 규제도 완화하였다. 한편, 지방정부의 경우 토지 판매 수입이 정부 관련 사업의 재원 가운데 25~30%를 차지하는 등 더욱 적극적인 부동산 경기 부양에 나섰다.230)

226) 월간 KB중국금융시장정보(2013. 5월호), KB중국금융연구센터, p. 4.
227) Id.
228) Id.
229) Id.
230) http://economychosun.com/special/special_view_past.php?boardName=C08&t_num=3502&img_ho=50 참조.

　　일곱째로 통화정책을 완화하였는바 이는 금융관련 완화조치로서 이루어졌다. 이를 위해 2008년 9월, 예대기준금리 인하를 시작으로 네 차례에 걸쳐 189bp 인하를 단행하였다. 또한, 대출이자율을 다섯 차례 216bp 인하하였는바, 1년 만기 위안화 대출금리를 종전 2007년 12월 7.47%에서 5.31%로 조정하였다.[231) 지급준비율 역시 2008년 9월 이래 상업은행 및 예금유치 기관의 지급준비율을 네 차례 인하하여,[232) 종전 17.5%에서 14.5%(중소은행은 13.5%)로 인하하였다.[233) 중소 저축금융기관 및 지진피해 지역 금융기관의 경우, 더 큰 폭의 인하가 이루어졌다.[234) 한편, 신용 대출 규모 제한을 완화하였는데, 이는 상업은행의 신용대출을 장려하기 위하여 2008년 10월 31일부터 중국인민은행은 상업은행의 신용대출계획에 의한 통제를 강화하지 않는다는 결정이었다.[235) 창구지도를 통한 신규대출도 대폭 확대되어, 2009년 1~11월 중 신규대출 규모가 9.2조 위안(약 13,529억 달러)으로 2008년 전체 신규대출 총액 4.9조 위안을 대폭 상회하였다. 신규대출 중에서 교통 수리 환경 공공설비 관리 등 인프라 관련 중장기 대출이 40%이상을 차지하였다.[236) 이와 더불어 여신구조를 조정하여 재해복구, 민생공정, 삼농(三農), 중점공정 건설, 중소기업, 에너지절약, 오염배출 감소, 취업확대, 과학기술 혁신 및 기술개조 등의 영역에 대출자금을 중점적으로 배치하였다.

　　여덟째, 내수진작 정책을 실시하여 농촌에 소비보조금을 지급하였다. 구체적으로 '보성장(保成長), 확대수(擴內需: 8% 경제성장 유지 및 내수 확대)' 정책을 실시하였으며, 가전하향(家電下鄕: 농촌거주자의 가전제품 구매시 보조금 지급), 기차하향(汽車下鄕: 농촌거주자의 승용차 구매시 보조금 지급) 등 내구소비재에 대한 보조금 지급은 소비진작에 크게 기여하였다. 이는 글로벌 경기침체로 인한 수출부진을 투자와 소비의 증대를 통해 대체하는 효과를 가져왔다. 기차하향이란 배기량 1,600cc이하인 자동차의 구매세를 10%에서 5%로 하향 조정하는 것이고, 가전하향이란 냉장고, 세탁기 등 가전을 구입하는 농민에서 판매가격의 13%를 보조금으로 지급하는 것을 의미하는데, 동 정책을 2009년 2월부터 4년간 전국으로 확대 실시하였다. 대상품목도 세탁기, 오토바이, 컴퓨터, 열수기, 에어컨으로 확대하였다. 이에 따라 가전하향보조금을 2008년 90억 위안에서 2009년 150억 위안으로 확대하였으며 연간 1,000억 위안의 내수확대효과가 추정되었다.[237) 위와 같은 농민의 가전제품구입에 대한 보조금 지급은 2008년 4개省에서 2013년 22

231) 한국수출입은행, "중점분석: 주요 개도국 경제의 년 회고와 년 전망", 수은해외경제(2010. 1.), p. 14.
232) 이장규 외, *supra* note 222.
233) 한국수출입은행, *supra* note 231, p. 14.
234) 하나금융경영연구소, p. 3.
235) 이장규 외, *supra* note 222.
236) 한국수출입은행, *supra* note 231, p. 14.
237) 이장규 외, *supra* note 222, p. 39.

개省으로 확대되었다.[238] 또한, 농산물 수매가 인상 및 농업보조금 확대를 통하여 농촌 경기 부양 시도하였다. 즉, 주요 곡물 수매가격을 13~15% 인상함으로써 농촌소득증대를 추진하였다. 2008년 11월 12일에는 식량수출세를 인하 또는 폐지하였으며, 2008년 농업보조금을 2007년(1,028억 위안)의 두 배로 확대하고, 2009년 다시 두 배로 증액하였다. 이와 관련하여 내수 소비 진작 정책도 취해졌다. 즉, 증치세, 개인소득세, 수출환급세, 이자소득세, 인지세, 부동산세를 인하하는 등 다양한 감세조치를 시행하였다. 또한 석유제품 세제 개편 및 유가 인하가 이루어졌다.[239]

아홉째, 수출둔화 방지 조치가 취해졌다. 중국 정부는 2009년 수출증가율을 15% 수준에서 유지한다는 목표를 기조로 하여 수출환급률을 인상하였다. 2008년에만 네 차례에 걸쳐 수출환급률을 인상하였고, 2008년 8월, 섬유제품 환급세율을 11%에서 13%까지 인상하였다. 같은 해 11월에는 고부가가치 수출품(3,486종)의 환급세율을 인상하였다. 12월, 일부 노동집약적인 제품, 기계 및 전자제품 등 3,770개 품목(전체 품목의 27.9%)에 대한 수출환급률 인상하였다.[240] 2009년 1월에는 553개 품목의 기계·전자 제품의 수출환급률 인상하였다. 이와 같은 수출환급률 인상 조치는 해당 제품에 대해서 사실상 위안화 환율의 평가절하와 유사한 효과를 가졌다. 또한, 수출세를 인하 또는 폐지하였다. 2008년 12월, 강재, 화공품, 식량 등 102개 품목의 수출관세를 폐지하고 화학비료와 알루미늄 제품 등 31개 품목 수출관세를 인하하였다.[241] 또한, 가공무역 규제를 완화하여 2008년 12월, 열연, 냉연, 비합금강, 판재 등 91개 품목의 보증금제도를 잠정 중단하였다. 즉, 1,730개 가공수출 제한품목(전체 제한품목의 77%)을 해제하고 27개 금지품목을 해제하였다. 더 나아가 수출금융을 확대하고 수출환급세 담보 대출을 확대하였다. 또한 주변국과의 위안화 무역결제를 실시하였다. 광둥성·장강삼각주와 홍콩간, 광시·원난과 ASEAN간에 위안화 결제가 이루어졌다.[242]

열번째, 환율 정책이 이루어졌다. 위안화 절상속도는 완화되어 2008년 7월 이후 11월 말까지 보합 수준이었다.[243] 달러에 대한 위안화 환율은 6.8위안 수준에서 안정세를 유지하였고, 위안화 절상폭 축소(절상 중지)하여 일시적인 절하만을 단행하였다. 그러나 2008년 금융위

---

238) 이치훈, *supra* note 224, p. 4.
239) 이장규 외, *supra* note 222, p. 40.
240) 이치훈, *supra* note 224, p. 4.
241) 이장규 외, *supra* note 222, p. 43.
242) *Id.*
243) 이치훈, *supra* note 224, p. 4.

기 발발 직후 이른바 소프트 페그제를 시행하여, 위안화 환율을 사실상 미 달러화에 대해 고정환율제로 전환하였다. 1994~2005년 7월까지 중국 위안화의 환율은 달러당 8.28위안으로 고정되었고 이후 약 3년 기간(2005년 7월~2008년 6월) 동안은 관리변동환율제로 진행되었다. 그러나 2008년 6월, 글로벌 경제위기가 심화되자 달러화에 대해서 변동 폭의 제한은 유지하였으나 고시환율을 고정시키면서 실제적으로는 달러당 6.83~6.84위안 수준으로 유지하였다.[244] 이는 사실상 고정환율제(소프트 페그제)로 복귀한 것을 의미하였다.[245] 위안화 환율안정이 중국의 고속경제성장에 이롭다는 견해에 입각하고 있었다.[246] 이는 미중 양국간 통상관계에서 핵심 분쟁 사안으로 비화하였고 중국의 무역 흑자가 지속적으로 누적되면서 주요 선진국으로부터 위안화 절상압력이 가중되게 되었다. 이에 2010년 6월에 중국인민은행은 위안화 환율변동의 탄력성을 확대한다고 발표하였으며, 이는 사실상 미국 등 주요 통상국의 압력에 의해 중국 환율제도가 일일 변동 폭 ±0.5%의 관리변동환율제로 재차 환원하는 것을 의미하였다.[247] 중국은 막대한 규모의 무역수지 흑자를 기록하고 있기 때문에, 고정환율제 포기는 사실상 위안화 절상을 의미하였다.[248] 따라서 중국 정부는 관리변동환율제로 복귀하되, 양 방향으로 환율이 움직이게 될 것을 강조하였다.[249] 즉, 위안화 절상속도를 일정범위 내(연간 5% 내외)에서 제한하기로 하였다.[250] 이는 경제성장률이 양호한 중국으로의 거대한 규모의 글로벌 유동자금(핫머니) 유입을 우려했기 때문으로 여겨진다.[251]

G. 호 주

호주 정부는 경기부양책으로 총 47억 호주달러(31억 미달러)를 도로, 철도, 교육시설 등 인프라 건설에 투자하는 부양안을 발표한 바 있다.[252]

---

244) 이장규 외, *supra* note 222, p. 98.
245) *Id.*
246) *Id.*
247) *Id.*
248) *Id.*
249) *Id.*
250) "선진국 경제 불안에 대한 중국의 대응 전망 및 시사점", 한국은행 국제경제정보(2011. 10. 4.).
251) 이장규 외, *supra* note 222, p. 99.
252) 허찬국·안순권·김창배, *supra* note 190, p. 34.

H. 2008년 금융위기 이후 국제공조 논의

2008년 글로벌 금융위기는 그 대응에 있어 전무한 수준으로 적극적이었던 각국의 재정 확대 정책 조치의 등장과 일반화가 가장 두드러진 특징이었다. 그러나 그와 같은 각국의 확장적 재정정책과 통화정책은 한편으로 국제적인 공조양상을 보여주었으며, 이에 따라 경제의 위기 상황에 대비한 국제적인 대처 노력에 있어서 중요한 전기를 마련했다. 이는 점차 빈번해지고, 예외적이기보다는 '일상화'된 금융위기의 상황에서 개별 국가의 정책 대응만으로는 위기 수습에 한계가 있으며, 국제적 협력이 선택이 아닌 필수임을 보여주었다는 의의를 갖는다. 세계 금융시장이 심각한 위기에 직면하여 점차 안정을 찾을 수 있었던 것은, 바로 국제 공조 및 적극적인 금융시장안정대책이 주요한 요인이었다는 데에 이견이 없으며, 이러한 합의는 2008년 이후의 국제공조 논의에 탄력을 더하고 있다.

막대한 규모의 공적자금을 투입하여 글로벌 금융시장을 안정시키고자 하는 각국의 노력은 은행간 채무보증, 예금 지급보장, 은행의 일시적 자본확충 등의 방법을 통해 이루어졌는데, 이 과정에서 필수적이었던 것은 금융기관들의 국제적인 공조였다. 즉, 2008년을 전후하여 중앙은행들 사이에서 가장 활발하게 논의된 화두는 '통화스와프'의 확대였는데, 이는 美 연준이 적극적으로 통화스와프를 체결하고자 보인 노력만 보더라도 잘 알 수 있다. 美 연준이 최초로 통화스와프를 실시한 것은 2007년 12월 ECB 및 스위스 중앙은행과 240억 달러 규모의 합의였으며, 이 발단에서 채 1년도 되지 않아, 리먼브라더스가 파산하는 미증유의 위기 상황이 벌어졌던 것이다. 파산 직후, 美 연준은 일본은행, 영란은행 등 10개 주요 선진국 중앙은행들과 공격적으로 통화스와프를 체결하여서, 불과 2008년 10월 1개월 사이에 미국 FRB의 통화스와프 체결 국가 수는 9개국에서 14개국으로 늘어나는가 하면, 그 중 4개국(ECB, 일본, 영국, 스위스)과는 무제한 스와프로 확대 합의가 이루어졌다.[253]

美 연준은 한편, 통화스와프의 신규체결에 더욱 박차를 가하기 시작했는데, 특히 이 과정에서는 국제적인 정책공조가 경제적 비중이 커진 신흥시장국까지 포함하기 시작하는 모습이 두드러진다. 즉, 2008년 10월 중, 미 달러화 유동성 부족에 처한 4개 신흥시장국(한국, 브라질, 멕시코, 싱가포르)과도 통화스와프를 체결하였다. 이러한 신흥국과의 통화 공조는 안전자산 선호(flight-to-quality) 경향 강화로 인하여 신흥시장국으로부터 대규모 자본유출이 발생할 위험

---

253) *Id.*, p. 31.

에 대비할 수 있게 하는 중요한 의미를 갖는다. 동북아 지역에서도 통화스와프 확대의 노력이 적극적으로 이루어져서, 2008년 12월의 한·일, 한·중 통화스와프 규모는 총 300억 달러 규모로 확대되었다. 이는 그 이전의 한·일 130억 달러, 한·중 40억 달러에 비해 크게 진전된 수준이다.[254]

주요국 중앙은행들간의 공조는 통화스와프뿐만이 아니라, 동시에 일제히 동조적으로 금리를 인하하는 정책을 펴는 것에서도 발견된다.[255] 2008년 10월 8일, 금융시장의 붕괴 조짐에 미국·유럽 등 주요 6개 중앙은행이 협력해 동시에 0.25~0.5% 포인트씩 금리 인하에 나섰으며, 이에 5일 앞서서 중국이, 약 3주 후에는 일본 또한 금리를 인하하는 조치를 취했다.[256] 세계 주요 중앙은행들이 이때에 취한 긴급공조는 9·11 테러사태 직후를 제외하고는 전례가 없으며, 특히 중국 인민은행까지 동참한 것은 처음 있는 일로 평가된다.[257] 이는 국제공조를 통해 이번 금융위기를 해결하겠다는 각국의 의지를 보여주는 것으로 풀이되었다. 국제금융시장 안정에 공통된 기대를 갖고 자율적으로 정책을 서로 조율하려는 노력은 이후에도 계속되어서 지금까지도 각국이 통화정책 방향을 정하는 데 있어서, 실로 '국제공조'가 주요 변수로 고려된다. 금통위 총재는 "글로벌 금융위기 이후 통화정책의 리밸런싱 문제가 새로운 과제로 부상했"으며, "어느 나라 중앙은행이든지 자본이 움직이는 일이기 때문에 다른 나라의 정책 방향을 보지 않고 금리를 결정하는 것은 매우 부적절한 상황이 됐다"고 언급했다. 그러한 국제 정책 공조가 오늘날은 완전히 불가피한 것임을 엿볼 수 있다.[258]

실제로 2013년 한국의 기준금리 인하 사례를 보면, 금통위가 글로벌 정책 공조 움직임에 민감하게 반응함을 살펴볼 수 있다. 2013년 7월 금통위가 전격적으로 기준금리를 내린 것은 ECB가 기준금리를 0.75%로 25bp 낮춘 직후의 일이었으며, 이 무렵 중국 인민은행도 기준금리인 1년 만기 예금금리와 1년 만기 대출금리를 각각 25bp, 31bp 하향 조정했다. 2013년 10월 금리 인하 당시에는 호주와 브라질 중앙은행 등이 앞서 기준금리를 인하하며 신흥국가들

---

254) *Id.*, p. 31, 참고로 한·아세안의 통화스와프는 65억 달러 규모였다.
255) 미 FRB: 2.00% → 1.50%(2008/10/8) → 1.00%(11/6) → 0~0.25%(12/16)
　　　유럽 ECB: 4.25% → 3.75%(2008/10/8) → 3.25%(11/6) → 2.5%(12/4)
　　　영 영란은행: 5.00% → 4.5%(2008/10/8) → 3.0%(11/6) → 2.0%(12/4)
　　　중 인민은행: 7.20% → 6.96%(2008/10/3) → 6.66%(10/29) → 5.58%(11/26)
　　　일 일본은행: 0.5% → 0.30%(2008/10/31, 84개월 내 처음) → 동결(11/24)
256) 조선일보, "7개국 금리 전격인하"(2008. 10. 09.).
257) 연합뉴스, "세계 중앙銀 금리 잇따라 낮출 듯"(2008. 10. 30).
258) 연합뉴스, "금리인하 관전포인트"는 "정책조합"과 "국제공조"(2013. 02. 14.).

의 통화정책 완화 기조가 강화됐다.259)

한편, 기존의 국제기구를 중심으로 개편 논의가 본격화 되었는데, 특히 IMF의 2008년 위기 직후의 개편은 주목할 만하다. 2008년 11월에 IMF는 단기유동성 공급제도(Short-Term Liquidity Facility)를 도입하여서, 건전한 경제정책 운용에도 불구하고 일시적인 유동성 문제에 직면한 신흥시장국을 대상으로 운영하기 시작했다. 한편 2009년 3월에는 기존의 대출제도 체계를 재검토하고 대폭 개편했다. 즉, 일부 특별대출제도를 폐지하였으며,260) 탄력적 크레딧라인(대출한도: Flexible Credit Line)을 도입함으로써 회원국들이 국제수지상의 필요뿐만 아니라 예비적 자금수요로도 활용할 수 있게 되었다.

2008년을 기점으로 나타난 국제적인 차원의 협력은 무엇보다 G-20을 중심으로 한 다자협력의 강화라고 보아야 할 것이다. 1997년 아시아 외환위기 이후, G-20 회의는 선진국과 신흥시장국간 국제협력 필요성에 의해 재무장관/중앙은행총재 회의체로 운영되어 왔으나, 2008년의 금융위기를 겪으며 미국은 이를 정상회의로 격상할 것을 제안하였다. 즉, G-20를 글로벌 금융위기 극복방안 논의를 위한 최상위 협의체로서 그 위상과 영향력을 높이고자 하는 의도였으며, 이에 따라 2008년 11월 열린 워싱턴 G-20 회의에서는 5개의 공통 원칙261)을 설정하는 한편, 위기 극복 차원에서의 거시정책공조 원칙에 합의를 도출했다. 그 원칙은 내수부양을 위한 재정정책 및 통화정책 확대, 자유시장원리 추구 및 보호주의 지양(향후 1년간 새로운 무역 및 투자장벽 설치금지 등 보호주의 장벽 설치 금지), 금융규제 및 국제금융기구 개혁 등을 포함했다.

뒤이은 2009년 4월, 런던 정상회의에서는 마찬가지로 경제위기 극복을 위한 추가조치 마련에 박차를 가했는데, 여기서는 세계경제 회복을 위해 재정지출을 국내총생산의 2%까지 늘리도록 하는 자율기준을 마련한 성과가 눈에 띈다. 뿐만 아니라, 금융시장 규제개혁을 위해 금융안정포럼(Financial Stability Fund: FSF)을 확대·개편한 금융안정위원회(Financial Stability Board: FSB)를 발족시키기도 했다.262) 이때에 창설된 금융안정위원회(이하 FSB)는 G-20과 함께

259) *Id.*
260) 동 대출제도는 그 동안 엄격한 대출조건, 위기 예방기능의 결여, 대출한도의 부족, 수수료 및 만기 체계의 복잡성 등으로 인해 비판을 받아왔다.
261) 이는 금융시장 개혁을 위하여 투명성 및 책임성 강화, 금융 감독·규제 개선, 금융시장 신뢰성 제고, 국제적 협력 강화, 국제금융기구 개혁 등이다.
262) 글로벌 금융위기 극복백서 편찬위원회, *supra* note 165, pp. 32-33.

거시건전성 감독기능 강화방안을 활발히 논의하는 데에 핵심적인 역할을 담당하게 되었다. 즉, 국제적인 금융규제개혁 과정에서 거시건전성 감독이 핵심 과제로서 부각되게 되었는데, G-20과 FSB 등의 다자협력 회의체가 현재까지 '시스템적 중요성'에 대한 지침을 마련하는 등[263] 그 국제적 기준의 수립 등의 추진체로 기능해오고 있다. 그러나 거시건전성 감독의 필요성에 대한 논의가 이번이 처음은 아니며, 2000년대 초부터 그 논의가 발전된 바 있다.[264] 당시의 논의는 개별 금융기관의 건전성에 초점을 맞춘 금융감독체계가 전체 금융시장의 건전성을 담보하지 못한다는 인식에서 비롯되었다. 하지만 거시건전성 감독의 구체적 체계에 대해서는 명확히 규정된 바가 없어서 구체적으로 그러한 감독 방식을 구현한 경우는 드물었다. 그나마 실제 외환위기를 겪었던 한국 정부의 경우, 2004년 이미 자체 조기경보모델을 구축하고 2005년 1월부터 거시건전성 감독담당 조직을 신설하여 체계적인 시스템 리스크 분석·감시 업무를 수행해오는 등 구체적인 체계의 형태로서 평가되고 있다.

국제적인 공조의 움직임이 보다 근본적인 차원에서 진행되기도 한 것은 2008년 이후의 변화라고 할 수 있다. 즉, 금융산업에 대한 근본적인 재고와 반성 움직임이 미국을 비롯한 전 세계적 차원에서 공감대를 형성하기 시작한 것이다. 특히 금융업계에 만연한 단기성과 위주의 보상 관행이 임직원의 과도한 위험추구를 유발하여 글로벌 금융위기의 주요한 요인으로 작용하였다는 비판이 일면서 이의 개선을 위한 국제적 노력이 진행되었다.[265]

이의 일환으로 FSP는 2009년 4월 2일, 금융회사의 리스크 부담에 상응하는 효과적 보상체계를 구축하는 것을 골자로 한 '건전한 보상원칙(Principles for Sound Compensation Practices)'을 발표했다. 그리고 뒤이어 2009년 9월 25일에는 이를 구체화한 '건전한 보상원칙 이행기준(Principles for Sound Compensation Practices Implementation Standards)'이 제시되었다. 그리하여 2009년 9월 피츠버그에서 열린 G-20 정상회의에서는 각국 정상들이 이 두 개의 원칙과 기준을 승인하고 각국 금융회사가 이를 이행하도록 요청하는 데 합의가 이루어졌다.[266]

이처럼 국제적 범위에서의 정책공조와 다자협력의 본격적 추진은 2008년 이후 다양한 방

---

263) IMF, BIS and FSB, "Guidance to Assess the Systemic Importance of Financial Institutions, Markets and Instruments: Initial Considerations"(2009); 이태규, "거시건전성 감독체계 강화 논의와 정책적 시사점" 정책연구 2010-02, 한국경제연구원, p. 22.
264) Id., p. 16.
265) 글로벌 금융위기 극복백서 편찬위원회, supra note 165.
266) Id., p. 77.

면과 방법을 동원하여 현실화되고 있다. 이러한 노력은 국제금융시장의 불안이 심화되고 세
계경제가 동반 침체하면서 이에 대처하고자 하는 개별 국가의 정책대응만으로는 위기 수습에
한계가 있음을 인식한 데에서 비롯된 것이다. 즉, 실질적인 필요에 의해 자율적으로 협력이
이루어져온 양상을 보여온 한편, G-20 등의 다자협력체의 위상이 이를 계기로 강화됨으로써
위기 관리와 효율적인 대응의 가능성이 높아졌고, 나아가 신흥국과 선진국간의 협력적 관계
모색의 중심체로서 다자협력체의 역할이 기대되고 있는 바이다.

한편 이와 같이 국제사회의 공조 움직임이 확산되는 분위기와 동시에 국가간 갈등과 경쟁
역시 고조되고 있는 측면도 간과할 수 없다. 바로 금융정책이 각국이 채택하는 경제정책의 핵
심을 이룬다는 측면, 국제교역상 이해관계의 반영에도 직접적인 영향을 초래한다는 측면, 그리
고 이 분야에서 미중간 갈등이 고조되는 측면이 종합적으로 반영된 결과이다. 먼저 금융관련
정책이 각국 경제정책의 핵심을 이룬다는 부분은 이미 위에서 여러 차례 언급된 바이다. 그리
고 금융정책이 각국의 통상협정의 주요한 부분을 차지하거나[267] 여타 교역관련 이해관계에 중
요한 영향을 초래한다는 점도 이미 목도하고 있는 바이다.[268] 바로 이러한 이유로 금융정책을
통상협정 저촉 내지 위반의 문제로 제기하고 있기도 하다. 나아가 여기에 새로운 변수로 등장
하고 있는 것이 최근 고조되고 있는 미중간 갈등이다. 국제교역체제에서 양국간 갈등은 이미
다양한 WTO 분쟁해결절차에서의 양국간 대립 및 DDA 협상 타결 실패로 대표되는 바와 같이
널리 알려져 있다. 최근에는 이러한 양국간 갈등이 금융분야로도 점차 옮겨가고 있는 추세이
다. 중국이 현재 추진하고 있는 아시아투자은행(Asia Infrastcutrue Investment Bank: AIIB) 창설과
이에 대하여 미국이 적극적으로 반대하고 있는 상황도 이와 무관하지는 않다. 결국 별도의 국
제금융기구를 창설하여 이 분야에서의 미국의 주도권에 도전하고자 하는 중국의 의도는 금융
체제에서의 독자성 확보를 통하여 국제교역분야에서의 자신의 이해관계를 확보하고자 하는 의
도도 동시에 내포되어 있다.[269] 이러한 미중간 갈등은 앞으로도 지속적으로 고조될 것으로 보
이며 그 결과 이로 인한 양국간 분쟁의 발생 및 유사 분쟁의 여타국가로의 확산 역시 앞으로

---

267) 최근 체결되는 FTA들은 모두 금융 서비스 항목을 별도의 장(Chapter)로 상세히 규정하고 있다. 금융정책이
    통상협정의 중요한 항목 중 하나임을 보여주는 대표적인 사례이다.
268) 금융분야에서의 정부조치는 국내산업의 지원과 경쟁력 제고에 상당한 영향을 초래한다. 마찬가지로 이와 경쟁
    하는 외국 상품 및 서비스 공급자에게는 부정적 영향을 초래한다. 따라서 이러한 조치는 장기적인 측면에서 다
    양한 영역에서의 교역상 이해관계에 파급효과를 초래하게 된다.
269) 이에 관해서는 Economist, "Why China is creating a new "World Bank" for Asia"(2014. 11. 11) 참조:
    "China will use the new bank to expand its influence at the expense of America and Japan, Asia's
    established powers. China's decision to fund a new multilateral bank rather than give more to
    existing ones reflects its exasperation with the glacial pace of global economic governance reform."

예견된다. 2015년 4월 미국 정부는 다시 우리 정부가 환율시장에 개입하는 부분을 공개적으로 비판한 바 있다.[270] 미국이 우리 정부의 환율정책에 대한 비판적 시각을 견지한지는 오래되었으나 점차 비판의 강도를 높여가고 있는 상황은 미중간의 갈등이 비록 강도와 진폭은 다를지언정 우리에게도 장기적으로 중요한 영향을 미칠 사안이라는 점을 잘 보여주고 있다. 미국의 주된 타겟은 물론 중국일 것이나 "중국 때리기(China-Bashing)"라는 외관을 피하기 위해서도 여타 국가에 대하여도 동시에 유사한 문제를 제기할 것이기 때문이다.

이와 같이 국제공조체제의 확산과 대립관계의 증폭이라는 서로 상반되는 분위기가 현재 각국 금융정책과 관련하여 감지되는 전반적인 분위기라고 볼 수 있다. 현재의 국제사회의 분위기는 일종의 야누스적 측면을 갖고 있는 것으로 볼 수 있을 것이며, 이는 우리나라와 같이 새로운 분위기를 선도하기 보다는 신속히 적응하여야 하는 상황에 처한 국가들에 대해서는 상당히 복잡한 함수를 제시하고 있다. TPP, RCEP, TTIP, TISA 등으로 대변되는 최근의 지역주의 강화 움직임은 이러한 양상을 더욱 복잡하게 만드는 또 다른 요소이기도 하다.

6.　2010년 금융위기 극복조치[271]

A. 유럽연합

2010년 금융위기는 2009년의 서브프라임 사태로 촉발된 유럽계 은행들의 구조조정과 유럽 각국의 경기부양책이 해당 국가의 재정건전성을 악화하면서 발생하였다. 2010년 초, 그리스의 구제금융 신청과 함께 시작된 유럽 재정위기는 유럽 각국의 정책적 대응에도 불구하고 2년 반 이상이 지나도 해결되지 않고 지속되었다.

우선, 그리스의 경우 2010~11년 정부 재정이 악화되었고, 그리스의 위기 극복이 어려울 것으로 판단되면서 유럽 정상들은 2012년 2월 1,300억 유로의 제2차 구제금융 지원에 합의하였다. 또한, 2011년 11월까지 760억 유로의 구제금융을 집행하였고 이후 그리스의 재정감축

---

270) 미국 재무부는 2015년 4월 G-20 재무장관 회의를 앞두고 발간한 환율 정책 보고서에서 "한국 정부는 원화 가치 절하를 위한 개입을 중단하라"고 요구했다고 한다. 조선 비즈, "美 재무부, "韓 정부 환율 개입 중단해야""(2015. 4. 10.) 참조.
271) 한국금융연구원, "유럽 재정위기의 향후 전망과 정책과제"(2013), pp. 17 - 24.

제 3 장 각국이 취한 금융위기 극복조치 개관   129

이행 미흡으로 인해 2012년 11월 들어서 추가로 344억 유로의 집행을 결정하였다.

다음으로, 아일랜드는 2009년 정부 재정적자가 급등하자 2010년 11월 총 850억 유로의 구제금융을 신청하였다. 2011년 11월 아일랜드 정부는 향후 4년간 150억 유로의 재정적자를 줄이기 위한 긴축재정안인 "국가회복계획"을 발표하였다. 재정지출 삭감으로 100억 유로, 세수 증대로 50억 유로를 충당해서 재정적자비율을 2014년까지 GDP대비 3% 이하로 줄인다는 계획이었다. 이러한 고강도 긴축과 경제개혁으로, 아일랜드는 재정위기 극복의 모범사례로 평가되었다.

세번째로 포르투갈은 2009년 이후 재정적자 및 정부부채가 확대되자 2011년 4월 구제금융을 신청하였다. 2011년 5월 EU로부터 780억 유로 규모의 구제금융을 지원하기로 승인하였다. 포르투갈은 고강도 긴축과 구조조정을 시행하였고, 과도한 긴축으로 심각한 경기침체가 발생하자 2012년 10월 정부는 당초 긴축안을 철회하고 새로운 증세안을 도입할 것임을 발표하였다. 여기에는 소득세율 인상, 자본이득세 및 부동산 관련세의 신설, 근로자 부담 사회 보험요율 인상 등을 포함하였다.

넷째, 스페인은 부동산 버블 붕괴와 주택담보대출 부실화 등으로 인하여 은행 건전성이 악화되었다. 2009년 6월, 990억 유로의 은행구조조정기금(FROB)을 조성하였고, 2010년 6월 45개였던 저축은행을 2012년 3월 11개로 축소하였다. 이후 은행 부실이 표면화되며 위기감이 확산되었고, 2012년 6월 은행부문의 자본확충을 위한 구제금융 1,000억 유로를 EU에 요청하였다. 스페인 중앙정부의 재정상황은 2010년 이후 금융부문 구조조정과 경기침체 등으로 인해 급격히 악화되었고, 경기침체, 재정수입 감소, 주택가격 하락, 은행시스템 부실화, 지방정부의 구제금융 신청 등으로 추가적인 구제금융 신청이 불가피한 상황이 되었다.

다음으로, 이탈리아의 경우 2008년 글로벌 금융위기 이후 경기부양을 위한 재정지출 확대로 국가부채비율이 급상승하였다. 2011년 하반기 재정건전화 및 구조개혁 방안을 제시하였으며, 동 계획에 따르면 2015년 GDP대비 기초재정수지 흑자를 5.7%까지 늘리고, 국가채무 수준도 축소할 예정이다.

이러한 EU 주요국가들의 대응에 비추어 볼 때, 초기의 대응은 위기국가에 대한 구제금융 중심이었으나, 최근에는 유로존의 구조적인 문제를 해결하기 위한 방향으로 바뀌고 있음을 알 수 있다. 그리스의 유로존 탈퇴 가능성과 함께 스페인과 이탈리아로 위기가 전염되자 EU는 정상회의를 통해 장기적인 경제통합 계획을 정비하면서 대응하였다. 즉, 더욱 통합된 유럽으로 발전하기 위한 방안을 모색하고 있다. 또한, EU 정상회의에서는 이러한 위기 확산을 우려하여 구제금융기구의 재원 등을 논의하였다. 구체적으로 레버리지를 통해 EFSF 가용 자금규모를 2,500억 유로에서 1조 유로까지 확대하였다. 이어 2011년 12월 회의에서는 유럽 재정위기 해결을 위해 각국의 재정상황에 대한 감시와 제재를 강화하는 신재정협약(Fiscal rule) 체결하기로 합의하였다. EU 집행위원회 등 EU 기관들의 회원국 재정 운용에 대한 개입 권한을 강화하였고, 회원국들은 차기연도 예산안을 집행위에 제출, 사전 심사 받아야 하며, 국채 발행 계획도 사전 제출 의무를 부담하였다. 유럽재정안정기금(EFSF)을 1년간 유럽안정화기구(ESM)와 병존시키고, 2012년 3월 두 기관의 자금을 결합시켜 운용하기로 합의하였다. 2012년 3월, 유로존 재무장관 합의에서는 위기 대응을 위한 방화벽 구축을 위해 EFSF와 ESM 통합한도를 5,000억 유로에서 7,000억 유로로 확대하기로 합의하였다. 2012년 6월, ESM의 은행직접 지원에 따른 감독 강화를 위해 통합(범유럽) 은행감독기구 설립에 대해 합의하였다.

다른 한편, ECB의 대응도 이루어졌다.[272] 즉, 증권시장 프로그램(Securities Markets Programmes: SMP)을 통해 유럽 재정위기를 완화하기 위하여 유로화 표시 국채 등을 매입하였다. SMP는 발행시장이 아닌 유통시장에서 국채 등을 매입하는 정책이었다. 이러한 정책을 그리스에 대한 EU 및 IMF의 구제금융이 결정된 2010년 5월 이후부터 실시하여 2010년 2/4분기부터 2011년 5월 말까지 총 750억 유로의 유로화 표시 채권을 매입하였다. 또한 장기대출프로그램을 통해 은행대출을 촉진하고 단기자금시장에 유동성을 공급하고자 하였다. 환매조건부매매 형태의 장기대출프로그램을 2차례에 걸쳐서 시행하였다. 이와 함께, 기준금리를 인하하였는바 이는 유로존 경기하강 위험이 지속되자 신용경색 등을 우려하였기 때문이다. 구체적으로 2011년 11월, ECB는 기준금리를 1.5%에서 1.25%로 인하하였고 2011년 12월, 1%로 추가 인하하였으며, 2012년 7월에는 기준금리를 사상 최저 수준인 0.75%로 인하하였다. 더 나아가 2012년 9월, ECB는 정책회의를 열고 SMP보다 더 강력한 무제한 국채매입 조치를 발표하였다.[273]

EU 차원의 구제금융기구를 도입하는 조치도 취해졌다.[274] 유럽재정안정기금(EFSF)은

---

272) *Id.*, pp. 17-18.
273) *Id.*
274) *Id.*, pp. 17-18.

2010년 5월, 유로존 재정위기 국가에 대한 자금지원을 통해 유로지역의 재정안정을 도모하기 위해 설립되었고, 유럽재정안정화매커니즘(EFSM)도 같은 시기 유로존 재정위기국을 지원하여 유럽의 재정안정을 도모하기 위해 설립되었다. 또한, 유럽안정화기구(ESM)는 회원국들의 재정위기를 한시적으로 지원하는 EFSF와 EFSM을 대체하는 영구적인 구제금융 프로그램으로 마련되었으며, 이에 대해 독일 헌재가 합헌결정을 내리면서 2012년 10월 8일 출범하였다.[275]

또한, 유럽 은행의 자본재확충이 이루어졌다. 유럽은행감독청(EBA)은 2012년 하반기, 유럽 은행부문의 신뢰 회복을 위한 자본재확충 프로그램을 가동하였고, EBA는 2011년 12월 유럽 은행의 보통주 자본비율을 점검하였고, 핵심 자본비율 9%를 맞추기 위한 자본재확충을 권고하였다.[276]

7. 2013~2014년 금융위기 극복조치

A. 브라질

글로벌 금융위기 이후, 신흥국으로서 브라질에서는 자본유출입 변동성 증가에 대응하기 위하여 다양한 정책수단을 도입하였다. 우선, 외국인 채권투자에 대한 거래세를 조정하는 조치를 취하였는바, 2008년 3월, 1.5% 부과하던 것을 2008년 10월, 금융위기로 신용경색이 나타나자 폐지하였으나 2009년 10월, 외국 자본 유입이 재개되자, 투자자금에 대해 2%의 금융거래세를 부활하였다. 이후 채권자금을 중심으로 자금유입이 증가하여 4%, 6%로 두차례 인상하였다.[277]

또한, 2013년, 헤알화 가치 급락에 대한 긴급대응 조치가 이루어졌다. 구체적으로, 금융거래세(토빈세)를 전격 폐지하였고, 2013년 5월, 헤알화 가치가 급락하자 외국인 투자자금 이탈을 막기 위한 조치를 취하였다.[278] 한편, 브라질 중앙은행은 기준금리를 8%로 0.5%포인트 인상하였다. 또한, 헤알화 가치 추가 하락을 막기 위해 50억 달러 이상 규모의 통화스와프 계약

275) Id.
276) Id.
277) 한국경영자총협회, 주간 금융브리프(22권 8호, 13. 2. 16.~2. 22.), "선진국의 유동성확대에 따른 주요 신흥국들의 정책대응."
278) 서울경제, "다급한 인도네시아 전격 금리인상"(2013. 6. 13.).

을 연장하였다. 즉, 브라질 중앙은행은 통화스와프 발행을 통한 시장개입에 나섰는데, 이는 달러수요를 줄여 헤알화 가치 하락을 저지하기 위한 조치였다.[279]

이와 함께 브라질 정부는 기준 금리 인상을 지속하였다. 2014년 1월 15일, 브라질 중앙은행이 기준금리를 10.50%로 0.5%포인트 인상하였다.[280] 이러한 금리 인상은 자본 유출을 억제하고 물가 상승을 저지하기 위한 것이었다.[281] 2013년 5월 이후, 1월 15일 조치를 포함해 총 6차례의 금리 인상이 이루어졌고, 이를 통해 기준금리는 2013년 초 대비 2014년 1월 3.25%p 인상되었다. 그러나 수차례 금리인상에도 불구하고 자본유출이 심화되었고 헤알화 가치는 계속 하락하였다. 브라질은 경상적자가 심각하고 외국자본 의존도 높았기 때문에 통화가치 하락 때 타격이 컸다.[282] 예를 들어 2013년 12월 물가상승률은 0.92%로 2003년 4월 이후 가장 큰 상승폭을 보였고, 2013년 물가상승률은 5.91%로서 5년 연속 억제 기준치(4.5% ± 2%포인트)를 초과하였다.

브라질은 2014년 추가 금리 인상 조치를 하였다. 알레샨드리 톰비니 중앙은행 총재는 2014년 1월 22~24일, 미국에서 열리는 세계 중앙은행 당국 회의인 잭슨홀 회의 참석 일정을 긴급히 취소하는 한편, 대통령 및 재무장관 등과 회의를 갖고 시장 상황을 긴급히 점검하였다.[283] 2014년 1월 28일, 톰비니 총재는 Financial Times와의 인터뷰를 통해 "필요 시 향후 정책 방향을 조정하겠다"고 언급해 브라질 금리 추가 인상에 대한 기대감을 증대시켰다. 톰비니 총재는 "테이퍼링 실시에 따른 선진국의 금리인상 움직임이 신흥시장의 자금을 '진공청소기'처럼 빨아들이고 있다"며 "이로 인해 발생하는 인플레이션을 억제하기 위해 각국의 중앙은행들이 긴축정책을 쓸 수밖에 없는 상황"이라고 주장하였다.[284]

B. 인 도

인도 정부는 우선 금리 조정 조치를 취하였는데 이는 신흥국 중 통화가치 하락을 막기 위한 가장 빠른 반응이었다. 2013년 6월에 인도 정부는 시장 유동성을 흡수하고 루피화를 안

279) 서울경제, "미국 재무 "아시아 외환시장 개입 중단해야"… 또 불붙는 환율전쟁"(2013. 11. 12.).
280) 파이낸셜뉴스, "잘나가던 브라질 국채 '애물단지' 전략"(2014년 01월 20일).
281) Id.
282) 한국무역협회 국제무역연구원, *Monthly Report BRICs INSIDE*(2014년 2월호), p. 13.
283) 연합뉴스.
284) 서울경제, "금리인상 나선 신흥국, 경기위축 감수한 고육책… 중국 성장둔화 등 악재로 약발 미지수"(2014. 1. 28.).

정시키기 위해 MSF를 10.25%로 인상하였다.[285] 2013년 9월 20일에 인도중앙은행은 기준금리 (Repo rate)를 인상하였고 은행대출금리(marginal standing facility rate: MSF)는 인하하였다. 은행의 대출이자율 MSF(중앙은행의 시중은행에 대한 긴급 자금 대출금리)는 10.25%에서 0.75%p를 인하하여 9.5%로 정하는 한편, 루피화 하락을 막기 위한 비상 조치는 일부 완화하였다. 또한, 기준금리(환매조건부 채권금리: RP)는 기존의 7.25%에서 0.25%p를 인상한 7.5%을 채택하였다. 일일 지불준비금 유지 비율은 99%에서 95%로 인하하였고 지불준비율은 기존의 4.0% 유지하였다. 이는 지속적인 경기침체와 더불어 인프라 개발 및 소비 부진은 여전하고 상대적으로 높은 수준의 인플레이션과 낮은 수준의 국내 저축 및 대외부문의 약화 등을 고려한 조치였다. 라잔 중앙은행 총재는 성명에서 "산업계와 도시 수요의 취약함에도 불구하고 인플레이션과 인플레이션 기대를 저지하기 위해 이번 조치를 취했다"며, "재정적자와 인플레이션 등 루피화 가치에 대한 내부 결정 요인으로 (정책의) 초점이 바뀌었다"고 밝혔다.[286]

둘째, 기준금리 인상 및 대출금리 인하를 지속하는 조치를 취하였다. 2013년 10월, 중앙은행은 기준금리(Repo)를 25bps 인상한 7.75%로 결정하였다. 경기둔화에도 불구하고 인플레이션 압력이 지속되고 있는 데 따른 조치였다.[287] 인도 중앙은행은 2014년 1월 28일 열린 통화정책회의에서 기준금리인 역레포 금리를 기존 7.75%에서 8%로 0.25%포인트 인상하였다.[288] 이는 인도 루피를 평가절하로부터 막고, 인플레이션 압박으로부터 벗어나기 위한 조치로서 미국의 양적완화 축소 가능성으로 시작된 인도 루피화의 급속한 평가절하에 따른 외환시장의 변동성 악화에 대응하기 위한 것이었다. 인플레이션 상승 압박은 결과적으로 외환시장에 영향을 주어 다시 인도 루피의 평가절하로 연결될 것이라는 인도 중앙은행의 판단에 기초하고 있었다. 또한, 이러한 정책을 대출금리 인하 및 지불준비금 인하와 병행하여 시장 유동성을 유지하고자 하였다. 경기 침체의 심화로 인한 경기부양 위한 조치가 필요하였기 때문이며, 이에 따라 인도중앙은행은 대출금리를 인하하는 동시에 일일 지불준비금 보유 비중을 축소시켜, 시장에 유동성을 확대하겠다는 계획을 갖고 있었다.

셋째, 국채 매입 조치가 취해졌다. 2013년 8월 20일, 중앙은행(RBI)은 공개시장조작을 통해 800억 루피(약 1조 4,000억원) 어치의 장기 국채를 사들이겠다고 발표하였다.[289] 자금 경색

---

285) 뉴스1, "인도 중앙은행 기준금리 '깜짝' 인상…왜?"(2013. 9. 20.).
286) *Id.*
287) Nice 신용평가, Global Roundup(2013. 10. 30.)
288) *supra* note 285.
289) 중앙일보, "인도 중앙은, 800억 루피어치 국채 매입"(2013. 8. 22.).

이 심각하다는 판단 아래 중앙은행이 직접 시장에 돈을 주입하는 조치였다. 이는 국채 금리 상승을 막는 것이 주된 목적이었다. 월스트리트저널은 "사상 처음으로 해외에서 루피화 표시 채권을 발행하는 방안까지 검토 중"이라고 보도하였다.[290] 그러나 인도 금융당국은 아직 해외 거주 인도인을 대상으로 한 채권 발행이나 자본 통제는 검토하지 않는다고 밝혔다. 2013년 8월 20일에 아빈드 마야람 재무부 비서관은 "현재로선 해외 거주자를 대상으로 채권을 발행할 필요는 없다"고 언급하였다.[291]

넷째, 인도 중앙은행의 외환시장 개입이 이루어졌다. 2013년 8월 29일, RBI는 루피화를 방어하기 위해 국영 석유회사에 달러화를 직접 공급하는 등의 '특별 조처'를 취하였다.[292] 즉, RBI는 힌두스탄 석유(Hindustan Petroleum Corp)와 바랏 석유(Bharat Petroleum Corp)에 지정된 은행을 통해 직접 달러화를 공급한다고 밝혔다. 2013년 9월 4일에는 루피화 가치 하락을 막기 위해 국영 은행에 대규모 달러 매도를 주문하는 방법으로 다시 환율 시장에 개입하였다.[293]

다섯째, 높은 부실자산을 관리하는 조치를 취하였다. 2013년 하순의 중앙은행 보고서는 부실자산 해결에 우선순위를 두었다.[294] 2013년 8월 20일에 은행권 부실채권 대책 등을 담은 금융정책을 발표하였고 특히 26개 국영은행의 부실채권이 심각한 문제로 집중 논의되었다. 국영은행 부실채권은 2011년 3월 말에는 전체 대출의 2.32%를 차지했으나 2013년 3월 말에는 3.84%로 급상승하였고 이들 국영은행을 통합하기로 결정하였다. 또한 은행들의 부실자산(NPA)에 대한 우려를 표명하며, 특히 2012~13년에는 부동산 대출이 증가하였고, 경기민감 산업에 대한 대출 증가율이 급격히 증가한 것을 지적하였다.[295]

이러한 금융위기 극복조치를 취하는 과정에서 중앙은행과 정부, 그리고 정치권과의 불협화음이 빚어진 것은 향후 해결해야 할 과제로 제기되었다. 중앙은행의 통화정책 개혁 추진과 관련한 불확실성도 문제로 제시되었다. 2013년 위기 상황 이후 중앙은행은 인플레이션 타겟팅과 CPI 물가기준지수 설정과 관련한 통화정책 개혁을 추진하고 있지만, 정부와 정치권의

---

290) *Id.*
291) 조선일보, "루피화 사상 최저… 印 중앙은행 국채매입 나서"(2013. 8. 20.).
292) 연합뉴스, "인도 이어 인도네시아 중앙銀도 환시개입 추정"(2013. 9. 5.).
293) *Id.*
294) Nice신용평가, *Global Roundup*(2013. 11. 28.).
295) *Id.*

협조 없이는 효과를 기대할 수 없었다. 물가안정을 최우선목표로 제시한 라잔 중앙은행 총재의 발언과는 상반되게, 치담바람 재무장관은 중앙은행의 물가안정추구는 여러 목표들 중 하나라고 언급한 것에서 이러한 견해차를 살펴볼 수 있다.[296]

C. 터 키

터키는 금융위기에 대응하여 우선적으로 기준금리 인상 조치를 취하였다. 터키 중앙은행(CBRT) 통화정책위원회는 2013년 8월 20일 은행간 하루짜리 콜금리를 7.25%에서 7.75%로 0.5%포인트 상향 조정하였다.[297] 이는 이미 두 달 연속 인상조치에 해당하였다. 통화정책위원회는 "통화 긴축의 효과를 높이기 위한 조치"라며, "터키 리라의 가치를 적정 수준으로 조정하는 노력을 이어갈 것"이라고 언급하였다.[298] 또한, 이는 기준금리 인상의 목표가 '환율 방어'에 있음을 시사하였다. 금리 인상이 실물경제에 미칠 악영향을 감수하고서라도 환율 안정이 절박하였기 때문으로 볼 수 있다.

둘째, 2014년의 기준금리 인상 확대 조치가 취해졌다. 1월 28일, 긴급회의를 개최해 주요 정책금리를 대폭 인상하였다.[299] 즉, 터키 중앙은행은 긴급회의를 개최하여 7일물 Repo 금리[300]를 550bp(4.5%→10%), 1일물 중앙은행 대출금리[301]를 425bp(7.75%→12%), 1일물 중앙은행 예금 금리[302]를 450bp(3.5%→8%) 인상하기로 결정하였다. 요컨대 4.5%였던 기준금리가 10%로 인상된 것이었다.[303] 터키는 그 간 정치적 압력 등으로 정책금리 인상을 미뤄왔으며 중앙은행은 1월 21일 정례회의에서도 정책금리를 동결한 바 있었다. 터키 정부의 에르도안 총리는 1월 27일까지도 금리인상에 반대한다고 언급하였다. 그러나 2014년 들어 리라화 가치가 8.1%(1/24일)까지 절하되자 상황이 급변하였다. 통화정책위원회에서 금리 동결이 알려진 후 통화정책에 대한 실망감과 신흥국 자산에 대한 매도(Sell-off) 우려까지 겹쳐지면서, 통화가치급락 등 금융시장 불안이

---

296) Nice신용평가, *Global Roundup*(2014. 01. 29.).
297) *supra* note 289.
298) *Id.*
299) 국제금융센터 보고서, "터키 정책금리 긴급 대폭 인상 및 여타 신흥국에 대한 시사점"(2014. 1. 29.).
300) 7일물 Repo 금리: '10. 5월 도입되었으며 7%로 시작해 총 6번 인하되어 4.5%까지 인하. 작년 11월에는 더 이상 정책금리가 아니라고 당국자가 언급하기도 함.
301) 1일물 대출금리: 중앙은행이 시중은행에 대출시 활용하는 금리로, 바쉬츠 총재가 지표금리(Reference Rate)이라고 언급한 바 있으며 투자자 및 이코노미스트들의 경우 지금까지 터키의 실질적 정책금리로 인식함.
302) 1일물 예금금리: 중앙은행이 시중은행의 여유자금을 예금받을 때 적용하는 금리로 '10.12월 1.5%까지 하락한 바 있음. 정책금리 구간(Interest rate corridor)의 하단으로 인식함.
303) 원종현, "신흥국 외환위기의 영향과 시사점", 국회입법조사처 이슈와 논점 제791호(2014. 2. 11.).

지속되었다. 이러한 불안을 막기 위해(리라화 가치 방어) 중앙은행이 적극적으로 개입하였다.[304]

셋째, 환율 시장 개입이 이루어졌다. 2014년 1월 21일부터 매일 최소 1억 달러(약 1천 100억원)의 외화를 매각하는 등 시장에 개입하였다.

D. 인도네시아

한편, 인도네시아의 경우 먼저 금리 인상이 이루어졌다. 2013년 6월 13일에 2011년 이후 처음으로 기준금리를 6%로 0.25%포인트 인상하였다.[305] 인도네시아 중앙은행(BI)은 6월 12일에 하루짜리(오버나이트) 예치금에 적용되는 금리를 4.25%로 0.25%포인트 인상해 즉시 적용하면서 루피아화 하락 유도를 시도하였으나 별 다른 효과가 없었다. 결국 기준금리 전격인상을 결정하였고, BI는 "통화 안정성 유지에 필요한 어떤 조치도 취할 준비가 돼 있다"고 언급하였다. 뒤이어 2013년 11월 12일, BI는 물가상승 압력을 낮추고 통화약세를 저지하기 위해 기준금리를 7.50%로 0.25%포인트 인상한다고 발표하였다.

둘째, 정부 주도의 외환 시장 개입이 이루어졌다. 2013년 5월부터 인도네시아 정부는 루피아화 가치하락을 막기 위해 외환시장에 개입해왔으나 계속 실패하였다. 외환시장 개입으로 2013년 5월 말, 외환보유액이 전월 대비 5.7%(23억 달러) 감소한 1,050억 달러가 되었고, 이는 아시아 국가 중 가장 빠른 감소 추세를 보인 것이었다. 이에 유도요노 대통령의 외환시장 안정 위한 구두 개입이 이루어졌다. 즉, 2013년 7월 29일에 환율 불안으로 거시경제 상황이 악화될 가능성이 있다며, 관계부처에 필요한 모든 조치를 취하라고 언급하였다. 또한, 인도네시아 중앙은행(BI)의 외환시장 개입이 추정되면서 미국 달러화 매도 개입을 단행하였다.[306] 이는 경상수지 적자 문제 및 인도네시아의 루피아화 가치 하락 지속에 따른 인도네시아 당국의 조치였다. 또한, 정부의 간접적인 외환시장 개입이 이루어졌다. 즉, 외국계 석유가스사의 국내은행 달러 예치 의무화를 시행하였는바 이는 달러자금 확보가 목적이었다.

셋째, 외국 자본 유입 규제에서 완화로 정책을 전환하였다. 2010년 6월 16일, 외국인의 국내채권투자자금 유입을 억제하는 조치가 취해졌다.[307] 즉, 중앙은행채권(SBI) 매입시 최소

---

304) 국제금융센터 보고서, *supra* note 299, pp. 1 – 3.
305) 서울경제, "다급한 인도네시아 전격 금리인상"(2013. 6. 13.).
306) 연합뉴스, "인도 이어 인도네시아 중앙銀도 환시개입 추정"(2013. 9. 5.).
307) 한국경영자총협회, "선진국의 유동성확대에 따른 주요 신흥국들의 정책대응", 주간 금융브리프 22권 8호

28일의 보유의무를 부과하는 것이었다. 또한, 은행의 단기 역외차입한도를 제한하여 2011년 4월, 은행의 단기 역외차입에 대한 한도를 자본의 30%로 제한하였다.[308] 또한, 외국인 투자자의 장기투자를 유도하기 위하여 만기 6개월 이하 중앙은행채권의 발행을 줄이고 9개월 및 12개월 만기의 중앙은행채권 발행을 확대하였다. 2011년 3월에는 외화예금에 대한 지준율을 1%에서 5%로 인상하였고, 6월 초에는 8%로 인상하였다. 뒤이어 2013년 하반기부터 미국의 테이퍼링이 촉발할 자금유출을 막기 위해 해외 자본에 대한 투자규제를 대대적으로 완화하였다.[309] 2013년 12월 말에는 공항·항만시설 및 발전소 등에 대한 외국인 투자규제를 폐지해 49~100%까지 지분 소유를 허용하였다.

넷째, 주가 하락을 막기 위해 연기금을 동원하였다.[310] 2013년 8월 20일, 근로자사회보장보험청(Jamsostek) 엘빈 마사시아 대표는 블룸버그와의 인터뷰에서 "인도네시아 주요 기업에 대한 주식투자 비중을 22%에서 25%로 끌어올리겠다"고 밝혔다. '근로자사회보장보험청'이란, 144조 2,000억 루피아(약 15조원) 규모의 자금을 운용하는 인도네시아 최대 연기금 운용 기관이었다.

다섯째, 2013년 정부 경제정책 패키지가 발표되었다. 이는 정책투입을 통한 금융시장 안정을 시도한 것이었다.[311] 즉, 경제 안정과 성장 촉진을 위한 경제정책 패키지를 통하여 위기 대응을 시도한 조치였다.[312] 또한, 2013년 8월 23일, 인도네시아 정부가 환율과 주가 폭락 사태에 대처하기 위해 경제위기 타개를 위한 4대 경제정책 패키지를 발표하였다. 이날 정부가 발표한 4대 경제정책 패키지는 무역적자 해소와 대량 해고 방지, 노동집약, 수출산업 투자 촉진 등에 초점을 맞추었다. 첫째 패키지는 경상수지 적자와 루피아 환율 안정을 위한 정책으로서, 경상수지 적자의 주요 요인인 무역수지 개선을 위해 생산품의 30% 이상 수출하는 기업의 세제혜택을 확대하고 바이오디젤 사용 촉진을 통한 경유 수입을 축소하며, 사치품과 고급 승용차 판매세를 현행 평균 75%에서 125~150%로 인상하고 광물 수출 규제를 완화하는 등의 조치였다. 둘째 패키지는 2013년 국가예산에 책정한 재정적자 규모를 유지하면서 경제성장과 소비자구매력을 강화하기 위한 정책이었다. 즉, 성장을 촉진하고 실업자 발생을 막는 것이 목

(2013. 2. 16.~2. 22.).

308) 자본유출입에 대한 정책대응 사례와 평가, 한국은행(2011년 5월호).
309) 서울경제, "아시아 신흥국 "해외자금 이탈 막자" 안간힘"(2014. 01. 17.).
310) *supra* note 289.
311) 데일리 인도네시아, "경제위기 타개를 위한 4대 정책 패키지는?"(2013. 8. 25.).
312) 한국경영자총협회, *supra* note 307.

적이었고, 노동집약적 산업의 세금우대를 확대하고 재정적자 규모를 GDP의 2.38% 이내로 억제하며, 보세구역 규제 완화하고 대량 실업 사태를 방지하기 위해 지역 최저임금을 적정생계비와 경제성장에 맞춰 적절하게 조정하며, 중소기업과 노동집약적인 산업은 자본집약적인 산업에 비해 지역최저임금을 차별화하고, 연구개발(R&D) 기업에 추가 세제혜택을 부여하고, 투자확대를 위한 조세특별조치 및 한시적 면세혜택 확대 등을 그 내용으로 하였다. 셋째 패키지는 인플레이션을 억지하기 위한 방안으로 이루어졌다. BI와 협력을 강화하여 현재 쿼터제인 농산물/육류 수입제도를 가격 동향에 따라 융통성 있게 운용하는 것이었다. 넷째 패키지는 투자를 촉진하기 위한 방안으로서, 석유/가스 산업 등 모든 산업 부문의 투자 허가 절차를 대폭 간소화(석유가스 부문 투자허가는 현행 69개에서 8개로 대폭 줄임)하고 투자제한 업종도 개정하는 것이었다. 정부의 13개 패키지 경제정책 및 외환안정 5대 정책 등의 효과로 금융시장의 불안이 점차 안정될 것으로 전망되었다.[313] 즉, 금융시장 안정화에 대한 정부의 강력한 의지표명은 점차 시장안정화에 긍정적으로 작용할 것으로 전망되었다. 인도네시아 금융시장은 2013년도 3차례에 걸친 기준금리 인상에도 불구하고 여전히 불안이 계속되었는데, 일련의 정부정책이 뒤늦은 대응에다 장기적 대응에 초점이 맞추어져 시장에 별다른 효과를 주지 못했기 때문이었다. 이와 한편, 중앙은행의 정책 협조를 통해 환율안정 5대 정책이 취해졌는바, 상업은행들의 중앙은행 외화 예치기간을 현재 최장 30일에서 1년으로 늘리게 되었고, 수출기업의 외화 매입 제한규정을 완화하는 등의 조치가 취해졌다.[314]

여섯째, 수입규제정책으로서 고가 수입물품에 대한 규제정책을 시행하였다. 경상수지 적자 지속으로 외환보유고 감소가 우려되자 인도네시아 무역부는 2013년부터 2015년까지 총 97개 품목에 대한 수입인증요건을 강화하고 휴대폰, 태블릿 pc, 초소형 컴퓨터 등의 수입물품 규제를 강화하였다.[315]

E. 남아공

남아공 정부는 우선 금리(장기국채이자율) 인상 조치를 취하였다. 2014년 1월 30일, 남아프리카공화국 중앙은행(SARB)은 기준금리인 레포금리를 5.0%에서 5.5%로 인상하였다. 남아공 중앙은행 총재 질 마르커스(Gill Marcus)는 금융통화위원회에서 중앙은행의 1차적인 책임은 인

---

313) 박경서, "인도네시아 경제위기설 원인과 진단", 포스코경영연구소(2013. 10. 08.), p. 8.
314) Id.
315) 최근 인도네시아 루피아화 가치 하락의 원인과 시사점, KIEP 지역경제 포커스(2013. 4. 9.), p. 9.

플레이션 관리라고 언급하며 금리 인상을 단행하였다.316) 또한, 이는 남아공 화폐인 랜드화의 가치가 계속 하락하고 물가는 상승 조짐을 보이는 상황에서 내려진 결정이기도 하였다.317) 반면, 테이퍼링 시행 가능성 잠재로 외국인 투자 위축이 지속됐던 2013년 5월에는 별다른 대응이 없었다. 또한, 2012년 7월 환매조건부채권 금리를 50bp 낮춘 이후 물가안정 목표치 (3~6%) 등을 고려해 2012년 하반기 이후 5.0% 유지하였다. 이와 같은 남아공 정부의 금리 인상 계획은 급격한 환율변동과 외국인 자금이탈을 위한 방안이었으나 근본적인 해결책은 아닌 것으로 평가되었다.318)

8. 2015년 금융위기 극복조치

A. 전체적 조망

한국은행 금융통화위원회가 2015년 3월 12일 기준금리를 0.25%포인트 인하하면서, 한국 역시 '글로벌 통화전쟁'에 가세하게 되었다. 2015년에는 태국, 인도 등 신흥국 중앙은행이 디플레이션 우려를 완화하고자 기준금리를 인하하였으며 2015년 3월 9일에는 유럽중앙은행 (ECB)이 한 달에 600억 유로에 이르는 채권 매입을 통해 양적완화에 나선 바 있다. 2015년 1월 1일 우즈베키스탄은 기준금리를 9%로 1%p 인하하였고 곧바로 루마니아 중앙은행은 기준금리를 2.75%에서 2.25%로 0.5%p 인하했다. 1월 15일에는 스위스가 0.5%p 낮춰 마이너스 1.25% 기준금리를 기록하였고, 1월 16일에는 이집트 중앙은행이 역시 유사한 금리 인하 조치를 단행하였다. 인도 역시 1월 15일과 3월 4일 금리 인하를 단행하였다. 1월 16일에는 페루가 3.75%에서 3.5%로, 1월 21일에는 캐나다가 1%에서 0.75%로, 역시 1월 21일에는 터키가 금리를 추가 인하하였다. 2015년 1월 22일에는 유럽중앙은행(ECB)이 총 11조 유로 규모의 양적완화 계획을 발표하였고, 파키스탄은 금리를 1%p 내려 8.5%로 인하하였다. 1월 28일에는 싱가포르 중앙은행(MAS)이 싱가포르 달러 가치 상승속도를 완화시키겠다고 발표하였고 역시 1월 28일에는 알바니아도 기준금리를 2%까지 내린 바 있다. 러시아는 17%의 금리를 1월 30일에 15%로 인하하였다. 덴마크는 1월 19일부터 2월 5일까지 수차례의 기준금리 인하로 마이너스

316) "테이퍼링에 따른 금융위기, 남아공에 미치는 영향은?" 코트라 Global Window(2014. 2. 10.), http://www. globalwindow.org/gw/overmarket/GWOMAL020M.html?BBS_id=10&MENU_CD=M10103&UPPER_ MENU_CD=M10102&MENU_STEP=3&ARTICLE_id=5010337.
317) "미 출구전략 취약국 금리 인상…금융위기 대응 잰걸음", 한국경제(2014. 1. 30.).
318) 코트라 Global Window, *supra* note 316.

0.75%까지 조정되었다. 한편 2월 들어 호주는 금리를 2.5%에서 2.25%p로, 중국 역시 같은 시기에 0.25% 인하하였다. 2월 13일에는 스웨덴 중앙은행 역시 기준금리를 인하하였다. 2월 17일에는 인도네시아 중앙은행이 기준금리를 0.25%p 인하하였다. 2월 18일에는 보츠나와가 7.5%에서 6.5%로 1% 포인트 기준금리를 내렸고, 2월 23일에는 이스라엘이 금리를 0.1%까지 인하하였다. 3월 3일에는 폴란드가 자신의 기준금리를 2%에서 1.5%로 인하하였고, 3월 11일 태국 중앙은행이 2%에서 1.75%로 금리를 인하하였다

이와 같이 2015년 현재 국제사회는 각국이 경쟁적으로 금리인하와 양적완화 정책을 확대하고 있는 상황이다. 이러한 금융정책은 결국 경제를 활성화하여 경제위기를 극복하고 또 해외수출을 증대하기 위한 의도가 주요 동인이다. 이러한 양적완화 조치가 본격적으로 효과를 발휘하여 수출증대 및 수입제한의 효과가 본격적으로 나타나게 된다면 결국 이를 둘러싼 각국의 이견과 대립이 격화될 가능성이 높다. 이러한 이견과 대립이 진행되는 다툼의 장은 결국 통상협정과 통상협정이 제시하고 있는 분쟁해결절차이다. 그 이유는 이 협정과 절차만이 현재 국제경제체제에서 구속력있는 규범과 분쟁해결절차를 제시하는 유일한 메커니즘이기 때문이다.

B. 미 국

미국은 2008년 글로벌 금융위기 이후 선제적인 구조조정으로 성공적으로 위기를 극복한 것으로 평가된다. 특히 1,200개의 부실 상업은행을 줄이는 은행권 구조조정과 자동차·화학·유통산업에 대한 구조조정은 이 과정에서 주요한 역할을 담당하였다.[319] 특히 유가하락으로 인한 긍정적 효과로 미국 경제는 이제 회복의 기운이 감지되고 있다. 2008년 금융위기 이후 미국 연방준비은행은 지속적으로 양적완화 조치를 취하여 왔다. 양적완화의 규모를 점차 줄여오기는 하였으나 기본적으로 그 기조는 계속 유지하고 있는 상황이다.

C. 일 본

일본은 아베 총리 등장 이후 공격적인 양적완화 정책으로 상당한 효과를 거두었다. 2013년 3월 20일 일본은행 총재에 취임한 구로다 하루히코 총재는 2013년 4월 4일 자신의 첫 번

---

319) 조선일보, "미, 선제 구조조정(2008년 금융위기 이후)과 저유가로 호황"(2014년 12월 25일) 참조.

째 통화정책회의에서 무제한 양적완화 정책을 발표한 이래 그 기조를 계속 유지해 오고 있다. 특히 2014년 10월 말 공격적인 양적완화 조치를 취한 바 있다. 그 결과 일본 시중에 풀린 돈은 이 기간 거의 두 배로 늘게 되었다. 이러한 양적완화 정책으로 일본 수출이 다시 살아나고 시장에서의 경쟁력을 확보하고 있는 상황이다. 일본 경제 역시 전체적으로 완만한 회복세를 보이고 있는 중이다.[320] 아베 정부는 앞으로도 지속적인 양적완화 정책을 일단 고수할 것으로 보이고 있다.[321]

D. EU

올해 들어 가장 적극적으로 양적완화를 추진하고 있는 것은 바로 EU이다. 2015년 3월 9일 유럽중앙은행은 대규모의 양적완화 계획을 발표하였다.[322] 이를 통해 유럽중앙은행은 2016년 9월까지 매달 600억 유로(약 73조원)씩 총 1조 1,000억 유로(약 1,400조원)의 자금을 시장에 풀어 경기를 부양하고, 디플레이션 가능성을 차단하고자 도모하고 있다. EU의 대폭적인 양적완화에 대하여 최근 미국은 EU가 경기 침체를 벗어나기 위해 중앙은행의 과도한 양적완화와 수출에 의존하지 말아야 한다고 경고하기에 이르렀다.[323] EU의 대규모 양적완화 정책은 여타 국가들도 유사한 양적완화 정책을 확대하도록 유도하는 효과를 보유하고 있어 그 파급 효과는 적지 않을 것이다.

E. 중 국

미국 정부의 중국의 위안화 저평가에 대한 불만과 경고는 오래된 역사를 갖고 있다. 이러한 분위기는 2015년에 들어서서도 변하지 않고 있다.[324] 미국 정부는 2015년 4월 1일 발표된 외국 무역장벽보고서(National Trade Estimate)에서도 중국 정부의 환율 조작 혐의를 강하게 질책하며 자국의 교역 이해관계에 부정적 영향을 초래함을 거듭 밝힌 바 있다. 만약 중국 정부가 대폭적인 양적완화에 나서게 될 경우 이러한 기존의 환율조작 혐의에 더하여 양국간 갈등은 더욱 증폭될 것이며 결국 이는 통상분쟁으로 이어질 것이다. 미국 의회에서는 중국의 환율

---

320) 매일경제, "양적완화 2년, 기지개 켜는 일 경제"(2015. 3. 22.) 참조.
321) 경향신문, "아베 일 총리 측근, 일본 은행에 양적완화 확대 촉구", 연합뉴스(2015년 4월 24일); "일본, 현행 양적완화 유지"(2015. 4. 8.) 참조.
322) 매일경제, "유로존 양적완화, 한국경제 회복에 도움기대", 조선일보(2015. 3. 7.); "ECB 양적완화 돌입, 1유로 =1달러 코앞에"(2015. 3. 10.) 참조.
323) 미 재무부 의회 보고서(2015년 4월 9일자) 참조.
324) *Id.*

정책에 대응하기 위하여 상계관세 조치를 적극 발동하는 취지의 법안이 상당히 오랜 기간 계류 중이다. 하나 유의할 점은 중국에 대한 환율 조작 혐의를 주장하며 미국은 간간이 한국의 사례도 포함시킨다는 점이다. 혹시 미중간의 환율 분쟁이 우리나라에 대하여 예상치 못한 파장을 초래할 가능성도 배제할 수 없다. 이 분야에서의 향후 추이에 주목하여야 할 것이다.

F. 러시아

우크라이나 사태로 인한 서방국가의 제재와 최근의 국제유가의 하락이 겹치면서 러시아 경제가 어려움에 처함에 따라 금융위기가 증폭되었다. 러시아의 경제위기는 국제유가 하락에서 시작됐다. 원유와 천연가스 산업은 러시아 국내총생산(GDP)의 25%, 수출의 67%를 차지한다. 2014년 국제유가가 6월 배럴당 115달러를 정점으로 40달러대까지 급강하하며 러시아 경제는 치명상을 입었다. 서방의 경제 제재가 겹치면서 2014년 9월까지 달러당 30루블대였던 루블화 가치는 넉달 만에 72루블까지 급락했고, 이 때문에 달러 채무가 많은 러시아 국유기업의 원리금 상환 부담이 가중됐다. 러시아 정부는 달러를 풀고 금리를 인상(연 10.5%→17%)하는 등 루블화 가치 방어에 총력을 기울였다. 그러나 2015년에 들어서면서 국제유가는 생산량 감소 전망 등으로 40달러대에서 50달러대 후반까지 올랐다. 이에 따라 러시아에서 발표한 3월 산업 생산은 두 달 연속 마이너스에서 플러스 성장(0.4%)으로 돌아선 것으로 나왔다.

2014년 채무불이행(디폴트) 우려까지 제기됐던 러시아는 2015년에는 주가가 급등하고 통화가치가 반등하는 등 우크라이나 사태와 관련한 서방국의 경제 제재와 국제유가 급락 충격에서 서서히 벗어나면서 빠르게 안정을 찾아가고 있다. 2015년 러시아 경제는 6년 만의 마이너스 성장이 전망되지만 '최악'의 상황은 지났다는 판단에 투자자들이 러시아 금융시장으로 몰리고 있다. 2014년 9월부터 시작된 서방 국가의 경제 제재와 유가 급락으로 곤두박질쳤던 루블화 가치도 지난 1월 말 달러당 70루블까지 내려갔으나 이후 두 달 만에 49루블로 42.9% 급반등하는 등 최근 오름세를 타고 있다. 워싱턴포스트는 "러시아 정부는 지난해부터 루블화 가치 하락을 막기 위해 가능한 모든 수단을 동원했다"며 "최근 유가 반등과 같은 몇 가지 '행운'이 뒤따르면서 상황이 안정세를 찾아가고 있다"고 분석했다.

이처럼 루블화 가치가 급반등했지만 위기상황 전과 비교하면 여전히 낮은 수준이다. 비즈니스위크는 "루블화 가치 하락으로 수입 물가가 오르면서 수입대체 효과가 나타나 상대적으로 값싼 러시아 생산품이 많이 팔리고 있다"고 분석했다. 여유가 생기면서 러시아 중앙은행은 2014년 말 연 17%까지 올렸던 기준금리를 2015년 들어 두 차례에 걸쳐 연 14%까지 떨어뜨렸다. 기준금리는 연내 연 11%까지 떨어질 것으로 전망된다. 비즈니스위크는 "2008년 외환위기 때도 러시아는 내수시장을 바탕으로 신속하게 위기를 탈출하는 모습을 보였다"고 분석했다. 최근 안톤 실루아노프 러시아 재무장관은 "러시아 경제가 최악의 시기를 지나 안정기로 접어들었다"고 선언하였고 러시아 최대 은행인 스베르방크의 앤톤 스트루츠네브스키 수석 이코노미스트도 "현재 러시아 경제는 바닥을 치고 회복세를 보인다"고 말했다. 하지만 아직은 여전히 높은 금리와 17%에 달하는 물가상승률, 내수침체가 경기 회복의 발목을 잡고 있다. 국제통화기금(IMF)은 최근 발표한 글로벌 경제 전망에서 러시아의 2015년 성장률을 −3.8%로 전망하였다. 6년만의 첫 마이너스 성장이다. 2016년에도 마이너스 성장(−1.1%)을 전망했다. 미국 GAM인베스트먼트의 폴 맥나마라 이사는 "러시아 경제가 위기에 강한 내성을 갖고 있지만 당분간 경기 후퇴는 불가피할 것"이라고 말했다.[325]

이에 2014년 12월 19일 러시아 의회는 러시아 루블화 폭락으로 경영 위기에 처한 러시아 은행권 구조조정을 위해 1조 루블(약 19조 7,300억원) 규모의 자금을 지원하는 법안을 통과시켰고 곧이어 2014년 12월 22일 러시아 중앙은행은 모스크바 트러스트뱅크의 파산을 막기 위해 300억 루블(약 5,900억원) 규모의 긴급 자금을 투입하였다. 이는 향후 러시아 은행권의 전면적인 구조조정을 알리는 출발신호로 파악되고 있다. 러시아 은행에 대한 공적자금 투입과 이를 통한 경제회생 도모라는 일반적인 공식이 2015년에는 러시아에서 여러 형태로 현시될 것으로 전망되었다.

G. 그리스

그리스는 2007년 전세계적 금융위기가 발생한 이후 국내 경제의 구조적인 문제들과 고질적으로 높았던 GDP 대비 국가부채 비율로 인해 국가 채무불이행 위기(sovereign debt crisis)에 직면하게 되었다. 2009년 후반에 이러한 국가 채무불이행 위기에 대한 불안감이 조성되면서 그리스 정부의 채무 이행 능력에 대한 신뢰도가 급락하였고, 2010년 신용평가사들은 그리스 국채를 'junk bond status(투자 가능 등급 이하)'로 평가하기에 이르렀다.

2010년 5월, 'Troika'라고 불리기도 하는 유로존 국가들과 유럽중앙은행(ECB), IMF는 그리

---

325) http://www.hankyung.com/news/app/newsview.php?aid＝2015041694511 참조.

스를 채무불이행 위기로부터 구하기 위해 그리스 정부가 일련의 긴축정책을 시행할 것을 조건으로 1,100억 유로에 달하는 구제금융 대출(bailout loan)을 허락하였다. 그러나 2011년 그리스 경제위기 상황이 더욱 심각해지고, 그리스 정부의 긴축정책 시행이 원활하게 이루어지지 않자 그리스는 1,300억 유로에 달하는 두번째 구제금융을 받게 되었다. 그러나 상황이 나아질 기미가 보이자 않자 2012년 Troika는 그리스의 채무 이행을 돕기 위해 대출 규모를 더 늘리고 채무 이행기간을 연장하는 등 여러 조치를 취하였다. 이후 그리스의 경제 상황은 크게 호전되었다. 그러나 2015년 1월 그리스의 의회선거에서 구제금융에 반대하는 급진 좌파 연합세력인 시리자당(Syrizia)이 당선되었고, 시리자당은 기존의 구제금융 합의(bailout agreement)는 취소되었다고 선언하였다. 이에 2015년 2월 유럽중앙은행은 그리스 내의 금융기관에 대한 대출을 제한하는 등 그리스의 신정부에 대해 압력을 가하였다.[326]

최근 그리스 신정부는 IMF에 대한 250억 유로 부채의 상환 기간을 연장해달라고 요청하였으나, IMF는 이를 무조건적으로 거절하였다. 유로존 국가들의 재무장관들로 구성된 Eurogroup 과 다른 국가들은 그리스 정부의 변덕스러운 요구들로 인하여 그리스 정부에 대한 신뢰가 하락한 상황이며, 그리스 정부의 의도를 읽어내려고 노력하기 보다는 대신 긴축정책의 시행을 독촉하는 등 여러 조건을 내걸고 있다. 독일의 재무장관 Wolfgang Schäuble과 유럽중앙은행 총재 Mario Draghi는 그리스 정부가 국민을 더 이상 기만하지 말고 빠른 시일 내에 긴축정책을 실시해야 한다고 보았다.[327]

2015년 4월 24일 유로존 재무장관 협의체인 유로그룹(Eurogroup) 회의에서 그리스 추가 구제금융 협상이 예정된 가운데 그리스와 유로존 국가들은 팽팽한 의견대립을 보이고 있다. 유럽중앙은행 총재 마리오 드라기는 기자회견에서 모든 것은 그리스 정부의 손에 달려있다며, 그리스가 유로존 탈퇴의 압박을 받을 수도 있음을 시사하였다. IMF 총재 크리스틴 라가르드는 그리스에 대한 채무 상환 유예를 허용하지 않을 것이며 추가 구제금융 72억 유로를 받기 위해서는 유로존을 만족시킬 만한 개혁안을 가져와야 한다는 입장을 견지하고 있다. 4월 18일 실무협상을 재개한 채권단은 그리스에 대해 연금 감축과 노동시장 유연화 등을 강하게 요구하고 있으나 그리스는 기초연금 확대와 고용시장 보호를 포기할 수 없다는 입장을 내세우고 있다. 야니스 바루파키스 그리스 재무장관은 기자회견에서 유로존에 개혁안을 제출하였으나 효과가 없었다고 하면서 협상을 타결시키기 위해 노력하겠지만 타협은 없을 것이라며

---

326) http://en.wikipedia.org/wiki/Greek_government−debt_crisis 의 내용을 요약 정리하였음.
327) http://www.economist.com/news/europe/21648733−no−extensions−greeces−debt−crunch

강한 의지를 내비쳤다. 그리스가 채무불이행(디폴트)을 선언하거나 그렉시트(유로존 탈퇴)를 선택할 경우 양측 모두에게 큰 악재가 되므로 이러한 최악의 상황으로까지 내달리지는 않을 것이라는 게 전문가들의 의견이다.328)

H. 스페인

최근 스페인에서는 경기 상황이 상당히 호전되고 있으며, 많은 외국 투자자들이 관심을 보이고 있다. 이는 디폴트 위기에 직면해 있는 그리스의 경우와 매우 상반된다. 전문가들은 스페인 경제가 좋아진 데에는 노동시장과 금융시장에 대한 정부의 개혁 추진 의지 등 여러 가지 요인이 있었다고 지적한다. Autonomous University of Madrid의 경제학과 교수 Marcel Jansen은 스페인 정부가 2012년에 단행하였던 개혁 조치로 인해 노동시장의 유연성이 증가하게 된 것뿐만 아니라 금융 개혁이 매우 중요한 계기가 되었다고 한다. 그에 따르면 EU는 스페인의 은행 시스템에 400억 유로를 투입하였으며, 스페인 정부는 저축은행에 대한 정치적 통제를 중단하고 "toxic assets"를 관리하기 위한 소위 'bad bank'를 설립하였다. 시티은행의 한 애널리스트는 2007년과 비교하였을 때 스페인에서의 단위 노동 비용이 6%p나 감소하였으며, 이는 다른 대규모 EU 국가들에 비해 큰 경쟁력을 가지는 것이라고 보았다. 또한 스페인에서의 주식 재평가가 다른 EU 국가들에 비해 더 빠르게 이루어지고 있으며, 국공채 이자율이 다른 유럽 국가들의 경우에는 음(-)인 반면에 스페인에서는 1%에 달한다고 하였다. 스페인 주재 미국상공회의소의 의장인 Jaime Malet에 따르면, 스페인 기업들이 회복세에 있으며 현재 양질의 자산을 보유하고 있다고 한다. 또한 부동산과 은행 등에 관한 외국 투자가 증가하고 있으며, 이는 달러에 대한 유로화의 가치 절하에 의해 더 촉진될 것이라고 보았다.329) 그러나 최근 그리스에서 급지 좌파연합인 시리자가 총선에서 압승을 거두면서 스페인에서도 강도 높은 긴축에 반대하는 출범 1년의 신생 정당 포데모스가 여론조사에서 1위를 달리고 있다.330)

I. 이탈리아

이탈리아는 2014년 상대적으로 소득이 적은 계층에 광범위하게 적용되는 감세 정책을

328) http://news.kmib.co.kr/article/view.asp?arcid=0923043533&code=11141500&cp=nv 참조.
329) http://www.thestreet.com/story/13092313/1/how-spains-economy-managed-to-recover-while-greeces-did-not.html 참조.
330) http://www.fnnews.com/news/201501271728522224 참조.

시행함으로써 민간 소비심리 회복을 꾀하였다. 또한 법인세도 10% 인하하였다. 정부는 이러
한 감세로 인한 세수 부족분은 국방비 지출 감소, 공무원 월급 상한 설정 등을 통해 공공부
문 지출 삭감을 통해 해결하고자 하였다. 이에 대해 피에르 카를로 파도안 재무장관은 감세
로 이탈리아의 경제 성장률이 올해 0.3%를 달성할 것으로 전망하면서 "이 같은 정책은 지난
20년간보다 더 높은 수준의 국내총생산(GDP)를 달성하는 데 필요한 구조개혁의 신호탄"이라
고 말했다.[331]

　　이탈리아 마테오 렌치 총리는 최근 제45차 세계경제포럼(WEF) 연차총회(다보스포럼) 개막
연설에서 유럽의 경제 정책 방향에 대해 "호주 브리즈번에서 열렸던 G-20 정상회의에서 모든
참가 국가가 경제성장을 위한 투자의 필요성을 언급했다"면서 "유럽과 유로존은 단지 국가
예산만 주목하면서 거듭 긴축을 강조하지만 새로운 관계설정을 위한 투자 역시 매우 중요하
다"고 역설했다. 그는 아울러 "앞으로 12개월이 매우 중요하며 장–클로드 융커 유럽연합(EU)
집행위원장이 지난 11월 발표한 직업 창출과 성장을 위한 대규모 투자계획의 시행을 통해 유
럽의 관료주의를 청산해야 한다"면서 "침체한 유럽경제를 살리기 위한 유럽중앙은행(ECB)의
새로운 발표를 기대한다"고 말했다.[332] 한편 렌치 총리는 최근 앙겔라 메르켈 독일 총리와 전
화 통화에서 치프라스 총리의 급진좌파연합(시리자)과 유사한 정강정책을 내걸고 인기를 얻고
있는 스페인의 반 긴축주의 정당 포데모스 등과 공동 전선을 구축하지 않을 것이라는 약속을
한 것으로 전해졌다.[333]

J. 포르투갈

　　포르투갈은 2014년 5월 구제금융 졸업을 앞두고 국제통화기금(IMF)으로부터 9억 유로의
마지막 구제금융지원을 받기 위해 추가 긴축을 실시하였다. 포르투갈 정부는 정부와 공기업
비용 감축을 통해 14억 유로(약 2조 100억원)의 재정지출을 줄이는 내용의 긴축방안을 발표했
다. 포르투갈은 구제금융 3년을 거치면서 경제상황이 많이 개선된 것으로 평가받고 있다.[334]

---

331) http://news.naver.com/main/read.nhn?mode=LSD&mid=sec&sid1=104&oid=001&aid=0006870601
　　참조.
332) http://www.yonhapnews.co.kr/bulletin/2015/01/21/0200000000AKR20150121190500088.HTML?input
　　=1 195m 참조.
333) http://www.yonhapnews.co.kr/bulletin/2015/02/02/0200000000AKR20150202191700088.HTML?input
　　=1195m 참조.
334) http://news.naver.com/main/read.nhn?mode=LSD&mid=sec&sid1=101&oid=001&aid=0006868533
　　참조.

그러나 포르투갈은 2014년 하반기에 포르투갈의 거대 복합 기업 에스피리토산토인터내셔 널(ESI)이 단기 채무 상환에 실패하고 감사에서 13억 유로(약 1조 8,000억원)에 이르는 회계부정 을 저지른 것도 적발되면서 유럽 은행권 위기의 재발생에 대한 위기감이 고조되었다.[335] 포 르투갈 중앙은행은 지난 3일 경영 위기에 빠진 포르투갈 최대 은행인 방크 에스피리투산토 (BES) 49억 유로(약 6조 8,100억원)를 투입하는 회생안을 발표했다. BES는 49억 유로를 지원받 는 대신 '굿뱅크'와 '배드뱅크'로 분리되었다.[336]

9.   2013~2015년 금융위기 관련 국제공조 논의[337]

위와 같이 신흥국 경제의 불안정성이 증대됨에 따라, 각국에서는 최근 들어 자국 통화의 가치를 우선적으로 방어하기 위해서 파격적인 금리 인상 정책을 선택하는 경향을 보이고 있 다. 이에 대해, 파이낸셜타임즈의 기고문에서 한 전문가는 "국가별로 은행 규제 시스템이 분 열"하고 있음을 지적하기도 했다. 이와 같이 각국 중앙은행들의 정책이 분열 조짐을 보임에 따라 우려가 제기되고 있는 바, 개별 국가차원의 정책대응은 한계가 있기에 국제적인 공조가 절실하게 요청된다.

그 방안으로 G-20을 주축으로 한 세계 중앙은행간의 정책 공조에 대한 기대가 크다. 2013년 9월 6일, 러시아 상트페테르부르크에서 열린 G-20 회의에서는 신흥국에 미치는 영향 을 고려하여, 미국의 양적완화 축소정책이 점진적으로 추진되어야 한다는 원칙에 합의가 이 루어졌다. 공동선언문은 "선진국의 통화정책 정상화는 경기회복에 따른 자연스러운 현상이라 는 데 공감했다"고 밝히면서도 "이 과정에서 중앙은행은 통화 정책 변화를 신중히 조정하고 시장과 명확히 소통"해야 함을 강조했다. 즉, 양적완화 축소 과정에서 발생할 수 있는 부작용 을 방지하고 금융안정에 기여할 수 있도록 파급 영향을 관리하자는 합의이다.

그러나 각국의 경제상황 및 이해관계의 차이 등으로 G-20 등 국제적인 합의체제의 결속 력이 약화되고 있는 것이 현실인데, 즉 2014년 이후 각국이 저마다 내놓는 금융규제와 정책 들이 제 각각인 것이 가장 큰 국제 공조의 걸림돌이 될 것이다. 유럽은 디플레이션(물가 하락)

335) http://www.etoday.co.kr/news/section/newsview.php?idxno=948167 참조.
336) http://news.mk.co.kr/newsRead.php?year=2014&no=1066056 참조.
337) 조선비즈, "중앙은행 정책공조 균열…위기대응 위해 공조체계 시급"(2014. 2. 4.).

우려가 증대되어 이를 방지하기 위한 대책 마련이 시급한 한편, 중국에서는 그림자 금융과 부실채권 증가 등의 문제가 중대한 과제로 부각되고 있다. 따라서, 현시점에서는 경제 여건이 유사한 역내국간 공조체제를 강화하는 대안을 고려 할 수 있을 것이다.338)

　　무엇보다 미국은 2008년 위기 당시의 움직임이 컸던 만큼, 그 여파 또한 가장 큰 문제로 불거지고 있다. 미국의 경우 지나치게 완화된 2009년 이후의 재정 및 통화 정책을 수습하기에 급급한 가운데, 美 연준의 테이퍼링(양적완화 축소)조치를 놓고 시장의 신뢰와 우려가 교차하고 있다. 즉, 미국의 국내 경제를 위한 조치에 대해 한편에서는 그 영향으로부터 벗어날 수 없는 신흥국들의 불만도 존재하는 것이다. 라구람 라잔 인도 중앙은행 총재는 지난달 30일(현지시간) 美 연준의 테이퍼링 정책을 두고 "국제 공조가 붕괴됐다"고 맹비난했다. "신흥국은 전 세계가 2008년 금융위기에서 빠져나올 수 있도록 협력했지만, 선진국은 지금 '우리는 우리 일을 할 테니 당신들은 이에 맞춰라'고 하고 있다"며 그는 선진국이 국제 공조를 회복시키기 위한 책임있는 역할을 다할 것을 강조했다.339)

　　일단 2014년 들어서며 미국과 EU의 경기가 전체적으로 살아나는 듯한 모습을 보이며 2008년 이후 국제사회에 횡행하던 위기 의식은 일단 잦아드는 모습을 보이고 있기는 하다. 그러나 위기 의식은 다소 완화되었으나 국가간 갈등은 여전히 내재하고 있으며 오히려 증폭되는 모습을 보이고 있기도 하다. 양적완화 정책의 성공적인 수행으로 경기를 회복한 미국의 사례를 전범으로 삼아 2015년 들어 유럽연합, 일본, 한국 등은 양적완화 정책을 더욱 적극적으로 추진하고 있다. 그 효과가 발현되어 국제교역 분야에서 직접적인 파급효과가 발생하게 되면 국가간 갈등이 고조될 수밖에 없다. 다양한 FTA 협상으로 국내시장 개방의 합의를 도출하고 이에 대한 서로의 기대가 상당히 높아져 있는 상황에서 결국 환율정책 내지 금융정책의 변동으로 인하여 그러한 시장개방의 효과가 무력화되는 경우 피해를 입는 것으로 판단하는 국가는 여러 이유로 이를 묵과할 수는 없기 때문이다. 결국 금융정책, 환율정책을 목표로하는 통상분쟁이 증가될 수밖에 없는 구조적 문제를 내포하고 있다. 즉, 과거와 달리 FTA 체제 하에서는 각국의 "인내의 시한"이 짧아지게 되어 자신의 이해관계에 영향을 초래하는 조치에 대한 문제제기와 개선의 요구가 보다 신속히 제기되는 양상을 보이고 있다. 금융정책에 대한 문제 제기 역시 이러한 모습을 따르게 될 것이다.

---

338) 한국경영자총협회, *supra* note 307.
339) 뉴스1, "인도 중앙銀총재, 美 통화정책 맹 비난…"국제공조 붕괴""(2014. 01. 31.).

유럽연합 내 국가간 갈등의 증폭과 러시아와 서방간 갈등의 증폭 역시 국제 금융정책 분야에 적지 않은 불안요소로 작용하고 있다. 독일과 그리스간 금융정책 관련 갈등은 이제는 2차대전 전후 처리 문제로 증폭되어 양국간 긴장이 고조되고 있다. 우크라이나 사태로 초래된 러시아에 대한 유럽연합의 제재조치로 양측간 긴장 역시 고조되고 있다. 그러한 제재의 핵심 역시 금융분야에 초점을 두고 있으므로 결국은 금융정책을 둘러싼 긴장으로 발현될 수밖에 없는 구조를 갖고 있다. 결국 금융정책에 통상적 측면 이외에도 정치외교적 측면이 가미되어 더욱 복잡한 양상으로 전개되고 있는 것이 2015년 작금의 상황이라고 볼 수 있다.

즉, 전반적으로 위기의 극복이라는 급한 불은 껐다고 볼 수 있으나 그러한 불길 아래 내재하는 통상분쟁이라는 마그마는 여전히 왕성한 활동을 하고 있는 모습이다. 국가간 갈등이 고조되거나 새로운 위기 상황이 도래하는 경우 이러한 활화산은 즉각적인 활동을 재개할 것이다.

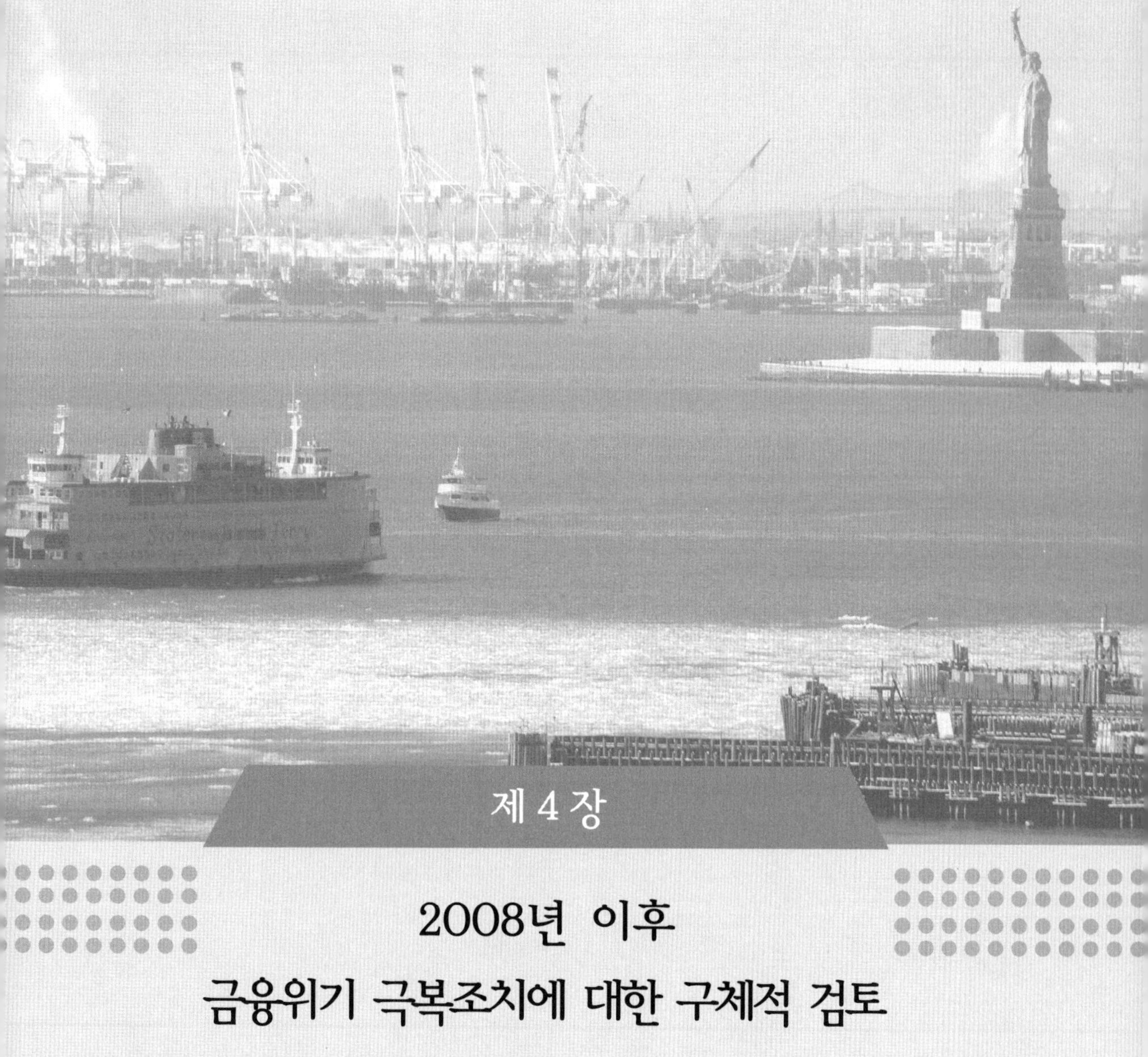

제 4 장

2008년 이후 금융위기 극복조치에 대한 구체적 검토

제 4 장

2008년 이후
금융위기 극복조치에 대한 구체적 검토

1. 들어가는 말

　미국에서 시작된 2008년의 글로벌 금융위기에서 두드러진 점은, 각국 정부들이 이전에 비해 적극적으로 다양한 수단을 동원해 위기 진화에 개입했다는 점이다. 막대한 재정을 투입해 정부가 직접 금융기관 구제책을 펼치고 채무지급보증 등을 실시하는가 하면, 중앙은행들은 금융시스템의 붕괴를 방지하기 위해 직접CP, MBS, ABS 시장 등을 지원하는 비전통적인 정책수단을 도입하기도 했다.[1] 한편, 각국 정부는 경기부양을 위한 대규모 재정지출 확대정책을 추진했다. 소득세 및 부가가치세 감면, 투자세액 공제 등과 같은 감세정책을 실시하였으나, 이 같은 감세 조치보다는 경기 부양의 효과가 단기에 나타나는 재정지출을 주로 활용함으로써, 이전의 재정 정책과는 차별화된 경향이 두드러졌다.[2] 즉, 경기침체에 대응하여 사회간접자본 투자 등에 대한 재정 지출을 크게 늘리고, 위기 직전과는 다른 한층 적극적인 재정지출 원칙을 적용하였다. 글로벌 금융위기 이전에는 '적시성, 대상의 정확성, 한시성' 등이 주요 원칙이었으나, 경제위기 발생 이후 한시성을 중심으로 보다 실용적 유형을 원칙으로 분류하여 사회간접자본 투자 등을 위한 재정지출 확대와 소득세 및 부가가치세 감면, 투자세액

　1) 글로벌 금융위기 극복백서 편찬위원회, "글로벌 금융위기와 한국의 정책대응"(2012), pp. 28－31.
　2) 홍순영·이종욱, 글로벌 금융위기하의 정책금융 대응 및 지원효과 분석, 중소기업연구원 10－12(2010), p. 21.

공제 등의 감세정책을 실시하였다.[3] 특히 미국은 글로벌 금융위기를 초래한 리먼브러더스 파산 사태 이후, 일종의 '벼랑 끝 처방'을 연이어 수년간 실시했다. 2009년 막대한 자금을 투입한 '긴급 처방' 이후, 기대와는 달리 경기회복이 계속 늦어지자 2010년 11월에 추가로 양적완화 조치를 발표했으며, 뒤이어 미국의 고용시장 불안과 유럽 재정위기 등 악재가 겹치면서 美 연준은 2011년 9월에 또다시 세번째 양적완화를 발표했다. 그 해 12월에는 매달 450억 달러 어치의 국채를 추가 매입하는 것을 골자로 하는 양적완화 확대 방침을 내놓기에 이르렀다.

주요국 중앙은행들은 2008년 9월 리먼 사태 이후 금융시장이 불안해지고 국제금융 시장에서의 신용 위험 기피 성향이 증폭됨에 따라 정책금리를 큰 폭으로 인하하고 적극적인 금융완화조치를 취하는 방법을 시도했다. 그러나 지난 2008년 12월 이후 사실상 '제로(0)' 금리를 유지하는 미국의 입장에서는, 각종 자산을 사들이는 직접적인 방법으로 통화량을 늘리는 정책을 택할 수밖에 없는 것이 현실이었다. 5년간 이어진 사상 최고의 양적완화에 대해 금융시장을 왜곡시키는 '무분별한 돈 찍어내기'라는 비판이 제기되었다.[4] 즉, 양적완화로 4조 1,000억 달러를 넘는 막대한 돈이 풀리며, "지나친 양적완화로 부작용이 심각할 것"이라는 경고가 제기된 것이다.[5] 그럼에도 불구하고 벤 버냉키 美 연준 의장의 "헬리콥터로 돈을 풀겠다"는 발언이 보여주듯,[6] 그리고 실제로 이러한 팽창적 전략은 일정한 효과를 보아서, 실업률을 크게 줄이는 등, 미국의 경기는 회복세에 들어설 수 있었다.

2008년 시작된 국제 금융위기는 2016년 현재 여전히 지속되고 있다. 2008년 금융위기 이후, 적극적인 경기부양책 및 재정완화의 결과로 천문학적인 자금을 시장에 풀었던 선진국 투자가들이 2013년 말 미국 연방준비제도의 테이퍼링(양적완화 축소)으로 인해 급격한 자금회수를 시작했다. 이에 따라 신흥국에서는 자본 유출 현상이 심화되고, 통화가치가 급속히 하락하게 되었다. 미국의 일방적 테이퍼링에 신흥국들은 공격적인 금리 인상으로 외환시장을 방어하기 위해 나섰으며, 이는 더 높은 이자를 줘서라도 외국인 자금 이탈을 막으려는 시도이자, 빠져나가는 자금을 잠시나마 붙들어두기 위한 조치로 해석될 수 있다. 선진국으로 돈이 빠르게 빠져나가면 신흥국은 통화가치 급락으로 수입·소비자 물가가 오르고 이를 막기 위해 신흥국들은 "불부터 끄고 보자"는 심정으로 금리를 올리고 외환보유액을 풀어 환율 방어에 나서

---

3) *Id.*, p. 18.
4) 연합뉴스, "돈줄 죄는 미국, 글로벌 통화정책 패러다임 변하나"(2013. 12 .19.).
5) 중앙 Sunday, "달러 탈출 막으려 '벼랑 끝 고금리' … 내수 위축 악수될까"(2014. 2. 2.).
6) *Id.*

는 '고전적 대응책'을 쓸 수밖에 없다.[7]

하지만 금리 인상은 단기적으론 환율을 진정시키는 효과가 있으나, 장기적으로 경기 침체 심화 가능성을 배제할 수 없으며, 가계와 기업의 이자 상환 부담이 늘어 가계부채의 부실과 기업 도산 가능성 또한 증가한다. 실제로 인도와 터키 등 많은 국가들이 신속하게 일제히 금리인상 조치를 취했다. 한편으로 몇몇 국가들은 다른 방안을 모색해, 적극적인 규제철폐 혹은 완화를 통해 해외 자본의 유출을 막으려고 시도하기도 한다. 한 예로, 아르헨티나는 금리를 올리지 않고, 달러 유입책으로써, 개인이 달러를 사들일 수 없던 종전의 규제를 풀고, "1인당 한 달에 2,000달러까지 달러를 사들일 수 있다"고 발표했다. 국제 언론은 아르헨티나의 이런 조치를 "자금 이탈을 막기 위한 몸부림"이라고 표현했다.[8] 이미 2013년에 걸쳐 수차례 기준금리를 인상한 상태이기에, 이에 따라 더 이상의 금리인상은 현실적이지 않으며, "신흥국으로서는 경기악화를 초래할 수 있는 금리인상보다 장기 투자자금을 확보할 수 있는 규제완화가 적절한 선택"이라고 평가되기도 했다.[9]

2. 주요국의 2008년 금융위기 극복조치

최근 세계적 경제위기의 확산으로 대부분의 국가들은 자국 주요산업이 현재의 위기를 극복할 수 있도록 지원하고자 대규모 보조금 교부를 검토 중에 있다. 이러한 보조금 교부는 당분간 다양한 영역에서 지속될 것으로 예측된다.

A. 미국의 경우

최근의 경제상황 악화로 인하여 미국 정부는 자동차 산업, 금융산업 등 자국 주요산업에 대한 대규모 보조금 제공을 검토하였다. 특히 자동차 산업에 대한 보조금 제공은 상당한 논란을 불러 일으켰으며 WTO 협정 위반 가능성도 아울러 제기되었다. 자동차 산업에 대한 정확한 지원규모와 내역은 아직 확정되지 않았으나 조만간 확정될 것으로 보이며, 그 경우 WTO 협정 합치성 여부는 본격적으로 논의될 것으로 판단된다. 2008년 금융위기가 도래하기 전에

---

7) *Id.*
8) *Id.*
9) 서울경제, "아시아 신흥국 "해외자금 이탈 막자" 안간힘"(2014 .01. 17.).

이미 미국 정부는 자국 자동차 산업에 대한 지원정책을 검토하고 새로운 지원 법안인 Energy Independence and Security Act of 2007(the "EISA")을 통과시킨 바 있다. 동 법의 Section 136은 소위 "Advanced Technology Vehicles Manufacturing Incentive Program"을 도입하여 미국의 자동차 생산업체와 부품업체들이 환경친화적인 제품(에너지 효율성 증가)을 생산할 수 있도록 저리의 대출을 제공하도록 규정하고 있다.

아래에서는 동 법에 대한 평가를 통하여 향후 우리 정부의 특정 산업 지원 정책 수립 시 시사점을 도출하고자 한다. 동 법은 보조금협정의 다양한 영역과 연관되나 특히 특정성 부분과 관련하여 우리에게 중요한 시사점을 제공하는 것으로 판단된다. 이에 따라 아래에서는 특정성 부분에 대하여 주로 분석을 실시한다. 금지 보조금의 경우 특정성이 의제되므로 보조금협정 부속서에 나열된 프로그램이 존재하는 것으로 확인된 경우 특정성도 자동적으로 충족된 것으로 평가될 것이다. 그러나 부속서에 나열하는 프로그램이 아닌 여타 보조금과 관련된 분쟁이 제기되거나 또는 부속서에 해당하는 프로그램인지 여부 자체가 분쟁의 대상이 된 경우에는 특정성에 대한 평가가 별도로 진행되어야 한다. 따라서 금융위기 극복을 위한 보조금 지급과 관련하여서도 특정성에 대한 평가는 그 실익이 있다고 볼 수 있다.

(1) EISA에 대한 특정성 평가

(a) 법률상 특정성(De Jure Specificity) 평가

일단 이 법에서는 자동차 산업을 주요 대상으로 언급하고 있으므로 한국과 같은 미국의 교역 상대국은 이 법에 따른 지원정책이 법률상 특정적이라고 먼저 주장할 수 있을 것으로 보인다. 그러나 이 문제에 대하여 자동차 산업이 언급되어 있다는 사실만으로 "당연히" 법률상 특정성이 있는 것으로 쉽게 결론을 내리기는 곤란하다. 그 이유는 동 법의 내용을 전체적으로 보면 상당히 광범위한 내용이 포함되어 있기 때문이다. 즉, 동 법을 검토하면 자동차 에너지 효율성 증가 지원도 물론 핵심 내용 중 하나이나 건물/산업 전반에서의 에너지 효율성 제고, 정부소유 건물에서의 에너지 절감, 태양열 등 대체에너지 개발연구, 에너지 정책의 재검토, 환경친화적 직업의 창출, 교통 인프라의 재구축 등 상당히 광범위한 내용을 포함하고 있다. 동 법안의 이러한 전체적 맥락을 이해할 때 단지 자동차 산업이 언급이 되어 있으므로 이는 당연히 법률상 특정성이 있는 것으로 확정하는 것은 조심스러운 접근을 요한다고 보아야 한다. 이러한 주장에 대하여 미국은 "동 법이 대체 에너지 개발과 에너지 효율성 제고를 위하여 미국 정부 정책 전반에 대한 새로운 기조를 세우는 것이며 자동차는 화석연료 에너지를 가장 많이 소모하는 영역이므로 법안에서 언급하고 있을 뿐이다"라고 주장할 수 있을 것이므로 이 경우 교역 상대방의 특정성 주장이 우세하기는 쉽지 않을 것이다. 물론 보조금협정의 특정성 개념은 정부의 "의도"를 보는 것이 아니며, 단지 객관적인 기준으로 특정 법안이나 조치가 특정 산업을 명시적으로 대상으로 하는 것이냐에 관한 객관적인 평가와 관련된다. 그러나 미국의 교역 상대방은 법률상 특정성을 충분히 주장할 수는 있을 것이다. 다만 자동차 산업이 명시되어 있고 주요 수혜대상으로 동 법이 예정하고 있으므로 "당연히" 법률상 특정성이 있다고 보는 것은 성급한 결론일 것이다.

이러한 내용을 종합적으로 검토하면 미국의 EISA 입법 조치는 보조금 분쟁을 회피하고자 상당히 면밀한 검토를 통하여 이루어진 것으로 추측된다. 미국 정부는 다음과 같은 입법 기술을 채택함으로써 보조금협정 위반 가능성 중 특히 특정성 부분에 대하여 상당히 효과적인 방어수단을 도입한 것으로 판단된다. 미국 정부도 인정하는 바와 같이 동 법에 따른 주요 수혜대상은 자동차 산업 및 연관산업임에도 불구, 법령의 전체적 구조와 용어를 선택함에 있어 자동차 산업뿐 아니라 화석연료를 사용하는 모든 산업을 법령의 여러 곳에서 언급함으로써 의도적으로 법률상 특정성 주장 가능성을 회피하고 있다. 또한 동 법의 목적 자체도 기본적으로 화석연료 저감 장치의 도입을 위한 연구 개발 지원으로 확정함으로써 환경 관련 R&D 지원에 관한 허용 보조금의 유산(legacy)을 활용하고자 하는 것으로 판단된다. 위에서도 언급한 바와 같이 환경 관련 R&D 지원을 포함하는 허용 보조금 관련 규정은 더 이상 효력을 보유하고 있지 아니하나 그러한 보조금은 궁극적으로 허용되어야 한다는 정책적 논의는 여전히 진행되고 있으므로 이러한 내용을 담고 있는 법령은 WTO 패널 등으로부터 상대적으로 호의적인 반응을 초래할 가능성이 있기 때문이다.

(b) 사실상 특정성(*De Facto Specificity*)의 평가

그 다음으로 사실상의 특정성이 존재하는지 여부를 검토할 수 있다. 사실상 특정성 문제를 평가함에 있어 미국 정부가 우리측에 대하여 특정성과 관련하여 최근의 분쟁에서 적용하였던 기준을 반대로 미국에 대하여 적용할 수 있을 것이다. 즉, 미국 정부가 최근에 사실상 특정성과 관련하여 적용하고 있는 새로운 기준의 하나는 해당 산업이 해당 국가 전체 GNP에서 차지하는 비중을 확인하고 그 산업이 문제가 된 프로그램으로부터 그 GNP 수치를 초과하는 혜택을 받았음이 입증되는 경우 이를 사실상 특정성이 있는 것으로 확인하는 방법이다. 이러한 기준은 특정성 기준을 상당히 관대하게 바꾸는 효과가 있다. 일반적으로 사실상의 특정성 기준은 특정 산업 및 기업이 여타 산업 및 기업에 비하여 불균형한(disproportionate) 방법으로 혜택을 받았는지 여부인 바, 이 기준은 특정 산업 및 기업에 대한 편중 현상을 요구하는 것으로 실무상으로는 이해되고 있다. 그러나 GNP 대비 산업별 수치 비교 방법을 적용할 경우, 특정 산업 및 기업에 대한 사실상의 편중이 존재하지 아니하는 경우에도 특정 산업 및 기업이 비대칭적 지원을 받는 것으로 주장할 근거가 마련되는 등 특정성 기준의 자의적 적용 가능성이 일층 제고된다. 바로 그러한 목적으로 미국이 이러한 기준을 적용하여 우리 수입관세 감면제도 등이 특정성이 있는 것으로 주장하여 왔다. EISA의 입법 목적 및 배경 감안 시 이러한 기준을 반대로 미국에 대하여 적용할 경우 사실상 특정성을 입증하는 것은 크게 어렵지 않을 것으로 판단된다.

그러나 문제는 모든 사실상 특정성 확인에는 역사적 자료(historical data)가 기본적으로 필요하다는 점이다. 즉, 최소한 몇 년간의 지원실적 등이 확보되어야 이에 대한 분석을 통하여 특정 기업이 불균형적인 수혜자(disproportionate recipient)가 되었는지 또는 최근 미국의 새로운 사실상 특정성 확인 방법처럼 매년 GNP 대비 수혜기업의 변동상황이 어떠한지 확인할 수 있기 때문이다. 그러므로 현재 이 법안이 아직 본격적으로 시행되지 않은 상황에서는 아직 사실상 특정성이 존재하는지 여부를 평가하는 것이 시기상조라고 볼 수 있다. 사실상 특정성이 궁극적으로 확인될 것으로 보이지만 미국의 교역 상대국이 보조금협정 제2조의 특정성 기준과 관련한 일응 입증(prima facie) 기준을 충족하기 위해서는 최소한 2~3년의 실제 적용기간이 필요할 것으로 사료된다. 미국 EISA의 특정성 평가와 관련한 이러한 상황은 수산보조금과 관련하여 우리측에게도 시사하는 바가 있다. 즉, 사실상 특정성 문제와 관련하여 교역 상대방이 우리측의 보조금협정 위반을 주장하기 위해서는 최소한 수년간의 데이터 축적이 선행되어야 함을 의미한다. 따라서 보조금협정에 저촉되는 보조금 정책을 도입하여 운용하는 경우에도 최소 도입 후 3~4년간은 특정성 입증 부재를 이유로 교역 상대방의 공세를 효과적으로 방어할 수 있게 될 것으로 평가되므로 이러한 점을 정책 입안 시 적절히 고려할 필요가 있다. WTO 분쟁해결절차에서 제소국이 일응 입증 기준을 충족할 입증책임(burden of proof)을 부담하므로 우리측의 보조금 관련 정책이 보조금협정 위반을 구성함을 제소국이 입증하여야 한다.

(2) EISA 관련 전용(Appropriation) 문제

다음으로 EISA 관련 보조금협정 위반을 주장하기 위해서는 동 법의 존재만으로는 부족하고 동 법에 따라 실제 구체적 조치가 발생하여야 한다. 즉, 미국의 교역 상대국이 문제로 삼을 수 있는 보조금은 실제 정부의 재정적 기여(financial contribution by the government)와 경제적 혜택(benefit)이 존재할 것을 전제로 한다. 따라서 실제 지원이 현실화되어야 구체적인 지원

규모와 대상을 확정할 수 있으므로 보조금협정 위반 여부가 보다 구체적으로 확인될 수 있다. 그러한 지원이 구체화되기 이전에는 기본적으로 보조금 구성의 3대 요건을 충족하였음을 입증하는 것이 용이하지 않다. 물론 WTO 회원국의 채택한 법령 자체가 WTO 협정 위반임이 명백한 경우 구체적인 조치 시행을 기다리지 않고 그러한 법령 자체에 대하여 제소를 하는 방안("as such" challenge)도 열려 있다. 그러나 다음과 같은 이유로 EISA의 경우에는 이러한 제소 방법도 용이하지 아니한 것으로 판단된다. 법령 자체에 대한 제소의 핵심은 소위 강행규범과 임의규범 구별(mandatory/discretionary distinction)의 법리이다.[10] 즉, 표면상 WTO 협정 위반으로 보여도 미국 정부가 추후에 협정에 합치하는 방향으로 이끌어갈 이론적 가능성이 남아 있다면 여기에는 재량(discretion)이 있는 것으로 인정되어 법령 자체에 대한 제소의 대상이 되지는 아니 한다(즉, 미국이 승소하게 된다).

현재 EISA는 연방정부에 대하여 무조건적인 지원을 실시할 것을 강제하는 것이 아니라 적절한 평가를 통하여 지원을 개시할 수 있도록 가능성만을 규정하고 있다. 따라서 이론적으로 미국 정부는 EISA에도 불구하고 실제 예산배정을 실시하지 않을 수도 있으므로 설사 동법이 보조금협정에 위반될 소지를 포함하고 있다고 하더라도 궁극적으로 보조금협정에 합치하는 방향으로 동 법을 운용할 가능성이 존재하고 있다. 이 역시 동 법 자체에 대한 제소(as such challenge)의 안전장치를 사전에 고려한 결과인 것으로 판단된다. EISA의 이러한 규정 방법은 향후 금융위기 극복을 위한 보조금 관련 법령 및 정책을 도입함에 있어서도 시사점을 제공한다. 즉, 단정적인 지원정책의 실시를 법령에 명시하기 보다는 지원정책의 전체적인 규모만을 정하고 구체적인 운용방법 및 수혜기업/개인의 선발은 담당 부처의 재량권에 위임하는 것이 적절할 것이다. 이러한 규정 방법을 채택할 경우 그러한 법령 자체가 보조금협정 위반임을 주장하기는 힘들 것이며 실제 그러한 법령이 적용되는 상황을 확인하여야 하므로 제소국 입장에서는 1~2년간의 시간을 더 소요하여야 한다. 불가피하게 보조금 정책을 실시하여야 하는 경우 이러한 방법으로 제소시기를 상당 부분 늦출 수 있을 것으로 판단된다.

(3) 자동차 산업 구제금융 지원

나아가 미국 정부는 위기에 처한 자국 자동차 산업을 구제하기 위하여 직접적인 자금 지원도 실시한 바 있다. 즉, 미국은 금융위기 타개를 위하여 의회가 배정한 자금인 총 7천억불의 TARP(Troubled Asset Reform Program)에서 GM사와 크라이슬러사에 174억불의 자금을 지원

---

10) United States — Sections 301 — 310 of the Trade Act of 1974, WT/DS152/R(Jan. 27, 2000) 참조.

한 바 있다. 부시 대통령 임기 중 134억 달러 지원 후, 2009년 2월 17일, 추가 40억 달러를 지원하였으며, 동 자금은 3년 만기(2011. 12. 29. 상환), 저리(3개월 Libor 금리 + 3%(채무불이행시 8%))로 제공되었다. Libor + 3%의 이자율은 은행간 자금조달에 소요되는 최소 비용 수준으로서 파산 직면 기업에 대한 파격적 이자율로 판단되었다. 구제금융을 지원받은 자동차 업체들은 미국 정부에 대하여 구조조정 계획보고서를 제출할 의무를 부담하였고, 구조조정 계획이 효과적이지 않다고 미국 정부가 판단 시 2009년 5월 말까지 동 자금 상환 의무를 부담하는 구조였다.

B. 유럽의 경우

미국과 마찬가지로 유럽에서도 자동차 산업에 대한 구제방안이 정치적 안건으로 부상하여 다양한 형태의 지원정책이 검토된 바 있다. 일례로 유럽투자은행(EIU)이 역내 자동차 업계에 최대 400억 유로(500억 달러) 규모의 신용구제 프로그램을 채택할 것으로 보도된 바 있다.[11] 독일의 경우 6개월 안에 새 차를 구입할 경우 최장 2년간 세금을 유예하는 방안이 채택되는 등 다양한 세제 혜택 부여가 검토되었다. GM 계열 Opel사는 2008년 11월 독일 연방 정부와 4개 주정부에 각각 10억 유로 규모 채무의 지급보증을 요청한 바, 독일 정부는 미 자동차 지원 발표 후 적극적 검토 계획을 시사하였다. 프랑스 역시 3억 유로의 R&D 및 구조조정 기금 조성, 10억 유로의 자동차 할부금융자금 지원, 2.2억 유로의 자동차 신규 구매수요자금 지원 등 총 15억 유로 규모의 자동차 산업지원 계획을 발표하였다. 스페인의 경우 자동차업계 인건비, 교육훈련 프로그램 운영, 친환경차량 기술 개발 등에 총 8억 유로를 지원하였다.

특기할 만한 점은 유럽연합의 경우 이러한 자동차 산업에 대한 지원 정책을 환경보호 및 개선정책과 적극적으로 연계시키고 있다는 점이다. 유럽연합은 2008년 11월 26일 경제활성화 계획(European Economic Recovery Plan)을 통해 친환경 차량 개발 R&D 지원 계획을 발표한 바 있고, 또한 European Green Cars Initiative를 통해 50억 유로 규모의 자금을 지원하였다. 나아가 유럽투자은행(EIU)은 2008년 12월 16일 EU의 에너지/기후변화 패키지 이행 지원을 위해 2009~2010년간 120억 유로 규모의 청정기술개발 융자 자금 추가 지원 계획을 확정한 바 있다. 나아가 유럽연합 국가들은 자국 주요 산업에 대한 이러한 지원을 보다 용이하게 하고자

---

11) 파이낸셜 타임스 2008년 11월 16일자 참조.

보조금 규정을 완화하자는 주장도 제기하였다.[12] 아직 유럽연합의 지원정책은 미국의 EISA와 같이 보조금협정 위반을 구성할 개연성이 높은 것으로 예측된다. 자동차 산업 등 주요 산업에 대한 적극적인 지원정책의 실시는 수산업 및 관련 산업에 대한 지원 제공 가능성도 아울러 제고하게 되며 최소한 현재 수준의 지원정책은 유지하게 되는 상황을 초래할 것이다.

C. 캐나다의 경우

캐나다 역시 Export Development Canada("EDC")를 통하여 GM 캐나다 및 크라이슬러 캐나다에 각각 30억 캐나다 달러 및 10억 캐나다 달러에 달하는 단기 대출을 제공한 바 있다. 동 대출은 최대 3년 만기로 제공되며 적용 이율은 3개월 Libor 금리 + 3%의 저리이다. 또한 자동차 부품 생산업체의 유동성 문제 해결을 위하여 EDC가 보증을 제공하는 방안과 자동차 거래 촉진을 위한 새로운 신용공여기관을 설립하는 방안도 역시 검토되었다.

D. 중국의 경우

(1) 구매자 신용(Buyer's Credit) 제공

중국 정부가 시행하고 있는 조선 보조금 정책 중 하나는 수출기업에 직접 제공되는 금융지원 프로그램의 일환으로서 구매자 신용을 제공하는 정책이다. 이는 선박 제작자가 아닌 선박 구매자에게 중국 은행들이 금융을 제공하여 이들의 선박 구매를 지원하는 정책이다. 결국 선박 구매자들의 선박 구매가 그만큼 용이하게 되어 결국 선박 제작자에게 혜택이 귀결되는 메커니즘이다. 선박 구매자에게 자금이 제공되므로 역시 조선업체에 대한 직접 보조금적 요소를 보유하고 있지는 않으나 결국 그 궁극적인 수혜자는 조선업체인 전형적인 간접 보조금의 한 형태라고 볼 수 있다. 특히 선박 구매자들의 경우 구매자금이 상당한 액수에 이르러 경기 후퇴 시 기존 사용 선박의 사용연한 연장, 구매계획 연기 등을 검토할 수밖에 없는 구조로서 이러한 연장 또는 연기는 결국 조선업체의 영업활동 및 수익창출에 직접적인 악영향을 초래하게 된다.

구매자 신용은 바로 이러한 문제점을 구조적으로 해결하기 위하여 도입된 보조금 교부 정책이다. 또한 구매자 신용은 주로 시장 조달금리보다 낮게 제공되어 해운회사 등 선박 구매

---

12) RAF CASERT, "France calls for EU to ease up on bailout rules", Associated Press.

자들의 선박 구매결정을 더욱 촉진하는 효과를 보유하고 있다. 따라서 선박 매매물량 역시 이에 비례하여 증가하게 될 것이다. 구매자 신용 제도는 특히 2008년 이후 세계 경제위기가 도래한 이후 그 범위와 한도가 증가하였다. 특히 2008년 경제위기 발생 이후 경기후퇴와 이로 인한 발주 취소가 계속되자 중국 조선업계에는 기존 수주물량의 차질 없는 건조와 인도가 시급한 과제로 대두하였다. CSSC, CSIC 등 대규모 조선업체뿐 아니라 지방 각지에 산재하고 있는 중/소형 조선업체의 경우도 경기후퇴와 이로 인한 주문물량의 발주취소가 계속될 경우 결국 경영 전반에 심각한 타격을 받을 수밖에 없는 구조이다. 이 과정에서 조선산업을 지원하고자 하는 의도로 구매자 신용(Buyer's Credit) 제공이 점차 확대되게 된다.

중국 정부의 구매자 신용 정책은 다양한 금융기관을 매개로 하여 진행되고 있는 것으로 파악되고 있으며 그 운용자금은 정부의 국고에서 지원되고 있다. 선박 제작자에 대한 보조금 교부와 선박 구매자에 대한 대출의 실시는 결국 조선시장 내 공급자와 소비자 양 측면에 공히 지원을 실시하여 시장의 활성화를 도모하자는 취지이다. 시장이 활성화 될 경우 결국 그 궁극적 혜택은 중국 조선업체에 돌아가기 때문이다.

(2) 수출금융 제도

중국 정부가 집중 채택하고 있는 또 다른 보조금 정책은 수출금융(export financing)이다. 중국은행 및 중국 수출입은행은 중국 조선업체들의 수출활동을 지원하기 위하여 수출금융을 제공하고 있다. 수출금융은 다양한 형태로 존재할 수 있으나 그 기본골격은 조선업체의 수출을 지원하기 위하여 수출을 조건으로 저리의 대출을 제공하여 주는 것이다. 대출지원의 결과 수출활동이 더욱 조장되고 또 향후 대출을 받기 위해서는 더욱 수출을 증가시켜야 하는 상승작용이 발생하여 전체적으로 수출물량은 증가하게 된다. 가령, 수출 선박을 제작하는 과정에 대하여 중국 정부의 은행이 자금을 제공하여 이러한 선박 제작과정을 전체적으로 지원하거나, 또는 선박을 인도하여 구매자로부터 대금을 받기 전에 일단 중국 정부은행이 선박 매매대금을 먼저 조선업체에 제공하는 방안 등이 현재 활용되고 있는 수출금융의 형태이다. 선박 구매자로부터 실제 매매대금을 수령하기 전에 일단 중국 은행으로부터 해당 자금을 먼저 전달받게 되므로 그만큼 지원의 효과가 발생하게 된다. 수출을 전제로 하여 수출과 직접 연계되어 (tied to) 제공되는 자금이므로 이는 일종의 금지보조금으로서 그 특정성이 당연히 법적으로 의제되고 있다.[13]

---

13) 보조금협정 제2조 및 제3조 각각 참조.

현재 중국 조선업체가 실시하고 있는 대부분의 선박수출은 수출금융을 통한 지원을 받고 있는 것으로 파악되고 있다. 중국의 이러한 수출금융은 여러 상계관세 조사에서 보조금에 해당하는 것으로 지속적으로 판정된 바 있다. 다만 실제 보조금의 효과는 수출금융으로부터 제공되는 경제적 혜택(benefit)에 대한 평가가 필요하다. 이 경우 시장 이자율과 수출금융 시 적용되는 낮은 이자율간 차이가 경제적 혜택 계산에 활용되게 된다. 보조금의 성립 요건으로서 "경제적 혜택"은 Ⅳ. 통상협정상 주요 규범에서 더욱 상세히 소개할 것이다. 우리나라도 수출금융을 도입하고 있으나 우리의 경우 수출금융에 경제적 혜택이 기본적으로 부재하여(즉, 수출금융이 제공되는 경우에도 시장 이자율이 적용되어) 보조금에 해당하지 않는 것으로 간주된다.

(3) 특혜금융 제공

중국의 경우 조선산업과 금융기관은 불가분의 관계를 형성하고 있다.[14] 이에 따라 금융기관을 통한 특혜금융 지원은 현재 활발하게 진행되고 있으며 향후에도 가장 활발하게 운용될 가능성이 있는 보조금 프로그램으로 볼 수 있다. 중국 정부가 조선산업을 10대 주요산업으로 선정하여 국가적 차원의 전폭적 지원의사를 표명한 것은 한편으로 이들 산업에 대한 정책금융의 제공을 동시에 밝힌 것으로 볼 수 있다. "정책금융"이란 정부가 경제정책적 목표를 달성하기 위하여 특정 산업 및 기업에 대하여 특혜금융(preferential loans)을 제공하는 상황을 의미한다. 여러 나라의 사례를 검토할 경우 특혜금융은 주로 다음의 형태로 제공되는 것이 일반적이다.

가장 보편적인 특혜금융의 형태는 시장 조달금리보다 낮은 저리로 대출을 특정 산업과 기업에 제공하여 주는 것이다. 각국 정부소유 은행 등이 제공하는 대부분의 정책 금융은 시장 조달금리보다 이자율이 낮은 특혜금융인 경우에 해당하는 것으로 볼 수 있다. 또한 때로는 시장 조달금리와 상관없이 시중 상업은행으로부터는 원천적으로 차입이 불가능한 기업에 대하여 정부소유 은행이 대출을 제공하여 주는 경우도 특혜금융에 해당된다. 특히 영업상황이나 재무구조가 악화된 기업의 경우 신용등급이 대출부적격으로 정하여지는 경우가 많고 이 경우 조달금리의 높고 낮음과 상관없이 정상적인 절차로는 대출 자체가 규제되는 상황에 직면하게 된다. 이러한 기업에 대하여 정부소유 은행이 대출을 제공하여 주는 경우 설사 시

---

14) OECD, The Shipbuilding Industry In China C/WP6(2008)7/REV1(Jun. 26, 2008), paras. 35-38. *Coated Free Sheet Paper*(2005) 72 FR 17484(04/09/07-*Prelim*); 72 FR 60645(10/25/07-*Final*); *Decision Memo; Citric Acid*(2007) 73 FR 54367(09/19/08-*Prelim*); *Laminated Woven Sacks*(2006) 72 FR 67893(12/03/07 *Prelim*); 73 FR 35639(06/24/08-*Final*); Decision Memo.

장 조달금리가 그대로 적용된다고 하더라도 기본적으로 특혜금융으로 간주되게 된다. 동일한 맥락에서, 은행의 내부 규정에 나열된 담보요건을 면제하여 주거나 또는 저가의 담보만을 제공토록 하고 대출을 실시하여 주는 경우도 역시 특혜금융의 사례 중 하나이다. 마지막으로 대출과 관련하여 요구되는 수수료를 면제하여 주거나 일반적인 대출기한보다 장기간에 걸쳐 대출을 제공하여 주는 등 관련 요건을 완화 또는 변경시켜 주는 형태로 특혜금융이 제공되는 경우도 있다.

특혜금융 제공의 정확한 정보는 수혜기업의 재무상태, 신용등급, 시장금리 등을 종합적으로 고려한 연후에 평가될 수 있으므로 어떠한 중국 조선업체에 대하여 어떠한 내용의 특혜금융이 제공되었는지 파악하는 데는 현시점에서 기본적인 한계가 있다. 그러나 이러한 내재적 한계에도 불구하고 현재 중국 정부는 정부 지분소유 은행을 통하여 자국 주요산업/기업에 직접 금융을 제공하거나 또는 민간은행에 대해서도 이들 산업/기업에 금융을 제공하도록 요청하여 대출을 주선하는 등 다양한 정책금융 제도를 운용하고 있는 것으로 파악되고 있다. 중국 정부는 기본적으로 상기에서 나열한 특혜금융의 대표적인 사례를 모두 활용하고 있는 것으로 판단된다. 특히 이러한 특혜금융 문제는 중앙정부뿐 아니라 지방정부 차원에서도 동일하거나 보다 활발하게 제공되고 있는 것으로 우려된다.

이에 따라 특혜금융 문제는 중국의 모든 보조금 분쟁에서 주요 쟁점으로 부각되고 있으며, 미국 정부 등은 자국의 상계관세 조사절차 등에서 중국 정부가 운용하고 있는 다양한 특혜금융에 대하여 상당한 비중을 부여하고 이를 지속적으로 보조금으로 확인하고 있다.[15] 중국 관련 보조금 조사에서 향후에도 특혜금융 문제는 주요 이슈로 지속적으로 제기될 것으로 판단되며, 이러한 상황은 조선 보조금에서도 마찬가지로 적용될 것이다. 지속적이고 안정적인 운영자금의 확보는 대부분의 기업의 초미의 관심사이고 특히 경기하강 국면에서 치열한 국제 경쟁을 극복하기 위해서는 이러한 운영자금의 확보가 가장 중요한 선결조건 중 하나라고 볼 수 있다. 이러한 관점에서 특히 조선산업의 경우 항상 대규모의 운영자금이 필요하고, 세계경

---

15) *Coated Free Sheet Paper*(2005) 72 FR 17484(04/09/07 – Prelim); 72 FR 60645(10/25/07 – Final); Decision Memo; *Laminated Woven Sacks*(2006) 72 FR 67893(12/03/07 – Prelim); 73 FR 35639 (06/24/08 – Final); Decision Memo; *OTR Tires*(2006) 72 FR 71360(12/17/07 – Prelim); 73 FR 40480 (7/15/08 – Final); Decision Memo; *Light – weight Thermal Paper*(2006) 73 FR 13850(3/14/08 – Prelim); 73 FR 57323(10/02/08 – Final); Decision Memo; *Circular Welded Pipe*(2006) 72 FR 63875 (11/13/07 – Prelim); 73 FR 31966(6/05/08 – Final); Decision Memo; *Citric Acid*(2007) 73 FR 54367 (09/19/08 – Prelim); *Line Pipe*(2007) 73 FR 52297(09/09/08 – Prelim); 73 FR 70961(11/24/08 – Final); Decision Memo.

제의 움직임과 직접적으로 연관되어 있어 특혜금융의 필요성은 더욱 현저하다고 볼 수 있다.

중국 조선업체들은 특혜 금융으로부터 상당한 지원을 획득하고 있는 것으로 판단되며 특히 중국의 양대 조선소인 China State Shipbuilding Corporation(CSSC)과 China Shipbuilding Industry Corporation(CSIC)은 이러한 특혜금융의 대표적인 수혜대상으로 추정되고 있다.[16] 따라서 향후 중국 조선 보조금 문제를 검토, 제기함에 있어서는 특히 이러한 특혜금융 문제에 대하여 지속적인 모니터링을 실시할 필요가 있다. 특혜금융과 관련하여 유념할 점은 정부은행 또는 정부의 요청을 받은 민간은행으로부터의 대출 자체가 문제가 되는 것은 아니라는 점이다. 설사 정부은행으로부터 대출이 있더라도 그러한 대출이 이자율이 낮거나 요건이 완화되는 등 어떠한 형식으로든 일반적인 조건보다 유리한 조건의 "특혜" 대출만이 문제가 된다는 점이다. 이러한 특혜는 보조금협정 내지 신조선협정이 요구하고 있는 불법 보조금의 구성요건 중 하나인 "경제적 혜택"을 구성하게 된다. 따라서 특혜금융이 아닌 경우 경제적 혜택이 부재하게 되고, 결국 구성요건 중 하나를 결하게 되어 불법 보조금에 해당하지 않게 되는 논리구조를 갖게 된다. 따라서 특정 대출이 특혜금융에 해당하는지 여부는 결국 시장상황 또는 일반적인 조건과 비교하여 평가하여야 한다. 여기에서 말하는 일반적인 시장상황이라는 보조금 교부의 대상이 되는 중국에서의 시장상황을 기본적으로 의미한다. 한편, 우리나라의 경우도 수출입은행 등을 통하여 여러 정책금융이 시행되고 있으나 대부분 시장 이자율을 따르거나 시장 기준에 부합하는 담보를 확보하는 방법 등을 통하여 진행되고 있으므로 기본적으로 이러한 특혜가 존재하지 않는 것으로 간주되고 있다.

(4) Buy China 정책

중국은 국수국조 정책 등 다양한 명칭의 Buy China 정책을 운용하고 있다. 이러한 정책 자체는 정부로부터의 보조금 교부가 아니나, 이러한 구매를 제도화함으로써 중국 업체는 자국 시장에서 인위적인 시장지배력과 경쟁력을 강화하는 효과를 향유하게 된다. 이렇게 강화된 시장지배력과 경쟁력은 다시 이들 업체들이 해외시장에 저가 판매와 공격적인 마케팅으로 수출을 강화하는 기반을 제공하게 되므로 일종의 간접 보조금에 해당하게 된다 한편, 이러한 Buy China 정책은 보조금협정뿐 아니라 GATT 협정의 내국민 대우 등 WTO의 여타 협정 규정 등에도 위반 소지가 있다.

---

16) OECD, Economic Crisis-Stimulus Packages And Other Support For The Shipbuilding Sector, at 22 C/WP6(2009)5(Jun. 23, 2009) *Line Pipe*(2007) 73 FR 52297(09/09/08 – *Prelim*); 73 FR 70961(11/24/08 – *Final*); Decision Memo

(5) 10대 산업진흥조치

한편 중국 정부의 소위 "10대 산업진흥조치"도 중국 정부의 광범위한 보조금 정책의 일단을 제시하고 있다. 중국 정부는 2008년 11월 중국 국무원 상무위원회의 결정을 통하여 10대 주요산업(자동차, 철강, 조선, 석유화학, 경공업, 방직, 설비제조, 비철금속, 전자정보, 물류업)에 대한 진흥정책을 정책적으로 추진키로 결정한 바 있다. 중국의 10대 산업진흥조치에 나열된 다양한 정책과 프로그램들은 전형적인 보조금 조치에 해당하는 것으로 볼 수 있다. 중국 정부가 이러한 프로그램을 채택하여 시행하고 있다는 사실은 지속적이고 체계적인 보조금 교부 정책이 중국 산업정책의 근간을 이루고 있다는 사실을 결국 효과적으로 보여주고 있는 것으로 간주할 수 있다.

(6) 주요산업 구조조정 지원

한편 주요산업의 구조조정을 중국 정부가 주도적으로 시행하여 일부 기업의 경쟁력을 강화시키고자 도모하고 있는 정책도 보조금 조치의 전형적 사례 중 하나로 주목을 요한다. 물론 정부 주도의 구조조정 조치는 일반적으로 정당한 경제정책의 일환으로 일견 판단할 수 있으나, 최근의 일련의 보조금 분쟁과 WTO 판례를 감안할 경우 이러한 조치는 전형적인 간접 보조금 조치에 해당하는 것으로 판단된다. 예를 들어, 현재 중국 정부가 계획, 추진 중인 조선산업 구조조정은 일부 주요 조선업체를 지원하기 위한 목적으로 진행되고 있는 것으로 판단되며, 이러한 경우 보조금협정을 위반하는 간접 보조금에 해당할 가능성이 농후하다. 정부의 구조조정 정책과 선박 허가제도를 통하여 인위적으로 국내시장에서 경쟁력이 확보된 중국 조선업체들은 결국 해외시장에서 저가 수주와 공격적인 수출경쟁에 나설 수 있게 되기 때문이다. 정부 주도의 구조조정을 통하여 새로이 등장하거나 출현하는 수출업체는 일층 강화된 경쟁력, 기술력, 시장 지배력으로 우리나라의 경쟁업체를 위협할 것으로 우려되는 바, 우리 입장에서는 구조조정을 통한 간접 보조금 교부 상황을 면밀히 파악할 필요가 있다.

(7) R&D 지원조치

중국 정부는 다양한 형태의 연구 개발 보조금을 주요업체, 연관산업 및 기관에 대하여 지원하고 있다. 이러한 연구 개발 보조금이 결국 주요업체의 연구 개발 비용을 경감시켜 주고, 그러한 연구 개발 과정에서 발전된 기술이 상품 생산과정에 활용됨으로써 가격저하 및 경쟁력 있는 상품 생산을 가능하게 하며, 결국 이 과정을 통하여 중국업체의 시장 경쟁력이 제고되게 되어 보조금의 효과가 발생하게 된다. 현재 중국은 산업 전반에 걸쳐 R&D 투자를 확충하고 있는 바, 전자, 반도체 분야 및 유관 분야에서 진행되는 R&D 지원조치에 대해서도 면밀히 모니터링이 필요한 상황이다.

(8) 공장부지 무상 및 염가 제공

중국 정부는 자국 주요 산업에 대하여 공장부지 및 부대시설을 무상이나 저가로 제공하여 오고 있는 바, 이러한 지원도 보조금협정에서 규정하고 있는 전형적인 보조금 교부 형태이다. 그간 중국 정부가 운용하여 오고 있는 자국 수출산업 및 기업에 대한 공장부지 및 시설에 대한 무상/저가 제공 조치는 여러 국가들에 의하여 지속적으로 보조금으로 판정되어 왔다. 동일한 맥락에서 공장 확장 시 이에 대하여 제공되는 자금에 대해서도 기본적으로 보조금으로 확인되었다.

(9) 생산 원자재 염가 제공

한편 중국의 경우 Upstream 보조금의 문제가 특히 주요한 변수 중 하나이다. 현재 중국은 철강, 전기, 천연자원 등 여러 주요상품의 생산을 지원하기 위하여 대규모의 보조금을 투입하거나 이들 원자재의 해외수출을 제한하여 이를 사용하는 국내산업 및 기업이 이들 원자재를 저가에 안정적으로 확보할 수 있도록 하는 메커니즘을 운용하고 있다.[17] 중국 철강업체 등에 대한 보조금 교부로 인한 국제통상분쟁 및 상계관세 조사는 지속적으로 진행되고 있으므로 전자산업 연관 원자재 및 소재 산업에 대한 보조금 교부 동향을 면밀히 모니터링하는 것이 향후 제기될 반도체 분야 보조금 이슈 논의를 위한 사전정지 작업의 성격을 갖게 될 것으로 여겨진다.

(10) 제반 세금감면 조치

중국 정부는 다양한 형태의 세금 면제 및 감액 조치를 실시하고 있으며, 이러한 세금 감면 조치는 대부분의 국가들이 채택하고 있는 전형적인 보조금 조치이다.

(11) 주 정부 프로그램

보조금협정에 따른 보조금 교부의 주체는 중앙정부이든 지방정부이든 법적으로는 차이가 없다. 특히 중국의 경우 지방정부 교부 보조금이 중요한 문제로 대두되고 있는 바, 중국은 강력한 중앙집권 국가이기도 하나 한편으로 각 지방정부(성, 자치주 등)도 상당한 자치권과 독립

---

17) China—Measures Related to the Exportation of Various Raw Materials, WT/DS394/AB/R 참조할 것.

권을 향유하고 있는 상황이기 때문이다. 그 결과, 보조금 교부의 경우에도 지방정부가 중앙정부의 위임 하에 또는 독자적으로 제공하는 보조금이 상당액에 이르는 것으로 파악되고 있다. 이러한 상황은 전자산업에 대한 보조금의 경우에도 마찬가지 문제로 대두되고 있다. 그 이유는 전자산업의 경우 막대한 부지와 장비 등이 동원되는 속성상, 지방정부의 지원과 허가 등이 지속적으로 필요하기 때문이다. 따라서 중국 반도체 산업의 보조금 문제를 제기함에 있어서는 지방정부 교부 보조금에 대하여 면밀한 검토와 자료축적도 아울러 필요한 상황이다.

E. 한국의 경우

우리나라가 2008년 금융위기를 극복하기 위하여 취한 조치는 1997년 금융위기 이후 취한 조치의 맥락과 흐름의 연장선상에 놓여 있다. 따라서 2008년 금융위기 극복조치를 이해하기 위해서는 1997년 이후 채택된 일련의 조치에 대하여 먼저 면밀히 살펴볼 필요가 있다. 아래에서는 먼저 1997년 금융위기 극복을 위한 조치를 살펴보고 그 연장선상에서 2008년 금융위기 극복조치를 검토한다.

(1) 1997년 금융위기 극복조치

(a) 한국 금융체제의 급격한 변동

1997년 11월 외환위기[18]가 발생한 이후 18년이 지났다. 1997년의 외환위기는 우리나라의 제반 분야에 상당한 충격과 변화를 초래하였다. 전례없는 경제위기 상황을 신속히 극복하고자 정부는 산업, 금융, 투자 등의 정책 분야에서 다양한 조치를 취하였다. 한국이 2년이라는 짧은 시일 내에 외환위기를 극복한 사실에서 드러나듯이 이 당시 정부가 취한 정책은 대부분 성공적이었다고 평가할 수 있을 것이다. 일부 세부적인 항목 또는 구체적인 정책에서는 다소 혼선과 부정적 효과가 초래된 경우도 없지 않았을 것이나 전체적인 차원에서는 정부의 정책이 상당히 효과적이었음을 부인하기는 힘들다. 특히 외환위기를 극복하는 과정에서 우리의 금융 및 경제체제 운용 부분은 자의 반 타의 반으로 상당한 수준의 국제화를 달성하게 된 점 역시 사실이다.

외환위기의 극복이 불과 2년만에 이루어졌음에 반하여 그 잔재가 모두 사라진 것은 아니다. 특히 외환위기 극복과정에서 우리 정부가 취한 다양한 조치들은 18년이 지난 지금에도 다

---

18) 1997년의 외환위기는 우리 경제상황의 급격한 악화를 초래하여 경제위기로 발전하였다. 따라서 이 장에서는 1997년 "외환위기"와 "경제위기"를 동일한 의미로 사용한다.

양한 국제통상분쟁에서 아직도 그 잔영을 남기고 있다. 경제위기 상황을 탈출하고자 정부가 취한 다양한 정책 및 조치들은 한국 정부가 민간 부분에 직접적으로 개입하고 있다는 인식을 심어주게 되었고 이러한 인식은 추후 다양한 형태의 통상분쟁을 초래하는 계기를 제공하게 되었다. 우리가 세계 11위의 경제 규모와 전통적인 수출주도형의 경제체제를 가지고 있다는 점을 감안하면 일정한 정도의 통상분쟁의 발생은 일면 불가피한 측면이 있기도 하다. 그러나 외환위기 상황을 극복하기 위한 우리의 정당한 노력이 통상분쟁의 씨앗으로 작용하였다면 이는 다른 차원의 문제이다. 따라서 외환위기로 인하여 그간 어떠한 분야에서 어떠한 이유로 통상분쟁이 발생하였는지를 차분히 살펴보는 것은 향후 유사한 위기 상황이 다시 도래하였을 경우, 우리의 시행착오를 최소화할 수 있는 중요한 시사점을 제공하여 줄 것이다. 이 역시 우리가 비싼 수업료를 지불하고 터득한 교훈으로써 향후 유사한 상황에 처할 경우 우리가 보다 현명한 대처를 할 수 있는 가이드라인을 제시하여 줄 수 있을 것이다. 이를 염두에 두고 본 글에서는 1997년 외환위기의 국제통상법 내지 통상분쟁에서의 함의를 검토하여 보고자 한다.

(b) 기간산업 및 금융권의 위기와 정부의 구제조치

1) 기간산업 위기와 정부의 구제조치

외환위기로 인해 기간산업이 위기에 처하게 되자 정부는 다양한 조치를 검토하게 되었다. 정부가 특정 기업의 재정적 곤란 극복을 지원하기 위하여 직접 나선 것은 아니나 전체적으로 기업들이 이러한 상황을 극복하는 것을 지원하기 위한 제도적 장치를 도입하였다. 이러한 정책 검토 및 시행은 경제위기에 처한 국가의 정부가 당연히 담당하여야 할 성격의 업무라고 할 수 있을 것이다. 이 과정에서 다양한 정책들이 검토되었지만 특히 주목을 받았던 것은 채무재조정 조치의 제도화와 기간산업 부분에서의 소위 "빅딜" 조치였다.

특정 국가의 거시 경제상황이 좋건 나쁘건 재정적 곤란을 겪게 되는 기업은 항상 존재한다. 이 경우 이러한 기업에게 자금을 대여하여 준 채권자들은 딜레마 상황에 처하게 된다. 재정적 위기에 처한 기업은 모든 채무를 상환할 만한 경제적 여력이 없는 상태에서 채무의 만기가 도래하기 때문이다. 이 상황에서 채권자들은 만기가 도래한 채무를 당장 회수하여 비록 100%는 아니더라도 일정 부분의 채권만족을 시도할 것인지, 아니면 해당 기업에 신용공여를 확대하여 재정적 위기를 극복할 수 있도록 적극 지원하여 추후에 100%의 채무만족을 시도할 것인지를 결정하여야 하는 것이다.[19] 나아가 후자를 선택하여 재정적 위기 극복을 적극 지원

---

19) 가령, Stephen Ross, Randolph Westerfield & Jeffrey Jaffe, *Corporate Finance*, McGraw Hill, 6th ed.(2002), pp. 857-858 참조; IMF Legal Department, Orderly & Effective Insolvency Procedure: Key

하기로 결정하는 경우에도 어떠한 방법으로 그러한 지원을 실시할 것인지 구체적 방안을 검토하여야 한다. 이 과정에서 채택되는 가장 대표적인 방법은 기존의 채무를 탕감하거나, 만기를 연장하거나 또는 신규자금을 대출하여 주는 채무재조정이다.[20] 물론 이러한 채무재조정을 실시하는 전제조건으로 그러한 조치를 통하여 해당 기업이 회생할 수 있다는 객관적 판단이 선행되어야 할 것이다. 재정난에 봉착하였으나 장기적으로는 회생 가능성 있는 채무기업에 대하여 채권자가 선별 지원한다는 점에서 이러한 조치의 대표적인 사례로는 미국의 Chapter 11상의 절차를 들 수 있을 것이다.[21]

국가 경제의 위기는 개별 기업의 위기도 아울러 초래한다. 따라서 국가 경제가 위기에 처한 상황에서는 재정적 곤란 상황에 처하는 개별 기업의 수 역시 급증하게 되므로 채권자들이 이러한 결정을 내려야 하는 상황 역시 급증하게 된다. 1997년의 외환위기는 바로 이러한 상황을 초래하였다. 적지 않은 기업이 도산위기에 처하게 되었고 각 채권자들은 개별적인 판단으로 이들 기업을 도산처리 하거나 혹은 채무재조정을 통하여 추가지원을 실시하게 되었다.

문제는 1997년 대규모 경제위기의 발생으로 인하여 이러한 채권자들 역시 스스로의 재정적 위기에 직면하게 되었다는 점이다. 채권자들 역시 재정적 곤란 상황에 처하게 되어 통상적인 의미의 채무자 회생 가능성 판단과 이에 따른 채무재조정을 실시하지 못하게 되고 대부분의 경우 채권회수에 적극 나서게 되었다. 대다수의 채권자들이 이러한 입장을 채택하게 될 경우 관련 기업의 연쇄 도산과 이에 따른 경제 상황의 악화가 우려되었다. 이러한 상황의 발생을 최대한 억제하고자 정부는 다양한 조치를 모색하게 되었다. 특히 주요 기간산업에 속한 기업들이 도산 위기에 봉착하자 보다 적극적인 대응책을 모색하게 되었다. 이에 따라 정부는 1998년 채권자간 채무재조정협약(Corporate Restructuring Agreement)을 채택하도록 유도하였고 나아가 이

Issues(1999), pp. 12 – 14 참조.

20) 이러한 내용을 담고 있는 자료로는 Edward Altman & Edith Hotchkiss, *Corporate Financial Distress and Bankruptcy*, John Wiley & Sons, 2d ed.(1993); Stuart Gilson, *Creating Value through Corporate Restructuring: Case Studies in Bankruptcies, Buyouts and Breakups*, John Wiley & Sons(2001); Subhrendu Chatterji & Paul Hedges, Loan *Workouts and Debt for Equity Swaps: a Framework for Successful Corporate Rescues*, John Wiley & Sons(2001) 등 참조.

21) 영국, 미국, 독일, 일본 등 주요국의 경우도 기업구조조정 제도로 도산법 등 법적 절차에 따른 구조조정(법적 워크아웃)과 채권금융회사간 자율적 합의절차에 따른 구조조정(사적 워크아웃)을 병행하여 운영하고 있다. 이들 국가의 경우 법적 절차에 따른 구조조정은 대체로 법원의 지휘·감독하에 절차가 진행되는 반면, 자율적 합의절차에 따른 구조조정은 채권금융회사와 거래기업간 약정, 채권금융회사간 합의, 일반준칙 제정 등을 통해 구조조정절차가 진행되는 것으로 알려지고 있다. 기업구조조정촉진법에 따른 채무재조정 운용상황, 금융감독원 Press Release(2005. 11. 29.) 참조.

를 보다 제도화하여 2001년에는 기업구조조정촉진법(Corporate Restructuring Promotion Act)를 도입하기에 이르렀다. 이러한 제도는 그간 특정 기업의 채권자들의 독자적 결정의 영역에만 머물러 있던 채무재조정을 보다 공식화하여 그 입안, 결정 및 시행을 체계화하였다는 데 그 의의가 있었다. 채무재조정의 실익이 있는 경우에도 채권자간 상호신뢰 부족으로 채무재조정이 제대로 시행되지 못한 경우가 적지 않았던 점을 감안하면 이러한 공식화 또는 제도화 작업은 채무재조정의 안정적 확산에 상당한 기여를 하였다.[22] 개별 채무재조정 자체는 각 채권자가 독자적으로 결정할 사항이나 정부가 앞장서 이러한 메커니즘을 도입하였다는 사실은 이후 지금까지 한국 정부와 기업을 지속적으로 괴롭히는 빌미를 제공하게 되었다. 이에 대해서는 후술하기로 한다.

다른 한편으로 정부는 경제위기의 극복을 위해서는 대기업의 동일 분야 중복 투자에 대한 조정이 필요하다는 점을 인식하고 이의 해소를 위한 소위 "빅딜" 정책을 검토, 권고하기도 하였다. 각 대기업이 자신의 장점을 최대한 살릴 수 있는 특정 분야에 집중함으로써 국가 전체적인 비효율을 최소화한다는 것이 이러한 정책의 취지였다. 특정 분야에서 빅딜 조치를 실시할 지 여부는 관련된 대기업의 독자적 의사 결정에 따른 것이나, 정부가 이 과정에 주도적으로 참여하고 있는 인상을 주게 됨에 따라 특정 대기업에 대한 정부의 특혜시비가 아울러 불거지게 되었다. 이 역시 최근의 통상분쟁에서 우리의 교역상대국이 지속적으로 주장하는 주요 논거의 하나를 제공하게 되었다. 이외에도 이 기간 동안 주요 산업을 지원하는 다양한 정책들이 채택되었으며 이들 역시 주요 산업 및 기업에 대한 한국 정부의 구체적 지원조치로 간주되게 되었다.

2) 기업구조조정촉진법 개관
ⓐ 배경 도입
기업구조조정촉진법(이하 '기촉법')은 기업부실이 금융부실로 연계되어 경제 전체로 확대 재생산되는 것을 방지하고, 회생 가능성 있는 기업은 재기할 수 있도록 하여 경제시스템의 안

---

22) 2005년 11월 기준 기업구조조정촉진법에 따라 구조조정을 추진한 기업은 총 25개사로, 이 중 10개사는 경영정상화 또는 제3자 매각을 통해 구조조정이 종료되었으며, 12개사는 구조조정이 진행 중이었다. 한편 3개사에 대해서는 회사정리절차 또는 파산절차 개시로 채권단 관리가 종료되었다. 이 기간 동안 채무재조정 대상이 된 기업의 총 채무는 출자전환 13.5조원, 만기연장 14.5조원, 신규자금지원 4.7조원 등 총 37조원 규모에 이르렀다. 기업별로는 하이닉스(9.2조원), 현대건설(6.9조원), SK 네트웍스(6.6조원) 등 3개사가 전체의 70.1%를 차지하고 있었다. *Id.* 참조. 이와 관련 기업구조조정촉진법에 따라 채무재조정을 실시한 기업은 전체 채무재조정 실시 기업의 일부에 지나지 않음에 유의할 필요가 있다.

정을 도모하고자 2001년 8월에 여·야 공동발의를 통해 제정되었다. IMF 경제위기를 전후하여 대기업의 연쇄도산 등 기업부문의 부실이 심각한 수준으로 진행되고, 도산 3법 등 기존의 법적 구조조정절차에 의해서는 산업전반의 기업구조조정을 신속히 완료하기에 한계가 있는 점을 감안하여 채권금융기관 주도의 신속한 기업구조조정을 추진하기 위하여 "기업구조조정 촉진을 위한 금융기관 협약(1998. 6. 25., 이하 '기업구조조정협약')"을 체결하고, 구조조정대상기업과 채권금융기관 사이의 사적 계약에 의하여 자율적으로 기업개선작업(Work-out)을 수행하도록 하였다. 그러나 워크아웃 진행과정에서 자율적인 기업구조조정에 대한 시장관행의 미성숙으로 인하여 일부 채권금융기관들이 손실을 분담하기 보다는 무임승차하려는 행태가 나타나고, 채권금융기관들의 이해조정 등 자율적 합의도출이 쉽지 않은 문제가 나타남에 따라 신속하고 효율적인 기업구조조정을 통한 경제시스템의 안정화라는 공익을 도모하기 위하여 사적 자치의 영역인 채무기업과 채권금융기관간의 채권채무관계에서 기업구조조정협약에 의한 워크아웃제도의 운영에 법적인 뒷받침을 하고자 기촉법을 제정한 것이다. 다만, 채권금융기관이 자율적으로 추진하는 기업구조조정 과정에서 무임승차의 문제, 이해조정의 문제 등을 시장의 자율로 해결할 수 있는 관행이 정착되기까지 기촉법에 의한 기업구조조정 체제를 과도기적으로 적용하기 위하여 기촉법의 유효기간을 2005년 말까지 한시적으로 규정하였다.

그러나 채권금융기관의 자율적인 합의를 통한 기업구조조정의 관행이 아직 시장에 정착되지 않은 실정이므로 신속하고 원활한 기업구조조정을 위하여 2005년 12월 31일까지 한시적으로 적용하였던 기촉법의 유효기간을 연장할 필요성이 인정되었다. 그런데 종전 기촉법이 2005년 12월 31일 유효기간 도래로 이미 실효되어 2007년 4월 국회 재정경제위원회의 새로운 기촉법 제정안 발의를 통해 2007년 11월 4일부터 새로운 기촉법을 시행하게 되었다. 새로 제정된 기촉법은 2010년 12월 31일까지 유효한 한시법으로 운용되었다.

ⓑ 핵심조항 및 취지

첫째, 종전의 기촉법은 모든 채권은행으로 하여금 금감위가 정하는 기준에 따라 거래기업의 신용위험을 정기적으로 평가하고, 평가결과 부실징후기업에 해당된다고 판단될 경우에는 일정한 조치를 취하도록 하였다. 그러나 개별 채권은행들은 여신기업에 대하여 자체적인 사후관리시스템을 갖추고, 수시로 여신기업에 대한 평가를 자율적으로 실시하고 있어 기촉법에 의한 정기적인 신용위험평가와 중복되는 문제가 발생하고, 금감위가 정하는 바에 따라 신용위험평가와 사후관리를 하도록 함에 따라 공정하고 중립적인 절차의 진행이 보장될 것인지에 대한 의문이 제기되었다. 따라서 새로운 관치금융이라는 불필요한 오해의 소지를 없애고자, 모든 채권은행이 금감위가 제시하는 바에 따라 기업신용위험에 대한 상시평가 및 사후관리를 의무화하고 있는 규정을 삭제함으로써 채권은행이 자율적으로 수행하고 있는 여신사후관리기능을 통하여 기업신용위험을 평가하도록 하였다.

또한 주채권은행이 채권금융기관 공동관리절차를 개시하기 위하여 협의회의 소집을 통보한 경우 소집통보된 날부터 7일 이내에 소집되는 1차 협의회 개최일까지 금감원장이 각 채권금융기관에 대하여 채권행사의 유예를 요청할 수 있도록 하였다. 그러나 금감원장의 채권행사 유예요청은 임의조항으로 되어 있어 개별 채권금융기관이 채권행사 유예요청을 거부하여 채권을 행사(예금채권과의 상계 등)하는 경우에도 제재조치가 없어 채권금융기관을 구속하는 법적 효력이 없다.[23] 모든 채권금융기관들로 구성되는 채권금융기관협의회의 자율적인 채권행사 유예의 의결을 거치기 전에 금감원장의 채권행사 유예요청에 의무적으로 따르도록 하는 것은 협의회에서의 의견개진의 기회도 없이 과도하게 재산권을 침해할 소지가 있기 때문이었다. 따라서 국내채권금융기관이 금감원장의 채권행사 유예요청을 수용하는 것은 채권행사 유예를 거부할 수 있는 자유가 보장된 상황에서 채권행사 유예 및 이후의 공동관리절차를 통해 채무기업의 회생을 도모함으로써 궁극적인 채권회수의 극대화를 기대하는 금융기관의 자율적인 선택에 따르게 되었다.[24]

또한 기촉법 제9조에 따르면 채권은행은 금감위가 제시하는 바에 따라 수익성·성장성·건전성 및 안정성 등의 경영지표가 포함된 기업신용위험의 상시평가기준 및 사후관리기준을 마련하여 거래하는 기업의 신용위험을 정기적으로 평가하여야 하고, 기촉법 제2조 제5호에 따르면 "부실징후기업"이라 함은 제9조의 규정에 의한 거래기업 신용위험 평가를 통하여 주채권은행 또는 채권금융기관협의회가 외부로부터의 자금지원 또는 별도의 차입이 없이는 금융기관으로부터의 차입금의 상환이 어렵다고 인정한 기업을 말하며, 기촉법 제10조 제1항에 따르면 주채권은행은 부실징후기업에 대하여 종전 기촉법 제12조에 의한 조치를 지체 없이 취하도록 하였다.

ⓒ 전체적 평가

전체적으로 우리나라의 기촉법의 적용은 상당한 성과를 보인 것으로 평가되고 있다.

---

23) 대법원 2005. 9. 15. 선고 2005다15550 판결.
24) 지금까지 설명한 부분에 대해서는 '국회 재정경제위원회, 기업구조조정촉진법 일부개정법률안 심사보고서, 2007. 4. 참조, http://likms.assembly.go.kr/bill/jsp/BillDetail.jsp?bill_id=032940

2005년 기준으로 기촉법에 따라 구조조정을 추진한 부실징후기업은 25개사로, 이 중 10개사는 경영정상화 또는 제3자매각을 통해 구조조정이 종료되었으며, 구조조정을 진행 중인 12개사도 경영정상화 기반이 마련된 것으로 나타났다. 또한 회사정리절차 또는 파산절차 개시로 채권단 관리 종료기업은 3개사이다. 채권금융기관은 부실징후기업 구조조정을 위하여 출자전환 13.5조원, 만기연장 14.5조원, 신규자금지원 4.7조원 등 총 37조원 규모의 채무재조정을 실시하였으며, 기업별로는 하이닉스(9.2조원), 현대건설(6.9조원), SK네트웍스(6.6조원) 등 3개사가 전체의 70.1%를 차지하였다. 한편, 부실징후기업들도 비핵심사업부문 정리 및 부동산 매각 등을 통해 5.7조원 규모의 자구노력을 이행한 것으로 나타났다.

3) 금융기관의 위기와 정부의 구제조치

한편, 위에서 지적한 바와 같이 채권자들 스스로도 외환위기로부터 자유로울 수 없었다. 상업은행이 대부분을 차지하는 이들 채권자들도 그 동안 방만한 운영으로 인하여 외환위기 상황에서 전례없는 위기에 직면하게 되었다. 특히 기업들이 연쇄 도산하며 채무 상환이 제대로 이루어지지 않자 이들 은행들의 수익률 역시 급격히 악화되게 되었으며 일부 은행의 경우 더 이상 영업이 불가능한 상황에 이르게 되었다. 엄격한 시장 원칙에 따를 경우 이들 은행의 경우도 일반 기업과 마찬가지로 영업을 중단하고 남은 은행 자산과 예금보험공사 보험금 지급을 통하여 예금주들에게 일정 수준의 보상을 제공한 후 금융시장에서 퇴출되는 것이 타당하다. 그러나 일반 기업과 달리 은행의 경우 시장에서의 퇴출은 해당 은행뿐 아니라 그러한 은행과 거래관계에 있는 모든 경제주체에 대하여 상당한 파급효과를 초래하므로 이러한 즉각적인 시장 퇴출은 때로는 경제상황을 더욱 악화시킬 수도 있다. 즉, 은행의 도산은 그 범산업적 연관성으로 인하여 전체 경제에 초래하는 파급효과가 기업의 도산과는 비교할 수 없을 정도로 심대하다.[25]

이에 따라 1997년 외환위기 시 정부에서는 주요 은행의 도산을 막기 위하여 특별한 조치를 검토할 수밖에 없게 되었다. 은행을 기업에 비하여 편애하였기 때문이라기 보다는 일종의 궁여지책이었다고 보는 것이 정확할 것이다. 이 과정에서 우리 정부가 채택한 방법은 도산 위기에 처한 주요 은행에 대하여 대규모의 공적자금을 투입하는 방안이었다.[26] 공적자금이라는 것이 결국 정부 예산이므로 국가의 돈으로 이들 은행의 정상화를 지원하게 된 것이다. 정부가 이들에 대해 직접 공적자금을 투입하는 것은 아니고 형식적으로는 예금보험공사가 이를 투입

---

25) 김경원·권순우, 『외환위기 5년, 한국경제 어떻게 변했나』, 삼성경제연구소(2002), pp. 76-119, 248-265 참조.
26) *Id.*, pp. 258-262 참조.

하는 모양을 취하였으나 예금보험공사 자체가 100% 정부 소유의 공기업이므로 결국 직접 투입과 진배없는 상황이라고 하여야 할 것이다.[27]

일단 금융권의 붕괴라는 다급한 상황은 해결하였으나 이러한 조치는 예상치 못한 결과를 초래하게 되었다. 바로 공적자금 투입의 결과 예금보험공사가 이러한 은행 −가령 조흥은행, 우리은행 등− 의 대주주로 등록되게 됨으로써 결국 한국 정부가 이들 은행을 사실상 소유하는 결과가 발생하게 된 것이다. 정부는 이러한 상황으로부터 발생하는 부작용을 최소화하기 위하여 이들 은행의 신용제공 결정 등 일상업무에는 정부 담당자가 관여하지 못하도록 하는 다양한 제도적 장치를 도입하였다.[28] 그러나 이러한 안전장치에도 불구하고 정부가 이들 은행의 사실상 대주주라는 사실 자체를 부인할 수는 없었으므로 이들 은행의 업무 전반에 걸쳐 정부의 의사가 반영되고 있다는 주장을 촉발시키는 계기를 제공하게 되었다. 원래 한국 정부가 소유하던 은행은 한국산업은행, 기업은행, 수출입은행 정도였으나 이 시기를 전후하여 상당수의 민간은행에 대해서도 정부가 이를 사실상 소유하고 있다는 주장을 다른 나라들이 전개하게 된 것이다.

이러한 정부 소유 은행의 범위의 대폭 확대는 이후 발생하는 보조금 분쟁에서 치명적인 문제점으로 대두되었다. 정부 소유 은행으로부터 제공되는 자금은 정부의 자금 제공과 동일시되어 결국 정부의 의도 내지 계획과는 상관없이 상당한 금액의 보조금 교부 주장이 최소한 형식적으로는 가능하게 된 것이다.[29] 나아가 미국과의 FTA 협상 과정에서도 미국측이 한국 정부가 정부 소유 은행을 조속히 민영화하고 금융권에 대한 개입을 중단할 것을 요구할 정도로 이 문제는 지속적인 통상 마찰을 초래하였다.[30]

ⓐ 은행업무 감독 관련 신규 제도 도입

한편 금융감독원은 2001년 10월부터 단계적으로 리스크중심 감독체제(Risk Based Supervision: RBS) 구축을 추진하여 1단계로 2002년에 영업활동별 리스크 평가기준을 마련하였

---

27) 예금보험공사, 2006년 연차보고서, p. 16 참조.
28) 국무총리 훈령 제408호(2000년 11월) 참조.
29) 물론 정부 소유 은행으로부터의 자금의 제공은 보조금의 3대 요건 중 하나인 "정부에 의한 재정적 기여"를 평가하는데 국한되며 따라서 설사 그 존재가 인정되더라도 궁극적인 보조금 판정을 위해서는 "경제적 혜택" 및 "특정성"의 존재라는 추가적 요건의 확인이 필요하다. 보조금협정 제1조, 제2조 참조. 그러나 통상 정부에 의한 재정적 기여 요건의 충족이 보조금 분쟁에서 가장 중요한 선결요건이라는 점을 감안하면 이러한 정부 소유 은행의 확대는 보조금 분쟁에서 우리측에는 상당히 불리한 결과를 초래하게 된다.
30) 연합뉴스, "산업은행, 기업은행, FTA 적용 예외에 안도"(2007. 3. 12.) 참조.

고, 2단계로 2004년에 '리스크관리실태 평가시스템'을 구축하였으며, 3단계로 2004년 10월에 리스크중심 감독을 위한 상시평가체제인 리스크관리 실태평가제도(Risk Assessment and Dynamic Analysis Rating System: RADARS) 도입방안을 마련하여 2005년 중 시범평가를 거쳐 2006년 1월부터 본격적으로 시행하고 있다. RADARS란 은행 영업활동을 10개 부문(기업, 소매, 카드, 트레이딩 등)으로 세분화하고, 부문별 리스크를 분기별로 평가하여 취약부문에 감독·검사자원을 집중하는 상시감시체계이며, 상시감시결과는 종합검사(CAMELS평가) 또는 부문검사와 연계하여 검사부문, 검사인력 및 검사주기 차등화에 활용된다. 미국, 영국 등에서도 상시감시와 현장검사가 연계된 리스크중심 감독제도를 운영 중이며 세부 평가방법에 차이가 있을 뿐 기본체계는 우리나라와 동일하다.[31]

한편 2007년 6월 22일 금감위(현 금융위)는 은행의 리스크관리 선진화를 위해 보유 리스크에 대응하는 자기자본규제를 목적으로 하는 신 BIS 협약을 규정에 반영하고자 '은행업감독규정' 및 '은행업감독업무시행세칙'을 개정하였다. 신BIS협약(Basel Ⅱ)에서는 은행의 내부통제 미흡 등에 기인한 리스크 발생에 대비해 신규로 운영리스크를 추가하고, 은행이 감독당국에서 제시하는 방법만 일률적으로 따르는 것이 아니라 은행 자체 데이터 및 리스크측정 시스템을 이용하는 내부등급법을 인정하여 은행의 자율성을 확대함과 동시에 감독당국으로 하여금 은행이 영업과 관련된 모든 중요 리스크를 감안하여 자본적정성을 제대로 평가하는지 여부를 점검하게 하였다. 또한 필요 시 자기자본 확충 등을 요구할 수 있도록 하였으며, 은행이 리스크와 자본적정성 관련 정보를 시장에 공시하여 이해관계자들의 감시를 받도록 하였다. 국내은행은 2008년부터 계획대로 Basel Ⅱ를 전면 도입·시행하였으며, 국내은행(18개) 중 국민은행은 내부등급법을 감독당국으로부터 승인받아 적용하고, 그 외 17개 은행은 표준방법을 적용하되 산업 및 기업은행은 2008년 중 내부등급법 시행을 목표로 승인업무를 진행하였다.

장기적으로 대부분의 국내은행은 2009년 도입된 선진화된 고급 내부등급법 적용을 목표로 하고 있어, 국제적 선진은행의 리스크관리 모범기준(best practice)을 중심으로 마련된 Basel Ⅱ 시행은 단순한 BIS 자기자본비율 산출방식의 개선을 넘어 국내은행의 리스크 관리 문화를 선진화하여 국내 은행산업의 수준을 한 단계 업그레이드하는 계기가 될 것으로 기대되었다.[32]

---

31) 금융감독원 2006 연차보고서, p. 27(http://www.fss.or.kr/kr/bbs/view.jsp?bbsid=1207_471137088&idx=530000000799&num=8).

32) 신BIS 협약 도입 관련 규정 개정 및 향후 일정, 금융감독원 보도자료(2007. 6. 22.), http://www.fss.or.kr

ⓑ 금융기관에 대한 지표상 변동 추이

이러한 과정을 거치며 우리 국내은행들의 자산건정성은 동기에 대폭 향상되었다. 2007년 12월 말 국내은행의 부실채권비율(=고정이하여신/총여신)은 0.72%로 FLC가 도입된 1999년 이후 사상 최저치를 기록하게 되었다.[33]

표 1 ▶ 국내은행의 부실채권비율 추이

구분	'00말	'01말	'02말	'03말	'04말	'05말	'06말	'07말
부실채권비율(%)	8.00	3.41	2.33	2.63	1.90	1.22	0.84	0.72
부실채권(조원)	42.1	18.8	15.1	18.7	13.9	9.7	7.8	7.7

* 국내외 공시된 관련자료를 토대로 필자가 정리

또한 국내은행의 안정적 수익획득능력도 대폭 개선된 바, 은행의 안정적 수익획득능력을 나타내는 구조적 이익률이 1991~1996년 중 연평균 0.90% 수준에서 2001~2003년 중에는 연평균 1.90% 정도까지 높아져 국내은행의 기조적인 수익획득능력이 크게 개선되었다.[34] 또한 이러한 사실은 국내 주요은행에 대한 국제적인 신용평가기관의 신용평가등급 개선 추이를 통해서도 알 수 있다.

표 2 ▶ Moody's

국민	우리	신한	기업	농협
Baa2(2001.11.9.)	Ba2(1999.10.4.)[1]	Ba1(1997.12.21.)	Ba3(1998.5.11.)	A3(2003.6.9.)
A3(2002.4.8.)	Ba1(2000.7.23.)	Baa3(2000.7.24.)	Baa3(1999.3.5.)	A2(2007.5.4.)
A1(2007.5.4.)	WR(2002.3.17.)	Baa1(2002.6.20.)	Baa2(1999.12.16.)	A1(2007.7.25.)
Aa3(2007.7.25.)	Baa2(2002.11.19.)	A3(2006.8.10.)	A3(2002.3.28.)	
	Baa1(2004.1.16.)	A1(2007.5.4.)	A3(2002.11.15.)	
	A3(2006.8.10.)			
	A1(2007.5.4.)			

주 : 1) 한일은행 기준
* 국내외 공시된 관련자료를 토대로 필자가 정리

/kr/nws/nbd/bodobbs_v.jsp?seqno=12279&no=47&gubun=01&menu=nws020100; 국내은행의 리스크관리 선진화를 위한 Basel Ⅱ 시행, 금융감독원 보도자료(2007. 12. 31) http://www.fss.or.kr/kr/nws/nbd/bodobbs_v.jsp?seqno=12756&no=84&gubun=01&menu=nws020100 각각 참조.

33) '07년 12월 말 국내은행 건전성 현황(잠정), 금융감독원 정례브리핑자료(2008. 2. 5.), http://www.fss.or.kr/kr/nws/nbd/bodobbs_v.jsp?seqno=12835&no=61&gubun=01&menu=nws020100 참조.

34) 국내은행의 수익구조 변화와 시사점, 금융시스템 리뷰 제14호, 한국은행(2006. 1.) http://www.bok.or.kr/금융경제/금융안정/금융시스템리뷰.

표 3 S&P

국민	우리	신한	기업	농협
BBB−	B+(1999.1.15.)	BB(1998.2.25.)	BB+(1998.2.18.)	BBB+(2002.12.18.)
BBB(2002.5.2.)	BB−(2000.1.31.)	BB−(1999.2.19.)	BBB−(1999.1.25.)	A−(2005.7.27.)
BBB+(2002.9.25.)	BB(2002.5.2.)	BB(1999.12.3.)	BBB(1999.11.11.)	A(2007.3.20.)
A−(2005.9.28.)	BB+(2002.9.24.)	BB+(2000.10.20.)	BBB+(2001.11.13.)	
A(2007.3.21.)	BBB−(2003.3.19.)	BBB−(2001.5.11.)	A−(2002.7.24.)	
	BBB(2004.3.9.)	BBB(2002.5.2.)		
	BBB+(2005.6.6.)	BBB+(2002.9.25.)		
	A−(2005.9.27.)	BBB(2003.7.9.)		
		BBB+(2005.6.7.)		
		A−(2005.9.28.)		

* 국내외 공시된 관련자료를 토대로 필자가 정리

표 4 Fitch

국민	우리	신한	기업	농협
BBB	BBB−(2000.1.31.)	BBB+(2003.8.28.)	BBB(1999.9.1.)	A+(2007.6.30.)
A−(2002.9.11.)	BBB(2002.5.23.)	A−(2005.10.24.)	BBB+(2000.3.30.)	
A(2005.10.24.)	BBB+(2003.6.9.)	A(2008.2.29.)	A(2002.6.27.)	
A+(2007.6.13.)	A−(2005.10.24.)			

* 국내외 공시된 관련자료를 토대로 필자가 정리

또한 외부 충격에 대한 국내은행의 충격흡수능력과 관련하여서도 2007년 말 국내 일반은행의 BIS기준 자기자본비율은 11.96%로 미국 상업은행 및 세계 대형은행과 비교해 볼 때 양호한 수준이며, 2007년 말 국내 일반은행의 BIS기준 자본비율은 주요국 대형은행에 근접하는 8.47%를 기록하고 있어 대체로 비슷한 수준으로 평가되었다.

표 5 우리나라 일반은행과 주요국 대형은행의 자기자본구조

	한국(2007.12월)	미국[1](2007.12월)	세계30대 은행[2](2006.12월)
BIS기본자본비율	8.47	8.67	8.82[3]
BIS자기자본비율	11.95	11.86	12.12[3]

주 : 1) 자산규모 100억 달러 이상 은행 기준
   2) The Banker지 순위(2006년 말 기본자본 기준)
   3) 개별은행의 단순평균
자료 : 일반은행 업무보고서, 미국 FDIC, Bankscope
* 국내외 공시된 관련자료를 토대로 필자가 정리

한편 한국은행이 국내은행에 대한 금융시스템 스트레스테스트를 실시한 결과 대규모 외부충격이 발생하더라도 국내은행 BIS비율은 적정수준(8%)을 유지하는 것으로 나타나 은행시스템의 전반적인 충격흡수능력은 비교적 양호한 것으로 판단되었다.[35] 이에 따라 국내 주요 은행의 외국인 투자지분 변동상황도 크게 변동하였다.

표 6   국내 주요 은행 외국인 투자지분 변동상황

	국민은행[1]	신한금융지주	우리금융지주[3]	기업은행
'99말		42.3[2]		0.0
'00말		49.4[2]		0.0
'01말	71.1	48.6		0.8
'02말	70.2	46.3	0.7	0.8
'03말	73.6	51.9	4.5	11.3
'04말	76.1	60.9	11.5	13.7
'05말	85.4	57.1	11.5	15.6
'06말	82.7	58.9	9.5	17.9
'07말	81.3	58.1	13.5	20.2

주 : 1) 2001년 주택은행과의 합병이전 자료는 현재 확인 곤란
　　 2) 1999년 말 및 2000년 말은 신한은행 기준
　　 3) 2002. 6. 24. 증권거래소 최초 상장
* 국내외 공시된 관련자료를 토대로 필자가 정리

ⓒ 산업은행의 경우

특히 대표적 국책은행인 산업은행(KDB)에 대해서는 민영화 추진 및 시장친화적 정책금융기관 설립을 통하여 100% 정부소유 국책은행[공적기관]에서 상업적 민간은행으로의 획기적인 변혁을 추진하게 되었다. 2001년 100% 정부소유 국책은행이었던 KDB는 지주회사형 IB(Investment Bank)로의 민영화작업과 국제적 정합성을 갖춘 시장친화적인 새로운 정책금융기관을 설립, 정책금융의 선진화를 도모하려는 민영화 계획을 발표하고 국내외 투자자를 대상으로 설명회를 개최하였으며, 2008년 6월에는 해외 투자자를 대상으로 런던, 뉴욕 등에서 IR을 실시하여 정책금융공사를 설립하였다. 또한 그간 KDB총재는 관료출신 등 정부측 인사가 대부분 선임되어 왔으나, KDB의 민영화를 성공적으로 추진하기 위한 계기를 마련하고 KDB의 조직을 개편하고 인사를 획기적으로 쇄신함으로써 향후 KDB를 국제적 기준에 부합한 경쟁력 있는 국제 투자은행으로 전환시키고자 제34대 산업은행 총재로 외부 민간전문가를 임명하는 등 조직 및 인사의 획기

---

35) 금융안정보고서 제11호, pp. 66-67, 한국은행(2008. 4.), http://www.bok.or.kr/금융경제/금융안정/금융안정보고서.

적 변화를 추진하였다. 또한 정관을 개정하여 그간 상임이사가 KDB직원 중에서만 임명되어 온 관행을 지양, 직원이 아닌 전문적 지식과 풍부한 경험을 지닌 외부전문가도 이사회구성원으로 참여할 수 있도록 임명요건을 완화함으로써 자율과 창의를 중시하는 이사회 문화형성을 더욱 촉진할 것으로 기대되었다. 이에 따른 산업은행의 지표별 상황은 다음과 같았다.

표 7 신용등급 변동 내용

구분	Moody's		S&P		Fitch		R&I	
	장기	단기	장기	단기	장기	단기	장기	단기
2004.6	A3 (stable)	p−1/ p−2						
2004.7							A (stable)	
2005.7			A (stable)	A−1				
2005.10					A+ (stable)	F1		
2006.4							A+ (Positive)	
2006.8	A3 (stable)	p−1/ p−2						
2007.5	Aa3 (stable)	p−1/ p−2						

* 국내외 공시된 관련자료를 토대로 필자가 정리

표 8 자산 건전성 변동 내용 (단위: 억원, %)

구 분	'04년말	'05년말	'06년말	'07년말
총자산	1,083,411	1,141,505	1,201,957	1,369,994
당기순이익	9,975	24,217	21,008	20,476
R.O.A	1.11	2.58	2.08	1.75
R.O.E	11.02	19.29	13.37	11.30
총여신	539,997	538,773	572,568	673,100
무수익여신 (여신비율)	8,975 (1.66)	5,439 (1.01)	5,703 (1.00)	6,709 (1.00)
총대출기준 연체율	−	0.75	0.81	0.73
BIS자기자본 (자기자본비율)	136,010 (18.08)	157,306 (17.98)	168,114 (17.15)	185,867 (16.50)

* 국내외 공시된 관련자료를 토대로 필자가 정리

(2) 2008년 금융위기 극복조치

이와 같이 1997년 이후 채택된 다양한 금융위기 극복조치의 효과로 인하여 2008년 금융위기 시 우리나라는 급격한 방식의 새로운 조치를 취하지 않을 수 있었다. 어떻게 보면 1997년 위기가 일종의 효과적인 예방주사로 작용한 측면도 없지 않았다. 다만 우리나라는 이러한 기본적인 골격은 그대로 유지하면서 이에 더하여 세부적인 추가적 조치를 실시하기에 이르렀다.

(a) 수입금융 제도

2008년 금융위기 당시 수출입은행은 수입금융(Import Financing) 제도를 운용하고 있었다. 미국은 이 프로그램이 외국으로부터 원자재 및 기계를 수입하는 모든 한국 업체가 신청 가능함에도 불구하고 이를 반도체 및 전자산업군에 비대칭적 지원을 하는 것으로 보고 현재 반도체 상계관세 연례재심 과정에서 지속적으로 조사를 진행하고 있다.[36] 수입금융 문제는 대부분의 국가가 자국 산업의 수출입 활동을 지원하기 위하여 운용하고 있다는 점 및 국제무역에 종사하는 대부분의 한국 기업이 해당 프로그램의 혜택을 받고 있다는 점 등을 감안할 때 이에 대한 사실상 특정성 주장은 상당한 우려를 초래하고 있다. 특히 삼성전자 및 하이닉스 반도체 등 대규모 반도체 기업의 경우 이러한 금융제도를 이용하는 빈도 및 규모가 여타 기타 기업에 비하여 높을 수밖에 없음에도 이러한 현실에 대한 평가가 제대로 이루어지지 않는 것으로 판단된다. 이는 조사당국의 자의적인 사실상 특정성 판정의 사례로 볼 수 있다.

이러한 현실은 사실상 특정성 문제가 우리측의 견해나 의견과는 상관없이 상대방이나 WTO 심리 패널의 독자적인 견해 및 의견에 따라 결정되는 속성을 잘 보여주고 있다. 따라서 우리측의 입장이 설사 합리적이라고 하여도 조사당국이나 패널의 결정이 명백히 비합리적이지 않는 한 그러한 결정이 궁극적으로 용인되는 상황이 적지 아니하다.

(b) 총액대출제한 제도

또한 2006~2007년 실시된 한국산 제지(Coated Free Sheets)에 대한 상계관세 조사 시 미국 정부는 한국은행이 일반 은행에 대하여 실시하는 총액대출제한제도(ACCL)가 역시 특정 산업군에 특별한 혜택을 부여하는 제도라는 명목으로 상당 기간 조사를 실시한 바 있다. 동

---

36) 美상무성 상계관세 조사 질문서(General Appendix), 수출입은행 수입금융 운용 관련 내부규정 및 수출입은행 수입금융 수혜기업 리스트 각각 참조.

제도는 정부의 직접 지원 프로그램도 아니며 단순히 한국은행이 시중 상업은행에 대하여 자금 대출 시 고려하는 평가요소에 불과함에도 불구, 정부의 직접적 지원조치와 동일시하여 상당 기간 이례적으로 조사한 바 있다. 이 조사과정에서 설사 한국은행이 시중은행 대출과정을 통하여 한국 기업에 혜택을 부여하였다고 하더라도 한국의 모든 중소기업이 동일한 수준으로 혜택을 받는다는 점이 입증되어 제지기업에 대한 사실상 특정성은 궁극적으로 부인되게 되었다.

동 사안은 정부의 특정 산업 지원정책과 무관하다고 볼 수 있는 한국은행의 신용공여 제도를 문제 시 하였다는 점에서 보조금 분쟁이 단지 정부의 산업정책뿐 아니라 금융정책을 통해서도 제기될 수 있음을 잘 보여주고 있다. 또한 동 사안은 일반적인 중소기업 지원정책의 경우 사실상 특정성 부재 확인을 통하여 보조금 분쟁에서 우리 정부의 입장이 상대적으로 강화될 수 있음을 잘 보여주었다.

(c) 특정 산업에 대한 지원조치

한편 2008년 금융위기를 극복하는 과정에서 특정 산업을 지원하기 위한 구체적 조치 역시 다양하게 모색되었다. 다양한 형태의 방안이 모색되었으나 특히 금융지원조치를 도입하는데 그 초점이 맞추어졌다. 가령 우리나라의 조선산업 및 해양관련 산업을 지원하기 위한 별도의 금융기관이 지속적으로 논의되다가 2014년 출범하기에 이르렀다. 즉, 무역보험공사, 산업은행 그리고 수출입은행이 공동으로 "해양금융종합센터"를 부산에 설립하여 2014년 10월 1일 활동을 개시하였다. 또한 우리나라는 2012년 이후 금융위기 과정에서 중소기업들이 특별히 어려움을 겪고 있음을 감안하여 중소기업 및 중소상인이 영위하기에 적합한 업종을 지정하여 보호하는 제도를 도입하였다. 특히 일부 대기업이 전통적으로 중소상인이 영위하여 오던 업종으로 적극적으로 진출하여 중소기업 및 중소상인의 생존권을 위협함으로써 야기되고 있는 다양한 사회적 문제도 분명히 목도되고 있는 상황에서 이에 대한 다양한 대응책을 모색하고자 하였다. 또한 그 후속작업으로 이러한 중소기업에 대한 금융지원조치를 강화하는 방안을 역시 포함하고 있다.

다만 이와 같이 특정 산업을 지원하는 내용을 골자로 하는 조치들은 다음과 같은 문제점을 내포하고 있다. 가령 해양종합센터와 관련하여 특정 산업을 지원하기 위한 금융기관을 설립하는 전례는 다른 국가에서도 찾아보기 힘들다는 측면에서 이 금융기관은 통상협정 −특히 보조금협정− 에의 저촉소지를 증폭시키는 측면이 있다. 즉, 그간 국제사회에서 우리 정부기관의 일부로 간주되어(정부지분 100% 소유 등을 이유로) 보조금 분쟁의 핵심에 자리잡고 있는 산업은행과 수출입은행을 하나로 합하여 한국 정부 주도의 금융지원정책 성격을 더욱 강화하고, 이에 다시 무역보험공사를 추가하여 하나의 종합적인 금융센터로 운영하는 것을 제도화하는 것은 미국, EU, 일본 등 그간 우리나라의 보조금 분쟁의 주요 상대국이었던 경쟁국의 보조금 주장을 더욱 강화할 가능성이 적지 않게 존재하는 것으로 판단된다. 특히 그 지원대상이 우리나라가 세계 시장에서 주요한 위치를 차지하고 있는 조선산업이라면 그러한 문제 제기 가능성은 더욱 높아지게 될 것이기 때문이다.[37] 기본적으로 WTO 협정과 FTA 협정은 회원국 정부가 기업에 대하여 보조금을 교부하는 것을 금지하고 있으며 이러한 보조금 교부 시 이에 대하여 다양한 제재조치를 규정하고 있다. 이러한 보조금 교부 조치의 대표적인 형태는 금융지원조치이다. 만약 새로운 제도를 도입하는 과정에서 조선산업 등 특정 산업에 대한 특별한 지원 조치를 도입한다면 이는 공히 현재 보조금 관련 국제통상 법리에 따를 경우 규제대상 보조금에 해당할 가능성이 존재한다. 동시에 특정 산업의 국내상품을 우대하는 조치 역시 다양한 문제점을 초래한다. 상품교역 측면과 관련하여 새로이 도입되는 제도가 사실상 국산상품을 수입상품에 대하여 우대하는 성격을 내포하고 있다면 이는 GATT 1994 협정이 규정하는 내국민 대우 조항에 대한 위반을 초래할 가능성도 아울러 내포하고 있기 때문이다. 그 결과 이들 기업에 대한 무역규제조치나 통상분쟁으로 이어질 가능성도 배제할 수는 없을 것이다.

또한 이러한 지원조치가 서비스 영역에서 이루어지게 되면 이 역시 통상협정에 포함된 서비스시장 개방 양허표 준수 의무에 대한 저촉문제를 초래할 수 있다. 새로이 도입되는 제도에 따라 특정 서비스 영역으로 외국 기업의 진출을 제한하는 경우 우리 정부가 제반 통상협정에 포함된 서비스시장 개방 양허표에 따라 상대국 정부 및 상대국 서비스 공급자에 대하여 부담하는 의무에 대한 위반을 초래할 가능성이 존재한다. 각 서비스 산업 영역, 각 통상협정별로 시장 개방 의무사항의 구체적 내용이 상이하므로 구체적인 위반 여부는 관련 업종과 협정별로 살펴보아야 할 것이나, 일단 대부분 협정의 양허표에서 특정 기업(군) 보호 등을 목적으로 하는 법령과 조치의 도입에 대한 일반적인 예외를 인정하고 있지는 아니하다는 점에 주목할 필요가 있다.

---

37) *United States—Countervailing Duty Investigation on Dynamic Random Memory Semiconductors from Korea*(DS 296)("*U.S.-DRAMs*"), *European Communities—Countervailing Measures on Dynamic Random Memory Chips from Korea*(DS 299)("*EC-DRAMs*"), *Korea—Measures Affecting Trade in Commercial Vessels*(DS 273)("*Korea-Commercial Vessel*") 각각 참조.

나아가 특정 산업을 지원하고자 도입되는 조치가 다양한 방식으로 외국기업이 이러한 영역에 진출하는 것을 차단 내지 제한하는 경우 이는 외국인 투자자에 대한 사후적 차별조치에 해당할 가능성이 있고 이는 투자협정상 다양한 의무 ―공정하고 형평한 대우 의무, 내국민대우 의무 등― 에 대한 위반을 구성할 가능성도 없지 않다. 이러한 위반은 FTA 및 BIT가 규정하고 있는 투자분쟁해결절차(ISDS 절차)에 회부될 가능성을 역시 내포하고 있다.

즉, 이와 같이 우리 정부가 금융위기 극복과정에서 취한 다양한 제도들은 좋은 취지와 사회적 공감대에도 불구하고 우리나라가 체결한 통상협정(WTO 협정, FTA 협정) 및 투자협정의 일부 조항에 대한 저촉 내지 위반 문제를 일단 내포하고 있는 것으로 보인다. 따라서 이러한 성격의 특별법안과 관련하여서는 이러한 통상협정 위반 가능성에 대한 면밀한 검토와 분석작업이 선행될 필요가 있다. 특히 최근 국제적으로 보호무역주의가 확산되고 있는 상황 하에서 협정 위반의 소지가 있는 조치로 인하여 외국의 통상규제 조치를 촉발하거나 또는 불필요한 통상분쟁의 발생을 초래할 가능성도 있음을 아울러 염두에 둘 필요가 있다.

제 5 장

금융위기 극복조치로 인한
분쟁발생 사례 및 평가

제 5 장

금융위기 극복조치로 인한
분쟁발생 사례 및 평가

1. 각국 금융위기 극복조치의 핵심

금융위기가 발생할 시 국가들은 다양한 조치를 취하여 위기를 극복하고자 한다. 대표적인 조치로는 ① 은행 및 금융기관에 대한 대규모 공적 자금 투입, ② 금융제도 개혁 조치 모색, ③ 회사채 신속 인수제도, ④ 환율 변동 제한 조치, ⑤ 자국 화폐가치 저평가 조치, ⑥ 외국인 자본 유출 제한 조치, 그리고 ⑦ IMF 등 국제기구 및 주요국의 요구 수용 등을 들 수 있다. 이하에서는 금융위기 극복을 위하여 일국 정부가 취하게 되는 대표적인 지원정책을 개관한다.

A. 직접적인 운영자금 제공

국가는 금융위기 발생 시 이의 극복을 위하여 자금지원을 제공하기도 한다. 대표적으로, EC는 위기에 빠진 에어버스사를 구제하기 위하여 자금을 제공하는 "Launch Aid" 프로그램을 실시한 바 있다. 이 프로그램에 대하여 패널은 *EC−LCA* 사건 판정에서 기본적으로 보조금협정 제1.1(a)(1)조가 규정하고 있는 "정부로부터의 재정적 기여"가 존재하는 것으로 인정한 바 있다. 즉, 패널은 A300, A310, A320, A330, A340, A330−200, A340−500 및 A340−600 기종의 항공기 제작사업에 이 프로그램에 따라 각국 정부의 자금이 실제로 에어버스사에 제공되었고, 최신 기종인 A380 기종에 대해서는 유사한 자금의 제공이 계획되어 있으므로 정부로부터의 재정적 기여가 존재하는 것으로 인정하였다.

나아가 패널은 이 프로그램을 통한 자금제공은 "시장 비교기준(market benchmark)"보다 낮은 금리로 이루어졌으므로 그 차이만큼 보조금협정 제1조 제2항에서 규정하는 "경제적 혜택"이 존재함을 확인하였다.[1] 마지막으로 이러한 프로그램은 오로지 에어버스사에만 국한하여 운용되었으므로 보조금협정 제2조 제1항상 "특정성" 요건도 충족되는 것으로 결정하였다.[2] 결국 Launch Aid 프로그램은 정부로부터의 재정적 기여, 경제적 혜택 및 특정성이 모두 존재하는 것으로 인정되어 보조금협정에 위반되는 보조금으로 패널은 판정하였다.

나아가 이 사건 패널은 독일, 영국, 스페인이 A380 기종 개발에 지원한 보조금은 "사실상의 수출연계성(de facto export contingency)"이 인정되므로 수출 보조금에 해당하는 것으로 판정하였다. 사실상의 수출연계성을 판정하는 기준이 무엇인가에 관하여 미국과 유럽연합의 입장은 첨예하게 대립하였으며 이 과정에서 패널은 전체적으로 미국의 입장을 수용하였다.[3] 이러한 패널의 결정은 항소기구 심리의 핵심쟁점이기도 하였다.

B. 국책은행의 금융지원

또한 금융위기 시 정부는 국책은행을 통해 금융지원을 제공하기도 한다. 역시 *EC−LCA* 분쟁에서 미국은 1998~2002년간 유럽중앙은행(EIB)이 에어버스사에 제공한 여러 금융지원이 보조금협정상 불법 보조금에 해당한다고 주장하였다. 사실 EIB는 에어버스사에 대하여 다양한 명목의 대출을 실시한 바 있다. 유럽연합이 설립한 EIB는 정부소유 금융기관에 해당하므로 이로부터의 대출은 자동적으로 정부로부터의 재정적 기여에 해당하는 것으로 인정되었다. 그리고 구체적인 대출조건은 사안별로 상이하나 대부분 대출 당시 시장금리보다 낮게 이자율이 책정되어 있었으므로 분명 경제적 혜택이 존재하는 것으로 볼 수 있음을 패널은 확인하였다. 제소국인 미국이 이러한 대출 프로그램이 에어버스사에만 국한되어 실시되어 특

1) European Communities−Measures Affecting Trade in Large Civil Aircraft(Jun. 30, 2010)(*EC−LCA* (*"Panel"*)), para. 7.490.
2) *Id.*, para. 7.497.
3) *Id.*, paras. 7.582−7.716.

정성을 보유하고 있다는 점을 입증하지 못하였기 때문에 EIB 금융지원 프로그램은 특정성 요건의 부재로 보조금협정의 규율 대상인 보조금에는 해당하지 않는다고 판정되었지만,[4] 특정성이 확인된다면 이러한 금융지원 역시 얼마든지 WTO 보조금협정에 위반되는 상황이 발생할 수 있다.

C. 사회간접자본 구축

한편 정부는 금융위기로 위기에 빠진 기업 및 산업을 구제하기 위하여 사회간접자본을 구축하기도 한다. 이러한 사회간접자본 구축 문제가 주요 문제로 제기된 *EC-LCA* 분쟁에서 패널은 보조금협정 제1.1(a)(iii)조가 규정하고 있는 "일반적 사회간접자본(general infrastructure)을 제외한 물품과 서비스의 제공은 정부로부터의 재정적 기여에 해당"한다는 내용을 면밀히 검토하였다. 면밀한 심리 끝에 패널은 이 사건에서 문제가 되었던 독일 함부르크 산업단지(Muhlenberger Loch Industrial Site) 구축사업,[5] 독일 브레멘 공항 활주로 증축사업,[6] 및 프랑스 산업단지(ZAC Aeroconstellation Site) 조성산업[7]이 각각 일반적 사회간접자본 구축에 해당하지

---

4) 동 사건에서 패널은 유럽투자은행의 금융지원 조치가 특정 기업에 대해 불균형적으로 많은 보조금을 지급한 경우 또는 특정 기업에 의한 보조금 계획의 압도적 사용의 경우에 해당한다고 볼 수 없으므로 보조금협정 제2.1(c)조상의 사실상 특정성이 인정되지 않는다고 판시한 바 있다. *Id.*, paras. 7.978-7.996.

5) 패널에 판시 내용에 따르면 당초 함부르크에 존재하는 기반시설은 엘베강 부근에 위치하고 습지로 둘러싸여 있어서 잠재적 발전 가능성이 희박하였다. 그러나 함부르크 정부는 해당 부지에 Mühlenberger Loch 산업단지를 구축하고, 홍수 및 해일 방지 시설을 설치하였으며 기존 항만 시설을 개선하여 화물 및 트럭의 선적을 용이하게 하였다. 아울러, 함부르크 정부는 에어버스사의 요청에 따라 여타 사회기반시설을 구축 및 제공하였는바 이는 보조금협정 제1.1(a)(1)(iii)조상의 "재정적 기여"에 해당하고, 동 시설의 구축에 소요된 비용과 비교하여 현저하게 저렴한 비용으로 에어버스사에 대해 동 시설에 대한 사용을 허가하였으므로 제1.1(b)조상의 "경제적 혜택"이 존재한다고 패널은 판시하였다. 아울러, 패널은 이러한 시설의 사용권을 오로지 에어버스사에 대해서만 부여하였기에 제2.1(a)조상의 "특정성"도 인정된다고 판단하였고 따라서 함부르크 정부의 이러한 사회간접자본 구축 사업은 보조금에 해당한다고 판시하였다. *Id.*, paras. 7.1046-7.1097.

6) 패널은 브레멘 공항의 활주로 증축사업은 1988년과 1989년 사이에 브레멘 지역에서 생산된 에어버스 부품의 수송을 용이하게 하기 위하여 시행된 것으로서 보조금협정 제1.1(a)(1)(iii)조상의 "재정적 기여"에 해당한다고 판시하였다. 아울러 이러한 활주로 증축사업과 관련하여 에어버스사가 브레멘 시에 대해 어떠한 추가 비용도 지불하지 않았기 때문에 제1.1(b)조상의 "경제적 혜택"이 존재한다고 패널은 판단하였다. 이 뿐만 아니라 이러한 증축된 활주로는 에어버스사에 대해서 배타적으로 사용이 허가되었기에 제2.1(a)조상의 "특정성"도 인정된다고 판단하여 보조금에 해당한다고 판시하였다. *Id.*, paras. 7.1098-7.1134.

7) 패널은 프랑스 산업단지(ZAC Aéroconstellation Site)는 에어버스사의 요구에 의하여, 특히 A380 기종의 조립 및 테스트를 목적으로 조성된 것이므로 보조금협정 제1.1(a)(1)(iii)조상의 "재정적 기여"에 해당한다고 판시하였다. 아울러 패널은 프랑스 당국이 동 산업단지의 부지를 염가로 판매하였고, 당해 시설을 에어버스사에 대해 염가로 임대하였으므로 이는 제1.1(b)조상의 "경제적 혜택"을 부여한 경우에 해당한다고 판시하였다. 한편 에어버스사가 동 산업단지의 유일한 점유자이고 해당 시설물의 주된 수혜자이며, 여타 수혜자 또한 에어버스사의 대형 항공기의 생산과 직접적으로 관련된 이해당사자로서 계약업체 또는 하청업체에 한정되므로 제2.1(a)조상의 "특정성"도 인정되어 보조금에 해당한다고 패널은 판시하였다. *Id.*, paras. 7.1135-7.1196.

않는 것으로 결정하고, 결국 보조금협정을 위반하는 보조금 교부 조치에 해당하는 것으로 결정하였다. 패널은 이러한 사회간접자본 구축사업이 사실은 에어버스사의 영업을 지원하기 위한 목적으로 개시되었고 건설사업이 종료된 이후에도 에어버스사만이 이로부터 혜택을 받고 있었다는 점에 주목하였다. 그러나 일반적 사회간접자본이 과연 무엇을 의미하는지에 대해서는 분쟁 당사국간 입장이 첨예하게 대립하였고 제3자 참여국 역시 서로 상이한 입장을 표출하였다. 이 문제에 대하여 항소기구도 구두심리 과정에서 당사국에 다양한 질문을 제기하며 상당히 심도 있는 분석을 실시한 것으로 알려졌다. 보조금협정과 관련하여 이 문제가 분쟁해결절차에서 제기된 것은 이 분쟁이 최초였기 때문이다.

D. R&D 사업지원

또한 정부는 특정 기업에 대하여 연구개발(R&D) 사업을 지원함으로써 구제를 제공하기도 한다. *EC-LCA* 사건에서 미국은 유럽연합 회원국들이 에어버스사에 대하여 제공하는 다양한 R&D 사업 지원조치도 각각 보조금협정을 위반하는 보조금에 해당하는 것으로 주장하였다.[8] 이에 대해 패널은 유럽연합 회원국들의 연구개발 사업 지원조치가 정부소유 은행들로부터 자금대출의 형식으로 진행된 점에 주목하였다. 정부소유 은행들로부터 자금대출이 이루어졌으므로 정부로부터의 재정적 기여요건을 충족하고, 또한 그러한 대출금리가 시장금리보다 낮았으므로 그 한도에서는 경제적 혜택 역시 존재하는 것으로 패널은 결정하였다. 그리고 패널은 이러한 지원조치들이 대부분 에어버스사에 국한된 지원조치로서 특정성 요건도 아울러 충족하는 것으로 판정하였다.

사실 패널은 유럽연합 각 회원국의 관련 조치를 개별적으로 평가하였으며 연구개발 지원사업이라고 하더라도 그 최종 결정 내용이 반드시 동일하지는 않다. 가령 R&D 사업 중 스페인의 Profit 및 영국의 Carad 지원사업의 경우 특정성을 충족하여 보조금에 해당하는 것으로 패널은 판정하였으나, 영국의 기술 프로그램의 경우 특정성이 결여되어 결국 보조금에 해당하지 않은 것으로 결정하였다. 마찬가지로 독일의 LuFo Ⅲ 프로그램의 경우 경제적 혜택이

---

8) 원래 보조금협정은 연구개발(R&D) 보조금을 허용보조금으로 분류하여 보조금협정 제4부에 별도로 규정하였다. 그러나 제4부에 나열된 허용보조금은 1999년 12월 31일자로 효력을 상실하여 이제는 일반 보조금과 동일한 취급을 받게 되었다. 보조금협정 제31조; Ralph H. Folsom, *International Trade and Economic Relations in a Nutshell*(West Publishing Co. 3rd ed., 2004), p. 135; 한국국제경제법학회, 『신국제경제법』, 박영사(2012), p. 203; 성재호, 『국제경제법』, 박영사(2006), p. 195; 최승환, 『국제경제법』, 박영사(2003) p. 321 각각 참조.

부재하여 역시 보조금에 해당하지 않는 것으로 패널은 결정하였다.9)

E. 채무재조정 지원

(1) 기업 지분에의 참여

마지막으로 정부는 ① 기업 지분에 참여하거나, ② 기업에 대하여 채무면제를 제공하거나, 혹은 ③ 정부가 직접 지분을 이전함으로써 기업의 채무재조정을 지원하기도 한다. 유럽연합 각 회원국 정부가 에어버스사의 채무재조정 과정에 적극 관여한 조치는 *EC-LCA* 분쟁에서 주요 대상으로 부각된 바 있다. 먼저 패널은 독일 정부가 정부소유 개발은행인 KfW를 통하여 5억 5백만 마르크 상당의 자금을 투입하여 경영난에 처한 도이치 에어버스의 지분을 20% 매입한 것은 보조금협정상 보조금에 해당하는 것으로 결정하였다. 이러한 자금투입(equity infusion)은 전형적인 형태의 정부로부터의 재정적 기여에 해당하고, 경영난에 처한 도이치 에어버스사의 주식을 시가보다 높게 구입함으로써 경제적 혜택을 부여하였으며, 나아가 이는 도이치 에어버스에 대하여만 이루어져 동사에 대한 특정성을 보유한 지원에 해당하므로 보조금협정상 보조금에 해당하는 것으로 패널은 판정하였다.10)

(2) 기업에 대한 채무면제

EC-LCA 분쟁에서는 1998년 도이치 에어버스가 17억 5천만 마르크를 독일 정부에 지불하는 것으로 기존의 모든 채무에 대한 변제에 갈음하는 것으로 양측이 합의한 것에 대하여 이러한 채무면제가 보조금협정상 보조금에 해당하는지 여부가 쟁점으로 대두된 바 있다. 물론 해당 시점에서 도이치 에어버스사의 독일 정부에 대한 기존의 채무는 이 금액을 훨씬 상회하고 있었다. 따라서 17억 5천만 마르크로 기존의 채무를 모두 변제된 것으로 갈음하는 것

---

9) 패널은 프랑스 정부의 무상지원, 독일 연방정부 및 지방자치단체(sub-federal)의 무상지원, 영국 CARAD의 무상지원, 스페인의 PROFIT 대출과 PAT 대출 및 영국의 기술 프로그램 등은 보조금협정 제1.1(a)(1)(i)조상의 "자금의 직접적 이전"에 해당하여 정부로부터의 재정적 기여로 간주될 수 있으며 제1.1(b)조상의 "경제적 혜택"도 존재한다고 판시하였다. 아울러, 패널은 스페인의 PROFIT 및 영국의 CARAD 등에 대해 특정성도 인정하였다. 특히, 스페인의 PROFIT 대출과 관련하여, 동 대출이 명시적으로 항공 관련 회사만을 대상으로 하고 있다는 점에 대한 입증이 부족하므로 제2.1(a)조상의 법률상 특정성은 존재하지 않는다고 판시하였다. 그러나 패널은 유럽연합의 관련 자료제출 미비를 이유로 부속서 5의 제7조에 따라 제2.1(c)조상 사실상 특정성을 인정하기에 이르렀다. 한편, 영국의 기술 프로그램과 관련하여, 패널은 동 프로그램이 항공 관련 연구의 전반에 걸쳐 적용된다는 점에 비추어 특정성이 존재하지 않는다고 판시하였다. 아울러, 독일 연방정부의 Lufo III Programme은 1.1(a)(1)(i)조상의 "자금의 잠재적 이전"에 해당하나 경제적 혜택은 존재하지 않는다고 판단하여 보조금을 구성하지 않는다고 판시하였다. *EC-LCA*("Panel"), paras. 7.1415 – 7.1607.

10) *Id.*, paras. 7.1291 – 7.1302.

은 도이치 에어버스사에 대해 그 차액만큼 사실상 경제적 혜택을 부여하는 것으로 간주할 여지가 존재하였다. 그러나 패널은 이 과정에서 해당 시점의 최종 변제금액을 산정하는 작업이 시장 기준에 따라 진행되었으며 그 결과 도이치 에어버스사의 최종 변제금액이 산정되었으므로 이는 해당 채무에 대한 그 당시의 시장가격으로 볼 수 있다는 결정을 내리기에 이르렀다. 파산상황에 직면한 채무자에 대하여 채무의 일부 변제를 통해 기존의 채무를 탕감하고 그 채무자가 구조조정을 거쳐 다시 사업을 계속 진행하도록 허용하는 것이 때로는 채권자의 장기적 이해관계에도 부합한다는 시장원리를 이 사안에 적용한 것이다. 따라서 시장 기준에 따라 채무재조정이 이루어진 한도 내에서는 경제적 혜택이 존재하지 않고 결국 보조금협정상 보조금에 해당하지 않는 것으로 패널은 결정하였다.11)

(3) 정부지분의 이전

때로는 정부는 자신이 보유하고 있는 회사의 지분을 여러 목적에서 필요한 회사 및 금융기관으로 이전하기도 한다. 가령, 프랑스 정부는 1998년 Dassault Aviation에 대하여 자신이 보유하고 있던 45.76% 지분을 Aerospatiale에 이전한 바 있다. 미국은 *EC-LCA* 분쟁에서 이후 항공기 개발관련 주요 사업에서 Aerospatiale이 에어버스 컨소시엄에 참여하였으므로 Aerospatiale에 대한 프랑스 정부의 이러한 지원이 결국 에어버스사에 대한 지원으로 전이된 것으로 주장하였다. 프랑스 민간항공기 제작회사의 구조조정 과정에서 프랑스 정부가 제공한 이러한 정부소유 지분은 정부로부터의 재정적 기여에 해당하며 그 시가만큼 경제적 혜택도 존재하고, 수혜대상 기업이 특정된 만큼 특정성도 존재하는 것으로 확인되었다. 따라서 패널은 동 지분이전이 보조금협정에서 규정하는 보조금에 해당하는 것으로 결정한 바 있다.12)

2.　금융위기 극복조치의 특징

한편 각국 정부가 취하는 금융위기 극복조치는 그 나름의 특징을 내포하고 있다. 물론 금융위기 극복조치도 해당국 정부가 취하는 조치(measure)이며, 특히 국제적인 파급효과를 내포하고 있어 각국의 관심대상이 되는 조치라는 점은 당연하다. 이에 더하여 금융위기 극복조치는 또한 다음과 같은 특징을 갖고 있다. 먼저 자국 이기주의적 특징이 가장 극명하게 나타나는 조치라는 점, 그리고 환율문제와 밀접하게 연관되어 교역관계에 직접적인 영향을 초래한

---

11) *Id.*, paras. 7.1304-7.1322.
12) *Id.*, paras. 7.1323-7.1414.

다는 점, 그리고 국가 비상상황에서 도입되는 조치라는 점이 그것이다. 이에 대하여 아래에서 각각 살펴보기로 한다.

A. 자국 이기주의적 특징

각국이 취하고 있는 금융조치 및 이에 대한 대응조치의 가장 큰 문제점 중 하나는 관련 국들이 오로지 자국의 단기적 이익 확보에만 매몰되어 있다는 것이다. 가령 미국의 경우를 살펴보자. 미국이 2008년 11월 이후 세 차례에 걸친 양적완화 조치의 효과를 거양한 기저에는 국제공조, 특히 중국 등 신흥국들의 협조가 있었다. 이러한 과정을 통하여 미국은 자국의 금융위기와 그로부터 초래된 불황을 극복할 수 있었다. 만약 이들 국가들이 각각 자국의 이익 확보를 위하여 이기주의적 조치를 취하였다면 2010년을 전후로 적지 않은 혼란과 국제사회의 갈등이 초래되었을 것이며, 이는 미국 국내경기의 회복에도 부정적 영향을 미쳤을 것임은 물론이다.

그러나 현재 미국이 취하는 일련의 조치는 오로지 자국의 이해관계 확보에만 초점을 두고 있는 모습을 보이고 있다.13) 예를 들어 국제시장에서 통용되는 화폐를 발행할 수 있는 국가가 자국의 필요에 의해 4조 1천억 달러의 자금을 국제사회에 유통한 후, 다시 자신의 필요에 의해 이를 급격히 회수할 경우 그로 인한 국제사회에의 충격은 분명하다. 그러나 이러한 국제적인 상황에 대한 충분한 고려는 배제된 상태이다. 각국이 취하는 이러한 이기주의적 조치는 곧바로 국가간 갈등을 초래할 수밖에 없다. 또한 이러한 갈등은 다양한 루트를 통하여 표출되며 가장 대표적인 경로 중 하나가 바로 통상분쟁해결절차를 거치는 것이다. 이는 통상 협정이 또는 통상분쟁해결절차가 이러한 형태의 분쟁을 해결하기 위하여 보다 특화되어 있기 때문이 아니다. 바로 두 가지 측면에서 이러한 금융조치로 인한 분쟁은 통상분쟁해결절차로 진행하게 될 것이다.

먼저 이러한 조치는 곧바로 각국의 수출입 상황에 영향을 초래하는 대표적인 통상관련 "조치(measure)"에 해당한다는 것이다. 통상협정이 "조치"를 상당히 광범위하게 해석하고 있음을 염두에 두면 이러한 금융조치 역시 통상협정 적용대상인 조치에 해당하는 것은 어렵지 않게 예측할 수 있다. 그 다음으로 이러한 조치가 통상분쟁해결절차로 회부되는 이유는 강제관

---

13) Richard Fisher 댈러스 연방준비은행 총재는 "미국 연방준비은행의 정책은 무엇이 미국에 유리한 지에 초점을 맞추어야 한다"고 언급하였다.

할권을 보유하고 있는 국제법원이 있으며 이로부터 구속력 있는 결정을 도출할 수 있다는 점이다. 이 역시 다른 국제협정에서는 찾아보기 힘든 통상협정과 분쟁해결절차의 독특한 특징이다. 바로 이러한 이유로 금융조치로 인하여 초래된 국가간 분쟁도 결국 통상협정의 테두리 내로 넘어올 가능성이 매우 크다고 할 수 있다.

한편으로 각국의 자국 이기주의를 비난하면서도 우리나라 역시 이러한 자국 이기주의적 상황으로부터 그렇게 자유로운 것은 아니다. 우리나라 역시 최근의 미국의 테이퍼링 조치로 인하여 우리나라 수출입에 어느 정도의 파급효과가 있을지에 주요한 관심을 기울이고 있다. 가령 우리의 주요 경쟁상대인 신흥국의 수출이 주춤해져 우리나라가 반사적 이익을 볼 것이라는 기대감도 있다.[14] 특히 그간 엔저 현상으로 우리 수출에 상당한 부정적 영향을 초래하였던 일본 기업의 기세가 다소 누그러질 것이라는 전망도 있다.[15] 양적완화 축소가 미국 경기회복의 신호탄이라면 대미 수출에 사활을 걸고 있는 우리나라에 그렇게 나쁠 것도 없다는 시각도 있다.[16] 이처럼 우리나라 역시 이러한 조치가 우리나라에 초래하는 단기적 수출입 측면에서의 득실에 초점을 두고 있으며 이로 인해 초래되는 구조적 문제점에 대해서는 다소 둔감하게 대응하고 있는 실정이다. 2010년 11월 G-20 회의에서 바로 이 문제에 대한 국제사회의 합의를 도출한 국가로서는 소극적 자세가 아닐 수 없다. 이 문제에 대하여 적극적으로 대응하는 것은 단지 우리나라가 도덕적 우월감을 계속 유지하여 국격을 계속 유지하는 측면뿐 아니라 우리나라의 수출입에도 직접적인 영향을 초래한다는 측면에서도 역시 요구되는 바이다.

B. 환율문제와 밀접하게 연관

주요국이 취하는 다양한 금융관련 조치들이 국제통상법적 함의를 내포하고 있다는 점은 이미 위에서 지적하였다. 이러한 금융관련 조치들 중 가장 대표적인 것이 바로 환율 조정 문제이다. 이 문제에 대하여 "환율 조작(currency manipulation)"이라는 용어로 흔히 언급되고 있으나, 조작이라는 단어가 포함하는 부정적인 의미와 환율에 영향을 미치는 다양한 요소가 존재한다는 점을 감안하면 조작이라는 용어대신 "조정(adjustment or rebalancing)"이라는 용어가 보다 적절할 것이다. 사실 환율 조작이라는 용어는 미국이 중국 등 다른 국가의 환율 정책을

---

14) "경제체력 좋아지고 금고 두둑해 버틸만", 중앙일보(중앙 Sunday 2014년 2월 2일자), 제18－19면 참조.
15) *Id.*
16) *Id.*

강도 높게 비판하는 과정에서 사용되고 있다. 그러한 혐의를 받는 국가들은 사실관계 자체를 부인하고 있는 상황에서 일방 국가의 입장을 그대로 반영하여 그들이 사용하는 용어를 비판 없이 차용하는 것은 문제의 소지가 있다. 또한 이 책에서 다루고자 하는 부분이 다양한 외부적 요인에 의한 환율의 등락을 의미하는 것이 아니라 특정 국가의 정부가 어떠한 의도를 갖고 시장에 개입한다는 측면이므로 역시 "변동(fluctuation)" 대신 "조정"이라는 용어가 적절하리라고 본다.

주요국의 통상 문제 전문가들도 향후 금융 문제가 국제 통상의 핵심 의제가 될 것으로 예측하고 있는 상황이다.[17] 특히 이 문제는 TPP 협상 과정에서 주요 의제로 등장할 가능성도 아울러 내포하고 있다. 미국의 주요한 관심사의 하나이기 때문이다.[18] 2013년 9월 23일 무려 60명의 미국 상원의원이 미 USTR Michael Froman과 재무장관인 Jack Lew에 보낸 서한에서 환율문제가 "21세기의 가장 심각한 통상문제(21st century's most serious trade problems)"라고 지적하고 있는 점은 이 문제를 함축적으로 보여주고 있다.[19] 또한 2012년 12월에는 23명의 미 상원의원이 오바마 대통령에게 서한을 보내어 미국의 TPP 협상에서 환율 조정을 금지하는 내용을 포함시키도록 요청하기도 하였다.[20] 사실 이 문제가 처음으로 본격적으로 논의된 것은 1985년의 플라자 협정(Plaza Accord)이었다. 자국 화폐의 고평가로 인하여 수출이 감소하고 수입이 증가하자 미국은 일본과 유럽에 대하여 일괄적인 추가 관세 부과를 실시하겠다는 압력을 행사하고 결국 일본의 경우 80% 유럽국가에 대해서는 50%에 이르는 각각 화폐의 평가절상을 유도하였다.[21]

---

17) Samuel Benka, *Book Launch! Globalization and America's Trade Agreements*, Wilson Center(January 24, 2014), http://americastradepolicy.com/book−launch−globalization−and−americas−trade−agreements /#.UunGJmSweM8(2014년 1월 28일 방문); Bill Krist, *Will the President Seek Authority to Negotiate Trade Agreements?*(January 27, 2014), Wilson Center, http://americastradepolicy.com/will−the− presIdent−seek−authority−to−negotiate−tradeagreements/?mkt_tok=3RkMMJWWfF9wsRolv6rPZ KXonjHpfsX%2F4%2BssT%2Frn28M3109ad%2BrmPBy70IMIWp8na%2BqWCgseOrQ8kl0BV82jSc0WrqY %3D#.UunH_WSweM9(2014년 1월 28일 방문).

18) Bill Krist, *Still Time to Address Currency Manipulation in the TPP Negotiations*(November 7, 2013)("60 Senators and 230 Congressmen have pressed the Administration to address currency manipulation in the Trans-Pacific Partnership(TPP) negotiations, clearly signaling that an agreement that fails to deal with this issue will have trouble gaining Congressional approval.").

19) *Id.*

20) 이와 관련하여 연방준비위원회의 전임의장이었던 폴 바이커(Paul Viker)는 비공식 연설에서 "무역수지는 제네바에서의(성공적인) 10년간의 협상보다도 외환시장에서의 10분간의 변동에 의해 더 크게 영향받는다"라고 언급하기도 하였다.

21) Brian Twomey, "The Plaza Accord: The World Intervenes In Currency Markets", http://www. investopedia.com/articles/forex/09/plaza−accord.asp(2015. 4. 30. 방문).

주요 경쟁국의 환율 조정으로 미국 등 몇몇 국가는 통상 부분에서 상당한 손실을 입은 것으로 판단하고 있다. 미국의 경우 최근 몇 년간의 주요 교역국의 환율 조정으로 인하여 1백만에서 5백만개에 이르는 일자리가 사라졌으며 매년 2천억불에서 5천억불에 이르는 추가적 무역적자가 초래되고 있다는 통계도 제시되고 있다.[22] 이에 따라 이 문제를 TPP 등 향후 통상협정 교섭과정에서 적극 제기하는 방안을 이들 국가들은 검토하고 있거나 그러한 문제 제기를 위한 국내적 압력이 고조되고 있는 상황이다.[23] 또한 교역 상대국의 환율 조정에 대응하기 위한 다양한 방안을 검토하고 있으며 그 중 가장 대표적인 것이 바로 이를 일종의 수출 보조금으로 간주하여 WTO 보조금협정에 포함된 금지보조금 철폐 조항을 원용하거나 또는 이를 기초로 독자적인 상계관세 조치를 취하는 것이다.[24] 또는 몇몇 국가에 대하여 GATT 관련 규범에 따라 추가 수입관세를 부과하는 것이다. 몇몇 국가들은 다른 나라의 환율 조정에 대하여 유사한 환율 조정으로 대응하기도 한다.[25] 즉, 환율 조정 조치는 공세적으로 또는 수세적으로 모두 활용되고 있다.

그러나 한편으로 환율문제와 같은 거시 경제적 이슈는 통상협상에서 논의되어서는 아니된다는 전통적인 시각 역시 만만치 않게 제기되고 있다. 가령 캐나다는 이러한 문제가 TPP 협상에서 논의되는 것에 대하여 반대 입장을 견지하고 있다.[26] 사실 대부분의 국가는 정당한 목적에서 다양한 형태의 환율 정책을 채택하여 오고 있다.[27] 또한 국제교역을 통하여 흑자를 누적하는 국가가 환율을 조정하지 않음으로써 더욱 그러한 흑자폭을 늘려가는 상황은 사실 어떤 국가의 문제라기보다는 전후 국제경제질서를 구축한 브레튼 우즈 체제 자체에 내재한 본질적인 한계이기도 하다.[28]

---

22) C. Fred Bergsten and Joseph E. Gagnon, *Currency Manipulation, the US Economy, and the Global Economic Order*, Peterson Institute for International Economics, N U M B E R P B 1 2 − 2 5(December 2012), p. 1, 2.

23) Bill Krist, *Still Time to Address Currency Manipulation in the TPP Negotiations*(November 7, 2013)("60 Senators and 230 Congressmen have pressed the Administration to address currency manipulation in the Trans−Pacific Partnership(TPP) negotiations, clearly signaling that an agreement that fails to deal with this issue will have trouble gaining Congressional approval.").

24) Bergsten and Gagnon, *supra* note 22, p. 1, 14, 17.

25) 가령 브라질과 인도가 대표적이다. *Id.*, at 5 참조.

26) See *Id.*(캐나다 통상장관 Ed Fast를 인용)("We believe a macroeconomic issue like currency issues should be dealt with outside a specific trade negotiation.").

27) Bergsten and Gagnon, *supra* note 22, p. 6.

28) John Williamson, *Getting Surplus Countries to Adjust*, Policy Briefs in International Economics 11−1(Washington: Peterson Institute for International Economics, 2011) 참조.

환율과 통상 문제는 우리에게는 강 건너 불 문제가 아닌 바로 발등의 불 문제가 되었다. 두 가지 맥락에서 바로 그러하다. 먼저 우리나라는 외부 전문가들이 주목하는 환율 개입국 중의 하나이다.[29] 따라서 이 문제가 본격적으로 통상분쟁화되어 다양한 규제 조치가 취해질 경우 우리나라도 그 틈바구니에서 벗어나기가 쉽지 않은 상황이다. 미중간의 분쟁 맥락에서 제기되는 경우에도 결국 미국은 중국에 대한 특정정 공세라는 색채를 탈피하기 위해서라도 한국과 같은 유사한 국가를 포함시킬 공산이 높다.[30] 따라서 단지 이 문제를 중국의 문제 또는 미중 분쟁의 이슈로만 간주하는 것은 잘못된 생각이다. 바로 우리나라에 대하여도 직접적인 함의가 있는 문제라고 할 수 있다. 그리고 그 다음으로 우리나라는 한미 FTA가 체결되어 있고 그리고 TPP에 가입하고자 계획하고 있다. 이 협정들은 다양한 분야에서 세부적인 조항들을 다수 도입하고 있어 체약 당사국이 타방 체약 당사국의 협정 위반을 주장하는 것이 일층 용이하게 되어 있다. 미국의 입장을 받아들여 만약 환율 조정에 관한 구체적인 조항을 별도로 도입한다면 그러한 가능성은 더욱 높아질 것이다.

C. 국가비상 상황에서의 조치

금융위기 극복조치가 내포하는 또 다른 중요한 특징은 이러한 조치가 도입되는 상황은 국가위기 상황이라는 점이다. 즉, 일반적인 상황이 아닌 특별한 상황에서 채택되는 조치라는 점에서 이에 대한 평가에서는 특별한 고려를 요한다. 이러한 특별한 고려는 정책적인 측면에서도 대두되나 법적인 측면에서도 이에 대하여 특별한 평가를 요하게 된다. 국제관습법 및 이를 구현하고 있는 2001년 ILC 국가책임협약 초안은 국가위기 상황에 대하여 "필요성(necessity)"에 기한 정당화 가능성을 제시하고 있다.[31] 요컨대 일반적인 상황이라면 국제법 위반에 해당하더라도 중요한 국가 법익을 보호하기 위한 조치라면 적절한 한도 내에서는 그러한 위반이 치유된다는 것이다.[32] 바로 이러한 상황이 적용되는 대표적인 경우가 가령 전쟁, 내우외환의 위기 등이 될 것이다. 심각한 경제위기 또는 금융위기는 예컨대 여기에 해당할 수도 있을 것이다. 그

---

29) C. Fred Bergsten은 정도의 차이는 있으나 덴마크, 스위스, 홍콩, 한국, 말레이지아, 싱가포르, 일본, 중국을 현재의 또는 잠재적인 환율 조정 내지 개입국으로 간주하고 있다. 반면에 호주, 캐나다, 유럽연합, 인도, 브라질, 멕시코는 이러한 환율 조정의 피해자인 것으로 역시 간주하고 있다. Bergsten and Gagnon, *supra* note 22, pp. 1–2, 16("Thus on our list of initial target countries are China, Denmark, Hong Kong, Korea, Malaysia, Singapore, Switzerland, and Taiwan.").

30) Bergsten and Gagnon, *supra* note 22, p. 15("An important part of this new approach is the designation of a number of countries, rather than China alone, as manipulators").

31) ILC 국가책임협약 초안 제25조 참조.

32) *Id.*

렇다면 일반적인 상황에서는 통상협정에 대한 위반을 구성하는 조치라도 이 정당화 요건에 따라 그 위반이 치유되는 상황도 상정하여 볼 수 있다.

바로 이러한 이유로 금융위기 극복조치의 통상협정 합치성 여부의 평가에 있어서는 그 위반 여부와 별도로 필요성 원칙에 따른 정당화 가능성에 대해서도 동시에 검토하는 것이 필요하다. 또한 필요성 원칙 역시 추상적인 개념이 아니라 구체적인 요건을 동시에 제시하고 있다. 따라서 이러한 요건을 충족하는지 여부에 대한 검토가 필요한 것이다. 바로 이러한 이유로 금융위기 극복조치에 대한 법적 평가는 보다 복잡한 검토를 요하는 것으로 볼 수 있을 것이다.

3. 금융위기 극복조치의 통상협정 위반 가능성

금융위기 극복조치가 내포하는 이러한 특징을 염두에 두고 아래에서는 이들 조치가 초래하는 통상협정에 대한 위반 가능성을 검토하고자 한다. 물론 금융위기 극복조치가 어떠한 형태를 띠고 어떠한 맥락에서 어떠한 산업에 대하여 적용되는지 여부에 따라 어떠한 통상협정의 어떠한 조항이 연관될 것인지가 결정될 것이다. 따라서 반드시 특정한 조항만이 문제가 된다고 단정하기는 힘들 것이다. 나아가 WTO 협정과 함께 현재는 다양한 형태의 FTA 협정도 체결되어 운영되고 있다. 따라서 동일한 이슈라고 하더라도 WTO 협정과 FTA 협정이 상이한 규범을 제시하는 경우도 없지 않다. 또한 이와 함께 투자협정 문제도 동시에 적용될 수 있으며 이 책에서 언급하는 통상협정은 투자협정도 포함하는 포괄적인 개념임은 모두에서 설명한 바 있다. 이와 같이 금융위기 극복조치가 초래하는 통상협정에의 함의는 다양한 변수와 폭넓은 적용범위를 갖고 있기는 하나 대체로 주요한 부분에서는 다음과 같이 정리할 수 있을 것이다.

A. GATT 협정 위반 가능성

국내금융산업에 대한 대규모 구제조치는 어떠한 파급효과를 초래하는가? 물론 금융산업은 그 자체로는 서비스 산업에 해당한다. 따라서 서비스 산업에 대한 지원조치에 해당하면 이는 GATS 협정의 적용 여부를 평가하여야 하며 상품 교역 문제를 다루는 GATT 협정과는 상관없는 것처럼 보일 수도 있다. 그러나 두 가지 측면에서 금융위기 극복조치는 상품교역과 관련된다. 바로 금융기관 구제조치나 특별 금융조치는 금융기관의 부활을 도모하는 조치이며, 금융기관의 부활은 국내산업의 생산활동에 중요한 지원을 제공하게 된다. 결국 국내상품 생산과 간접적인 연관성을 갖게 되는 것이다. 또한 GATT 협정은 제15조에서 IMF가 인정하지 않는 환율정책을 채택하지 못하도록 하는 규정을 역시 도입하고 있다. 이 조항 역시 금융위기 시 상품 교역과 직접 연관을 미치게 된다. 아래에서는 이 두 가지에 대하여 각각 살펴보기로 한다.

(1) 내국민 대우 위반 가능성

국내 금융산업에 대한 대규모 구제조치로 국내금융산업이 인위적으로 경쟁력을 회복하고 활동하게 되면 국내 생산업자에도 상당히 유리한 영업환경을 조성하게 된다. 바로 자금조달 비용이 획기적으로 내려가게 될 것이기 때문이다. 금융위기로 금융기관이 도산하고 또 자금경색 상황이 발생하게 되면 생산기업의 자금조달 비용은 획기적으로 증가하게 되고 이는 해당 업자가 생산하는 상품의 국제시장에서의 경쟁력에 중요한 제한을 부과하게 될 것이다. 사실 대부분의 국가가 금융기관 구제에 곧바로 나서게 되는 배경은 자국의 기업에 미칠 효과를 우려하고 있기 때문이다. 그러므로 이와 같이 금융권 구제조치 내지 금융시장 특별 조치의 효과를 직접 누리는 것은 금융기관이나 결국 이 효과를 최종적으로 누리는 것은 해당국의 생산업자들이다. 이러한 측면에서 이러한 생산자들은 해당국 국내시장에서의 경쟁조건이 그만큼 유리하여 진다고 볼 수 있을 것이다.

물론 금융기관들은 외국 기업에 대해서도 동일하게 자금을 대출하여 주거나 지원조치를 취할 수도 있다. 그러나 일부 외국 기업의 지원 가능성이 존재하더라도 결국 대부분의 수혜는 제도적으로 국내기업에 돌아갈 개연성이 농후하다. 국내기업에 대한 대출규모가 압도적으로 많기 때문이다. 또한 일부 지원 프로그램들은 기본적으로 국내기업을 그 자격요건으로 하고 있는 경우도 적지 않다. 이러한 사실은 금융기관의 재활을 통한 산업지원조치는 결국 국내시장에서 활동하는 국내기업의 경쟁력을 인위적으로 그리고 제도적으로 강화하는 측면을 강하게 보유하고 있음을 알 수 있다. 현재 적용되는 내국민 대우 법리에 따르면 이러한 조치는 내국민 대우 위반에 해당할 가능성이 농후하다.

(2) IMF와의 협의 조항 위반 가능성

한편 GATT 협정 제XV조는 각국이 환율조치를 취함에 있어 제한사항을 일반적으로 규정하고 있다. IMF가 인정하지 않는 조치는 GATT 협정 역시 허용하지 않는다는 것이다. 물론

이 조항에 규정된 제반 조건을 충족한다면 별 문제 없을 것이다. 그러나 현재 각국이 채택하는 다양한 조치에 대하여 IMF가 적극적으로 규제를 위하여 나서지 않고 있는 점을 감안하면 이 문제가 본격적으로 제기되는 경우 이로 인하여 분쟁이 발생할 가능성은 여전히 남아 있다고 할 수 있을 것이다. 대부분의 금융위기 극복조치들은 IMF와 협의를 통하여 취해지고 있는 것은 아니기 때문이다.

B. 보조금협정 위반 가능성

금융기관을 지원하는 조치가 갖고 있는 또 다른 함정은 이러한 조치가 보조금협정에 대한 위반 문제를 초래할 수 있다는 것이다. 지원조치의 수혜대상은 금융기관인데 어떻게 보조금협정 위반 문제가 제기되는지 의문이 들 수 있다. 금융기관은 서비스 산업에 종사하는 주체이고 이에 대한 보조금 교부는 GATS 협정의 적용을 받게 되는데, GATS 협정은 보조금 문제에 대해서는 아직은 규범의 적용이 유예되어 있기 때문이다.[33]

그러나 위에서 살펴본 내국민 대우의 경우와 마찬가지로 이러한 단편적인 분석 역시 중요한 부분을 간과하고 있다. 상품 생산자에 대하여 직접적인 지원이 이루어지지 않았더라도 금융기관이 제공하는 자금 자체가 바로 간접적으로 상품 생산기업을 지원하는 효과를 초래하기 때문이다. 즉, 정부에서 금융기관에 제공된 지원이 금융기관을 거쳐 다시 생산기업에 제공되는 것이다. 보조금협정의 광범위한 적용 범위에 비추어보면 이러한 간접적인 지원 역시 보조금협정의 규율 대상에 포함되는 것으로 간주되고 있다.

(1) 은행의 조치로 인한 보조금협정 위반 가능성

특히 은행이 기업에 대하여 제공하는 대출 등의 조치로 인하여 WTO 보조금협정을 위반하게 될 가능성도 있다. 이하에서 검토한다.

(a) 은행의 "공적기관" 충족 문제

우선 보조금협정의 적용 가능성과 관련하여 은행이 국영은행(SOB)이 보조금협정 제1조제1항(a)호1목에서 의미하는 공적기관인지 여부가 문제된다.

---

33) GATS 제15조 참조.

1) "공공기관" 의미 해석에 관한 일반론

공적기관성 판단기준과 관련하여, *U.S.−AD/CVD*(DS379) 분쟁 패널은 보조금협정 제1조 제1항(a)호1목[34]과 제1조제1항(a)호1목(ⅳ)에 따르면 정부재정기여의 주체가 될 수 있는 것 은 "정부", "공적기관" 그리고 재정기여임무를 정부로부터 위임받은 "민간기관" 세 가지라고 하면서, 제1조제1항(a)호1목의 문맥상 "공적기관"의 의미는 "정부" 또는 "정부기관"과 상이하 며 이 보다 더 넓은 의미의 개념으로 해석되어야 한다고 판시하였다. 즉, "공적기관"은 정부 가 통제하는 기관을 통칭하는 의미이며, 정부기관이나 정부권한을 위임받아 이를 행사하는 기관에 한정할 것은 아니라는 입장을 취하였다. 왜냐하면 공적기관의 의미를 너무 좁게 획정 할 경우 회원국들이 보조금협정의 적용을 우회적으로 회피할 우려가 있고, 이는 보조금협정 의 대상과 목적을 고려할 때 타당한 결과라고 할 수 없기 때문이다. 이에 공적기관의 존재형 식이 정부기관인지, 정부부처인지, 위원회인지 또는 회사인지와 관계없이 당해 공적기관을 통 제하는 정부는 보조금협정 위반의 결과에 대해 직접 책임을 진다고 해석하는 것이 타당하다 고 판시하였다. 즉, 보조금협정 제1조제1항(a)호(1)목의 "공적기관"의 의미는 "존재형식과 관 계없이 정부가 통제하는 기관"을 의미한다는 것이다.

그러나 항소기구는 이에 대하여 보조금협정 제1조제1항(a)호1목에서 "(협의의) 정부 또는 공적기관"을 "정부"라고 지칭하기로 한 것은 정부 또는 공적기관 사이에 공통되는 본질적인 특성이 존재하기 때문이며, 패널의 입장처럼 단지 편의성을 위해 "정부"라고 지칭하기로 한 것이라고 할 수 없다는 입장을 취하였다. 그 근거로 보조금협정 제1조제1항(a)호1목의 "공적 기관"의 의미와 관련하여 정부기능의 수행 또는 그러한 기능을 수행할 권한을 위임받았다는 사실 그리고 그러한 권한을 행사한다는 사실은(협의의) 정부와 공적기관에 공통되는 핵심적 인 특성이라는 것을 들었다. 특정 기관이 공적기관에 해당한다고 해서 바로 특정 조치가 보조

---

34) 보조금 제1조 보조금의 정의
  1. 이 협정의 목적상 아래의 경우 보조금이 존재하는 것으로 간주된다.
  a. (1) 회원국의 영토 내에서 정부 또는 공공기관(이 협정에서는 "정부"라 한다)의 재정적 기여가 있는 경우, 즉
    (ⅰ) 정부의 관행이 자금의 직접이전(예를 들어, 무상지원, 대출 및 지분참여), 잠재적인 자금 또는 채무부
      담의 직접이전(예를 들어 대출보증)을 수반하는 경우,
    (ⅱ) 정부가 받아들여야 할 세입을 포기하거나, 징수하지 아니하는 경우(예를 들어 세액공제와 같은 재정적
      유인),
    (ⅲ) 정부가 일반적인 사회간접자본 이외의 상품 또는 서비스를 제공하거나 또는 상품을 구매한 경우,
    (ⅳ) 정부가 자금공여기관에 대하여 지불하거나, 일반적으로 정부에 귀속되는 위 (ⅰ)에서부터 (ⅲ)에 예
      시된 기능의 유형 중 하나 또는 둘 이상을 민간기관으로 하여금 행하도록 위임하거나 지시하며, 이
      러한 관행이 일반적으로 정부가 행하는 관행과 실질적으로 상이하지 않은 경우
  (이하 생략)

금협정의 대상이 되는 것은 아니므로 공적기관의 범위를 결정하는데 있어 보조금협정의 대상과 목적은 제한적으로 고려되어야 하며, 또한 특정 기관이 공적기관에 해당되지 아니한다고 해서 당해 기관의 조치가 보조금협정의 대상에서 제외되는 것은 아니라는 점도 고려해야 한다는 것을 분명히 하였다. 즉, 단지 정부에 의해 통제된다고 해서 특정 기관을 공적기관으로 보는 것은 타당하지 아니하다는 입장을 취하였다.

2) 관련 조약 참고 문제

'공적기관'의 의미를 해석함에 있어 국제법위원회(International Law Commission: ILC)의 국가책임협약 초안의 적용 가능성이 문제되었는데, 패널은 명백하게 국가책임협약 초안이 적용될 수 없다는 입장을 밝혔다. 먼저 국가책임협약 초안이 비엔나협약 제31조제3항c호상의 조약에 해당하는지 의문이며,[35] 국가책임에 관한 초안 자체에서 특정 국가책임에 대한 특별법이 존재하는 경우 그에 따른다고 규정하고 있다는 것을 그 이유로 들었다.

그러나 항소기구는 이와 반대로 ILC 국가책임협약 초안은 조약의 형태로 국가들을 구속하는 것은 아니지만 관습국제법을 또는 법의 일반원칙을 반영하고 있는 조항들의 경우 여전히 적용 가능하다고 판시하였다. 하지만 ILC 국가책임협약 초안을 본 사안에 실제 적용하여야 하는가 하는 문제에 관해서는 비국가행위자의 행위의 국가귀속 문제를 다루고 있는 ILC 국가책임협약 초안 제5조의 경우 항소기구의 "공적기관"의 해석에 뒷받침하는 것으로 보이나, 당해 해석이 ILC 국가책임법 초안 제5조에 근거하고 있지 아니하므로 당해 조항이 관습국제법을 반영하고 있는지 여부를 검토할 필요가 없다고 판단하였다. 또한 ILC 국가책임협약 초안 제55조에서 특별법이 존재하는 경우 그에 따른다고 규정하고 있는 것은 적용될 법이 복수로 존재하는 경우 어느 법이 적용되어야 하는지의 문제를 다루는 것으로 "공적기관" 해석 문제와 무관하다고 판시하였다.

---

35) 국가책임협약초안이 비엔나협약 제31조 제3항 c호상의 조약, 즉 '당사국간의 관계에 적용될 수 있는 국제법의 관계규칙'에 해당될 경우, WTO 분쟁해결양해 제3조 제2항에 따라 해석규범으로 작용할 수 있다. 왜냐하면 WTO 분쟁해결 양해 제3조 제2항의 "국제공법의 해석에 관한 관례적인 규칙에 따라(in accordance with customary rules of interpretation of public international law)"라는 문구는 조약법에 관한 비엔나협약 제31조 및 제32조를 지칭하는 것으로 관행상 해석되기 때문이다. David Palmeter, *Dispute Settlement in the World Trade Organization*(2nd ed. Cambridge, 2004), p. 65 참조.
　※ 참고 WTO 분쟁해결양해 제3조 제2항
　세계무역기구의 분쟁해결제도는 다자간무역체제에 안전과 예견가능성을 부여하는 데 있어서 중심적인 요소이다. 세계무역기구의 회원국들은 이 제도가 대상협정에 따른 회원국의 권리와 의무를 보호하고, 국제공법의 해석에 관한 관례적인 규칙에 따라 대상협정의 현존조항을 명확히 하는데 기여함을 인정한다. 분쟁해결기구의 권고와 판정은 대상협정에 규정된 권리와 의무를 증가시키거나 축소시킬 수 없다.

3) 해석의 적용

중국은 공적기관 여부를 판단하기 위해서는 ① 정부가 당해 국영기업을 소유하고 있는지 ② 정부가 당해 국영기업의 이사인지 ③ 정부가 당해 국영기업의 활동을 통제하는지 ④ 당해 국영기업이 정부의 정책이나 이해관계에 따라 행동하는지 ⑤ 당해 국영기업이 관련 법규에 의해 설립되었는지를 모두 고려하여야 한다고 주장하였다. 그러나 패널은 이러한 다섯 가지 요소가 정부가 당해 기업을 통제하고 있는지를 판단하는데 모두 관련되어 있는 것은 사실이나 보조금협정상 특정 기업이 정부의 통제 하에 있고 그 결과 공적기관임을 판단하기 위해 이를 모두 고려해야 하는 것은 아니라고 판단하였다. 이와 동일한 맥락에서 패널은 美상무부가 단지 중국 정부가 관련 국영기업지분의 과반수를 보유하고 있다는 것을 근거로 당해 국영기업이 열연강판, 고무, 석유화학제품 등 특정 상품의 형태로 재정적 기여를 하는 공적기관이라고 결정한 것은 아니며, 관련 증거를 충분히 검토한 후 도달한 결론이므로 이러한 美상무부의 결정은 타당하다고 판단하였다. 또한 정부가 당해 기업지분의 과반수를 보유하고 있다는 사실은 정부가 당해 기업을 통제하고 있다는 명확하고 상당한 증거라고 판시하였다. 국영은행의 경우에도, 패널은 중국 정부가 국영은행의 과반수지분을 소유하고 있으며, 관련 국영기업의 운영에 상당한 통제력을 미치고 있음이 증거에 의해 인정되므로 공적기관성이 인정된다고 판시하였다.

반면, 항소기구는 잘못된 용어해석에 근거하여 관련 국영기업과 관련 국영은행의 공적기관성을 인정한 패널의 결정을 파기하고 이는 보조금협정 제1조제1항(a)호(1)목에 위반된다고 결정하였다. 그 이유로 미국은 美상무부가 조사과정에서 관련 기업의 소유구조에 관한 자료 외에 다른 자료를 요구하지 않았음을 인정한 바 있으며, 이에 항소기구는 美상무부가 충분한 사실에 근거하여 결정을 내리기 위해 관련 정보를 구하고 이를 객관적으로 검토할 의무를 다하지 아니하였다는 것을 들었다. 특히 기업의 소유구조만으로는 당해 기업이 정부의 통제를 받는지 판단하기에 충분하지 않으며, 당해 기업이 정부기능을 수행할 권한을 부여받았는지 판단하는 것은 더욱 역부족이라고 판단하였다. 또한 공공기관성 판단이 불합리할 경우 상계관세를 부과할 권한이 존재하지 않게 되므로 결과적으로 美상무부의 조치(SOEs가 공적기관이라는 결정)는 보조금협정 제10조 및 제32조 제1항도 위반하였다고 판시하였다.

(b) 대출 등 은행 조치의 보조금협정상 "혜택" 충족 가능성
1) WTO 보조금협정 제14조에 의한 혜택의 산정
후술 Ⅳ.에서 살펴보게 되는 바와 같이, WTO 보조금협정 제14조는 "혜택"의 산정에 관한 기준을 제시하고 있다. 특히 동 조(b)항은 "정부에 의한 대출 제공"의 경우에 적용될 혜택 산정 기준을 적시하고 있다.[36] 동 조항에 따르면 정부에 의한 대출의 경우 수혜기업이 해당 정부대출에 대하여 지불하는 이자와 동 기업이 실제로 시장에서 조달할 수 있는 비교 가능한 상업적 차입에 대하여 지불하는 이자간 차이를 비교하여 만약 전자가 후자와 동일하거나 높은 경우에는 혜택이 존재하지 아니하는 것으로 규정하고 있다. 만약 전자가 후자보다 낮은 경우에는 그 이자율 차이만큼 혜택이 존재하게 된다. 이러한 비교대상을 제시하는 상업적 차입을 시장 비교기준(market benchmark)이라고 한다.

이 경우 그 비교대상이 되는 것은 정부가 정부은행에 부여하는 무상자금이나 특혜금리가 아니라 정부자금을 지원받은 정부은행이 수혜기업에 실제 제공하는 금리임을 유념할 필요가 있다.[37] 또한 비교대상이 되는 금리는 해당 수혜기업의 "개별적인" 금리이며 국제기준금리 또는 국내기준금리 등 "시장평균적" 개념이 아님을 역시 유념할 필요가 있다.[38] 또한 이러한

---

36) Article 14: Calculation of the Amount of a Subsidy in Terms of the Benefit to the Recipient

For the purpose of Part V, any method used by the investigating authority to calculate the benefit to the recipient conferred pursuant to paragraph 1 of Article 1 shall be provided for in the national legislation or implementing regulations of the Member concerned and its application to each particular case shall be transparent and adequately explained. Furthermore, any such method shall be consistent with the following guidelines:

(b) a loan by a government shall not be considered as conferring a benefit, unless there is a difference between the amount that the firm receiving the loan pays on the government loan and the amount the firm would pay on a comparable commercial loan which the firm could actually obtain on the market. In this case the benefit shall be the difference between these two amounts;

37) 이와 관련하여 WTO 항소기구는 *Canada—Aircraft* 사건에서 다음과 같이 판시하였다:

The struture of Article 1.1 as a whole confirms our view that Article 1.1(b) is concerned with the "benefit" to the recipient, and not with the "cost to government." The definition of "subsidy" in Article 1.1 has two discrete elements: "a financial contribution by a government or any public body" and "a benefit is thereby conferred." The first element of this definition is concerned with whether the government made a "financial contribution", as that term is defined in Article 1.1(a). The focus of the first element is on the action of the government in making the "financial contribution." That being so, it seems to us logical that the second element in Article 1.1 is concerned with the "benefit··· conferred" on the *recipient* by that governmental action···Therefore, Canada's argument that "cost to *government*" is relevant to the question of whether there is a "benefit" to the *recipient* under Article 1.1(b) disregards the overall structure of Article 1.1.(emphasis in original).

Canada—Measures Affecting Export of Civilian Aircraft, WT/DS70/AB/R(Aug. 2, 1999), para. 156.

38) 이와 관련 WTO 항소기구는 *Canada—Aircraft* 사건에서 역시 다음과 같이 판시하며 수혜기업이 개별적으로 실제 시장에서 조달 가능한 상업대출이 정부대출과의 비교기준임을 확인하였다:

We also believe that the word "benefit", as used in Article 1.1(b), implies some kind of comparison. This must be so, for there can be no "benefit" to the recipient unless the "financial contribution" makes the recipient "better off" than it would otherwise have been, absent that contribution. In our view, the marketplace provides an appropriate basis for comparison in determining whether a "benefit" has been

비교 평가는 외국 시장이나 국제 시장이 아니라 해당 거래가 이루어지는 국내 시장의 기준을 통하여 이루어져야 한다.[39]

따라서 상기 규정 및 관련 법리에 따를 경우, 은행의 발주처에 대한 대출금리가 동 발주처가 시장에서 상업대출을 받을 때의 적용금리와 비교하여 어떠한 위치에 있는지 여부에 따라 "혜택"의 존재 여부가 최종적으로 결정된다. 현재 대출이 이루어지는 시장이 한국이고 발주처가 그러한 대출을 통하여 사업을 영위하는 장소도 한국이라면 발주처가 한국 금융시장에서 동일한 규모의 자금을 대출할 경우의 금리가 그 비교대상인 시장 기준(market benchmark)으로 채택될 것이다. 즉, 발주처에 대하여 은행의 대출이 이루어지는 동일한 시기에 동일한 규모와 동일한 사유로 일반 상업은행에서 대출을 받는 경우 해당 발주처에 적용될 금리가 혜택의 존부 및 정도를 결정하는 기준이 될 것이다. 동일한 시점과 규모의 대출이 부재하거나 확인이 곤란한 경우에는 가장 유사한 상업적 차입이 채택되게 될 것이다.

"conferred", because the trade–distorting potential of a "financial contribution" can be identified by determining whether the recipient has received a "financial contribution" on terms more favourable than *those available to the recipient in the market*(emphasis added). *Id.*, para. 157.

39) *U.S. – Softwood Lumber* 사건은 미국 정부가 캐나다 정부의 자국 목재업계에 대한 낮은 입목벌채권 수수료(stumpage fee) 부과를 정부보조금으로 간주하고 캐나다산 수입목재에 대하여 상계관세를 부과하자 캐나다가 보조금협정 위반을 이유로 미국을 WTO에 제소한 사안이다. 이 분쟁에서 캐나다측은 미국 상무부가 혜택의 존재 여부를 파악함에 있어 미국과 캐나다의 입목벌채권 수수료를 비교한 것은 보조금협정 제1조 및 제14조(d)항의 취지에 부합하지 않는다고 주장하였고, 이에 대하여 미국은 일반적으로 혜택의 존재를 파악함에 있어 그 기준은 자국 내(즉, 이 사안의 경우 캐나다 내) 상품의 공정한 시장가치일 것이나, (i) 캐나다 목재시장의 소규모 비정부 부문은 상업적 시장으로 볼 수 없으며, (ii) 캐나다가 제출한 비정부 부문 가격자료는 이미 캐나다 정부의 재정적 지원에 의해 왜곡된 것으로 신뢰할 수 없다는 점을 지적하였다. 따라서 이러한 이유로 캐나다의 입목벌채권 수수료 정보는 시장가치의 판단기준으로 사용될 수 없으므로 미국은 캐나다에 인접한 미 북부지역의 비교가능 목재 가격자료를 기준으로 캐나다 목재의 시장가치를 평가하여야 한다고 주장하였다.
이에 대하여 WTO 패널은 ① 보조금협정 제14조(d)항은 문언 그대로 해석되어야 하며, ② 목재의 가격이 수요 공급의 법칙에 따라 결정되고 있다면, 설령 시장에 대한 정부의 영향력에 의하여 수요 및 공급이 영향을 받는다 할지라도, 보조금협정 제14조(d)항상의 시장은 존재하는 것으로 보아야 한다는 이유로, 캐나다에 소규모 목재 시장이 있음에도 불구하고 미국이 자국의 시장가치를 기준으로 설정한 것은 잘못이라고 판단하였다. 즉, 기본적으로 거래가 발생한 국가의 시장을 기준으로 "혜택"이 평가되어야 한다는 원칙을 강조한 것으로 볼 수 있다. *United States – Final Countervailing Duty Determination with Respect to Certain Softwood Lumber from Canada*, WT/DS257/R 참조. 이에 대하여 WTO 항소기구는 기본적으로는 거래가 발생한 국가의 국내시장의 가격기준이 "혜택" 평가기준이 되어야 하나 국내시장이 완전히 왜곡되어 다른 대안이 없는 경우에는 해당 국내 시장과 유사한 시장을 확인하여 그 시장에서 적용되는 기준을 대신 활용할 수도 있음을 설시한 바 있다. 그러나 이 판정 역시 기본적으로 국내시장을 기준으로 하고 그러한 국내시장이 왜곡되어 활용이 불가능한 불가피한 경우에 한하여 여타 시장에서의 가격기준을 원용한다는 것으로 결국 일반적인 상황에서 국내시장 원용 원칙을 거듭 확인한 것으로 볼 수 있을 것이다. *United States – Final Countervailing Duty Determination with Respect to Certain Softwood Lumber from Canada*, WT/DS257/AB/R 참조.

한편, 기준(benchmark)과의 금리 비교를 통하여 혜택의 존부가 결정된다는 원칙은 여타 대출조건은 동일하다는 점을 전제로 하는 것이다. 즉, 단순한 금리 비교는 담보, 거치기간 등 금리 외의 여타 차입조건이 동일한 경우를 전제로 하고 있다. 만약 여타 차입조건상에 차이가 있다면 이러한 차이도 감안하여 종합적인 비교가 이루어지게 된다. 따라서 설사 시장 기준과 금리가 동일하더라도 일반적으로 주어지지 않는 특혜가 부여되는 경우(예컨대, 발주처가 그러한 대출을 얻기 위해서는 일정 규모의 담보제공이 필수적인 데 그러한 요건이 면제되었거나 대출기간이 일 반적인 경우보다 장기인 경우 등)에는 금리의 동일성에도 불구하고 혜택이 존재하는 것으로 결정 될 가능성이 있다. 나아가, 만약 발주처가 상업은행으로부터 해당 시점에서 자금조달이 사실 상 불가능한 상태였다면(가령 신용등급의 하락 및 신용시장의 경색 등으로), 금리비교와 상관없이 대출금액 전체가 무상지원금(grant)에 해당하는 것으로 간주될 수 있고,[40] 그 경우 혜택은 대 출금액 전체가 될 수도 있다.

마지막으로 "혜택"의 존부 및 정도 여부 결정과 관련하여 유념할 점은 그 평가는 해당 은 행이나 수혜기업의 결정이 아니라 이를 담당하는 외국 조사기관(상계관세 조사의 경우) 및 국제 재판부(WTO 패널 직접 제소의 경우)의 결정이라는 점이다. 최근 우리나라가 당사자로 참여한 보조금 분쟁에서 우리측은 혜택이 부재하다고 믿는 경우에도 외국 조사기관과 WTO 패널 등 은 이에 동의하지 않고 혜택의 존재를 결정한 사실이 있다. 따라서 "혜택"의 존부 및 정도의 결정에는 절대적 기준이 존재하지 않으며 다양한 이견이 존재할 수 있음을 주목하여야 한다.

2) 시장금리의 결정기준

따라서 거액의 대출에 있어 해당 발주처에 적용되는 시장금리가 어떻게 결정되어야 하는 지에 대한 평가는 다양한 평가요소가 고려되어야 할 것이다. 여타 기업이 동일한 규모의 자금 을 상업은행으로부터 차입하는 경우 적용되는 금리는 적절한 참고 요소가 될 수는 있으나 결 정적인 기준은 아니라고 할 것이다. 보조금협정 제14조(b)항에 따른 평가는 수혜기관별 개별 적 평가이기 때문이다.

---

40) 이러한 평가를 "creditworthiness test"라고 한다. 보조금협정 제1.1(a)(1)(i)조 참조; United States −Countervailing Duty Investigation on DRAMs from Korea(WT/DS296/AB/R)(Jul. 20, 2005) ("*U.S. −DRAMs*"), European Communities−Countervailing Measures on Dynamic Random Access Memory Chips from Korea(WT/DS296/R)(Aug. 3, 2005)("*EC −DRAMs*"), Japan−Countervailing Duties on Dynamic Random Access Memories from Korea(WT/DS336/AB/R)(Dec. 17, 2007)("*Japan −DRAMs*") 각각 참조.

시장금리의 결정 기준을 구체적으로 다룬 WTO 분쟁은 아직은 없는 것으로 판단되나 이와 유사한 문제를 다룬 최근의 사례로 반도체 상계관세 분쟁이 있다. 이 분쟁에서 WTO 패널 및 항소기구, 그리고 주요국의 조사당국은 우리나라 시중 은행들의 대출결정 및 금리결정 문제를 보조금협정상 "혜택"의 맥락에서 평가한 바 있다. *Japan−DRAM, U.S.−DRAM, EC−DRAM* 사건 분쟁에서 WTO 패널과 항소기구는 은행 대출과 관련하여 해당 은행이 대출을 심사 결정함에 있어 상업적 합리성(commercial reasonableness)이 존재하였는지 여부가 "혜택"을 결정함에 있어 결정적 변수임을 확인하였다. WTO 패널 및 항소기구는 대출 여부 결정 내지 이자율 결정 자체는 각각 개별 기업별로 평가되므로 기업별로 상이할 수밖에 없으나 현격히 상업적 합리성이 결여된 경우 보조금협정이 규정하는 혜택이 존재하는 것으로 판시하였다. 상업적 합리성이 결여된 경우인지 여부 역시 객관적인 평가가 용이하지만은 않은 영역이다. 다만 상기 판정의 취지를 종합할 경우, 가령 해당 은행의 대출 가이드라인에 따를 경우 그러한 대출이 금지되거나 제한되는 경우, 대출기준을 충족하지 못하였음에도 대출이 이루어진 경우, 또는 유사한 조건을 갖춘 여타 기업에 대해서는 대출이 거부되었음에도 수혜기업 등에 대해서만 대출이 승인된 경우 등에는 상업적 합리성이 부재하는 것으로 평가되었다. 따라서 상업적 합리성은 모든 사안을 종합적으로 평가(totality of circumstances)하는 개념으로 파악 가능하다.

3) 법률상 특정성 충족 가능성

법률상 특정성 판단기준과 관련, *U.S.−AD/CVD* 사건 패널은[41] 어떠한 방법을 사용하든지 명시적으로 보조금에 대한 접근이 특정 기업으로 '명백하게' 한정되면 보조금협정 제2조 제1항[42]을 충족하며, 중국의 주장과 달리 반드시 재정적 기여와 그 혜택이 모두 명시적으로

---

41) United States−Definitive Anti-Dumping and Countervailing Duties on Certain Products from China(DS379).

42) SCM 협정 제2조 제1항

　제1조 제1항에 정의된 보조금이 공여국의 관할 내에 있는 특정 기업이나 산업 또는 기업군이나 산업군(이 협정에서는 "특정 기업"이라 한다)에 대해 특정적인지 여부를 결정함에 있어서 아래의 원칙이 적용된다.

　a. 공여당국 또는 공여당국이 그에 따라 활동하는 법률이 보조금에 대한 접근을 특정 기업으로 명백하게 한정하는 경우 이러한 보조금은 특정성이 있다.

　b. 공여당국 또는 공여당국이 그에 따라 활동하는 법률이 보조금의 수혜요건 및 금액을 규율하는 객관적인 기준 또는 조건을 설정하고, 수혜요건이 자동적이며 이러한 기준 및 조건은 검증이 가능하도록 법률, 규정 또는 그 밖의 공식문서에 명백하게 규정되어야 한다.

　c. a호 및 b호에 규정된 원칙의 적용결과 외견상 특정성이 없음에도 불구하고 보조금이 사실상 특정적일 수 있다고 믿을만한 이유가 있는 경우에는 다른 요소들이 고려될 수 있다. 이러한 요소는 제한된 숫자의 특정 기업에 의한 보조금 계획의 사용, 특정 기업에 의한 압도적인 사용 특정 기업에 대해 불균형적으로 많은 금액의 보조금 지급 및 보조금 지급 결정에 있어서 공여기관의 재량권 행사방식과 같은 것이다. 이 호를 적용함에 있어서

특정 기업에만 부여되어야 하는 것은 아니라고 밝혔다. 또한 이 사건 패널은 SCM 협정 제2조 제1항(a)호상 "특정 기업(certain enterprises)"이 되기 위해서 각 기업간에 유사성이 존재하여야 할 필요는 없으며, 보조금 혜택을 받는 기업들이 다양하다는 이유만으로 보조금의 법률상 특정성이 제거되는 것은 아니라고 판정하였다. 그리고 조사기관의 결정의 타당성을 판단 시, 당해 조사기관이 사용했던 증거 전체를 동일한 방법에 기초하여 판단하여야 한다고 제시하였다. 이러한 이유에 근거하여 패널은 美상무부가 법률상 특정성을 판단함에 있어 보조금협정 제2조제1항(a)호를 위반하지 않았다고 판단하였다.

4) 은행들의 보조금협정 이해 부족으로 인한 위험성 증가

일반 보조금으로서 보조금협정의 적용과 관련하여 유념할 부분은 국책은행의 경우 정부로부터 최초 자금조달 시 어떠한 금리가 적용되었는지 여부가 아니라 그러한 자금에 기초하여 실제 대출이 이루어질 경우 이로부터 자금을 대출받는 대출기업이 어떠한 금리 조건으로 대출을 받는지 여부가 "혜택" 결정에 핵심적 쟁점이라는 점이다. 그러므로 정부기관으로 간주되는 은행이 어떠한 조건으로 정부로부터 또는 해외시장으로부터 차입하는지 여부는 1(k)의 적용 여부와는 간접적인 관련이 있을 수는 있으나 일반 보조금 영역에서는 관련성이 없다. 그리고 이러한 부분은 금융위기 극복을 위한 조치와 관련해서도 그대로 나타나게 된다.

C. GATS 협정 위반 가능성

금융기관에 대한 정부의 지원조치는 물론 GATS 협정 규범과의 합치성 문제를 역시 초래하게 된다. 금융기관은 결국 서비스 산업에 종사하는 국내기업이기 때문이다. 물론 위에서 지적한 바와 같이 금융기관 자체에 대한 지원조치는 보조금으로서 GATS 협정상 규범에 위반되지는 아니 한다. 보조금 규범은 아직 서비스 교역 맥락에서는 구체화되지 않았기 때문이다. 그러나 이러한 사실이 금융기관에 대한 지원조치가 GATS 협정의 여타 규범으로부터 제기되는 문제에 대해서도 역시 안전판을 제공하는 것은 아니라는 점에 유념할 필요가 있다.

D. 비위반 제소 가능성 존재

각국의 금융위기 극복조치와 관련하여 설사 협정 위반이 분명하게 입증되지 않는 경우에

보조금 계획이 집행되는 기간뿐 아니라 공여기관의 관할 하에 있는 경제활동의 다양화 정도가 고려된다.

도 다른 국가들은 이 조치에 대하여 비위반 제소(non-violation nullification and impairment)를 검토할 가능성도 존재한다. 비위반 제소 문제는 협정 위반이 아닌 사항에 대한 제소 가능성을 열어 둔 것이므로 설사 비위반 제소를 추진하는 국가가 있는 경우에도 최종적으로 승소하기 위해서는 상당히 "엄격한" 요건을 충족하여야 한다. 또한 협정위반청구의 경우는 이익의 무효화 또는 침해가 추정되므로 제소국은 피제소국의 대상조치가 GATT/WTO 협정에 위반된다는 점만을 입증하면 되나 비위반청구의 경우는 이익의 무효화 또는 침해가 확정되어야 하므로 제소국은 상기 제소요건을 모두 입증하여야 하는 부담이 있다. 또한 비위반청구의 경우 피제소국은 패소하더라도 GATT/WTO 협정상의 어떤 구체적 의무를 위반한 것이 아니기 때문에 대상조치를 철회할 의무는 없다.

E. 투자협정 위반 가능성

금융위기 극복조치는 통상협정뿐 아니라 투자협정에 대한 위반 문제도 아울러 초래할 수 있다. 양자는 서로 밀접한 연관성을 갖고 있기 때문이다. 가령 외국인 투자자의 해외 송금을 제한하거나 또는 외국인 투자자의 투자 유치국 영역 내에서의 영업활동에 불리한 상황을 초래하게 된다면 이러한 부분은 각각 투자협정의 다양한 조항에 대한 위반을 초래할 가능성이 있다. 물론 최근 체결되는 투자협정은 이러한 금융위기 상황에 대한 예외 조항을 도입하고 있기는 하나 이러한 요건이 충족되지 않은 상황에서 금융위기 극복을 위한 조치가 검토되는 경우도 적지 않다.

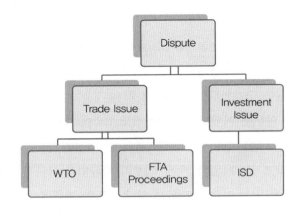

특히 지방자치단체의 조치로 인한 통상/투자협정 위반 가능성도 중요하다. 대부분의 우리 지방자치단체들은 현재 국제사회에서 투자분쟁이 발생하는 배경 및 추세에 대하여 중앙정

부에 비하여 정보와 경험이 제한되어 있다. 외관상 정부의 정당한 조치인 경우에도 어떠한 맥락에서 바라보느냐에 따라 얼마든지 투자분쟁으로 진행할 수 있음을 최근의 투자분쟁 사례는 잘 보여주고 있다. 해외 투자의 적극 유치를 통한 지방경제의 활성화라는 정책목표는 당연히 정당하며 모든 지방자치단체가 중점적으로 추진하여야 할 핵심과제이다. 그러나 이러한 목표의 정당성 또는 의도의 순수성이 반드시 투자관련 협정과의 합치성을 담보하여 주지는 않는다. 우리 지방자치단체의 경우 아직 이러한 부분에 대한 인식이 다소 부족한 것으로 판단된다. 특히 우리의 BIT 및 FTA 네트워크가 씨줄과 날줄처럼 얽혀가는 상황에서는 정보와 경험이 제한된 지방자치단체 입장에서는 어떠한 조치가 어떠한 협정에 어떻게 위반될 소지가 있는지를 파악하는 것은 실로 어려운 일이기도 하다.

F. 투자협정의 위반에 대한 필요성 항변 성공 가능성

상술한 바와 같이 ILC 국가책임협약 초안 제25조에 따른 필요성 항변을 원용할 수 있는 가능성은 열려 있으나 금융위기 관련하여 이 주장이 성공하는 것은 용이하지 않다. 바로 이 항변을 원용하는 국가도 그러한 상황 발생에 기여하여서는 아니 된다는 요건 때문이다. 그러나 대부분의 경우에 금융위기 발생에는 국제사회의 요인과 국내사회의 요인이 복합적으로 발생하고 있는 것이 일반적이며 양자를 구별하여 판단하는 것도 용이하지 않다. 따라서 결국 제25조의 후단에 기재된 요건으로 인하여 이 항변을 제대로 원용하지 못하는 경우가 대부분이다. 이러한 상황은 아르헨티나 정부를 상대로 제기된 외국인 투자자의 ISDS 분쟁에서 몇 차례 확인된 바 있다.

마찬가지로 이 맥락에서 대항조치 역시 검토하여 볼 필요가 있다. 국가책임협약 초안에 의하면 대항조치는 타국의 국제위법행위를 중지시키거나 또는 이에 대한 손해배상을 추궁하기 위하여 그 타국에 대한 국제의무를 이행하지 않는 것을 의미한다. 예컨대 조약관계에 있는 A국이 동 조약상의 의무를 이행하지 않으면서도 B국에 대하여 B국의 동 조약상의 의무를 이행하라고 요구하는 것은 형평에 반한다. 국내계약법상의 동시이행의 항변권이 이러한 이념에 부응하는 제도라고 볼 수 있다. 일국 정부가 금융위기 극복관련 조치를 취하게 되면 이로 인하여 피해를 입게 되는 여타 국가도 동일한 정도와 범위에서 유사한 조치를 취할 수 있게 된다.

G. 새로운 구조적인 문제의 초래: 정부소유 기업 문제

금융기관에 대한 대규모 공적자금 투입은 예상치 못한 새로운 문제를 초래하기도 한다. 바로 정부소유 기업 문제를 초래하게 된다는 것이다. 일반적으로 국영기업(State Owned Enterprise)이라고 불리우나 여기에서는 정부가 직접 운영에 개입하는 것이 아니라 단지 소유 지분만을 확보하는 경우이므로 정부소유 기업이라고 부르기로 한다. 정부소유 기업 문제는 두 가지 측면에서 발생한다. 먼저 은행 자체에 대하여 정부가 지분을 소유하게 되는 경우 이러한 은행은 국책은행으로 취급이 되어 이들이 취하는 조치는 다양한 법적 함의를 갖게 된다. 어떠한 입장을 취하는지 여부에 따라 정부와 동일하게 취급될 수도 있기 때문이다. 그 다음으로 제기되는 문제는 이들 은행이 다시 소유하게 되는 기업에 대하여 동일한 문제가 제기될 수 있다. 금융기관이 만약 정부기관으로 간주된다면 이들이 소유하는 일반 기업은 정부소유 기업이 될 것이기 때문이다. 그렇다면 금융기관이 어떻게 기업을 소유하게 되는가? 바로 금융기관들은 적지 않은 경우 기업의 채무재조정 과정에서 해당 회사의 주식을 소유하는 경우가 많이 있다. 출자전환 등으로 인하여 원래의 채무가 주식으로 전환되는 것이다. 어떠한 기관이 정부기관에 해당하고 따라서 협정의 적용을 받는지 여부는 국제법의 일반 원칙에 따라 결정된다.

4. 금융위기 극복조치 관련 통상분쟁 발생 기제

A. 양자간 통상분쟁의 전개

(1) 상계관세 조사에서의 함의: 미국의 경우

보조금을 지급받은 외국 수출기업 상품이 미국 시장으로 수입될 경우, 미국 정부는 보조금 조사를 실시하고 보조금의 존재가 확인될 경우 보조금의 효과를 상쇄하기 위하여 보조금에 상응하는 추가적인 관세를 해당 상품에 부과한다. 이러한 추가적인 관세가 "상계관세"이다. 미국 통상법에 따르면 보조금은 특정 기업 또는 산업에 대하여 경제적 혜택을 부여하는 정부기관으로부터의 재정적 기여로 정의하고 있다. 즉, 미국 정부의 규제를 받는 외국 정부의 보조금은 특정 기업과 산업에 대하여 해당 외국 정부가 제공하는 경제적/재정적 지원이라고 할 수 있다. 여기에 해당하는 보조금은 미국 통상법에서 규정하는 여타 요건을 충족하는 경우 상계관세 부과 대상이 된다.

반덤핑 조사와 마찬가지로, 상계관세 조사를 실시하는 미국 조사당국(즉, 상계관세 조사를 하는 정부기관)은 美상무성과 국제무역위원회이다. 이들은 각각 (i) 외국 정부의 조치가 미국 통상법상 보조금의 세 가지 요건을 충족한다는 점과 (ii) 이러한 보조금 교부조치로 인하여 동종의 제품을 생산하는 미국 국내산업에 실질적인 피해가 발생하였음을 스스로 입증하여야 한다. 국내산업에 대한 실질적 피해 여부를 분석하는 과정에서 미국 국제무역위원회는 주로 (i) 가격 효과(보조금을 교부받은 상품이 수입국 시장에서 저렴하게 판매되었는지 또는 어느 정도까지 저렴하게 판매되었는지 여부), 수량 효과(보조금 교부를 받은 상품의 수입이 증가하였는지 또는 감소하였는지 여부) 그리고 인과관계(주장된 국내산업의 실질적 피해가 보조금을 교부받은 제품의 수입으로 야기되었는지 여부)에 대하여 각각 조사하게 된다.

반덤핑 조사와 마찬가지로 美상무성이 실시하는 상계관세 조사의 경우도 타국에 비하여 상당히 체계적이다. 가령 유럽연합이나 일본과 같이 선진국인 경우에도 상계관세 조사를 실시함에 있어 자국 법령에 규정되지 않은 사항에 대해서는 대부분 美상무성 규정이나 관행을 참조하고 있다. 이러한 경향은 WTO 패널 및 항소기구 심리에서도 동일하게 나타나고 있다. 그만큼 규정 자체는 정치하게 규정되어 있다는 것으로 볼 수 있을 것이다. 다만 반덤핑 조사와 마찬가지로 이러한 규정을 적용하는 과정에서 자의적 내지 주관적인 평가가 개입될 수 있다는 점이 항상 문제로 대두된다. 미국 상계관세 조사의 또 다른 특징으로 들 수 있는 부분은 美상무성의 상계관세 조사는 주로 이전 조사에서의 선례를 적지 않게 참고한다는 점이다. 따라서 이전의 상계관세 조사에서 보조금으로 인정된 프로그램 등에 대해서는 추후 별도의 구체적인 소명이 없는 한 기본적으로 보조금으로 인정하는 바탕 위에서 출발한다는 것이다. 이러한 선례는 美상무성의 상계관세 조사 데이터베이스에 국가별로 정리되어 있다. 이러한 정책은 실제 상계관세 조사에서 피조사국 정부 및 기업에 적지 않은 부담을 초래하게 된다. 그 이유는 보조금 존재의 입증책임을 美상무성이 부담하여야 하나 이러한 정책을 통하여 사실상 입증책임이 전환되기 때문이다. 피조사국 정부 및 기업 입장에서는 실무적으로 난관에 처하게 되고 또 그러한 상황에 직면하여서는 해당 사안에 직접적인 영향을 미치는 보조금 프로그램에 집중하게 되고, 그 결과 여타 프로그램에 대해서는 다시 새로운 선례가 축적되거나 기존의 선례가 재확인되는 악순환이 반복되는 것이다.

한국 정부는 지난 수년간 국제적인 관심을 촉발한 대규모 보조금 분쟁의 당사자였다. 이와 관련된 대표적인 분쟁으로는 WTO 분쟁해결절차에서의 *U.S. −DRAMs, EC−DRAMs, Japan−DRAMs* 및 *Korea−Commercial Vessels* 분쟁을 들 수 있다. 또한 한국은 최근 美상무성으로부터 DRAMs, 철강제품 및 인쇄용지 등에 대하여 지속적인 상계관세 조사를 받은 바 있다. 비록 이러한 분쟁의 결과는 한국의 일부 승소, 일부 패소 등 복합적이지만, 우리 정부는 보조금 쟁송 과정에서 상당한 노력과 자원을 투입한 바 있다. 또한, 산업은행 및 기업은행은 한국의 다른 시중 은행과 마찬가지로 대부분의 기업들에 대하여 D/A, O/A 형식의 무역금융을 운용하고 있다. 이 금융은 일단 수출이 이루어진 상품에 대하여 매매계약서와 선하증권을 해당 은행에 제출하면 우리 은행이 이를 담보로 먼저 해당 기업에 수출대금을 적용 이자율에 따른 감면 적용 후 제공하여 주는 제도이다. 이를 통해 해당 기업의 현금 유동성이 보다 원활하게 운용되는 효과를 보유하며 미국을 포함한 전 세계 대부분의 은행들은 이러한 금융상품을 운용하고 있다. 그러나 최근 진행된 한국산 냉장고 및 세탁기에 대한 상계관세 조사에서 美상무성은 이 프로그램은 (ⅰ) 한국 정부기관으로 간주되어야 하는 산업은행과 기업은행으로부터 자금이 제공되었으므로 정부로부터의 재정적 기여가, (ⅱ) 시장 이자율보다 낮은 이자율이 책정되었으므로 그 차액만큼 경제적 혜택이, 그리고 (ⅲ) 수출관련 프로그램이므로 수출보조금으로 특정성이 당연히 의제된다는 것이 美상무성 판정의 핵심 요지이다. 특히 이 프로그램과 관련하여 美상무성은 산업은행과 기업은행의 삼성에 대한 이자율이 당시 한국의 일반적인 평균 시장 이자율(national average interest rate)보다 저리로 책정되어 있어 경제적 혜택이 존재하였다는 점이 상계관세 조사 과정에서 핵심 쟁점이었다.

그러나 WTO 보조금협정 법리에 따르면 원칙적으로 산업은행과 기업은행을 단지 정부 지분 소유만을 근거로 정부기관으로 단정하는 것은 보조금협정 제1.1(a)(1)조에 대한 위반에 해당하게 된다. 특히 이 문제는 최근 미중간의 보조금 분쟁에서 핵심 쟁점으로 거듭 제기되고 있는 사안이고 우리나라에 대한 그간의 보조금 분쟁에서도 주요 쟁점으로 대두된 사안이기도 하다.[43] 따라서 이 문제에 대한 우리 정부의 확실한 입장 개진과 美상무성 판정의 문제점을 적극 부각시키는 것이 긴요하다. 특히 이 문제는 향후 우리 기업에 대한 대부분의 보조금 분쟁 및 상계관세 조사에서 핵심 쟁점으로 대두될 것이므로 이에 대한 적극적인 문제 제기가 요구되는 부분이다.

또한 경제적 혜택과 관련하여 일부 조사대상인 최우량기업에 대한 이자율의 상업적 합리성을 평가하기 위하여 적절한 비교대상을 제공하지 않는 한국의 일반 시장 기준 이자율을 기준(benchmark)으로 적용한 것은 부당하며 이는 보조금협정 제14조에 대한 위반에 해당한

---

43) Appellate Body Report, United States – Definitive Anti-Dumping and Countervailing Duties on Certain Products from China, WT/DS379/AB/R(adopted 25 March 2011), para. 346 참조.

다.[44] 한편 특정성 문제와 관련하여 이 금융상품은 "수출을 조건으로(tied to export performance)" 교부되는 보조금이 아니라 기 수출이 확정된 거래에 대하여 일정한 자격심사를 통해 금융상품을 제공하는 것에 불과하다. 그러나 현재 WTO 법리에 따를 경우 이 논리는 상대적으로 설득력은 미약한 것으로 판단된다.[45]

물론 미국 역시 보조금 쟁송에서 자유롭지 않다. 현재도 미국과 유럽연합은 대형민간항공기(LCA) 산업과 관련하여 각각 자국 항공기 산업에 보조금을 지급했다고 주장하며 각기 다른 4개의 분쟁을 WTO 분쟁해결절차에서 진행한 바 있다. 먼저 *U.S. −LCA* 분쟁에서 유럽연합은 1992년부터 미국 정부는 국방부, 미항공우주국(NASA), 상무부 등 모든 정부기구를 동원하여 세금감면 및 연구개발지원 등을 통하여 Boeing사에 230억 달러 규모의 보조금을 제공하였다고 주장하였으며 반대로 *EC−LCA* 분쟁에서는 1967년부터 유럽연합 정부가 Airbus사가 Boeing사를 따라잡는 것을 지원하기 위하여 150억 달러 이상의 정부 금융지원을 제공하였다고 주장한 바 있다. 이들 분쟁은 WTO에서 진행된 법적 공방 중 가장 첨예한 대립을 보이고 있는 분쟁이었다.

한국과 관련된 보조금 분쟁 사례에서 알 수 있듯이 국가 핵심 산업을 지원하는 정부의 정책은 사전에 철저하게 계획되고 보조금협정 합치성이 충분히 담보되지 않는 경우 美상무성

---

44) 이 사건 WTO 항소기구는 이와 관련하여 다음과 같이 언급하였다:

A panel relying on Article 14(b) would thus examine whether there is a difference between the amount that the recipient pays on the government loan and the amount the recipient would pay on a comparable commercial loan, which the recipient could have actually obtained on the market.
Appellate Body Report, European Communities and Certain Member States−Measures Affecting Trade in Large Civil Aircraft, WT/DS316/AB/R, adopted 1 June 2011, para. 834 참조.

45) 이 사건 WTO 항소기구는 이와 관련하여 다음과 같이 언급하였다:

The Appellate Body thus found that to satisfy the standard for *de facto* export contingency "a relationship of conditionality or dependence" must be demonstrated between the subsidy and "actual or anticipated exportation or export earnings." The Appellate Body further observed that the meaning of the word "anticipated" under footnote 4 is "expected", and that "{w}hether exports were anticipated or 'expected' is to be gleaned from an examination of objective evidence." 2324 The Appellate Body stressed, however, that the use of this word does *not* transform the standard for "contingent … in fact" into a standard that is satisfied by merely ascertaining "expectations" of exports on the part of the granting authority. The Appellate Body explained that, although a subsidy "may well be granted in the knowledge, or with the anticipation, that exports will result", "that alone is not sufficient, because that alone is not proof that the granting of the subsidy is *tied to* the anticipation of exportation."
Appellate Body Report, European Communities and Certain Member States−Measures Affecting Trade in Large Civil Aircraft, WT/DS316/AB/R, adopted 1 June 2011, para. 1037 참조.

의 손쉬운 공격대상이 될 수 있다. 우리의 동의 여부와 상관없이 최근의 보조금 분쟁의 판정 내용은 한국 정부가 그간 핵심산업 육성과 수출증진을 위하여 직접 또는 간접 보조금을 지급하는 경향을 보유한 국가로 간주되고 있는 상황이다. 따라서 우리 정부 입장에서는 이러한 美상무성의 기본적 인식과 상계관세 조사의 기본 틀을 정확히 이해할 필요가 있다. 즉, 한국산 상품에 대한 상계관세 조사에서 美상무성은 기본적으로 왜곡된 시각을 갖고 있으며 이로 인하여 최종 결과에 적지 않은 영향을 미치고 있다. 아래에서는 이에 관하여 간략히 살펴보기로 한다. 우리가 흔히 인식을 못하고 있는 문제 중 하나가 바로 美상무성은 우리나라를 대표적인 보조금 교부국가로(특히 수출보조금 교부국가로) 자신들의 문서에 명문으로 규정하여 두고 여러 가지 불리한 조치를 우리에게 취하고 있다는 사실이다. 이러한 지정 내용은 여러 측면에서 문제가 있다. 간혹 우리나라 상품들이 보조금 지급을 이유로 상계관세를 부과받기는 하지만 한국을 수많은 미국의 교역대상국 중 대표적인 보조금 교부국으로 지정하는 것은 사실과 부합하지 않을 뿐 아니라 합리적 근거도 부재하기 때문이다. 한국에 대한 美상무성의 편향(bias)과 편견(prejudice)이 그대로 드러나는 조치라고 볼 수 있다. 현재 한국과 태국, 인도네시아 등이 이러한 대표적인 보조금 교부국가로 지정되어 있다. 미국의 7대 교역국인 한국을 이들 국가와 비슷한 레벨로 본다는 것 자체가 일단 잘못되었다고 볼 수 있다. 문제는 이러한 보조금 교부국 지정이 우리 기업에게 현실적인 피해를 초래하고 있다는 점이다. 먼저 이러한 문구가 美상무성 자료에 명문화 되어 있음으로 인하여 미국 국내기업들이 한국 기업을 대상으로 상계관세 청원서를 접수하는 것을 더욱 조장하는 효과가 있다. 여러 측면에서 비슷한 제도를 운영하고 있는 일본에 대해서는 상계관세 제소가 거의 드문 반면 우리나라에 대해서 유달리 상계관세 제소의 빈도가 높은 것은 이러한 美상무성의 공식적 입장에서 기인하는 바도 적지 않을 것이다.

두 번째로 이러한 왜곡된 지정으로 인하여 중국으로 진출한 우리 기업이나 중국 기업과 거래하는 우리 기업들이 상당한 피해를 보고 있다는 점이다. 바로 중국 기업에 대한 반덤핑 조사를 실시하는 과정에서 美상무성은 피조사 대상기업인 중국기업이 부품을 한국에서 조달하는 경우 한국에 대한 이러한 보조금 교부국 지정을 근거로 그러한 중국 기업에 대하여 반덤핑 조사절차에서 불이익을 주고 있기 때문이다. 이 경우 중국 기업에 대하여 불이익을 준다는 것은 결국 한국 기업에 대하여 불이익을 준다는 것으로 연결될 수가 있다. 왜냐하면 경우에 따라서는 그러한 중국 기업이 "사실상" 한국기업일 수도 있고(한국기업이 중국에 설립한 자회사인 경우 또는 한국 기업이 지분을 소유한 회사인 경우), 또는 한국산 부품을 사용함으로 인하여 초래되는 불이익을 회피하고자 중국기업들이 향후 한국기업과 가급적 거래를 줄이는 유인으로 작용할 수 있기 때문이다.

(2) 보조금 분쟁: WTO 분쟁의 경우

금융위기를 극복하기 위하여 정부가 취하는 조치는 또한 보조금과 관련한 분쟁을 유발하기도 한다. 예를 들어, 그 당시 상황으로 볼 때 불가피한 측면이 있기는 하나 1997년 외환위기를 극복하는 과정에서 한국 정부가 다양한 방법으로 민간 부분에 관여하게 됨에 따라 우리 정부 및 기업을 대상으로 한 보조금 분쟁이 곧이어 발생하게 되었다. 외환위기 극복과정에서의 제반 조치가 보조금 분쟁으로 발전할 수 있다는 가능성을 최초로 보여준 사안은 한국산업은행이 2000년 8월 도입한 회사채신속인수제도(KDB Fast Track Program)이다. 이 제도는 1997~1998년간 외환위기 극복을 위하여 각 기업이 경쟁적으로 발행한 회사채의 만기일이 2000년 여름에 일거에 몰리어 국내 채권시장이 마비상태에 빠질 상황이 되자 일정 규모의 회사채를 산업은행이 해당 기업 대신 인수하여 주는 것을 그 골자로 하여 도입되었다. 이렇게 산업은행에 의하여 인수된 각 기업의 회사채는 여러 그룹으로 통합되어 다시 시장에서 매각되게 되었다. 미국, 유럽연합 및 일본 정부는 이 조치가 특정 기업의 회사채 인수를 정부가 직접 지원하는 조치이므로 보조금 교부에 해당한다는 주장을 이후 지속적으로 전개하게 되었다.[46]

곧이어 2002년 여름을 기점으로 한국 주요기업에 대하여 행해진 채무재조정 조치 자체가 한국 정부의 보조금 교부에 해당한다는 외국 정부의 조사 및 제소가 이어지게 되었다. 그 결과 유럽연합 집행위원회, 미국 정부 및 일본 정부가 한국산 반도체에 대하여 각각 보조금 및 상계관세 조사를 실시하여 고율의 상계관세를 지금까지 부과하고 있다.[47] 미국 정부는 한국 제지업계에 대하여도 동일한 조사를 실시하였으며[48] 유럽연합은 한국 정부의 조선업계에 대한 지원을 이유로 한국을 직접 WTO에 제소하기도 하였다.[49] 유럽연합, 미국 및 일본의 상계관세 부과 조치 자체는 한국 정부가 이후 WTO에 각각 제소하기에 이르렀고 이들 국가들은 매년 또는 정기적으로 연례재심 등을 실시하고 있으므로 외환위기와 관련된 이러한 보조금

---

46) *Japan—Countervailing Duties on Dynamic Random Access Memories from Korea*(WT/DS336/R) ("*Japan—DRAMs(Panel)*"), para. 7.107 참조; *United States—Countervailing Duty Investigation on Dynamic Random Access Memory Semiconductors(DRAMS) from Korea*(WT/DS296/R)("*U.S. —DRAMs (Panel)*"), para. 7.7 참조; *European Communities-Countervailing Measures on Dynamic Random Access Memory Chips from Korea*(WT/DS299/R)("*EC—DRAMs*"), para. 2.2. 참조.

47) *Japan—DRAMs(Panel)*, para. 2.2 참조; *U.S. —DRAMs(Panel)*, para. 2.5 참조; *EC—DRAMs*, para. 2.3 참조.

48) United States Department of Commerce, *Notice of Initiation of Countervailing Duty Investigations: Coated Free Sheet Paper From the People's Republic of China, Indonesia, and the Republic of Korea*(Volume 71, Number 227)(2006. 11. 27) 참조.

49) *Korea—Measures Affecting Trade in Commercial Vessels*(WT/DS273/R)("*Korea—Shipbuilding*") 참조.

분쟁은 7년간 모두 18여건에 이르고 있다. 가장 최근의 분쟁은 일본과의 분쟁으로 항소기구의 최종 판정 결과가 2007년 11월 말에 나온 바 있다.[50] 일본과의 분쟁에서는 일부 승소 및 일부 패소의 판정이 내려졌으나 주요 이슈에 대해서는 우리가 승소한 바 있다. 외환위기가 발생한 지 18년, 최초 통상법적 우려가 제기된 지 14년이 지난 현 시점에서도 아직 이러한 분쟁들은 진행 중에 있으며 향후 몇 년간 더욱 우리 주요 수출품목에 대한 통상 장벽으로 작용할 가능성이 존재하고 있다. 실로 미국, 유럽연합, 그리고 나중에 가세한 일본을 포함한 세계 경제의 3강이 동일한 사건으로 동시에 한국을 상대로 통상분쟁을 초래한 것은 아마 이 사건이 유일하다. 외환위기 관련 보조금 분쟁의 이러한 시간적, 공간적 포괄성은 금융위기 극복과정에서 취한 정부의 조치가 보조금 교부 조치로 공격 당할 수 있는 내재적 취약성을 내포하고 있다는 점을 잘 보여주고 있다.

금융위기 극복과정에서 취한 정부 조치가 보조금 교부 조치로 전환되는 과정은 다음과 같다. 먼저 정부가 민간은행에 대하여 다수의 지분을 보유하고 있어 이들의 의사결정에 영향을 끼칠 수 있는 위치에 있었으므로 이들 은행의 각 기업에 대한 채무재조정 조치도 결국 정부의 의지에 따라 실시된 것으로 보아야 한다는 것이다. 따라서 채무재조정을 통해 제공되거나 면제되는 금액은 정부가 제공 또는 면제하는 금액과 사실상 동일하므로 그 규모만큼의 "정부에 의한 재정적 기여"가 발생하게 된다. 그리고 민간은행들이 결과가 불투명한 채무재조정에 참여하는 것은 상업적으로 비합리적인 결정으로서 정상적인 상업거래로 보기 힘들므로 그 자체로서 수혜기업들은 "경제적 혜택"을 향유하게 된다는 것이다. 그리고 채무재조정의 특성상 그러한 채무재조정은 특정 기업에 대하여만 이루어지게 되므로 이러한 조치는 당연히 "특정성"을 보유한다는 것이다. 이러한 분석을 통하여 보조금협정상 보조금 구성의 3대 요건이 모두 충족되게 되어 상계관세 부과와 WTO 쟁송으로 이어지게 되었던 것이다. 지난 16년간 20건의 분쟁과 각국의 주요 주장사항을 반추하여 보면 한국 정부는 상당히 당혹스러운 상황에 직면하게 된다. 먼저, 현실적인 측면에서 보더라도 이러한 조치들은 경제적 위기 상황을 타개하기 위하여 불가피하게 취해진 조치라는 점이다. 유사한 경제적 위기 상황이 다시 도래한다고 할 경우 아마 유사한 조치를 다시 실시할 수밖에 없을 것이다. 그렇다면 이러한 보조금 분쟁이 재발할 가능성이 아주 농후하다는 점이다.

다음으로 생각하여 볼 점은 국제기구간 역학관계 측면에서, 이러한 채무재조정 조치 내

---

50) *Japan – Countervailing Duties on Dynamic Random Access Memories from Korea*(WT/DS336/AB/R) (2007. 11. 28. 보고서 회람)("*Japan – DRAMs(AB)*") 참조.

지 산업구조조정 조치의 골격은 한국 정부와 국제통화기금(IMF)과의 긴밀한 협의 하에 채택된 조치라는 점이다.[51] WTO와 함께 국제경제 분야에서 주요한 역할을 담당하는 국제기구의 권고에 의하여 채택한 메커니즘이 주요 교역당사국에 의하여 특정 기업 및 산업을 지원하기 위한 제도로 지목되게 된 것은 한편으로는 통상분쟁의 독자성을 나타내고 있다고 볼 수도 있다. 그러나 궁극적으로 특정 국제기구와 협의 하에 시행된 조치가 다른 국제기구에 의해서 불법적인 조치로 간주되는 경우 양 국제기구간 대립은 물론, 당사국에 대하여 상당한 혼란을 초래하게 된다.[52] 국제금융체제와 국제통상체제가 별도의 규범을 제시하기는 하나 동일한 조치에 대하여 두 국제기구가 상이한 입장을 취하는 것은 WTO 협정의 기본정신에 위배되는 측면도 있음을 주목하여야 한다.[53]

세번째로 법리적인 측면에서 외환위기 극복과정에서 발생한 보조금 분쟁은 과연 일국의 정당한 경제 및 재정 정책 운용과 불법 보조금의 우회적 지급을 구별할 수 있는 기준이 무엇인가 하는 본질적 문제를 제기하고 있다. 모든 정부 정책에는 궁극적으로 특정한 그룹의 수혜자가 존재할 수밖에 없다는 점을 감안하면 양자간 구별 기준을 명확히 하지 않을 경우 잠재적으로 상당수의 경제/금융 조치가 보조금 교부 조치로 판단될 수 있다는 점이 우려된다. 아직 이러한 기준이 부재 내지 미흡하다는 점을 고려하면 향후 WTO 분쟁해결절차에서도 이를 둘러싼 분쟁들이 더욱 증가할 것이며 최근 한국 보조금 분쟁에 관한 항소기구 선례는 이러한 분쟁해결에 미흡하나마 중요한 지침을 제공하여 줄 수 있을 것으로 보인다.[54]

1997년 외환위기 극복과정에서 채택한 조치들로 인하여 초래된 보조금 부분에서의 문제점은 아직 완전히 해결된 것이 아니며 향후 언제든지 재연될 소지를 안고 있다는 점에서 앞으로도 이 부분에 대한 조심스러운 접근이 필요하다.[55] 일본과의 반도체 상계관세 분쟁은 동

---

51) 외환위기 극복을 위한 자금지원을 위하여 IMF와의 합의를 거쳐 한국 정부는 소위 런던 방식이라는 채무재조정 방안을 도입하기에 이르렀다. 한국 정부와 IMF간 1997년 12월 3일 의향서(Letter of Intent) 참조(http://www.imf.org/external/np/loi/120397.htm).

52) *EC-DRAMs*, para. 7.219 참조

53) 가령, WTO 설립협정 제3조 제5항은 다음과 같이 규정하고 있다:
   Article III Functions of the WTO
   5. With a view to achieving greater coherence in global economic policy-making, the WTO shall cooperate, as appropriate, with the International Monetary Fund and with the International Bank for Reconstruction and Development and its affiliated agencies.

54) 가령, 중국 정부의 환율정책에 대하여 미국은 이를 일종의 간접 보조금 교부 정책으로 보고 WTO 제소를 지속적으로 위협하고 있다. 조선일보, 미국 "위안화 환율 낮춰라…"(2007. 12. 13.) 참조.

55) 가령 미국 정부의 2006년 해외무역장벽 보고서(National Trade Estimate on Foreign Trade Barrier)는 한국 정부의 은행에 대한 지분 보유를 여전히 비판적인 시각으로 평가하고 있다.

일한 사안에 대해서도 보조금 분쟁 발생의 위험성을 파악하고 사전에 적절한 조치를 취하는 경우 분쟁 발생 가능성을 상당 부분 제거하거나 또는 분쟁 발생 시에도 우리측이 승소할 수 있는 가능성을 높여줄 수 있음을 보여주고 있다.[56]

(3) 투자분쟁: 통상협정의 파급효과

한편 급격한 외환위기는 국제투자 분쟁의 발생도 아울러 초래하게 된다. 특정 국가의 외환위기 상황에서 외국 투자자들은 자신들의 투자에 대한 조속한 회수를 희망하게 될 가능성이 크고 한편 외환위기를 겪고 있는 투자 유치국 입장에서는 이러한 급속한 해외자본의 이탈을 막아야 할 필요성이 있기 때문이다. 또 외환위기 극복과정에서 취해진 다양한 비상조치가 외국인 투자자의 BIT상 권리에 직/간접적인 영향을 미칠 수 있게 됨에 따라 이로 인한 분쟁도 아울러 발생하게 된다. 1997년 아르헨티나의 외환위기가 초래한 국제투자분쟁의 발생은 이러한 상황을 잘 보여주고 있다.[57]

아직까지 우리나라의 경우 국제투자분쟁을 경험한 적이 없고 이 문제가 본격적으로 대두된 것은 한미 FTA가 처음이다. 따라서 1997년 한국 외환위기 자체로부터 투자분쟁이 발생한 것은 아니나 외환위기 극복과정에서 정부가 취하는 다양한 조치가 추후 투자분쟁으로 전개될 가능성 자체는 아르헨티나의 사례가 이를 충분히 입증하고 있다고 할 것이다. 우리의 경우 외환위기 극복과정에서 이러한 투자분쟁이 발생하지 않게 된 이유는 해외자본의 유출 자체를 직접적으로 규제하는 정책을 채택하지는 않았고 ICSID 절차로 진행하기 위한 우리 정부의 관할권 수락이 그 당시만 하더라도 포괄적으로 이루어지지 않았기 때문이 아닌가 생각한다. 그리고 외환위기 과정에서 외국 투자자본들이 오히려 이를 자신들의 이해관계 극대화를 위한 기회로 활용한 측면도 있기에 이러한 투자분쟁이 발생하지는 않았던 것으로 추측

Although almost all banks have been privatized, the Korean government–controlled Korea Deposit Insurance Corporation still owns nearly 79 percent of Woori Financial Holdings which fully controls Woori Bank, the country's second largest bank. The Korea Deposit Insurance Corporation also directly owns 67.7 percent of Industrial Bank of Korea, the fourth–largest bank in Korea.

2006년 NTE, p. 410 참조. 유사한 지적은 2007년의 NTE에서도 동일하게 나타나고 있다.

56) 모든 사실관계가 서로 거의 동일함에도 불구, WTO 항소기구는 하이닉스 채권단들의 2002년 12월 채무재조정은 2001년 10월 채무재조정과 달리 경제적 혜택이 존재하지 아니하는 것으로 결정하였다. 그러한 결정을 내리게 된 근거는 Deutsche Bank가 발간한 보고서가 이 과정에서 근거자료로 활용되었기 때문이었다. *Japan – DRAMs(AB)*, para. 174 참조.

57) 가령, 1993년 이후 미국 투자자가 외국 정부를 ICSID에 제소한 38건 중 아르헨티나 정부를 대상으로 한 분쟁은 모두 9건을 차지하고 있다. 그리고 이들 분쟁은 모두 아르헨티나의 1998년 외환위기 관련 조치들과 연관되어 있다. U.S. Department of State, 2007 Investment Climate Statement(Argentina), http://www.state.gov/e/eeb/ifd/2007/80675.htm 참조.

된다.

그러나 한미 FTA를 필두로 최근에 체결된 FTA 및 BIT는 관할권의 포괄적 수용 조항을 대부분 담고 있고, 나아가 심각한 외환위기 상황이 다시금 도래할 경우 외국 투자에 대한 직접적인 제한이 필요한 상황도 상정 가능하다는 점에서 향후 외환위기 극복과정에서 투자분쟁에 대한 대처는 분명 염두에 두어야 할 사안 중 하나라고 할 것이다.

바로 이러한 이유로 한미 FTA에도 국제수지 악화 및 외환위기 등의 심각한 대내외 여건 변화가 있을 경우 당사국이 외국환 거래를 통제하는 단기 세이프가드 조치를 도입하는 것을 허용하기로 합의하게 된 것이다.[58] 한편, 국가 긴급 상황에서 외국 투자자에 대한 규제를 가능하게 하고자 하는 다양한 입법이 국회에서 논의되고 있는 것도 역시 이 맥락에서 이해할 수 있다.[59] 이러한 법안의 골자는 외국 투자 자본이 우리 국가 경제 운용에 있어 중요한 역할을 수행하는 국내기업에 대한 인수 및 합병을 시도하는 경우, 이를 우리 정부가 사전 심사하고 필요한 경우 그러한 인수 및 합병을 거부할 수 있도록 하여 위급한 상황에서 국부의 유출을 방지하자는 것이다. 외국 기업이 이러한 시도를 행할 개연성이 높은 시점은 바로 외환위기 과정이나 그 직후라고 할 수 있을 것이다. 최근에 문제된 외환은행 등의 매각 과정을 보면 이러한 사실을 알 수 있다. 이러한 법안의 경우 "국가경제에 중대한 영향을 미치는 국내기업의 인수합병 및 그 밖의 경영지배권 취득행위를 규제"하는 것을 그 목적으로 제시하는 등[60] 다양한 외국인의 투자행위에 대하여 폭넓게 적용될 가능성을 열어 두고 있어 향후 경제위기 상황에서 이러한 법안의 적용 시 이에 따른 분쟁 발생은 불가피하게 보인다.[61]

---

58) 외교통상부, 『한미 FTA 분야별 최종 협상결과』(2007. 4. 4.) 참조.

59) 이와 관련, 한나라당 이병석 의원 외 13인은 2007년 3월 15일 "국가경제에 중대한 영향을 미치는 외국인투자 등의 규제에 관한 법률안"을 의안번호 6229호로 발의한 바 있다. 열린 우리당 이상경 의원 등도 2007년 2월 "국가안보에 반하는 외국인 투자 규제법안"을 발의한 바 있다. 이들 법안은 유사 외국법으로 미국의 Exon Florio 법을 언급하고 있으나 동 미국법이 이러한 법안의 도입을 위한 외국의 사례로 간주될 수 있는지는 의문이다. 즉, Exon Florio 법은 기본적으로 "국가안보(National Security)"와 관련된 경우이며 기본적으로 우리 법안과 같이 경제체제에 영향을 초래하는 경우를 그 대상으로 삼고 있는 것은 아니라는 점이다. 따라서 우리 법안의 경우 실제 통과되어 발효된 이후 경제위기 상황에서 적용될 경우 투자분쟁 발생 소지는 더욱 높다고 할 것이다.

60) "국가경제에 중대한 영향을 미치는 외국인투자 등의 규제에 관한 법률안", 제1조 참조.

61) 이러한 분쟁들을 다음과 같은 법적 쟁점들을 포함하게 된다. 가령 각 체약 당사국 정부는 자국에 투자하는 상대방 국가의 투자자에 대하여 국내투자자와 동일한 대우(소위, National Treatment), 외국인 투자자간 동일한 대우(소위, Most Favored Nation Treatment), 외국인 투자자에 대한 형평한 대우(소위, Fair and Equitable Treatment), 외국인 투자자에 대하여 최소한의 예측 가능성과 합리적 대우를 보장할 의무(소위, Minimum Standard Requirement) 등을 위반하는 것으로 교역 상대국 및 외국인 투자자가 주장할 수 있을 것이다.

특히 주목할 점은 최근 미국 정부가 우리측에 대하여 투자장벽과 관련한 우려를 더욱 강하게 제기하고 있다는 점이다. 공기업 및 통신 서비스 제공 기업에 대한 외국인 지분의 제한은 미국이 특히 불만을 제기하고 있는 부분 중의 하나이다.[62] 또한 미국은 한국의 주요 공기업에 대한 민영화 작업이 지연되고 있는 점, 정부의 직접적 관여가 아직 지속되고 있는 점 등에 대해서도 아울러 지적하고 있다.[63] 미국의 경우 그 동안 외국인 투자 유치 및 보호를 위하여 행한 한국 정부의 조치에 대하여 긍정적으로 평가하면서도 아직 상당한 우려가 잔존하고 있음을 아울러 표명하고 있다. 우리가 주요 공기업 및 통신 서비스 제공 기업에 대한 외국인 투자를 완전 자율화하기를 꺼려하는 우려의 근저에는 주요 기간산업에 대하여 외국 투자자가 통제권을 행사하는 문제가, 그리고 그 문제는 1997년 외환위기 시 경험한 외국인 투자에 대한 신뢰감의 결여가 깔려있다는 점에서 외환위기의 여파는 아직도 우리가 느끼고 있다고 할 수 있겠다.

특히 이와 관련하여 주목하여야 할 점은 최근의 국제투자분쟁 추세는 정부의 정책 의도의 타당성이 반드시 정책의 국제법적 합치성을 보장하여 주지는 않으며 그러한 정책이 실제 초래하는 "영향" 내지 "효과"가 중요하게 고려된다는 점이다. 따라서 설사 특정 법안의 목적이 외국인 투자자에 대한 차별적 대우가 아니라고 하더라도 실제 적용과정에서 한국인 투자자에 비해 외국인 투자자에 대하여 부당한 대우를 부여하는 효과가 발생할 경우 관련 협정 위반 문제가 제기될 가능성은 항상 남아 있다는 점이다.

이와 관련하여 1998년 제정된 외국인투자촉진법 및 동 법 시행령에도 필요 시 외국인 투자를 제한할 수 있는 포괄적 조항은 이미 포함되어 있다.[64] 경제위기 발생 시 이러한 조항에 따라 외국인 투자에 대한 제한을 실시할 수 있을 것이며, 이 경우 투자분쟁이 초래될 수 있음은 물론이다. 요컨대 아직 외환위기와 연관된 투자분쟁이 우리측과 관련하여 발생하지는 않았지만 향후 우리가 지속적인 관심을 기울여야 할 영역 중 하나이다.

---

62) 2007년 NTE, pp. 367 – 368 참조.
63) *Id.*, p. 368 참조.
64) 외국인투자촉진법 제4조는 다음과 같이 규정하고 있다:
　제4조(외국인투자의 자유화 등)
　② 외국인은 다음 각호의 1에 해당하는 경우를 제외하고는 이 법에 의한 외국인투자를 제한받지 아니한다.
　　1. 국가의 안전과 공공질서의 유지에 지장을 초래하는 경우
　　2. 국민의 보건위생 또는 환경보전에 해를 끼치거나 미풍양속에 현저히 반하는 경우
　　3. 대한민국의 법령에 위반되는 경우
　③ 제2항 각호의 1에 해당하여 외국인투자가 제한되는 업종과 제한의 내용은 대통령령으로 정한다.

(4) 서비스 분쟁

한국의 외환위기 극복 사례를 들어 서비스 분쟁의 발생 가능성을 살펴본다. 외환위기를 극복하는 과정에서 금융기관의 국제화가 요구됨에 따라 국내 금융기관들도 상당한 변화를 거치게 되었다. 국내 금융기관이 해외 주식시장에 상장되는 경우도 발생하고 우리 금융기관의 운영기준도 상당히 국제적 수준에 근접하게 되었다.[65] 이러한 환경 변화는 외국 금융 서비스 공급자의 국내 활동도 아울러 용이하게 하였으며 이에 대해서는 외국 정부의 경우도 대체로 공감하는 바이다.[66]

1997년 11월 우리 정부가 외환위기 극복을 위한 자금 지원을 획득하고자 IMF와 체결한 의향서에는 금융서비스 시장에 관한 개방을 OECD 수준으로 유지하겠다는 약속이 포함되어 있다.[67] 이에 따라 한국은 1999년 개정된 서비스 교역 양허표를 WTO에 제출하게 되었다. 2001년에 이르러서는 외환 거래에 관한 대부분의 제한이 사라지게 되었으며 외국 금융기관이 거래 시 한국은행의 승인을 획득하여야 하는 요건 역시 없어지게 되었다. 이와 같은 금융 서비스 시장의 상당한 자유화에도 불구하고 역시 불투명한 규제 문제에 대한 외국의 우려는 지속적으로 남아 있는 상황이다. 가장 대표적인 불만사항 중 하나는 민간은행 이사회에 참여하는 각 이사에 대한 우리측의 국적 요건 부과였다.[68] 이 역시 외국 국적자나 외국 투자자가 한국 금융기관을 통제하는 상황을 가급적 차단하자는 것이므로 결국 그 출발점은 1997년 외환위기로 볼 수 있을 것이다. 이를 전후하여 외국 자본이 대거 진출하게 되었고 이 과정에서 외국계 자본이 한국 은행에 대주주로 등장하게 되었기 때문이다. 가령 미국의 뉴브릿지 캐피탈은 2000년 제일은행을 인수하여 2005년 영국계 스탠다드차터드 은행에 매각하였으며, 미국의 칼라일 펀드는 역시 2000년 한미은행을 인수하여 2004년 미국의 시티은행에 매각하였고, 독일의 Kommerzbank는 1999년 외환은행을 인수하여 2003년 미국계 투자자본인 Lonestar에 매각한 바 있다.[69] 이 과정에서 일부 외국 투자자가 상당한 이득을 실현하게 되었으며 이에

65) 가령 국민은행의 경우 2001년 11월 1일자로 미국 뉴욕증권거래소에 상장되었다. 국민은행, 2006년 영업보고서, p. 3 참조.
66) 2005년 NTE, p. 382 참조.
67) 한국 정부와 IMF간 1997년 12월 3일 의향서(Letter of Intent), *supra* note 51 참조.
68) 2006년 NTE, p. 310 참조.
69) 정부 지분 소유가 상당부분 줄어든 2005년 시점에서 주요 금융기관의 대주주 현황은 다음과 같다.

은행	대주주 명(지분율)
Kookmin	Bank of New York(15.21)
NACF	N/A

대한 일반 국민의 부정적 반응은 이미 잘 알려진 바이다.[70]

(5) 비관세 무역장벽(NTB) 관련 분쟁

비관세 무역장벽(Non-Tariff Barrier: "NTB")은 국제 교역의 새로운 문제로 대두하고 있다. 이 문제의 심각성을 인식하고 현재 각국의 NTB 제도에만 적용되는 별도의 분쟁해결절차가 WTO 차원에서 제안되고 있기도 하다.[71] 한국의 교역 상대국들이 한국이 다양한 NTB 제도를 운영하고 있음을 주장하고 있는 것은 어제 오늘의 이야기는 아니다. 그러나 금융위기 극복 과정을 거치면서 주요기업 및 금융기관 구제를 위하여 취한 다양한 조치는 이후 다양한 영역에서 이들 국가의 NTB 주장을 일층 강화하는 유인을 제공하게 되었다.

이에 따라 우회적인 방법으로 통상 규제를 실시하기 위하여 도입된 NTB 조치인지 성격이 애매한 경우에도 교역상대국은 일단 이를 한국측의 NTB로 간주하고 그 철폐를 요청하는 경우가 발생하게 되었다. NTB라는 개념 자체가 일반적인 개념 정의만 있을 뿐이며 그 존재 여부는 구체적 조치에 대하여 사안별로 이루어 질 수밖에 없기에 결국 해당국 정부의 주요 산업 지원 정책의 존재를 인정하는 지 여부가 NTB 관련 주장 및 분쟁의 주요 변수로 작용할 수밖에 없다. 외환위기 상황에서 불가피하게 채택하였던 주요 기업에 대한 구제조치가 이후에도 다양한 형태로 제반 영역에서 계속 유지되는 것으로 이들 교역상대국에 의하여 간주되는 것이다. 이러한 조치 중 일부는 외국 상품 및 서비스 제공자의 한국 시장에서의 경쟁을 의도적으로 제한하기 위하여 도입된 NTB로 주장되고 있다.

이러한 상황으로 인하여 NTB 문제는 외국 정부가 한국과 통상 문제를 논의하는 데 있어 주요 현안의 하나로 자주 언급되고 있다. 유럽연합과의 FTA 협상에서도 유럽연합은 이 사안

Woori	Woori Financial Holding(100.0)
KDB	Government of Korea(100.0)
Hana	Hana Financial Holding(100.0)
Shinhan	Shinhan Financial Holding(100.0)
IBK	Government of Korea(51.0), KDB(12.5), KEXIM(3.2)
KEB	LSF−KEB Holdings(50.53), Commerzbank(14.61) KEXIM(13.87), BOK(6.12)
CHB	Shinhan Financial Holding(100.0)
SC First	Standard Chartered NEA Limited(100.0)

상기 은행의 금융감독원 공시내용 참조하여 필자가 작성.

70) "HSBC 외환은행 인수 가능할까?" 경향신문(2007. 9. 24.) 참조.

71) Bridges(World Trade News Digest), "EU, NAMA−11 Call for New Mechanism to Deal With NTBs", http://www.ictsd.org/weekly/06−05−17/story6.htm(2006. 5. 17) 참조.

을 협상의 주요 의제 중 하나로 선정한 바 있다.[72] 향후 여러 교역상대국과의 통상 현안 협의에 있어 NTB 문제가 지속적으로 제기될 개연성이 농후하고 만약 새로운 NTB 분쟁해결제도가 도입될 경우 우리측에 대하여 이 문제와 관련한 새로운 부담이 발생할 가능성이 높다고 할 것이다. 그렇다면 이 부분에서의 외환위기의 파급효과도 단기간에 소멸될 것으로 보기 힘들 것이다.

(6) 기타 통상부분 파급효과

이와 더불어 금융위기 극복을 위한 정부 조치의 파급효과는 여타 통상 문제에서도 아울러 발견되고 있다. 환율급등 등 주위 경제여건의 변화로 인하여 기업의 존망 자체가 위기에 처한 상황에서는 일부 수출 기업은 단기적으로 다소 가격을 낮추더라도 수출물량을 증가시켜 최소한 고정자산에 대한 유지 비용은 충당하고자 노력하게 된다. 한국의 경우 외환위기에 직면하여 일부 수출기업의 경우 불가피하게 이러한 정책을 채택하게 된 측면이 있었으며 이는 곧이어 주요 교역 상대국으로부터의 반덤핑 관세 조사로 이어지게 되었다. 특정 수출상품의 해외시장에서의 저가 판매는 흔히 반덤핑 제소를 초래하기 때문이다. 외환위기 직후 우리 상품에 대한 주요국의 반덤핑 조사 건수가 증가한 것은 이러한 사실을 보여준다고 하겠다.[73]

한편, 위에서 지적한 바와 같이 외환위기 이후 예상치 못한 보조금 및 상계관세 조사의 증가는 반덤핑 조사의 동반 조사를 아울러 초래하기도 하였다. 우리 기업에 대하여 상계관세 또는 반덤핑 제소를 검토하는 외국 기업의 경우 피조사 기업 및 정부의 소송 실무적 부담을 증가시키기 위하여 최근 반덤핑 제소와 상계관세 제소를 동시에 진행하는 경우가 빈번하기 때문이다.[74] 이러한 이유로 원래 목표는 상계관세 조사라고 하더라도 반덤핑 제소도 함께 이루어지게 되며 이에 따라 반덤핑 제소도 함께 증가하게 되는 측면이 있다.

나아가 외환위기 이후 지속적으로 발생하는 보조금 분쟁 및 상계관세 조사로 인하여 일부 주요 수출기업이 생산기지를 아예 외국으로 이전하고자 노력하는 상황도 주목할 만하다.[75] 수출기업이 스스로의 준비와 의지로 대처할 수 있는 반덤핑 조사와 달리 보조금 분쟁

---

72) 머니투데이, "한·EU FTA 제4차 협상 결론없이 종료"(2007. 10. 19.).
73) 외교통상부, 주요국 반덤핑제소 및 조사 통계(2007) 참조.
74) 가령, 최근 진행된 미국 정부의 한국산 업무용 종이에 대한 상계관세 조사에서 반덤핑 조사도 아울러 실시되었다. 그간 미국 정부 및 기업의 주요 주장 내용이 한국 정부의 제지업계에 대한 지원조치였다는 점을 감안하면, 사실 미국 기업의 주요 목표는 상계관세 조사였다고 할 수 있을 것이다.
75) 가령, 하이닉스 반도체의 경우 상계관세 분쟁의 원천적 해결을 위하여 생산시설을 중국에 건설하고 미국에서의 현지 생산도 지속적으로 늘리는 상황이다. 머니투데이, "하이닉스, 일본공략 디딤돌 마련"(2007. 11. 29.) 참조.

의 경우 정부 정책과 맞물려 진행되는 측면으로 인하여 이로부터 자유로워지기 위해서는 외국으로의 생산시설 이전이 적절한 방안일 수도 있기 때문이다. 이러한 생산시설 해외이전의 경우 주로 중국 또는 베트남이 그 대상국이 되는 경우가 많으며 이 경우 사회주의 경제체제에 대한 반덤핑 조사 시 적용되는 일종의 특칙인 "비시장경제체제(NME)" 문제가 대두된다.

즉, 우리와 직접 연관이 없는 NME 문제가 생산시설의 해외이전으로 인하여 새로운 문제로 우리에게 다가오고 있다. 특히 원래 NME 국가의 경우 반덤핑 조사에서는 불이익을 받아도 상계관세 조사는 면제되어 오던 것이 각국의 법령상 규정이었으나 이마저도 최근에 변화하는 추세를 보이고 있다. 가령 미국의 경우 중국의 보조금 교부 문제에 적절히 대응하고 또 보조금 분쟁 회피를 위한 해외기업의 NME 국가로의 이전을 차단하기 위하여 중국에 대한 상계관세조사를 2006년 최초로 개시하여 상계관세를 부과한 바 있다.[76] 따라서 이제 NME 국가의 경우 그나마 보조금 분쟁에서 면제된다는 장점마저도 상실되게 되었다.

한편, 외환위기는 각국 조사당국의 조사방법 내지 WTO 분쟁해결절차의 소송법리적 발전도 아울러 유도한 측면이 있다는 점을 지적할 수 있다. 위에서 지적한 보조금 분쟁은 대부분 소위 "간접 보조금" 사안으로 정부의 실제 의도가 무엇인가를 파악하는 것이 핵심 쟁점이었다. 이와 같은 사실관계의 입증을 위한 직접증거는 원천적으로 획득이 곤란하여 대부분의 경우 조사당국의 조사 또는 WTO 패널 심리는 다양한 간접증거에 기초하여 진행되었다. 이러한 상황이다 보니 과연 간접증거를 심리절차에 어느 정도까지 활용할 수 있는지, 간접증거 인용을 위하여는 사전에 그 증거에 대한 기본적 평가를 거쳐야 하는지, 모든 간접증거를 동시에 검토하여야 하는지 등 다양한 소송실무적인 문제들이 제기되었다. 이러한 점은 통상분쟁 이외의 여타 국제분쟁에서도 제기되는 문제이기는 하나 외환위기 및 채무재조정과 관련된 한국 보조금 사안을 조사 내지 심리하면서 이 부분에 대한 의미 있는 소송 법리의 발전이 있었던 것으로 볼 수 있겠다.[77]

한편, 이러한 간접증거로 활용된 대부분의 자료가 외환위기 극복을 위한 정부정책 채택 및 이행과정에서 민관 부분의 관련자들이 언급한 내용을 보도한 국내외 언론보도, 정부 웹사이트 등의 홍보자료였다는 점은 한국에게는 상당히 당혹스러운 상황을 초래하였다. 이 과정

---

76) U.S. Department of Commerce, Coated Free Sheet Paper from the People's Republic of China: Final Affirmative Countervailing Duty Determination(2007. 10. 25.) 참조.
77) 가령, *Japan－DRAM(AB)*, para. 174 이하 참조.

에서 미국, 유럽연합, 그리고 일본 정부가 한국 금융 및 재정 정책 담당자들의 언행을 추적한 내용은 지극히 상세하여 일자별, 담당자별로 그 내용을 구분하고 있을 정도였다. 실제 분쟁이 발생한 이후에 '몇 년 전에 보도 내지 발표된 내용의 원래 의미는 조사당국이나 제소국이 주장하는 것과 다르며 사실은 이러하다'라는 취지의 증언서(affidavit) 등을 추후에 제출하기도 하였으나 간접증거를 통해 주장되는 사실을 뒤집기에는 역부족이었던 것으로 보인다. 이러한 사실은 특히 정부 담당자의 언급 내용이 추후 타국에 의해 통상 규제를 위한 조치의 증거자료로 활용될 수 있음을 인식하게 하는 계기를 제공하게 되었다. 최근 진행된 보조금 분쟁에서 이러한 간접증거의 문제가 더 이상 불거지지 않는 것은 그간 이러한 점을 인식하고 각 부처 나름대로의 대응책을 모색한 결과가 아닌가 생각된다.

제 6 장

주요 분쟁 사례

– 금융위기 극복조치를 중심으로

주요 분쟁 사례
- 금융위기 극복조치를 중심으로

1. 미국의 경기부양법(American Recovery and Reinvestment Act of 2009)

A. 'Buy American' 규정

2005년 글로벌 금융위기를 극복하고자 미국 하원에서 2009년 1월 28일 'Buy American' 규정이 포함된 "경기부양법"이 통과되었다. 이 규정의 내용은 경기부양법에 의한 재정지출, 즉 도로·교량 등 사회간접자본건설 및 여타 정부 지원을 받은 공공사업 등에 있어서 미국산 철강제품 등 자국산 제품만을 사용할 것을 명시하는 것이다. 이와 같이 2008년 위기에 대응하여, 선진국들은 경기부양책 또는 구제금융 등과 같은 형태로 보호무역조치를 취하는 경향이 나타났다. 이러한 조치들은 전통적인 보호무역조치에 비해서 규범 위배 여부를 판단하기 어려운 것이 특징이었다.[1] 한편, 미국과 국제협정을 맺은 50여개 국가는 'Buy American' 조항의 적용에 있어서 예외를 인정하였다. 즉, 경기부양법에 국제무역협정의 준수를 명기함으로써, 이들 국가에 대해서는 면제 특혜를 부여하는 독특한 형태를 띠고 있었다.[2] 예를 들면 미

---

1) 신현수 외, "글로벌 금융위기 이후 교역환경 변화와 수출 확대 방안." 산업연구원 연구보고서 2010-568(2010. 12.), p. 159.

2) *Id.*

국과 북미자유무역 협정(NAFTA)을 맺은 캐나다와 멕시코, 그리고 WTO 정부조달협정(GPA)에 서명한 국가들의 철강제품은 경기부양법에 의해 수행되는 사회간접자본 건설에 사용 허용하는 방식이다. 그러나 비록 완화된 형태이기는 하나, 'Buy American' 조항은 보호무역주의의 확산 및 글로벌 경제위기의 심화의 촉매제로 작용할 가능성이 높은 것으로 평가되었다.[3] 이 조항은 미국의 무역정책이 보호무역주의(protectionism)로 전환되고 있음을 보여주는 대표적인 사례이다. 또한, 미국의 'Buy American' 규정 포함은 앞으로 극심한 무역분쟁(trade war)을 야기할 수 있는 심각한 문제로 평가된다.[4]

B. 국제사회의 반응

이러한 법안에 대해 국제사회에서는 반대 여론이 격화되었으나 이러한 여론을 미국이 수용하지 않음에 따라 다음과 같은 결과가 나타나게 되었다. 우선, 세계무역기구(WTO)에서 보호무역에 대한 경고를 제기하였다. 유럽연합(EU)도 'Buy American' 조항이 다른 국가들의 보호무역조치를 확산시킬 수 있다며 우려를 표시하였다. 캐나다, 브라질, 중국 등의 국가에서도 'Buy American' 법안에 대해 미국의 보호무역의 회귀라고 강력히 비판하였다. 구체적으로 미국의 'Buy American' 규정에 대응하여, 캐나다 일부 지자체가 미국산 제품을 쓰지 않겠다는 'Buy No American' 조례를 제정하여 미국의 제조업체들이 피해를 입는 사례도 발생하였다.[5] 그러나 이와 같은 각국의 비판 및 반발에도 불구하고 이 조항이 경기부양법에서 결국 제외되지 않았다. 주요 교역상대국의 반발에 대하여 오바마 미대통령은 경기부양법이 교역상대국에 보호무역의 시그널을 보내서는 안 된다고 언급했으나, 결국은 이 조항이 포함되게 되었다. 이는 상당부분 민주당의 보호무역주의와 이를 뒷받침하는 이익집단의 정치적 영향력에 기인하였다. 즉, 다수당을 차지한 정당의 보호무역 전통과 이익집단의 영향력이 결합된 결과로 평가되고 있다.[6]

---

3) 송원근, "글로벌 경제위기로 인한 보호무역 추세와 대응방안", 정책연구 2009 – 05(2009), 한국경제연구원, p. 33.
4) Id.
5) 신현수 외, supra note 1, p. 163.
6) 송원근, supra note 3, p. 34.

2.　한국산 반도체 분쟁(미국, 유럽연합, 일본)

A. 하이닉스 사건에서의 논의가 갖는 의의

동 사례는 외환위기 이후의 기업구조조정 차원의 정부 조치를 보조금으로 판정함으로써, 경제위기에 대응하여 취해진 국가의 적극적인 구조조정 개입에 대한 재검토에 시사하는 바가 크다고 할 수 있다. 하이닉스에 대해서 고율의 상계관세 부과가 결정된 것은 보조금으로 인정된 지원의 대부분이 IMF 외환위기 이후의 기업구조조정과 관련된 조치들이었기 때문이다.[7] 하이닉스의 구조조정 과정에서 채권단이 결정한 각종 지원조치들에 대해 정부의 개입을 인정하였다. 즉, 상계관세 부과가 가능한 보조금 지급에 해당하는 것으로 간주하였다. 이는 외환위기 이후 진행된 여타 산업부문에서의 기업구조조정도 통상분쟁의 대상이 될 가능성을 제기하였다.[8]

B. 하이닉스 문제의 발단

IMF 시기 정부 주도의 구조조정의 결과로 하이닉스 문제가 비롯되었다고 볼 수 있다.[9] 구체적으로 살펴보자면, 1999년 IMF의 권고로 과잉투자된 반도체산업이 정리되어, 현대전자가 LG반도체를 흡수, 합병하면서 하이닉스가 탄생하였다. 그러나 곧 유동성문제에 직면하게 되어 대규모 자산매각과 외자유치를 통해 이를 해결하려는 정부의 지원 노력이 개시되었다. 이에 따라 2000년 12월, 시티은행을 중심으로 한 채권단으로부터 8천억원의 신디케이트론 (Syndicated loan)을 제공받았고, 2001년 현대그룹에서 분리된 이후에도 이 문제를 해결하지 못하였다. 2001년 1월에는 산업은행의 회사채 신속 인수제도의 지원을 받았고, 2001년 9월, "기업구조조정 촉진법"에 의거하여 채권 금융기관 공동의 하이닉스 경영관리를 통한 출자전환, 채무조정 등의 경영정상화를 시도하였다. 그러나 여전히 유동성문제를 미해결한 상태였고 결국 2001년 12월, 하이닉스 구조조정 특별위원회가 결성되었다. 이에 따라 채권단이 정한 재정자문사인 독일은행의 구조조정 방안에 따라 주주와 채권단이 처리방안 마련을 추진하였다.

---

7) 주대영, "한국 반도체산업의 상계관세 분쟁 사례 연구", 산업경제분석(2003), 산업연구원. p. 32.

8) *Id.*, p. 23.

9) 김정곤 외, "WTO 하이닉스 보조금 분쟁 패소 판정의 내용과 향후과제", KIEP 세계경제(2005. 8.), p. 26; 김희승 외, "하이닉스 사례를 중심으로 한 상계관세에 관한 연구", 계간무역구제 33(2009), 무역위원회, pp. 202-203.

C. 한·미 하이닉스 DRAM 보조금 분쟁의 주요 사항10)

Micron사는 한국 정부가 보조금을 제공하여 WTO 보조금협정 제1조와 제2조를 위반하였다고 주장하였다. 즉, 국내 반도체 생산업체에 대한 조세감면 혜택을 부여하였고, 채권 금융기관들로 하여금 부채탕감, 채무만기연장, 출자전환, 이자율 인하 등을 제공하도록 정부가 개입하였다는 것이었다. 이에 美상무성은 2003년 6월 17일, 최종적으로 하이닉스에 44.29%의 상계관세 부과를 결정하였다. 그러나 항소심에서 특정성에 관한 패널의 판정을 번복함으로써 한국이 패소하였다.

이 사건에서 특히 쟁점이 된 것은 금융기관의 신용공여에 대해 한국 정부가 개입하였는지 여부였다.11) 2000년 12월 시티은행을 중심으로 한 채권단으로부터 신디케이트론을 제공받은 것과 2001년 산업은행으로부터 회사채 신속 인수제도를 통한 지원에 초점을 맞추었다. 한국 정부는 이 조치들이 정부의 개입이 아닌 하이닉스의 상업적, 자율적 조치에 의해 이루어진 것이라고 주장하였고, 미국은 정부의 개입이 이루어졌다고 주장하였다. 이에 대해 정부의 지분, 이사회 구성에 포함된 정부 인사, 기관행위에 대한 정부개입, 그리고 정부 정책 및 관심사에 대한 기관업무의 시행 여부 등을 사실관계로 제시하였다.

D. 한·EU 하이닉스 DRAM 보조금 분쟁의 주요 사항12)

EU 집행위원회는 한국 정부가 1차 및 2차에 걸쳐 하이닉스에 대한 보조금 패키지를 제공했다고 주장하였다. 즉, 1차 패키지는 신디케이트론, D/A 한도 확대, 산업은행 회사채 신속인사, 채무만기연장 등으로 이루어졌고, 2차 패키지는 신규대출, 출자전환, 대출금리인하, 채무만기연장 등으로 이루어졌다. 한국 정부는 이러한 조치들이 시장원리에 입각한 상업은행들의 자발적인 판단이었다고 반박하였다. 한편, 수출손실 준비금, 해외시장개척 준비금, 해외투자손실 준비금, 연구개발 준비금 및 세액공제제도에 대한 조세혜택에 대해서도 보조금이 지급되었다고 주장되었다.

---

10) Panel Report, United States – Countervailing Duty Investigation on Dynamic Random Access Memory Semiconductors(DRAMS) from Korea(WT/DS296/R)(" *U.S. – DRAMs(Panel)*").
11) 김정곤 외, supra note 9, p. 28.
12) 김희승 외, *supra* note 9, pp. 208 – 209.

이 사건의 쟁점은 기업구조조정 과정에서 이루어진 채권금융기관의 지원에 정부의 지시와 개입이 있었는지 여부였다.[13)] EU 집행위원회는 한국 정부가 다수의 금융기관을 직접 통제하고, 정부의 지분을 늘려 소유주로 참여했다고 주장하였다. 즉, 하이닉스에 대한 여러 가지 조치들이 채권은행들의 상업적 이해만을 고려한 것이 아니라 한국 정부의 개입으로 시장중심의 투자행위가 변질되었다고 보았다. 이에 대해 한국 정부는 1997년 IMF 위기를 극복하는 과정에서 일부 부실은행에 공적자금을 투입한 결과 일부 은행의 정부 지분이 불가피하게 높아지게 되었다고 반박하였다. WTO 분쟁패널은 재정적 기여 및 혜택에 대한 내용 중에서 신디케이트론과 2001년 5월의 구조조정이 보조금협정상 보조금의 성격을 띠지 않았다고 판정하였다. 즉, EU가 2001년 5월 구조조정 프로그램에서 정부의 재정적 기여 여부를 입증하지 못했다는 것이다. 반면, WTO 분쟁패널은 수출보험공사의 수출보증, 산업은행의 회사채 신속인수 및 2001년 10월의 구조조정은 보조금으로 인정하였다.

E. 한·일 하이닉스 DRAM 보조금 분쟁의 주요 사항[14)]

한편, 일본 정부는 2006년 1월 20일, 하이닉스 DRAM에 대한 상계관세를 27.2% 부과하기로 최종 결정하였다. 한국 정부는 2006년 3월 14일, 일본 정부의 상계관세 부과 조치가 보조금협정 위반이라는 이유로 일본을 WTO에 제소하였다. 동 상계관세 조치는 WTO 보조금협정 위반이라는 판정이 이루어졌지만 일본 정부는 2008년 9월 1일자로 만료되는 이행 기간 안에 상계관세를 철회하지 않았다. 그 대신 기존의 27.2%의 관세율을 18.1% 내린 9.1%로 감축하였다.

이 사건의 쟁점은 2001년 10월 조치와 2002년 12월 조치에 초점을 두고 있었다. 즉, 일본은 한국 정부가 채권 은행단에 대한 직접적인 영향을 통하여 하이닉스 지원과 관련한 압력을 행사했다고 주장하였다.[15)] 반도체 산업을 수출 확대 중심 산업의 하나로 정책적인 육성을 도모하고, 하아닉스의 경영정상화를 지원할 목적이었다는 것이었다. 이와 관련하여 일본 정부는 당시 하이닉스가 상업적으로 자금조달이 곤란했다는 점, 한국 정부는 하이닉스를 구제할 의도가 있었던 점, 주식보유 등을 통해 실제로 은행의 융자 및 대출 등에 관여할 수 있었던 점,

13) 서영화(2004), 하이닉스 반도체에 대한 미국과 유럽의 상계관세 부과판정 및 한국 정부의 대응.

14) Japan−Countervailing Duties on Dynamic Random Access Memories from Korea(WT/DS336/R)
   (*"Japan−DRAMs(Panel)"*).

15) 김희승 외, *supra* note 9, p. 214.

비상업적 고려가 존재한 점(즉, 은행의 내부감사에서 파산의 위험을 도외시한 점)을 지적하였다. 이에 대해 한국 정부는 대부분의 국가가 시행하고 있는 산업정책이 특정 기업만을 대상으로 하는 것은 아니며, 정부 소유의 은행도 민간 은행과 동일한 기준에 의해 운영되므로 일부 정부 소유 은행의 구조조정 참여가 정부개입의 증거는 아니라고 반박하였다.

F. 상기 반도체 보조금 분쟁의 공통점

위 분쟁들에서는 공통적으로 두 가지가 쟁점이 되었다. 첫째는 기업구조조정 과정에서 이루어진 채권금융기관의 지원에서 정부의 지시와 개입이 있었는지 여부, 둘째는 일상적인 산업지원제도 중 일부를 정부보조금으로 인정하는지 여부였다. 이와 관련하여 우리나라는 1997년 금융위기 시기 개혁조치 이후, 국제규범에 저촉되는 정부개입은 없었다고 주장하였다.[16] 미국, EU 그리고 일본과의 하이닉스 보조금 분쟁 사례는 금융위기 하에서의 정부의 개입과 WTO 보조금협정간 보완의 필요성을 제기하였다.[17] 금융위기 하에서 정부의 구조조정 조치상 합법적으로 필요한 역할과 무역을 왜곡시키는 불법적 보조금 정책간 구분이 명확해야 할 필요성을 제기하였다.[18] 즉, 금융위기는 거시 경제적 측면에서 보았을 때 국가적 위기로서, 드문 예외적 상황에 해당하기 때문이다.[19] 또한, 이러한 상황에서는 불가피하게 IMF와 같은 국제기구와의 협조가 긴요하게 요구되었다. 즉, 정부는 이러한 위기 상황에서는 기업과 금융부문의 구조조정조치 등에 일정한 역할을 수행하여야 하며, 특히 구조조정에 대한 관여가 불가피하다는 것이다. 현재의 보조금협정은 이러한 부분을 반영하고 있지 않아, 결국 이에 대한 제1 개정 작업이 필요하다고 볼 수 있을 것이다.[20]

3. 미중 환율분쟁

A. 미국의 위안화 절상 압력

"국제경제 및 환율정책보고서(Semiannual Report on International Economic and Exchange Rate

---

16) 주대영, *supra* note 7, p. 23.
17) 김희승 외, *supra* note 9, p. 223.
18) *Id.*
19) *Id.*
20) *Id.*, p. 224.

Policies)"는 주요국의 환율정책을 평가하고 환율조작국을 지정하는 것으로서 미 재무부가 1년에 두 번 작성하는 보고서이다. 미 의회는 1994년 이후 재무부가 한 번도 환율조작국을 지정하지 않은 점을 지적하였고, 중국에 대한 환율조작국 지정 및 상계관세 조치 강화를 촉구하였다. 미 하원의원 130명은 Timothy Geithner 재무장관 및 Gary Locke 상무장관에게 제출한 공개서한(2010년 3월 15일)에서 미 행정부가 중국을 환율조작국으로 지정하도록 촉구하였다.[21] 또한 미 하원의원인 Tim Ryan(민주당), Tim Murphy(공화당)가 공동으로 5월 13일 제출한 "공정무역을 위한 환율개혁법안(Currency Reform of Fair Trade Act)"에서 중국의 위안화 환율조작을 불공정 보조금 지급행위로 간주하며, 이를 상계관세 조치로 규제해야 함을 주장하였다. 이러한 서한을 미국의 철강, 제지 등의 산업계 및 관련 노조들은 적극적으로 환영하고 지지하였다. 결국 동 법안은 9월 28일, 찬성 348표, 반대 79표로 미 하원을 통과하였다.

미국 정부는 오랜 기간 중국 당국에 의한 '환율조작' 의혹을 제기하였다. 즉, 중국의 위안화 정책에 대해 다음과 같은 논리로 비난하였다.[22] 환율을 인위적으로 낮은 수준으로 유지한다면 이것은 결국 자국의 수출업체를 지원하는 것이며 곧 무역상대국에 상업적으로 피해를 줄 것이라는 것이다.[23] 따라서 외환시장 개입 등의 방법으로 환율을 인위적으로 낮은 수준으로 유지되도록 조작한다면, 이에 대해 상대국은 무역제재 등의 방법으로 대응해야 한다는 논리였다.[24] 미국은 이러한 중국의 위안화 환율정책이 대중 무역적자의 중요한 요인이 되고 있고 또한 미국의 일자리 감소의 원인이라고 간주하였다.[25] 물론 고정환율이 반드시 환율 저평가를 의미하지는 않는다. 다만, 중국의 외환보유고와 무역흑자 통계를 고려할 때에 중국의 고정환율 제도 자체만으로 위안화가 인위적으로 저평가되는 효과를 갖는다고 할 수 있다.[26]

또한, 2011년 10월 11일 미 상원이 중국을 겨냥하여[27] 위안화가 저평가되어 있다며 환율조작국에 대한 보복조치로서 "통화환율감독개혁법"을 통과시켰다. 즉, 이 법에 따르면 외국 정부가 인위적인 환율조작을 통해 기업의 수출 경쟁력을 강화하면 미국 정부는 이를 보조금

---

21) 이장규 외, "글로벌 경제위기에 대한 중국의 대응과 미·중 경제관계", 연구보고서 10−11(2010), 대외경제정책연구원, p. 85
22) 이장규 외, *supra* note 21, p. 162.
23) *Id.*, p. 162.
24) *Id.*
25) *Id.*, p. 96.
26) 강선주, "미국의 '공정무역을 위한 통화개혁법'과 미·중 환율 갈등", 주요국제문제분석 2010−36(2010. 12. 30.), 외교안보연구원, p. 3.
27) 삼성경제연구소, 중국의 부상과 美中 통상분쟁, SERI 이슈페이퍼(2012. 3.) p. iii.

으로 간주, 상계관세를 부과할 수 있도록 규정하고 있다. 동 법안은 근본적으로 저평가된 통화가 암묵적으로 수출보조금과 같은 기능을 한다고 간주하였는바 저평가된 통화가 수출과 직접 관련되어 있지 않더라도 상계관세 조사 대상이 될 수 있으며 보조금의 정의를 확대하는 조치에 해당한다고 보았다.[28] 이에 따라 환율조작으로 피해를 입은 미국 기업들이 미 상무부에 조사를 요구하고 상무부가 합당하다고 판단하면 보복관세를 물리게 되었다. 다만 미 재무부가 환율조작국으로 지정해야만 이러한 상계관세를 부과할 수 있었다.[29] 미국 정부는 일단 위안화 환율절상을 불공정 보조금으로 간주하고 이에 대한 상계관세 조사를 개시하는 데 대해서는 부정적인 입장인 것으로 보인다. 사실 미 행정부는 미국 내 강경한 대중 통상압력 분위기를 중국에 대한 위안화 절상압력과 중국과의 통상관계에서 유리한 위치를 선점하기 위해 전략적으로 이용하는 입장이기도 하다. 철강 및 제지 등 중국과 잦은 통상마찰을 빚어온 산업계는 이 법안의 제정 여부와 관계없이, 의회와 행정부에 위안화 절상압박수단으로 대중 상계관세 조치 강화를 지속적으로 요구하였다.[30] 그러므로 이러한 법안들은 1997년까지 존재했던 'Super 301조'와 마찬가지로 미국이 일방적으로 무역 제재를 가할 근거를 발견하기 위해 사전 조사를 가능하게 하는 법안이라고 볼 수 있다. 즉, 공정통화법의 실제 발동보다는 협상용으로 사용하여 소규모의 잦은 변화를 자극할 수 있다는 점이다. 실제로 미국을 의식한 중국의 위안화 절상 조치가 이루어진 바 있다. 예컨대 중국 위안화의 대달러 환율은 2005년부터 2008년 사이에 21% 절상되었고, 2008년부터 2009년 사이에는 약 1.6% 절상되었는데, 이러한 절상은 미국 의회에서 중국을 겨냥한 법안 통과 직전에 일어난 것으로 분석되었다.[31]

2010년 관리변동환율제도로의 복귀에도 불구하고, 위안화 절상 속도가 지나치게 완만하다는 비판이 여전히 제기되고 있다. 이는 중국의 급격한 경제적 변화가 위안화의 대달러 환율에 변화(비례적인 절상)를 가져와야 함에도 불구하고 장기간 유사한 환율이 유지되고 있으므로 중국 정부의 외환시장 개입을 시사한다는 것이다.[32] 특히 중국 정치경제의 특성, 즉 국가의 시장통제 제도, 수출의존형 경제개발 전략, 경제성장에서 공산당 통치의 정당성 도출을 고려한다면, 중국 정부가 위안화 가치를 유지하기 위해 외환 시장에 개입한다고 판단할 개연성은 여전히 존재한다.[33]

---

28) 강선주, *supra* note 26, p. 8.
29) 글로벌 환율전쟁 다시 점화… 美, 中 위안화에 '포격', 한국경제 글로벌이슈, 제314호(2011. 10. 24.).
30) 이장규 외, *supra* note 21, p. 162.
31) 강선주, *supra* note 23, p. 10.
32) *Id.*
33) *Id.*, p. 4.

B. "공정무역을 위한 환율개혁법안" 통과에 대한 중국의 비난

중국은 동 법안 통과 직후 이례적으로 외교부, 상무부, 인민은행 등이 모두 나서 미국을 강력히 비난하였다. 특히 상무부는 "법안 통과는 무역규칙에 위배되며 양국 관계에 심각한 악영향을 미칠 것"이라고 반발하였다.[34] 동 법안은 사실상 중국을 겨냥한 것이며, 중국은 위안화 환율을 핑계로 중국에 대해 보호무역주의를 강화하는 것이라고 주장하였다.[35] 인민일보는 위안화 절상 압력은 선진국들이 보호무역주의를 실행하기 위한 구실에 불과하다고 보도하였다. 또한, 미국이 위안화 환율 문제를 걸고 넘어지는 것은 내부의 문제를 외부에서 찾는 것이며 경제문제를 정치화 하는 것이라고 보았다. 이와 같이 중국 당국 및 언론은 위안화 절상 요구를 "글로벌 불균형 조정을 위한 경제적 처방"이 아닌 "위안화의 정치화"라는 관점에서 접근하고 있다. 중국 상무부 야오젠(姚堅) 대변인은 위안화의 저평가로 세계경제 불균형이 초래되었다는 주장이 미국 경제의 구조적 문제를 타국에 전가하기 위한 핑계일 뿐이라고 언급한 바 있다.[36] 즉, 민주당의 정치적 기반을 고려할 때, 최근의 심각한 미국 내의 실업문제와 경제 침체와 맞물리며 강한 무역 보호주의가 대두하는 것이며, 중국 정부의 태도를 떠보는 시도에 해당한다고 평가하였다.[37] 원자바오 총리는 위안화가 전혀 평가 절하되어 있지 않음을 주장하였다.[38]

오히려 중국 정부는 중국이 금융위기 동안 글로벌 불균형 해소에 상당부분 기여했다고 주장하였다. 구체적으로 중국 정부는 2009년 6월 위안화의 페그제(위안화 가치를 달러화에 고정시키는 것)를 사실상 폐지한 이후 위안화가 충분히 절상됐다고 주장하였다. 실제 달러 대비 위안화 환율은 1년 3개월간 6.5% 오르기도 하였다.[39] 그러므로 2012년 2월 기준으로, 중국의 화폐는 더 이상 평가절하 되어 있다고 보기 어려우며, 2010년 여름 이후로 실제로 대달러 환율을 인상 조정하였다는 것이다.[40] 또한, 환율은 국제수지 불균형의 원인이 아니라는 주장도 제기되었다. 즉, 2011년 10월, 법안이 의회를 통과하자 중국은 환율이 막대한 국제수지 불균

---

34) *supra* note 27.
35) 이장규 외, *supra* note 21, p. 99.
36) "위안화 절상 요구에 대한 중국의 입장", 한국은행 해외경제정보 제2010－38호(2010. 10. 13.), p. 5.
37) 新华网, "美国候任财长对中国"操纵汇率"的指责可能释放贸易摩擦信号"(2009. 1. 23.).
38) Megan Carpentier, *China Attacks U.S. Currency Manipulation; Economists' Heads Explode*(March 15, 2010), available at http://washingtonindependent.com/79231/china－attacks－u－s－currency－manipulation －economics －heads－explode(last visited on February 18, 2014).
39) *supra* note 24.
40) The Huffington Post, *Mitt Romney: The 'Currency Manipulator' Manipulator*(February 23, 2012), available at http://ztjj.shangbao.net.cn/b/82655.html(last visited on February 18, 2014).

형의 원인이라는 데에 반대하는 입장을 표명하였다. 오히려, 미국이 첨단산업제품군 판매 금지 조치를 해제함으로써 스스로 그러한 불균형을 해소할 수 있다고 반박하였다.[41) 미국은 군사적 이용이 가능한 전략물자를 중심으로 첨단기술제품을 중국에 수출하는 것을 금지하고 있는데, 양국간 무역수지 불균형 해소를 위해 미국은 저축을 확대하고 일부 품목의 對中 수출금지조치를 완화해야 한다는 것이다. 또한 중국은 소비여건 개선 등 내수확대책을 추진해야 하는데 중국은 이를 위한 정책을 실행에 옮기고 있다고 주장하였다.[42) 즉, 중국의 주장의 요지는 미중간 무역불균형은 경제구조의 문제로 발생한 것이며, 위안화 절상만으로는 이를 해결할 수 없다는 것이다.[43) 수닝 인민은행 부총재는 "그 발언(티모시 가이트너 미국 재무장관 내정자의 '중국은 환율조작국'이란 요지의 발언)은 금융위기에 관한 진실을 오도할 가능성이 있다"고 언급하기도 하였다.[44) 또한, 친강 중국 외교부 대변인은 "중국의 대미 수출품 대부분은 미국에서 생산되지 않기 때문에 중국이 수출에 어려움을 겪는다 하더라도 다른 경쟁국이 그 자리를 대신할 것이기 때문에 무역불균형은 개선되지 않을 것"이라고 밝히기도 하였다.

나아가 중국은 미국의 위안화 환율공세를 자국문제의 국제화 및 중국에 대한 내정간섭 차원에서 이해하고 있다.[45) 즉, 중국 위안화에 대한 평가절상의 압박은 내정간섭이며, 중국 정부는 환율제도에 대한 자국의 여건에 따라 결정할 문제라는 입장을 견지하는 것이다. 하지만 글로벌 경기회복 여부가 불투명한 상황에서 급속한 위안화 절상은 자국 수출기업들이 감내하기 어려운 것도 사실이다. 또한, 중국은 환율에 취약한 경제구조를 가지고 있어 급격한 위안화 평가절상을 용인하기 어려운 상황이기도 하다.[46) 즉, 중국경제는 수출과 외자기업에 대한 의존도가 높아 환율변동에 민감한 구조이므로 위안화 환율의 대폭적 절상에 소극적인 입장을 취할 수밖에 없는 것이다.[47) 그러므로 중국은 위안화 개혁을 계속할 것이나, 환율의 변화는 균형적이고 합리적인 수준이어야 한다는 입장을 취하고 있다.[48) 이처럼 중국은 점진

---

41) FOX NEWS, *Congress Tackles Chinese Currency Manipulation*, available at http://www.foxnews.com /politics/2011/10/01/congress-tackles-chinese-currency-manipulation/(last visited on February 18, 2014).

42) *supra* note 36, p. 4.

43) *Id.*

44) 아시아 경제, "中 인민은행, 美 환율조작국 발언 반박"(2009. 1. 24.); 新华网, "央行副行长苏宁就西方有关 "中国正在操纵人民币汇率"的言论答记者问"(2009. 1. 24.)(http://news.xinhuanet.com/newscenter/2009 -01/24/content_10713573.htm).

45) 권혁재 외, "중국의 부상과 미중 통상분쟁, SERI 이슈 페이퍼(2012년 3월), 삼성경제연구소, p. iii.

46) *Id.*, p. 30 참조.

47) 이장규 외, *supra* note 21, p. 162.

48) Xinhua news, *China's economic stability benefits US*(October 16, 2010), available at http://www. china.org.cn/business/2010-10/16/content_21137210.htm(last visited on February 18, 2016).

주의적인 화폐 개혁을 일관되게 추구하면서 환율의 갑작스런 조정을 통한 강제적인 정책 전환을 지양하고자 한다.[49] 이는 수출 주도 경제에서 내수소비 주도 경제로 순조롭게 이행하기 위한 점진주의를 고수하는 것이며, 위안화 가치의 급격한 상승으로 인한 경제적 혼란을 회피하기 위한 의도이기도 하다. 이와 관련하여 중국 사회과학원의 메이신유는 미국의 "환율조작국" 발언에 대해 지나치게 민감하게 반응할 필요가 없으며, 중국은 단지 자신만의 속도로 꾸준히 환율제도 개혁을 추진해 나가는 것이 최선이라고 언급하였다.[50]

또 다른 한편으로, 세계 경제 관점에서의 위안화 절상에 대해 비판적인 입장을 제시하는 주장도 있다. 즉, 위안화 절상은 중국경제뿐 아니라 세계경제 회복에 부정적 영향을 미쳐 최악의 경우 더블딥을 초래할 수 있다는 것이다.[51] 즉, 이러한 방식은 세계경제의 안정에도 도움이 되지 않음을 주장하면서[52] 미중 양국간의 외교관계가 무역 문제로 인하여 급속히 악화되었음을 지적한다.[53] 더 나아가 이러한 방법은 미국의 국내경제문제를 해결할 수 없다고 본다. 예컨대 중미간 경제무역관계를 심각하게 위협하는 것으로, 전세계 경제 회복에 장애를 가져올 것이라고 중국 사회과학원에서 언급한 것이나,[54] 오바마 집권 이후, 미국의 더욱 심각해지는 무역 보호주의는 국제 사회의 가장 큰 우려의 대상이 되고 있다는 중국의 전문가 언급에서 이러한 입장을 확인할 수 있다.[55] 구체적으로 중국 재무장관 시에수렌은 주요 화폐 당사국들은 서로간의 환율에 있어 상대적으로 안정을 이룰 수 있어야 함을 강조하였다. 또한, 환율정책으로 인한 부정적인 영향은 최소화하고, 세계 금융 협력을 안정적으로 유지하기 위한 노력이 필요함을 주장하였다.[56]

---

49) Rod Thompson, *Twin Deficits and the Fate Of the US Dollar: A Hard Landing Reexamined* (19) Journal of Public & International Affairs(Spring 2008), available at https://www.princeton.edu/jpia/past−issues −1/2008/6.pdf(last visited on February 18, 2016), p. 117.

50) 新华网, "美国候任财长对中国 "操纵汇率" 的指责可能释放贸易摩擦信号"(2009. 1. 23.)(http://news.xinhuanet.com/ newscenter/2009−01/23/content_10709741_1.htm).

51) 송준상・이진호, 위안화 절상 관련 논의와 우리무역에 미치는 영향, 기획재정부(2010년 3월 24일), http:// www.mosf.go.kr/bbs/synapView/previewFrame.jsp?(2016년 2월 18일 방문), pp. 6−7 참조.

52) 이장규 외, *supra* note 21, p. 85.

53) Howard Schneider, *Obama urged to act on China's currency manipulation*, The Washington post (March 26, 2010), available at http://www.washingtonpost.com/wp−dyn/content/article/2010/03/25/ AR2010032503772.html(last visited on February 18, 2016).

54) 新华网, "美国候任财长对中国 "操纵汇率" 的指责可能释放贸易摩擦信号"(2009. 1. 23.).

55) *Id.*

56) Xinhua news, *Chinese vice premier talks economy with U.S. treasury secretary*, available at http://news.xinhuanet.com/english2010/china/2010−10/24/c_13572906.htm(last visited on February 18, 2016).

가장 극단적인 견해는 이러한 미중간 갈등을 무역전쟁으로 보는 것이다. 즉, 왕치산 중국 부총리는 "(중국을 환율조작국에 포함시킬 경우) 미국 국채보유를 줄이고 대중수출에 보복하겠다"라고 언급한 바 있다.[57] 사실상 자국 산업을 보호하고 지원하기 위한 국가주의적 정책은, 환율 개입의 방법에 국한되지는 않는다. 중앙/지방 정부가 활용할 수 있는 방법과 경로는 사실상 다양하게 존재하며, 이것들을 통해 국내수출업자들을 지원하거나, 혹은 외국의 경제주체를 중국 시장에서 배제할 수 있을 것이라고 본다.[58] 이러한 시각은 양국간의 관계 악화와 보복적인 조치를 통한 대응이 서로에게 유리하지 않을 것임을 암시한다. 예컨대 롬니가 중국에 대해 환율조작국으로 비난하는 것은 앞으로의 무역분쟁들에 있어 전조로 보여지기도 한다. 즉, 중국의 입장에서는 한편으로 미국으로부터의 보복과 압력, 응징 조치 등에 대항하여, 자신만의 독립적인 적절한 속도로 점차 위안화의 평가절상을 실행함으로써 소프트파워 전략을 구사하는 데에 좋은 구실이 될 수도 있다.[59]

이처럼 위안화 절상을 둘러싼 미중 양국의 갈등 심화는 무역제재조치, 더 나아가 통상분쟁과 연관되어 있다. 즉, 양국간 위안화 절상압력을 둘러싼 갈등은 미국의 수출확대 통상전략과 중국의 맞대응이 복합적으로 맞물려 전개되기 때문이다. 상계관세 중심의 무역제재조치가 지속되고 있고 이러한 조치는 통상분쟁에서 중요한 무역구제수단으로 부상하였는바, 미국이 위안화 절상압력의 수단으로 이를 활용한 분쟁이 확대되는 경향을 보여준다.[60] 다른 한편, 상계관세 조치의 경우 반덤핑 조치와 달리 기업의 경영환경을 구성하는 중국의 금융, 토지, 세제 등 경제시스템과 각종 산업정책과 관련된 이슈를 문제 삼기에 갈등이 표면화되는 것도 사실이다.[61]

---

57) 정재형, 미국이 중국은 환율조작국으로 보는 이유?, 한국경제신문 제235호(2010년 3월 15일), http://sgsg. hankyung.com/apps.frm/news.view?nkey=7271&c1=01&c2=01(2016년 2월 18일 방문).

58) Shaun Breslin, *Great expectations:(Competing) domestic drivers of Chinese policy deliberations* (2) The US=Sino currency dispute: New Insights from economics, politics and law, Edited by Simon Evenett(October 2010), available at http://pegged.cepr.org/files/policy_reports/WP1_US%20Sino%20currency _dispute.pdf(last visited on February 18, 2016), at 205.

59) Lee Taylor Buckley, *China's Response to U.S. Pressure to Revalue the RMB*, 11(1) china research center(2012), available at http://www.chinacenter.net/chinas-response-to-u-s-pressure-to-revalue-the-rmb/(last visited on February 18, 2016).

60) 이장규 외, *supra* note 21, p. 86.

61) *Id.*, pp. 86-87.

4. 미중 타이어 세이프가드 분쟁

미국은 2009년 9월 11일 "중국의 대미 타이어 수출에 대한 특별보호조치(이하 '특별보호안')"를 통과시켰다. 또한, 2009년 9월 26일 부로 향후 3년간 승용차와 경트럭용 중국산 타이어에 25~35%의 추가관세를 부과하는 특별 세이프가드조치를 발동시켰다. 이는 2009년 4월 미국철강노동자 연합회의가 '특별보호안' 관련 요구 제출을 시작으로 5개월이 지나 오바마 미국 대통령은 동 관세 실시에 서명하면서 본격화되었다.[62] 이 조치에 의하면 미국은 중국에 대해 3년간, 즉 1차년도 35%, 2차년도 30%, 3차년도 5%에 해당하는 "징벌성 관세"를 부과한다.[63] 동 조치는 중국의 WTO 가입 이후 대중 특별 세이프가드가 처음으로 발동된 사례이다.

A. 미국의 세이프가드 발동 근거와 배경

중국산 타이어 수입 급증으로 미국 산업과 노동자들이 피해를 입고 있다는 주장이 제기되었다. 구체적으로 미국 철강산업 노동연맹이 타이어 산업 근로자 해고 등에 따라 미국 국제무역위원회에 중국산 타이어에 대한 산업피해를 제소하였다. 이는 타이어 산업 근로자가 2008년 기준으로 2004년에 비해 5,168명 감소하였으며,[64] 2004~2008년 기간 동안 미국으로 수출된 중국산 타이어가 1억 4,600만개에서 4,600만개로 215% 증가하여 미국 시장점유율도 4.7%에서 16.7%로 확대된 사실에 기초하였다.[65]

"중화인민공화국 WTO 가입의정서(이하 '의정서')"는 WTO 글로벌 세이프가드 제도에 대한 예외를 규정하고 있다. 즉, 중국산 제품에만 적용되는 특별한 조치(Transitional Product-Specific Safeguard Mechanism)가 규정되어 있는 바, 이는 발동요건이 일반적인 세이프가드에 비해 완화된 것이 특징이다.[66] 이는 WTO 가입 시 중국이 시장경제지위를 인정받기 위하여 체결한 것이다.[67] 중국산 제품이 WTO 회원국으로 수출될 경우 과도한 수출량 증가로 수입국의 관련

---

62) 대외경제정책연구원, "중미 타이어 통상 분쟁과 중국 내 반응", 중국경제 현안 브리핑 9−25호(2009. 12.) p. 2.
63) 한국수출입은행 해외경제연구소, "중국과 미국간 타이어 통상 분쟁 해결 전망과 시사점", 해외경제 투자정보 (2009. 10. 27.) p. 1.
64) The Wall Street Journal, "U.S. to impose tariff on Chinese tires"(2009. 9. 14.).
65) 한국수출입은행 해외경제연구소, *supra* note 63, p. 3.
66) 박민규 · 장려나(2008), "중국물품에 대한 특별 세이프가드 법제와 미국 사례연구", Trade Remedy Review 가을호, pp. 39−40.
67) 대외경제정책연구원, *supra* note 62, p. 2.

산업에 피해 또는 위협을 줄 경우 WTO 회원국은 단독으로 중국제품에 대하여 보장조치를 취할 수 있다고 규정하고 있다. 이 '의정서' 제16조에 의하면, 2001년 중국의 WTO 가입으로부터 12년의 과도기간(2013년 12월) 내에 ㉠ 중국산 제품의 WTO 회원국 역내로 수입될 경우 수입물량의 급증으로 회원국의 동일 제품이나 직접적인 경쟁제품의 생산기업에 피해를 주거나 줄 수 있을 때, ㉡ 수입급증으로 산업피해가 발생할 때 등에 대해 특별 세이프가드 조치 발동이 가능하다.[68]

한편, 미국의 통상법 제421조는 위 중국의 WTO 가입의정서에 상응하는 미국의 국내법상 규정이라고 볼 수 있다. 이에 따르면, 수입제품이 ⓐ 미국에서 생산된 동일 제품이나 직접적인 경쟁제품의 생산기업에 피해를 주거나 줄 수 있을 때, ⓑ 중국산 제품의 수입증가나 그러한 조건에 의해 산업 피해가 발생했거나 발생 가능할 때 등에 의거해 세이프가드 발동 여부를 판단할 수 있다.[69]

B. 중국의 대응

위와 같은 상황에서 중국은 2009년 9월 14일 미국의 세이프가드 조치를 WTO 분쟁해결기구에 제소하였다. 즉, 동 조치가 심각한 보호무역 행위라며, 상무부는 '특별보호안'에 대해 WTO 분쟁해결절차를 개시한 것이다. 그러나 중국은 최종적으로 패소하였는바, WTO 항소기구는 미국의 세이프가드 조치가 WTO 규정을 위반한 사실을 발견하지 못했다며 중국의 항소를 기각하였다.[70] 그러자, 중국은 미국산 자동차와 닭고기(이하 닭고기)에 대한 반덤핑/반보조금 조사를 실시하는 것으로 맞대응하였다. 이러한 조사 착수 배경에 대해 중국 정부는 ① 두 제품의 중국으로의 수출 급증, ② 중국 자동차 시장이 빠르게 성장하고 있지만, 여전히 산업 경쟁력이 낮은 유치(幼稚)산업이고 중국의 육계산업도 농업의 산업화를 위한 보호 필요성의 대두되었다는 점 등을 주장하였다. 한편, 중국은 국내 타이어 산업에 대한 지원 의지를 계속 보여주었다.[71] 즉, 2009년 9월 15일, 회의에서 상무부 대변인 야오젠(姚堅)은 상무부, 공업정보화부(工业与信息化部), 관련 산업협회 등과 함께 타이어 관련 산업을 위한 지원조치를 연구하여 제정할 것이라고 밝혔다. 또한 이 회의에서 중국고무산업협회(中国橡胶行业协会)는 ① 완성차의 타이어에 대하여 중국제품을 주로 이용, ② 수출환급세율을 현재의 9%에서 이전의

---

68) 한국수출입은행 해외경제연구소, *supra* note 63, p. 2.
69) *Id.*
70) 매일경제, "美·中 타이어 분쟁 미국 또 다시 승리"(2011. 9. 6.).
71) 대외경제정책연구원, *supra* note 62, p. 4.

13~15%로 회복, ③ 주요 원자재 수입 관세를 현재의 20%에서 5% 혹은 전액면제 등을 건의했다.

이와 같은 중국의 WTO 제소 및 맞대응은 다음과 같은 의미를 갖는 것으로 평가받고 있다. 우선, WTO 분쟁절차 개시의 경우 실제적 유효성은 결여되어 있으며 중국의 잠재 의도는 별도로 존재한다는 것이다. WTO 분쟁해결절차가 일반적으로 쌍방 당사자간 협의에 기초하며 패널이 구성되어 조사 및 증거수집을 하고 판정을 내린 후 이에 대해 불복 시 재협의와 종결 등의 절차를 거치게 되기 때문에 2~3년의 장기간 소요되기 때문이다. WTO 분쟁해결절차를 통해 중국이 유리한 결과를 얻어낸다 하더라도 이미 자국 산업에 대한 피해가 적지 않을 수밖에 없다. 그러므로 이러한 중국의 조치는 세이프가드 발동에 따른 제3국의 모방 의지를 차단하기 위한 경고도 포함하고 있다고 보아야 한다. 즉, WTO 분쟁해결절차의 장기화를 이용하여 중국과의 교역에서 상품수지 적자 규모가 큰 국가들이 미국의 중국산 타이어에 대한 세이프가드 발동을 모방한 조치를 취할 가능성을 차단하고자 하는 의도가 있다고 볼 수 있다.72) 다음으로, 미국의 자동차산업을 대상으로 한 보복 조치의 유효성 및 의도는 다음과 같은 것으로 보인다. 중국은 수입금액이 크지 않은 미국산 자동차를 보복 조치에 포함시켰는 바, 이는 글로벌 금융위기 기간 중에 미국이 자국 자동차산업에 대해 수백억 달러의 보조금 성격의 저리 대출을 지원한 사실을 들어 심리적인 압박을 가하기 위한 것으로 풀이될 수 있다.73) 이에 대해 중국 상무부연구원의 연구위원 매이신위(梅新育)는 중국의 대응이 WTO의 규정에 맞춘 조치이므로 무역보복이라 할 수 없다는 입장을 밝혔다.74) 그러나 여전히 동 대응이 무역보복조치에 해당한다는 평가가 지배적이다. 중국 정부의 즉각적인 보복성 조치는 오바마정부의 집권 초기부터 "Buy American" 규정에서 나타난 보호무역주의 경향에 제동을 걸기 위한 의도로 해석될 수 있다.75) 이러한 일련의 전개에 대하여 중국 국민은 미국의 '특별보호안'에 대다수 부정적인 반응을 보였다.76) 한 온라인 설문조사에서 응답자의 약 70%가 "미국이 중국의 승용차·경트럭의 타이어에 특별관세를 징수하는 것은 무역보호주의 정책이다"라고 생각을 밝혔으며, 45.7%는 "미국 정부가 철강노동자의 지지를 잃지 않기 위한 임시적인 방편으로 세운 정책이다"라고 응답하였다. 이는 미국의 특별관세로 "무역마찰의 증가, 무역보호주의 대두"가 중국 타이어 산업에 심각한 영향을 미칠 것이라고 생각한다는 것을 보여준다.

---

72) 한국수출입은행 해외경제연구소, *supra* note 63, p. 8.
73) *Id.*, p. 9.
74) 대외경제정책연구원, *supra* note 62, p. 2.
75) 한국수출입은행 해외경제연구소, *supra* note 63, p. 7.
76) 中国经济时报, "轮胎特保案 伤害了谁 数字100市场研究公司"(2009. 9. 4.)의 온라인 설문조사.

이에 따라 중국 정부는 2009년 9월 14일에 타이어 수출금액에 상응하는 금액의 미국산 자동차와 육계에 대해 반덤핑 및 보조금 관련 조사를 착수하였다. 조사 착수 배경에 대해 중국 정부는 ① 두 제품의 중국으로의 수출 급증, ② 중국 자동차 시장이 빠르게 성장하고 있지만, 여전히 산업경쟁력이 낮은 유치(幼稚)산업이고 중국의 육계산업도 농업의 산업화를 위한 보호 필요성의 대두 등이라고 밝혔다. 미국산 육계 수입이 2008년에 중국 전체 수입 육계 79만톤 중 73.4%였으나, 금년 상반기에 그 비중이 89%로 증가하였고, 미국산 자동차 수입은 2008년에 21억 6,000만 달러 수준으로 중국 전체 수입자동차의 20.8%를 차지하였다. 이에 기초하여 볼 때, 실제의 경제적 효과는 오히려 미국에게 불리한 것으로 평가되었다. 즉, 중국산 타이어가 저급 수준으로 개당 50~60달러에 판매되었으나 세이프가드 발동으로 인한 저급 타이어의 수급 곤란에 따라 가격이 15~28% 인상될 것으로 예상되었으며,77) 인도네시아나 브라질산 타이어가 중국산 타이어 시장을 대체할 가능성이 높은 것으로 현지 타이어 업계는 예상하였기 때문이다. 또한, 이들 국가의 타이어가 미국 시장에 맞는 타이어 규격과 형태에 맞게 생산라인을 개조하는데 최소 수개월이 걸릴 것으로 전망되었다.78) 다시 말해 중국산 타이어에 대한 세이프가드 발동으로 타이어 산업 분야 근로자 1,000명의 고용 안정을 기할 수 있으나, 이들 근로자 1인당 미국 소비자들이 33만 달러를 더 지불하게 될 것으로 추정되었다.79)

또한, 이는 보호무역주의적 조치의 확산 계기로 작용하였다. 2009년 9월 16일에 아르헨티나가 중국산 타이어에 대해 반덤핑 조사를 실시하였고, 브라질 또한 중국산 타이어에 대해 반덤핑 관세를 부과하였는바 이는 미국의 중국산 타이어에 대한 세이프가드 발동에서 영향을 받은 것으로 추정되었다. 따라서 타이어 무역과 관련한 이 같은 움직임에 대해 비판적인 평가가 제기되었다. 즉, 한 전문가는 보호무역주의는 단기적으로 국내의 특정 산업을 보호할 수는 있으나 글로벌 경제의 전면적인 회복에는 불리하며 단일적인 경제정책은 특정 산업의 이익을 만회할 수 없고 또 국가경제는 단일산업에 의존하여 발전할 수 없다고 언급하였다.80) 또한 세계경제회복에 필요한 것은 모든 나라의 공통적인 참여이기에 미국 정부의 타이어 보호 법안은 중미 양국의 무역에 심각한 영향을 미칠 뿐이라는 평가도 있었다.81)

특히 이 사건을 계기로 미·중간 통상분쟁이 격화되었다. 미국의 對중국 新통상정책은

---

77) 한국수출입은행 해외경제연구소, *supra* note 63, p. 2.
78) *Id.*
79) "The Obama Tire Tax", *The Wall Street Journal*(2009. 9. 24.)(Rutgers 대학의 Thoma J. Prusa 교수 기고).
80) 대외경제정책연구원, *supra* note 62, p. 8.
81) *Id.*

2006년 이후 대중 통상분쟁의 급증의 원인이었다.[82] 즉, 미국은 2006년 이전까지 중국에 대해 무역구제조치 중 반덤핑 조치만 실시하였으나 2006년 이후부터는 대중 조치가 상계관세 등으로 다양해지고 조치 숫자도 급격히 증가하였다. 양국 통상관계를 3단계로 나누어 주요 과제를 설정하자면, 3단계는 2006년부터 개시되었다고 볼 수 있다. 대중 통상전략을 6개 목표로 설정하고, 목표달성을 위한 5대 핵심 이행사항을 제시하였다.[83] 2009년 10월 이후 철강, 자동차, 화학제품 등에 걸쳐 양국이 경쟁적으로 서로에 대해 AD·CVD 조사 개시와 함께 예비 및 최종 판정을 수차례 발표하면서 더욱 거세졌다.[84] 미 상무부가 중국산 철강격자(steel grating)에 CVD 부과 예비판정(10월 27일)을 하였고, 중국 상무부는 미국산 아디프산(Adipic Acid)에 AD 부과를 최종판정(11월 1일)하였다. 한편, 미 상무부가 중국산 유정용 강관 AD 부과 예비판정(11월 5일)을 한 후, 중국 상무부는 즉각 '차별적 보호주의'라며 반발하면서 동시에 배기량 2,000cc 이상인 미국산 승용차와 SUV에 반덤핑과 상계관세 조사 개시 발표(11월 6일)로 응수하였다.

이러한 미중간 통상분쟁은 미국 대내적 요인에 기인한 바가 크다고 할 수 있다. 즉, 중국문제의 미국 국내 정치화가 나타났다. 미국 오바마 행정부가 수출확대전략을 통해 본격적인 경기회복과 높은 실업률을 해소하려는 의지를 보이고 있다는 점도 양국 통상분쟁을 악화시킬 소지로 작용하였다.[85] 오바마 대통령은 2010년 1월 연두교서에서 미국 중소기업과 농업계의 수출확대 촉진을 위해 '국가수출이니셔티브(National Export Initiative: NEI)'를 출범시키고 수출증진에 역점을 둘 것이라고 언급하였다.[86] 또한, 미국 상무부는 2010년 2월, "5년 내 수출 2배, 200만명 일자리 창출"을 위한 수출확대 행동강령으로 중소수출기업에 대한 금융지원, 기업의 수출지원을 위한 무역전문가 양성, 외국시장의 불공정한 관세·비관세 장벽 철폐 등을 발표하였다.[87] 이에 따라 미국 정부가 NEI를 추진하는 과정에서 중국과 같은 무역적자국에 대해 강경한 통상전략을 구사한 것으로 보인다.[88] 또한, 미국의 실업률 상승은 미국의 무역구제조치를 확대하여 무역마찰을 가져오는 주요한 원인으로 분석되었다.[89] 즉, 경기침체로 높은 실업

---

82) 정환우 외(2010), "미·중 통상관계 동향과 시사점", Trade Focus 9－23, 한국무역협회, p. 15.
83) 미국의 대중 신통상정책의 주요 내용은 USTR(2006. 2.), U.S.－China Trade Relations: Entering a New Phase of Greater Accountability and Enforcement. 참조.
84) 이장규 외, *supra* note 21, p. 74.
85) *Id.*, p. 72.
86) *Id.*, p. 86.
87) *Id.*
88) *Id.*
89) 대외경제정책연구원, *supra* note 62, p. 2.

률이 지속되는 상황에서 미 오바마 행정부는 의회와 관련 이익집단의 보호주의적 요구를 외면하기 힘든 상황에 직면하게 된 것이다. 이러한 상황에서 오바마 행정부는 전통적 지지기반인 노조의 요구에 취약할 수밖에 없었고 이를 반영하여 대중 통상압력을 강화한 것으로 볼 수 있다.[90] 이에 따라 통상정책 결정과정에서 업계와 이익집단의 영향력이 커졌고 이에 산업별 협회나 노조 등의 보호주의 요구가 강하게 나타나게 되었다.[91]

5.   아르헨티나·브라질 상호 무역보복조치 부과

A. 배 경

2008년 하반기 글로벌 금융위기 여파에 따라 보호주의적 통상정책이 확대되었다. 구체적으로, 2008년 10월 국내산업에 피해를 가져다주는 브라질산 및 중국산 제품의 수입제한을 위한 최저 수입가격제도를 확대한다는 내용의 조치를 발표하였다. 이는 아르헨티나 경제침체의 장기화에 따른 정부의 결정이었고, 아르헨티나 산업계의 국내 산업보호 주장이 강해진 것에서 비롯된 것이기도 하였다.

B. 반덤핑 조사 개시 및 사전수입 승인 조치 확대

2008년 10월 이후 아르헨티나 정부는 30개 이상의 반덤핑 조사를 개시하였다. 대부분은 주요 교역 상대국인 브라질 및 중국으로부터의 섬유류, 신발, 금속 제품 등이 해당되었으며, 몇몇 조사건에 있어서는 잠정관세를 부과하였다.[92] 2009년 3월 4일, 아르헨티나 정부는 사전수입 승인을 받아야 하는 제품으로 섬유 제품, 목재 가구류, 너트류, 농기계류 및 트랙터, 에어컨 제품 등 200여개 제품을 발표하였다. 이는 브라질 및 중국산 제품을 주요 타겟으로 하여 브라질과의 무역 마찰이 야기되었다.

---

90) 삼성경제연구소, 중국의 부상과 美中 통상분쟁, SERI 이슈페이퍼(2012.3.) pp. 8-9.
91) 정환우 외(2010), *supra* note 82, p. 18.
92) 산업통상자원부, "4. 아메리카", 2013 외국의 통상환경, p. 219

C. 갈등의 확대 및 이후의 협력 노력

브라질도 아르헨티나에 대해 수입허가제 도입 등을 통해 무역장벽을 강화하였고, 2009년 1~2월 양국 교역량이 40% 이상 급감하였다.[93] 이와 같은 아르헨티나와 브라질간 상기 조치로 인한 갈등이 대두하였다. 그러나 전통적인 양국의 밀접한 통상관계로 인한 피해 해소를 위해 실무급 회담을 제기하는 등 양국간 통상 마찰을 피하기 위한 노력을 지속하였다.[94]

6. 아르헨티나의 '비자동 수입허가제도' 및 여타 수입규제

금융위기 이후, 아르헨티나의 수입제한 조치가 급증하였다. 우선 2008년 '비자동 수입허가제도'가 시행되어 수입액에 상응하는 수출계획을 제출하는 경우에만 수입을 허가하거나 수입통관절차를 합리적 사유 없이 지연시키는 등의 방식으로 운영되었다. 이러한 아르헨티나의 조치는 주요 수출국들의 반발을 불러일으켰고, 외교적 협상으로 문제 해결이 어려워지자 2012년 5월 EU를 필두로 미국, 일본, 멕시코가 동 조치를 WTO 분쟁해결절차에 회부하였다.[95] 아르헨티나의 비자동수입허가제도 및 수입액 상응 수출액 요구 등 수입제한조치에 대해 2012년 6월에는 EU가, 8월에는 미국 및 일본이 WTO 분쟁해결절차에 제소하였다. 2013년 5월 패널이 구성되어 분쟁이 진행되었다.[96]

이러한 다른 국가들의 조치에 대해 아르헨티나 정부는 다음과 같이 맞대응하였다. 특히 EU와[97] 미국[98]을 상대로는 WTO에 제소하였다. 아르헨티나는 동 조치들이 경제위기 극복을 위한 정책의 일환이었음을 주장하였다.[99] 또한 아르헨티나 정부는 자국 경제를 회생시키려는

---

93) 신현수 외, "글로벌 금융위기 이후 교역환경 변화와 수출 확대 방안", 산업연구원 연구보고서 2010-568 (2010. 12.), p. 162.

94) 대한무역투자진흥공사, "2장 정치사회동향-국가일반", Global window 무역정보, 아르헨티나, pp. 3-4.

95) *Argentina—Measures Affecting the Importation of Goods*(DS 438, 444, 445, 446).

96) 산업통상자원부, *supra* note 92, p. 214.

97) European Union and a Member State–Certain Measures Concerning the Importation of Biodiesels (DS443), European Union and Certain Member States–Certain Measures on the Importation and Marketing of Biodiesel and Measures Supporting the Biodiesel Industry(DS459), European Union–Anti–Dumping Measures on Biodiesel from Argentina(DS473).

98) *United States—Measures Affecting the Importation of Animals, Meat and Other Animal Products from Argentina*(DS447).

99) 김호철, "국제사회 통상분쟁 시 'WTO 분쟁해결절차' 적극 활용", 나라경제(2012) p. 83.

궁여지책을 대상으로 WTO 제소라는 카드를 꺼내든 EU, 미국 등을 맹렬히 비난하였다. 구체적으로 EU에 대해서는 바이오디젤 수입제한조치를, 미국에 대해서는 쇠고기 관련 수입위생조치를 WTO에 제소하였다. 이 사례는 WTO 분쟁해결절차가 오늘날 국제경제질서에서 불합리한 보호무역조치의 확산을 억제하고 평화적 수단을 통한 갈등 해소의 장을 마련할 수 있음을 보여준다고 평가할 수도 있다.[100]

한편, 2008년 이후 무역 장벽이 증가한 데에는 국내 정치적 요인도 작용하였다. 즉, 2008년 이후, 아르헨티나는 비관세 무역 장벽을 도입하고 강화해왔다. 예를 들어 통관 시 추가적 검역, 통관 수속항 제한, 최저수입가격 대상품목 확대, 자동 및 비자동 허가제도 확대, 수입가격이 수입최저가격에 미달할 경우 인근 아르헨티나 영사관의 공증을 받은 송장 제출 의무 부과 등이 그것이다. 아르헨티나 정부는 동 조치들이 모두 WTO 규정에 부합한다는 입장이었다.[101] 또한, 2012년 2월 1일 이후, 규제를 더욱 강화하였다. 강력한 페론주의자인 크리스티나 대통령은 국내산업 보호를 위한 강력한 수입규제 정책을 취하였다. 이는 강력한 보호무역주의적 정책으로 국제사회의 질타를 받았다.[102] 구체적으로 살펴보면, 전 품목에 대한 사전수입신고제, 수입한 만큼 강제로 수출도 해야 하는 사실상의 수입쿼터제, 수입허가제 실시 등 다양한 장벽을 쌓았을 뿐 아니라 반덤핑 조치도 지속적으로 부과하기에 이르렀다.[103] 이에 따라 아르헨티나는 세계 최다 보호무역조치국으로 간주되게 되었다. 즉, 2012년 3월 30일, Latin Business Chronicle (IBC)에서 영국의 Global Trade Alert 자료를 분석해 발표한 수입규제조치 통계에 의하면 아르헨티나는 심각한 수입규제 · 보호주의 국가로 분류되었다.[104] 예를 들어 2008년 11월부터 2013년 8월까지 총 209개의 관세 · 비관세 장벽을 적용하였다.

또한 아르헨티나는 다양한 수입쿼터제, 수입허가제 및 사전수입신고제를 채택하여 시행하였다. 이는 수입절차를 까다롭게 하여 외국산 제품 유입을 통제하려는 시도였다. 수입허가제(Licencia No Automatica: LNA)는 2011년 3월에 공표되어 4월부로 시행되었는데, 대상 품목 확대로 약 200개 품목이 수입허가 대상에 추가되면서 총 584개로 늘어난 바, 이로 인해 수입규제가 강화되었다.[105] 또한, 수입쿼터제와 관련해서도 2011년 3월 11일, 아르헨티나

100) *Id.*
101) 산업통상자원부, *supra* note 92, p .209.
102) 외교통상부 중남미국 남미과, "아르헨티나 개황", 외교통상부(2011. 12.), p .60.
103) *Id.*, pp. 116-117.
104) 산업통상자원부, *supra* note 92, p. 209.
105) *Id.*, p. 763.

자동차 수입업체 대표들을 초빙한 자리에서 산업부 조르지 장관은 '수입 1달러, 수출 1달러' 정책을 내세우며 자동차 수입업체들은 수입규모만큼 수출할 것을 요청하기도 하였다.[106] 2011년 7월 11일부터는 국내 모든 완제품 수입업체에 비공식 루트를 통해 수입만큼의 수출을 요구하는 것으로 밝혀졌다.[107] 이와 함께 사전수입신고제(Declaración Jurada Anticipada de Importación: DJAI)를 실시하여 대부분의 수입품목을 통제하였다.[108] 2012년 2월 1일, 모든 품목에 대해 아르헨티나로 수입하기 전에 모든 수입자는 아르헨티나 국세청(AFIP)을 통해 사전 수입신고서를 제출해야 하며, 이를 각 관련 기관들이 검토해 승인을 해야만 수입이 가능하였다.

이러한 아르헨티나의 수입규제에 대하여 국제적 비난이 증가하였다. 2012년 3월 30일에 개최된 WTO 상품교역위원회 회의에서 미국이 한국을 포함한 13개국을 대표해 아르헨티나 정부의 사전수입신고제 등의 무역규제조치 제거를 요청하는 공동성명을 발표한 바 있다.[109] 이번 공동성명 참여국은 미국, EU, 한국, 호주, 이스라엘, 일본, 뉴질랜드, 파나마, 스위스, 노르웨이, 대만, 태국, 터키, 멕시코 등이었다. 이외에도 중국, 칠레, 콜롬비아, 페루, 싱가포르, 말레이시아, 홍콩도 이 회의에서 아르헨티나의 수입규제에 대한 우려를 표명하였다. 이미 미국은 개발도상국들에 부여하던 무역혜택을 아르헨티나 대상으로는 중단하기로 결정하였고, 아르헨티나의 수입규제로 추가 보복조치를 취할 것임을 미국 무역대표부(USTR)는 시사하였다. 2012년 6~8월, EU, 미국 및 일본은 아르헨티나의 수입규제제도를 WTO 분쟁해결절차에 제소하였다. 이처럼 보호무역주의적 흐름을 둘러싸고 아르헨티나와 주요국간의 통상마찰이 강화되고 있는 추세를 볼 수 있다.[110]

7. 아르헨티나 외환/자본 관리 조치

한편, 수입대금 결제 규제와 관련하여, 2013년 11월 아르헨티나 중앙은행은 47개 기업(관광, 에너지, 의료, 교통, 금융, 자동차 자재, 전자제품, 화학, 패키징, 식료품, 플라스틱 등)에 대해 수입대

---

106) 대한무역투자진흥공사, "아르헨티나, 보호무역조치 세계 1위 등극", OIS 해외투자정보(2012. 5. 22.), http://www.ois.go.kr/portal/page?_pageid=93,721498&_dad=portal&_schema=PORTAL&p_deps1=info&p_deps2=&oid=1120524093236173523
107) 대한무역투자진흥공사, "아르헨티나, 수입대금 송금 규제 강화", Global window 해외시장정보(2014. 2. 8.).
108) 서울보증보험공사, SGI magazine(2012. 11−12.) p. 31.
109) 대한무역투자진흥공사, *supra* note 106.
110) 산업통상자원부, *supra* note 92, p. 209.

금 결제를 위한 해외 송금을 1일 10만 달러 이하로 제한하였다.[111] 2014년 2월, 사전수입신고
제 승인을 받은 바이어들에게까지 수입대금 결제를 위한 달러화 구입/송금을 일체 중단할 것
이라고 발표하였다.[112] 또한, 수입업체들의 수입에 필요한 달러는 현지 송금이 아닌 외국 여
신, 해외 계좌 또는 해외 본사를 통해 지불할 것을 요구하였다. 2014년 2월 17일부터 5월 12일
까지 90일간 수입대금 결제를 위한 외환송금을 중단하였다. 수입대금 결제 제한은 90일간 한
시적으로 시행하고 올해 4월에 유입될 400~600억 달러 규모의 곡물 수출대금과 수출 세수에
따른 외환보유액 증가 상황을 검토해 해당 규제를 중단 혹은 연장할지를 다시 발표할 계획이
었다. 이는 90일간 현재 지속적으로 감소하는 외환보유고의 추가 감소를 방어하기 위함이었다.
또한, 자금 조달 관련 규제와 관련해서는[113] 2012년 현재 자금 대출은 현지화인 페소화 대출
로 제한하였다. 달러화 대출은 수출과 관련된 분야로 국한하였는데, 이는 태환제도 폐지에 따
라 금융구조를 현지화 중심으로 운영하기 위한 중앙은행의 정책에 따르는 조치였다.

한편, 아르헨티나의 외환 규제 주요 사례는 다음과 같다. 즉, 투자가의 경우 아르헨티나
로 송금된 자금을 국내에 1년 이상 보유하여야 해외 반출이 가능하며, 모든 거주자－비거주
자간 외환거래는 중앙은행에 신고 의무가 있다. 또한 해외 대출은 만기 1년 이상 의무를 부담
하며 투자금액의 30% 이상을 달러구좌에 예치할 의무가 부여되었다. 이와는 별도로 아르헨티
나에서 적용되는 다양한 외환 송금 규제 역시 다음과 같이 이루어졌다.[114] 즉, 투자자금 송금
의 경우 비거주자의 국내투자 또는 거주자의 해외투자 금액이 50만 달러를 초과하는 경우 거
래 은행은 외환거래 사실을 중앙은행에 신고할 의무가 있다. 일반 송금의 경우 투자자금이 아
닌 일반자금은 5,000달러를 초과하는 경우 중앙은행의 승인 의무가 부여된다. 모든 배당금,
잉여금, 로열티, 수수료 등의 해외송금은 중앙은행의 승인 의무 및 입금처 사전 등록 의무가
있으며, 수출대금 송금은 60일 이상 은행에 예치한 후 인출이 가능하다. 또한 모든 투자자금
은 2005년 5월 공포된 법령 292호에 의거 1년 이상 아르헨티나에 머무를 의무가 있다. 외국
환은행은 50만 달러를 초과하는 모든 거래를 중앙은행에 보고할 의무가 있으며, 해외송금이
5,000달러를 초과하는 경우 중앙은행의 승인 의무가 있다. 투자 기업의 과실송금은 중앙은행
에 신고 의무가 있고, 위 송금액이 이익송금(Profit remittance)임을 증명할 의무할 의무가 있다.
한편 해외차입금은 국내 금융기관을 통하여 입금되고 현지화로 환전 의무를 지며, 차입금은
만기가 180일 이상인 경우에만 인정되었다. 마지막으로 로열티는 중앙은행의 승인을 받아 송

---

111) 대한무역투자진흥공사, *supra* note 107.
112) *Id.*
113) 대한무역투자진흥공사, "17장 외환관리 및 자금조달, 투자", Global window 무역정보, 아르헨티나 p. 4.
114) *Id.*

금이 가능하였다.

이처럼 금융위기를 극복하기 위하여 아르헨티나 정부에 의하여 다양한 외환 규제가 부과되자 외화 유출 통제에 대하여 미국 기업 등이 강력히 반발하였다. 즉, 미국 회사들은 2012년, 아르헨티나 정부의 조치가 아르헨티나 이외 국가의 화폐로 지불을 하는 것을 크게 제한했다고 보았다. 이러한 제한 조치는 아르헨티나 정부에 의해서 비공식적인 채널로 영향을 미치는 경우가 다수라고 보고되었다.[115] 여기에는 이윤 송금, 로열티 지불, 기술적인 지원에 대한 수수료, 그리고 아르헨티나 밖에서 발생한 지출들에 대한 지불 등이 포함되었다. 궁극적으로 아르헨티나에서 발생한 수입의 일부가 송금이 가능하나, 많은 경우 회사가 의도했던 금액보다 적은 금액만이 결과적으로 송금되기에 이르게 되자 이에 대한 해외 기업가들의 불만이 심화된 것으로 볼 수 있다.[116]

8. 중국 외환 거래 규제 조치

전통적으로 중국에서는 다수의 외환감시수단과 절차를 통한 규제가 이루어졌다. 즉, 행정 허가 및 승인 절차가 요구되었고, 은행의 외환계좌 생성, 수익 송금, 다른 국내의 계좌간의 자금 이체, 외국 화폐로 기재된 은행계좌의 보유수/이체 금액에 대한 제한이 부과되었다.[117] 이러한 규제는 해외의 핫머니가 외국인 직접투자의 명목으로 중국에 자금을 들여와 중국 증권, 외채 등 위안화 표시 자산에 투자하는 편법을 방지하기 위한 목적이었다. 또한, 기업의 경상 거래 외환관리와 관련해서도 수출입 기업은 외환관리국의 승인을 얻어 경상거래용 외화 계좌를 개설해야 했다. 즉, 중국에서는 수출 대금을 결제 받고 있는지 여부를 심사하였다.[118] 수입 대금 결제가 완료되면 외환관리국이 나중에 그 진위를 확인하였는바 기업에 의한 수출 대금의 해외은닉이나 허위수출로 인하여 발생하는 외화 유출을 막기 위한 목적이었다. 또한, 허위 또는 과다한 수입 결제를 통한 외화 유출을 방지하고자 하였다.

---

115) Office of the United States Trade Representative, "2013 National Trade Estimate Report on Foreign Trade Barriers", pp. 26 − 27.

116) Id.

117) Id., pp. 42 − 43.

118) 글로벌패션네트워크센터, "중국 섬유패션산업 동향 및 네트워크", 제4장 법률 · 회계 고려사항 http:// gfnc.net/gfnc/?m=bbs&bid=c_board04&uid=44

미국 등 선진국의 위안화 절상 압력 등 통상마찰이 점점 커지자 중국 정부는 새로운 방향을 모색하기에 이르렀다. 즉, 2012년 하반기 이후 규제가 완화되고 외환관리정책에 변화가 이루어졌다. 즉, 2012년 12월 외환관리국(SAFE)은 35개의 규제적 승인제도를 철폐하고 14개를 간소화하였는데, 이러한 규제 완화 조치는 장기 자본의 유입을 촉진하기 위한 목적이었다.[119] 외국인 직접투자항목에서 필요하던 기존의 외환거래 관련 심사비준절차를 대폭 폐지하여 기업으로 하여금 기회비용을 낮추고 실물경제발전에 기여할 수 있도록 함에 의의를 둘 수 있다.[120] 또한, "국가외환관리국의 직접투자의 외환관리정책의 개선 및 조정 강화에 관한 통지(国家外汇管理局关于进一步改进和调整直接投资外汇管理政策的通知)"는 중국 외환관리당국이 2012년 11월 21일 발표하여 12월 17일부터 시행하였다. 외환관리부서의 기존의 35개 행정심사허가사항을 14개 심사허가사항으로 병합하여 외환관리국의 사전심사절차를 대폭 간소화한 조치였다. 외국환 거래은행에 권한을 부여하여 외환관리부서의 별도의 승인 없이 외국환은행에 관련 서류만 제출하면 외국환은행은 외환관리시스템에 입력할 수 있어 등기위주의 외환관리방식이라고 볼 수 있다. 이에 따라 직접투자에 관한 사전비준절차가 대폭 감소하였다.[121] 직접투자항목(자본항목) 내의 외국환자금 대부분의 수급, 이체, 송금 및 환전업무에 대하여 이전과 같은 엄격한 제한이 대폭 감소하였다. 외환관리당국은 외상투자기업을 1개 단위로 하여 외환자본금의 유입에 대한 한도액을 설정하지만 외환자본금계좌의 개설 수량을 제한하지 않기로 하였으며 1개 계좌당 외환자본금 유입금액 제한도 철폐하였다. 외상투자기업은 회사등록지역뿐만 아니라 타 지역에서도 외환자본금계좌를 개설할 수 있다.

한편, 이러한 조치는 다음과 같은 근본적 한계를 갖고 있다. 즉, 외국투자자는 사전비용을 외국에서 위안화로 송금 가능하지만 총 송금액은 미화 30만 달러를 초과하지 못하며 사전비용 외환계좌는 유효기간이 6개월에 불과하였다. 여전히, 중국의 자본계정에 대한 외국환 거래는 높은 규제 수준을 유지하고 있다고 볼 수 있다. 그럼에도 외국 회사들은 고수익성과 이익 환수 정도에 있어서 규제에도 불구하고 대체로 만족하고 있는 것이 현실이다.[122] 다만 자본 유입에 있어서, 몇몇 회사들은 사업의 확장을 위해 외국자본을 들여오기 위해 필요한 정부의 승인을 얻는 데에 상당한 어려움을 호소하는 상황이다.[123]

---

119) Office of the United States Trade Representative, "2013 National Trade Estimate Report on Foreign Trade Barriers", p. 94.
120) 법무법인 율촌, "중국 외환관리당국, 외국인 직접투자에 대한 외환관리규제 대폭 개선", 중국 News Alert(2012. 12.), p. 2.
121) Id.
122) Office of the United States Trade Representative, *supra* note 119, p. 94.
123) Id.

9. 베트남의 환율 관리 조치

2011년 3월, 베트남 상공부는 '가이드라인 1380'를 발표하였다. 이는 2010년 4월 발표되었던 "수입억제물품"의 목록('가이드라인 1899')을 수정하여 3,724개 소비품목에 대해 관세선을 설정한 조치였다. 2010년 4월, 베트남중앙은행의 공첩 3215는 상공부 목록상의 수입품을 구매하는 사업자에 대한 외환 대출 및 신용한도에 대하여 추가적인 절차를 요구하고 감독을 강화한다고 하였다.[124] 위 가이드라인 1380 발효 후, 다수의 새로운 수입 규제 조치들이 명백하게 동 가이드라인을 언급하며 취해졌다.[125] 상공부의 회람 7 목록상의 소비재에 대한 수입 관세 납부 기간을 설정하였으며, 재정부의 회람 91에 의한 특정 제품에 대한 수입관세 인상 등도 이루어졌다. 또한, 수입을 권하지 않는 물품 목록을 발표하였는바 예컨대 육류, 생선, 우유, 채소, 과일, 맥주로 만들어지는 상품, 자동차, 이동전화, 노트북, 담배재료 등과 같은 상품 등이었다. 그 중, 수입억제물품으로 분류된 상품으로는 고체 또는 고체화 되지 않은 유제품과 버터, 특히 사람을 수송하기 위한 목적으로 만들어진 차량, SUV 차량 그리고 스포츠카가 있었다. 이러한 조치는 다음과 같은 배경에서 취해진 것으로 볼 수 있다. 2011년 초 2개월간 베트남에서 수업억제물품군에 속해 있는 물품(담배재료, 자동차, 생활용품, 맥주, 화장품 등)이 11억 달러 가량 수입되어 총 수입금액의 7.4%를 차지하였고, 이 금액은 전년도 같은 기간에 비해 24.8% 증가한 수치였다. 또한, 수입검사가 필요한 상품군(강철, 귀금속, 금속류로 제조된 상품)의 수입금액도 작년의 같은 기간에 비해 27.7% 증가해, 9억 5,000만 달러에 이르렀다.[126]

미국 정부는 베트남의 이러한 수입 규제 조치들에 대해 우려를 표하였다.[127] 실제로 미국 무역대표부(USTR)가 발행한 2011년 국가별 무역장벽 보고서(National Trade Estimate Report on Foreing Trade Barriers: NTE 보고서)는 베트남으로 물품을 수출하는 미국 기업들이 자동수입허가 취득에 있어서 많은 불편함을 겪고 있다는 내용을 포함하였다.[128] 2013년 같은 보고서는 가이드라인 1380을 명시하며, 베트남 정부에 의한 비관세 무역장벽이 추가적으로 강화되

---

124) *Id.*, p. 383.
125) *Id.*, p. 381.
126) "다수의 수입 억제 물품 추가", 베트남한국교민신문(2011. 04. 13.), http://vnnews.kr/pages/contents/content_view.php?&TopMNum=2&LeftMNum=99&LeftMNumSub=&catcode=156&s_catcode=147&field=&skey=&no=3916&page=85
127) Office of the United States Trade Representative, *supra* note 119, pp. 381-383.
128) "환경기업을 위한 베트남 세무 및 수출입실무 2013 가이드북", 환경산업무역포털, p. 86.

었음을 언급하였다.[129] 또한 베트남이 이 제도 시행에 대해 WTO에 통지의무를 이행하지 않아 미국측이 해당 조치를 WTO에 보고할 것을 베트남 정부에 요청하였다.[130] 이후 항공 운송의 경우 AWB 원본 없이도 자동수입허가를 받을 수 있도록 제도가 개선하였다. 하지만 아직도 많은 수출기업에게는 수입통관의 걸림돌로 작용하고 있다.

10. 소결: 최근 우리 국내 현안에 대한 함의

위에서 살펴본 바와 같이 금융위기를 극복하기 위한 각국 정부의 각종 조치는 통상 부분에도 적지 않은 영향을 초래한다. 금융위기는 일반적으로 예상치 못한 상황에서 도래하게 되므로 제반 분야에서 이에 대한 후속 대응책을 모색하는 것 자체가 원천적으로 불가능한 측면이 있다. 여러 경제학자들도 금융위기의 예측과 예방이 사실상 어려운 작업임을 인정하고 있다.[131] 특히 최소한 외관상 외환위기 극복과 직접 연관되었다고 보기 힘든 통상 부분에서 이러한 작업을 추진하는 것은 더욱 힘들다.

그러나 1997년 외환위기 이후 지난 10여 년간 한국의 경험은 이러한 경제위기 상황이 예상치 못한 통상분쟁이나 통상현안을 야기할 수도 있다는 점을 여실히 보여 주고 있다. 이들 중 상당수와 관련하여서는 우리가 이러한 위험성 내지 관련성을 파악하고 좀 더 정치한 대응을 하였더라면 관련 문제점을 상당 부분 극복하거나 경감할 수 있었을 것이다. 우리나라뿐 아니라 현재 많은 국가들은 자국 금융기관을 통한 다양한 금융지원 정책을 모색하여 자국 주요 산업의 지원을 모색하고 있는 상황이다. 최근 진행된 각국의 보조금 관련 WTO 분쟁에서 WTO 패널 및 항소기구가 특히 이러한 금융지원 정책이 WTO 보조금협정 제1.1조에서 규정하는 보조금에 해당할 가능성이 있음을 지적하고 있다는 사실은 주목을 요한다.[132] 이러한 맥락에서 우리나라의 경우에도 제반 금융기관을 통한 금융 지원제도의 현황을 파악하여 최근 WTO 패널 및 항소기구 판정의 취지를 반영한 제도 개선 및 재조정의 필요성을 차제에 검토할 필요가 있다. 이러한 개선 및 재조정 필요성 검토는 우리나라가 운용하고 있는 금융 제도가 WTO 협정에 위반하는 조치에 해당한다는 점을 의미하는 것이 아니다. 우리나라 선박금융

---

129) Office of the United States Trade Representative, *supra* note 119, p. 383.
130) "환경기업을 위한 베트남 세무 및 수출입실무 2013 가이드북", 환경산업무역포털, p. 86.
131) Gary B. Gorton, *Misunderstanding Financial Crises*, Oxford University Press(2012. 11.) 참조.
132) 금융기관을 통항 저리의 금융상품 제공과 직접적으로 연관되는 WTO 보조금협정 조항은 제1.1(a)(1)(i)조와 (iv)조이다.

제도는 대부분의 경우 WTO 협정에 합치하는 것으로 판단되며, 설사 분쟁이 제기되는 경우에도 그 합치성을 적극 소명, 설득할 수 있을 것으로 사료된다. 다만 최근 변화하는 WTO 법리에 기초하여 이러한 금융제도의 현황을 다시 한번 정리, 확인하여 두는 것은 향후 이러한 분쟁 발생 가능성을 사전에 차단하거나 분쟁 발생 시 우리 입장을 강화하는 방안을 마련하는데 상당한 도움을 줄 것으로 판단된다.

2015년 4월 당시에도 여전히 관치금융의 여운은 우리나라에 짙게 드리워져 있었다.[133] 채무재조정과 여신제공이 정치권과의 교감이나 협조에 의하여 진행되는 정황이 여러 군데에서 확인되고 있다. 민간금융기관 인사에 정부 당국이 이런 저런 루트를 통하여 개입하고 있다는 보도 역시 끊이지 않고 있다.[134] 세계 15위의 경제 규모와 49개국과 16개 자유무역협정(FTA)을 체결하고 있는 우리나라가 여전히 정부와 금융기관의 밀접한 연관 관계를 떨쳐 버리지 못하고 관치금융 논란에 시달리는 것은 실로 아쉬운 일이다. 세계경제포럼(World Economic Forum)에 따르면 우리나라의 금융산업의 국제경제력은 세계 80위권으로 파악되고 있다. 우리나라의 경제적 위상과는 상당히 동떨어진 결과가 아닐 수 없다. 그리고 이러한 상대적 후진화의 주요한 원인은 다름 아닌 정부의 과도한 규제라는 것이다.[135]

이러한 관치금융의 존재는 금융위기 극복을 위한 결정적 수단인 기업구조조정과 공적자금 투입이 시장에서의 요구가 아닌, 정치적 요구와 필요성에 의하여 진행될 가능성을 더욱 높이게 된다. 그리고 이러한 정치적 요구와 필요성에 따라 진행되는 기업구조조정과 공적자금 투입은 곧바로 WTO 협정 위반 가능성을 대폭 증가시키게 된다는 것이 우리가 지난 18년간 경험한 뼈아픈 교훈이다.[136] 결국 관치금융의 존재는 동일한 금융위기 극복조치를 취하였음에도 어느 국가의 조치는 통상협정에 대한 위반 가능성을 높이는 반면, 유사한 조치를 취한 다른 나라의 통상협정 위반 가능성은 상대적으로 낮추어 주는 결정적인 변수로 작용하게 되었다. 우리에게 실로 중요한 시사점을 제공하여 주지 않을 수 없다.

133) 동아일보, "성완종 뒤 봐준 금융권 수장은 누구인가?" 사설(2015년 4월 18일); 정철근, "좀비기업 살리는 관치금융의 망령", 중앙일보(2015년 4월 24일); 김명수, "좀비기업 양산하는 관치금융", 매일경제(2015년 4월 19일) 참조.
134) 연합뉴스, "정치금융의 힘, 올해도 금융권 뒤흔든다"(2015년 3월 8일); 문화일보, "씁쓸한 '관치' 뒷말 남긴 결말"(2015년 1월 14일); 연합뉴스, "금융권 인사 난맥상, 관치 미련 못 버린 탓"(2014년 12월 2일) 참조.
135) 연합뉴스, "금융산업 발전 걸림돌은 과도한 규제"(2007년 10월 1일) 참조.
136) 채무재조정의 상업적 합리성을 WTO 보조금협정 위반의 보조금 존재 여부를 판단한 *U.S. – DRAMs, EC – DRAMs, Japan – DRAMs* 사건에서의 WTO 패널 및 항소기구 판정 각각 참조.

우리나라도 2008년 금융위기의 파장이 여전히 사회 곳곳에 남아 있고 새로운 위기를 촉박할 위험의 불씨는 여전히 꺼지지 않고 있다. 2008년 금융위기의 직격탄을 맞은 조선·건설·해운·철강·화학 등 주요 업종의 적지 않은 기업들이 여전히 국책은행과 정부 관련 금융기관의 지원에 의지하고 있는 실정이다.[137] 이 기간 동안 대한전선·성동조선·SPP조선·STX 등 조선업을 중심으로 본격화된 기업구조조정은 2014년에는 쌍용건설·동양그룹·동부제철 등 경기민감 업종 전반으로 확대되었고 2015년에는 동부건설이 법정관리를 신청한 바 있다. 특히 문제로 지적되고 있는 글로벌 금융위기 이후 회생가능성이 크지 않음에도 정부나 채권단의 지원으로 간신히 연명하는 이른바 '좀비기업'들이 구조조정 전반에 악영향을 끼치고 있다는 부분이다.[138] 좀비기업은 금융지원을 받는 잠재 부실기업으로 영업이익으로 이자도 갚지 못하는 기업을 말한다. 한국개발연구원(KDI) 보고서는 이러한 기업이 2010년 12.1%에서 2013년 12.7%로 상승하였음을 보여주고 있다. 금융감독원 조사 결과 이 같은 구조조정 대상 기업은 2014년에 125곳에 이르고 있는 것으로 확인되고 있다. 이는 금융위기 직후인 2009년의 512개사와 비교할 때 상당히 개선된 수치이기는 하나 여전히 좀비기업과 이들에 대한 자금지원조치가 우리 경제 전반에 상당한 위험요소로 남아 있음을 보여주고 있다. 공식적인 구조조정절차에 회부된 것은 아니나 자체적으로 구조조정을 시행하는 것은 금융기관도 마찬가지이다. 2014년에도 금융기관은 상당한 어려움 속에 지속적인 구조조정을 단행하였고[139] 이러한 상황은 2015년에 들어와서도 크게 호전되는 모습을 보이고 있지는 않다. 나아가 대기업들도 스스로의 경영실적 악화를 타개하기 위하여 다양한 구조조정 방안을 자발적으로 검토하고 있는 모습이다.[140] 이와 같이 2008년 금융위기의 잔영은 여전히 우리 경제 곳곳에 드리워져 있고 언제든지 다시 위기를 재연하여 우리 경제에 심각한 부담을 초래할 수 있음을 보여주고 있다.

또한 이들 구조조정 대상 기업의 상당수가 중소기업이라는 점도 현재 우리나라의 독특한 현상 중 하나이다.[141] 아마 짐작컨대 상대적으로 위기에 취약한 중소기업들이 보다 시장상황의 변동에 쉽사리 노출되고 대기업과의 관계에서 불리한 위치에 놓인 중소기업들에 대하여

---

137) 김명수, "좀비기업 양산하는 관치금융", 매일경제(2015년 4월 19일) 참조.
138) 아시아경제, "금융과 구조조정 뗄 수 없는 사이 된 까닭"(2015년 1월 14일) 참조.
139) 문화일보, "금융사 수익악화로 일자리 1년내 24,000개 하락"(2015년 3월 2일); 한겨레, "금융권 외환위기 이후 최대 구조조정 찬바람"(2014년 9월 2일); 아시아경제, "1년 내내 구조조정, 증권사 최악의 해"(2014년 12월 8일) 참조.
140) 매일경제, "재계 구조조정 신호탄 쐈다"(2014년 11월 26일) 참조.
141) 경기일보, "경기회복 지연에 중소기업 구조조정 금융위기 이후 최대 규모"(2014년 11월 20일); 세계일보, "중소기업 구조조정 125곳, 금융위기 이후 최대"(2014년 11월 19일) 참조.

시장에서의 변동상황의 부정적 파급효과가 전가되는 상황과도 맞물려 있는 듯하다.[142] 대중소기업 상생 노력이 우리나라에서 전개되어온 최근의 분위기는 이러한 상황과도 맞닿아 있다. 그리고 우리 정부차원에서는 중소기업을 특히 지원하기 위한 다양한 노력이 이러한 맥락에서 다각도로 모색되고 있기도 하다. 그러나 중소기업을 지원하기 위한 조치라고 하더라도 역시 WTO 및 FTA 등 통상협정에 별도의 예외조항이나 면책조항이 없다는 점은 역시 유념하여야 한다. 이들에 대한 지원 역시 내국민 대우 위반, 보조금협정 위반, 서비스 협정 위반 등의 가능성은 여전히 열려 있다는 점이다. 따라서 중소기업을 지원하는 것이 우리 사회 내부적으로 요구되고 있는 정책적 목표인지와 별도로 이러한 지원조치가 통상협정에 저촉될 가능성이 있는지는 독립된 문제이다. 때로는 양자를 혼돈하여 정당한 정책목표인 중소기업 지원 조치는 통상협정에 부합하거나 또는 부합하여야만 하는 것으로 오해하는 경우가 빈번하다. 정책 결정과 이행과정에서 유념하여야 할 부분이다. 특히 우리나라에서는 최근 중소기업지원조치가 새로운 화두로 등장하여 이 부분이 금융위기 극복조치의 목표와 결합하여 동시에 제기되는 경우가 점증하고 있기 때문이다.

어쨌든 이들 기업의 구조조정을 보다 본격적으로 지원하기 위하여 2001년 9월 최초 도입 후 한시법으로 이미 몇 차례 시행과 만료가 반복되어온 기업구조조정촉진법이 2015년 말 다시 도입될 움직임을 보이고 있다. 이 법이 제대로 시행되어 부실기업의 구조조정 실시라는 소기의 성과를 거두고, 동시에 통상협정 위반 가능성을 최대한 차단하기 위해서는 금융기관과 정부간의 관치금융과 특정 기업에 대한 정치적 특혜의 소지를 차단하는 체계적이고 객관적인 기준에 의한 기업구조조정이 실시될 수 있도록 이 법을 도입, 운용하여야 한다. 앞으로 이 법의 재도입과 운용에 관하여 귀추가 주목되고 있다.

이러한 점을 염두에 두고 최근 우리나라에서 논의되는 현안에 통상협정의 법리를 적용하여 보면 중요한 시사점을 도출할 수 있을 것이다. 최근 우리나라에는 특정 산업에만 집중적인 지원을 담당하는 금융기관을 설립하려는 움직임이 감지되고 있다. 이러한 움직임은 금융문제가 경제활동에서 담당하는 중요성과 국가정책 운용에서의 유용성을 아울러 보여주고 있다. 그러나 이러한 도입은 자칫하다가는 협정 위반의 가능성이 농후한 바 이에 대하여 역시 면밀히 살펴보는 것이 필요하다.

---

142) 한국경제, "대기업 불황 '후폭풍', 구조조정 대상 제조업 중기 43% 증가"(2014년 11월 19일) 참조.

1997년 금융위기에서 쓰라린 경험을 한 우리나라는 2008년 금융위기는 상당히 선제적으로 그리고 성공적으로 대처하였다. 적절한 대처를 통하여 금융위기가 금융시장에 확산되고 다시 경제 전반에 악영향을 미치는 것을 적절히 제어하였다고 볼 수 있겠다. 그러나 2008년 금융위기를 거치면서도 여전히 해결되지 않은 과제는 바로 이러한 금융위기 대처 과정에서 정부기관 내지 공적기관이 직접 시장에 참여자로 나선다는 것이다. 정부가 법령이나 제도를 통하여 일반적인 규제 ―가령 시장의 건전성 유지― 를 위한 목적으로 조치를 시행하는지 여부와 자신이 스스로 시장 참여자로서 여타 금융기관 및 기업과 직접 법적인 관계를 맺고 스스로 그러한 거래의 한 부분이 되는지 여부는 통상협정의 적용 맥락에서는 전혀 다른 결론을 초래한다. 전자가 정부의 정당한 금융규제 조치로 인정되어 통상협정 저촉의 가능성이 낮아지는 반면, 후자는 시장이 정부 스스로의 의지에 따라 통제되고 경우에 따라서는 왜곡된다는 점으로 인하여 통상협정 저촉 가능성은 그만큼 높아지게 된다. 통상협정에서 이와 같이 정부가 금융위기 과정에서 개입하는 다양한 상황을 평가하는 여러 법적 가이드라인의 기저에는 결국 해당 정부 조치가 정부가 일상적으로 행하는 규제조치인지, 그리고 이에 반응하는 각 기업과 금융기관의 결정이 상업적 합리성을 담보한 결정인지 여부이다. 전자라면 통상협정 합치적 성격이 강하나 후자는 그러하지 않다는 것이 통상협정의 법리이다. 선진국들의 경우 대부분 전자의 방향으로 정책 성격을 규명하는 반면 우리나라는 때로는 후자의 성격이 강하게 정책에 배어 있다. 이에 따라 우리나라에 대한 통상협정 위반 주장에 노출될 가능성도 그만큼 높아지게 되는 것이다. 동일한 시점에서 유사한 성격의 조치를 취하여도[143] 이에 대한 통상협정의 평가가 달라질 수 있는 것은 바로 이러한 이유이다.

예를 들어 우리나라는 2008년 금융위기를 극복하는 과정에서 "구조조정기금"을 도입하였고 그 운용을 한국자산관리공사가 담당하도록 하였다. 구조조정기금은 2008년 글로벌 금융위기를 선제적으로 대응하기 위해 금융위원회가 2009년 5월 한국자산관리공사에 설치하였으며 그간 6조 2,000억원을 투입해 저축은행 PF채권, 유동성 위기의 해운업계 선박 매입을 포함해 11조 4,000억원 규모의 부실자산을 인수해 정리하였다. 이 기금의 운용은 투입자금에 대한 높은 회수율을 유지하며 성공적으로 마무리된 것으로 평가되고 있다.[144] 그러나 문제는 이러한 기금의 설치와 운용에 정부기관이 ―금융위원회와 한국자산관리공사가― 직접 관여되어 있다는 것이다. 결국 정부가 스스로 이러한 자금의 운용에 직접 나서는 것은 효율성 측면에서는

---

143) 예를 들면 미국도 2008년 금융위기 극복을 위하여 다양한 형태의 공적자금 투입과 기업구조조정을 실시한 바 있다. 조선일보, "미, 선제 구조조정(2008년 금융위기 이후)과 저유가로 호황"(2014년 12월 25일) 참조.
144) 매일경제, "캠코, 글로벌 금융위기 지원 '구조조정기금' 회수율 107%"(2015년 3월 29일자) 참조.

도움이 될 지 모르나 통상협정의 적용이라는 맥락에서는 다양한 위험요소를 내포하고 있다. 물론 한국자산관리공사가 정부기관이 아니므로 정부는 이로부터 한발짝 물러서 있다고 주장할 근거도 없지는 않다. 그러나 한국자산관리공사의 설치 및 운영은 공적기관으로서의 성격을 분명히 하고 있어 결국 우리 정부의 일부분으로 보는 것이 통상협정의 맥락에서의 대체적인 시각이다. 우리의 교역 상대국들도 한국자산관리공사는 정부의 역할을 대신하는 기관인 것으로 인식하고 있는 것이 일반적인 모습이다. 결국 정부가 자신의 자금을 투입하고, 자신이 이를 운용하며, 이를 특정 기업 및 금융기관에 대하여 지원조치를 실시하는 것으로 이해하는 것이다. 이러한 지원조치가 통상협정 적용의 연결고리로 비화됨은 물론이다. 통상협정에는 "금융위기 예외조치"가 포함되어 있지 않은 이유이다. 현재 협정 체제에서 활용 가능한 유일한 기제는 정부의 역할과 시장의 역할을 구별하고 정부가 전자의 경우에만 충실하며 후자는 시장에 그대로 맡겨두는 상황이라고 할 것이다. 그런데 정부가 정부의 역할을 수행하는 것을 넘어 시장의 역할도 동시에 수행할 경우에는 다양한 문제가 촉발된다. 한국산 반도체 상계관세 분쟁, 한국산 냉장고, 세탁기 상계관세 분쟁의 저변에는 바로 우리의 주요 교역 상대국의 이러한 인식이 짙게 깔려 있다.[145]

또한, 그간 오랜 기간 동안 논의되어 온 한국선박금융공사법안도 좋은 사례를 제시하여 주고 있다.[146] 이 법안에서 제시하였던 새로운 금융기관의 설립은 일단 뒤로 미루고 먼저 해양종합금융센터가 부산에 창설되어 2014년 10월 1일부터 활동을 전개하고 있다.[147] 새로이 설립된 해양종합금융센터는 새로운 금융기관을 창설한 것은 아니나 기존의 금융기관이 공동으로 참여하여 운용하는 센터를 새로이 설립하였다는 점에서 본질적인 부분에서는 유사한 것으로 볼 수 있을 것이다. 이와 같이 특정 산업을 지원하는 것을 목적으로 하는 금융기관 내지 제도의 도입은 '법리적', '현실적' 양 측면을 공히 궁극적으로 보조금협정 관련 분쟁으로 비화될 개연성이 높은 것으로 판단되며, 이러한 제도가 실제 도입되고 지원이 이루어진다면 현재 WTO 법리에 따를 경우 우리측에 불리한 결정이 내려질 가능성이 존재하는 것으로 볼 수 있

---

145) 2011년 美상무성의 한국산 냉장고 상계관세 조사, 2012년 한국산 세탁기 상계관세 조사에서는 정부의 금융시장에 대한 직접개입이 결국 해당 항목의 보조금 판정의 주요한 요인이었다.

146) 이와 관련하여 두 가지의 관련 법안이 국회에 제출된 바 있다. 한국선박금융공사법안(이진복 의원 대표발의) (의안번호 552호, 2012년 7월 6일); 한국해양금융공사법안(김정훈 의원 대표발의)(의안번호 3958호, 2013년 3월 5일)이 그러하다. 흔히 이 양자를 통칭하여 "한국선박금융공사법안"으로 지칭하여 오고 있다. 현재 이 법안은 소관위원회의 심사 중에 있다. 국회의안정보시스템 http://likms.assembly.go.kr/bill/jsp/main.jsp (2015. 4. 29. 방문) 참고.

147) 해양종합금융센터는 글로벌 해양 비즈니스의 니즈(needs) 충족을 위한 포괄적 해양금융(선박, 해양플랜트, 해운, 기자재) 제공을 위하여 수출입은행, 무역보험공사, 산업은행 3개 기관이 협업하여 서비스를 제공하는 기관으로 설립되었다. http://www.mfcenter.or.kr/mfc/center/intro.jsp(2015. 4. 29. 방문) 참조.

을 것이다. 우리나라 및 여타 국가의 조선산업은 특히 그간 국제 보조금 분쟁의 핵심 대상으로 자리매김하여 왔다. 특히 우리나라와 EU간 보조금 분쟁은 오랫동안 지속된 바 있다. 양국은 지난 2004~2006년에 걸쳐 WTO에 상호제소를 하였으며, 또한 1990년대 후반부터 최근까지 진행되어 온 OECD 조선협상에서도 보조금 문제를 중심으로 양국이 치열한 공방을 벌여 오고 있다. 이러한 상황에서 우리 정부가 다른 나라에서 찾아보기 힘든 방식으로 조선산업을 지원하기 위한 특별법이나 특별조치를 취할 경우 기존 분쟁이 재연될 가능성을 배제할 수 없을 것이다.

특히 EU는 한국과 중국이 세계 조선시장에서 최근 압도적인 우위를 점하게 된 근본적인 이유는 양국 정부의 보조금 교부와 이로 인한 양국 조선산업 경쟁력의 인위적 강화라는 일방적인 주장을 지속적으로 개진하여 오고 있는 실정인 바, 우리의 조선산업 지원조치에 대하여 궁극적으로 문제를 제기할 가능성은 상당히 높은 것으로 볼 수 있을 것이다. 특히 기술력 및 구매자 요구조건 충족 부분 등에서 우리 조선업계에 뒤쳐지고 있는 EU 조선업계의 경우 보조금 및 이와 관련된 분쟁 제기를 통한 법적 장치를 활용한 견제만이 장기적으로 세계 조선시장에서 한국 조선산업과 경쟁할 수 있는 토대를 마련할 수 있는 유일한 대안이라는 인식이 팽배하고 있다. 따라서 EU는 지속적인 문제 제기를 통하여 한국과 중국의 조선산업을 가급적 위축시켜 장기적으로 세계 조선시장에서 자신의 입지를 점차 회복하고자 노력하고 있다. 특히 이러한 과정을 통하여 크루즈 선박 등 EU가 그나마 비교우위를 점하고 있는 일부 조선영역에서 우리 조선산업이 진출을 확대하는 것을 적극 견제하고자 노력할 것이며, 이러한 맥락에서 우리 금융센터의 문제점을 적극 개진할 것으로 예측할 수 있을 것이다. 특히 EU가 조선산업을 핵심 기간산업으로 파악하고 2008년 경제위기 이후 EU 수출부양, 경기회복을 위한 핵심과제로 자국 조선산업 육성에 초점을 맞추게 됨에 따라 우리나라에 대한 견제전략은 향후에도 더욱 강화, 다각화될 것이다. 또한 이러한 보조금 이슈는 단지 WTO 이슈에 국한되지 않고 OECD, FTA 등 다양한 국제통상 포럼에서 문제로 대두되고 있는 사항임을 감안하면, 이 이슈가 향후 WTO를 포함한 다양한 국제적 포럼을 통하여 지속적으로 전개될 것이다.

또한 조선분야에서 중국과의 경쟁도 점차 치열해짐에 따라 경우에 따라서는 중국이 우리나라에 대하여 보조금 분쟁을 제기할 가능성도 앞으로는 계속 증가할 것으로 보인다. 중국 스스로도 조선산업에 대한 보조금 교부를 상당 부분 하고 있으나 이러한 사실이 우리 보조금에 대하여 중국이 문제 제기를 하는 것을 차단하지는 아니한다. 특히 중국은 최근 미국 등 주요 교역 대상국의 보조금 문제에 대하여 적극적 공세를 펼치고 있는 상황이기도 하다. 특히 우리 조선산업이 현재 검토되고 있는 다양한 금융지원조치를 통하여 국제 경쟁력을 더욱 강화하게 되면 EU, 중국 등 외국 정부가 WTO 분쟁해결절차 등을 통해 보조금 분쟁을 제기할 가능성이 본격적으로 제기될 것이다. 보조금 분쟁의 경우 일단 교부된 보조금은 AUL(Average Useful Life: 감가상각기간)기간 동안 보조금의 효과가 존재하는 것으로 간주되며 현재 보조금 교부조치가 이루어지더라도 조선산업의 AUL 기간인 향후 10년간(각국의 통상적인 수치) 지속적으로 보조금 분쟁에 노출되는 점도 고려할 필요가 있다.

주지하다시피 WTO 보조금협정은 (i) 정부로부터의 재정적 기여, (ii) 경제적 혜택, 그리고 (iii) 특정성의 존재를 규율대상 보조금 판단의 핵심 요건으로 규정하고 있다. 현 보조금협정 제1.1조의 규정에 따르면 기본적으로 국책은행이나 정부와 밀접한 연관성을 보유한 은행으로부터 민간기업으로의 대출은 보조금협정의 첫 번째 요건인 정부로부터의 재정적 기여를 충족하게 된다. 따라서 현재 운영되고 있는 국책은행 중심의 해양금융종합센터로부터 자금의 대출은 이 요건을 사실상 자동적으로 충족하게 되는 것으로 볼 수 있다. 특히 전 산업을 대상으로 하는 금융업의 경우 은행의 일반적인 업무를 실시한다는 점을 강조하여 설사 국책은행이라고 하더라도 정부로부터의 독립성을 강조하여 가능성이 희박하더라도 정부로부터의 재정적 기여의 부재를 주장해볼 가능성이 있다. 그러나 해양종합금융센터와 같이 특정 산업에만 자금 대출을 목적으로 하는 금융기관 내지 제도의 설립은 이러한 주장의 개진 가능성도 사실상 차단하게 될 것으로 보인다.

두 번째 요건인 경제적 혜택은 금융기관 대출 맥락에서는 대출 이자율이 실제 시장 이자율보다 낮은 지 여부가 그 판단의 관건이다. 그런데 다양한 설명 자료에서도 나타나 있는 바와 같이 해양종합금융센터 설립의 목적은 조선산업 내지 유관산업에 대하여 실제 시장 이자율보다 저리의 자금을 유리한 조건으로 제공하고자 하는 것이 기본 목적이라고 볼 수 있다. 따라서 이 한도에서는 경제적 혜택 판정의 회피도 용이하지 않을 것으로 판단된다. 물론 이론적으로는 시중 은행의 이자율을 그대로 적용하는 경우 이러한 경제적 혜택의 존재를 부인할 수 있을 것이나, 만약 조선업체들이 시중은행으로부터 대출받는 조건과 모든 면에서 동일한 조건으로 해양종합금융센터로부터 자금을 대출하는 결과를 추구한다면 이러한 별도의 기관을 설립하는 방안을 처음부터 모색할 이유가 없다고 할 수 있을 것이다. 이러한 점을 감안하면 해양종합금융센터의 도입은 결국 저리 또는 보다 유리한 조건의 대출을 염두에 둔 것으로 볼 수 있으며, 이는 경제적 혜택의 존재로 이어질 가능성이 농후한 것으로 보인다.

해양종합금융센터와 같이 특정 산업을 주 지원대상으로 하는 금융기관 내지 제도 도입의 가장 큰 문제점 중의 하나는 우리 정부가 미래의 보조금 분쟁 발생 시 '특정성' 방어를 실시하는 것을 '법리적'으로 불가능하게 만든다는 점이다. 최근 우리나라의 보조금 분쟁 또는 각국의 보조금 분쟁을 살펴보면 적지 않은 경우 보조금 판정의 최종 향배는 특정성 문제로 귀결되는 양상을 보이고 있다. 이에 따라 이 문제가 보조금 분쟁의 주요 핵심쟁점으로 대두되고 있는 상황이다. 그런데 조선산업과 같이 처음부터 특정 산업에 대한 지원을 염두에 둔 기구나 제도의 도입은 이러한 방어 가능성을 법리적으로 불가능하게 만들게 되는 문제가 있다. 특히 지금 운용되는 바와 같이 해양종합금융센터라는 국책은행의 공동 연합체를 구성하여 금융지원을 실시하게 되면 최소한 "사실상 특정성(*de facto specificity*)"이 존재하는 것을 우리 스스로 인정하고 있는 것으로 추후 분쟁 발생 시 이 부분에서 우리 입장이 관철될 가능성은 희박한 것으로 보아야 할 것이다. 물론 수출입은행이나 무역보험공사도 수출산업과 연계된 금융제도를 도입, 운용하고 있으나 이들의 영업범위는 전 산업을 포괄하는 것으로 현재 제안되는 선박금융공사법안과는 WTO 보조금협정에 따른 특정성 분석에 있어서는 본질적으로 상이한 성격을 보유하고 있다. 또한 다른 국가의 예를 살펴보더라도 이러한 금융제도의 도입은 상당히 희소할 것으로 판단된다.

또한 다른 나라에서 찾아보기 힘든 방식으로 특정 수출산업을 지원하기 위한 금융기관 및 제도를 도입할 경우 이는 비단 조선산업뿐 아니라 여타 주요 산업 영역에 대해서도(가령, 전자산업, 철강산업 등) 우리 정부가 보이지 않는 방법으로 지원을 도모하고 있다는 소위 "간접보조금(indirect subsidy)" 주장을 장기적으로 촉발시킬 수 있는 계기를 제공할 가능성이 있다. 이 간접 보조금 문제에 대해서는 후술한다. 이 경우 이 사례를 중심으로 여타 산업 영역으로 보조금 분쟁이 비화될 가능성도 배제할 수 없다.[148] 또한 산업은행, 수출입은행 등 현재 국책은행이 진행하는 다양한 금융 프로그램과 관련한 보조금 분쟁에서 우리 정부가 방어를 실시하는 데에도 곤란한 상황을 초래할 가능성이 농후하다. 이는 '선박금융공사' 내지 해양종합금융센터 설립의 사례에서 보는 바와 같이 우리 정부가 주요 산업을 지원하기 위한 정책적 목표를 일단 보유하고 이러한 여타 금융기관들도 운용하고 있는 것으로 상대방이 주장하고 이러한 주장이 수용될 가능성이 그만큼 증가하기 때문이다.

이러한 점을 감안하면 현재 법안에서 제안된 방식으로의 선박금융공사의 설립 및 운용은

---

148) 한국산 반도체 상계관세 분쟁 및 한국산 냉장고 상계관세 분쟁 사례 참조.

우리의 교역 상대방이 우리 정부의 조치를 WTO 분쟁해결절차에 회부할 가능성을 배제하기 힘든 것으로 보인다. 그리고 그러한 분쟁에서 문제의 조치가 결국 보조금협정에 규정된 보조금 교부 조치로 확인될 가능성이 적지 않은 것으로 판단된다. 특히 특정 산업을 지원하는 조치를 도입함에 따라 보조금협정상 중요한 방어 수단 중 하나인 특정성 요건을 우리 스스로 사실상 포기하게 되는 문제가 존재하게 됨에 유의할 필요가 있다. 특히 조선산업의 경우 우리와 지속적으로 경쟁관계에 있는 유럽연합과 중국의 문제 제기가 우려되며, 특히 두 국가는 공히 최근 보조금 분쟁에서 활발하게 분쟁해결절차에 참여하고 있는 국가라는 측면을 고려할 필요가 있다.

이상의 사례에서 보는 바와 같이 금융제도를 새로이 도입하여 국내산업정책 목표를 달성하고자 하기 위해서는 실로 신중한 접근이 필요하다. 바로 우리나라는 금융정책의 도입 및 개정으로 인하여 오랜 기간 양자간 및 WTO 분쟁해결절차에서의 분쟁을 경험한 바 있기 때문이다. 1997년 금융위기 극복을 위하여 취하여진 조치는 곧바로 2001년 이후 한국 정부에 대한 무역 상대국의 주요 공격 대상이 되었다. 예를 들어 2000~2002년에 걸쳐 시행된 하이닉스 반도체에 대한 채권은행단의 채무재조정(debt restructuring)을 한국 정부 주도의 금융지원조치로 판단한 미국, 유럽연합 및 일본은 각각 상계관세조사를 실시하여 고율의 상계관세를 부과하여 가장 큰 수출시장인 이들 세 국가에 대한 하이닉스 반도체의 수출이 제한된 경험이 있다. 이들 세 국가의 상계관세 부과에 대해 한국 정부는 WTO에 각각 제소하였으며 오랜 분쟁으로 이어진 바 있다.

한국산 반도체에 대한 이들 국가의 상계관세 부과의 핵심은 바로 한국 정부가 한국의 각종 금융기관을 통제하고 있고 이러한 통제력을 이용하여 각종 기업의 채무재조정을 막후에서 주도하였으며, 따라서 이러한 채무재조정의 혜택을 입은 한국 기업은 한국 정부로부터 부당한 보조금을 지급받은 것이라는 점이다. 사실, 이러한 일련의 분쟁은 한국 정부 입장으로서는 상당히 당혹스러운 일이다. 1997년 말 한국을 강타한 외환 및 금융위기를 극복하는 과정에서 그간 한국 경제 및 금융시장의 제반 문제점을 철저히 인식하게 되어 경제전반에 걸쳐 대규모의 구조개혁과 변화가 이루어졌고 이를 통해 한국 경제와 금융체제의 구조개혁과 선진화가 이루어졌다. 이러한 일련의 과정을 통하여 한국경제의 고질적 문제점으로 인식되어온 관치금융 문제 및 정부의 민간 부분에 대한 통제도 상당 부분 개선 및 시정되었다는 것이 일반적인 평가이다. 그런데 이들 분쟁은 한국 정부의 이러한 그간의 개혁 노력을 원천적으로 부정하는데 그 핵심이 있다. 따라서 여러 국가로부터 조사 및 제소 대상이 된 한국 정부의 일련의 조치들이 과연 현 보조금협정에 따라 정부에 의한 재정적 기여를 구성하게 되고 종국에는 불법 보조금을 구성하게 되는 것인지에 대한 면밀한 검토와 정확한 평가는 97년 이후 한국 정부의 금융개혁의 정당성을 국제적으로 확인한다는 차원에서도 중요한 의의가 있다. 나아가 현 상황에서의 한국 금융제도에 대한 평가는 비단 문제된 몇몇 산업뿐만 아니라 여타 기업과 산업에도 장기적 영향을 미친다는 차원에서도 이 문제에 대한 정확한 진단과 평가가 급선무라고 할 것이다. 이러한 평가가 이루어진 후, 과연 이들 국가로부터의 상계관세 조사나 보조금 공세가 자국의 경쟁 기업 보호를 위한 무역장벽 도입을 위한 부당한 공세인지 아니면 어느 정도 논리적 타당성을 가진 공세인지 분석이 가능할 것이다. 만약 이러한 일련의 국제적 공세가 어느 정도 법적 타당성을 함유하고 있는 것이라면 이후 한국 정부의 정책 수립 및 관련 기업의 수출 전략 수립에 있어 이러한 시사점을 필히 참고하여야 할 것이다. 외국 정부로부터의 이러한 일련의 보조금 공세가 정당한 정부의 개입 및 역할에 관해 단지 추상적 관념의 대상으로만 머물러 있다면 안타까울지언정 우리가 크게 우려할 일은 아닐 것이다. 하지만 그러한 공세가 한국산 상품에 대한 수출장벽의 기초를 제공하고, 국제적 경쟁력을 보유한 한국 산업의 기초를 약화시키며, 이에 따라 한국이 연간 수십억 불의 비용을 지불하여야 한다면 이는 전혀 다른 차원의 문제라 할 것이다. 간접 보조금 문제는 단순한 추상적 논쟁의 대상이 아닌 주요 수출 산업의 장래를 좌우할 수도 있는 통상법의 주요 이슈로 대두된 것이다.

금융위기는 우리의 의지와 상관없이 어느 순간 찾아오곤 하였다. 이와 같이 예상치 못한 금융위기가 발생할 경우 그 부작용을 최소화하며 이를 극복하기 위해서는 특히 통상부분에서의 제반 관련 이슈 내지 파급효과에 대한 철저한 검토가 필요하다. 특히 세계 11위의 무역규모를 유지하며 수출주도형의 경제구조를 보유하고 있는 우리나라는 모든 경제문제가 결국에는 통상문제로 귀결된다고 할 수 있을 것이므로 그러한 작업의 중요성은 더욱 부각된다고 하겠다. 또한 우리나라는 수출주도형 경제체제로 인하여 여러 교역 상대국으로부터 다양한 형태의 수입제한 조치의 단골 타겟이 되어 온지 오래다. 이러한 상황에서 정당한 목표를 갖고 도입되는 금융위기 극복조치가 통상장벽의 근거로 활용되는 가능성은 특히 우리나라에 대하여 큰 위협 요인으로 작용하고 있다. 금융위기 극복을 위하여 취한 조치가 외국의 한국산 상품에 대한 통상규제 조치를 정당화하는 근거로 활용되는 사례를 우리나라는 이미 여러 차례 목도한 바 있다. 바로 이러한 이유로 금융위기 극복조치는 통상협정 합치성을 염두에 두고 면밀히 검토되어야 한다.

앞에서 살펴본 여러 국가의 금융위기 극복조치의 사례는 이와 관련하여 우리에게 중요한 시사점을 제공하여 주고 있다. 구체적인 사항에서는 각국의 금융위기 극복조치는 서로 다른 모습을 띠고 있기는 하나, 그 핵심적인 측면에서는 대체로 유사한 모습을 보이고 있다. 예를 들면 대규모 공적자금의 투입, 저리대출의 실시, 환율정책의 조정, 구조조정제도의 촉진 등이 대체로 그러한 모습들이다. 이는 결국 금융위기의 상황에서는 각국 정부는 이러한 조치들을 모색할 수밖에 없게 된다는 사실을 시사하고 있다. 그런데 이러한 조치들은 한편으로 대표적인 통상분쟁의 항목들이기도 하다. 그 이유는 통상협정에서는 이러한 조치에 대하여 별도의 고려를 한다거나 또는 특별한 취급을 한다는 취지의 조항이 포함되어 있지 않기 때문이다.

최근 체결되는 FTA 및 BIT에서 금융위기 상황에서 적용될 가능성이 있는 조항이 일부 포함되기는 하나, 여전히 그러한 조항의 적용 가능성은 제한적이고 불투명하다. 그리고 이러한 조항이 적용되더라도 다양한 내용의 조치를 포괄하는 금융위기 극복조치에 대하여 일반적인 예외조치를 인정하여 주는 것은 더더욱 아니다. 이는 결국 이러한 조치들은 여전히 통상분쟁의 주요 항목으로 남을 수밖에 없게 되는 구조적인 문제가 있다는 점을 여실히 보여주고 있다. 그런데 대부분의 국가들이 유사한 조치를 취하여도 이에 대하여 특별히 취약성을 보이는 국가들이 바로 우리나라를 포함하여 통상분쟁에 자주 휘말리는 국가들이라고 볼 수 있다. 또한 미국이나 중국과 같이 거대한 내수시장을 갖고 있고 국제금융체제에서 중요한 영향력을 행사하는 국가가 아닌 소규모의 내수시장과 국제금융 상황의 변동에 민감하게 반응하는 우리나라와 같은 국가들은 특히 그러한 통상분쟁의 당사자가 될 가능성은 더욱 높아지게 된다.

이러한 점을 염두에 두고 외국 정부가 채택하는 다양한 금융위기 극복조치들을 포괄적으로 검토하여 그 중 통상협정 위반 소지가 상대적으로 적은 사례들을 사전에 충분히 검토하고 향후 우리나라가 유사한 조치를 필요로 하는 상황에서 이러한 검토를 토대로 적절한 우리 나름의 조치를 도입하는 것을 한번 검토할 필요가 있다. 물론 이러한 방식을 취한다고 하여 통상분쟁의 모든 측면을 사전에 모두 차단할 수는 없을 것이다. 그러나 최소한 일반적으로 제기되는 통상분쟁의 연결고리를 적절히 차단함으로써 분쟁으로 비화되는 빈도를 줄이거나 또는 분쟁으로 비화되는 경우에도 우리 정부의 입장이(즉, 관련 통상협정에 합치한다는 입장이) 수용되도록 이끌어가는 데에는 중요한 역할을 하게 될 것이다.

제 7 장

통상협정상 관련 규범

제 7 장

통상협정상 관련 규범

1. 들어가는 말

　　이 장에서는 금융위기 극복조치의 법적 평가와 직접 관련이 되는 통상협정상 관련 규범을 일별하여 보기로 한다. 사실 통상협정의 여러 조항들이 직·간접적으로 금융위기 극복조치에 연관될 가능성을 내포하고 있어 관련 규범을 모두 검토하고자 한다면 그 내용은 실로 방대하게 될 것이다. 이 장에서는 이 중 특히 금융위기 극복조치와 관련하여 일반적으로 그리고 빈번하게 제기되는 관련 조항만을 집중적으로 살펴보고자 한다.

2. WTO 부속 협정 관련 규범

A. WTO 설립협정의 기본골격 및 주요 원칙

(1) WTO 설립협정의 관련 규정

　　WTO 설립협정(Marrakesh Agreement Establishing the World Trade Organization)은 WTO 체제 운용에 관한 기본 법적 골격을 제시하고 있다. 이 중 제16조 4항은 각 체약 당사국에 대하여

자국의 법령을 WTO 협정이 요구하는 사항에 부합하게 일치시키도록 하는 구체적 의무를 부과하고 있다. 즉, 이 조항은 앞에서 살펴본 비엔나 협약 제27조에서 규정하고 있는 국내법령을 통한 WTO 협정 위반 정당화 시도를 제도적으로 차단하기 위하여 WTO 차원에서 별도의 조항을 도입하고 있는 것으로 파악할 수 있다. 따라서 문제된 금융위기 극복조치를 WTO 분쟁해결절차의 맥락에서 검토하는 데 있어서는 오로지 관련 부속협정의 규정만이 평가의 기준이 되며 왜 이러한 조치가 도입되었는지에 대한 국내적 배경이나 정치적 의도에 대해서는 평가가 이루어지지 아니한다. WTO 설립 협정에서도 이러한 점을 명확히 규정하고 있다.

따라서 타국에 대한 정치/외교적 보복을 취하기 위하여 이러한 조치를 취하였다든가 또는 왜 이러한 조치가 필요하였는가 등과 같은 WTO 협정 외의 요소들은 문제된 조치의 배경을 설명하는 데는 원용이 가능하나 피제소국의 협정 위반 상황 판단에는 법적으로 하등의 영향이 없다.

(2) WTO 부속협정 소개

한편 WTO 협정은 다음과 같이 구성되어 있다. 먼저 마라케쉬 협정이라고 불리는 모협정이 있으며, 이 모협정에 수많은 부속협정이 부속서의 형태로 첨부되어 있다.

먼저 부속서 1에는 국제교역을 규율하는 실체적 규범들이 포함되어 있다. 부속서 1A에는 상품 교역에 관한 규범들이, 그리고 부속서 1B에는 서비스 교역에 관한 규범들이, 그리고 부속서 1C에는 지적재산권 관련 규범들이 포함되어 있다. 따라서 우리가 흔히 접하는 GATT 1994협정, 반덤핑 협정, 보조금협정, 농업협정, 세이프가드 협정, SPS 협정, TBT 협정, 수입허가 협정 등 상품교역에 관련되는 부속협정들은 모두 부속서 1A에 포함되어 있다. 반면에 본건에서 직접적으로 검토되는 GATS는 부속서 1B에 포함되어 있다. 서비스 교역은 상품 교역과 성격이 다르다는 판단 하에 별도의 부속서에 포함되게 된 것이다. 나아가 무역관련 지적재산권 문제를 규율하는 TRIPs 협정은 부속서 1C에 포함되어 있다. 역시 지적재산권 문제는 상품교역 내지 서비스 교역과는 구별되는 것으로 파악하고 있기 때문이다.

한편 부속서 2에는 분쟁해결절차의 진행에 관한 상세한 절차적 규범을 담고 있는 분쟁해결양해사항(Dispute Settlement Understanding: DSU)이 포함되어 있다. 이 협정은 WTO 분쟁해결절차 전반을 규율하는 협정이며, 만약 WTO 회원국과 분쟁해결절차로 진행하는 경우 이 협정이 적용된다.

나아가 부속서 3에는 각국의 무역정책을 WTO가 검토하여 보고서를 작성하는 무역정책 검토제도(Trade Policy Review Mechanism: TPRM)가 포함되어 있으며, 모든 회원국에 대해서 WTO의 4년마다의 정기 평가 보고서가 WTO 웹사이트에 게시되어 있다. 자신의 무역정책이 WTO에서 어떻게 평가되는지가 각국의 주요한 관심사이다.

마지막으로 부속서 4에는 일부 국가에 대해서만 적용되는 복수국간 무역협정이 포함되어 있으며 여기에 해당하는 것은 정부조달협정(GPA 협정)과 국제민간항공기 협정(Agreement on Trade in Civil Aircraft)이 있다.

B. WTO 분쟁해결절차의 특징 및 주요 원칙

한편 아래에서는 WTO 분쟁해결절차의 특징과 주요 원칙에 대하여 살펴 보도록 한다. WTO 분쟁해결절차는 국내법원의 분쟁해결절차와는 구별되는 특징을 보이고 있는 바, 이에 대하여 정확한 이해를 하는 것이 WTO에서 제기되는 분쟁을 검토하는 데 있어 중요한 역할을 수행할 것이다. 특히 WTO 분쟁해결절차는 회원국간 무역이해관계의 균형을 회복하는 데 그 기본목표를 두고 있으며, 패소국은 단지 문제의 조치를 장래에 대하여 협정 합치적으로 수정 내지 폐기할 의무를 부담할 뿐이라는 점에 유념할 필요가 있다.

(1) WTO 분쟁해결절차 개관

먼저 전체적으로 WTO 분쟁해결절차를 개관하면 다음과 같다. WTO 분쟁해결절차는 철저하게 해당 WTO 협정에 기초하여 진행된다. 즉, 이 분쟁해결절차에서는 오로지 WTO 협정만을 적용하는 것으로 예정되어 있어 해당 협정 이외에 여타 국제법 규범이나 또는 국내법령을 적용하는 것이 제도적으로 배제되어 있다.[1]

---

1) DSU 제3.2조, 19.2조 각각 참조.
  이 문제는 소위 "자기 완비적 체제(self-contained regime)" 논의와도 연관된다. 그러나 최근, FTA체제가 생겨나면서 FTA 체제 자체가 독자적인 분쟁해결절차를 가지고 있어 문제가 된다. 즉, 하나의 정부 조치가 WTO상의 measure도 되고 FTA상의 measure에도 해당되기 때문에, 정부는 분쟁 발생 시 WTO상의 분쟁해결절차로 갈 수도 있고 FTA상의 고유한 분쟁해결절차로도 갈 수 있게 되는 것이다. 따라서 정부의 입장에서는 선택지가 하나 더 생긴 것이다. 이것은 정부 대 정부의 관계에서 제기되는 문제이다. 여기에 투자분쟁해결절차까지 생기면서, 동일한 하나의 measure에 대하여 분쟁해결절차의 선택지가 거의 4개가 존재하는 셈이 된다.
  투자와 관련된 문제는 BIT나 투자 챕터를 가지고 있는 FTA의 문제로만 갈 수 있다. 투자분쟁 해결절차로 가려면 FTA나 BIT가 있어야 하고, 동일한 measure이지만 적용규범이 다르다. 특히 서비스 영역은 투자의 문제이기도 하나 통상의 문제이기도 하다. 따라서 같은 조치의 다른 측면을 두고 WTO문제가 제기되기도 하고 BIT의 문제가 되기도 한다. 최근 동일한 조치에 대해서 국제분쟁해결절차의 파편화(fragmentation) 현상에 편승하여 기

따라서 우리나라든 타 회원국이든 여타 국제협정이나 자국 국내법령의 규정을 제시하며 문제의 조치의 합법성 또는 불법성을 논하는 것은 허용되지 아니한다. 이러한 맥락에서 우리나라와 타 회원국간 합의 문서나 논의 내용도 결정적인 적용 법규로서 WTO 패널에서 원용되는 것은 아니며, 단지 어떠한 배경에서 이러한 분쟁이 촉발되었는지를 보여주는 설명자료로서의 성격만 보유하게 된다는 점에 유념할 필요가 있다.

이는 한편으로 앞서 살펴본 "조약법에 관한 비엔나 협약(Vienna Convention on the Law of Treaties)" 제27조와 31조 규정을 적용하게 됨으로써 도출되는 결론이기도 하며 WTO 분쟁해결절차에서도 이 두 조항이 빈번하게 원용되고 있다. 전자는 어떠한 WTO 회원국도 자신의 국내법을 원용하여 WTO 협정 위반을 정당화할 수 없다는 내용이며, 후자는 조약의 해석은 당사국의 합의를 반영하고 있는 조약문의 내용을 있는 그대로 해석하여 적용하여야 한다는 내용이다.

한편 WTO 분쟁해결절차는 국제사법재판소(International Court of Justice: ICJ)와 같이 국가 대 국가간 분쟁으로 진행되며 따라서 정부가 소송 당사자로 참여하게 된다. 비록 ICJ 재판소규정과 같이 정부 대리인(Agent)이라는 개념은 없으나 ICJ 절차에서와 동일하게 각국 정부 관료가 자국 정부를 대표하여 소송에 나서게 된다. 자국 정부를 대표하는 관료의 직급은 각국별로 상이하나 대부분의 경우 국장 또는 과장 등 실무자들이 이 역할을 담당하게 된다. 이는 장/차관 등 고위 인사들이 정부 대리인인 Agent로 자국을 대리하는 것이 일반적인 ICJ 소송과는 대비되며 통상분쟁의 실무적 성격을 잘 보여주고 있다. 통상분쟁해결절차에 정부를 대리하여 참여하는 정부 담당관은 소송의 개시 및 진행에 있어서의 중요한 결정을 내리게 되며 물론 이 과정에서 국내외의 법률전문가의 조력을 얻는 것이 일반적이다. 우리나라의 경우 1995년 이후 참여한 모든 WTO 분쟁에서 외국 로펌을 정부 법률대리인으로 활용하여 왔다. 그러나 이러한 상황이 최근 WTO DDA 협상, DSU 개정 협상 및 FTA 체결 등으로 점차 변화하는 추세를 보여주고 있다. 특히 우리나라는 67%에 이르는 높은 승률을 보이고 있는 국가이기도 하다.

업들이 국가의 조치에 대해 challenge를 제기하는 현상을 목도할 수 있으며, 특히 다국적기업의 경우 이러한 경향이 더욱 강하다.

투자분쟁해결절차는 개인 대 국가의 분쟁해결절차이고, 배상이나 보상이 가능하다는 장점이 있어 기업 입장에서 매우 매력적이다. 반면 FTA나 WTO의 문제는 국가 대 국가의 분쟁해결절차이다. 따라서 다국적 기업의 경우는 여러 분쟁해결절차를 다 이용하려고 한다. 따라서 이런 상황에서 가장 큰 우려를 가지고 있는 것은 각국 정부들이다. 즉, 하나의 정부 조직이 하나의 문제와 관련하여 발생하는 여러 분쟁을 다루게 되다 보니 적지 않은 국가들이 이러한 새로운 상황에 부담을 느끼고 있는 것으로 보인다.

이와 같이 국가간 분쟁의 속성을 내포하고 있는 통상분쟁해결절차는 본질적으로 외교적 고려와 국가간의 관계가 소송 제기 여부 및 진행 과정에서 항상 중요한 변수로 대두된다. 이러한 외교적 고려요소로 인하여 때로는 실제 피해를 입고 있는 개인이나 기업의 이해관계를 모두 반영하지 못하는 상황도 종종 발생하게 된다. 개인이나 기업의 피해를 구제하기 위한 것이 아닌 국가간 합의된 이해관계의 균형을 회복하는 것이 기본목표인 통상분쟁해결절차의 특성상 이러한 상황은 때로는 불가피한 측면이 있는 것으로 판단된다.

WTO 분쟁해결절차의 경우 실제 문제가 된 무역제한조치의 피해자는 수출기업 또는 개인이나, 그러한 조치의 제소는 오로지 그러한 개인과 기업의 국적국 정부만이 가능하다. WTO 분쟁의 이러한 특징은 개인 투자자가 직접 소송당사자가 되는 투자분쟁해결절차와는 구별되고 있다. WTO 분쟁해결절차의 경우 실제 문제의 조치에 직면하게 된 개인이나 기업이 아닌 그 국가가 분쟁당사자가 된다는 차원에서 각자의 이해관계가 반드시 부합하지 않는 경우도 발생하며 그로부터 초래되는 긴장관계도 경우에 따라서는 발생하고 있다. 가령, 제소국의 상황을 보게 되면 해당 분쟁에서의 최선의 성과를 도모하는 제소국 기업(가령 수출기업)과 해당 분쟁에서의 시정 문제뿐 아니라 장기적인 측면에서 시스템 차원의 개선에 중요한 초점을 두는 정부간에 입장 차이가 발생할 수 있다. 이러한 입장 차이는 WTO 소송 진행 과정 중에서 정부와 기업간의 이견을 조율하는 것을 때로 어렵게 만들기도 한다. 우리 정부와 기업의 이해관계가 전체적으로 일치하는 경우 이 부분에 관한 큰 문제는 발생하지 않을 것이나, 추후 분쟁이 진행되는 상황에 따라 양자간 입장이나 전략의 차이가 발생하는 가능성도 완전히 배제하기 힘들다. 따라서 이 부분에서 정부와 기업간의 지속적인 논의와 입장 조율이 필요하다고 할 수 있다.

또한 WTO 분쟁해결절차는 패널심리와 항소기구 심리의 2단계로 진행된다. 먼저 1심 법원의 역할을 담당하는 패널은 각 분쟁당사국이 합의하여 선임하는 3인의 패널리스트로 구성되며 법률심과 사실심을 모두 담당한다. 반면 2심 법원이자 최종 법원인 항소기구(Appellate Body)는 7인의 항소위원으로 구성되는 상설적인 기관이며 이중 3인이 특정사건을 담당하게 된다. 항소심을 담당하는 항소기구는 오로지 법률심만을 담당하게 된다.

한편 WTO 분쟁해결절차는 소송의 제3자 참여도 아울러 허용하고 있다. WTO 분쟁해결절차의 경우 소송의 제3자 참여가 광범위하게 발생하고 있으며 중요한 역할을 수행하고 있다. 이는 직접 분쟁당사자가 아닌 국가가 해당 분쟁에 참여하여 제소국 또는 피제소국을 지원하여 자신의 입장을 피력하는 절차이다. 제3자 참여국이 어떠한 입장을 어떻게 표명하는지 여부에 따라 최종 결정의 향배가 바뀌는 경우도 있다. 양국간 특별한 쟁점인 성격이 강한 경우 이에 대하여 다른 나라가 제3자 참여를 하는 실익은 제한적일 것으로 일단 판단된다. 그러나 양국간 합의의 시행에 따라 피해를 보게 되는 다른 국가들이 있다면 이들은 다양한 이유를 들어 제3자 참여를 할 가능성이 농후하다. 이들 제3자 참여국들이 어떠한 입장을 취하는지 여부가 최종적인 패널 판정에 적지 않은 영향을 초래할 가능성도 있는 바, 이들 관련국의 입장 표명 가능성에 대하여 검토하고 필요하다면 선제적인 접근과 협의도 아울러 수행하여야 한다.

(2) 분쟁해결절차 주요 원칙

한편 WTO 분쟁해결절차에 적용되는 주요 원칙을 살펴보면 다음과 같다. 이는 크게 ① 오로지 정부의 조치만이 분쟁이 대상이 된다는 점, ② 적용 법규는 WTO 협정에 한정된다는 점, ③ 입증책임은 주장하는 측이 부담하게 된다는 점, ④ 승소판정은 협정상 이해관계 균형의 회복에 국한된다는 점, 그리고 ⑤ 소급적용은 허용되지 않는다는 점으로 나누어 볼 수 있다.

(a) 정부 조치에 적용

먼저 WTO 분쟁해결절차는 오로지 정부의 조치(measure)에만 적용된다. 교역에 직접적인 영향을 미치더라도 비정부기관(민간단체 등)의 조치는 WTO 분쟁해결절차의 적용대상이 아니다. 다만 WTO 법리상 정부의 조치의 의미는 상당히 광범위하게 해석되고 있으며, 회원국 정부의 일체의 작위, 부작위를 포괄하는 개념으로 이해되고 있다. 최근 WTO 분쟁에서는 이러한 정부 조치가 존재하는지 여부가 때로는 주요 분쟁항목이 되고 있다.

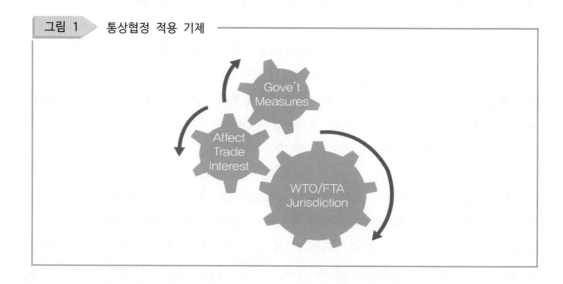

그림 1 통상협정 적용 기제

(b) 적용 법규의 한정

그 다음으로 들 수 있는 WTO 분쟁해결절차의 특징으로는 앞에서도 간략히 언급한 바와 같이 패널과 항소기구는 오로지 WTO 협정 규정에만 근거하여 판정을 내리게 된다는 점이다. 이러한 사실은 WTO DSU 제3.2조, 4조, 6조, 19.2조 등에서 확인할 수 있다.

이러한 적용 법규의 한정은 WTO 분쟁해결절차의 장점이자 단점이기도 하다. 여타 법규를 적용하지 않고 오로지 WTO 협정의 적용을 통하여 명확한 결론을 도출한다는 측면에서 분명 장점으로 볼 수 있는 반면, 특정 사안에 대한 입체적인 고려를 하지 못하고 WTO 협정에 따른 평면적인 평가만 허용된다는 측면에서 단점이자 한계로 볼 수도 있다. 이러한 한계는 특히 최근 미·중간의 분쟁에서 주로 제기되고 있으며 대표적으로 *China－Rare Earths* 분쟁이나 *China－Raw Materials* 분쟁에서 확인할 수 있다.

(c) 입증책임

실제 WTO 분쟁해결절차에서는 입증책임(Burden of Proof)을 어느 당사국이 부담하는지 여부가 중요한 변수로 대두되며 이것이 최종 승패에도 중요한 영향을 미치는 경우가 빈번하다. 특히 본건 분쟁과 같이 조치가 어떠한 성격을 띠고 있는지 등 사실관계에 대하여 애매한 부분이 존재하는 경우 입증책임의 분배는 최종 판정에 중요한 변수로 작용할 수도 있다. 다만 먼저 염두에 둘 것은 WTO 분쟁해결절차는 국내법원에서 발견되는 엄격한 증거법칙을 적용하는 것은 아니며 패널이 상당히 자유로운 입장에서 제시된 증거자료를 평가하고 이에 기초하여 최종 결론을 내리게 된다는 점이다.

원칙적으로 입증책임은 특정 사실을 주장하는 당사자에 부과된다. 따라서 WTO 분쟁해결절차에서도 상대방의 협정 위반을 주장하는 국가인 제소국이 대부분의 입증책임을 부담하게 되는 것이 원칙이다. 즉, 제소국은 피소국의 조치가 WTO 협정 위반이라는 사실을 적극적으로 입증하여야 하는 부담을 갖게 된다. 조치의 성격이 애매하거나 또는 변화하는 속성을 갖고 있는 경우에는 이러한 입증책임을 완수하는 것이 때로는 용이하지 아니하며, 이 경우 다양한 자료와 증거를 통하여 주장사항을 입증하여야 한다.

그러나 한편으로 정부의 정책을 그 대상으로 하는 WTO 분쟁해결절차의 경우 실제 분쟁의 대상이 되는 주요 자료와 증거가 대부분 피제소국 정부의 영역과 권한 내에 속한다는 점이 입증책임의 분배와 관련하여 때로는 적지 않은 영향을 미치고 있는 점을 유념할 필요가 있다. 이 경우 실제 입증책임은 제소국이 부담하나 제소국이 자신의 prima facie case를 충족하는 요건은 상당히 완화되어 있고, 실제 구체적인 입증책임은 '사실상' 피제소국으로 전환되는 경우가 대부분이다. 이러한 부분은 이 두 분쟁해결절차에 참여하는 정부 담당자들이 유념하여야 할 부분이기도 하며 전체적으로 제소국의 입장을 유리하게 할 수 있는 내용으로 볼 수 있다.

1) 입증책임과 관련한 간접증거 문제
ⓐ 간접증거 활용의 필요성

한국산 반도체 상계관세 조사에 있어 美상무성이 한국 정부의 채권은행단에 대한 "위임 및 지시"의 증거로 인용된 것은 대부분 신문기사, 정치권의 일방적 주장 및 한국 민간은행의 미 증권거래위원회 제출자료[2]와 같은 간접증거 내지 정황증거였다. 정부의 개입을 보여주는 구체적인 증거가 미약하나마 존재하는 경우 이를 보충하는 자료로서 그러한 간접증거 또는 정황증거는 충분히 효용가치가 있고 또 일면 중요하기도 하다. 하지만 간접증거에만 전적으로 의존하는 경우에는 조사의 정당성이 문제가 된다.

한국산 반도체 상계관세 분쟁을 담당한 WTO 패널은 미국의 광범위한 간접증거 수집 및 의존에 대하여 상당히 부정적인 입장을 표명하였다. 항소기구 심리에서 미국은 이러한 패널의 결정은 조사 당국이 광범위한 간접증거로부터 추론(inference)을 이끌어 낼 여지를 봉쇄하고 있으며 보조금협정 제1.1(a)(1)(iv)조의 기본 취지에 위배된다고 주장하였다.[3]

이에 반하여 이를 심리한 WTO 항소기구는 이러한 미국의 주장을 대폭 수용하였다. 특히 항소기구는 패널이 간접증거를 분석함에 있어서 특히 간과한 것은 이러한 간접증거의 총체적 고려가 도출하는 추론("inference")이라는 점을 지적하였다.[4] 그리고 일단 조사 당국이 간접증거의 총체적 고려를 통해 "위임 및 지시"를 확인한 경우, 이를 심리하는 패널의 의무는 이러한 다양한 간접증거의 상호 작용("interaction")으로부터 그러한 "위임 및 지시"라는 추론이 도출되는지를 평가하는 것이라고 설시하였다.[5]

---

2) 국민은행이 미 증권거래위원회에 제출한 Prospectus에 언급한 내용은 한국 정부의 은행권 통제의 증거자료로 마이크론에 의해 사용되었다. 하지만 그 문건에 포함된 내용은 장래의 제반 가능성에 대한 전반적 언급이며, 하이닉스 반도체에 대한 정부의 구체적인 개입여부를 보여주는 것은 아닌바, 역시 간접증거에 불과하다고 하겠다.
3) U.S. −DRAM, 미국의 Appellant's Submission, paras. 74−85 참조.
4) U.S. −DRAM, Appellate Body Report, para. 154. 참조.
5) U.S. −DRAM, Appellate Body Report, para. 157 참조.

즉, 간접 및 정황 증거(circumstantial evidence)의 광범위한 활용, 이러한 자료들의 총체적 (totality of facts) 고려, 이러한 총체적 고려로부터의 가능한 추론(inference)의 도출, 그리고 조사 당국의 판정 방법에 대한 패널의 존중(deference)을 기본 골격으로 하는 항소기구의 기본 입장이 이 문언을 통해 함축적으로 표현되고 있다고 할 수 있을 것이다.

정황증거 나열의 구체적 적용 맥락에서 조사국 당국이 구체적인 입증이 아닌 정부, 민간 주체 및 민간기업 3자간의 관계의 전체적인 맥락을 보여줌으로써 구체적인 위임 및 지시 확인의 입증책임을 완수하였다고 볼 수 있는가 하는 문제가 있다. 보조금협정 제1조(a)(1)(iv)호의 규정은 위임 및 지시를 판단함에 있어 정부, 민간주체 및 민간기업 3자의 관계가 보조금 지급으로 주장되는 각종 프로그램별로 개별적이고 구체적으로 입증될 것을 요구하고 있다. 다시 말해 단순히 정부와 특정민간주체 또는 특정민간기업간의 상호 관계에 대한 전체적인 맥락을 고려하여 그 맥락을 기초로 위임 및 지시를 판단할 것을 요구하는 것이 아니다. 구체적 증거가 부재한 상황에서 정황증거의 나열을 통한 피조사국 정부 정책과 방침의 전체적인 맥락을 확인함으로써 피조사국 정부에 의한 구체적 케이스에 있어서의 위임 및 지시를 확인하려는 시도는 특정인에 대한 특정 사안에 있어서의 구체적인 정부의 위임 및 지시를 요구하는 보조금협정 제1조(a)(1)(iv)호의 규정에 대한 명백한 위반을 구성한다. 전체적인 맥락은 최선의 경우라도 특정의 프로그램에 있어서도 아마도 정부가 이러한 방향으로 행동하였을 것이다라고 하는 추정밖에 제공할 수 없을 것이기 때문이다. 단순한 추정이 보조금협정상 주요한 구성요건 중 하나인 정부에 의한 재정적 기여의 입증을 대신 할 수 없음은 자명하다. 이러한 점을 고려할 때 업무의 과다와 조사의 현실적인 문제로 인해 입증책임을 피조사국 정부나 기업의 부담으로 넘기는 것이 불가피하다는 美상무성의 입장은 일면 공감이 가는 측면이 없지 않으나 지지를 얻기는 힘들다고 할 것이다.

사실 보조금 조사의 실제에 있어 간접 및 정황 증거는 중요한 위치를 차지하고 있다.[6] WTO회원국 정부의 다양한 경제/금융 정책에 대한 심도 깊은 평가를 그 본질로 하는 간접 보조금의 특성상 간접증거 및 정황증거의 중요성 및 필요성은 분명히 인정된다. 그리고 이러한 사실 관계의 총체적 분석에 있어 간접 및 정황 증거가 총체적으로(totality of circumstantial evidence) 고려되어야 한다는 점도 분명 타당하다. 이러한 기법은 개개의 퍼즐 조각을 맞추어 전체로서의 그림을 완성하는 것이나 혹은 개개의 점들의 합체를 통해 전체적인 그림을 구성

---

6) *U.S. - DRAM*, Panel Report; Argentina-Textile and Apparel, Panel Report; Canada - Aircraft, Panel Report 참조.

하는 인상파의 미술 기법에 비교할 수도 있지 않을까 생각된다.

특히 간접증거의 필요성의 논리로 항소기구는 간접 보조금과 관련된 정보의 비밀성 내지 비접근성을 언급하고 있다.[7] 이는 충분히 공감이 가는 내용이다. 상대국 정책 결정 및 운용과정을 외국의 조사 당국이 파악하기란 쉬운 일이 아니기 때문이다. 그러나 이러한 주장은 역으로 왜 보조금협정 제1.1(a)(1)(iv)조상의 간접 보조금 결정이 본질적으로 위험요소를 내포하고 있는가 하는 것을 웅변하고 있다. 바로 간접 보조금 조사는 상대방 국가의 극히 내부적인 때로는 비밀스러운 정책 결정 과정을 그 대상으로 하고 있는 것이다.[8] 결국 이 문제는 어떤 컵의 물이 절반이 차 있는지 혹은 비어 있는지에 관한 관찰자의 관점의 차이가 아닌가 생각된다. 이러한 차이점의 해결을 위해서는 단순한 자구 해석 보다는 결국 기본으로 돌아가 보조금협정의 기본 취지를 확인한 바탕 위에 간접 보조금 조사를 위한 패러다임을 모색해 보아야 할 것으로 생각된다.

ⓑ 간접증거 Admissibility의 기준

그 다음으로 제기되는 문제는 그렇다면 모든 간접 및 정황 증거는 항상 고려되어야만 하는가 하는 것이다. 예를 들어 美상무성이 간접 및 정황 증거로 언급한 국내외 언론 보도의 적지 않은 수는 추후에 왜곡 또는 과장 보도라는 이유로 한국 정부의 공격을 받았다는 사실은 단지 간접증거 또는 정황증거라는 이름표를 붙인다고 하여 모두 총체적 고려의 용광로 속으로 포함시키는 것의 문제점을 적절히 보여준다.

즉, 그러한 간접 및 정황 증거의 활용 필요성 그리고 이들의 총체적 고려의 타당성이 인정된다고 하더라도 그러한 간접 및 정황 증거는 개별적으로 최소한의 증거 기준(evidentiary standard)에 합치하여야 한다고 해석하여야 할 것이다. 다시 말해, 개개의 간접증거 및 정황증거가 독자적으로 항소기구가 채택한 수준의 "probative and compelling standard"에 최소한 부합하는 지 여부가 검토된 후 총체적 고려의 용광로에 포함시키는 것이 타당한 것으로 생각된다.

---

7) *U.S. −DRAM*, para. 24 참조.
8) 예를 들어 美상무성은 동 사건의 제1차 연례재심에 있어 한국 정부의 청와대, 재정경제부, 산업자원부, 금융감독위원회 등 모든 부처에서 하이닉스 이슈가 언급된 모든 회의 자료를 제출할 것을 요청한 바 있다. 동 조사 美상무성의 1차 연례재심 한국 정부 질문서(Questionnaire) 참조(2004년 9월).

미국이 주장하듯이 총체적 고려(totality of facts)라는 개념에 매몰되어 개개의 간접 및 정황 증거에 대한 일반적 무시(general disregard)로 나타나서는 안 될 것이다.9) 항소기구가 증거에 대한 총체적 내용(totality of evidence)에 대한 검토가 이루어진다고 하더라도 개별 증거에 대한 독립된 평가가 필요하다고 언급한 것도 이와 같은 맥락이라고 할 수 있겠다.10) 다시 말해 퍼즐 조각의 조합을 통해 전체로서의 그림을 보여주는 것은 간접 보조금의 취지상 충분히 타당하고 또 필요하다고 할 수 있을 것이나, 최소한 그러한 퍼즐 하나하나는 해당 퍼즐의 전체 그림틀에 포함될 수 있다는 최소한의 근거는 확인되어야 하기 때문이다.11) 흠결 있는 부분으로 이루어진 전체는 흠결이 있을 수밖에 없을 것이다. 이러한 부분들이 합쳐져서 보여 줄 수 있는 것은 왜곡된 실루엣에 불과할 것이기 때문이다. 마찬가지로 몇몇 부분들만 취사선택하여 일정한 그림을 의도적으로 보여주고자 하는 시도 역시 경계하여야 한다. 전혀 다른 그림에 포함될 퍼즐을 이곳저곳에서 가져다가 무리하게 새로운 그림을 생산하려는 시도는 허용되어서는 안 될 것이다. 결국, 개별적으로 심의하였을 경우 증거력 자체가 의심되는 부분의 총합을 통해 전체적인 조망을 하고 이를 통해 "위임 및 지시"를 보여주려는 시도는 상당히 위험한 요소를 포함하고 있는 것으로 보인다. 금번 항소기구의 결정은 이러한 위험 요소에 대한 충분한 설명 없이 간접증거의 일반적인 그리고 다양한 활용이라는 문을 열어놓은 것 같아 아쉬움이 남는다.12)

한편, 이와 같은 느슨한 증거 기준(evidentiary standard)에 관한 미국의 주장이 동일한 상계관세 부과 사건을 사법심사의 일환으로서 심리한 미 연방무역법원(Court of International Trade)의 판결에 의해 부인되고 있음은 흥미롭다. 즉, 미 연방무역법원은 美상무성이 간접 보조금 지급을 이유로 하이닉스에 대해 부과한 상계관세와 관련된 사법심사에서 "美상무성은 모든 형태의 증거를 총괄적으로 고려한 후, 그러한 증거가 '위임 및 지시'를 통한 간접 보조금 지급을 입증하고 있는지를 확인"하여야 한다는 것을 지적하고 있다.13) 동 연방법원은 美상무성의

9) *U.S. —DRAM*, 미국의 Appellant's submission, para. 58 참조.
10) *U.S. —DRAM*, Appellate Body Report, para. 145 참조.
11) 동일한 맥락에서 때로는 인상파 화가들의 작품기법과 같이 개개의 점의 총합으로 창출된 전체적인 시각적 효과를 통해 특정한 그림을 형성할 수 있음은 자명하다. 그러나 그러한 그림 속에 포함될 개개의 점들은 최소한 기본적인 요건은 충족하여야 할 것이다. 예를 들어 최소한 그 그림을 완성하기 위한 화가의 예술적 감각에 기초한 창의적 선택의 결과물이어야지 다른 사람들이 다른 목적으로 여러 장의 도화지에 찍어 놓은 점들을 취사 선택하여 자신이 원하는 그림이 존재하는 것으로 일방적으로 주장하는 것은 분명 구별되어야 할 것이기 때문이다.
12) 이러한 점들을 고려하면 사실 패널이 제시한 probative and compelling standard도 미국이 주장하듯이 보조금협정에 포함되지 않은 새로운 기준을 일방적으로 제시하였다기 보다는 이와 같이 제시된 증거, 특히 간접증거의 가치(quality of evidence)에 관한 기본 원칙을 제시한 것이라고 보는 것이 정확한 것이 아닌가 생각된다.
13) U.S. Court of International Trade, *Hynix Semiconductor Inc. v. United States*, Slip Op. 05—106(2005년

분석틀자체는 인정을 하였으나 한국 정부에 의한 "위임 및 지시"의 존재를 부인하는 반대증거("counter-evidence")도 기록에 존재하는 데도 불구, 美상무성이 이를 고려하지 않고 그 존재를 긍정하는 내용의 직접 및 간접증거를 집중적으로 인용한 것은 문제라고 지적하며 이를 다시 美상무성으로 환송(remand)하여 재심을 명령하였다.[14]

동 법원이 비록 "probative and compelling" 이라는 원칙을 직접 언급하지는 않았지만 이러한 환송의 취지는 사실상 "probative and compelling" 기준의 적용이 아닌가 생각된다. 즉, 미 연방무역법원도 간접 보조금 심의에 있어 가장 중요한 것은 단순한 증거의 존재가 아니라 각 개별 증거의 실질적 가치(quality of evidence)가 충분히 고려되어야 한다는 점을 지적하고 있는 것이다. 이러한 점을 고려한다면 사실 향후 보조금 및 상계관세 조사의 주된 대상이 될 제3세계 국가들 입장에서는 개별 증거의 심리에 있어 이와 같은 "probative and compelling" 기준을 강조할 수밖에 없을 것이다.[15]

사실 정황증거를 살펴봄에 있어 유념하여야 하는 또 다른 문제는 정황증거의 정확성 내지 신빙성은 항상 문제가 된다는 점이다. 정확한 정보원이 확인되지 않은 경우, 또는 반대증거가 존재하는 경우 등과 같은 경우, 정황증거를 위임 및 지시의 구체적 증거로 간주하는 것은 부당하다. 예를 들어 위임 및 지시를 나타내는 언론보도가 있고 또 그에 이은 정정보도, 반박 보도 또는 상충하는 내용의 보도가 있다면 위임 및 지시를 나타내는 정황증거는 특단의 사정이 없는 한 배척되어야만 할 것이다. 신문기사에 보도내용이 취재원의 언급을 정확히 기술하였는지, 또 취재원의 정확한 발언의도가 무엇이었는지를 정확히 파악하는 것은 신문기사를 작성한 사람과 취재원을 다시 대질하기 전에는 불가능하다. 특히 금융권에 대한 "위임 및 지시"와 같이 추상적이고 주관적인 관념에 따라 상당부분 좌우되는 내용을 분석함에 있어서는 간접증거에 지나치게 의존하는 것은 더욱 많은 문제점과 위험성을 내포하고 있다고 하겠다.

둘째로, 설사 정황증거의 내용이 사실이라고 가정하더라도 위임 및 지시의 확인이라는

8월 26일), pp. 31-36 참조.

14) Id., p. 38. 참조. 본 사건의 패널도 동일한 취지의 설시를 하고 있음은 흥미롭다. 패널은 美상무성이 일부 채권은행이 문제된 채무재조정 조치에 참여하지 않았던 점을 간과하였다고 지적하였다("The DOC overlooked record evidence indicating that certain Group B creditors did not actually participate in one of the financial contributions at issue"). U.S.-DRAM, Panel Report, para. 7.63 참조.

15) U.S.-DRAM, 중국의 항소기구 제3자 참여 submission, para. 25 참조.

맥락에서는 정황증거가 보여 줄 수 있는 것은 대부분의 경우 정부의 희망사항 또는 정부의 의도에 불과할 것이다. 다시 말해, 이는 특정국의 정부가 대체로 이러한 방향의 정책 구상을 갖고 있었다는 정도의 입장에 불과한 것으로 이것이 직접적인 위임 및 지시의 증거가 되는 것은 아니기 때문이다. 구체적인 정부의 행위는 오로지 위임 및 지시를 구성하는 직접적인 증거에 의해서만 입증되는 것이라고 하여야 할 것이다.

현대국가에 있어 국가 경제 및 금융시장 운용에 있어 정부의 광범위하고 다양한 개입을 고려할 때 정황증거만으로 보조금협정상의 위임 및 지시를 결정하게 되면 대부분의 선량한 정부 경제정책 및 금융정책이 위임 및 지시에 해당하는 것으로 간주될 부당한 결과를 초래할 수도 있을 것이다. 그리고 이러한 보조금 판정은 공정하고 자유로운 국제무역을 해칠 수 있는 일국정부의 위장된 통상 규제 수단으로 악용될 가능성이 다분하다고 할 것이다. 따라서 정황증거가 아닌 정부의 구체적인 위임 및 지시를 보여주는 직접적인 증거만이 보조금협정 제1조 (a)(1)(iv)호의 취지에 부합한다고 할 것이다.

ⓒ 관치금융 문제와의 접목

조사국 당국이 관치 금융제도 및 경제제도의 일반적 확인을 통해 위임 및 지시의 존재를 인정하게 되면 위임 및 지시의 확인이 결정적으로 용이하게 된다. 특정 보조금 조사별로 문제가 된 각 개별 조치의 보조금협정상 보조금 구성 요건 존재 여부의 결정 없이, 단편적인 관치금융입증자료의 나열을 통해 그 해당국 경제체제 전반에 있어 관치금융의 존재를 인정할 수 있기 때문이다. 이러한 단편적 입증자료의 나열을 통한 전반적 관치금융제도 확정 방식의 문제점은 보조금협정의 관련 규정을 보더라도 명백히 드러난다. 보조금협정 1조의 취지는 구체적 정부 조치가 개별적으로 그리고 독립적으로 보조금 요건에 해당하는 지 여부가 결정되어야 한다는 것이다. 여러 정부 정책 또는 프로그램들은 개별적으로 (i) 정부로부터의 재정적 기여, (ii) 혜택의 존재, 그리고 (iii) 특정성의 존재 여부가 각각 확인되어야 하기 때문이다.

나아가 이러한 보조금 요건의 입증은 구체적 증거에 입각한 개별적 결정에 따라 이루어져야 할 것이다. 관치금융제도의 존재 결정을 통한 위임 및 지시의 결정은 보조금협정1조에 위배된다고 하겠다. 보조금협정 1.1(a)항은 "···there is a financial contribution···where···"이라고 규정하고 있는 바, 단일의 정부 조치를 심의 대상의 기본으로 상정하고 있음을 알 수 있다. 다시 말해 관치금융제도의 일반적 존재와 같은 총체적인 보조금 지급의 체제의 존재와 같은 일반적 결정은 보조금협정상 존재하지 않는다고 하여야 할 것이다. 따라서 특정 국가에 대한 관치금융제도의 존재자체가 특정 보조금 조사에서 민간 주체에 대한 위임 및 지시를 통한 간접 보조금 지급을 입증하지는 않는다고 할 것이다.

이와 같이 보조금협정 제1.1(a)(1)(iv)조 상의 "위임 및 지시"의 법적 의미에 대한 검토와 아울러 그렇다면 그렇게 개념 정립이 된 "위임 및 지시"를 어떻게 입증할 것인가 하는 방법론을 둘러싼 한국과 미국의 공방도 금번 사건의 주요 쟁점중의 하나였다. 즉, 금번 사건 패널 절차에서 한국은 개별 증거가 독자적으로 "위임 및 지시"를 구성하는지 개별적으로 검토되어야 한다고 주장한 반면, 미국은 개별 증거의 총체적 고려를 통해 어떠한 정부 정책(policy)이나 관행(practice)을 확인하고 이러한 정책이나 관행이 "위임 및 지시"를 구성하는지를 검토하여야 한다고 주장하였다.[16] 패널은 "위임 및 지시"의 법적 의미를 제한적으로 파악한 자신의 해석에 기초하여 대체로 한국의 주장을 수용, 기본적으로 개별 증거별로 한국 정부에 의해 "위임 및 지시"가 이루어졌는지를 별도로 검토하였고 미국은 이러한 패널의 분석은 보조금협정 제1.1(a)(1)(iv)조 상의 "위임 및 지시" 성립 요건을 잘못 해석한 것이라고 항소기구 심리에서 주장하였다.[17]

먼저 한국산 반도체 상계관세 조사 분쟁에서 WTO 패널과 항소기구는 공히 美상무성이 간접 보조금 조사와 관련하여 채택한 총체적(totality of facts) 분석의 합리성을 원칙적으로 인정하였다.[18] 즉, 패널 및 항소기구는 사실상 美상무성이 채택한 간접 보조금 조사의 진행과 관련된 분석의 방법론 자체는 용인한 것으로 볼 수 있겠다.[19] 이러한 바탕에 기초하여 하이닉스

---

16) 美상무성은 한국산 반도체에 대한 상계관세 부과 최종 판정문에서 이와 같이 정황증거의 총체적 고려를 통해 "위임 및 지시"를 확인하는 방법을 동원하였다.

17) *U.S.－DRAM*, 미국의 Appellant's Submission, para. 144 참조.

18) *U.S.－DRAM*, Appellate Body Report, para. 114. 참조.

19) 美상무성이 동 상계관세 조사에서 "위임 및 지시"의 확인을 위해 채택한 방법은 추상적이며 일반적이다. 美상무성은 구체적인 사안별로 "위임 및 지시"를 조사, 확인하기 보다는 피조사국 정부의 정책(policy)을 먼저 확인하고 그 다음 그 정부가 그러한 정책을 달성하기 위하여 민간주체에 대해서 권한을 행사하거나 또는 민간주체에 대하여 책임을 부여하였는가를 확인하여 이로부터 곧바로 "위임 및 지시"의 존재를 통한 간접 보조금 확인과 이에 따라는 상계관세를 부과하는 방법이다. 이에 따라 美상무성은 최종 판정에서 다음과 같은 논리적 전개를 채택하였다.

(1) 한국 정부는 하이닉스의 채무재조정을 지원하고 이를 통해 동 회사의 몰락을 회피하기 위한 정책을 갖고 있었는가?([Whether] the GOK maintained a policy of supporting Hynix's financial restructuring and thereby avoiding the firm's collapse)

(2) 한국 정부는 이러한 정책을 이행하기 위하여 하이닉스 채권단에 대하여 통제를 실시하거나 영향력을 행사하였는가?([W]hether the GOK exercised the control or influence over Hynix's creditors necessary to implement this policy)

(3) 한국 정부는 때로는 통제/영향력을 행사하여 채권단이 하이닉스 채무재조정을 지속적으로 지원하도록 하기

반도체에 대한 상계관세 조사에서 美상무성은 1년여 기간 동안 5차례에 걸쳐 채권단에 의해 이루어진 다양한 방법의 하이닉스 채무재조정 전체를 단일의 조치("measure")로 보고 분석을 진행하였다. 금번 사건에서 패널은 비록 간접 보조금 조사에 있어 총체적 분석의 방법론 자체는 용인하였으나 그것이 이 사건에서 구체적으로 적용되어 나타난 美상무성의 단일 보조금(single subsidy program) 구성 주장은 타당성을 결여한 것으로 배척하였다.[20] 항소기구는 금번 사건에서 美상무성의 이러한 단일 보조금 접근 방법도 사실상 인정하였다. 항소기구의 이러한 입장은 항소기구 판정에서 미국의 입장이 대폭 수용되는데 역시 중요한 기초를 제공하였다.

한편 항소기구 심리에 있어 미국과 EC는 패널 절차에서 "위임 및 지시"의 부재에 관하여 제소국인 한국이 입증책임을 부담하여야 하나 패널은 이를 사실상 미국에 전가함으로써 법적 오류를 범하였다는 주장을 제기하였다.[21] 따라서 두 국가는 "위임 및 지시"에 관련된 특정 사안에 대하여 —예를 들어 하이닉스 지원을 위한 한국 정부 내 관련 부처 회의와 관련하여— 미국이 "위임 및 지시"의 존재를 입증하여야 하는 것이 아니라 제소국인 한국이 그러한 "위임 및 지시"의 부재를 적극적으로 입증하여 무죄 증거(exculpatory evidence)를 제출하여야 하나 패널이 이를 무시함에 따라 패널 결정에 오류가 있다고 주장한 것이다.[22]

미국과 EC의 주장은 일견 타당하여 보여도 면밀히 검토하여 보면 그 문제점이 드러난다. 이러한 주장은 "위임 및 지시"를 내용으로 하는 간접 보조금의 본질에 대한 미흡한 이해에 기

위하여 압력이나 강박을 행사하였는가?([W]hether the GOK at times used this control/influence to pressure or coerce Hynix's creditors to continue supporting the financial restructuring of the firm) 美상무성은 이 세 가지 질문에 대하여 긍정적 답변을 먼저 이끌어낸 후 모든 하이닉스 채무재조정 조치와 모든 채권은행들에 대한 일반적인 "위임 및 지시"를 확인하였다. 美상무성 최종 판정문(Issues and Decision Memorandum), pp. 49–61 참조.
패널도 이러한 분석틀 자체에 대해 문제를 삼지는 않은 것으로 보이며(비록 이러한 분석틀의 금번 사건에서의 구체적 적용 형태인 single subsidy program 주장은 배척하였지만) 항소기구도 이러한 분석 방법을 "intermediate step"을 통한 단계적 "위임 및 지시" 확인 방법이라고 언급함으로써 이를 용인하는 입장을 취하고 있는 것으로 보인다. U.S. –DRAM, Appellate Body Report, para. 152 참조.
20) 美상무성의 single subsidy program 접근 방법을 부인하며 패널은 다음과 같이 언급하였다:
[W]e do not consider that the evidence relied on by the DOC was sufficient to permit an objective and impartial investigating authority to properly conclude that the financial contributions at issue all formed part of a same "single programme."(emphasis in original).
U.S. –DRAM, Panel Report, para. 7.155.
There are simply too many irregularities and shortcomings in the DOC's reasoning to properly sustain such a broad determination.
U.S. –DRAM, Panel Report, para. 7.177.
21) U.S. –DRAM, 미국의 Appellant's Submission, para. 87 참조.
22) U.S. –DRAM, Appellate Body Report, para. 79 참조.

초한 것이 아닌가 생각된다. 피조사국 정부 입장에서 본다면 간접 보조금에 관한 조사의 핵심은 정부의 행위(action)에 대한 입증이 아니라 그러한 행위의 부재(inaction)에 관한 입증 문제인 바, 이를 피조사국 정부가 단지 제소국이라는 이유로 입증책임을 전부 부담하게 한다면 불공평한 결과가 초래될 우려가 있어 보인다. 대부분의 경우에 어떤 현상의 不在를 입증하는 것은 정부 당국자의 단순한 진술 이외에는 특별한 방안이 없기 때문이다. 금번 사건에서 항소기구 심리는 패널이 美상무성의 조사 방법을 존중하여야 한다는 측면에 초점을 맞춘 결과 입증책임 전환 문제에 관해서는 심도 있는 논의가 이루어 지지 않은 것으로 보인다. 그러나 간접 보조금의 특성상 입증책임 문제는 실무적으로 보조금 확인 및 관련 소송에서 상당한 차이를 초래할 것이므로 이 문제에 대한 법리의 확립이 필요하리라 생각된다.

생각하건대, 간접 보조금 조사에 있어 관련 요소의 총체적 고려(totality of facts)가 현실적으로 중요한 의미를 지니는 것은 사실이다. 그러나 총체적 분석 방법에 대한 이러한 현실적 타당성에도 불구하고 이러한 접근법의 일반적 수용이 과연 보조금협정 제1.1(a)(1)(iv)조상 "위임 및 지시" 조항이 인정하는 방법인지는 다소 의문이다. 사실 패널 및 항소기구의 결정을 면밀히 살펴보더라도 이러한 간접 보조금 조사에 있어 이러한 총체적 분석 접근법의 일반적 또는 맹목적 수용은 경계하고 있음을 알 수 있다.

즉, 한국산 반도체 상계관세 분쟁에서 WTO 패널은 이러한 총체적 분석의 타당성을 인정하면서도 아울러 개별 증거의 증거력에 관한 독립된 검토가 필요하다는 점을 지적하였다.[23] 항소기구도 개별 증거의 증거력 검토에 관한 패널의 이러한 입장 자체에 대해서는 그 타당성을 인정하였다.[24] 다만 항소기구는 금번 사건의 패널이 이러한 개별 증거의 증거력 검토와 관련하여 실시한 분석의 방법("manner")에 문제가 있었음을 지적하고 있다. 즉, 패널이 각 개별 증거가 독자적으로("in isolation") "위임 및 지시"를 구성하는지를 분석을 한 것으로 보이는 바, 항소기구는 패널의 이러한 분석 방법은 타당하지 않다는 것이다.[25] 항소기구는 또한 조사 당국인 美상무성도 자신의 최종 판정에서 특정의 개별 증거가 독립적으로 "위임 및 지시"를 구성한다고 결정한 바가 없음을 지적하며, 일단 조사 당국의 기본적 조사 방법을[26] 수용하기로 결정한 이상, 패널은 조사 당국이 채택하였던 것과 유사한 방법으로 각 개별 증거의 증거

---

23) U.S. −DRAM, Panel Report, para. 7.45 참조([I]n order to follow the [totality of evidence] approach, it was required to assess the probative valued of *each* evidentiary factor *separately*)(emphasis added).

24) U.S. −DRAM, Appellate Body Report, para. 145 참조.

25) U.S. −DRAM, Appellate Body Report, paras. 146−49 참조.

26) 즉, 美상무성이 채택한 3단계 조사 방법론, *supra* note 19 참조.

력을 검토하는 것이 타당하다고 언급하였다.[27] 특히 금번 케이스에서처럼 정황증거를 종합적으로 고려하였을 경우 "위임 및 지시"가 확인되는 지를 검토하는 사안에 있어서는 더욱이 이러한 조사 당국이 실시한 개별 증거에 대한 증거력 검토의 수용을 통한 총체적 고려가 타당하다는 점을 항소기구는 지적하고 있다.[28]

이와 관련, 항소기구는 간접 보조금 조사에 있어 패널이 조사 당국의 결정을 가급적 존중하여야 한다는 점을 강조하였다. 즉, 각 패널은 조사 당국의 입장에서 보았을 때 간접 보조금 확인의 결정이 합리적이었는지 여부를 판단하는데 국한되어야 하며 스스로 새로운 판단(de novo evaluation)을 행사하여서는 안 된다는 점을 항소기구는 거듭 확인하고 있다.[29] 즉, 항소기구는 패널의 올바른 역할은 주어진 자료와 방법론이 조사 당국의 간접 보조금 확인 결정을 합리적으로 지지하는지를 결정하는 것이지 "그러한 증거와 방법론이 과연 '위임 및 지시'를 구성하는지를 자신이 스스로 결정하여서는 아니 된다"라는 설시를 하였다.[30] 간접 보조금 조사에 있어 조사 당국의 재량과 입지를 크게 강화시켜 주는 언급이라고 할 수 있을 것이다.

표 9 반도체 상계관세 분쟁에서 입증 책임 관련 한미간 이견 사항

논점	한국	미국
다수의 채무재조정을 단일의 프로그램으로 볼 수 있는 지 여부	보조금협정의 "위임 및 지시"는 개개의 채무재조정 사안별로 개개의 민간금융기관에 대하여 개별적으로 실시	개개의 사안별로 살필 필요 없이 전체적으로 단일의 프로그램으로 인식하여 판정 가능
증거의 총체적 분석	개개의 증거가 개별적으로 "위임 및 지시"를 보여주는지 검토	개개의 증거의 총합이 "위임 및 지시"를 이끌어 내는 추론(inference)을 가능하게 하는지 검토
간접/정황증거	제한적 활용	간접 보조금의 특성상 간접/정황증거의 광범위한 활용 필요
추론 적용	증거력이 불투명한 간접/정황증거에 기초한 추론은 불인정	간접/정황증거의 광범위한 활용을 통해 추론 인정
조사 당국 결정에 대한 존중	간접 보조금 관련, 조사 당국 결정 방법 자체에 대한 보다 면밀한 검토 필요	조사 당국의 결정 및 그 방법론에 대한 광범위한 재량권 인정 필요

* 패널 및 항소기구 보고서를 토대로 필자가 작성

27) *U.S.−DRAM*, Appellate Body Report, para. 149−50 참조.
28) *U.S.−DRAM*, Appellate Body Report, para. 150 참조.
29) *U.S.−DRAM*, Appellate Body Report, para. 151 참조.
30) *U.S.−DRAM*, Appellate Body Report, para. 152, 187("A panel may not reject an agency's conclusions simply because the panel would have arrived at a different outcome if it were making the determination itself."), 188("The Panel thus failed to assess the agency's determination. Instead, the Panel's explanation reflected its own view of whether entrustment or direction existed in this case; the Panel thereby engaged, improperly, in a *de novo* review of the evidence before the agency.").

(d) 승소 판정의 취지

WTO 분쟁해결절차에서 도출되는 제소국 승소판정의 취지는 피제소국 정부의 문제의 조치가 WTO 협정에 부합하지 아니함을 확인하고 이를 일정한 기한 내(합리적 이행기간: Reasonable Period of Time)에 이를 협정 합치적으로 바꾸어야 함을 의미한다. 즉, 그러한 판정의 성격은 패소국으로 하여금 문제의 조치를 협정에 합치하는 방식으로 조정 내지 철폐할 것을 요구하는 것이다. 사실 피제소국이 채택하고 있는 문제의 조치를 철폐하는 것에 그치는 WTO 분쟁해결절차의 속성으로 인하여 패소로 인해 철회된 조치가 추후 명칭과 기제를 달리하여 새로이 도입되어 적용되는 상황에 대한 우려가 심심찮게 제기되고 있으며 이러한 문제는 WTO 분쟁의 중요한 쟁점 중 하나로 자리잡게 되었다. 바로 "이행분쟁(compliance dispute)"의 적용범위 문제가 바로 그것이다.[31] 가령, WTO 분쟁해결절차에서는 최종 패널 및 항소기구 판정이 내려져 승/패소가 확정된 경우에도 패소국이 이를 제대로 이행하지 않아 이행분쟁으로 이어지는 경우가 적지 않다. 이러한 이행분쟁의 주요한 쟁점 중 하나는 패널절차 진행 중에 또는 합리적 이행기간 중에 새로이 도입된 유사한 조치도 이행분쟁에 포함시킬 것인지 여부이다.[32] 만약 그러한 포함이 허용된다면 분쟁해결절차 진행과정에서 새로이 도입되는 유사한 절차도 해당 분쟁해결절차의 연장선상인 이행분쟁의 대상에 포함시키게 되어 WTO 분쟁해결절차의 한계를 악용하는 사례를 최대한 차단할 수 있게 될 것이다.[33]

그러나 설사 이행분쟁의 범위를 최대한 확대한다고 하더라도 이행분쟁까지 종료되어 문제의 분쟁이 완전히 정리된 상황에서 패소가 확정된 조치와 사실상 동일한 조치를 새로이 도입하는 경우 이는 이행분쟁에 다시 포함될 수는 없을 것이므로 결국 기본적인 한계는 그대로 남게 된다. 이러한 사항은 가령 제소국이 WTO 분쟁에서 승소하여 피소국이 문제의 조치를 철폐하는 경우에도 추후 유사한 조치를 다시 도입할 가능성까지 완전히 차단하는 것은 아니며, 이 경우 제소국은 다시 WTO 분쟁해결절차에 문제의 조치를 회부하여야 하는 상황에 직

---

31) DSU 제21.5조 참조.
32) 가령, 미국과 유럽연합, 일본, 멕시코간 오랜 기간 지속된 소위 Zeroing 분쟁이 대표적이다. 마찬가지로 현재 미국과 유럽연합간 대형 민간 항공기 보조금 교부와 관련하여 진행되고 있는 분쟁에서도 마찬가지 문제가 제기되고 있다.
33) 앞에서 사례로 든 분쟁에서 제기된 쟁점도 결국 문제의 조치가 새로운 절차 개시를 필요로 하는 새로운 조치인지 아니면 기존 조치(최종 협정 불합치 판정을 받은)의 연장선 상인지 여부와 관련된 것이다. 만약 전자의 입장이라면 새로운 분쟁해결절차 개시를 위한 모든 절차를 거쳐 패널 심리, 항소기구 심리 등 3~4년에 걸친 절차를 다시 한번 되밟아 가야 한다. 그러나 만약 후자라면 이미 최종 판정이 내려진 사안의 이행분쟁 맥락에서 수개월 내지 길어도 1년 이내 모든 사안이 정리가 되어 해당 조치가 사실상의 재이행을 거쳐 철폐되든지 아니면 승소국으로부터 무역보복에 직면하게 되든지 양자간 택일의 문제로 남게 된다. 후자의 경우가 제소국/승소국 입장에서는 유리한 것임은 물론이다.

면하게 된다. 그러나 이러한 패소 조치의 재도입 사례는 지극히 예외적이며, 최근에는 이러한 사례를 찾아보기 힘든 실정이다. 만약 이러한 재도입이 발생하는 경우 WTO 차원에서의 상당한 압력과 회원국간 비난이 증가할 것이기 때문이다.

(e) 소급적용 불가: 효과적 구제 수단의 미비

한편 분쟁의 궁극적 결과물인 구제수단과 관련하여 WTO 분쟁해결절차는 문제된 조치의 장래에 대한 철회만을 제공할 따름이며,[34] 이미 조치가 취해진 과거로 소급하여 구제가 제공되지는 않는다. 즉, 문제가 된 조치를 장래에 대하여 철회 또는 조정함으로써 국제교역의 균형이 다시 회복되며 이것으로 분쟁해결절차는 자신의 소임을 다하는 것으로 이해하는 것이다.

WTO 분쟁해결절차로 이행하기 이전에 문제의 조치가 통상 1~2년간 적용되고 이 기간 동안 외교적 해결을 위한 노력이 경주되고 그러한 노력이 실패로 귀결된 경우에 한하여 WTO 패널에 제소되는 것이 일반적인 상황이다. 그리고 일단 WTO 패널에 회부되게 되면 최종적으로 판정이 나오기까지 근 2년의 시간이 소요되고, 다시 패소국의 이행을 위한 이행기간이 근 1년의 기간이 주어지는 점을 감안하면 최초 조치 시행 시부터 4~5년의 시간이 경과한 이후에 문제의 조치가 철폐되게 된다. 패소국이 문제의 조치를 철폐할 법적 책임은 합리적 이행기간이 만료되는 시점까지 부과되지 않기 때문이다. 즉, 패소 판정이 내려진 상황에서 곧바로 문제의 조치를 철폐할 법적 책임이 WTO 협정에 의해서 발생하는 것이 아니라, 합리적 이행기간이 만료되는 시점까지 그러한 책임 발생 기한이 "법률로" 연기되어 있는 것으로 이해할 수 있다.

그러므로 최종 판정에 대한 소급적용을 배제한다는 것은 사실상 4~5년간의 협정 위반 상황은 치유되지 않고 그대로 남게 된다는 의미이다. 예를 들어 WTO 협정에 위반하는 피제소국의 조치가 십 수년간 유지되어 왔다고 해도 이 기간 동안 우리 기업이 직면하게 된 손해는 배상되지 아니한다. 이러한 입장을 견지하게 되는 배경은 앞에서도 지적한 바와 같이 통상 분쟁해결절차의 궁극적인 목표가 피해 수출기업의 손해를 구체적으로 배상하는 것이 아니라 일방 체약 당사국의 협정 위반 조치로 파괴된 통상협정 이해관계의 균형을 다시 회복시키는 것이기 때문이다. 균형이 다시 회복된 이상 분쟁해결절차는 원래의 목적을 달성한 것으로 볼

---

34) WTO DSU 제3.7조.

수 있을 것이다. 즉, 이 절차는 상대방의 무역왜곡적 조치로 인하여 피해를 입은 피해자 또는 피해기업에 대한 구제수단을 제공하는 것은 아니라는 점에 유념할 필요가 있다. 이러한 분쟁해결절차의 궁극적 목표는 승소국에 제공되는 구제수단에도 직접적인 영향을 미치게 된다. 즉, 구제수단이 오로지 문제의 조치를 철폐하거나 수정하여 협정 합치적 상황을 다시 구성하는 것에 한정되어 있는 것도 이러한 맥락에서이다.

그러나 이러한 양국간 전체적인 차원에서의 이해관계의 균형은 문제의 조치의 철폐를 통하여 양국간 다시 회복될 수 있을지 모르나, 그 과정에서 구체적 피해를 본 개인 수출업자 또는 수출기업의 이해관계는 구제되지 않고 그대로 남게 된다. 이 부분이 통상분쟁해결절차, 특히 WTO 분쟁해결절차의 가장 큰 특징 중 하나라고 할 수 있다. 적지 않은 수출기업들이 WTO 분쟁해결절차에 대하여 혼선을 겪거나 또는 다소 실망하는 모습을 보이는 것은 바로 이러한 측면에서 기인하는 것으로 보인다.

또한, WTO 분쟁해결절차의 경우 패소국의 이행은 상대적으로 상당한 leeway가 보장되어 있다. 패널의 결정은 대부분의 경우 패소국의 조치가 WTO 관련 협정과 합치하지 아니함을 확인하고 이를 조속히 협정과 합치시키도록 권고하는 선에서 종결된다.[35] 이러한 제도적 특성으로 인하여 WTO 분쟁해결절차에서는 특정 분쟁이 종결된 이후에도 그 이행여부를 둘러싸고 새로운 분쟁(21.5 분쟁)이 새로이 전개되는 경우가 빈번하다.[36] 패소국에 대하여 합리적 이행기간(reasonable period of implementation)을 통상 12~15개월 정도 허용하는 것을 감안하고 이행분쟁의 패널 및 항소기구 심리가 통상 9개월 정도 소요되는 것을 감안하면 패소국의 이행여부를 최종적으로 결정하는 데에도 21~24개월이 소요되게 된다. 원심 패널 및 항소기구 절차가 통상 2년여 정도 소요되는 점을 감안하면 이는 분쟁의 최종해결까지 거의 4년의 시간이 소요됨을 의미한다. 또한 WTO 분쟁의 경우 최종적으로 보복 단계로 이행하는 경우에도 양허의 정지(suspension of concession)가 유일한 방안으로 이미 행해진 피해에 대한 구제는 미흡한 상황이다. 따라서 패소의 가능성이 높은 경우에도 일단 WTO 협정에 위반하는 조치를 취하는 것이 때로는 유리한 상황도 발생하게 된다.

(f) 패소국의 이행의무 미이행 시 무역보복을 통한 구제 제공

한편, WTO 분쟁해결절차를 통하여 피제소국이 패소할 경우 이러한 피제소국은 해당 판

---

35) DSU 제21.5조 참조.
36) *Korea－AD Duties on Papers from Indonesia* 사건 참조.

정을 이행할 법적 의무를 부담한다.[37] 즉, 패소국인 피제소국은 WTO DSB 회의에서 패널 및 항소기구 판정을 국내적으로 이행할 것임을 선언하여야 한다.[38] 만약 패소국이 이러한 판정 내용을 합리적 이행기간 내에 이행하지 않게 되면 승소국은 WTO DSB의 승인을 통해 미이행 패소국에 대하여 합법적인 무역보복을 실시할 수 있게 된다. 이와 같이 WTO 판정은 미이행 시 제기되는 합법적인 교역보복조치의 가능성을 통하여 이행된다. 여기에서 말하는 보복조치는 패소국으로부터 승소국으로 수출되는 상품에 대하여 관세 인상이나 수입제한 조치 등을 통하여 제소국이 피해를 입은 금액만큼 승소국이 교역상의 금전적 혜택을 향유할 수 있도록 하는 장치를 말한다.

(3) WTO 분쟁해결절차의 주요 절차

모든 통상분쟁의 출발점은 "통상에 영향을 미치는 정부 조치"의 존재이다. 예를 들어 사인의 경우는 외국 상품을 차별하여도 문제가 되지 않지만, 외국 상품을 차별하는 정부의 조치는 문제가 된다. 따라서 정부는 무엇인가의 문제가 중요해지며, 경우에 따라 정부가 뒤로 숨는 경우도 많다. 이 경우에는 과연 조치가 존재하는지 여부가 여러 분쟁의 중요한 쟁점이 되기도 한다.

이러한 정부의 조치에 대해 문제를 제기하는 전통적인 방법이 두 가지 있다. 가령 미국 정부의 한국산 자동차에 대한 추가 관세 징수가 해당 조치인 경우, 한국이 아무런 문제제기를 하지 않는다면 분쟁이 생기지 않는다. 그러나 이러한 조치에 대하여 불만족한 당사자가 있다면 문제 제기의 필요성이 있게 되며, 제기 방법으로는 다음의 두 가지가 있다. 예를 들어 ① 피해를 입은 기업이 직접 미국 국내 법원에 가서 국내 법원의 사법적 구제를 받는 것이 한 가지 방법이고, ② 정부가 WTO 협정을 근거로 WTO 분쟁해결절차로 가는 방법이 다른 하나이다. 이러한 두 가지 방법이 오랫동안 통상분쟁의 기본적인 기본틀(framework)이 되어 왔다. 그 중 이하에서는 WTO 분쟁해결절차를 중심으로 살펴본다. WTO 분쟁해결절차는 WTO 부속협정 중 하나인 DSU 협정에 상세히 나열되어 있다. 그리고 WTO 분쟁해결절차의 운용과 감독은 WTO의 "분쟁해결기구(Dispute Settlement Body: DSB)"가 이를 담당한다. 이 기구는 제네바에 주재하는 각국의 대표로 구성되는 분쟁관련 최고 의사 결정기구이다.

---

37) WTO DSU 제21.1조, 21.3조 참조.
38) WTO DSU 제21.3조 참조.

(a) 양자 협의

분쟁은 제소국의 협의요청(bilateral consultation)으로 시작된다. DSU는 당사국이 모든 통상 분쟁의 WTO 제소 이전에 반드시 60일간의 양자 협의 기간을 거치도록 명문화하고 있다.[39] 본격적인 WTO 분쟁해결절차로 이행하기 전에 양자간 협의를 통하여 해결을 모색할 것을 의무화하고 있는 것이다. 이는 통상 분쟁이 외교적 사안임을 감안한 조치이다. 그러나 대부분의 경우 양자 협의는 문제 해결에 실패하는 것이 일반적이다. 그 이유는 앞에서도 설명한 바와 같이 최초 분쟁이 발생하였을 시점에 양 당사국은 이미 상당 기간(때로는 수년에 걸쳐) 다양한 루트를 통하여 정치·외교적 교섭을 진행하여 왔고, 이에 실패하여 WTO 분쟁해결절차로 넘어 온 것이기 때문이다. 따라서 DSU 규정에 따른 이러한 양자 협의는 특별한 의미를 갖지 못하는 경우가 대부분이다. 어쨌든 이 양자협의 단계는 WTO 분쟁해결절차에 공식적으로 등록되고 사건번호가 부여되는 절차이다. 이 절차가 개시되면 흔히 "WTO 제소가 이루어졌다"고 설명한다.

(b) 패널설치

60일간의 양자 협의 기간을 거쳐도 해당 분쟁이 해결되지 않은 경우 제소국의 요청에 따라 WTO 패널이 설치되게 된다. 피제소국은 패널설치 요청을 1회 거부할 수 있으나, 제소국이 다시 패널의 설치를 요청하면 자동적으로 설치된다. 패널설치에 대한 결정 역시 WTO의 DSB가 담당하게 된다.

(c) 패널구성

패널은 기본적으로 3명의 패널위원으로 구성되며 이들은 주로 양 당사국의 국적이 아닌 제3국의 국적을 보유한 자 중에서 양 당사국이 협의하여 선출하게 된다. 패널위원은 주로 학자, 변호사 또는 공무원 중 이 분야에서 식견과 경험이 있는 사람을 선임하게 되며, 때로는 누구를 선임할 것인지에 대하여 분쟁 당사국간 입장이 충돌하는 경우도 있다. 그 이유는 누구를 패널위원으로 선정하는지에 따라 분쟁의 최종 결과가 바뀔 가능성도 있기 때문이다. 만약 양 당사국의 이해관계가 첨예하게 대립하여 패널위원의 선정에 합의하지 못하게 될 경우 WTO 사무총장이 직권으로 이들을 임명하게 된다. 최근에는 이러한 사무총장 임명 사례가 점차 증가하고 있는 추세이다. 최근 우리나라가 관여한 분쟁에서도 상당 수의 패널위원은 사무총장이 직권으로 임명한 경우이다.

---

39) DSU 제4조 제3항 참조.

이들 패널위원은 주로 통상분야에 종사하는 전문가나 공무원들로서 오로지 해당 분쟁의 해결을 위해서만 패널위원으로 위촉된 사람들이다. 즉, 패널위원은 기본적으로 일회성 위촉이며 이들에 대한 보수의 지급은 WTO 사무국에서 담당하게 된다. 그러므로 패널위원의 업무에 대하여 분쟁 당사국들이 별도의 추가적 부담이 있는 것은 아니다. 패널위원과 관련하여 해당 분쟁에 대하여 개인적 이해관계를 보유한 자의 경우 이익충돌의 문제가 확인되면 패널위원직에서 제척되고 새로운 패널위원이 선임되게 된다. 또한 이들은 자신의 개인적인 자격으로 객관적이고 공정한 입장에서 문제의 사건을 심리하도록 요구받으며, 자신의 평소의 소신이나 자신의 국적국의 이해관계를 반영하고자 노력하여서는 아니 된다.

(d) 패널심리

패널이 구성된 이후 6개월에서 9개월에 걸쳐 패널심리가 진행되며 양 당사국은 자신들의 주장을 담은 서면 입장서를 제출하고 또 2회에 걸친 구두심리(oral hearing)에도 참여하여 자신들의 주장을 패널 앞에서 전개하게 된다. 심리 결과 최종적으로 패널은 제소 대상이 된 문제의 조치가 WTO 협정 위반인지 여부를 결정하여 그 내용을 패널 보고서에 기재하게 된다. 또한 패널 보고서는 WTO 불합치 조치가 확인된 경우 해당 조치를 WTO 협정에 합치하도록 변경할 것을 패소국인 피제소국에 요청/권고하며 마무리된다.

(e) 잠정보고서

심리를 담당하는 패널은 최종보고서를 회람하기 전에 먼저 잠정보고서(interim report)를 작성하여 분쟁 당사국에게 제공한다. 분쟁당사국은 이를 검토하여 자신들의 의견을 개진하고 수정 필요사항이 있는지 여부를 확인한다. 그러나 실제 이 단계에서는 이미 모든 실질적 검토가 종결되었고 설사 분쟁 당사국의 문제 제기가 있더라도 이는 주로 자구 수정이나 오·탈자 정정 등에 국한되는 것이 일반적이다.

(f) 패널 보고서 회람

이러한 절차를 거쳐 최종 확정된 패널 보고서는 모든 회원국에게 회람된다. 모든 회원국들이 어떠한 내용으로 분쟁이 전개되었으며 어떠한 논리와 법리로 승패가 나누었는지를 확정적, 공개적으로 알게 되는 시점이 바로 이 때이다. 그러나 아직 이 패널 보고서는 법적으로 구속력을 갖는 것은 아니라는 점에 유념하여야 한다. 그 이유는 모든 패널 보고서 및 항소기구 보고서는 DSB에 의하여 채택(adoption)되는 경우에만 법적 구속력을 인정받기 때문이다. 아직 항소의 가능성이 남아 있으므로 아직 DSB가 이 패널 보고서를 채택한 것은 아니다.

(g) 패널보고서 채택

패널보고서가 회람된 이후 이에 불복하는 당사국은 60일 이내에 항소할 수 있다. 제소국이든 피제소국이든 상관없으며 어느 국가이든 패널 판정에 동의하지 않는 경우 항소를 제기할 수 있다. 만약 60일 이내에 그러한 항소가 제기되지 않으면 그 패널 보고서는 분쟁해결기구에 회부되어 곧바로 채택된다.

(h) 항소절차

한편 패널의 판정 결과에 불복하는 일방 당사자는 그 내용이 회람된 후 60일 이내에 WTO 항소기구(Appellate Body)에 항소할 수 있다. 일회성 위촉인사로 구성되는 패널과 달리 항소기구는 상설조직이라는 중요한 차이가 있다. 여기에는 대륙별로 선출되는 7명의 항소기구 위원들이 포함되어 있으며 이들 중 세 사람이 각각의 분쟁의 항소심에 참여하게 되는 것이다.[40] 현재 아시아 권에서는 중국, 한국 및 인도가 각각 자국 국적의 항소기구 위원을 보유하고 있다. 항소기구 심리는 법률적 사항에 국한되며 패널에 비하여 기간도 단축되어 3개월에서 6개월에 걸쳐 심리가 진행된다. 항소기구 심리는 패널에 비하여 상당히 신속하게 진행되므로 분쟁 당사국이나 항소기구 모두 상당한 실무적 부담을 느끼는 것이 일반적이다. 항소기구 심리 결과 최종적인 판정이 내려지게 되면 이 결정은 최종적이며 더 이상의 심리는 없게 된다. 즉, 이 단계에서 피제소국의 조치가 WTO 협정에 불합치하는지 여부가 최종적으로 확정되며, 그 경우 피제소국에 대한 요청/권고 역시 최종적으로 확정되는 것이다.

(i) 항소기구 보고서 회람

항소심이 종결되면 여기에서도 역시 항소기구 보고서가 작성되어 전 회원국에게 회람된다. 다만 이 단계에서는 패널 절차와는 달리 잠정보고서를 채택하는 단계는 생략되어 있음에 주목하여야 한다. 항소기구 심리는 오로지 법률심이므로 항소기구 보고서에서 다루는 문제는 전적으로 "패널의 법률 평가와 적용에 오류"가 있었는지 여부에 국한되며, 패널의 사실관계 평가를 다시 재평가하는 것이 아님에 유념하여야 한다.

(j) 항소기구 보고서 채택

최종적으로 확정된 항소보고서는 분쟁해결기구에서 패널보고서와 함께 동시에 채택된다. 즉, 항소가 결정되면 패널 보고서는 채택이 연기되어 추후 항소기구 판정이 도출된 시점에서

---

40) 항소기구 구성에 대한 DSU 제17조 제1항 참조.

항소기구 보고서와 동시에 채택되게 된다. 이와 같이 채택된 패널 및 항소기구 보고서는 법적 효력을 갖게 되며 이에 대하여 더 이상의 항소나 거부가 불가능하게 된다.

(k) 이행계획 선언

항소기구 심리 결과(또는 항소심이 없는 경우 패널 심리 결과) 피제소국이 패소하게 되면 그 다음 단계로 진행하게 된다. 피제소국이 패소하였다는 의미는 문제가 된 통상조치가 WTO 협정 위반으로 판정이 내려졌다는 것이며, 이러한 위반 상황에 대하여 특별한 시정조치가 취해져야 하기 때문이다. 이에 따라 패소국은 항소기구 판정 후 곧바로 개최되는 WTO 분쟁해결기구 회의에서 문제의 조치를 협정 합치적으로 변경시키기 위하여 철폐 내지 조정을 하겠다는 계획을 선언하여야 한다.

(l) 합리적 이행기간 결정

그런데 문제는 WTO 분쟁의 대상이 되는 각국의 통상 관련 조치의 경우 관련 법령에 기초하거나 또는 이를 번복, 수정하기 위해서는 패소국의 헌정질서에 따른 일정한 국내 절차를 거쳐야 하는 경우가 적지 않다는 점이다. 그리고 이러한 절차를 거치기 위해서는 기본적으로 소요되는 시간이 상당할 수도 있다. 이러한 점을 감안하여 패소한 피제소국은 패소 판정을 이행하기 위한 일정한 유예 기간을 요청하게 되고 WTO 분쟁해결기구는 이를 승인하게 된다. 이를 "합리적 이행기간(Reasonable Period of Time: RPT)"이라고 부른다. 패소한 피제소국은 가급적이면 이러한 이행기간을 길게, 그리고 승소한 제소국은 그 기간을 가급적 짧게 정하고자 하는 것이 일반적이다. 합리적 이행기간은 짧으면 3개월에서, 길면 12개월 정도가 부여된다. WTO DSU 제21.3조는 그 최장 기간을 15개월로 정하고 있다. 그 구체적인 기간은 분쟁의 성격과 판정의 내용에 따라 각각 달라지게 될 것이다.

(m) 제21.3조 중재

만약 분쟁 당사국간 합리적 이행기간에 대하여 이견이 있으면 두 당사자는 간단한 중재절차를 진행하게 된다. 이 중재절차는 해당 분쟁을 담당한 패널 및 항소기구 위원 중 1인이 선임되어 담당하며 양측 의견을 듣고 합리적 이행기간을 결정한다. 주로 양측이 제시하는 기간의 중간에서 결정하는 경우가 빈번하다.

(n) 합리적 이행기간 종료

일단 정해진 합리적 이행기간이 종료하면 이 시점에서 문제의 조치에 대한 국가책임이 발생하게 된다. 따라서 피해를 입은 국가 —즉, 승소국— 는 이때부터 패소국에 대하여 책임을 추궁할 수 있게 된다. 추후 보복조치를 취하거나 여타 필요한 조치를 취함에 있어 그 기산점이 되는 시점도 바로 합리적 이행기간의 종료일이다.

(o) 이행패널 구성

합리적 이행기간이 도과하였는데도 피제소국이 필요한 조치를 취하지 않은 경우(즉, 문제의 조치를 철회하거나 여타 WTO 협정에 합치하는 방향으로 수정하지 않는 경우), 승소국인 제소국은 패소국인 피제소국에 대하여 보상을 요구하거나 또는 보상에 합의하지 못하는 경우 보복조치를 단행할 수 있다. 만약 양 당사국간 패널 및 항소기구 판정에 대한 이행이 제대로 이루어졌는지에 대하여 이견이 있는 경우 이는 별도의 분쟁으로 다시 원래 패널로 회부된다. 그리고 그러한 패널 판정은 일방 당사국이 항소하는 경우 다시 항소기구로 회부되게 된다. 이러한 분쟁을 "이행분쟁(implementation dispute, compliance dispute)"이라고 하거나 이러한 내용을 규정하고 있는 DSU 조항의 이름을 따 "21.5 분쟁"이라고 부른다.

(p) 이행분쟁 패널 절차

이행분쟁의 패널절차는 원심분쟁의 패널절차와 대동소이하다. 다만 여기에서는 신속한 분쟁해결절차 진행이 이루어지며 대부분의 경우 원래 패널 절차에 소요되는 기간의 절반만 소요된다. 그리고 이 분쟁의 대상은 오로지 이행조치(measures taken to comply)에만 국한된다. 즉, 원래 분쟁대상이었던 조치에 대한 "재심리"가 아니라 —이러한 판정은 이미 종료— 이행조치가 원래 패널 및 항소기구 권고사항을 제대로 이행하였는지 여부가 분쟁의 핵심이다.

(q) 이행분쟁 항소기구 절차

원심 패널 절차와 마찬가지로 이행패널이 내린 결정은 항소기구로 다시 항소될 수 있으며 이 경우 적용되는 절차는 원래의 항소기구 절차와 동일하다. 항소기구 절차는 이미 원심 절차에서도 필요한 시한이 최소화되어 있으므로 다시 이 기간이 이행분쟁 단계에서 단축되지는 아니하다.

(r) DSB 보복승인

이행분쟁의 결과 원래 패소국이었던 피제소국의 이행조치가 원심 패널 및 항소기구 판정을 제대로 이행한 것이라는 결정이 나오면 이행분쟁은 종결되며 따라서 모든 분쟁도 여기에

서 종결된다. 반면에 패소국이었던 피제소국의 이행조치가 패널 및 항소기구의 원심판정을
충실히 이행한 것이 아니라는 판정이 내려지는 경우 승소국인 제소국은 보복조치를 단행할
권리를 DSB로부터 부여받게 된다.

(s) 보복실시

보복조치란 제소국이 자신이 피해를 입은 만큼 상응하는 관세상의 페널티를 피제소국 상
품에 대하여 부과하는 것이다. 이러한 보복은 주로 관련 상품이나 서비스 영역에서 이루어지
며 그러한 보복이 실효적이지 않은 경우 DSB의 허가를 얻어 여타 영역으로 교차보복이 이루
어질 수도 있다. 2004년 이후 2016년 현재까지도 진행되고 있는 *U.S. −Gambling* 사건의 경우
이러한 교차보복의 대표적인 사례이다. WTO 분쟁해결절차의 첫 단계인 최초 양자협의 시부
터 이 시점까지 짧게는 4년, 그리고 길게는 6년이라는 시간이 소요된다. 4~6년이라는 시간은
시시각각으로 급변하는 현 국제 경제상황을 감안하면 실로 오랜 세월이 아닐 수 없다. WTO
분쟁해결절차의 큰 맹점 중 하나로 과다한 시간소요가 지적되고 이를 어떻게 단축할 것인가
가 WTO DDA 협상의 한 이슈로 대두하게 된 데에는 이러한 배경이 있다.

(4) 분쟁해결절차 관련 주요 조항

한편 WTO 협정 중 분쟁해결절차 운용에 직접적으로 관련 되는 주요 조항을 살펴보면
다음과 같다.

(a) WTO 설립협정 제4조 3항

먼저 WTO 설립협정("마라케쉬 협정") 제4조 3항은 WTO 협정 운용과 관련한 분쟁은 여타
협정이나 여타 국제법정이 아닌 WTO 분쟁해결기구(Dispute Settlement Body)에 의해서만 다루
어짐을 규정하고 있다. 이 조항은 다음과 같이 규정하고 있다:

제4조 세계무역기구의 구조
3. 일반이사회는 분쟁해결양해에 규정된 분쟁해결기구의 임무를 이행하기 위하여 적절히 개
   최된다. 분쟁해결기구는 자체적인 의장을 둘 수 있으며 동 임무이행을 위하여 필요하다고
   판단하는 의사규칙을 제정한다.[41] 즉, 분쟁해결양해사항("Dispute Settlement Understanding:

---

41) 이 조항의 원문은 다음과 같다:
   Article Ⅳ: Structure of the WTO
   3. The General Council shall convene as appropriate to discharge the responsibilities of the Dispute

DSU")에서 규정하고 있는 분쟁해결절차가 적용되는 통상분쟁(다시 말해 WTO 설립협정 및 여타 부속협정과 관련한 분쟁)의 심리와 해결은 오로지 WTO 분쟁해결기구(DSB)가 이를 담당하게 된다.

(b) DSU 제1조

한편 DSU 제1조는 DSU에 규정된 원칙과 절차가 WTO 설립협정 및 부속협정(covered agreements)과 관련하여 제기된 일체의 통상분쟁에 적용됨을 명시하고 있다. 이 조항은 다음과 같이 규정하고 있다:

제1조 대상범위 및 적용

1. 이 양해의 규칙 및 절차는 이 양해의 부록 1에 연결된 협정(이하 "대상협정"이라 한다)의 협의 및 분쟁해결규정에 따라 제기된 분쟁에 적용된다. 또한 이 양해의 규칙 및 절차는 세계무역기구설립을 위한협정(이하 "세계무역기구협정"이라 한다) 및 이 양해만을 고려하거나 동 협정 및 양해를 다른 대상협정과 함께 고려하여 세계무역기구협정 및 이 양해의 규정에 따른 회원국의 권리·의무에 관한 회원국간의 협의 및 분쟁해결에 적용된다.[42]

즉, WTO 설립협정 및 부속협정과 관련하여 제기된 모든 분쟁의 해결은 DSU 절차에 따라서 이루어지며, 또한 DSU는 오로지 WTO 설립협정과 부속협정의 해석 및 적용과 관련된 분쟁에 대해서만 적용되며 여타 협정과 관련하여 제기되는 분쟁에는 적용되지 아니한다.

(c) DSU 제3조

그 다음으로 DSU 제3조는 분쟁해결기구(즉, 패널 및 항소기구)가 어떠한 경우에도 WTO 설

Settlement Body provided for in the Dispute Settlement Understanding. The Dispute Settlement Body may have its own chairman and shall establish such rules of procedure as it deems necessary for the fulfilment of those responsibilities.

42) 이 조항의 원문은 다음과 같다:

Article I: Coverage and Application

1. The rules and procedures of this Understanding shall apply to disputes brought pursuant to the consultation and dispute settlement provisions of the agreements listed in Appendix 1 to this Understanding(referred to in this Understanding as the "covered agreements"). The rules and procedures of this Understanding shall also apply to consultations and the settlement of disputes between Members concerning their rights and obligations under the provisions of the Agreement Establishing the World Trade Organization(referred to in this Understanding as the "WTO Agreement") and of this Understanding taken in isolation or in combination with any other covered agreement.

립협정 및 부속협정에 규정된 각 회원국의 권리와 의무에 변동을(즉, 이를 확장 또는 감소시키는 것) 초래할 수 없음을 규정하고 있다. 이 조항은 다음과 같이 규정하고 있다:

제3조 일반규정

2. 세계무역기구의 분쟁해결제도는 다자간무역체제에 안전과 예견가능성을 부여하는 데 있어서 중심적인 요소이다. 세계무역기구의 회원국은 이 제도가 대상협정에 따른 회원국의 권리와 의무를 보호하고 국제공법의 해석에 관한 관례적인 규칙에 따라 대상협정의 현존 조항을 명확히 하는 데 기여함을 인정한다. 분쟁해결기구의 권고와 판정은 대상협정에 규정된 권리와 의무를 증가시키거나 축소시킬 수 없다.

5. 중재판정을 포함하여 대상협정의 협의 및 분쟁해결규정에 따라 공식적으로 제기된 사안에 대한 모든 해결책은 그 대상협정에 합치되어야 하며, 그 협정에 따라 회원국에게 발생하는 이익을 무효화 또는 침해하거나 그 협정의 목적달성을 저해하여서는 아니 된다.[43]

그러므로 패널이나 항소기구는 특정 분쟁의 해결에 있어 원칙적으로 "오로지" WTO 설립협정 및 부속협정의 관련 규정에 따라야 한다. 패널이나 항소기구가 WTO 협정 이외의 여타 국제법상 근거(가령 여타 협정 또는 국제관습법)를 적용하여 해당 분쟁을 해결하고자 하는 경우, 그러한 적용이 WTO 협정 및 부속협정과 완벽히 합치하지 않는 경우 그러한 적용은 최소한 WTO 분쟁해결절차에서는 허용되지 아니한다. 그러한 적용은 기존 WTO 회원국의 권리와 의무에 대한 변동을 자동적으로 초래할 것이기 때문이다.

즉, 특정분쟁을 담당하는 패널이나 항소기구는 오로지 WTO 협정상 규정된 양 당사국의 권리와 의무에만 기초하여 해당 분쟁을 심리하여야 한다는 것이다. 패널이나 항소기구가 WTO 협정 이외의 여타 국제법상 근거(가령 여타 협정 또는 국제관습법)를 적용하여 해당 분쟁을 해결하고자 하는 경우, 그러한 적용이 WTO 협정 및 부속협정과 완벽히 합치하지 않는다면 최소한 WTO 분쟁해결절차에서는 허용되지 아니한다고 보아야 한다. 그러한 적용은 기존

---

43) Article Ⅲ: General Provisions

2. ⋯Recommendations and rulings of the DSB cannot add to or diminish the rights and obligations provided in the covered agreements.

5. All solutions to matters formally raised under the consultation and dispute settlement provisions of the covered agreements, including arbitration awards, shall be consistent with those agreements and shall not nullify or impair benefits accruing to any Member under those agreements, nor impede the attainment of any objective of those agreements.

WTO 회원국의 권리와 의무에 대한 변동을 자동적으로 초래할 것이기 때문이다.[44] 이는 상기 조항에 대한 직접적인 위반을 초래한다.

따라서 분쟁 당사국 양국간에 관련 합의나 협정이 존재한다는 이유로 WTO 패널 및 항소기구가 이에 기초하여 WTO 협정 및 부속협정과 상이한 방향으로 결정을 내리는 것은 WTO 분쟁해결절차 맥락에서는 기본적으로 허용되지 않으며 만약 그러한 방향으로 결론을 도출하게 되면 그 자체로서 DSU 제3조 2항과 5항에 대한 위반을 구성한다. 만약 패널이 이러한 결론을 도출한다면 항소기구에 의하여 결국 번복되게 될 것이다. DSU 규정에 대한 이러한 위반은 그 자체로서 DSU 제11조에 대한 위반을 자동적으로 구성하기 때문이다. 이는 결국 WTO 협정을 운용함에 있어 핵심 원칙 중 하나로서 모든 회원국들이 WTO 협정에 나열된 권리와 의무를 그대로 향유하여야 하며, 독자적으로 또는 합의에 의하여 이에 대한 변동을 초래하는 것은 허용되지 않는다는 것을 선언하는 것이다.

(d) DSU 제11조

한편, WTO 회원국간 발생한 분쟁을 가장 심도 있게 다루게 되는 패널은 바로 분쟁해결기구가 이러한 DSU 상의 의무를 완수할 수 있도록 지원하여야 하며, 이러한 의무를 저해하는 자의적인 판단을 실시할 수 없다. 특히 각 패널은 자신이 담당하는 분쟁에 주요 쟁점에 대하여 WTO 협정 및 부속협정에 비추어 "객관적인 평가(objective assessment)"를 실시하여야 하는 바, 그 의미는 동 협정의 범위와 규정 내에서 합리적인 평가를 실시하여야 한다는 것이다. 따라서 동 협정의 범위를 벗어나는 평가는 설사 타 협정에서 정당화 내지 타당성 근거를 찾을 수 있다고 하더라도 그 자체로서 WTO 패널에 부과된 이러한 객관적 평가에 해당하지 아니하다. 이 조항은 다음과 같이 규정하고 있다:

제11조 패널의 기능
패널의 기능은 분쟁해결기구가 이 양해 및 대상협정에 따른 책임을 수행하는 것을 지원하는 것이다. 따라서 패널은 분쟁의 사실부분에 대한 객관적인 평가, 관련 대상협정의 적용가능성 및 그 협정과의 합치성을 포함하여 자신에게 회부된 사안에 대하여 객관적인 평가를 내려야 하며, 분쟁해결기구가 대상협정에 규정되어 있는 권고를 행하거나 판정을 내리는 데 도움이 되는 그 밖의 조사결과를 작성한다. 패널은 분쟁당사자와 정기적으로 협의하고 분쟁당사자에

44) John H. Jackson et al., *Legal Problems of International Economic Relations*, p. 258 참조.

게 상호 만족할 만한 해결책을 찾기 위한 적절한 기회를 제공하여야 한다.[45]

그러므로 WTO 협정과 부속협정 이외의 합의나 협정에 기초하여 통상분쟁의 해결을 도모할 경우, 이는 패널의 권한에 관한 제11조 위반을 구성하여 허용되지 아니하며, 설사 특정 패널이 그러한 평가를 내린다고 하더라도 이는 원칙적으로 항소기구에 의하여 번복되어야 할 사항이라 할 것이다.[46]

(e) DSU 제13조

한편, 분쟁을 담당하는 패널은 그 분쟁을 해결하기 위하여 어떠한 출처로부터도 필요한 정보 및 자료를 자유로이 획득할 수 있으며 이를 최종 판정에 고려할 수 있다. 이 조항은 다음과 같이 규정하고 있다:

제13조 정보요청권리

2. 패널은 모든 관련 출처로부터 정보를 구할 수 있으며, 사안의 특정 측면에 대한 의견을 구하기 위하여 전문가와 협의할 수 있다. 패널은 일방 분쟁당사자가 제기하는 과학적 또는 그 밖의 기술적 사항과 관련된 사실문제에 관하여 전문가검토단에게 서면 자문보고서를 요청할 수 있다. 이러한 검토단의 설치에 관한 규칙 및 검토단의 절차는 부록 4에 규정되어 있다.[47]

따라서 특정 분쟁에 관하여 이와 관련되는 여타 국제협정 내지 관련 자료가 존재하는 경

---

45) Article XI: Function of Panels

   The function of panels is to assist the DSB in discharging its responsibilities under this Understanding and the covered agreements. Accordingly, a panel should make an objective assessment of the matter before it, including an objective assessment of the facts of the case and the applicability of and conformity with the relevant covered agreements, and make such other findings as will assist the DSB in making the recommendations or in giving the rulings provided for in the covered agreements. Panels should consult regularly with the parties to the dispute and give them adequate opportunity to develop a mutually satisfactory solution.

46) 항소기구는 DSU 제17조에 따라 패널이 내린 법률심에 대해서만 관할권을 보유한다. Objective Assessment를 실시하였는지 여부는 법률 문제이므로 이는 항소기구의 관할권에 해당한다.

47) Article XIII : Right to Seek Information

   2. Panels may seek information from any relevant source and may consult experts to obtain their opinion on certain aspects of the matter. With respect to a factual issue concerning a scientific or other technical matter raised by a party to a dispute, a panel may request an advisory report in writing from an expert review group⋯

우 이에 대한 자유로운 고려는 언제든지 가능하다. 따라서 이 맥락에서는 분쟁 당사국 양국간의 그간의 논의나 합의 내지 협의 내용이 패널에 전달될 가능성이 남아 있다. 즉, 해당 분쟁의 배경을 이해하기 위하여 양국간 논의와 교섭 내용을 담고 있는 자료나 합의문 등을 패널이 검토할 수 있다. 다만 이는 단순한 고려에 국한되는 것이며 이러한 고려 가능성이 그러한 협정을 이유로 WTO 설립협정 및 부속협정의 명시적 규정에 대한 위반을 정당화시켜 준다는 의미로 해석되어서는 아니 된다는 점에 유념할 필요가 있다.

(f) 심리범위(Terms of Reference) 문제

이와 관련하여 역시 살펴볼 문제는 WTO 패널의 심리범위와 관련된 문제이다. 모든 WTO 패널은 관할권이 구체적으로 특정되게 된다. 이러한 관할권을 구체적으로 지정하는 것이 바로 심리범위(terms of reference)이다. WTO DSU 절차에 의하여 설치되는 패널은 해당 분쟁에 대하여 확정된 심리범위에 엄격히 구속된다. 그리고 이러한 심리범위는 제소국(complainant)이 패널 설치요청서(request for the establishment of the panel)에 나열한 사항에 따라서 결정되며, 또한 제소국은 패널 설치 요청서를 작성함에 있어 오로지 WTO 설립협정 및 부속협정의 관련 조항만을 언급할 수 있다. 결국, 제소국이 작성하여 제출하는 패널 설치요청서에는 WTO 협정 관련 조항만이 나열되고, 이에 따라 패널의 관할권을 특정하는 심리범위에도 결국 WTO 협정 관련 조항만이 포함되게 된다.

따라서 그간 분쟁당사국 양국간에 다양한 논의나 합의사항이 존재한다고 하더라도 WTO 분쟁해결절차에서 해당 분쟁을 담당하는 패널은 오로지 WTO 설립협정 및 부속협정에만 근거하여 해당분쟁을 심리하게 된다. 이들 부가문서는 다만 문제의 조치의 성격을 정확하게 파악하고 양국의 입장을 이해하기 위하여 패널 및 항소기구가 의지하게 되는 것임에 유념하여야 한다.

C. GATT 1994 개관

WTO 협정의 가장 핵심을 이루는 부속협정은 바로 GATT 1994 협정이다. 이 협정은 GATT 1947 협정을 계승하여 일부 사항을 추가하여 새로이 정비되었고 상품 교역의 기본원칙을 제시하고 있다. 여기에는 다양한 조항들이 포함되어 있다. 이 중 가장 중요한 조항은 바로 비차별 원칙(non-discrimination principle)을 규정하고 있는 제1조와 제3조이다. 먼저 제1조에 규정된 최혜국 대우는 각 회원국이 여타 모든 회원국을 공평하게 대우하여야 한다는 것을 말한다. 예를 들어 한국은 여타 161개 WTO 회원국들을 국제교역의 모든 측면에서 공평하게 대우하여야 한다는 것이다. 가령 우리나라로 수입되는 모든 상품에 대해서는 품목별로 동일한 관세율이 부과되어야 한다. 가령, 우리나라가 WTO 제출한 상품 양허표(Schedules of Concession)에 기재된 관세율보다 같거나 낮은 관세율이 국가별 차이 없이 동일하게 부과되어야 한다. 반면, 제3조에 규정된 내국민 대우란 각 회원국이 자국 시장으로 수입된 외국 상품과 자국 상품을 서로 차별하여서는 안 된다는 것을 의미한다. 즉, 한국은 일단 한국으로 수입된 상품을 한국의 국산품과 동일하게 취급하여야 한다. 현재 전 세계적으로 증가하고 있는 FTA 협정은 체약 당사국들 상호간에 특별한 대우(가령 관세율을 상호 철폐하는 조치)를 그 핵심으로 하고 있다. 따라서 그 한도에서 FTA 협정은 사실 최혜국 대우 원칙에 정면으로 위반하는 내용을 담고 있다. 그러나 이러한 위반 사항은 GATT 1994 협정이 포함하고 있는 FTA 예외조항(제24조)에 따라 정당화되고 있다. 또한 GATT 1994 협정 제11조는 수량제한 조치 부과 금지 의무를 규정하여 쿼터 제도의 도입을 제도적으로 차단하고 있고 제19조에서는 세이프가드 조치의 발동을 허용하는 규정을 도입하고 있다.

또한 GATT 1994 협정은 세 가지의 중요한 예외를 도입하고 있기도 하다. 먼저 제20조에서는 일반적 예외를, 제21조에서는 안보상 예외를, 그리고 제24조에서는 FTA 예외조항을 각각 도입하고 있다. 이중 일반적 예외를 규정하고 있는 제20조가 가장 흔히 원용되는 예외조항으로 주요 분쟁에서 핵심적인 쟁점으로 대두하고 있다. 이 조항은 환경 보호 조치, 국민의 생명과 건강 보호를 위한 조치 등 일정한 조치의 경우, 특정한 요건을 충족한다면 GATT/WTO 체제 하에서 정당화될 수 있음을 규정하고 있다. 예를 들어, 명백히 내국민 대우를 위반하여 GATT 1994 협정 제3조를 위반하는 조치도 경우에 따라서는 제20조에 따라 정당화될 수 있는 가능성이 열려 있는 것이다. 그러나 이와 관련하여 유념하여야 할 부분은 제20조가 부과하는 요건은 상당히 엄격하다는 점이다. 이러한 조치를 시행하는 국가는 여러 대안 중 국제교역에 가장 덜 제한적인 조치를 채택하여야 하고 자의적인 차별을 초래하지 않아야 한다. 바로 이러한 이유로 대부분의 경우 제20조의 요건을 충족하지 못하는 것으로 귀결될 가능성이 농후하다. 그러므로 GATT 1994 협정에 대한 위반 문제를 논의함에 있어서는 항상 제20조의 일반적 예외의 적용 가능성도 동시에 검토하여야만 한다. 그러나 동시에 이 조항이 정당한 목적을 내포하고 있는 정부 정책을 폭넓게 보호한다는 것으로 오해하여서도 아니 될 것이다. 이 조항이 부과하는 엄격한 요건을 충족하는 경우에 한하여 정당화 근거가 제시된다는 점에 주목하여야 한다. 한편 GATT 1994 협정 제20조는 오로지 이 협정 위반의 조치에 대해서만 정당화 사유를 제시한다. 따라서 이 조항이 여타 부속협정의 위반에 대하여도 정당화 근거를 제시하는 것은 아니다. 예를 들어 보조금협정 위반에 해당하는 정부 조치가 GATT 1994 협정 제20조에 의해 정당화되지는 않는다. 이러한 점 역시 제20조의 정당화 범위는 실제 우리가 느끼는 부분보다는 그 범위가 좁다는 점을 일깨워 준다.

또한 서비스 교역을 규율하는 GATS에도 일반적 예외조항이 포함되어 있으며 이 협정의 제14조가 이를 규정하고 있다. GATS의 일반적 예외는 GATT 1994 협정의 일반적 예외와 대동소이하며 관련 법리도 상호 교환적으로 적용되고 있다. GATS를 위반하는 조치도 일반적 예외조항에 따라 정당화될 가능성은 열려 있으나, GATT 1994 협정에서와 마찬가지로 그 요건을 충족하는 것은 쉽지 않다.

(1) GATT 협정 위반 가능성 평가

한편 금융위기 극복조치가 국내 주요산업을 선별하여 구제하는 방식으로 주로 이루어지는 한도에서는 이는 GATT 협정에 대한 저촉 문제를 초래한다. 그 이유는 이 협정이 규정하고 있는 최혜국 대우 및 내국민 대우는 단지 관세율 내지 세금 부과의 문제에만 국한되는 것이 아니라 국제 교역에 영향을 미치는 법령, 제도, 관행 등 모든 측면에 동일하게 적용되기 때문이다. 또한 이 두 원칙은 법령에 명시적으로 차별 조치가 제시되어 있는 경우는 물론이고 그렇지 않은 경우에도 "사실상(de facto)" 차별적 효과가 발생하고 있으면 동일하게 적용된다는 점에 역시 주목하여야 한다. 즉, 법령과 제도 자체는 공평하나, 실제 적용하는 과정에서 구조적인 차별이 발생하는 경우도 비차별 원칙에 저촉될 가능성을 내포하고 있게 된다. 그리고 지금까지의 WTO 패널 및 항소기구의 법리에 따르면 사실상 차별적 효과가 존재하는지에 대한 분석에 있어 결정적 변수는 바로 관련 시장에서의 실제 상황이다.[48]

---

48) 1990년대 후반 시행되었던 우리나라의 "쇠고기 구분 판매" 제도가 대표적인 사례이다. 당시 도입되었던 구분 판매제도에 따르면 국내의 각 정육점은 한우를 취급하든지 아니면 수입 쇠고기를 취급하든지 둘 중 하나를 선택하고 그 사실을 점포 앞에 명시하여야 하였다. 이러한 제도는 분명 외관상 한우와 수입 쇠고기를 차별하지 않고 있다. 판매업자가 둘 중 하나를 선택하도록 하고 그 선택사항을 가게 앞에 공지하도록 한 것이므로 국산 상품과 수입 상품에 대한 구별 없이 동일하게 적용되었다. 하지만 이 제도는 결국 1999년 미국과 호주의 제소로 인해 WTO 분쟁해결절차에 회부되었고 결국 우리 정부의 내국민 대우 위반으로 결론이 내려졌다. 그 이론적 전개 과정은 다음과 같다. 당시 한국 시장에서 대부분의 소비자들은 한우를 선호하였으므로 판매업자가 양자택일을 강요받게 되면 대부분의 경우 한우를 선택할 수밖에 없고, 그 결과 외국산 쇠고기는 한국 시장에서 판매망을 확보하는 데 어려움을 겪게 되며, 한국 시장에서 한우와 경쟁하는 데 있어 구조적인 차별에 직면하게 된다는 것이다. 요컨대 소비자의 기호, 문화적 특성 등 각국 시장에 내재하는 상황 그 자체를 WTO 협정 위반이라고 보는 것은 아니지만, 이처럼 주어진 여건을 확대, 증폭하기 위하여 새로운 제도가 도입되고 그 결과 국내 상품이 비대칭적인 혜택을 보게 된다면 이는 내국민 대우 위반으로 이어질 수 있다는 것이다. 이 분쟁은 내국민 대우 원칙이 실제에 있어 얼마나 광범위하게 해석, 적용되고 있는지를 잘 보여준다. 또한 이 분쟁은 내국민 대우 원칙이 소비자의 자발적 선택에 따른 시장에서의 자연스러운 경쟁과 특정 제도에 의한 구조적인 차별 이 두 가지

특히 이 조항은 그간의 판례에 따라 광범위하게 해석되는 경향을 보이고 있으며, 반드시 차별적 의도가 법령이나 제도에 표시되어 있지 않더라도 그러한 법령과 제도의 도입으로 실제 시장에서의 "경쟁조건(conditions of competition)이 수입 상품에 대하여 불리하게 변경"된다면 이는 이 조항에 대한 위반에 해당하는 것으로 간주되고 있다. 이러한 법리에 따라 금융위기 극복조치를 평가하여 보면 반드시 외국 상품에 대한 명시적인 차별이 부재하더라도 이들 외국 상품에 우리 국내시장에서의 사실상의 경쟁조건 악화가 초래되고 있음이 입증되면 이는 제3조 4항에 대한 위반 문제로 귀결될 수 있다. 즉, 금융위기 극복조치 채택 결과 설사 외국 상품에 대한 명시적인 차별이 부재하더라도 결국 그 제도의 본질상 국산 상품에 대한 구매와 소비를 촉진시키는 효과를 보유할 것으로 볼 수 있다. 특히 이러한 지원조치의 수혜대상은 주로 우리 국내기업으로 보는 것이 정확하기 때문이다. 이는 결국 소비자 기호도, 품질 등에서 동일한 조건하에 있는 것으로 간주되는 동종상품(like product)인 수입 상품이 이전 보다 우리나라 시장에서 덜 구매되게 하는 효과를 초래하여 결국은 이들 수입 상품에 대한 우리 국내 시장에서의 경쟁조건을 불리하게 변경시키는 것으로 간주될 가능성이 존재하는 것으로 볼 수 있을 것이다. 특히 최근의 일련의 내국민 대우 관련 분쟁에서 얻을 수 있는 시사점은 WTO 회원국 정부가 보유하는 의도의 정당성과는 반드시 상관없이 실제 시장에서 외국산 상품에 대하여 불리한 경쟁조건이 초래되는지 여부를 평가하는 데 초점을 두고 있다는 점에 유념할 필요가 있다.

나아가 이러한 GATT 1994협정의 비차별 원칙은 GATT 1994 협정 제1조와 제3조 이외에도 다른 부속협정에 일부 변형되어 규정되어 있기도 하다. 가령 기술장벽(TBT) 협정 제2.1조에도 비차별 원칙이 규정되어 있다. 기술장벽 협정은 상품의 포장, 규격 및 표시와 관련되는 규범을 제시하고 있다. 따라서 상품에 부착되는 원산지 표시, 경고문 등과 관련되는 정부 조치들은 이 협정과 관련된다. 이 협정이 규정하는 비차별 원칙 역시 광범위하게 적용되어 제도 자체는 중립적이더라도 실제 시장에서의 효과가 외국 상품에 대해 차별적으로 발생한다면 이 역시 기술장벽 협정이 규정하고 있는 비차별 원칙에 대한 위반으로 인정된다.

(2) 금융위기 극복조치와 일반적 예외

한편 GATT 제3조 위반 문제와는 별도로 이러한 위반이 결국 GATT 제20조가 제시하고 있는 일반적 예외(General Exceptions)에 해당할 가능성이 있는지 여부를 별도로 평가할 필요가

의 중간지대에 위치하고 있음도 보여준다. 이처럼 WTO 분쟁해결절차에서 내국민 대우 관련 분쟁이 점차 다양한 맥락에서 격화되고 있다.

있다. 현재 제시되는 사안과 같이 WTO 회원국 정부가 다양한 정당한 정책목표를 달성하고자 추진하는 조치들은 설사 GATT 조항에 대한 위반을 구성하더라도 궁극적으로 제20조의 일반적 예외조항에 따라 정당화될 가능성이 남아 있기 때문이다. 그러나 금융위기 극복조치는 제도의 목적, 취지 그리고 운용방식을 감안하면 이 제도가 제20조에 나열된 10가지 사항 중 하나를 충족하는 것으로 판단될 가능성은 일단 상대적으로 희박한 것으로 보아야 할 것이다. 다만 이 조치가 자국의 중요한 "공중도덕(public moral)" 유지를 위하여 채택된 필요한 조치로서 GATT 제20조(a)호에 규정된 요건을 충족하여 궁극적으로 일반적 예외에 해당함을 주장할 수 있는 가능성은 상세히 검토하여 볼 수는 있을 것이다. 여타 9가지 요건과는 직접 연관되는 것으로 보기는 힘들며, 단지 이 중 가장 포괄적인 성격을 내포하고 있는 첫 번째로 나열된 요건인 "공중도덕"을 유지하기 위한 조치에 해당되는지 여부가 그 중 가장 설득력이 있는 항목으로 볼 수 있기 때문이다.

이와 관련하여 염두에 두어야 할 것은 제20조의 일반적 예외조항을 원용하기 위해서는 동 조항이 요구하고 있는 엄격한 요건을 충족하여야 한다는 점이다. 가령, 단지 문제의 조치가 공중도덕 보호와 관련이 있는지 또는 공중도덕 보호에 기여를 하는지 여부가 아니라 실제 이 조치가 공중도덕 보호에 "필요한" 조치인가 하는 점이 조치 시행국인 우리 정부에 의하여 입증되어야 한다. GATT 제20조(a)항은 "공중도덕 보호를 위하여 필요한 조치(measures necessary to protect public morals)"라고 명시적으로 규정하고 있으며 여기에서 특히 "필요한 (necessary)"이라는 문구가 중요한 의미를 내포하고 있다.[49] 기존 항소기구 법리에 따를 경우, 이 문제와 관련한 핵심적인 판단기준은 문제의 조치보다 국제 상품 교역에 덜 부정적인 영향을 미치는 여타 선택 가능한 대안이 존재하는지 여부이다.[50] 즉, 현재 우리 정부가 추구하고 있는 정책목표의 타당성을 인정하더라도 이러한 목표를 달성함에 있어 상품 교역에 덜 제한적인 대안이 존재하는 것으로 확인되면 이러한 "필요성" 요건은 충족되지 않은 것으로 볼 수 있을 것이다. 그런데 금융위기 극복조치 맥락에서 검토되는 조치들은 특정 상품의 생산과 판

---

49) 해당 조항은 다음과 같다:
   Article XX : General Exceptions
   Subject to the requirement that such measures are not applied in a manner which would constitute a means of arbitrary or unjustifiable discrimination between countries where the same conditions prevail, or a disguised restriction on international trade, nothing in this Agreement shall be construed to prevent the adoption or enforcement by any contracting party of measures:
   (a) necessary to protect public morals;
50) *United States—Measures Affecting Cross-Border Supply of Gambling and Betting Services*, WT/DS285/R(Apr. 7, 2005)("*U.S.—Gambling(AB)*"), paras. 300-327 참조.

매에서의 특혜를 일부 요건을 충족하는 '국내기업'에만 국한하여 제공한다는 것을 그 기본골
자로 하고 있다. 특히 이 조치는 상품의 생산과 판매를 특정 요건을 충족하는 국내기업에만
허용하는 것을 목표로 하고 있으므로 이를 충족할 가능성이 거의 전무한 외국 상품은 한국
시장에서 구조적인 차별에 직면하게 될 가능성이 존재한다. 즉, 이 조치는 이 항목에 해당하
는 외국 상품에 대한 자국 시장에서의 생산과 판매를 사실상 제한한다는 측면에서 상당히 직
접적이고 공격적인 성격을 내포하고 있는 조치로 파악될 가능성이 농후하고, 이보다 외국 상
품에 덜 제한적인 성격을 내포하는 대안이 존재하는 것으로 주장될 가능성이 객관적으로 존
재하는 것으로 볼 수 있을 것이다. 바로 이러한 이유로 이 조치는 현재의 WTO 법리에 따를
경우 GATT 제20조(a)호가 부과하고 있는 "필요성" 요건을 충족하는 것으로 보기는 곤란할
것으로 판단된다. 이러한 상황에서 현재 검토되는 조치는 그 본질상 GATT 제20조가 요구하
는 필요성 요건을 충족시키기는 힘들 것으로 보이며 따라서 GATT 협정 위반 정당화 사유로
인정되지는 않을 것이다.

특히 이 조항이 의미하는 "공중도덕"이 어떠한 의미를 내포하고 있는지 여부를 이와
관련하여 구체적으로 살펴볼 필요가 있다. 동일한 문구가 서비스 교역에서의 일반적 예외
를 규정하고 있는 GATS 협정 제14조에도 역시 포함되어 있다. 이 문제는 안티구아 바뷰다
와 미국간 진행된 *U.S. - Gambling* 분쟁에서 상세히 다루어진 바 있으며, 이 분쟁에서
WTO 패널은 공중도덕이란 시간과 공간에서 상대적인 측면을 보유하며 각 회원국이 스스
로의 상황을 감안하여 재량적으로 판단할 수 있는 개념임을 확인하고, 특히 이 개념은 각
회원국의 사회, 문화, 윤리, 종교적 가치관 등을 포함하는 다양한 요소에 따라 좌우됨을 언
급하였다.[51]

즉, 이 판정에서 언급하는 공중도덕의 의미는 주로 사회, 문화, 윤리, 종교 등 비통상적
가치관 중 각 회원국이 중요하게 생각하는 가치관을 국내적으로 달성하고자 어떠한 조치를
취하는 상황을 염두에 두고 있는 것으로 볼 수 있다. 예를 들어 우리 정부가 우리의 문화, 종
교, 윤리, 사회 상규 등을 보호하기 위한 목적으로 조치를 취하고 그 결과 국제교역에 부정적
영향을 초래하여도 이 조항에 따라 정당화될 가능성이 있다는 것이 이 조항의 정확한 의미로
파악할 수 있을 것이다. 반면에 조치의 목적 자체가 "특정 국내산업을 보호"하기 위하여 도입
되는 것이라면 이는 교역문제와 직접 관련되는 조치로 이와 같이 일반적인 의미의 비교역적

---

51) *U.S. - Gambling*(Panel Report), paras. 6.465 and 6.461.

기본가치를 보호하기 위한 공중도덕과는 적지 않은 거리가 있는 것으로 볼 수 있을 것이다. 국제교역 내지 통상을 직접 그 대상으로 하여 도입된 조치를 공중도덕과 결부시켜 논의한 사례는 국제통상법뿐 아니라 일반적인 국제공법에서도 그 사례를 찾아보기 힘든 내용이다.

또한 공중도덕 이외에 GATT 제20조가 나열하고 있는 여타 9가지 항목 중 하나에 해당하는 것으로 간주되더라도 국제교역에 부정적 영향을 덜 초래하는 다른 대안이 있는 것은 아닌지, 또는 동일한 조건이 존재하는 여타 상품에 비하여 자의적인 차별을 초래하는 것은 아닌지에 대한 검토를 실시하여야 하는 등 제20조의 두문(chapeau)에 규정된 요건을 충족하여야 한다. 금융위기 극복조치들은 대부분 설사 9가지 항목 중 하나에(혹은 10가지 중 하나에) 해당하는 것으로 판정되더라도 결국 제20조의 두문에서 제시하고 있는 이러한 요건을 충족하는 것으로 보기는 객관적으로 힘들다고 보아야 할 것이다. 이러한 부분을 충족하고 있다는 점을 보여주기 위해서는 다양한 대안에 대한 검토가 이루어졌다는 점이 소명되어야 하나 현재 그러한 검토는 시행되지 않은 것으로 파악되기 때문이다.

(3) 금융위기 극복조치와 안보상 예외

금융위기 정책을 일반적 예외조항을 통하여 정당화되는 가능성 여부를 앞에서 살펴보았다. 그렇다면 금융위기 정책은 안보상 예외조항을 통하여 정당화될 가능성은 있는가? 사실 안보상의 예외는 군사적 측면 그리고 핵물질 관련 사항에 대해서만 적용되는 것으로 그 범위가 특정되어 있는 것이 통상협정의 일반적인 흐름이다. 그러므로 경제위기 상황에 대하여 안보상 예외조항의 도입을 확보하기 위해서는 향후 체결되는 통상협정에 그러한 취지의 언급이 포함되어야만 한다. 특히 우리나라의 경우에는 통일이라는 국가적 현안이 있고 통일이 갑자기 다가올 가능성에 대비한 다양한 조치를 취하여야 할 상황이 충분히 가능하다. 그리고 이러한 상황대비 조치가 광범위한 개념의 안보상 예외 요건을 충족시킬 가능성이 역시 언급되고 있기도 하다.[52]

그러나 현재 통상협정에서 규정하고 있는 안보상 예외는 대부분 군사적 예외에만 국한되어 있고 경제적 위기 내지 금융위기를 염두에 둔 내용은 누락되어 있다. 따라서 비엔나 조약법 협약에 따른 해석원칙을 적용하게 되면 이와 같이 비군사적 위기 상황에 대한 예외조항의

---

52) DC. Fred Bergsten and Joseph E. Gagnon, *Currency Manipulation, the US Economy, and the Global Economic Order*, Peterson Institute for International Economics, N U M B E R   P B 1 2 − 2 5(December 2012), p. 6.

원용은 기본적으로 불가능한 구조를 갖고 있다. 다른 한편 최근의 금융 인프라에 대한 사이버 공격의 사례에서 보는 바와 같이 점차 비군사적 위기에 대한 예외인정의 필요성이 증가하고 있어 향후 협정 개정 작업 등에서 이러한 부분이 점차 반영될 가능성이 높아지고 있는 상황 이다. 각국의 입장 변화와 국제사회의 추이에 유념하여야 할 것이다.

(4) 비위반 제소 가능성 존재

각국의 금융위기 극복조치와 관련하여 설사 협정 위반이 분명하게 입증되지 않는 경우에 도 다른 국가들은 이 조치에 대하여 비위반 제소(non-violation nullification and impairment)를 검 토할 가능성도 존재한다. 비위반 제소 문제는 협정 위반이 아닌 사항에 대한 제소 가능성을 열어 둔 것이므로 설사 비위반 제소를 추진하는 국가가 있는 경우에도 최종적으로 승소하기 위해서는 상당히 "엄격한" 요건을 충족하여야 한다. 또한 협정위반청구의 경우는 이익의 무효 화 또는 침해가 추정되므로 제소국은 피제소국의 대상조치가 GATT/WTO 협정에 위반된다는 점만을 입증하면 되나 비위반청구의 경우는 이익의 무효화 또는 침해가 확정되어야 하므로 제소국은 상기 제소요건을 모두 입증하여야 하는 부담이 있다. 또한 비위반청구의 경우 피제 소국은 패소하더라도 GATT/WTO 협정상의 어떤 구체적 의무를 위반한 것이 아니기 때문에 대상조치를 철회할 의무는 없다.

금융위기 극복조치로 인하여 국내산업에 대한 구제 내지 보호 조치가 대량으로 채택되고 그 결과 수입국 시장에서 자신의 상품 판매가 제대로 이루어지지 않는 것으로 판단하는 국가 는 이 조항을 원용하여 조치 시행국을 분쟁해결절차로 회부할 가능성도 있다. 제소국 입장에 서는 협정 체결 당시 예상하지 못하였던 상황으로 인하여 자신의 교역상의 이익이 침해되었 음을 주장할 수 있을 것이기 때문이다. 또한 금융위기 극복조치의 파급효과로 상품의 판매에 부정적 영향이 초래되었다는 점은 비위반 제소의 요건이 충족되었음을 보여주는 주요한 사례 로 활용될 가능성도 적지 않다.

D. 국제통상법상 보조금 규범

(1) 보조금협정 개관

한편 각국이 채택하는 금융위기 극복조치는 보조금협정과의 저촉 문제를 또한 직접적으 로 초래한다. 일단 WTO 보조금협정에서 "보조금(subsidy)"의 개념은 상당히 광범위하게 해석 되고 있어 이러한 보조금을 교부하지 아니할 의무는 정부 기관에 대하여 상당히 폭넓은 의무를 부과하고 있는 것으로 볼 수 있다. 비록 통상협정별로 상이한 정의 규정이 도입될 수 있으나 일단 일반적으로 국제통상법에서 규정하고 있는 보조금 논의 및 정의는 일부 미세한 조정이 있을 수도 있으나 원칙적으로 동일하게 적용되고 있다는 점을 염두에 두고 관련 문제를 살펴볼 필요가 있다.

여타 WTO 부속협정과는 달리 보조금협정은 다소 복잡한 구조를 택하고 있다. 먼저 현 WTO 보조금협정은 보조금을 크게 금지 보조금(prohibited subsidies), 조치가능 보조금(actionable subsidies) 및 상계조치대상 보조금(countervailable subsidies)의 세 가지 형태로 구분하여 각각 별도의 관련 규정을 두고 있다. 먼저 금지 보조금을 규율하고 있는 보조금협정 제2부(Part Ⅱ)는 국제무역에 특히 부정적 효과를 야기하는 수출 보조금과 수입대체 보조금을 확인, 철폐하기 위한 규정을 포함하고 있으며, 조치가능 보조금을 규정하고 있는 제3부(Part Ⅲ)는 금지 보조금은 아니나 타국의 무역이익에 심각한 손상(serious prejudice)을 초래하는 보조금에 대처하기 위한 규정을 포함하고 있다. 한편 상계조치에 관한 제5부(Part Ⅴ)는 금지 보조금이나 조치가능 보조금에 직면하여 일방 회원국이 WTO 분쟁해결기구에 대한 직접 제소 대신 ─또는 제소와 함께─ 일방적인 조사를 거쳐 필요한 상계관세 부과조치를 도모하는 경우 이에 대한 절차와 방법을 상세히 규정하고 있다. 하나 유념할 부분은 원래 보조금협정 제4부(Part Ⅳ)는 "허용 보조금(non-actionable subsidies)"을 규정하고 있었지만 회원국간 연장합의에 실패하여 1999년 12월 31일자로 그 효력을 상실한 상태라는 점이다.[53] 그러므로 현재 시점에서는 법리적으로 허용 보조금에 대한 면책규정은 존재하지 아니하며 사실 이러한 예외조항이 부재한다는 측면이 보조금협정의 가장 큰 문제점 중 하나라고 볼 수 있다. 또한 바로 이러한 상황이 곧바로 금융위기 극복조치와 관련하여서도 직접적인 영향을 초래함은 물론이다. 설사 국가가 경제위기에 직면하여 이를 극복하고자 필요한 지원조치를 취하더라도 이에 대한 면책 조항은 보조금협정에 부재한다는 것이다. 이러한 기계적 협정 적용의 가능성은 국가간 분쟁을 촉박시킬 수 없는 구조적 문제를 내포하고 있다고 볼 수 있을 것이다. 우루과이 라운드 협상과정에서 보조금협정을 도입하게 된 이유는 국제교역을 왜곡하는 불법적인 보조금을 규제할 필요임은 두말할 필요가

---

53) 현 보조금협정 제31조는 허용 보조금을 규정하고 있는 제8조 및 제9조가 WTO 협정 발효일부터 5년간 적용된다고 규정하면서, 동 기간 종료 180일 전까지 관련 규정의 적용 연장에 대해 WTO 보조금 위원회가 검토할 것을 명시하고 있다. 그러나, 동 규정의 연장을 둘러싼 국가들간 의견차이로 인하여 명시된 시한인 1999년 12월 31일까지 보조금 위원회가 적용 연장에 대한 합의에 도달하지 못함으로써 2000년 1월 1일자로 동 조항들은 그 적용이 만료되었다. 따라서 현재에는 허용 보조금이라는 항목은 존재하지 아니한다. 허용 보조금은 회원국에 대하여 사용이 허용되어 있을 뿐만 아니라 이에 대한 상계조치도 금지되어 있는 보조금을 의미한다. 이러한 허용 보조금에는 연구개발 보조금, 낙후지역개발 보조금 및 환경 보조금이 포함되어 있다. 현재 제안된 의장 초안도 이러한 내용을 그대로 따르고 있다.

없으나[54] 한편으로 보조금협정이 회원국 정부의 정당한 정책목표 달성을 위한 경제개발정책에 부당한 장애물로 작용하여서는 안 된다는 점 역시 협상 과정에서 논의된 부분이다.[55] 또한 정당한 정부 정책의 허용 필요성은 보조금협정에서 나타나고 있기도 하다.[56] 보조금협정은 여러 국가간 입장 차이가 심각하여 전문(preamble)도 없이 채택된 부속협정 중 하나이다. 또한 그간의 보조금 분쟁에서 보조금협정은 지원조치 실시 회원국과 여타 회원국의 권리 의무의 균형점을 찾는 것이 중요한 과제 중 하나라는 점이 거듭 확인되었다.[57] 이러한 부분을 감안하면 보조금협정의 기계적인 적용은 사실은 보조금협정이 지향하고 있는 목표와도 반드시 부합하지 않는 측면이 있다는 점을 잘 알 수 있을 것이다.

(2) 보조금 조치에 대한 대응수단

보조금협정이 규정하고 있는 일방 회원국의 보조금 조치 존재가 확인되고 나아가 여타 추가 요건이 확인되는 경우(가령, 심각한 손상(adverse effect) 또는 실질적 피해(material injury)) 타방 회원국은 이에 대한 대응 조치를 모색할 수 있다. 이러한 대응 조치는 보조금 교부국을 WTO 분쟁해결절차에 직접 제소하는 방안과 해당 보조금 교부국으로부터 수입되는 상품에 대하여 상계관세 부과를 고려하는 방안의 두 가지가 존재한다.

(a) 다자간 문제제기 – WTO 직접 제소

일방 회원국의 보조금 교부로부터 피해를 입은 타방 회원국이 그러한 보조금 교부조치를 WTO 분쟁해결절차에 직접 제소하는 경우는 다시 조치가능 보조금과 금지 보조금의 경우로 나누어 볼 수 있다.

---

54) 한국국제경제법학회, 『신국제경제법』, p. 190; 정인섭·정서용·이재민, 『국제법 판례 100선』, 박영사(2008) p. 413; 채형복, 『EU통상법』, 지산출판사(2001) p. 200 각각 참조.
55) Panel Report, Canada–Measures Affecting the Export of Civilian Aircraft(WT/DS70/R)(April 14, 1999)("Canada–Aircraft"), para. 9.119; Panel Report, United States–Measures Treating Exports Restraints as Subsidies, WT/DS194/R and Corr.2 adopted on August 23, 2001, DSR 2001:XI, 5767 참조.
56) 실제로 보조금협정 제8.1조의 각주 23은 "다양한 목적을 위한 정부의 지원이 회원국에 의하여 광범위하게 제공되고 있으며, 이러한 지원이 이 조의 규정에 의한 허용보조금에 해당되지 아니한다는 단순한 사실 자체가 회원국이 이러한 지원을 실시하는 것을 제한하지 아니한다"라고 규정하여 정부의 다양한 시장개입을 기본적으로 인정하고 있다. 동 각주 내용의 원문은 다음과 같다:
　　23 It is recognized that government assistance for various purposes is widely provided by Members and that the mere fact that such assistance may not qualify for non-actionable treatment under the provisions of this Article does not in itself restrict the ability of Members to provide such assistance.
57) Panel Report, *Canada–Measures Affecting the Export of Civilian Aircraft*, WT/DS70/R, adopted 20 August 1999, para. 9.119.

1) 조치가능 보조금(Prohibited Subsidies)

먼저 보조금협정은 제Ⅲ부에서 이른바 조치가능 보조금(actionable subsidies)을 규정하고 있다. 이러한 조치가능 보조금은 보조금 분쟁에서 가장 흔하게 대두되는 형태로서 보조금의 분류에서 가장 넓은 영역을 차지한다. 보조금협정 제5조에 따를 경우 조치가능 보조금은 (a) 타방 회원국의 국내산업에 대한 피해, (b) 특정성 있는 보조금 지급에 따른 양허 혜택의 무효화 또는 침해, (c) 타방 회원국의 이익에 대한 심각한 손상(serious prejudice)과 같은 부정적 효과(adverse effects)를 발생시키는 일방 회원국의 보조금을 의미한다.

한편 보조금협정 제7조는 조치가능 보조금에 대한 타방 회원국의 구제수단을 규정하고 있다. 먼저 분쟁 당사국간 협의를 거쳐 협의 개시 후 60일 이내에 분쟁 해결에 실패할 경우 그러한 타방 회원국의 요청에 의해 동 분쟁은 분쟁해결기구에 회부된다. 심리를 담당하는 패널은 패널 위임사항이 결정된 일자로부터 120일 내에 최종 결정에 이르러 해당 보고서를 모든 회원국에게 회람시켜야 한다. 일방 당사국이 항소하는 경우 항소기구는 항소 후 원칙적으로 60일 이내에, 그리고 어떠한 경우에도 90일 이내에 최종결정에 도달하여야 한다. 항소기구 보고서가 회원국들에게 제출된 후 20일 이내에 분쟁해결기구가 총의에 의하여 동 보고서를 채택하지 않기로 결정하지 않는 한, 패널 보고서와 항소기구 보고서는 자동적으로 채택된다. 문제가 된 보조금이 보조금협정 제5조상 다른 회원국의 이익에 대한 부정적 효과를 초래하였다는 취지의 결정을 담고 있는 패널 보고서 또는 항소기구 보고서가 채택되면, 그러한 보조금을 공여하거나 유지한 일방 회원국은 그 부정적 효과를 제거하기 위한 적절한 조치를 취하거나 해당 보조금을 철회하여야 한다.[58]

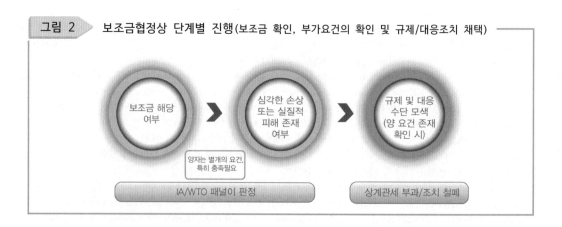

그림 2   보조금협정상 단계별 진행(보조금 확인, 부가요건의 확인 및 규제/대응조치 채택)

보조금 해당 여부 ▶ 심각한 손상 또는 실질적 피해 존재 여부 ▶ 규제 및 대응 수단 모색 (양 요건 존재 확인 시)

양자는 별개의 요건, 특히 충족필요

IA/WTO 패널이 판정   상계관세 부과/조치 철폐

---

58) 보조금협정 제7조 참조.

2) 금지 보조금(Actionable Subsidies)

한편 금지 보조금(prohibited subsidies)은 보조금협정 제Ⅱ부에서 별도로 규정하고 있다. 현재 WTO 보조금협정은 단지 수출보조금 및 수입대체보조금 2가지에 대해서만 구체적, 그리고 제한적으로 금지보조금으로 규정하고 있다.[59] 즉, 동 협정 제3조는 (a) 법률상 또는 사실상, 수출실적에 따라 지급되는 보조금, 즉 수출보조금과 (b) 수입품 대신 국내상품의 사용을 조건으로 지급되는 보조금, 즉 수입대체보조금을 지급하거나 유지하지 않도록 규정하며 두 가지를 금지 보조금으로 규정하고 있다.

이 경우 회원국은 해당 금지 보조금이 존재한다는 사실만을 적시하면 될 뿐이며, 조치가능 보조금과 같이 그로 인한 부정적 무역효과는 별도로 증명할 필요가 없다.[60] 위에서 언급한 바와 같이 상기 리스트는 단지 대표적인 사례를 나열한 것에 불과하며 이러한 조치와 반드시 동일하지 않더라도 이와 유사한 또는 연관된 조치들은 금지보조금에 해당될 가능성이 농후하다. 이러한 수출 보조금 및 수입대체 보조금은 금지 보조금으로서 특정성이 당연히 존재하는 것으로 의제된다. 즉, 보조금협정 제2.3조는 이러한 보조금은 법률상 특정성 또는 사실상 특정성에 관한 보조금협정 제2조의 규정에도 불구하고 당연히 특정성이 존재하는 것으로 간주된다고 명시하고 있다. 따라서 수출 보조금과 수입대체 보조금의 경우 보조금 구성 요건 중 하나인 특정성 여부에 대한 평가가 면제되어 있어 그만큼 보조금 확인이 절차적으로 용이해지게 된다.

---

59) WTO 보조금협정 제3.1조는 금지보조금에 관하여 다음과 같이 규정하고 있다:
Article 3 Prohibition
3.1 Except as provided in the Agreement on Agriculture, the following subsidies, within the meaning of Article 1, shall be prohibited: (a) subsidies contingent, in law or in fact, whether solely or as one of several other conditions, upon export performance, including those illustrated in Annex I; (b) subsidies contingent, whether solely or as one of several other conditions, upon the use of domestic over imported goods.
즉, 금지보조금으로 수출보조금과 수입대체보조금 두 가지만을 규정하고 있을 뿐이다. 한편 보조금협정은 금지보조금 관련 분쟁의 경우 보조금협정 제4조가 적용되어 일반적인 분쟁해결보다 신속한 분쟁해결절차가 적용되도록 예정하고 있다. 보조금협정 제4.12조 참조. 또한 금지보조금에 해당하는 것으로 판정될 경우 해당 회원국은 지체없이 조치를 철회하여야 하는데(동협정 제4.7조), 이는 조치를 협정에 일치하도록 권고하는 DSU 제19.1조에 대한 일종의 특칙으로서 해당 분쟁을 담당하는 패널 및 조치 시행국의 이행상 재량의 여지를 상당히 축소하고 있다. 이는 금지보조금이 무역에 미치는 중대한 부정적 영향을 신속히 그리고 완벽하게 제거하기 위한 목적을 달성하고자 이들 조항이 도입되었기 때문이다.
60) 금지 보조금은 이 점에서 조치가능 보조금과 구별되며, 상당히 엄격한 법적 규제를 받고 있다고 볼 수 있다. 따라서 단순히 특정 조치를 "보조금"으로 규정하여 규제하는 것과 "금지보조금"으로 규정하여 규제하는 것은 현 보조금협정상 적지 않은 차이를 갖고 있음에 유의하여야 한다.

보조금협정 제4조는 금지 보조금에 대한 구제수단을 상세히 규정하고 있다. 먼저, 일방 회원국은 금지 보조금을 교부하고 있는 것으로 확신되는 타방 회원국에 대하여 협의를 요청할 수 있다. 협의를 요청받은 타방 회원국은 동 문제의 조속한 해결을 위하여 협의를 개시하여야 한다. 협의 개시 후 30일 내에 분쟁해결에 실패할 경우 협의의 일방 당사국은 동 사안을 WTO 분쟁해결기구에 회부할 수 있다. 분쟁해결기구가 총의(consensus)에 의하여 패널설치 거부를 결정하지 않는 한 패널이 설치되어 해당 사건을 심리하게 된다.

심리 진행에 있어 패널은 상설 전문가그룹(Permanent Group of Experts)에 문제된 조치의 금지 보조금 해당 여부를 판단함에 있어 지원을 요청할 수 있으며, 이 경우 상설 전문가그룹은 즉시 그 증거를 검토하고 패널이 결정한 시한 내에 검토 결과를 제출하여야 한다. 이 경우 패널은 상설 전문가그룹의 결정을 수정 없이 수용하여야 한다. 패널의 결정을 담은 패널 보고서는 패널 위임사항(terms of reference)이 결정된 일자로부터 90일 내에 모든 회원국들에게 회람되어야 한다. 만약 문제가 된 조치가 금지 보조금으로 결정된다면 패널은 보조금 교부국에 대하여 지체없이 해당 조치를 철회할 것을 권고하여야 한다.

패널 보고서의 결정 내용에 동의하지 않는 일방 당사국이 항소할 경우, 이를 담당하는 항소기구는 항소가 있은 후 원칙적으로 30일 내에 결정에 도달한다. 그리고 항소기구는 어떠한 경우라도 항소시점으로부터 60일 내에 심리를 완료하여야 한다. 항소기구의 결정을 담은 항소기구 보고서가 회원국들에게 제출된 후 20일 내에 분쟁해결기구가 총의에 의하여 동 보고서를 채택하지 않기로 결정하지 않는 한, 패널 보고서와 항소기구 보고서가 채택된다. 항소기구 보고서가 금지 보조금을 확인하고 이의 철폐를 요구하는 경우 보조금 교부국은 이를 이행하여야 한다.

이상에서 보는 바와 같이 보조금협정은 금지 보조금 관련 분쟁에 대해서는 여타의 보조금의 경우보다 상대적으로 단축된 기한 적용을 통해 당사국간 신속한 분쟁해결을 도모하고 있으며 또한 보조금 조치도 기본적으로 철폐를 그 전제로 하고 있다. 이는 금지 보조금의 무역 왜곡적 효과를 인식하고 이의 신속한 제거를 도모하자는 보조금협정의 취지를 구현하고 있기 때문이다.

(b) 일방적 조치를 통한 대응방안 – 상계관세 조사 및 부과

보조금에 대응하는 또 다른 방안은 WTO 분쟁해결절차에 제소하는 대신 수입국이 독자적으로 상계관세 조사를 실시하는 방안이다. 즉, 보조금의 혜택으로 생산되어 자국 내로 수입되는 외국 상품에 대하여 보조금에 상응하는 추가관세를 부과하는 것으로 이러한 추가관세를 상계관세(countervailing duties)라고 칭한다. 가령 동 회원국의 상품 양허표상 해당 품목의 관세가 5%인 경우, 보조금 교부가 인정되어 상계관세 10%가 부과된다면 이제 동 품목을 수입하는 회원국 수입업자는 15%의 관세를 통관시 자국 정부에 납부하여야 한다. 이러한 추가관세의 부과를 통해 보조금 교부의 효과를 상쇄하고자 하는 것이다.

물론 상계관세 부과 자체도 WTO 회원국의 별도의 조치로서 여기에 대한 WTO 분쟁해결절차에의 제소가 역시 가능하다. 다만 이 경우 제소국은 보조금 교부를 실시하였다고 주장된 상계관세 조사의 피조사국이 될 것이며 피제소국은 상계관세를 부과한 국가가 될 것이다. 즉, 금지 보조금이나 조치가능 보조금의 경우 이로부터 피해를 입은 회원국이 보조금 조치 시행 회원국을 WTO 분쟁해결기구에 제소하는 형태인 반면, 상계조치의 경우 상계조치의 대상국(즉, 보조금 조치 시행국)이 상계조치 부과국(즉, 보조금 조치 피해국)을 WTO에 제소하게 된다는 측면에서 차이가 있다. 이 경우 제소국이 누구인가에 따라 입증책임(burden of proof) 등 소송기술적 측면에서 다소 차이가 있다.

(3) WTO 패널 심리 및 상계관세 조사 과정에서 확인사항

보조금협정상 특정의 정부 지원정책이 먼저 "보조금"을 구성하기 위하여는 기본적으로 세 가지 요건이 확인되어야 한다. 이 세 가지 요건은 (i) 정부로부터의 재정적 기여(financial contribution by a government), (ii) 경제적 혜택(benefit), 그리고 (iii) 특정성(specificity)이다.[61] 이들 세 가지 요건은 각각 충족되어야 하는 별개의 요건이다. 따라서 상기 세 가지 요건 중 하나의 요건이라도 부재하는 경우 해당 조치는 보조금협정에서 의미하는 보조금에 기본적으로 해당되지 않으며 따라서 보조금협정에 따른 아무런 규율도 받지 않게 된다. 이를 간략히 도표로 표시하면 다음과 같다.

---

61) WTO 보조금협정 제1.1조, 제2조 및 제14조 참조.

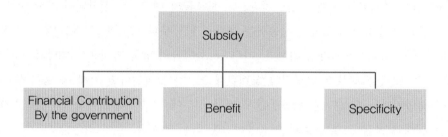

따라서 대부분의 보조금 관련 국제분쟁에서 핵심적인 법적 다툼은 주로 상기 세 가지 구성요건의 존재 여부에 관하여 전개되고 있다. 보조금의 세 가지 구성요건을 보다 상세히 살펴보면 다음과 같다.

(a) 정부에 의한 재정적 기여

첫 번째 요건인 "정부에 의한 재정적 기여(financial contribution by the government)"는 정부로부터 민간기업으로 재정적 자원이 −즉, 금전적 가치 있는 매개물이− 전달되었는지 여부에 대한 평가이다. 이와 관련하여 보조금협정 제1조는 다음의 네 가지 경우를 열거하고 있다:

- 정부로부터 민간기업으로의 자금의 직접적 이전(예컨대 무상지원금 제공, 국책은행으로부터 대출 제공 및 주식구매를 통한 정부 투자금의 유입 등)
- 정상적인 상황이라면 징수되어야 할 세금 및 각종 부과금의 감면(예컨대 수출기업에 대해 제공하는 세액공제 등)
- 일반적인 사회간접자본을 제외한 정부로부터 민간부분에 대한 상품 또는 서비스의 제공
- 위에서 열거한 세 가지 행위를 정부가 민간주체에 위임 또는 민간주체를 지시하여 정부를 대신하여 여타 민간주체를 지원하도록 하는 행위

보조금협정에서 규정하고 있는 상기 네 가지의 정부로부터의 재정적 기여 사례는 한정적 열거이며 예시적 사례제시가 아니다. 따라서 이들 네 가지 형태에 해당하는 정부 조치만이 "정부로부터의 재정적 기여"를 구성하게 되고 이에 따라 궁극적으로 보조금협정상 보조금에 해당할 가능성을 보유하게 된다. 그러나 위에서 보는 바와 같이 이 네 가지 사례에 대한 규정 자체가 지극히 추상적인 개념으로 정의되어 있어 실제에 있어서는 이 네 가지 경우만 하더라도 실로 광범위한 구체적 상황을 포괄할 수 있음에 유념하여야 한다. 이들 네 가지 경우를 보다 자세히 살펴보면 다음과 같다.

1) 정부기관으로부터 개인 기업으로의 자금의 직접적 이전

정부로부터의 재정적 기여가 가장 빈번하게 발생하는 상황은 정부가 특정 기업 또는 특정 산업에 종사하는 기업들에게 직접 자금을 제공하는 경우이다. 개별 기업에 지원되는 국책은행의 자금대출 또는 금융지원시 정부의 보증 제공 등도 이러한 범주에 속하게 된다. 또한 정부가 개별 기업의 주식을 구입하고 그 대가인 구입가액이 국고에서 개별기업으로 이전하는 경우에도 역시 이러한 범주에 해당한다.

2) 세금 및 여타 과징금 징수를 포기, 감면하는 경우

보조금협정이 규정하는 두 번째의 경우는 정부가 개별기업을 위하여 정당히 부과되는 세금을 감해주거나 또는 면제하여 주는 경우이다. 이와 같이 감면된 한도만큼 경제적 혜택이 존재하게 된다. 통상적으로 세금 감면과 관련된 사항은 대부분 각국의 일반적인 세법에 상세히 명기되어 있다. 이와 유사하게 일반적인 세금이 아니더라도 수입관세가 감면되는 경우, 또는 여타 정부 과징금이 특정 기업에 대해서만 감면되는 경우 그 한도 내에서 역시 정부로부터의 재정적 기여가 존재하는 것으로 간주된다.

3) 정부가 정당한 대가를 제공받지 않고 물자와 서비스를 제공

정부로부터의 재정적 기여를 위한 세 번째의 경우는 외국 정부가 개별기업에 대하여 물자와 서비스를 제공하고 이에 대하여 상응하는 보상을 받지 않는 경우이다. 가령, 특정한 기업에 대하여 정부가 100달러 가치를 보유한 서비스를 제공하였으나 이에 대한 반대급부로 50달러만 받는 경우가 이에 해당한다. 이 경우 역시 정부로부터의 재정적 기여가 발생하였으며 경제적 혜택은 50달러(100달러~50달러) 만큼 존재하게 된다. 그러나 이 과정에서 하나 유의할 점은 일반적인 인프라구축 시설(가령, 항만, 산업단지 등의 제공)은 일반적인 경제정책의 일환으로 평가되며 미국 통상법에서 규정하는 정부로부터의 재정적 기여에 해당하지 않는다. 따라서 정부의 지원으로 인프라 구축사업을 실시할 경우 이는 정부로부터의 재정적 기여에 해당하지 않으므로 설사 특정 기업 또는 산업이 그로 인하여 경제적 혜택을 향유하더라도 보조금에 해당하지 않는다.

4) 정부의 위임 및 지시

정부로부터의 재정적 기여의 마지막 경우는 흔히 간접 보조금이라고 총칭되는 부분이다. 즉, 이는 일국 정부가 특정 기업을 지원하기 위하여 다른 기업에 대하여 원하지 않는 조치를 실시하도록 위임 및 지시하는 상황을 의미한다. 가령, 정부가 은행에게 특정 기업에 대한 대출을 확대하라고 강제하여 은행이 대출을 실시하는 경우 설사 해당 대출은 은행으로부터의 자금제공으로 정부로부터의 재정적 기여에는 해당하지 않는 것이 원칙이나 이와 같이 정부의 강제로 인하여 대출을 하는 경우에는 정부의 대출과 동일한 것으로 보아 재정적 기여가 존재하는 것으로 확인되는 것이다. 쉽게 짐작할 수 있듯이 이러한 간접 보조금은 그 적용 영역이 광범위하고 경계선이 모호하여 상당한 논란의 여지가 있다. 만약 특정 국가가 동 조항을 지나치게 확대해석하여 간접 보조금을 주장할 경우 상대방 국가는 이러한 주장이 자국의 경제주권에 대한 침해를 구성하는 것으로 주장할 가능성도 배제할 수 없기 때문이다. 최근 미국과 한국간 한국산 DRAMs 관련 보조금 분쟁에서 문제된 쟁점은 바로 이러한 간접 보조금과 관련된 사항이다. 최근 美상무성 등은 이 규정을 가급적 폭넓게 해석하여 일반적인 민간주체와 민간주체간 거래에 대해서도 자국 통상법 규범을 적용하고자 하는 움직임을 보이고 있다. 특히 직접적인 보조금 교부의 경우가 점차 줄어드는 상황에서 이 조항을 대안으로 적극 모색하고 있는 것으로 보인다.

이 문제는 보조금협정의 입안자들이 생각하였던 것처럼 조항 하나로 간단히 해결될 문제가 아니다. "위임 및 지시"에 대한 판단이 해당 국가의 경제정책 또는 금융정책의 제반 특성에 대한 총체적 고찰과 연관되는 필연적인 결과로, "위임 및 지시"의 존재여부에 대한 판단에는 때로는 해당 국가의 경제정책 또는 금융정책의 전반적인 성격 규정이 필요하게 되며, 이러한 성격 규정을 통하여 해당국의 특정 경제/금융정책이 "위임 및 지시"로 표현된 보조금협정상 정부로부터의 재정적 기여 요소를 충족시킬 수 있는가 하는 문제가 대두되게 된다. 예를 들면 정부 주도의 관치금융의 존재라는 일반적인 확인을 통해 정부의 일반적 영향력 하에 놓여진 것으로 결정된 민간 은행으로부터의 대출 및 융자를 정부로부터의 재정적 기여의 한 형태를 구성하는 "위임 및 지시"의 결과물로 판단할 수 있는가 하는 문제, 또는 정부 주도의 환율/외환 정책의 확인을 통해 정부 소유 금융기관 또는 정부 영향력 하에 놓인 민간 금융기관으로부터의 외화 교환 및 여타 외환 업무가 이루어 지는 경우가 그것이다. 이와 같은 특정 국가의 금융제도 전반에 대한 관치금융 및 국가 통제 외환수급 제도의 인정은 특정 기업 또는 특정 산업을 넘어서 수출에 종사하는 해당국 산업 전반에 대해 "위임 및 지시"에 의한 보조금 결정 및 이에 따른 상계관세 부과의 대상을 가능케 한다는 점에서 심각한 문제를 초래한다. 즉, 종래의 특정 제품 및 특정 산업에 대한 보조금 결정의 유형을 벗어나 특정 국가의 경제/금융제도에 대한 일반적 성격 규명이 이루어진다는 점에서 기존의 보조금 조사 및 결정과는 여러 부문에서 상이한 특징을 나타내고 있다고 하겠다.

이에 따라 일부 WTO 회원국이 동 규정을 광범위하게 해석할 경우, 타국의 거시 경제 정책, 또는 금융 정책을 보조금 지급을 위한 수단으로 규정하는 사례가 발생하고 이에 따라 예기치 못한 새로운 형태의 무역분쟁이 증가 추세에 있다. 문제는 일부 국가가 이러한 경제정책 및 금융 정책을 통하여 "위장된" 방법으로 불법 보조금을 지급하고자 하는 경우도 있을 것이지만[62] 때로는 이와 같은 간접 보조금 규정에 대한 광범위한 해석은 각국의 정당한 경제정책 수립 및 집행마저도 부당한 보조금 지급으로 분류될 위험성이 존재한다는 데 그 본질적 문제점이 있다. 이와 같은 무리한 보조금 규정의 적용은 해당 보조금협정 및 여타 관련 WTO 협정에 대한 위반뿐 아니라 보다 본질적으로는 일반 국제법상 상대방 국가에 대한 경제주권의 침해 문제도 아울러 야기한다고 할 것이다. 따라서 현 시점에서 현 보조금협정상 간접 보조금 관련 조항의 정확한 의미와 구체적인 적용 범위를 검토, 확정할 필요는 심대하다고 할 수 있을 것이다.

일단 위 요건을 정리하면 결국 "정부로부터의 재정적 기여"는 금전적 가치가 있는 무엇인가가 직접 또는 간접적인 방법으로 정부로부터 민간부문으로 이전되었는지 여부를 고찰하는 것이다. 무상자금지원(grant)의 경우처럼 입증이 용이한 경우도 있을 것이나 ㅡ이 경우는 정부 예산 명세서와 송금기록을 확인하면 될 것이므로ㅡ 때로는 민간부문에 대한 위임 또는 지시의 경우처럼 사실관계의 입증이 곤란한 경우도 존재한다.

한편 재정적 기여를 부여할 수 있는 정부기관은 중앙정부는 물론 현재 이 책에서 논의되고 있는 바와 같이 지방정부와 여타 공적기관도 포함된다. 가령 국책은행인 한국산업은행이 민간기업에 제공하는 대출금은 자동적으로 정부에 의한 재정적 기여를 구성하게 된다. 동 은행은 한국 정부가 100% 출자한 공적기관으로 보조금협정의 법리상으로는 일단 정부 기관과 동일하게 취급되기 때문이다. 마찬가지 맥락에서 기업은행, 수출입은행, 농협 등 여타 국책은행의 경우도 일단 공적기관으로 평가되어 이들로부터의 자금제공 내지 대출도 "정부에 의한 재정적 기여"에 해당되는 것으로 판정된다. 우리 정부는 이들 금융기관이 공적기관에 해당하지 아니 함을 주장하여 오고는 있으나 최근의 WTO 판정은 이들 기관이 공적기관에 해당한다는 입장을 일관되게 유지하고 있다.

나아가 우리은행, 농협 등과 같이 분명 외관은 민간 상업은행이기는 하나 한국 정부 또는

---

62) 이 경우는 정부가 사실상 민간기관의 "탈"을 쓰고 자국의 특정 기업이나 산업에 대해 보조금 지급을 행하는 것이므로 이에 대해 보조금협정 1.1(a)(1)(iv)의 적용에는 법리적으로 또는 실무적으로 큰 문제가 없을 것이다.

정부 관련 기관이 주요 주주로 등록되어 있는 금융기관으로부터 자금 제공 또는 대출도 역시 "정부에 의한 재정적 기여"로 간주될 개연성이 역시 농후하다. 그 이유는 이들 민간 상업은행에 대하여 정부가 주주로서 영향력을 행사할 수 있게 되는 경우 사실상 국책은행과 동일시 되기 때문이다. 따라서 금융위기와 관련하여 우리 정부기관 및 지방자치단체 또는 정부 관련 기관들이 지원을 실시함에 있어서는 이러한 공적 지원이 국제통상법에서 규정하고 있는 보조금에 해당할 가능성이 있고, 이는 다시 이러한 보조금 교부를 금지하고 있는 WTO 협정에 위반될 가능성을 내포하고 있다는 점에 유념하여야 할 것이다.

또한 이 맥락에서 지방정부가 제공하는 자금지원 역시 중앙정부의 자금제공과 동일하게 평가된다는 점에 주목하여야 한다. 따라서 지방자치단체의 후원 내지 지원 역시 통상협정 위반 문제를 제기할 수 있으므로 지방자치단체가 설사 자신의 예산만으로 지원하는 경우에도 면밀한 법적 검토가 필요하다. 사실 이미 적지 않은 보조금 분쟁에서 지방정부의 보조금 교부 프로그램이 주요 쟁점으로 대두되고 있는 상황이다. 가령 최근 대형 민간항공기 분야 보조금 교부와 관련하여 미국과 유럽연합간 전개된 *EC-Large Civil Aircraft* 분쟁 또한 지방정부가 중앙정부로부터 독립하여 독자적으로 제공하는 보조금 운용 상황과 이로부터 초래되는 국제협정 위반 문제가 제시되어 있다. 이 분쟁에서 프랑스, 스페인 등 유럽연합 국가들의 지방정부의 보조금 교부 행위도 중앙 정부의 보조금 교부행위와 동일하게 취급되어 협정 위반 판정이 내려진 바 있다. 이는 앞서 살펴본 바 있듯이 중앙정부와 지방정부를 불문하고 국가행위 귀속여부를 평가하도록 한 ILC국가책임협약 제4조의 당연한 귀결로 볼 수 있을 것이다.

현재 우리나라의 경우도 각 지방자치단체가 제공하는 지원정책이 적지 아니한 바, 이러한 지원정책과 중앙정부가 제공하는 지원정책을 어떻게 조율할 것인지, 또는 이러한 지방정부 지원정책이 초래하는 다양한 국제법적 문제점 등에 대하여도 검토할 필요가 있다. 특히 지방자치단체가 특정 대기업이나 공장을 유치하기 위하여 세금감면 조치를 취하거나 사회간접자본 구축사업을 대신 진행하여 주는 경우 보조금에 해당하는 대표적인 사례라고 볼 수 있다.

금융위기 극복조치의 다양한 형태는 상기 네 가지 중 하나에 해당할 가능성이 적지 않다. 공적자금의 직접 투입이라면 첫번째 요건이, 민간 은행에 대하여 정부가 직접적인 개입조치를 취한다면 네번째 요건이, 금융위기 극복과정에서 관련 기업에 대하여 세금감면 조치를 취하면 두 번째 요건이, 그리고 정부 관련 기관 전문인력이 지원이 이루어진다면 세 번째 요건이 각각 충족될 것이기 때문이다.

(b) 경제적 혜택

한편 보조금협정상 보조금 구성을 위한 두 번째 요건은 "경제적 혜택(benefit)"의 존재이며 이는 "정부에 의한 재정적 기여"가 발생하더라도 이로부터 민간기업에 대하여 "경제적 혜택"이 부여되었는가 여부에 대한 검토이다. 정부에 의한 재정적 기여의 존재에도 불구하고 경제적 혜택은 존재하지 않을 수도 있으므로 이는 별도의 검토 요건임에 유의하여야 한다.

경제적 혜택의 존재 여부 또는 존재 시 그 규모에 대해서는 실제 적용 가능한 "시장 기준(market benchmark)"과 문제가 된 정부와 민간기업과의 거래조건을 상호 비교함으로써 파악이 가능하다. 예를 들어 특정 민간기업이 정부은행으로부터 운영자금을 대출받고 이에 대해 시장금리로 이자를 지급하는 경우, 국고로부터 민간기업으로 자금의 이동이 발생하였으므로 정부에 의한 재정적 기여는 자동적으로 발생하였으나 이에 대하여 민간기업이 시장금리를 지불하기로 한 경우 해당 민간기업 입장에서는 해당 거래로부터 아무런 경제적 혜택이 발생하지 않은 것이다. 그러한 조건으로는 여타 민간은행으로부터도 자금조달이 가능하였을 것이기 때문이다. 따라서 이 경우에는 경제적 혜택의 부재로 인하여 보조금 자체가 존재하지 않게 된다. 이 과정에서 비교대상인 시장 기준은 문제가 된 관련 당사국의 상황을 채택하도록 가령 WTO 보조금협정 제14조에서 규정하고 있다. 각 국가 및 사회마다 거래관행과 방법이 상이하므로 경제적 혜택 평가에 사용될 시장 기준은 조사대상이 된 거래가 발생한 사회 및 시장에서 통용되는 시장 기준을 활용하여야 정확한 평가가 가능하기 때문이다. 따라서 통상협정 위반 문제와 관련하여 보조금 이슈가 제기되는 경우, 경제적 혜택의 존재 여부에 대한 평가는 한국의 시장상황(가령 한국 금융시장의 기준금리, 한국 수산업계의 일반적인 거래 기준 및 관행 등)을 기초로 그 존재 및 규모 여부가 평가되어야 함에 유의하여야 한다.

(c) 특정성

마지막으로 보조금협정상 보조금의 세 번째 구성요건은 "특정성(specificity)"이다. 보조금은 특정적(specific)일 경우에만, 즉 특정 산업 및 기업을 대상으로 하는 경우에만 보조금협정의 규율대상이 된다. 특정성에 관한 기준은 가령 WTO 보조금협정 제2조에 상세히 규정되어 있다. 따라서 정부로부터 민간기업에 대한 재정적 기여가 존재하고 그로부터 민간기업에 대하여 경제적 혜택이 부여되었다고 하더라도 해당국내 광범위한 영역에서 다수의 기업이 수혜 대상인 경우 결국 특정성의 결여로 보조금을 구성하지 않게 된다.

1) 특정성의 구별

한편 특정성은 법률상 특정성(*de jure specific*)과 사실상 특정성(*de facto specific*)으로 다시 나누어 볼 수 있다. 그 각각의 의미는 다음과 같다.

ⓐ 법률상 특정성

법률상 특정성은 보조금 조치를 도입한 법령 및 행정지침 자체에 특정 산업분야 및 기업만이 수혜대상임이 명시적으로 표현되어 있는 경우이다. 가령 미국이 "철강산업지원법"을 입법하였고 동 법이 자국 철강생산기업에 대하여 저리로 장기대출을 제공하도록 하는 내용을 포함하고 있는 경우, 이러한 지원은 법률상 특정성을 보유하게 된다. 법령 자체에 철강산업을 지원하기 위한 목적이 명백히 표시되어 있고 수혜대상이 철강기업임이 명시되어 있기 때문이다.[63] 다만 법률상 특정성의 범위도 경우에 따라서는 확대될 수 있는 바, 법령에 명시적인 특정 산업 지원 내용이 나타나지 않는 경우에도 제반 조건 및 여타 규정 내용을 종합적으로 검토하여 "필요적 함축(necessary implication)"을 통해 법률상 특정성이 확인될 수도 있다. 따라서 단지 법령에 명시적인 특정 산업 언급이 부재하도록 하는 장치뿐 아니라 법령에서 규정하는 제반 조건 및 규정이 특정 산업을 간접적으로 지원하도록 하는 내용이 부지불식간 포함되지 않도록 하는 장치 역시 법률상 특정성 제거를 위해 필요하다.

ⓑ 사실상 특정성

법률상 특정성과 달리 "사실상 특정성"이란 법령 자체는 공평하거나 중립적으로 기술되

---

[63] 이와 관련하여 WTO 항소기구(Appellate Body)는 법률상 특정성과 관련하여 다음과 같이 결정하고 있다:
…in our opinion, export credits granted "for the purpose of supporting and developing, directly or indirectly, Canada's export trade" are expressly contingent in law on export performance. We therefore find that the Canada Account debt financing in issue is "contingent in law…upon export performance" within the meaning of Article 3.1(a) of the SCM Agreement. In our view, a subsidy is contingent "in law" upon export performance when the existence of that condition can be demonstrated on the basis of the very words of the relevant legislation, regulation or other legal instrument constituting the measure. The simplest, and hence, perhaps, the uncommon, case is one in which the condition of exportation is set out expressly, in so many words, on the face of the law, regulation or other legal instrument. We believe, however, that a subsidy is also properly held to be de jure export contingent where the condition to export is clearly, though implicitly, in the instrument comprising the measure. Thus, for a subsidy to be de jure export contingent, the underlying legal instrument does not always have to provide *expressis verbis* that the subsidy is available only upon fulfilment of the condition of export performance. Such conditionality can also be derived by necessary implication from the words actually used in the measure.
Appellate Body Report, Canada－Certain Measures Affecting the Automotive Industry(Canada－Autos), WT/DS139/AB/R, WT/DS142/AB/R, para. 100.

어 있음에도 불구하고 실제 운용과정에서 특정 산업 및 기업이 집중적으로 혜택을 보는 경우이다. 법령 규정 내용으로 어느 정도의 예측 가능성이 담보되는 법률상 특정성과 달리 사실상특정성은 조사당국 및 심리 패널의 자의적 판정 가능성이 일층 높아지는 영역이다. 가령, 위의 예에서 미국 정부가 도입한 법령의 명칭이 "산업지원법"이며 동 법에는 특별히 철강산업지원을 염두에 두고 있다는 내용이 전혀 포함되어 있지 않고 일정한 기준을 충족하는 모든기업을 지원대상으로 규정하고 있는 경우에도 사실상 특정성 문제가 제기될 수 있다. 즉, 그러한 형식상 중립성은 법률상 특정성 문제는 사전에 차단할 수 있으나 그러한 형식상 중립성에도 불구하고 동 법에 따른 실제 지원실적을 검토하였더니 철강생산기업이 수혜기업의 수나총 수혜액 중 상당 부분을 차지하는 경우 사실상 특정성이 존재하게 된다. 예를 들어 전체 수혜기업 중 70%가 철강기업이거나 전체 수혜액의 60%가 철강기업이라면 특정성을 인정할 수도 있을 것이다. 그러나 전체 수혜 기업의 몇 퍼센트를 또는 총 수혜액의 몇 퍼센트가 특정기업 및 산업에 집중되어야 특정성이 존재하는지에 관해서는 명확한 기준이 존재하는 것은아니며 이는 각 사안별로 각국 조사당국 및 WTO 패널에 의하여 결정될 사안이다.

여기에 대한 평가는 다양한 기준으로 이루어지며(가령, GNP 대비 지급 비율 등), 다른 기업내지 산업에 비하여 지원실적에서 우대를 받았다는 사실이 존재하는 경우 사실상 특정성 결정 위험이 상존하게 된다. 일국 정부가 특정 산업 지원을 위한 구체적 의도를 내포하고 있지않은 경우에도 구체적 지원실적은 산업별로 비대칭적일 가능성이 높은바, 사실상 특정성 문제의 이러한 "융통성"은 피제소국 내지 피조사국에 특히 불리한 상황을 초래할 수도 있다. 이와 관련하여서는 다음 사건을 살펴보는 것이 중요한 시사점을 제공하여 준다.

© EC-LCA(WT/DS316/R) 사건

이 사건에서는 특히 Airbus사에 대한 유럽투자은행의 융자조치가 사실상 특정성(*de facto specificity*)을 보유하는지 여부에 관하여 미국·EU간 첨예한 입장대립이 존재하였다. 미국은 Airbus사에 대하여 "불균형적으로 많은(disproportionately large)" 금액의 융자가 이루어졌다는 점을 지적하였다.[64] 유럽투자은행은 EU "Innovation 2000 initiative"에 근거하여 우주항공산업 연구개발 목적으로 Airbus사에 대하여 약 7억 달러의 융자조치를 실시하였는데 이는 2000~2002년간 융자가능 연구개발 지원금 총액의 18%에 해당하는 수치이다.[65] 아울러, 미국은 지난 1988년에서 1993년까지 약 5년간 유럽투자은행이 Airbus사에 대해서 교부한 융자 총

---

64) Panel Report, *EC—LCA*, para 7.936.
65) Panel Report, *EC—LCA*, para 7.944.

액이 동기간 "산업, 서비스 및 농업" 부문에 대한 전체 융자금액의 10%에 달하고 최대 융자지원 기업이었다는 사실(융자지원 2위 기업과 비교하여 44% 상회)을 사실상 특정성의 근거로 주장하였다.66)

이에 대하여 EU는 특정성 판단을 위해서는 적절한 융자 비교대상을 우선적으로 확인하여야 하는데 미국이 제시한 "Innovation 2000 initiative"는 유럽투자은행의 투자정책을 표명하는 자료에 불과하여 적절한 비교자료로 볼 수 없다고 주장하였다.67) 나아가 EU는 동 사건에서 1957년 이후에 실시된 유럽투자은행의 모든 융자조치가 관련 보조금 프로그램으로 고려되어야 한다고 판단하였다. 이에 따르면 Airbus사에 대한 7억 달러 융자지원 조치는 그간 약 8,400여 차례 5천 9백억 달러의 융자사례 중 하나에 불과하다고 할 것인바 동 조치에 대해 사실상 특정성이 존재하는 것으로 간주될 수 없다고 주장한 것이다.68) 패널은 WTO 보조금협정 제2.1(C)조가 사실상 특정성 판단을 위해서 고려할 수 있는 네 가지 요소를 규정하고 있음을 지적하면서 그 중 사안과 관련된 세 번째 요소인 "특정 기업에 대한 불균형적으로 많은 보조금의 교부(granting of disproportionately large amounts of subsidy to certain enterprises)"는 첫 번째 및 두 번째 요소와 달리 보조금 프로그램에 대한 검토를 요구하지 않음이 분명하다고 판시하였다.69)

패널은 사실상 특정성 판단을 위해 Airbus사에 대해 불균형적으로 과다한 보조금 교부가 존재하였는지를 검토하는 경우에 미국이 수행한 분석방식, 즉 전체 보조금 프로그램을 우선

---

66) Panel Report, *EC−LCA*, para 7.946.
67) Panel Report, *EC−LCA*, para 7.949.
68) Panel Report, *EC−LCA*, para 7.952.
69) Panel Report, *EC−LCA*, para 7.965. 관련 결정의 원문은 다음과 같다:
7.965 The "granting of disproportionately large amounts of subsidy to certain enterprises" is the third of four specificity factors that Article 2.1(c) Identifies as having possible relevance for the determination of whether a subsidy is in fact specific. Contrary to the first factor("use of a subsidy programme by a limited number of certain enterprises") and the second factor("predominant use by certain enterprises"), the third factor makes no direct or indirect reference to a subsidy programme. Likewise, the fourth factor("the manner in which discretion has been exercised by the granting authority in the decision to grant a subsidy") includes no reference to a subsidy programme. In our view, it would not have been difficult for the drafters of the SCM Agreement to include a reference to a subsidy programme in the text of the third specificity factor, as they did for the first and second specificity factors. However, the drafters chose not to do so. Thus, on its own, the text of the third specificity factor listed in the second sentence of Article 2.1(c) does not support the view that a disproportionality analysis must involve comparing the amount of a subsidy granted under a given subsidy programme with the entire amount of subsidies granted under the same subsidy programme.

상정하고 이와 Airbus사에 대해 교부된 보조금의 상대적 비율을 비교하여 사실상 특정성 여부를 판단하는 방식은 타당하지 않다고 판시하였다.[70] 한편, 패널은 제2.1(C)조가 "보조금 프로그램이 집행되는 기간을 고려할 것을 규정하고 있다는 점"을 지적하였다. 따라서 유럽투자은행의 Airbus사에 대한 보조금 교부조치도 관련 보조금 프로그램의 일환으로 실시된 것이어야 한다는 점을 확인하였다.[71] 그러나 "Innovation 2000 initiative"는 보조금 프로그램의 성격을 지니고 있는 것이 아니라 유럽투자은행의 융자사업 운용방향을 나타내고 있는 자료로서 유럽투자은행의 보조금 교부조치가 실시된 프로그램이 분명하지 않다고 판시하였다.[72] 아울러, 패널은 미국이 유럽투자은행의 對 Airbus사 누적 융자비율을 계산할 때 어떠한 기준으로 해당 기간을 1988~1993년으로 제한하였는지가 분명하지 않다고 판시하였다. 오히려 Airbus사에 대한 융자가 존재하지는 아니하였지만 동일한 융자 프로그램이 지속되었던 기간을 모두 포함하여 1988~1997년간의 누적 융자비율을 검토하는 것이 보다 합리적이라고 지적하였다.[73] 이러한 검토를 거쳐 결국 패널은 유럽투자은행의 Airbus사 융자조치에 대하여 사실상 특정성이 없다고 판시하였다.

ⓓ EC-DRAMs(WT/DS299/R) 사건

이 사건에서는 Hynix에 대해 실시된 한국산업은행의 디벤처 프로그램(debenture program)과 2001년 채무재조정 조치가 사실상 특정성을 구성하는지 여부가 문제된 바 있다. 우선, 이 프로그램과 관련하여 EU는 동 프로그램의 성격이 당시 200여개의 잠재 대상기업이 존재함에도 불구하고 실제로는 6개 기업들에 대하여만 실시된 바 있어 매우 특정적·시혜적이며 이에 근거하여 Hynix에 대하여 전체 채권발행액의 41%에 달하는 금액이 교부되었으므로 사실상 특정적인 보조금에 해당한다고 주장하였다.[74] 패널은 제2.1(C)조에 따라 EU의 주장이 타당하

---

70) Panel Report, *EC−LCA*, para 7.965.
71) Panel Report, *EC−LCA*, para 7.967. 관련 결정의 원문은 다음과 같다:

7.967 As we have already observed, the third and fourth specificity factors make no direct or indirect reference to a subsidy programme. In our view, this implies that there may be situations when the third specificity factor("the granting of disproportionately large amounts of subsidy to certain enterprises") may be considered in the light of a frame of reference that is different from a subsidy programme.3741 However, where the subsidy at issue is granted pursuant to a subsidy programme, the language of the last sentence of Article 2.1(c) implies that the duration of that subsidy programme be taken into account when performing a disproportionality analysis. It follows that when the subsidy at issue is granted pursuant to a subsidy programme, the "baseline" or "reference data" needed to conduct a disproportionality analysis should be drawn from that same subsidy programme.

72) Panel Report, *EC−LCA*, para 7.983, 7.989.
73) Panel Report, *EC−LCA*, para 7.1006.
74) Panel Report, *EC−DRAMs*, para 7.226.

다고 판시하여 디벤처 프로그램에 대하여 사실상 특정성을 인정하였다. 한편, 2001년 채무재조정 조치와 관련하여서도 패널은 국내은행들의 Hynix에 대한 신규대출, 채무상환 연장(roll-over debt) 그리고 출자전환(debt to equity swap) 등 재정적 기여에 대하여 사실상 특정성이 인정된다고 판시하였다.75)

ⓔ U.S.-DRAMs(WT/DS296/AB/R) 사건

이 사건에서 WTO 패널은 Hynix에 대한 한국 채권은행단의 채무재조정 조치가 사실상 특정성을 구성한다는 미국의 주장에 대하여 채권단 A와 달리 한국 정부의 위임 및 지시에 따라 채무재조정 프로그램에 참여한 채권단 B와 C에 대해서는 특성성을 인정할 수 없다고 판시하였다.76)패널은 채권단 B와 C의 위임 및 지시 보조금을 주장하는 미국의 주장은 보조금협정 제1조와 불합치하며 이러한 상황에서 특정성을 인정할 만한 어떠한 근거도 발견할 수 없다고 판시하였다.77)

이러한 패널의 결정에 대하여 항소기구는 패널이 특정성 판단 논리에 문제가 있음을 지적하였다. 항소기구는 패널이 특정성 문제를 "위임 및 지시에 의한 재정적 기여"에 관한 자신의 결정에 근거하여 판단하고 있음을 지적하였다. 즉, 위임 및 지시에 의한 재정적 기여가 존재하지 않기 때문에 특정성 문제를 검토할 필요가 없다는 취지의 패널의 판단에 논리적 결함이 있음을 지적하였다.78) 그러나 항소기구는 비록 패널의 특정성에 관한 결정을 기각하지만 미국의 특정성 주장이 보조금협정에 일치하는지 여부에 대해서는 별도의 의견을 제시하지 아니하였다.79)

ⓕ US-Lumber(WT/DS257/AB/R) 사건

이 분쟁에서 캐나다 주정부의 국내 기업에 대한 입목벌채권 부여가 제2.1(C)조상의 사실상 특정성을 구성한다는 미국의 주장에 대하여 캐나다는 다음의 논거를 제시하며 항변하였다.80) 우선, 캐나다는 입목벌채권을 "유사 상품을 제조하는 제한된 숫자의 특정 기업으로 의도적으로 한정(a deliberate limiting of access to a certain limited number of enterprises or industries

---

75) Panel Report, *EC−DRAMs*, para 7.231.
76) Panel Report, *U.S.−DRAMs*, para 7.206.
77) Panel Report, *U.S.−DRAMs*, para 7.206.
78) Appellate Body Report, *U.S.−DRAMs*, para 206−208.
79) Appellate Body Report, *U.S.−DRAMs*, para 208.
80) Panel Report, *U.S.−Lumbers*, para 7.110−113.

engaged in the manufacture of similar products)"하여 부여하는 경우에 한해서 사실상 특정성이 존재하는 것이라고 주장하였다.[81] 설사, 이러한 권리가 제한된 숫자의 기업에 대해 부여되었다고 할지라도 천연자원이라는 입목의 성질상 이를 상품으로 제조할 수 있는 능력을 보유한 제한된 사용자에 대해서 입목벌채권이 부여되는 것이 타당하다고 주장하였다.[82]사실상 특정성을 구성하기 위해서는 제2.1(C)조상의 네 가지 요건을 모두 충족하여야 한다.[83]

이에 대하여 패널은 다음과 같이 판시하며 캐나다의 항변을 기각하였다. 패널은 제2.1(C)조가 규정하고 있는 것은 "제한된 숫자의 특정 기업에 의한 보조금 프로그램의 사용(use of a subsidy programme by a limited number of certain enterprises)"이며 "상품 제조 능력을 보유한 제한된 숫자의 특정 기업에 의한 사용(use by a limited number of certain eligible enterprises)"을 규율하는 것은 아니라고 판단하였다.[84] 아울러, 패널은 제2.1(C)조상에 규정된 사실상 특정성에 관한 네 가지 요건은 사실상 특정성 여부를 판단함에 있어서 고려할 수 있는 참고 사항일 뿐이므로 동 요건들 모두를 반드시 검토하여야 할 의무가 있는 것은 아니라고 판시하였다. 따라서 미국의 사실상 특정성 주장과 관련하여, 미국이 나머지 세가지 요건, 즉 "특정 기업에 의한 압도적인 사용", "특정 기업에 대해 불균형적으로 많은 금액의 보조금 지급" 및 "보조금 지급 결정에 있어서 공여기관의 재량권 행사방식"을 검토하지 않았다고 하여 논리적 결함이 있는 것은 아니라고 판시하였다.[85] 특정성 문제에 관하여 항소기구는 별도 검토를 실시하지 아니하였다.

(4) 최근 보조금 분쟁의 주요 쟁점

최근 전개되는 보조금은 새로운 전개 양상을 보여주고 있다. 이러한 새로운 양상들은 금융위기 극복조치와 특히 밀접한 연관성이 있어 이에 대하여 면밀한 검토를 요한다.

(a) 간접 보조금 문제

무엇보다 중요한 점은 현재 금융위기와 관련된 보조금 규범이 새로이 도입되는 경우 실제 분쟁의 핵심으로 대두되는 사안은 직접 보조금 보다는 간접 보조금이 될 가능성이 농후하다는 측면이다. 그러나 이러한 위험성에도 불구하고 현재 이 부분에 대한 검토는 그간 국내외

---

81) Panel Report, *U.S. −Lumbers,* para 7.115.
82) Panel Report, *U.S. −Lumbers,* para 7.108.
83) Panel Report, *U.S. −Lumbers,* para 7.123.
84) Panel Report, *U.S. −Lumbers,* para 7.116.
85) Panel Report, *U.S. −Lumbers,* para 7.122−123.

에서 상대적으로 불충분한 것으로 판단된다.

1) 간접 보조금의 개념 및 쟁점

최근 보조금 분쟁은 점차로 직접 보조금 대신(또는 직접 보조금과 함께) 간접 보조금이 분쟁의 주요 대상으로 대두하고 있는 추세이다. 사실 일방 회원국이 자국 주요 산업에 보조금을 교부하는 경우에도 통상분쟁의 소지가 분명한 직접 보조금 대신 다양한 방법으로 자국 산업에 경제적 해택을 부여하고자 하는 간접 보조금 교부가 점차 선호되고 있다.[86] 이러한 간접 보조금 개념은 국가의 전통적인 주권행사 영역 또는 경제정책 영역에 다양한 형태로 적용될 수 있는 유동적인 개념인 바, 이를 둘러싼 통상분쟁 역시 다양한 영역에서 다양한 형태로 발생하고 있다. 최근 우리나라를 대상으로 전개되는 보조금 분쟁의 상당 부분도 점차로 이러한 형태의 간접 보조금에 해당하는 경우이다.[87] 그 개념 자체가 상당히 탄력적으로 적용가능하며 또한 다양한 영역을 포괄하고 있음에 따라 간접 보조금 분쟁도 다양한 영역에서 발생하고 있다.

현재 보조금협정에서 명문으로 규정하고 있는 간접 보조금은 보조금협정 제1.1(a)(1)(iv)조에 따른 "위임 및 지시"에 따른 보조금 교부이나, 동 조항(또는 여타 직접 보조금 관련 규정)은 다양한 형태의 간접 보조금에도 확장되어 적용될 수 있다. 일단 현 보조금협정에서 규정하고 있는 "위임 및 지시(entrustment or direction)" 보조금의 운용형태는 다음과 같다.

2) 간접 보조금 개념의 금융관련 지원조치에의 적용 가능성

금융위기 극복을 위한 보조금 영역에도 이러한 간접 보조금 개념이 광범위하게 적용될 수 있는 바, 차제에 이러한 문제를 어떻게 처리할 지에 대한 협의 및 검토도 아울러 필요한 것으로 판단된다. 특히 다음과 같은 이유로 간접 보조금 개념이 금융위기 관련 보조금 영역에서 적극적으로 주장될 가능성을 배제할 수 없다.

먼저 간접 보조금은 그 개념 및 형태의 다양성으로 말미암아 전통적으로 보조금에 해당

---

86) 간접 보조금 문제와 관련하여서는 United States – Countervailing Duty Investigation on Dynamic Random Memory Semiconductors from Korea(DS 296)("*U.S. – DRAMs*"), European Communities–Countervailing Measures on Dynamic Random Memory Chips from Korea(DS 299)("*EC – DRAMs*"), Korea – Measures Affecting Trade in Commercial Vessells(DS 273)("*Korea – Commercial Vessel*") 각각 참조.

87) *U.S. – DRAM, EC – DRAM, Japan – DRAM, Korea – Commercial Vessels* 등의 분쟁이 이러한 간접 보조금을 그 대상으로 하여 전개된 분쟁임.

하지 않는 것으로 간주되는 영역(가령, 금융정책, 경쟁정책, 환율문제, 산업발전 정책) 등도 불법적인 보조금으로 확인하는 상황을 초래하고 있다. 이러한 상황에서 특정 회원국들이 타방 회원국(가령 한국, 일본 등 주요 보조금 교부 국가)의 금융위기 관련 보조금을 적극적으로 제재하기로 정책적 결정을 하는 경우 이는 이들 국가의 다양한 업계와 관련된 광범위한 정책을 간접 보조금으로 성격 규정하여 이에 대한 규제를 도모할 가능성이 있다. 특히 만약 새로운 협정을 통하여 금융 분야에만 독립적으로 적용되는 협정을 새로이 도입하는 경우 금융위기 관련 보조금에 대한 보다 적극적인 대응이 필요하다는 국제적 공감대가 형성되었다는 전제 하에 이러한 간접 보조금 주장 및 분쟁을 적극 개진할 가능성이 존재한다. 특히 현재는 일부 보조금을 금지 보조금으로 규정하는 데에만 초점을 맞추고 있는 바, 다양한 정부 정책이 금융관련 간접 보조금으로 간주되는 위험성에 대한 안전장치는 담보되지 않은 상황이다.

위에서 지적한 바와 같이 금지 보조금인지 여부는 기본적으로 두 가지 측면에서 그 법적 의의를 보유한다. 먼저 보조금협정에서 규정하는 보조금이 존재하는지 확인하는 과정에서 세 가지 구성요건(정부로부터의 재정적 기여, 경제적 혜택, 특정성) 중 세 번째 요건인 특정성이 존재하는 것으로 의제한다는 점과 둘째, 일단 보조금이 확인된 이후에 WTO 분쟁해결절차에서 심리를 진행함에 있어 상대적으로 신속한 절차가 적용된다는 점이다.

그러나 간접 보조금 문제는 보조금의 3대 구성요건 중 "정부로부터의 재정적 기여"와 관련된 부분으로 금지 보조금과 관련하여서만 특별히 발생하는 사안이 아니라 보조금 문제 일반에서 발생하는 사안이다. 따라서 현재 일부 금융 보조금을 금지 보조금으로 포함시키는 방안에만 초점을 맞추는 경우 그 전단계인 보조금 확인 절차에서 대두되는 간접 보조금 문제에 대해서는 별다른 제한을 두고 있지 않은 상황이다. 이러한 상황에서 금융 보조금에 대한 적극적 제재를 도모하고자 하는 분위기가 고착될 경우 새로운 금융협정의 테두리 내에서 일방 회원국이 타방 회원국에 대하여 간접 보조금 공세를 다양하게 전개할 수 있게 될 가능성이 있다. 이 문제에 대한 해결은 간접 보조금 문제에 대한 심도 깊은 논의가 전제되어야 하나, 동 사안이 지극히 복잡하고 사안중심적이어서 현재 진행되는 DDA 협상 과정에서 이에 대한 신뢰할 만한 규범의 도입을 기대하기는 힘든 상황으로 보인다. 결국 범위가 유동적인 간접 보조금 개념이 금융 보조금 관련 특칙 도입을 매개로 금융 보조금 영역에 적극적으로 적용될 가능성이 우려된다.

3) 금융지원조치에 대한 광범위한 간접 보조금 주장 제한 도입

최근 우리나라가 타방 회원국의 간접 보조금 주장의 주요 대상이었음을 감안하면 이러한 간접 보조금 문제가 금융 보조금 영역에서 확산되지 않도록 하는 안전장치를 검토할 필요가 있다. 이러한 점을 염두에 두고 향후 협상 재개 시 다음과 같은 점을 반영토록 주장할 필요가 있다. 금융 보조금을 특별히 규제하는 조항을 도입함과 동시에 여기에 대해서는 직접적인 보조금 교부 행위만을 그 규제 대상으로 한다는 조항을 삽입하여 다른 산업에 비하여 적용범위를 일부 제한함으로써(이들 산업은 직접적/간접적 보조금 교부 조치가 공히 보조금협정의 적용대상이므로) 양자간 균형을 도모할 수 있을 것이다. 현 보조금협정상 간접 보조금 문제의 해결은 단시일 내 달성하기는 곤란한 바, 간접 보조금 문제는 향후 모든 산업 영역에서 지속적으로 발생할 것이다. 또한 간접 보조금의 폐해 및 그 규제 필요성은 WTO 항소기구도 충분히 인정하고 있는 바, 간접 보조금 일반을 보조금협정의 적용대상에서 제외하는 것은 타당하지 아니하다.

또한 금융업계에 교부되는 모든 형태의 간접 보조금을 모두 보조금협정의 적용범위에서 면제하여 주는 경우 이는 여타 산업에 비하여 느슨한 규정을 금융업계에 부여하는 것이므로 이 역시 타당하지 않은 것으로 판단된다. 특히 금융산업의 경우 여타 산업에 비하여 정부의 지원유인이 높고, 소비자 내지 여타 연관산업에 대한 지원을 통한 제조업 등 기타 산업에 대한 간접적 지원의 가능성이 타 산업에 비하여 높아 간접 보조금 문제가 특히 부각되고 있는 상황이다.

(b) 지방정부 제공 보조금 문제

최근 보조금 분쟁의 또 다른 특징 중 하나는 중앙정부 당국이 아닌 지방정부 차원에서의 보조금 교부 사례도 점차 증가하고 있다는 점이다. 지방자치가 점차 확산되어 가며 각급 지방자치단체가 자신의 예산 및 중앙정부의 예산을 활용하여 보조금을 교부하는 상황이다. 통상적으로 국가, 즉 중앙정부가 보조금 교부 주체가 되는 것과는 달리 지방정부에 의한 보조금 교부의 경우 지방정부의 조치를 국가행위로 귀속시킬 수 있는지 여부의 문제가 발생한다. 그러나 앞서 살펴본 바와 같이 국제법상 국가책임 이론에 따르면 모든 국가기관의 직무상 행위는 국가에 귀속되며 이러한 행위에는 입법·사법·행정 등 모든 활동이 포함된다. 최근 일련의 WTO 분쟁에서도 지방정부의 조치를 국가행위 귀속시키는 전제하에서 제반 분쟁이 전개되고 있기도 하다.[88] 즉, 보잉사와 에어버스사에 대한 보조금 교부를 이유로 미국과 유럽연합간 진

---

88) 이재민, "최근 WTO 분쟁해결절차에서 확인된 국제법 기본원칙 및 법리", 대한국제법학회, 『국제법학회논총』, 제55권 제4집(2010년 12월), p. 199 참조.

행된 쌍방 제소 보조금 분쟁에서 미국이 유럽연합을 제소한 *EC-LCA* 분쟁에서 프랑스, 스페인 등 유럽연합 국가들의 지방정부의 보조금 교부 행위도 중앙 정부의 보조금 교부행위와 동일하게 취급되어 협정 위반 판정이 내려진 바 있다.

금융위기 극복조치도 설사 지방자치단체 차원에서 채택된 조치라고 하더라도 협정 위반여부를 평가함에 있어서는 동일한 법적 잣대가 적용된다는 점을 명심하여야 한다. 특히 최근 우리나라에서는 중앙정부와 충분한 협의 없이 독자적인 지원정책을 채택하는 경우도 적지 않은 현상이 목도되고 있으나 이들 역시 협정 위반 가능성이라는 측면에서는 중앙정부와 동일하다.

(c) 최근 우리나라 관련 보조금 분쟁의 추이

보조금협정 적용과 관련하여 특히 염두에 두어야 할 점은 우리나라에 대한 보조금 분쟁이 그 빈도와 강도면에서 최근 지속적으로 강화되고 있다는 점이다. 이러한 분쟁으로는 WTO 분쟁해결절차에서 진행된 *U.S.-DRAMs*,[89] *EC-DRAMs*,[90] *Japan-DRAMs*,[91] *Korea-Commercial Vessels*[92] 사건을 들 수 있으며 각국의 조사당국이 행한 상계관세 조사로는 반도체, 철강 및 제지업계에 대한 상계관세 조사를 들 수 있다.

특히 우려되는 부분은 주요 선진국이 우리나라에 대하여 보조금 교부국으로 왜곡된 이미지를 고착화하고 있다는 점이다. 특히 미국의 경우 美상무성은 한국을 태국 및 인도네시아와 함께 상습 보조금 교부국으로 지정하여 한국산 상품을 사용하는 비시장경제체제 국가 상품에 대한 반덤핑 조사 등에서 차별 대우를 하도록 규정하고 있는 상황이다. 동 지정은 특정 산업에 대한 보조금 교부를 문제시 하는 것이 아니라 그간의 정부 정책의 기조를 전체적으로 감안할 때 한국 정부는 보조금 교부를 기본 정책의 하나로 채택하고 있으므로 모든 산업이 특단의 사정이 없는 한 보조금 혜택의 영향권 하에 위치하고 있다는 취지의 美상무성의 공식적인 입장을 반영하고 있다. 미국 법원의 경우도 이러한 美상무성의 보조금 상습 교부국 지정 자체에 대해서는 美상무성의 고유 재량권에 속하는 것으로 인정하는 입장을 취하고 있

---

89) United States-Countervailing Duty Investigation on DRAMs from Korea(WT/DS296/AB/R)(Appellate Body Report).

90) European Communities-Countervailing Measures on Dynamic Random Access Memory Chips from Korea(WT/DS299/R)(Panel Report).

91) Japan-Countervailing Duties on Dynamic Random Access Memories from Korea(WT/DS336/AB/R) (Appellate Body Report).

92) Korea-Measures Affecting Trade in Commercial Vessels(WT/DS273/R)(Panel Report).

다.93) 문제는 이러한 결정은 모든 산업 영역에 부정적 영향을 초래할 잠재성을 보유하고 있는 바, 금융 지원조치 영역도 예외가 될 수는 없을 것이라는 점이다. 따라서 금융 보조금에 대한 각국의 규제가 표면화될 경우 우리 금융 지원조치에 대한 EU, 미국 등 일부 국가의 적극적인 규제는 충분히 예상되고 있다. 따라서 향후 금융 지원조치에 대한 협상이 진행되는 경우 미국 등에 대하여 이러한 일반적인 보조금 상습 교부국 지정 문제를 지적하고 이에 대한 시정이 선행되어야만 금융 보조금 문제에 대해서도 우리측이 전향적 입장을 견지할 수 있음을 언급하는 것이 적절할 것이다.

(d) 보조금협정의 서비스 이슈 포섭 가능성

서비스 교역은 기본적으로는 아직은 WTO 보조금협정의 규율 대상은 아니지만 서비스 이슈가 여전히 보조금협정에 포섭될 가능성은 열려 있다. 그 맥락에서 금융위기 조치에서 취하는 다양한 '금융 서비스 관련 조치'는 여전히 보조금협정의 규범에 간접적으로 포섭될 수 있다는 사실에 유념하여야 한다.

각국 정부는 자신의 업무를 수행하는 과정에서 민간기업으로부터 다양한 서비스를 구매하며, 때로는 이러한 서비스의 구입을 통해 WTO 협정이 규제하는 불법 보조금이 교부되기도 한다. 정부가 민간기업으로부터 서비스를 구입하고 그 대가로 시장가격보다 높은 가격을 지불하는 것이다. 이는 자국 민간기업을 지원하기 위하여 여러 국가의 정부가 사용하는 대표적인 방법 중 하나이다. 그런데 보조금협정 제1.1(a)(1)조제(iii)호는 독특한 내용을 담고 있다. 이 조항은 정확하게는 "상품과 서비스의 제공, 그리고 상품의 구매"를 정부로부터의 재정적

---

93) 최근 이 문제를 다룬 대표적인 사안은 중국산 컬러 TV에 관한 美상무성의 반덤핑 조사였다. 동 조사에서 美상무성은 한국이 상습적 보조금 교부국이라는 이유로 중국 TV업체가 사용한 한국산 원자재 가격에 대한 적절한 고려를 거부하기로 결정하였다. 이에 대하여 중국 업체가 이를 미국 법원(CIT)에 제소하였다. 여기에 대하여 CIT는 2006년 9월 14일 결정에서 美상무성의 거부 결정이 충분한 소명이 이루어지지 않았다는 점을 지적하며 이를 다시 검토하도록 환송(REMAND)하였다. 미국 법원의 논지는 일반적 보조금 교부국이라는 美상무성의 기존 입장을 근거로 본건(컬러 TV) 생산 원자재 역시 보조금을 교부받았을 가능성이 높다는 점이 어떻게 입증이 되는지가 불분명하다는 것이었다. 여기에 대하여 美상무성은 다시 재심을 실시하여 컬러 TV원자재 산업에 적용 가능한 보조금 프로그램을 다시 나열하였으며 이러한 美상무성의 재심 결정(REMAND REDETERMINATION)이 그대로 확정되었다.
즉, 미국 법원이 美상무성의 한국에 대한 보조금 교부국 지정이 문제가 있다는 점을 지적한 것은 아니며, 단지 美상무성의 보조금 교부국 지정으로부터 본건이 논리적으로 설명이 되지 않으므로 이에 대하여 추가로 설명을 하라는 취지에 불과하다. 美상무성의 이러한 판정과 미국 법원의 입장을 감안할 시 이에 대하여 향후 적극적인 대응이 필요할 것으로 판단된다. 이러한 보조금 교부국 지정으로 우리 기업 및 우리 기업과 거래하는 외국 기업이 많은 피해를 보게 될 것이며 나아가 우리나라에 대하여 미국 정부가 "공식적"으로 보조금 교부 상습국으로 지정을 하는 점 역시 적절하지 않기 때문이다.

기여의 한 형태로 규정하고 있으나 서비스의 구매에 대해서는 아무런 언급이 없다. 정부의 서비스 구매 역시 흔히 발생하는 거래 관계라는 점에서 동 조항상 이러한 누락이 단순히 WTO 협정 교섭 과정에서 단순한 실수의 결과인지 아니면 의도된 결과로 중요한 의미를 내포하고 있는 것인지에 대하여 논란이 전개되기도 하였다. 서비스 구매가 정부로부터의 재정적 기여의 한 형태에 해당되는지, 따라서 궁극적으로 보조금협정의 적용대상인지 여부가 문제로 제기된 것은 바로 2005년에서 2011년까지 진행된 미국과 유럽연합간 대형 민간항공기 보조금 분쟁이다.94) 양국이 서로 상대방을 불법 보조금 교부국가로 지목하며 보조금협정 제3조와 5조에 따라 제소한 이 분쟁에서 특히 유럽연합이 미국 정부의 보잉사에 대한 불법 보조금 교부를 이유로 제소한 분쟁에서95) 바로 이러한 문제가 제기 되었다. 여기에서 문제된 것은 미국 정부가 보잉사와 공동연구개발(Joint R&D Venture) 프로젝트를 위한 계약을 체결하고 이를

---

94) 미국과 유럽연합은 각각 상대방이 자국 대형 민간항공기 제작업체에 대하여 불법 보조금을 교부하였다는 이유로 WTO에 상호 제소하였다. 이 분쟁은 미국 정부의 보잉사에 대한 불법 보조금 교부를 이유로 유럽연합이 미국을 제소한 *United States — Measures Affecting Trade in Large Civil Aircraft*(WT/DS317/353)("*U.S. —LCA*"), 사건과 유럽연합의 에어버스사에 대한 불법 보조금 교부를 이유로 미국이 유럽연합을 제소한 *European Communities and Certain Member States-Measures Affecting Trade in Large Civil Aircraft* (WT/DS316/347)("*EC—LCA*") 사건으로 이루어져 있으며, 양측 주장을 합할 경우 150억불 상당의 보조금 교부를 의미한다. 이는 WTO 분쟁 사상 가장 큰 규모의 보조금 교부 조치에 해당한다.
양 분쟁 중 미국이 유럽연합을 제소한 *EC—LCA* 분쟁이 먼저 진행되어 2010년 6월 30일 패널 판정이 내려졌다. 이 분쟁을 심리한 WTO 패널은 영국·독일·스페인 정부의 에어버스사 A380 기종에 대한 "신규사업 개시보조금(Launch Aid)" 지원이 "수출 보조금"에 해당하고, 동사의 A350 기종을 제외한 여타 기종에 대한 Launch Aid 지원, 동사에 대한 일부 사회간접자본의 제공, 그리고 동사의 연구개발 활동(R&D) 지원 등은 각각 "조치가능 보조금"에 해당되어 WTO 보조금협정(Agreement on Subsidies and Countervailing Measures)에 위배된다고 판정하였다. 이 분쟁에서 패널은 대부분의 사안에서 제소국인 미국의 주장을 인정하며 에어버스 사에 대한 불법 보조금 교부를 확인하였다. 유럽연합과 미국은 이 판정에 각각 항소하였고 WTO 항소기구(Appellate Body)는 2010년 11월과 12월 각각 일주일간 두 차례의 구두심리를 실시하여 2011년 6월 1일 항소기구 보고서가 채택되었다. 항소기구는 대부분의 사안에서 패널 판정을 재확인하였다. Appellate Body Report, *European Communities and Certain Member States-Measures Affecting Trade in Large Civil Aircraft* (WT/DS316/AB/R)(June 1, 2011) 참조.
한편 유럽연합이 미국 정부의 보잉사에 대한 불법 보조금 교부를 이유로 미국을 제소한 *U.S. —LCA* 분쟁의 패널 심리도 종결되어 패널 보고서가 2011년 3월 31일 회람되었고, 양국이 각각 항소하여 2012년 3월 12일 항소기구 보고서가 회람되었다. 패널 판정에서 제소국인 유럽연합이 대부분의 쟁점에서 승소하였다. 결국 미국과 유럽연합은 서로간 맞제소에서 각각 승소함으로써 결국에는 모두 패소한 상황에 직면하게 된 것이다. 이는 1990년대 후반에서 2000년대 초반에 걸쳐 브라질과 캐나다가 중형 민간항공기 제작사들에 대한 보조금 교부를 이유로 상호 제소하여 각각 승소한 경우와 상당히 유사하다. *Canada — Measures Affecting the Export of Civilian Aircraft*(WT/DS70); *Brazil — Export Financing Programme for Aircraft*(WT/DS46); *Canada — Export Credits and Loan Guarantees for Regional Aircraft*(WT/DS222) 참조. 이상은 이재민, 미국 유럽연합 대형민간항공기 보조금 분쟁, 『국제거래법연구』, 제20집 제1호(2011년 7월 30일)에서 정리하여 재인용.

95) *U.S. —LCA* 분쟁은 유럽연합이 보조금협정 제2부(금지보조금)와 3부(조치가능보조금)에 기초하여 미국을 제소한 사건이다. Request for the Establishment of a Panel by the European Communities, *United States — Measures Affecting Trade in Large Civil Aircraft*(Second Complaint), WT/DS317/5, WT/DS353/2 (January 23, 2006) 참조.

통해 보잉사로부터 항공 우주 관련 연구 개발 서비스를 획득한 것이 "서비스 구매"에 해당하는지 여부이다.96) 공동연구개발 계약에 따라 미국 정부(NASA)가 보잉사로부터 연구 개발 서비스를 제공받고 그 반대급부로 미국 정부의 연구 개발 서비스와 데이터를 제공한 것이97) 연구개발 서비스의 구매와 반대급부 지급에 각각 해당되어 이 공동연구개발 계약이 서비스 구매 계약으로 간주될 수 있는지 여부가 중요한 쟁점으로 대두되었다. 이 문제가 양국간 중요한 쟁점으로 대두된 이유는 서비스 구매의 경우 보조금협정에서 아무런 규정이 존재하고 있지 않기 때문이다.

오랜 심리 끝에 WTO 패널과 항소기구는 이 문제에 관하여 상품 구매는 포함되어 있으면서 서비스 구매는 누락되어 있는 것은 회원국들이 서비스 구매를 상기 제(iii)조의 적용 범위에서 제외시키기 위한 의도적인 선택의 결과로 파악하였다.98) 또한 패널은 제1.1(a)(1)조와 하위 각 호에 포함된 문구들이 서비스 구매를 포함하는 것으로 해석하게 되면 상품 구매라는 용어를 명시적으로 표기하고 있는 제(iii)호의 의미를 몰각시킬 것이므로 그러한 '비유효한' 해석도 채택될 수 없음을 밝혔다.99)

사실 이 문제에 관한 WTO 패널 및 항소기구의 판정은 일단 타당하다. "서비스 구매" 용어가 명시적으로 누락된 보조금협정 제1.1(a)(1)조제(iii)호의 내용과 GATS와 GPA에 포함된 정부의 서비스 구매 관련 규정이 제시하고 있는 맥락을 종합적으로 살펴보면 정부가 서비스를 구매하는 경우도 이미 우루과이 협상 당시에 충분히 인지하고 있던 상황이었다는 것이다. 그렇다면 보조금협정 제1.1(a)(1)조제(iii)호에서 서비스 구매가 누락된 것은 협상과정이나 문안작성 과정에서의 실수로 보기는 힘들 것이며 무엇인가 특별한 이유를 포함하고 있는 것으로 이해하는 것이 비엔나 협약 제31조가 규정하고 있는 조약해석의 기본원칙에 따른 합리적인 결론이다. U.S.-LCA 분쟁을 담당한 WTO 패널과 항소기구는 결론적으로 타당한 결론을 도출하였다. 따라서 이러한 최근 법리에 따를 경우 정부가 민간주체와 서비스 구매계약을 체

---

96) 미국은 이러한 공동연구개발 프로젝트가 서비스 구매 계약에 해당한다는 것이다. Panel Report, United States-Measures Affecting Trade in Large Civil Aircraft(Second Complaint), WT/DS353/R(April 1, 2011)(이하 "Panel Report"), paras. 7.975, 7.1130-7.1133 참조.
97) Panel Report, para. 7.945, note 2410("NASA uses non-reimbursable Space Act Agreements where it works with 'one or more Agreement Partners in a mutually beneficial activity that furthers the Agency's missions.' In these situations, 'each party bears the cost of its participation and there is no exchange of funds between the parties.'").
98) Panel Report, para. 7.955.
99) Panel Report, para. 7.956.

결하는 경우 그러한 계약 및 계약과 관련하여 발생하는 거래관계는 보조금협정의 적용대상이 되지 않는다는 점이다. 기본적으로 정부로부터의 재정적 기여에 해당하지 않기 때문이다. 그 결과 서비스 구매계약에서 거래금액이 과다 계상되어 정부가 과다한 금액을 민간주체에게 제공하더라도 이는 보조금협정의 적용대상에서 배제된다. 물론 GATS의 적용을 받을 가능성은 남아 있으나 서비스 분야에서 보조금 문제는 아직 규범화가 진행되지 않고 있다.[100]

다만 이와 관련하여서는 중요한 유념 사항이 있다. 바로 이러한 결론은 서비스 구매계약이 제1.1(a)(1)조제(iii)호의 적용을 받지 않는다는 의미이지 여타 조항(가령(i), (ii) 및 (iv)호)의 적용을 모두 받지 않는다는 의미는 아니라는 점이다. 이들 각 호의 요건을 충족할 경우 서비스 구매계약 역시 이 조항의 적용대상이 된다. 정부로부터의 재정적 기여를 나열하고 있는 제(i)호에서(iv)호는 모두 별도의 정부지원 형태를 제시하고 있으며 하나의 형태로부터의 면제가 다른 형태로부터의 면제도 아울러 의미하지는 않는다. 따라서 서비스 구매계약의 형태를 통하여, 또는 이와 연관하여 무상자금을 제공하거나, 세금감면을 실시하거나 또는 해당 민간주체가 다른 상품수출업자에 대하여 특정 지원을 제공하도록 정부가 요청하는 경우 등에는 각각 보조금협정 제1.1(a)(1)조의(i)호, (ii)호 및 (iv)호에 해당할 가능성은 여전히 남아 있게 된다.[101] 이는 마치 정부가 지분을 보유한 민간 금융기관의 자금지원이 제(i)호에 해당하지 않는다고 하여(정부기관이나 공공기관이 아니므로), 당연히 제(iv)호도 적용되지 않는다고 주장하는 것과 유사하다. 제(i)호 적용 여부와 별도로 제(iv)호 적용 문제가 다루어져야 함은 물론이다. 패널이 언급한 위장된 서비스 구매의 경우란 이러한 상황 중 가장 극단적인 사례를 가정한 것으로 볼 수 있을 것이다.

한편 서비스 구매의 외양을 띠고 있다고 하더라도 정부로부터의 재정적 기여를 규정하고

---

100) 보조금협정 제15조 참조.
101) 서비스 구매계약이 보조금협정 제1.1(a)(1)조에 나열된 여타 상황과 동시에 또는 중복적으로 발생하는 상황은 이전의 보조금 분쟁에서도 이미 확인된 바 있다. *Korea-Commercial Vessels*, para. 7.340("The SHI/Halla corporate reorganization plan was crafted by creditors under the Corporate Reorganization Act, after a court confirmed the report by Rothschild, a consulting firm retained by Halla, that the going concern value of Halla exceeded its liquidation value. The reorganization plan(based on a proposal from Rothschild) comprised four elements; (i) debt forgiveness; (ii) a debt-for equity swap; (iii) interest forgiveness; (iv) a conversion of short-term debt."); *U.S.-Softwood Lumber IV(Panel)*, para. 7.15("The price to be paid for the timber, in addition to the volumetric stumpage charge for the trees harvested, consists of various forest management obligations and other in-kind costs relating to road-building or silviculture for example. In return, the tenure holders receive ownership rights over the trees during the period of the tenure.").

있는 제1.1(a)(1)조의 여타 세부 항목에 해당하면 여전히 그러한 재정적 기여에 해당하고 보조금협정의 적용을 받게 된다는 사실은 보조금협정의 목적과 대상에 비추어도 타당하다. 결국 이러한 상황은 서비스 구매계약이 보조금 정책으로 이용되어 상품교역에 영향을 미치는 상황에 해당하므로 상품교역에서 발생하는 보조금 문제를 규율하고자 하는 보조금협정의 목적과 부합한다. 단지 상품교역에 영향을 초래하는 보조금이 발생하는 기제만이 서비스 구매계약으로 바뀌었을 뿐이다.

1) 정부 지원 정책 관련 시사점

서비스 구매 관련 전개되는 최근의 논의는 금융위기 극복과정에서 다양한 정부지원정책을 모색하는 우리에게도 여러 가지 시사점을 제공하여 준다. 우리나라는 보조금 분쟁에 여러 차례 휘말린 경험이 있으며 앞으로도 보조금 분쟁은 지속적으로 제기될 가능성이 농후하다. 이러한 맥락에서 서비스 구매 관련 최근의 법리 발전을 적절히 활용할 경우 금융위기 극복을 위한 정부지원조치의 새로운 방향을 모색하여 볼 수 있는 가능성도 없지 않을 것이다.

ⓐ 서비스 구매 계약 방식 활용

특히 순수 서비스 구매 조치가 보조금협정의 적용이 배제되는 것으로 항소기구 판정에 의하여 확인된 만큼 향후 필요하다면 우리 정부의 지원 조치도 이에 따라 조정할 필요가 있다. 특히 지금까지의 금융위기 극복조치들은 대부분 정부 기관 또는 유관 단체가 직접 지원금 내지 지원조치를 제공하는 방식으로 운영되어 왔다. 이러한 방식은 지원의 효과가 직접적이라는 측면이 있는 반면 보조금 제소 가능성과 제소 시 보조금 판정 가능성도 그만큼 높아지게 된다.

우리나라가 보조금 분쟁에 빈번히 휘말리고 있고[102] 또 한편으로 금융위기 극복조치에 대한 모색을 앞으로도 다양한 맥락에서 지속적으로 실시하여야 하는 현실이라면 차제에 정부의 지원 방식을 다소 바꾸어 보는 것도 한번 검토하여 볼 만하다. 여러 가지 방안이 있을 수 있을 것이나 *U.S. -LCA* 분쟁에서 논의되는 바와 같이 서비스 구매 계약 방식을 적극 활용하는 것도 가능한 대안 중 하나이다. 현재는 정부가 직접 자금과 서비스를 제공하는 것이 지원조치의 골격을 이루고 있다. 이러한 자금의 직접 제공 방식은 보조금 판정을 빠져 나가기가 쉽지 않다. 그런데 지원의 방식을 정부기관 내지 국책연구기관을 한 당사자로 그리고 민간기

---

102) 법무부, 『보조금협정 연구』(2003 국제통상법률지원단 연구총서), at p. 4.

업 내지 민간연구기관을 다른 당사자로 하는 공동 프로젝트의 형식으로 진행하게 되면 보조금협정에 부합하는 지원조치를 실시할 수 있는 가능성을 찾을 수 있다. 이러한 금융 분야에서의 공동 프로젝트를 통하여 관련 분야에 전문성을 보유한 민간기업의 서비스를 정부가 구매하는 형식을 취하고 그 반대급부로 민간기업에 대해서는 정부기관과 국책연구기관의 연구성과 및 데이터를 제공하거나 또는 정당한 반대급부를 제공하는 것이다. 이러한 공동 프로젝트에 참여하는 민간기업 내지 연구기관은 자신의 연구활동의 주된 수혜자가 자신 스스로가 되는 상황만 피하게 되면 정당한 서비스 구매에 해당되는 것으로 간주될 가능성이 높다. 가령, 국책연구기관과 민간연구기관이 동일한 지분으로 참여하여 그 성과를 공평하게 분배하는 것으로 계약을 체결할 경우 정당한 서비스 구매 계약에 해당될 가능성이 높다. 이 경우 민간기업 및 연구기관이 주로 자신을 위하여 프로젝트 활동을 하는 것이 아니며 정부와 공동의 연구목표를 달성하기 위하여 계약을 체결, 이행하는 것으로 볼 수도 있기 때문이다. 또한 민간기업의 금융 분야 서비스를 정부가 구매하며 이에 대하여 금전적인 반대급부를 지원하는 상황도 최소한 현 보조금협정의 규범에는 저촉되지 않을 가능성이 높다고 할 것이다.

그리고 이러한 방식을 채택할 경우 또 다른 장점은 설사 문제의 거래 관계가 서비스 구매에 해당하지 않거나 또는 다른 이유로 정부로부터의 재정적 기여에 해당하는 것으로 결정되는 경우에도 또 다른 요건인 경제적 혜택의 부재를 주장하여 볼 수 있는 중요한 논거를 확보하게 된다는 것이다. 공동 프로젝트 사업의 경우 이론적으로 양쪽 당사자가 동일한 혜택과 부담을 갖게 되므로 민간기업이 그러한 작업으로부터 이득을 받은 만큼 반대급부로 정부에 제공하는 부분도 발생하게 되어 경제적 혜택은 부재하거나 때로는 상당히 줄어들 가능성이 있기 때문이다. 따라서 이러한 관점에서 작금의 진전상황은 여러 모로 우리에게 흥미로운 상황을 제시하고 있다. 이러한 법리 발전을 적절히 반영하여 우리 정부의 금융위기 극복조치 관련 제반 사업을 재조정할 경우 불필요한 보조금 분쟁을 사전에 회피하거나 또는 분쟁 발생 시에도 우리 입장을 효과적으로 관철시킬 수 있는 방어수단을 확보할 수 있을 것이다.

ⓑ 서비스 구매 계약의 상업적 합리성 보장방안 마련

다만 서비스 구매계약을 적극 활용하는 방안을 검토하더라도 그러한 계약의 최소한의 상업적 합리성을 보장할 필요가 있다. 어떠한 거래가 충분한 상업적 합리성을 담보하고 있는지 여부는 보조금협정 제14조가 규정하고 있는 별도의 요건인 "경제적 혜택" 존재와 관련하여 심도 있게 검토될 것임은 물론이다. 그런데 앞에서 지적한 바와 같이 문제의 서비스 구매계약이 진정한 서비스 구매계약인지 아니면 위장된 서비스 구매계약인지 자체가 문제가 되는 경우가 발생할 수 있다.[103] 오로지 진정한 서비스 구매계약에 해당하는 경우에만 보조금협정 제1.1(a)(1)조제(iii)호에서 예외로 인정하고 있는 것으로 현재 WTO 패널이나, 분쟁 당사국인 미국과 유럽연합도 이해하고 있기 때문이다. 이러한 공감대뿐 아니라 그러한 해석이 충분히 설득력이 있다고 볼 때, 향후 이러한 방향으로 최종적인 법리가 정리될 가능성이 높다. 그렇 다면 우리가 서비스 구매계약을 활용하여 금융위기 극복조치 관련 지원정책을 검토하는 경우 에도 이러한 일련의 사업이 정상적인 서비스 구매계약에 해당됨을 입증할 필요가 있다. 추후 분쟁이 발생하여 WTO 분쟁해결절차 등으로 진행하더라도 적극적인 방어를 진행하기 위해서 는 문제의 계약이 최소한의 상업적 합리성을 가진 계약임을 보여주어야 할 것이다. 이를 평가 하는 과정은 경제적 혜택 여부를 평가하는 차원에서의 상업적 합리성과는 거리가 있기는 하 나 논의하는 내용의 기본골격은 대동소이하다.

따라서 서비스 구매계약의 활용을 위해서는 정상적인 서비스 구매 계약을 적극 활용하는 것이 필요하다. 이러한 접근법의 장점은 최소한 애매모호한 판정으로 불법 보조금으로 귀결 되는 상황은 차단할 수 있다는 점이다. 최근 우리나라에 대한 보조금 조사가 광범위한 영역에 서 이루어지고 있다는 점, 그리고 대부분 보조금 판정으로 귀결되고 있다는 점을 감안하면 서 비스 구매 계약 방안을 향후 적극 활용하는 방안을 음미하여 볼 만하다.

E. WTO 서비스협정의 기본골격 및 주요 원칙

(1) GATS 개관

WTO 부속협정의 하나인 GATS는 GATT를 포함한 여타 상품협정과는 큰 차이를 보유하 고 있다. 즉, 이 협정은 향후 서비스 교역의 자유화를 단계적으로 논의하기 위한 큰 그림에서

---

103) 문제의 서비스 구매계약이 진정한 서비스 구매계약의 성격을 보유하는 계약인지 여부는 단지 서비스 구매를 실시하는 주체가 정부인 경우에만 발생하는 것은 아니다. 보조금협정은 정부와 공적기관(public body)을 동 일하게 간주하고 있다. 보조금협정 제1.1조 참조. 따라서 정부가 아닌 공적기관이 여타 민간기업으로부터 서 비스 구매를 실시하는 경우에도 여기에서 말하는 서비스 구매계약에 해당될 수 있고, 그 맥락에서 그러한 계 약이 진정한 서비스 구매계약에 해당하는지 여부가 문제될 수 있다. 이러한 공적기관의 대표적인 사례는 정부 가 지분을 보유하는 금융기관들이다. Panel Report, *Korea — Measures Affecting Trade in Commercial Vessels*, WT/DS273/R(April 11, 2005) DSR 2005:Ⅶ, 2747; Appellate Body Report, Appellate Body Report *United States — Definitive Anti-Dumping and Countervailing Duties on Certain Products from China*, WT/DS379/AB/R(March 25, 2011) 참조. 특히 중국의 경우 국영은행 및 정부소유 상업은행들이 금 융산업의 상당수를 점하고 있어 이들이 과연 공적기관에 해당하는지 여부가 현재 각국의 관심사일 뿐 아니라 보조금 분쟁의 핵심사안이기도 하다. See *Id.*; Li Yang & Robert Lawrence Kuhn, China's Banking and Financial Markets, John Wiley & Sons Pte Ltd.(2007), pp. 81-92 참조.

의 기본골격을 제시하고 있어 여러 분야에 걸쳐 상세한 규범을 제시하고 있는 상품 교역과는 큰 차이가 있다. 기실 1947년 출범 이래 근 50년간 경험을 쌓아 온 상품교역 규율과 우루과 이라운드에서 타협의 산물로 마지막에 포함된 서비스 교역을 동일선상에 놓고 비교하는 것 자체가 무리일 것이다. 따라서 GATS 협정은 그 전문에서도 표방하고 있다시피 서비스 교역 의 "점진적 자유화(progressive liberalization)"를 모토로 하고 있다.104)

GATS의 또 다른 특징으로는 WTO 회원국들이 원칙적으로 자신들이 약속한 대로만 규범 의 적용을 받는다는 것이 있다. 즉, 시장개방과 내국민 대우에 관하여 자신들의 약속사항을 각각의 서비스 영역에 대하여 상세한 표로 작성하여 제시하고, 여기에 기재된 대로만 규범의 적용을 받는 독특한 방식을 취하고 있다. 모든 국가에 대하여 모든 규범이 동일하게 적용되는 원칙을 따르고 있는 상품교역 협정과는 상당한 차이라 아니할 수 없다. 이 역시 서비스 교역 문제가 처음으로 국제교역 질서에 포함되게 되면서 각 국가에 대한 충격을 최소화하기 위한 일종의 타협책이라고 할 수 있을 것이다. 이에 따라 각국이 작성하여 WTO에 제출한 상세한 표를 "서비스 시장 개방 양허표"라고 통칭한다. 이 표의 실제 명칭은 각국의 "구체적 약속에 관한 양허표(Schedules of Specific Commitments)"이다. 아래에서 설명하는 바와 같이 각국이 서 로에 대하여 "구체적"으로 약속하는 시장개방의 내용을 기술한 표라는 의미이다. 이 표에는 각 회원국이 155개의 서비스 산업 영역에 대하여 각 영역별로 자국이 약속하는 시장개방의 범위와 내국민 대우의 범위를 상세히 기재하게 된다. 그리고 여러 서비스 영역에 동시에 공통 으로 적용되는 사항은 별도로 통합하여 기재하기도 한다.105)

사실 WTO 협정에 따라 각 회원국이 제출하는 양허표는 두 가지가 있다. 하나는 상품교 역과 관련하여 GATT 협정 제2조에 따라 각국이 자신이 부과하는 관세율을 기재한 "관세 양 허표(Schedules of Concession)"이며 다른 하나는 위에서 설명한 바와 같은 GATS 협정에 따라 제출하는 "서비스 시장 개방 양허표"이다. 국제교역의 대상이 되는 상정 가능한 모든 상품을 나열하여야 하는 관세 양허표가 서비스 시장 개방 양허표에 비하여 길기는 하나, 내용면에서 는 서비스 시장 개방 양허표가 훨씬 복잡하고 분쟁의 소지를 많이 담고 있다. 한국과 대만 역 시 WTO 회원국으로서 각각 1995년과 2001년에 두 양허표를 WTO에 제출하였으며 이에 전 적으로 구속된다.

---

104) GATS 전문(preamble)은 이러한 원칙을 상세히 규정하고 있다.
105) 이러한 여러 서비스 산업에 공통된 양허 사항을 "수평적 양허(horizontal commitment)"라고 한다. 여러 산업 에 수평적으로, 즉 동시에 적용되는 약속 내용이라는 의미이다.

이와 관련하여 주목할 부분은 GATS 제1조이다. 동 조는 협정의 적용 범위를 규정하고 있는 바, 이 조항은 GATS가 서비스 교역에 "영향"을 미치는 회원국의 모든 조치에 적용됨을 밝히고 있다.[106] 따라서 반드시 서비스 교역을 직접 규율하기 위해 도입된 회원국의 조치뿐 아니라 서비스 교역에 직/간접적 영향을 미치는 모든 조치가 GATS의 규율대상이 되는 것으로 광범위하게 적용됨을 밝히고 있다.[107] 따라서 우리가 흔히 서비스 관련 규제 조치라고 생각하지 않는 조치이더라도 경우에 따라서는 이 협정 위반 문제가 제기될 가능성이 있음에 주목하여야 한다.

금융위기 극복을 위하여 일국 정부가 취하는 다양한 조치가 GATS 제1조에서 규정하는 바와 같이 서비스 교역에 영향을 미치는 조치로 간주되는 경우 동 협정의 적용을 받게 되는 것으로 일응 판단할 수 있다. 특히 이러한 조치는 외국 서비스 공급자가 자국 서비스 시장으로 직접 진출하여 서비스를 공급하는 것을 제한하는 경우 GATS 제1.2조가 규정하는 네 가지의 서비스 교역 형태 중 mode 3 형태와, 그리고 서비스 공급자와 서비스 소비자간 국제적 접촉과 협의를 통하여 운송거래를 진행하는 것을 제한하는 경우 mode 1 형태와 각각 관련될 것이다.

(2) GATS 주요 조항

(a) 일반적 의무(General Obligation)

GATS에서 부과하는 법적 의무의 성격을 이해하기 위해서는 이 협정이 일반적 의무와 구체적 약속이라는 이원화된 의무 부과 체제를 갖고 있다는 점을 파악하여야 한다. 전자는 모든 회원국에 대하여 양허표와 상관없이 동일한 의무를 부과하는 영역이며, 후자는 각각 약속한

---

106) GATS의 적용범위를 설명하고 있는 동 협정 제1.1조는 다음과 같이 규정하고 있다. "This Agreement applies to measures by Members affecting trade in services." 즉, 회원국의 어떠한 조치이든 국제 서비스 교역에 직/간접적인 "영향만 미치면(affect)" GATS의 적용을 받는다는 것이다. 이와 관련하여 *EC–Bananas(Panel)* 사건에서 패널은 다음과 같이 언급한 바 있다:
No measures are excluded *a priori* from the scope of the GATS as defined by its provisions. The scope of the GATS encompasses any measure of a Member to the extent it affects the supply of a service regardless of whether such measure directly governs the supply of a service or whether it regulates other matters but nevertheless affects trade in services. Therefore, it considered that the EC banana import regime is not *a priori* excluded from the scope of the GATS.
European Communities–Regime for the Importation, Sale and Distribution of Bananas(WT/DS27/R/ECU), (WT/DS27/R/GTM,HND),(WT/DS27/R/MEX),(WT/DS27/R/USA)(Sept. 25, 1997)("*EC–Bananas(Panel)*"), paras. 7. 279–7.286 참조.
107) *United States–Measures Affecting Cross-Border Supply of Gambling and Betting Services*, WT/DS285/R(Apr. 7, 2005)("*U.S. –Gambling(Panel)*"), paras. 6.250–6.255 참조.

바에 따라서만 구속되는 영역이다. 어느 부분을 위반하든지 공히 GATS에 대한 위반을 구성하게 됨에 주목하여야 한다.

1) GATS 제2.1조

먼저 GATS 제2.1조는 모든 회원국에게 공히 적용되는 일반적 의무의 하나로서 최혜국대우(Most Favored Nation treatment)를 규정하고 있다. 이와 관련하여 GATS 제2.1조는 다음과 같이 규정하고 있다:

> 2.1. 이 협정의 대상이 되는 모든 조치에 관하여, 각 회원국은 그 밖의 회원국의 서비스와 서비스 공급자에게 그 밖의 국가의 동종 서비스와 서비스공급자에 대하여 부여하는 대우보다 불리하지 아니한 대우를 즉시 그리고 무조건적으로 부여한다.[108]

즉, 이 조항은 모든 회원국은 서비스 관련 조치를 취함에 있어 외국 서비스 및 서비스 공급자간 차별을 두어서는 아니 된다는 원칙을 천명하고 있다. 따라서 WTO회원국은 서비스 관련 조치를 도입, 운용함에 있어서 WTO 회원국간 차별을 초래하여서는 아니 된다. 이러한 차별에는 단순히 법규상 공식적인 차별뿐 아니라 중립적인 법규의 규정에도 불구하고 발생하는 실제적인 차별도 아울러 포함된다.

2) GATS 제6조

서비스 협정 전문 및 제6조는 각 회원국이 자국 서비스 시장 규제를 위한 국내규제(domestic regulation) 조치 관련 제도 및 정책을 자율적으로 채택, 시행할 권리를 보장하고 있다. 먼저 이 조항은 다음과 같이 규정하고 있다:

제6조 국내규제
1. 구체적 약속이 행하여진 분야에 있어 각 회원국은 서비스무역에 영향을 미치는 일반적으로 적용되는 모든 조치가 합리적이고 객관적이며 공평한 방식으로 시행되도록 보장한다.
2. 가. 각 회원국은 영향을 받는 서비스 공급자의 요청에 따라 서비스무역에 영향을 미치는

---

108) 이 조항의 원문은 다음과 같다:
2.1. With respect to any measure covered by this Agreement, each Member shall accord immediately and unconditionally to services and service suppliers of any other Member treatment no less favourable than that it accords to like services and service suppliers of any other country.

행정결정을 신속하게 검토하고, 정당화되는 경우 행정결정에 대한 적절한 구제를 제공할 사법, 중재, 또는 행정 재판소 또는 절차를 실행 가능한 한 조속히 유지하거나 설치한다. 이러한 절차가 관련 행정결정을 위임받은 기관과 독립적이지 아니한 경우 회원국은 동 절차가 실제에 있어서 객관적이고 공평한 검토를 제공하도록 보장한다.

나. 가호의 규정은 자기나라의 헌법구조나 법체계상의 성격과 일치하지 아니하는 경우 이러한 재판소나 절차를 설치할 것을 회원국에게 요구하는 것으로 해석되지 아니한다.

3. 구체적약속이 행하여진 서비스의 공급을 위하여 승인이 요구되는 경우 회원국의 주무당국은 국내법과 규정에 의하여 완전하다고 간주되는 신청서의 제출 이후 합리적인 기간 내에 신청자에게 동 신청과 관련된 결정을 통보한다. 신청자의 요청이 있는 경우 회원국의 주무당국은 부당한 지연 없이 신청의 처리현황에 대한 정보를 제공한다.

4. 자격요건과 절차, 기술표준 및 면허요건과 관련된 조치가 서비스무역에 대한 불필요한 장벽이 되지 아니하도록 보장하기 위하여 서비스무역이사회는 자신이 설치할 수 있는 적절한 기관을 통하여 모든 필요한 규율을 정립한다. 이러한 규율은 이러한 요건이 특히 다음을 보장하는 것을 목적으로 한다.

가. 서비스를 공급할 자격 및 능력과 같은 객관적이고 투명한 기준에 기초할 것

나. 서비스의 질을 보장하기 위하여 필요한 정도 이상의 부담을 지우는 것이 아닐 것

다. 허가절차의 경우 그 자체가 서비스공급을 제한하는 조치가 아닐 것

5. 가. 회원국이 구체적 약속을 한 분야에서는 제4항에 따라 정립되는 각 분야별 규율이 발효할 때까지 회원국은 그러한 구체적 약속을 아래와 같은 방식으로 무효화하거나 침해하는 면허 및 자격요건과 기술표준을 적용하지 아니한다.

(1) 제4항 가호, 나호 또는 다호에 규정된 기준과 합치하지 않는 방식 그리고

(2) 이 분야에서 구체적 약속이 이루어졌을 당시 그 회원국에 대하여 합리적으로 기대할 수 없었던 방식

나. 회원국이 제5항 가호의 의무와 합치하는지의 여부를 결정하는데 있어서 그 회원국이 적용하고 있는 관련 국제기구(Re.3)의 국제표준이 고려된다.

(Remark 3) "관련 국제기구"라는 용어는 회원지위가 적어도 모든 세계무역기구 회원국의 관련기관에 개방되어 있는 국제기관을 말한다.

6. 전문직 서비스와 관련하여 구체적 약속이 행하여진 분야에 있어서 각 회원국은 그 밖의 회원국의 전문직업인의 자격을 검증할 적절한 절차를 제공한다.[109)]

---

109) Article VI: Domestic Regulation

1. In sectors where specific commitments are undertaken, each Member shall ensure that all measures

즉, 설사 특정 회원국이 자국 서비스 시장 개방 양허표를 통하여 특정 서비스 시장을 완전하게 개방한 경우에도, 해당 국내 시장을 적절히 규율하기 위한 정당한 제도 및 정책은 실시할 수 있다. 특히 국내 서비스 공급자와 외국 서비스 공급자를 차별하지 않는 한 궁극적으로 공급되는 서비스의 총량에 영향을 미치는 경우에도 이 역시 정당한 국내규제 조치에 해당하는 것으로 간주되어 서비스 협정상 허용되는 것으로 이해되고 있다.110) 가령 정당한 국내

---

    of general application affecting trade in services are administered in a reasonable, objective and impartial manner.

2. (a) Each Member shall maintain or institute as soon as practicable judicial, arbitral or administrative tribunals or procedures which provide, at the request of an affected service supplier, for the prompt review of, and where justified, appropriate remedies for, administrative decisions affecting trade in services. Where such procedures are not independent of the agency entrusted with the administrative decision concerned, the Member shall ensure that the procedures in fact provide for an objective and impartial review.

  (b) The provisions of subparagraph (a) shall not be construed to require a Member to institute such tribunals or procedures where this would be inconsistent with its constitutional structure or the nature of its legal system.

3. Where authorization is required for the supply of a service on which a specific commitment has been made, the competent authorities of a Member shall, within a reasonable period of time after the submission of an application considered complete under domestic laws and regulations, inform the applicant of the decision concerning the application. At the request of the applicant, the competent authorities of the Member shall provide, without undue delay, information concerning the status of the application.

4. With a view to ensuring that measures relating to qualification requirements and procedures, technical standards and licensing requirements do not constitute unnecessary barriers to trade in services, the Council for Trade in Services shall, through appropriate bodies it may establish, develop any necessary disciplines. Such disciplines shall aim to ensure that such requirements are, *inter alia*:

  (a) based on objective and transparent criteria, such as competence and the ability to supply the service;

  (b) not more burdensome than necessary to ensure the quality of the service;

  (c) in the case of licensing procedures, not in themselves a restriction on the supply of the service.

5. (a) In sectors in which a Member has undertaken specific commitments, pending the entry into force of disciplines developed in these sectors pursuant to paragraph 4, the Member shall not apply licensing and qualification requirements and technical standards that nullify or impair such specific commitments in a manner which:

    (i) does not comply with the criteria outlined in subparagraphs 4(a), (b) or (c); and

    (ii) could not reasonably have been expected of that Member at the time the specific commitments in those sectors were made.

  (b) In determining whether a Member is in conformity with the obligation under paragraph 5(a), account shall be taken of international standards of relevant international organizations applied by that Member.

6. In sectors where specific commitments regarding professional services are undertaken, each Member shall provide for adequate procedures to verify the competence of professionals of any other Member.

110) Joost Pauwelyn, "RIEN NE VA PLUS? Distinguishing Domestic Regulation from Market Access in

규제 조치에 해당되어 서비스 협정이 인정하고 있는 회원국의 자율권을 보장받기 위해서는, 그러한 제도 및 정책이 소비자 보호, 과도한 경쟁 제한, 국민복리 증진 등 정당한 공익적 목적을 달성하기 위한 조치여야 한다.[111] 그러나 이러한 국내규제 조치 도입의 자율권이 각 회원국에 백지위임됨을 의미하는 것은 아니다. 동시에 WTO는 이러한 국내규제 조치가 위장된 방식으로 서비스 교역에 대한 불필요하거나 부당한 장벽을 구성하여서는 아니 된다는 점을 강조하고 있다.[112] 그렇지 않으면 위장된 국내규제 조치 활용을 통하여 서비스 시장 개방의 효과를 사실상 무력화할 수 있을 것이기 때문이다.

정당한 국내규제 조치란 WTO 회원국이 자국의 서비스 시장 관련 정당한 정책목표를 달성하기 위하여 채택하는 다양한 조치를 의미하며,[113] 그러한 정당한 정책목표와 관련하여 WTO는 다음과 같은 사례를 예시하고 있다:

- Equitable access, regardless of income or location, to a given service
- Consumer protection(including through information and control)
- Job creation in disadvantaged regions
- Labor market integration of disadvantaged persons
- Reduction of environmental impacts and other externalities
- Macroeconomic stability
- Avoidance of market dominance and anti-competitive conduct
- Avoidance of tax evasion, fraud, etc.[114]

상기 사항은 대부분의 정부가 정당하게 고려할 수 있는 공익적 목적을 대표하고 있음은

GATT and GATS", *World Trade Review*(2005), p. 136.

111) WTO Council for Trade in Services, Note by the Secretariat, ARTICLE VI: 4 OF THE GATS: DISCIPLINES ON DOMESTIC REGULATION APPLICABLE TO ALL SERVICES, S/C/W/96(1 March 1999).

112) WTO Council for Trade in Services, DECISION ON DOMESTIC REGULATION, S/L/7028 April 1999, para. 4("In accordance with paragraph 4 of Article VI of the GATS, the Working Party shall develop any necessary disciplines to ensure that measures relating to licensing requirements and procedures, technical standards and qualification requirements and procedures do not constitute unnecessary barriers to trade in services.")

113) World Trade Organization, *Introduction to GATS*, available at http://www.wto.org/english/tratop_e/serv_e/serv_e.htm, p. 12.

114) World Trade Organization, *Introduction to GATS*, available at http://www.wto.org/english/tratop_e/serv_e/serv_e.htm, p. 13.

물론이다. 이와 관련하여 유념할 점은 상기 목적을 달성하고자 도입되는 제도라고 하더라도 그러한 목적의 순수성만으로 모든 형태의 국내규제 조치가 반드시 WTO 서비스 협정이 허용하고 있는 국내규제 조치에 해당한다고 단정지을 수는 없다는 점이다. 서비스 협정이 허용하는 국내규제 조치에 해당하기 위해서는 서비스 협정 제6조가 나열하고 있는 다양한 조건을 충족하여야 한다.

3) GATS 제9조

또 다른 일반적 의무로서 GATS 제9조는 시장에서의 공정한 경쟁에 부정적 영향을 초래하는 조치에 대해서 관련 당사국이 즉각적으로 협의를 실시하고 해결책을 강구하도록 상호 협조하는 내용을 규정하고 있다. 이 조항은 다음과 같이 규정하고 있다:

제9조 영업관행
1. 회원국은 제8조에 해당하는 서비스 공급자의 영업관행을 제외한 서비스 공급자의 특정 영업관행이 경쟁을 제약할 수 있으며 따라서 서비스무역을 제한할 수 있다는 것을 인정한다.
2. 각 회원국은 다른 회원국의 요청이 있을 경우 제1항에 언급된 관행의 폐지를 목표로 협의를 개시한다. 요청을 받은 회원국은 그러한 요청에 대하여 충분하고 호의적인 고려를 부여하며, 당해 사안과 관련된 공개적으로 입수 가능한 비밀이 아닌 정보의 제공을 통하여 협력한다. 또한 요청을 받은 회원국은 자기나라의 법에 따라 그리고 정보의 요청회원국에 의한 비밀보호와 관련한 만족스런 합의를 조건으로 다른 입수 가능한 정보를 요청회원국에게 제공한다.[115]

문제가 된 조치를 시행하는 회원국은 교역 상대국의 문제 제기에 대하여 그러한 조치를 시정하고자 양자협의에 응하고 또 필요한 자료를 제공할 의무를 부담한다. 이 조항은 시장에서의 공정한 경쟁에 부정적 영향을 미치는 조치에 대하여 직접적인 징계를 규정하고 있기 보

---

115) Article IX: Business Practices

Members recognize that certain business practices of service suppliers, other than those falling under Article VIII, may restrain competition and thereby restrict trade in services. Each Member shall, at the request of any other Member, enter into consultations with a view to eliminating practices referred to in paragraph 1. The Member addressed shall accord full and sympathetic consideration to such a request and shall cooperate through the supply of publicly available non-confidential information of relevance to the matter in question. The Member addressed shall also provide other information available to the requesting Member, subject to its domestic law and to the conclusion of satisfactory agreement concerning the safeguarding of its confidentiality by the requesting Member.

다는 그러한 조치를 시정하기 위한 절차적 규정을 담고 있는 것으로 보는 것이 정확하다.

4) GATS 제14조: 일반적 예외

한편 GATS 제14조는 공중도덕, 공공질서, 인간/동식물의 생명 및 건강보호, 관련 국내법규 준수 등을 위하여 취해지는 회원국 조치들 중 제14조에 규정된 조건을 충족하는 조치들은 설사 GATS 여타 조항에 위반되는 경우에도 정당화되는 것으로 규정하고 있다. 이 조항은 다음과 같이 규정하고 있다:

제14조 일반적인 예외

아래의 조치가 유사한 상황에 있는 국가간에 자의적 또는 정당화될 수 없는 차별의 수단이 되거나 혹은 서비스무역에 대한 위장된 제한을 구성하는 방식으로 적용되지 아니한다는 요건을 조건으로, 이 협정의 어떠한 규정도 이러한 조치를 채택하거나 시행하는 것을 방해하는 것으로 해석되지 아니한다.

가. 공중도덕을 보호하거나 또는 공공질서를 유지하기 위하여 필요한 조치,

나. 인간, 동물 또는 식물의 생명 또는 건강을 보호하기 위하여 필요한 조치,

다. 아래 사항에 관한 조치를 포함하여 이 협정의 규정과 불일치하지 아니하는 법률이나 규정의 준수를 확보하기 위하여 필요한 조치,

  (1) 기만행위 및 사기행위의 방지 또는 서비스계약의 불이행의 효과의 처리

  (2) 사적인 자료의 처리와 유포와 관련된 개인의 사생활 보호와 개인의 기록 및 구좌의 비밀보호

  (3) 안전

라. 제17조에는 일치하지 아니하는 조치. 단 상이한 대우가 다른 회원국들의 서비스 또는 서비스 공급자들에 대한 공평하거나 효과적인(Re.6) 직접세의 부과 또는 징수를 보장하기 위한 것일 경우에 한한다.[116]

---

116) Article XIV: General Exceptions

Subject to the requirement that such measures are not applied in a manner which would constitute a means of arbitrary or unjustifiable discrimination between countries where like conditions prevail, or a disguised restriction on trade in services, nothing in this Agreement shall be construed to prevent the adoption or enforcement by any Member of measures:

(a) necessary to protect public morals or to maintain public order;

(b) necessary to protect human, animal or plant life or health;

(c) necessary to secure compliance with laws or regulations which are not inconsistent with the provisions of this Agreement including those relating to:

(i) the prevention of deceptive and fraudulent practices or to deal with the effects of a default on

특히 제14조(a)항에서 공공질서 유지를 위하여 필요한 경우를 그러한 정당화 사유의 하나로 규정하며, 공공질서 유지와 관련된 조치란 사회의 본질적 이해관계를 보호하기 위한 조치임을 역시 설명하고 있다.[117) 따라서 GATS의 제반 조항에 위반되는 것으로 판정된 회원국의 조치도 혹시 제14조에 따라 정당화될 수 있는지 여부에 대하여 별도의 평가가 진행될 필요가 있다.

5) GATS 제14조의 2: 안보 예외

나아가 GATS 제14조의 2는 국가안보를 이유로 한 협정 위반 정당화 사유를 제공하고 있다. 즉, 설사 GATS 조항에 대한 위반을 구성하더라도 그러한 조치가 본질적으로 국가안보 문제와 관련되는 경우 그러한 위반을 정당화할 수 있는 가능성을 제14조의 2는 규정하고 있는 것이다. 따라서 금융관련 조치에 대하여 GATS 위반 문제가 제기될 경우 일단 제14조의 2에 따른 정당화 가능성을 먼저 염두에 둘 수 있을 것이다. 그러나 제14조의 2에 따른 정당화 사유는 상당히 구체적인 요건을 나열하고 있음에 주목하여야 한다. 이 조항이 적용되는 경우는 전쟁 발생, 핵물질 관련 사항, 유엔 결정 사항 이행 등 세 가지에 국한되어 있다. 따라서 14조의 2에 따른 GATS 위반 정당화 가능성은 금융관련 조치에 그 적용 가능성을 찾기는 일반적으로는 상당히 곤란하다고 할 수 있을 것이다.

제14조의 2 안보상의 예외
1. 이 협정의 어떠한 규정도,
　가. 공개 시 자기나라의 중대한 안보이익에 반하는 것으로 회원국이 간주하는 어떠한 정보의 공개도 회원국에게 요구하는 것으로 해석될 수 없으며, 또는
　나. 자기나라의 중대한 안보이익을 보호하기 위하여 필요하다고 회원국이 간주하는 다음과

---

services contracts;
  (ii) the protection of the privacy of individuals in relation to the processing and dissemination of personal data and the protection of confidentiality of individual records and accounts;
  (iii) safety;
(d) inconsistent with Article XVII, provided that the difference in treatment is aimed at ensuring the equitable or effective imposition or collection of direct taxes in respect of services or service suppliers of other Members;
(e) inconsistent with Article II, provided that the difference in treatment is the result of an agreement on the avoidance of double taxation or provisions on the avoidance of double taxation in any other international agreement or arrangement by which the Member is bound.
117) GATS의 각주 5는 다음과 같이 규정하고 있다:
5 "The public order exception may be invoked only where a genuine and sufficiently serious threat is posed to one of the fundamental interests of society."

같은 조치를 취하는 것을 금지하는 것으로 해석될 수 없으며,

(1) 군사시설에 공급할 목적으로 직접 또는 간접적으로 행하여지는 서비스 공급과 관련된 조치

(2) 핵분열과 핵융합물질 혹은 이들의 원료가 되는 물질과 관련된 조치

(3) 전시 또는 기타 국제관계상 긴급상황에서 취해지는 조치 또는

다. 국제평화와 안전을 유지하기 위하여 국제연합헌장상의 의무를 준수하기 위하여 회원국이 조치를 취하는 것을 금지하는 것으로 해석될 수 없다.

2. 서비스무역이사회는 제1항나호 및 다호에 따라 취해진 조치와 이러한 조치의 종료에 대하여 가능한 한 완전하게 통보를 받는다.[118]

따라서 외국 정부의 조치로 인한 GATS 위반 문제가 제기될 경우 만약 이 문제가 국제정치 및 외교 문제와 관련된 사안이면 일단 제14조의 2에 따른 정당화 가능성을 먼저 염두에 둘 수 있을 것이다. 그러나 단지 교역 상대방과의 외교 관계 악화를 이유로 차별적인 제한 조치를 취하는 경우 이 조치가 제14조의 2에 의하여 정당화될 가능성은 상당히 희박하다고 볼 수 있다.

(b) 구체적 약속(Specific Commitments)

한편 각국이 제출하는 양허표에 기재되는 구체적 약속에는 시장접근과 내국민 대우 두 가지 사항이 해당된다. 이 두 사항은 오로지 각국이 자신들이 약속한 범위 내에서만 구속되며 따라서 국가별로 그 의무의 범위가 상이하다.

---

118) XIV bis: Security Exceptions

    1. Nothing in this Agreement shall be construed:

      (a) to require any Member to furnish any information, the disclosure of which it considers contrary to its essential security interests; or

      (b) to prevent any Member from taking any action which it considers necessary for the protection of its essential security interests:

        (i) relating to the supply of services as carried out directly or indirectly for the purpose of provisioning a military establishment;

        (ii) relating to fissionable and fusionable materials or the materials from which they are derived;

        (iii) taken in time of war or other emergency in international relations; or

      (c) to prevent any Member from taking any action in pursuance of its obligations under the United Nations Charter for the maintenance of international peace and security.

    2. The Council for Trade in Services shall be informed to the fullest extent possible of measures taken under paragraphs 1(b) and(c) and of their termination.

1) GATS 제16조

먼저 GATS 제16조는 시장접근(market access)에 관한 규범을 제시하고 있다. 이 조항은 다음과 같이 규정하고 있다:

제16조 시장접근

1. 제1조에 명시된 공급형태를 통한 시장접근과 관련하여 각 회원국은 그 밖의 회원국의 서비스 및 서비스 공급자에 대해 자기나라의 양허표상에 합의되고 명시된 제한 및 조건하에서 규정된 대우보다 불리하지 아니한 대우를 부여한다.

2. 시장접근 약속이 행해진 분야에서 자기나라의 양허표상에 달리 명시되어 있지 아니하는 한, 회원국이 자기나라의 일부지역이나 혹은 전영토에 걸쳐서 유지하거나 채택하지 아니하는 조치는 다음과 같이 정의된다.

   가. 수량쿼타, 독점, 배타적 서비스 공급자 또는 경제적 수요심사 요건의 형태여부에 관계없이, 서비스 공급자의 수에 대한 제한

   나. 수량쿼타 또는 경제적 수요심사 요건의 형태의 서비스거래 또는 자산의 총액에 대한 제한

   다. 쿼타나 경제적 수요심사 요건의 형태로 지정된 숫자단위로 표시된 서비스 영업의 총 수 또는 서비스의 총 산출량에 대한 제한

   라. 수량쿼타 또는 경제적 수요심사 요건의 형태로 특정 서비스분야에 고용되거나 혹은 한 서비스 공급자가 고용할 수 있는, 특정 서비스의 공급에 필요하고 직접 관련되는, 자연인의 총 수에 대한 제한

   마. 서비스 공급자가 서비스를 제공할 수 있는 수단인 법인체나 합작투자의 특정 형태를 제한하거나 요구하는 조치, 그리고

   바. 외국인 지분소유의 최대 비율한도 또는 개인별 투자 또는 외국인 투자합계의 총액 한도에 의한 외국자본 참여에 대한 제한[119)]

---

119) Article XVI: Market Access

  1. With respect to market access through the modes of supply Identified in Article Ⅰ, each Member shall accord services and service suppliers of any other Member treatment no less favourable than that provided for under the terms, limitations and conditions agreed and specified in its Schedule.

  2. In sectors where market-access commitments are undertaken, the measures which a Member shall not maintain or adopt either on the basis of a regional subdivision or on the basis of its entire territory, unless otherwise specified in its Schedule, are defined as:

    (a) limitations on the number of service suppliers whether in the form of numerical quotas, monopolies, exclusive service suppliers or the requirements of an economic needs test;

    (b) limitations on the total value of service transactions or assets in the form of numerical quotas or

각국이 부담하는 시장접근 허용 의무의 범위는 국가별로 상이하며 이는 회원국간 협상의 산물이다. 따라서 특정 국가의 구체적인 시장접근 허용 의무의 범위를 확인하기 위해서는 그 나라가 제출한 서비스 시장 개방 양허표를 면밀히 검토하여야 한다. 따라서 서비스 시장 개방 양허표에 따라 양허된 서비스 분야라도 제한조치를 유보할 경우 그러한 방식대로의 국내규제 는 여전히 가능하게 된다. 이러한 의미에서 제16조상 의무는 "구체적 약속"에 해당하며 "일반 적 의무"와는 구별된다.

시장접근 관련 조치란 타방 회원국 서비스 공급자가 일방 회원국 서비스 시장에 진출하 여 서비스를 공급하고자 하는 상황에서 이를 제한하고자 도입된 일방 회원국의 조치를 말한 다. 즉, 외국 서비스 공급자의 자국 시장 진출을 적절히 통제하기 위한 조치가 바로 그것이다. GATS 제16.1조는 시장접근과 관련된 조치로서 (i) 서비스 공급자 수 제한, (ii) 서비스 총거래 액 및 총자산에 대한 제한, (iii) 총영업량 및 총산출량에 대한 제한, (iv) 총고용인력 제한, (v) 서비스 공급기업의 업태 및 합작투자제한, 그리고 (vi) 외국인의 지분참여에 대한 제한을 나 열하고 있다.

2) GATS 제17조

한편 GATS 제16조에서 규정하는 시장접근과 달리 제17조에서 규정하는 내국민 대우는 일단 자국 시장에 진출한 외국 서비스 공급자를 어떻게 처우할 것인가와 관련되는 문제이다. 이 의무 역시 각국이 개별적으로 합의한 범위 내에서만 구속된다는 측면에서 역시 "구체적 의무"에 해당한다. 이 조항은 다음과 같이 규정하고 있다:

---

the requirement of an economic needs test;

(c) limitations on the total number of service operations or on the total quantity of service output expressed in terms of designated numerical units in the form of quotas or the requirement of an economic needs test;

(d) limitations on the total number of natural persons that may be employed in a particular service sector or that a service supplier may employ and who are necessary for, and directly related to, the supply of a specific service in the form of numerical quotas or the requirement of an economic needs test;

(e) measures which restrict or require specific types of legal entity or joint venture through which a service supplier may supply a service; and

(f) limitations on the participation of foreign capital in terms of maximum percentage limit on foreign shareholding or the total value of individual or aggregate foreign investment.

제17조 내국민 대우

1. 자기나라의 양허표에 기재된 분야에 있어서 양허표에 명시된 조건 및 제한을 조건으로, 각 회원국은 그 밖의 회원국의 서비스 및 서비스 공급자에게 서비스의 공급에 영향을 미치는 모든 조치와 관련하여 자기나라의 동종 서비스와 서비스 공급자들에게 부여하는 대우보다 불리하지 아니한 대우를 부여한다.

2. 회원국은 자기나라의 동종 서비스와 서비스 공급자에게 부여하는 대우와 형식적으로 동일한 대우 또는 형식적으로 상이한 대우를 그 밖의 회원국의 서비스와 서비스 공급자에게 부여함으로써 제1항의 요건을 충족시킬 수 있다.

3. 형식적으로 동일하거나 상이한 대우라도 그것이 그 밖의 회원국의 동종 서비스 또는 서비스 공급자와 비교하여 회원국의 서비스 또는 서비스 공급자에게 유리하도록 경쟁조건을 변경하는 경우에는 불리한 대우로 간주된다.[120]

내국민 대우란 그러한 외국 서비스 공급자를 자국의 서비스 공급자와 동일하게 취급하여야 한다는 의무이나, 이 의무 역시 일반적 의무가 아니며 각국이 제출한 서비스 시장 개방 양허표에 따라 그 범위와 정도가 국가별로 상이한 구체적 약속에 해당하는 영역임은 위에서도 지적한 바 있다. 따라서 GATS 협정 하에서 내국민 대우는 양허표에 기재된 조건 및 자격요건에 대하여 동일한 경쟁조건(conditions of competition)을 제공할 것을 규정하고 있고, 시장접근 조항과 마찬가지로 양허표에 기재된 분야에 한해서 적용되며, 양허된 분야라도 제한조치를 유보할 경우 합법적인 국내규제가 가능하다.

위에서 살펴본 바와 같이 어떤 국가가 취한 조치의 GATS 협정 위반 여부 평가는 GATS 협정문을 통해서는 파악할 수 없으며 오로지 그 국가가 제출한 서비스 시장 개방 양허표를 살펴보아야 한다.

---

120) Article XVII: National Treatment

1. In the sectors inscribed in its Schedule, and subject to any conditions and qualifications set out therein, each Member shall accord to services and service suppliers of any other Member, in respect of all measures affecting the supply of services, treatment no less favourable than that it accords to its own like services and service suppliers.

2. A Member may meet the requirement of paragraph 1 by according to services and service suppliers of any other Member, either formally identical treatment or formally different treatment to that it accords to its own like services and service suppliers.

3. Formally identical or formally different treatment shall be considered to be less favourable if it modifies the conditions of competition in favour of services or service suppliers of the Member compared to like services or service suppliers of any other Member.

(c) 양허표 검토 및 해석시 유의점

각국의 양허표에서 금융관련 부분은 서로 상이한 개방 정도를 보이고 있다. 그러나 위에서 지적한 바와 같이 서비스 시장 개방의 정도와 내용은 WTO 162개국이 모두 상이하므로 양국간 차이가 있는 것이 일면 당연한 측면이 있다. 어쨌든 양허표에 따라 개방하지 않은 국가의 경우는 금융서비스 자체에 대해서는 양허표에 기재되는 시장접근 및 내국민 대우 규정의 적용을 받지 않게 된다. 이 부분은 이 문제와 관련한 우리 정부의 향후 전략 수립에 중요한 변수이다.

(3) 금융위기 극복과 관련된 최근 서비스 협정의 주요 쟁점

(a) 이민법을 통한 외국 서비스 공급자 진출 규제의 GATS 위반 가능성

국제법은 외국인의 출입국 문제를 대표적인 국내문제 중 하나로 간주하여 이 영역에 있어서 각국의 주권과 재량을 대폭적으로 인정하여 오고 있다. 따라서 어떠한 외국인을 자국 영역내로 받아들이고 또 그들에게 정주와 취업을 허하는지 여부는 원칙적으로 각국이 독자적으로 결정할 문제이다.

그런데 이러한 국제법상의 법리는 때로는 통상규범과 충돌하기도 한다. 바로 외국인의 출입국 문제에 대한 규율은 GATS가 관장하는 국제 서비스 교역과 직접적으로 연관되기 때문이다. 가령, 특정 국가가 WTO 체제 하에서 자국 서비스 시장을 모두 개방하더라도 한편으로 외국인의 출입국을 통제함으로써 사실상 외국 서비스 공급자의 국내시장 진출을 제한할 수 있게 된다. 그런데 문제는 특정국가의 외국인 출입 제한 조치나 또는 출입에 영향을 미치는 조치가 국제법 법리가 전통적으로 각국의 주권에 위임된 것으로 간주하는 진정한 의미의 출입국 규제 조치인지 아니면 국내 서비스 시장을 보호하기 위한 위장된 서비스 교역조치인지 여부를 판단하기가 반드시 용이하지는 않다는 점이다. 이러한 영역에서는 동일한 사안에 대해서도 각국의 입장과 시각이 서로 극명하게 갈리기 때문이다. 이러한 상황에서 특정 분쟁이 제기될 경우 명쾌한 결론을 도출하여 해당 분쟁을 조기에 해결하기는 쉽지 않다. 특히 상품교역에 비해 국내규제 조치와 더욱 밀접하게 연관되어 있는 서비스 교역의 경우 이러한 문제가 더욱 부각되어 왔다.[121] 이 문제에 관하여 GATS가 명백하고 구체적인 지침을 제시하고 있다면 최소한 WTO 회원국간에는 관습국제법이나 여타 조약에 우선하여 GATS의 그러한 지침이 최소한 WTO 테두리 내에서는 우선 적용되어 이러한 문제는 쉽게 해결될 수 있을 것이다. 그런데 GATS는 이 문제에 관하여 다소 불명확한 태도를 취하고 있다. 동 협정은 한편으로는 각

---

121) 사실 이 문제는 서비스 교역에 대한 규율을 논의하기 시작한 1980년대 이래 지속적으로 제기되어 온 문제이기도 하다. http://www.wto.org/english/thewto_e/whatis_e/tif_e/agrm6_e.htm 참조.

회원국이 이미 약속한 서비스 시장 개방 조건을 준수할 법적 의무를 부과함과 동시에 또 한 편으로는 외국인 출입국 문제에 관한 각국의 전통적인 권리는 인정한다는 절충적인 입장을 취하고 있는 것이다.122) 따라서 양자간 긴장관계는 GATS를 통해 해소되었다기 보다는 여전히 상존하고 있는 것으로 보는 것이 정확할 것이다.

경제위기를 극복하는 과정에서 많은 국가들이 다양한 자국 기업 및 자국민 우대 정책을 채택하고 있다. 세계 최대의 무역시장을 제공하고 있는 미국도 예외가 아니어서 미국 의회와 행정부는 자국 기업의 경쟁력 회복과 자국민에 대한 고용 증진을 도모하고자 다양한 정책을 모색하는 과정에서 외국인의 고용에 사실상 제한을 가하는 조치를 도입하고 있다. 최근 미국 정부는 자국 기업이 가급적 외국인 대신 미국인을 고용하도록 인센티브를 부여하는 입법조치를 단행하였다. 2008년 9월 촉발된 경제위기를 극복하기 위하여 도입된 "미국인 근로자 고용법(Employ American Workers Act: "EAWA"123))"이 바로 그것이다. EAWA와 유사한 조치는 앞으로도 계속 제기될 전망이다. 미국 경제가 완전히 회복되기 전에는 이러한 외국인에 대한 고용제한 조치가 주정부, 연방정부 차원에서 계속하여 모색될 가능성이 높은 것으로 판단된다. 물론 미국을 제외한 여타 국가들도 이와 비슷한 조치를 도입하였거나 도입할 가능성이 역시 높다.

위에서 지적한 외국인 출입국 제한에 관한 각국의 전통적인 주권과 GATS 협정상 의무의 충돌로 인한 긴장관계가 이 법과 연관하여서도 발현되고 있다. 이 법은 한편으로는 미국 정부의 정당한 외국인 출입국 규제 조치인 것으로 간주될 수도 있는 반면, 다른 한편으로는 외국인들이 미국 서비스 시장에 진출하는 것을 제약하는 효과도 아울러 보유하고 있기 때문이다.

EAWA를 통한 외국 서비스 공급자에 대한 H-1B 비자를 통한 미국 금융업계로의 진출 제한은 국제 서비스 교역에 영향을 미친다는 측면에서 WTO 협정 중 GATS와 가장 관련성이

---

122) 가령 GATS는 전문(Preamble)에서 다음과 같이 규정하며 각 회원국이 국내정책 목표를 달성하기 위하여 다양한 규제 권한을 행사하는 것을 인정하고 있다:
Recognizing the right of Members to regulate, and to introduce new regulations, on the supply of services within their territories in order to meet national policy objectives and, given asymmetries existing with respect to the degree of development of services regulations in different countries, the particular need of developing countries to exercise this right…

123) EAWA는 미국이 2008년 경제위기를 극복하기 위하여 도입한 일련의 입법조치 중 하나이다. 미국 의회는 2009년 경기부양법("Stimulus Bill")의 Section 1611에 정부 재정지원을 받는 기업의 미국인 고용(Hiring American Workers in Companies Receiving TARP Funding) 조건을 포함하였고 이 법안은 대통령의 서명을 거쳐 2009년 2월 17일에 발효되었다. Pub. L. 111-5, Div. A, Title XVI, § 1611.

높은 것으로 보인다. 외국 서비스 공급자의 미국 금융 서비스 시장 진출을 직접적으로 제한한다는 측면에서 EAWA는 우리나라와 같이 미국의 H-1B 비자 발급에 압도적 다수를 차지하는 몇 개 국가에 상당히 부정적인 영향을 초래할 가능성이 높다. 그러나 미국은 기 제출한 서비스 시장개방 양허표에서 비자발급을 거쳐 미국 내 직접고용을 통한 금융 서비스 시장으로의 진출에 대해서는 기본적으로 개방을 약속하지 않고 있으므로 양허표에 따라 규율되는 시장접근 문제와 내국민 대우 문제는 제기되기 힘들 것으로 본다.

그러나 서비스 시장 개방 양허표와 상관없이 적용되는 일반적인 의무와 관련하여 미국의 EAWA는 GATS 제2조상의 최혜국 대우에 대한 위반을 구성할 가능성이 있으며 또한 제9조상의 불공정한 사업관행 제거를 위한 상호 협조 및 협의 의무를 촉발시킬 가능성은 여전히 남아 있다. EAWA에서도 확인된 바와 같이 미국의 이민법 관련 조치로 인하여 우리나라가 직접적으로 영향을 받을 가능성은 항상 농후하다. 이민법 관련 조치는 미국의 GATS 의무 위반을 초래할 소지가 항상 잠재하고 있으므로 향후 미국측의 동 조치 운용을 면밀히 관찰할 필요가 있다. 최근 애리조나 주의 이민법 도입 움직임은 이러한 필요성을 더욱 강조하고 있다.

3. FTA 협정 관련 규범

A. 들어가는 말

2015년 4월 현재 161개에 이르는 WTO 회원국은 399개의 자유무역협정(Free Trade Agreements: FTAs)을 체결하고 있다.[124] 2011년 4월 이후 도하 라운드 협상이 교착상태에 빠지면서 다자간 무역체제(multilateral trading system)가 위기에 봉착하자 여러 회원국들은 현재 각자도생의 방편으로 양자간 또는 지역적 FTA를 적극 체결하고 있는 것이다.

한·EU FTA, 한미 FTA를 각각 체결, 발효하고 한중 FTA 교섭을 개시하는 등 우리나라가 체결하는 통상조약은 실로 모든 측면에서 다양화, 복잡화, 다극화하고 있는 상황이다. 지금까지는 사실상 WTO 협정만이 우리나라에 대하여 통상규범을 제시하는 일차원적이고 단편

---

124) 이에 관해서는 www.wto.org 및 www.fta.go.kr 각각 참조.

적인 무역규범 체제였다면, 이제 우리나라가 주요 교역 대상국과 체결을 확대하고 있는 복수의 FTA는 각각 별도의 요건을 부과하는 입체적이고 다면적인 무역규범 체제를 우리에게 제시하고 있다. 이러한 새로운 무역규범 체제 하에서는 통상조약의 체결과 이행 과정에서 국내 이해관계 그룹의 의견 수렴이 그 만큼 복잡하여지고 또 적지 않은 시간이 소요될 수밖에 없다. 각 이해관계 그룹간 입장 대립도 그만큼 첨예하여지고 있다. FTA로 대별되는 통상조약은 국내 다양한 이해관계 그룹에 대하여 장기적이고도 광범위한 영향을 초래하기 때문이다. 이러한 상황은 지난 2011년 가을 한미 FTA 비준 동의 과정에서 극명하게 나타난 바 있으며, 한중 FTA 등 여러 주요 통상조약이 교섭, 체결되는 과정에서 더욱 증폭될 가능성을 배제할 수 없다.

B. 금융위기 극복을 위한 조치와 FTA와의 관련성

금융위기 극복 관련 정책이나 제도가 통상협정상 관련 당사국의 이해관계에 영향을 미치게 되면 이 시점에서 소위 통상협정의 적용대상이 되는 "조치(measure)"가 존재하게 되고,125) 이 조치에 대하여 FTA 협정상 관련 규정을 위반하는 것으로 판단하는 경우 FTA 분쟁해결절차로 진행할 수 있을 것이다. FTA에 규정된 조항만을 위반하는 경우 이는 FTA 분쟁해결절차로만 회부 가능하며 반대로 WTO 협정과 FTA 협정이 공히 규정하는 조항에 대한 위반 문제는 양자 중 하나를 선택하여 문제 제기가 가능하다. 만약 후자의 상황에서 FTA 분쟁해결절차를 선택하게 되면 WTO 분쟁해결절차로의 회부는 불가능하도록 규정하고 있는 것이 일반적이다.126) 이하에서는 FTA 분쟁해결절차에 대하여 개관한다.

C. FTA 분쟁해결절차의 특징

(1) 이행절차의 상대적 간소화

FTA 분쟁해결절차는 WTO 분쟁해결절차에 비하여 시간이 상당히 단축되어 있기는 하나,

---

125) WTO 항소기구는 "measure"의 범위를 상당히 광범위하게 인정하고 있다. *U.S. – Corrosion-Resistant Steel Sunset Review(AB)*에서의 항소기구 판정 참조("In principle, *any* act or omission attributable to a WTO Member can be a measure of that Member for purposes of dispute settlement proceedings. Measures that can be subject to WTO dispute settlement can include, not only acts applying a law in a specific situation, but also acts setting forth rules or norms that are intended to have general and prospective application. Instruments of a Member containing rules or norms could constitute a 'measure', irrespective of how or whether those rules or norms are applied in a particular instance.").
126) WTO DSU 제3.2조 참조.

기본적인 골격은 그대로 유지되어 있다.[127] 즉, FTA 분쟁해결절차의 경우 그 이행절차가 상대적으로 간소화되어 있다고 할 수 있다. 패널의 결정에 대한 항소절차가 기본적으로 부재할 뿐 아니라 패널이 결정을 내리는 경우 이를 그대로 이행하도록 예정되어 있다. 즉, 일회의 FTA 패널절차를 통하여 해당 분쟁의 종국적 해결을 원칙적으로 도모하므로 상대적으로 신속한 분쟁해결이 가능하다.

이에 비하여 WTO 분쟁해결절차의 경우 일방 당사국이 승소하는 경우에도 복잡한 이행절차를 거치게 되어 그 종국적 해결에는 상당한 시간이 소요되는 것이 일반적 패턴이다. 예를 들어 패널절차를 위한 12개월이 소요된 이후에도 항소기구 절차로 다시 6개월이 소요되고 이후 RPT Arbitration에 3개월, RPT에 평균 9개월, 이행분쟁에 다시 6개월이 소요되는 등 패널절차 이후에도 이행문제와 관련하여 거의 2년여의 시간이 소요되는 상황이다. 따라서 승소 가능성이 높고 조속한 이행이 필요한 경우 제소국은 동일한 사안에 대하여 WTO 제소보다는 FTA 분쟁해결절차로의 회부가 보다 적절한 선택일 것이다. 한·EU FTA를 기준으로 FTA상의 분쟁해결절차를 살펴보면 대체로 다음과 같다:

- 30일간 양자 협의의 실시[128]
- 양자 협의 실패 시 제소국의 패널 설치 요청서 제출[129]
- 3인 패널 구성 후 패널 심리 진행(최초 패널 설치 요청서 제출일로부터 원칙적으로 120일, 최대 150일 내에 판정 도출)[130]
- 패소국의 합리적 이행기간에 관하여 양 당사자 협의(미 합의시 원래 패널로 회부하여 결정)[131]
- 합리적 이행기간 적용 및 패소국 문제의 조치 제거(부과된 세이프가드 조치 철폐)[132]
- 합리적 이행기간 내 이행이 제대로 이루어지지 않은 경우 이행 분쟁 진행(45일간 진행)[133]
- 패소국 미이행 최종 확정시 보복조치 단행[134]

상기에 나열된 절차에 소요되는 시간을 모두 합산하면 15~20개월 정도에 이르며 이는

---

127) 한·EU FTA 제14장 참조.
128) 한·EU FTA 제14.3조 참조.
129) 한·EU FTA 제14.4조 참조.
130) 한·EU FTA 제14.7조 참조.
131) 한·EU FTA 제14.4조 참조.
132) See *Id.*
133) 한·EU FTA 제14.10조 참조.
134) 한·EU FTA 제14.11조 참조.

3~4년이 소요되는 WTO 분쟁해결절차에 비해서는 상당히 단축된 것이라고 할 수 있으나 기본적인 골격은 거의 유사하다.

(2) 상대적으로 효과적 구제수단의 제공

WTO 분쟁해결절차에 비해 FTA 분쟁해결절차는 협정 위반을 구체적으로 지적하고 그의 시정을 보다 직접적으로 요구하게 됨에 따라 보다 효과적인 구제수단이 제공 가능하다. WTO 패널의 경우 설사 협정 위반이 결정되더라도 구체적인 협정 위반 해소방안에 대해서는 자세한 가이드라인을 제시하지 아니하는 경우가 대부분이며 패소국의 재량권에 위임하여 두는 경우가 빈번하다. 이러한 상황이 초래되는 이유 중 하나로 들 수 있는 것은 다자간 분쟁해결절차의 경우 해당 분쟁의 해결뿐 아니라 장기적인 법적 안정성 부분도 동시에 고려하여야 할 필요가 있으므로 가급적 추상적/일반적 결론 도출을 위하여 노력하고 그러한 결론에 기초하여 구체적인 이행방법은 해당 패소국에 맡겨두는 성향이 강하기 때문이다.

그러나 FTA 패널의 경우 다자간 차원의 법적 안정성 확보보다는 해당 분쟁의 구체적 해결에 보다 초점을 맞출 가능성이 높으므로 담당 패널이 패소 당사국에 대하여 구체적인 대안과 필요조치를 제시할 가능성이 보다 농후하다. 이러한 점은 NAFTA 패널의 경우를 보더라도 확인될 수 있다. 특히 FTA 패널이 직접 보상 및 그 규모를 결정할 수 있게 됨에 따라 보다 직접적인 구제를 제공할 수 있다. WTO 패널의 경우 상당한 시간이 경과한 이후 중재관을 선임하여 보복수준을 결정하므로 보복조치가 시간적, 공간적으로 다소 유리되어 있는 상황이다. 따라서 전체적으로 보아 FTA 패널이 WTO 패널에 비하여 보다 효과적인 구제수단을 승소 당사국에 제공할 가능성이 높다고 할 것이다.

D. 소 결

최근 국제사회에서 급증하고 있는 FTA 협정은 금융위기 극복조치와 관련하여서도 우리에게 중요한 시사점을 제시하여 주고 있다. 일단 각국은 기존의 통상협정에서 해결되지 아니하는 새로운 문제에 관하여 양국간 또는 협정 당사국간 별도의 합의를 채택할 수 있다는 점이다. 예를 들어 금융위기 극복조치 등 긴급한 경제적 위기 상황에서 정부가 취하는 일련의 비상조치에 대해서는 협정 위반에 대하여 예외에 해당하는 것으로 FTA 협정에서 규정할 수도 있다는 의미이다. 이와 같이 기존의 WTO 협정이 다루지 못하던 영역에 대하여도 보다 체계적이고 합리적인 기준을 도입함으로써 통상법의 발전을 도모할 수 있을 것이다.

그러나 동시에 FTA 협정에서 이러한 새로운 규정의 도입은 단지 해당 FTA에서만 예외로 인정되거나 면책사유가 된다는 점이다. 즉, WTO 협정이 여전히 그대로 유지되는 한 —가령 현재의 보조금협정이 그대로 존재하는 한— 금융위기 극복을 위한 지원조치는 여전히 이들 협정에 대한 위반은 그대로 구성하게 된다는 것이다. 이에 대하여 해당 FTA 체약 상대국이 아닌 여타 WTO 회원국이 문제 제기를 하거나 나아가 제소하는 상황까지 이어진다면 결국 협정 위반 판정으로 이어질 공산이 크다. 따라서 FTA 협정 체결을 통한 문제의 해결은 부분적인 대안에 불과하며 결국 WTO 협정의 개정이 필요한 문제라고 볼 수 있다. 이러한 측면은 다자체제가 왜 중요한 지를 보여주는 대표적인 사례이다.

4. 양자간 투자협정(FTA 투자 챕터 포함) 관련 규범

A. 투자협정의 의의

FTA의 확산 추세와 더불어 양자간 투자협정 체결도 폭발적으로 늘어나고 있다. 이미 알려진 바와 같이 투자협정은 각국의 국내법 입법 및 집행과 밀접하게 연관되어 있다. 투자협정은 체약 당사국 정부의 정책 도입 및 집행에 대하여 구체적이고 직접적인 다양한 제한사항을 포함하고 있다. 이러한 속성은 앞으로 우리나라가 체결하는 모든 투자협정에 있어서 공통적으로 발견될 현상일 것이다. 따라서 대한민국 정부가 투자협정의 체약 당사국으로 참여하는 투자협정은 우리 입법권과 행정권에 직/간접적으로 다양한 영향을 초래하며 이러한 점을 염두에 두고 투자협정 교섭과 체결이 이루어져야 할 것이다. 물론 이러한 현상은 투자협정 이외에 여타 국제조약에서도 일반적으로 발견되는 현상이기는 하나 그 깊이와 정도에 있어 투자협정에 비견할 조약은 아직은 발견되지 않고 있는 실정이다. 통상협정도 이러한 측면을 다수 포함하고 있기는 하나 정부규제정책에 대한 규제의 직접성, 그리고 협정 위반 조치에 대한 구제 가능성 측면에서 역시 투자협정에는 미치지 못하는 것으로 평가할 수 있다. 바로 이러한 이유로 투자협정이 최근 우리나라뿐 아니라 다른 나라에서도 다양한 관심의 초점이 되고 있는 것으로 볼 수 있다.

또한 최근 우리나라 및 주요 국가가 체결하는 투자협정은 자국 영역 내에 투자하는 외국인 투자 및 투자자를 보호하는 내용과 투자 유치국 정부의 정책주권 행사라는 상충하는 목표의 양자간 균형을 도모하고자 노력하고 있는 모습을 보이고 있다. 한편으로 외국인 투자와 투자자의 보호에 초점을 두면서도 각국 정부의 정당한 정책주권 행사는 보장하여야 한다는 반대되는 입장이 투자협정의 다양한 조항에 녹아들고 있는 상황이다. 이와 같이 투자보장협정은 현재 지속적으로 변모하는 모습을 보여주고 있는 상황에 있다. 가령 미국의 경우만을 예로 들더라도 불과 7년전 협상이 진행된 한미 FTA 제11장에 포함된 투자관련 조항과 현재 새로이 미국이 협상을 진행 중인 TPP 투자 챕터에 포함되는 투자 관련 조항간에는 적지 않은 차이가 있는 것으로 알려지고 있다. 이러한 상황은 우리나라의 경우도 마찬가지이다. 최근 우리나라가 체결하는 BIT 및 FTA는 매번 체결될 때마다 포함되는 조항들의 구체적인 내용은 조금씩 변경되거나 수정되어 가고 있는 실정이다.

우리 정부가 최근 체결하는 투자협정 및 FTA의 경우 여러 핵심적인 조항들은 거의 대부분 대동소이하게 수용하고 있는 모습을 보이고 있으나, 세부적인 부분에서는 실체적 규범 및 절차적 요건 측면에서 각 협정간 서로 상이한 부분이 다수 존재하고 있다. 결국 동일한 우리 정부 조치에 대하여 여러 국가와 체결한 "상이한" 투자협정 및 FTA가 각각 적용되게 되므로 우리 정부 입장에서는 이러한 국가별, 협정별 차이점에 대하여 사전에 면밀한 검토 및 대비가 필요하다.

B. 투자협정의 함의

(1) 국제법적 함의

한·EU FTA, 한미 FTA를 각각 체결하고 한중 FTA 교섭을 개시하며 우리나라가 체결하는 통상조약은 실로 모든 측면에서 다양화, 복잡화, 다극화하고 있는 상황을 노정하고 있다. 지금까지는 사실상 WTO 협정만이 우리에 대하여 통상규범을 제시하는 일차원적이고 단편적인 체제였다면, 이제 우리나라가 주요 교역 대상국과 체결을 확대하고 있는 다양한 FTA 및 BIT는 각각 별도의 규범을 부과하고 있는 다면적이고 입체적인 체제를 우리에게 제시하고 있다.

이러한 새로운 통상체제에서는 FTA 및 BIT의 체결과 이행 과정에서 국내 이해관계 그룹의 의견 수렴이 그만큼 복잡해지고 적지 않은 시간이 소요되고 있으며, 입장 대립도 첨예하게 바뀌어 가고 있는 상황이다. 최근 우리나라가 적극 추진, 체결하고 있는 자유무역협정(Free Trade Agreement: FTA) 및 BIT는 외국인 투자의 한국시장 진출 확대와 이에 대한 보호장치의 강화를 주요 골자 중 하나로 하고 있다. 외국인 투자유치 확대와 이에 대한 보호장치의 강화는 우리 경제의 활성화와 국제화를 위한 필수 불가결한 요소임에는 틀림없다. 그러나 한편으

로 이러한 FTA/BIT 체결 결과 새로이 도입되는 제도 및 정책은 "양날의 칼"로서, 그간 우리
가 고민하여 보지 않았던 새로운 과제를 제시하기도 한다.

그 대표적인 사례 중 하나는 외국인 투자가 우리 국가안보와 직접 연관된 영역에서 이루
어질 경우 이를 어떻게 규율할 것인가 하는 문제이다. 외국인 투자의 자유와 이에 대한 보호
도 중요하지만, 이러한 투자가 우리 국가안보와 직접 연관된 영역에서 이루어지는 경우 이를
아무런 규제 없이 방관한다면 우리 군사/경제 안보의 핵심 기제가 외국인 투자의 영향권 하
에 놓이게 되는 상황을 초래하게 될 것이기 때문이다. 이 경우 국가안보와 관련된 정부의 정
책 결정 및 집행은 상당 부분 제약 받을 수밖에 없게 될 것이고 이는 결국 우리 주권에 대한
예상치 못한 제약으로 귀결될 가능성이 있다. 이러한 배경에서 주요 교역국과 FTA 및 양자간
투자보장협정(Bilateral Investment Treaties: BIT)을 통한 촘촘한 네트워트 구축을 통해 외국인 투
자의 한국 시장 진출을 적극 유치하고 이에 대해 국제기준에 근거한 보호를 약속하고 있는
우리 정부 입장에서는, 다른 한편으로는 이들 외국인 투자가 우리 국가안보 정책의 근간을 침
해할 수 없도록 하는 법적·제도적 보장장치를 마련할 필요성을 절감하게 되었다. 특히 한미
FTA 교섭 과정에서 이러한 문제가 본격적으로 불거진 이후 우리 국회 및 정부는 소위 "본질
적 국가이익"을 저해할 가능성이 있는 외국인 투자자의 국내 주요기업에 대한 적대적 인수
및 합병(M&A)을 방지하는 방안을 도입하는 데 초점을 두고 이 문제를 논의하여 오고 있기도
하다.135) 그러한 논의의 핵심은 미국의 "엑슨-플로리오(Exon-Florio) 법"136)과 유사하게 외국
인 투자 사전심사제를 도입하여 외국인 투자가 우리 국가 안보, 경제 운용에 있어 중요한 역
할을 수행하는 국내기업에 대하여 적대적 M&A를 시도하는 경우, 이를 우리 정부가 사전 심
사하고 필요한 경우 그러한 인수 및 합병을 거부할 수 있도록 하는 장치를 도입하는 것이다.
그러나 한편으로 이러한 제도의 도입에 대해 관련 FTA 및 BIT, 또는 WTO 협정에 대한 위반
가능성을 동시에 초래할 우려가 제기됨에 따라, 다양한 구체적 대안이 논의되고 있는 상황이
다. 이러한 논의의 결과 2008년 2월 22일 외국인 투자촉진법 시행령(이하 "시행령")이 개정되

---

135) 한나라당 이병석 의원 외 13인은 2007년 3월 15일 "국가경제에 중대한 영향을 미치는 외국인투자 등의 규제
에 관한 법률안"을, 한편 열린 우리당 이상경 의원 외 10인 2006년 12월 29일 "국가안보에 반하는 외국인 투
자 규제법안"을 각각 발의한 바 있다. 동아일보, 『기간산업 외국자본 M&A 규제률』(2006년 4월 21일); 조선
일보, 『외국인 투자규제법 도입하나』(2007년 5월 27일자); 한국경제, 『외국인M&A 규제, 한국판 엑슨 플로리
오 법안 논란』(2007년 4월 27일자) 각각 참조.

136) 미국은 1988년 종합통상법(Omnibus Trade and Competitiveness Act of 1988)을 도입하였다. 동 법 제5021
조는 기존의 1950년 방위산업법(Defense Production Act of 1950)의 721조를 개정하는 내용을 포함하고 있
었으며, 그 취지는 미국 대통령이 국가 안보에 대한 위해 여부를 판단해 특정 외국자본의 미국 기업에 대한 투
자를 차단할 수 있도록 하자는 것이며 이 내용이 흔히 Exson Florio법(또는 조항)으로 불리고 있다.

어 이러한 목적을 일부 달성하기 위한 다양한 새로운 조항들이 도입되었다. 이들 조항의 도입으로 국가안보와 관련되는 특정 영역에 대한 일부 외국인 투자는 사전에 외국인 투자위원회137)의 심의를 받도록 하고, 필요 시 그러한 투자를 제한 내지 불허하는 내용 등을 골자로 하는 새로운 제도가 시행되었다.

이와 같이 한편으로는 외국인 투자가 급격히 자유화됨과 동시에 각국 정부의 전통적인 주권사항이 침해되지 않도록 하는 양자간에 상당한 긴장관계가 노정되고 있으며, 이러한 긴장관계가 현재 투자협정과 관련하여 제기되는 여러 국가의 국내적 논란의 핵심을 이루고 있다.

(2) 국내법적 함의

한편 투자보장협정은 우리 국내법적으로도 다양한 함의를 내포하고 있다. 투자보장협정 체결은 우리 국내적으로 입법조치를 요구한다거나 정부정책의 결정, 집행방법에 대한 구체적인 제한사항을 포함하고 있는 경우가 대부분이기 때문이다. 이러한 부분은 한·대만 투자보장약정의 경우에서도 마찬가지로 발견될 것이다. 먼저 투자보장협정의 체결은 우리 정부가 모든 국내정책 측면에서 해당국 투자 및 투자자에 대하여 우리나라 투자 및 투자자에 대하여, 그리고 다른 제3국의 투자 및 투자자에 대하여 부여하는 최고의 대우를 제공하여 주는 것을 의미한다. 따라서 정치적/외교적 이유 등으로 특정 국가의 투자 및 투자자에 대하여 차별을 하는 것을 금지하게 되므로 국내정책 도입 및 집행 측면에서도 상당한 제한이 부과되게 된다.

또한 국내정책결정 과정에서도 외국인 투자자에 대하여 최대한의 공정한 절차를 보장하고 의사결정과정을 투명하게 하여야 하며, 부당한 이행요건을 부과하여서는 아니 된다. 또한 외국인 투자자의 재산을 몰수하거나 또는 사실상 재산상의 가치를 멸실시키는 조치를 취하는 데에도 상당히 조심스럽게 접근하여야 한다. 이와 같이 정부정책 수립 전 과정에서 해당 외국인 투자 및 투자자의 권리를 최대한 보장하기 위하여 필요한 조치를 취하여야 한다. 또한 이러한 내용들이 보장될 수 있도록 관련 국내법령을 제/개정하여야 한다. 이와 같이 투자보장협정은 실로 방대한 규모의 의무를 체약 당사국 정부에 부과하는 것으로 볼 수 있다. 그리고 이러한 방대한 규모의 의무는 포괄적, 장기적 파급효과를 체약 당사국 국내정책 측면에서 초래하게 된다. 투자보장협정 문제도 해당 협정 체결 이후 우리 국내 정책 수립 및 이행과정이 어

---

137) 외국인 투자위원회의 자세한 사항과 관련하여서는 외국인 투자촉진법 제27조 참조.

떻게 변화되어야 하는지에 대한 구체적인 검토가 필요하며 이는 단지 약정문을 피상적으로 파악하여서는 판단이 불가능하며 우리 정부가 새로이 부담하게 되는 의무를 포괄적, 입체적으로 살펴보아야 한다.

특히 우리나라의 경우 투자보장협정에 대하여 그간 우리 헌법 제60조 1항에 해당하는 국회비준동의 대상에 해당하지 않는 것으로 간주해 온 입장이 최근에 변경되어, 이제 모든 투자보장협정이 국회비준동의 대상에 해당하는 조약으로 취급되고 있다.[138] 이는 점차 증가하는 투자보장협정에 대한 국내적 관심사를 반영하고 있는 것으로서, 이 협정에 대한 접근과 분석은 여타 조약과는 성격을 달리하는 부분이 있는 것으로 보아야 할 것이다. 대한민국 헌법 제60조 1항은 상호원조 또는 안전보장에 대한 조약, 중요한 국제조직에 관한 조약, 우호통상항해조약, 주권에 제약에 관한 조약, 강화조약, 국가와 국민에게 중대한 재정적 부담을 지우는 조약 또는 입법사항에 관한 조약의 체결, 비준에 대하여 국회의 동의를 요하는 것으로 규정하고 있다. 이 헌법규정의 의미에 대해 다수의 헌법학자들은 국회의 동의를 받아야 하는 조약과 그렇지 아니한 조약은 그 법적 지위가 다르다고 이해하고 있다. 즉, 조약 중 국회의 동의를 얻은 조약은 법률과 같은 효력을 가지나, 행정협정과 같은 것은 법률이 아닌 명령 혹은 규칙과 같은 효력을 갖는다는 것이다. 조약의 명칭을 가진 것이라도 어떤 기본조약의 순수한 실시제목을 정하는 기술적, 절차적, 사무적 내용의 조약, 행정협정과 같이 국가간의 단순한 행정협조적이고 기술적인 사항에 관한 조약으로서 헌법 제60조 1항에 열거되지 않은 조약은 그 체결·비준에 국회의 동의를 요하지 않는다는 것이다. 국회의 동의를 받지 않은 조약은 국민의 간접적 관여나 민주적 통제를 결하게 되어 법률의 효력을 갖지 못하고 법률보다 하위규범인 명령의 효력을 가진다고 보는 것이 타당할 것이다.

이러한 비준 획득은 이 약정이 우리 헌법상 조약임을 우리가 다시 한번 확인할 뿐 아니라 나아가 일반적인 조약이 아니라 우리 헌법상 "중요한 조약"에 해당한다는 것을 결정적으로 보여주기 때문이다.[139]그러나 앞에서 지적한 바와 같이 이러한 구별은 국제법적으로는 의미가 없다는 점을 유념할 필요가 있다. 우리 헌법에 의하여 국회의 비준 동의가 필요한지 여부는 해당 조약의 상대방에 대한 우리 정부의 의무와 권리에 하등의 변동을 가져오지 않으며, 국제법상의 효력에 아무런 차이가 없다. 따라서 국회의 동의를 득한 조약과 그렇지 아니한 조약에 대한 구별은 단지 우리 국내적으로 효력 순위를 정함에 있어 그 의미가 있을 뿐이라는

---

138) 가령 2012년 5월 12일 체결된 한중일 투자보장협정은 2013년 6월 23일 우리 국회의 비준동의를 득하였다.
139) 현재 우리 정부 관행상 전체 체결 조약 중 단지 10% 정도만 국회의 비준동의 대상이 된다.

점을 명심하여야 한다.

C. 주요 조항 개관

(1) 정부의 조치

우선 투자협정에서 규정하고 있는 정부의 "조치(measure)"란 무엇인가의 문제가 제기될 수 있다. 특히 국제경제법에서 "조치"라는 개념은 지극히 광범위하게 적용되는 개념이라고 할 수 있다. 가령, 한·싱가포르 FTA는 제2장(일반적 정의)에서 조치란 법령, 규정, 절차, 행정조치, 요건, 관행을 포함하는 것으로 규정하고 있다.140) 나아가 한미 FTA의 경우도 제1장 B부(정의)에서 조치란 법령, 규정, 절차, 요건, 또는 관행을 포함하는 개념임을 명시하고 있다.141) 동 규정들이 "포함한다"라는 용어를 사용하고 있다는 점에 착안하면 여기에는 법령, 규정, 절차, 요건 또는 관행 이외에 다른 것들도 포함될 수 있음을 역시 함축하고 있다. 이러한 광범위한 "조치"의 개념에 비추어 보면 현재 우리 정부가 외국인 투자와 관련하여 채택하는 일련의 정책, 방침, 조례, 내규 및 계약은 모두 여기에 해당하게 될 것이다. 실제 "조치"의 개념에 관하여 다양한 분쟁을 심리하여 온 WTO 항소기구에 따르면, "조치"에는 입법부, 행정부, 사법부의 모든 작위(action) 및 부작위(omission)가 모두 포함된다.142) 따라서 우리 정부기관이 외국인 투자와 관련하여 채택하는 모든 정책, 방침, 조례, 내규, 계약 등은 BIT 및 FTA에서 말하는 "조치"에 해당될 수 있다. 그 의미는 이들 개별적인 조치들이 모두 BIT 및 FTA의 관련 규정에 따라 점검되어야 하는 정부의 조치에 해당된다는 것이다.

(2) 외국인 투자 및 투자자에 대한 최혜국대우 부여

최혜국 대우 조항은 BIT를 체결한 외국인 투자 및 투자자에 대하여 우리 정부가 체결한

---

140) 동 조항의 영어본은 다음과 같다. "measure means any law, regulation, procedure, or administrative action, requirement or practice."

141) 동 조항의 영어본은 다음과 같다. "measure includes any law, regulation, procedure, requirement, or practice."

142) *United States – Sunset Review of Anti-Dumping Duties on Corrosion-Resistant Steel Flat Products from Japan*(WT/DS244/AB/R, Dec 15, 2003), paras. 81–87 참조. 이와 관련한 항소기구의 직접적인 언급은 다음과 같다.("In principle, *any* act or omission attributable to a WTO Member can be a measure of that Member for purposes of dispute settlement proceedings. Measures that can be subject to WTO dispute settlement can include, not only acts applying a law in a specific situation, but also acts setting forth rules or norms that are intended to have general and prospective application. Instruments of a Member containing rules or norms could constitute a 'measure', irrespective of how or whether those rules or norms are applied in a particular instance.").

BIT에 규정된 최고의 대우를 제공한다는 규정이다. 가령, 한미 FTA는 최혜국 대우 조항을 다음과 같이 규정하고 있다:

제11.4조 최혜국 대우

1. 각 당사국은 자국 영역 내 투자의 설립·인수·확장·경영·영업·운영과 매각 또는 그 밖의 처분에 대하여 동종의 상황에서 비당사국의 투자자에게 부여하는 것보다 불리하지 아니한 대우를 다른 쪽 당사국의 투자자에게 부여한다.
2. 각 당사국은 투자의 설립·인수·확장·경영·영업·운영과 매각 또는 그 밖의 처분에 대하여 동종의 상황에서 비당사국 투자자의 자국 영역 내 투자에 부여하는 것보다 불리하지 아니한 대우를 적용대상투자에 부여한다.[143)

예를 들어, 우리 정부가 일본인 투자자에 대하여 부여한 투자유치 인센티브가 미국 국적의 외국인 투자자에게는 부여되지 않는 경우, 미국인 투자자는 자신이 한국 정부에 의해 상대적으로 차별을 받았으며 그 결과 한국 정부가 한미 FTA 제11.4조에 규정되어 있는 최혜국 대우 조항을 위반하였음을 주장하게 될 것이다. 따라서 특정 외국인 투자자에 대하여 선별적 또는 일회성으로 유인책을 제공하는 것은 장기적으로 최혜국 대우 조항에 대한 위반 문제를 초래하게 된다. 이는 지방자치단체에 대해서도 마찬가지로 적용된다. 지방자치단체 역시 정부의 일부분을 구성하기 때문이다. 따라서 이는 A 지방자치단체가 특정 외국인 투자자에 대하여

---

143) 동 조항의 영어본은 다음과 같이 규정하고 있다:
ARTICLE 11.4: MOST-FAVORED-NATION TREATMENT
1. Each Party shall accord to investors of the other Party treatment no less favorable than that it accords, in like circumstances, to investors of any non-Party with respect to the establishment, acquisition, expansion, management, conduct, operation, and sale or other disposition of investments in its territory.
2. Each Party shall accord to covered investments treatment no less favorable than that it accords, in like circumstances, to investments in its territory of investors of any non-Party with respect to the establishment, acquisition, expansion, management, conduct, operation, and sale or other disposition of investments.
대한민국 정부와 칠레공화국 정부간 자유무역 협정(Free Trade Agreement Between the Government of the Republic of Korea and the Government of the Republic of Chile: "한·칠레 FTA")(2004년 4월 1일 발효), 제10.4조; 대한민국과 동남아시아 국가연합 회원국 정부간의 포괄적 경제협력에 관한 기본협정 하의 투자에 관한 협정(Agreement on Investment Under the Framework Agreement on Comprehensive Economic Cooperation Among the Governments of the Republic of Korea and the Member Countries of the Association of Southeast Asian Nations: "한·아세안 FTA(투자)")(2009년 9월 1일 발효), 제4조; 한일 투자보장협정(2003년 1월 1일 발효), 제2조; 한중 투자보장협정(2007년 12월 1일 발효), 제3조도 각각 동일한 취지의 규정을 담고 있다.

제공한 인센티브를 B 지방자치단체는 다른 외국인 투자자에게 제공하기를 거부하는 경우에
도 발생할 수 있다. A 지방자치단체와 B 지방자치단체는 공히 한국 정부를 구성하기 때문이
다. 결국 이 의무가 투자보장약정에서 어떻게 적용될 것인지에 대한 면밀한 검토가 필요하다.
특히 이 조항이 어떻게 도입되는지 여부에 따라 우리나라가 다른 나라와 체결한 BIT의 특혜
가 타국 투자자에 대해서도 자동적으로 적용되므로 그 범위를 제한할 필요가 있는지 여부에
대하여 살펴보아야 한다.

최혜국 대우는 가령 다음과 같은 실제적인 함의를 초래할 수 있다. 1992년 한·대만 단교
이후 대만은 한국 국적의 화물운송선사에 대하여 직접적인 차별을 실시하여 우리 선사의 일
·대만 노선 화물 운송을 금지하여 오고 있다. 이러한 대만의 한국 선사 차별 정책은 그간 우
리 해운업계에 상당한 부담을 초래하여 왔으며 이 문제는 지난 20년간 우리나라가 지속적으
로 문제를 제기하였음에도 대만이 이 문제에 대한 논의 자체를 거부하고 지속적으로 차별조
치를 취하고 있는 상황이다. 대만이 이러한 입장을 견지하는 배경에는 한편으로는 한중 수교
와 관련된 정치적 이유를 그 근거로 내세우고 있으나 20년이 지난 현 시점에서도 이 조치를
유지하고 있는 것은 결국 자국 해운 서비스 기업을 인위적으로 지원하기 위한 위장된 조치의
성격을 보유하고 있는 것으로 판단된다. 대만의 조치는 해운 서비스 시장을 직접 타겟으로 하
고 있다는 점에서 WTO 회원국인 대만의 WTO 서비스 교역에 관한 일반 협정(GATS)에 대한
위반 문제를 직접 야기한다. 대만은 해운 서비스 시장을 개방하지 않았으므로 일단 양허표 상
의 의무 부담으로부터는 면제되나 한편으로 일반적 의무를 준수하여야 하는 의무는 그대로
존재한다. 특히 불공정 거래 행위 유지나 투명성 의무 미이행은 이들 조항에 대한 위반을 구
성할 가능성을 제시하고 있다. 나아가 대만의 조치는 상품 교역에도 영향을 초래할 가능성이
있으며 이는 GATT 1994에 대한 위반 문제 역시 아울러 제기한다. 특정의 조치가 상품교역과
서비스교역에 공히 영향을 초래하는 경우 이는 두 협정 위반이 공히 제기되는 경우가 일반적
인 상황이며 이러한 맥락에서 GATT 1994 협정 위반 여부도 아울러 제기되고 있다. 어쨌든
1992년 이후 20여년 이상 유지되고 있는 대만의 한국 기업 차별조치는 오로지 한국 기업에만
적용된다는 측면에서 통상협정의 최혜국 대우 조항, 또한 그 맥락에서 투자협정의 최혜국 대
우 조항에 각각 위반될 소지를 내포하고 있는 것으로 일견 판단된다. 그 동안 WTO 협정 위
반 가능성에도 불구하고 대만이 이러한 차별조치를 그 동안 유지하여 온 배경에는 WTO 분
쟁해결절차가 시간이 오래 소요되며 또한 패소판결을 받더라도 문제의 조치를 철회하거나 변
경만 하면 된다는 상대적으로 미약한 제재조치가 자리잡고 있는 것으로 보인다. 그러나 만약
한·대만 투자보장약정이 체결되어 최혜국 대우 의무가 부과되게 되면 대만에 상당한 시설을

건설하여 투자를 실시한 우리 선박운송업체들도 한국의 투자자의 지위를 갖게 되고 이들에 대한 현재와 같은 대만 정부의 차별조치는 곧바로 분쟁해결절차 회부 대상이 될 것이다. 또한 투자분쟁해결절차는 손해배상을 기본목표로 하고 있어 우리 기업에 대한 직접적이고 실효적인 구제수단을 제공하여 줄 수 있을 것이다. 이와 같이 그간 우리나라 기업에 대한 다양한 대만정부의 차별조치는 이 조항 및 투자약정에 포함되는 여타 조항의 규율을 받게 되고 궁극적으로 시정될 수 있는 단초를 제공하여 줄 수 있을 것으로 기대된다.

(3) 외국인 투자 및 투자자에 대한 내국민 대우 부여

한편 내국민 대우는 BIT 체결 당사국 투자 및 투자자에 대하여 우리 국적의 투자와 투자자에 대하여 부여하는 것과 동일한 수준의 대우를 부여하여 준다는 의무를 말한다. 이와 관련 한미 FTA는 다음과 같은 규정을 두고 있다:

제11.3조 내국민 대우

1. 각 당사국은 자국 영역 내 투자의 설립·인수·확장·경영·영업·운영과 매각 또는 그 밖의 처분에 대하여 동종의 상황에서 자국 투자자에게 부여하는 것보다 불리하지 아니한 대우를 다른 쪽 당사국의 투자자에게 부여한다.

2. 각 당사국은 투자의 설립·인수·확장·경영·영업·운영과 매각 또는 그 밖의 처분에 대하여 동종의 상황에서 자국 투자자의 자국 영역 내 투자에 부여하는 것보다 불리하지 아니한 대우를 적용대상투자에 부여한다.[144]

이 원칙 역시 모든 정부 기관에 적용되며 특히 우리 지방자치단체가 자신들의 지역 내

---

144) 동 조항의 영어본은 다음과 같이 규정하고 있다:

ARTICLE 11.3: NATIONAL TREATMENT

1. Each Party shall accord to investors of the other Party treatment no less favorable than that it accords, in like circumstances, to its own investors with respect to the establishment, acquisition, expansion, management, conduct, operation, and sale or other disposition of investments in its territory.

2. Each Party shall accord to covered investments treatment no less favorable than that it accords, in like circumstances, to investments in its territory of its own investors with respect to the establishment, acquisition, expansion, management, conduct, operation, and sale or other disposition of investments.

한·칠레 FTA(2004년 4월 1일 발효) 제10.3조; 한·싱가포르 FTA(2006년 3월 2일 발효) 제10.4조; 한·인도 CEPA(2010년 1월 1일 발효) 제10.3조; 한·아세안 FTA(투자)(2009년 9월 1일 발효) 제3조; 한일 투자보장협정(2003년 1월 1일 발효) 제2조; 한중 투자보장협정(2007년 12월 1일 발효) 제3조도 동일한 취지의 규정을 담고 있다.

경제활동 증진을 위하여 우리 국적의 투자자에 대하여 우대 조치를 취하는 경우에도 마찬가지로 발생할 수 있다. 가령 제주도가 우리 국적의 투자자를 유치하기 위하여 다양한 내용의 인센티브를 제공하였는데, 추후 유사한 투자를 계획하는 일본인 투자자에 대해서는 그러한 인센티브 제공을 거부하는 경우에도 역시 우리 국적의 투자자와 외국인 투자자간 상대적 차별문제가 발생하게 된다. 즉, 우리 정부는 우리 국적의 투자자와 외국인 투자자를 모든 측면에서 동일하게 대우할 의무를 부담하고 있다. 따라서 우리 정부기관이 우리 투자자에 대하여 선별적으로 유인책을 제공하는 경우에도 우리와 투자관련 협정을 체결하고 있는 국가의 국적을 보유하고 있는 외국인 투자자에 대해서는 내국민 대우 조항 위반 문제가 제기될 수 있음에 유념하여야 한다.145)

(4) 외국인 투자 및 투자자에 대한 공정하고 형평한 대우 부여

한편, 최소기준대우(Minimum Standard of Treatment)는 각 체약 당사국이 외국인 투자에 대하여 국제관습법(international customary law)상 인정되는 공정하고 공평한 대우 및 보호와 안전을 보장하여야 한다는 것이다. 국제관습법은 조약(treaties)과 함께 국제법의 법원(sources of law)을 구성하며 모든 영역에 걸쳐 광범위하게 존재하고 있다. 따라서 이러한 국제관습법을 수용하는 것을 골자로 하는 최소대우 기준 조항은 그 자체로서 광범위한 성격을 가질 수밖에 없다고 할 것이다.

결국 이 조항은 설사 어떠한 내용이 투자협정에 명시적으로 규정되어 있지 않은 경우에도 그러한 내용이 외국인 투자자를 대우하는 최소한의 국제기준을 담고 있는 경우 또는 외국인이나 외국인 투자자에 대한 보호 등과 관련되는 경우에는 그러한 내용들이 이 조항을 통하여 체약 당사국에 그대로 적용 가능하다는 것을 의미한다. 국제관습법으로 표현되어 있는 외국인, 외국인 투자자 내지 외국인 투자관련 국제기준을 그대로 계수하여 적용하도록 하는 일종의 통로를 열어두고 있는 것이다. 이와 관련하여 한미 FTA는 제11.5조에서 다음과 같이 규정하고 있다:

---

145) NAFTA 투자분쟁해결절차에 회부된 사건인 *Methanex Corp. v. United States of America*(2005년 8월 3일) 사건에서 캐나다의 메탄올(Methanol) 제조 및 판매 회사인 Methanex사는 캘리포니아 주 정부의 특정 물질 사용 금지명령이 미국 기업에 비하여 자신들에게 차별적으로 적용되므로 내국민 대우 조항을 위반한다고 주장한 바 있다.

제11.5조 대우의 최소기준

1. 각 당사국은 공정하고 공평한 대우와 충분한 보호 및 안전을 포함하여, 국제관습법에 따른 대우를 적용대상투자에 부여한다.

2. 보다 명확히 하기 위하여, 제1항은 외국인의 대우에 대한 국제관습법상 최소기준을 적용대상투자에 부여하여야 할 대우의 최소기준으로 규정한다. "공정 하고 공평한 대우"와 "충분한 보호 및 안전"이라는 개념은 그러한 기준이 요구 하는 것에 추가적인 또는 이를 초과한 대우를 요구하지 아니하며, 추가적인 실질적 권리를 창설하지 아니한다.

   가. 제1항의 "공정하고 공평한 대우"를 제공할 의무는 세계의 주요 법률 체계에 구현된 적법절차의 원칙에 따라 형사·민사 또는 행정적 심판절차에 있어서의 정의를 부인하지 아니할 의무를 포함한다. 그리고

   나. 제1항의 "충분한 보호 및 안전"을 제공할 의무는 각 당사국이 국제 관습법에 따라 요구되는 수준의 경찰보호를 제공하도록 요구한다.

3. 이 협정의 다른 규정 또는 별도의 국제협정에 대한 위반이 있었다는 판정이 이 조에 대한 위반이 있었다는 것을 입증하지는 아니한다.

4. 제11.12조제5항나호에도 불구하고, 각 당사국은 전쟁 또는 그 밖의 무력 충돌, 또는 반란·폭동·소요 또는 그 밖의 내란으로 인하여 자국 영역내 투자가 입은 손실에 관하여 자국이 채택하거나 유지하는 조치에 대하여 비차별적인 대우를 다른 쪽 당사국의 투자자와 적용대상투자에 부여한다.

5. 제4항에도 불구하고, 어느 한 쪽 당사국의 투자자가 제4항에 언급된 상황에서 다음의 결과로 다른 쪽 당사국의 영역에서 손실을 입는 경우,

   가. 다른 쪽 당사국의 군대 또는 당국에 의한 적용대상투자 또는 그 일부의 징발, 또는

   나. 상황의 필요상 요구되지 아니하였던 다른 쪽 당사국의 군대 또는 당국에 의한 적용대상투자 또는 그 일부의 파괴

다른 쪽 당사국은 그 투자자에게 그러한 손실에 대하여, 각 경우에 맞게, 원상회복, 보상 또는 양자 모두를 제공한다. 모든 보상은 제11.6조 제2항 내지 제4항을 준용하여 신속하고 적절하며 효과적이어야 한다.

6. 제4항은 제1 1 .1 2조제5항나호가 아니었다면 제1 1 .3조에 불합치하였을 보조금 또는 무상교부에 관한 기존의 조치에 적용되지 아니한다.

일견 명백하게 보이면서도 한편으로 이 조항의 적용과 관련하여 여전히 불투명한 부분은, 여기에서 말하는 국제관습법이 (i) 외국인 투자 및 투자자와 직접적으로 관련되는 국제관습법만을 의미하는 것인지(가령, 합법적 국유화의 원칙, 보상의 원칙 등), 아니면 (ii) 외국인 투자 및 투자자에 대하여 간접적으로 영향을 미치는 다양한 국제관습법(가령, 외교적 보호권, 기본적 인권의 보호, 경제활동 관련 여러 법규범)을 포괄하는지 여부이다.

후자의 방향으로 이 조항의 의미가 해석될 경우 가령 부당한 방법으로 부과된 반덤핑 관세가 본질적으로는 통상문제임에도 불구하고 이로부터 피해를 입은 외국기업이 문제의 조치를 국제교역에 관한 국제관습법을 위반한 정부조치로 주장하며 WTO 협정 등 통상협정에 대한 위반과 함께 투자협정상 최소대우기준 위무 위반을 주장할 가능성도 열려 있다. WTO 반덤핑 협정의 여러 조항들을 국제관습법화 한 것으로 볼 여지도 없지 않기 때문이다. 이 문제들이 향후 어떻게 정리될 것인지 법리 발전에 주목할 필요가 있다.

공정하고 형평한 대우 부여 조항이 최근 다양한 방식으로 광범위하게 적용되고 있는 점을 감안하여 여러 투자보장약정에서 이 조항이 어떻게 적용되도록 예정할 것인지를 감안할 필요가 있다. 특히 이 조항은 사법기관과 법원이 어떠한 방식으로 재판을 진행하고 판결을 내리는 지 여부도 직접적으로 규율하는 조항인 바, 우리 법원에서 타국 정부 및 타국 기업을 어떻게 평가하는 지 여부 문제가 혹시 이 조항과 연관되는 것은 아닌지 살펴보아야 한다. 즉, 예를 들어 우리가 대만과 투자보장약정을 체결하였는데 우리 법원에서는 대만을 국가로 인정하지 않고 대만 투자자에 대하여 다양한 제한 조치를 취하거나 재산권 제한 조치를 취하는 경우 설사 우리 법령에는 부합하더라도 한·대만 약정의 공정하고 형평한 대우를 부여할 의무에는 위반할 가능성이 발생하게 된다.

(5) 외국인 투자자의 자산에 대한 수용 조치 시 보상 의무

한편, 각 투자관련 협정은 체약당사국 정부가 정당한 보상 제공 없이 부당하게 외국인 투자자의 재산을 수용하거나 또는 사실상 그 경제적 가치를 소멸시키는 조치를 채택하는 것을 금지하고 있다. 전자의 경우는 직접수용(direct expropriation)이며 후자의 경우가 간접수용(indirect expropriation)이다. 대부분의 투자관련 협정은 직접수용과 간접수용을 공히 규율하기 위한 조항을 도입하고 있다. 가령 한미 FTA는 이와 관련하여 다음과 같은 조항을 도입하고 있다:

부속서 11-나 수용

양 당사국은 다음에 대한 공유된 양해를 확인한다.

3. 제11.6조 제1항에 다루어진 두 번째 상황은 간접수용으로서, 당사국의 조치 또는 일련의 조치가 권리의 공식적 이전 또는 명백한 몰수 없이 직접수용에 상당한 효과를 가지는 경우이다.

　　가. 당사국의 조치 또는 일련의 조치가 특정의 사실 상황 하에서 간접수용을 구성하는지 여부를 결정하는 것은 다음을 포함하여 투자에 관한 모든 관련 요소를 고려하는 개별 사안별, 사실 기초적 조사를 요한다.

　　　　1) 정부 조치의 경제적 영향. 그러나, 당사국의 조치 또는 일련의 조치가 투자의 경제적 가치에 부정적인 영향을 미친다는 사실 그 자체만으로는 간접수용이 발생했음을 입증하지 아니한다.

　　　　2) 정부 조치가 분명하고 합리적인 투자 근거 기대를 침해한 정도, 그리고

　　　　3) 그 목적 및 맥락을 포함한 정부조치의 성격. 관련 고려사항은 정부조치가 공익을 위하여 투자자 또는 투자가 감수할 것으로 기대되는 것을 넘어선 특별한 희생을 특정 투자자 또는 투자에게 부과하는지 여부를 포함할 수 있을 것이다.146)

---

146) 동 조항의 영어본은 다음과 같다:

ANNEX 11-B EXPROPRIATION

The Parties confirm their shared understanding that:

3. The second situation addressed by Article 11.6.1 is indirect expropriation, where an action or a series of actions by a Party has an effect equivalent to direct expropriation without formal transfer of title or outright seizure.

(a) The determination of whether an action or a series of actions by a Party, in a specific fact situation, constitutes an indirect expropriation, requires a case-by-case, fact-based inquiry that considers all relevant factors relating to the investment, including:

(i) the economic impact of the government action, although the fact that an action or a series of actions by a Party has an adverse effect on the economic value of an investment, standing alone, does not establish that an indirect expropriation has occurred;

(ii) the extent to which the government action interferes with distinct, reasonable investment - backed expectations;1 and

(iii) the character of the government action, including its objectives and context. Relevant considerations could include whether the government action imposes a special sacrifice on the particular investor or investment that exceeds what the investor or investment should be expected to endure for the public interest.

한·칠레 FTA(2004년 4월 1일 발효) 제10.13조; 한·싱가포르 FTA(2006년 3월 2일 발효) 제10.13조; 한·인도 FTA(2010년 1월 1일 발효) 제10.12조; 한·아세안 FTA(투자)(2009년 9월 1일 발효) 제12조; 한일 투자보장협정(2003년 1월 1일 발효) 제10조; 한중 투자보장협정(2007년 12월 1일 발효) 제4조도 각각 유사한 규정을 포함하고 있다.

직접수용의 경우 외관상 수용 여부가 명백히 확인되므로 그다지 논란의 여지가 많지 않다고 할 수 있다. 그러나 간접수용의 경우 조치 시행국 정부가 어떠한 정책목표와 의도를 보유하고 있으며, 또 어떠한 절차를 통하여 해당 조치를 시행하였는지가 최종결정 도출에 중요한 변수 중 하나로 작용하게 된다.[147] 이 상황에서 조치 시행국 정부가 정책 및 법령의 도입과 시행에 있어서 일관성을 결여하거나 조치를 선별적 또는 자의적으로 운용되는 것이 확인될 경우 문제가 된 조치가 간접수용으로 간주될 가능성이 그렇지 않은 경우보다 높아질 가능성이 있다.[148]

따라서 만약 우리 지방자치단체가 특정 외국인투자 유치를 위하여 환경, 보건, 위생, 안전 관련 조치를 특정 외국인 투자자에 대하여 변경, 경감, 면제하여 주거나 또는 관련 규정의 집행을 느슨하게 적용하는 등의 상황이 발생하게 되면, 그러한 혜택을 받지 못하는 여타 외국인 투자자(동일한 국적국의 투자자 또는 다른 국적국의 투자자)는 그 지방자치단체가 자신에게 대하여 부과하는 조치가 합목적성과 타당성을 결여하였고 자신은 자의적 정책 집행의 피해자임을 주장하는 상황도 조심스럽게 상정해볼 수 있다.[149] 간접수용과 관련된 여타 조건이 동시에 충족될 경우(가령 투자재산 가치 대부분의 소멸 등) 이러한 내용은 간접수용 문제로 비화될 개연성이 높다.

(6) 투자기업에 대해 기술이전 등 이행요건 부과금지

한편, 각 투자관련 협정은 체약당사국 정부가 외국인 투자자에 대하여 부당한 이행요건을 부과하는 것을 금지하고 있다. 이행요건이란 투자허용 내지 사업진출의 반대급부로 외국인 투자자에 대하여 구체적인 작위 또는 부작위의 요건을 투자 유치국 정부가 부과하는 것이다. 이와 관련하여 한미 FTA는 다음과 같이 규정하고 있다:

제11.8조 이행 요건
1. 어떠한 당사국도 자국 영역내 당사국 또는 비당사국 투자자의 투자의 설립/인수/확장/경영/영업/운영이나 매각 또는 그 밖의 처분과 관련하여, 다음의 요건을 부과 또는 강요하거나, 이에 대한 약속 또는 의무부담을 강요할 수 없다.

---

147) 이러한 문제가 논의된 NAFTA 투자분쟁해결절차의 사건들로는 *Glamis Gold Ltd. v. United States of America*(2009년 6월 8일), *Waste Management, Inc. v. United Mexican States*(1998년 6월 30일), *Metalclad Corp. v. United Mexican States*(1996년 10월 2일) 등을 들 수 있다.
148) *Id.* 참조.
149) 한미 FTA 제11.3, 11.4조 참조.

가. 주어진 수준 또는 비율의 상품 또는 서비스를 수출하는 것

나. 주어진 수준 또는 비율의 국산부품 사용을 달성하는 것

다. 자국 영역에서 생산된 상품을 구매 또는 사용하거나 이에 대하여 선호를 부여하는 것, 또는 자국 영역에 있는 인으로부터 상품을 구매하는 것

라. 수입량 또는 수입액을 수출량이나 수출액, 또는 그러한 투자와 연계된 외화유입액과 어떠한 방식으로든 관련시키는 것

마. 그러한 투자가 생산 또는 공급하는 상품이나 서비스의 판매를 수출량이나 수출액, 또는 외화획득액과 어떠한 방식으로든 관련시킴으로써 자국 영역에서 그러한 판매를 제한하는 것

바. 자국 영역의 인에게 특정한 기술, 생산공정 또는 그 밖의 재산권적 지식을 이전하는 것, 또는

사. 그러한 투자가 생산하는 상품이나 공급하는 서비스를 당사국의 영역으로부터 특정한 지역시장 또는 세계 시장에 독점적으로 공급하는 것[150)]

만약 우리 지방자치단체가 특정 외국인 투자유치를 위하여 다양한 인센티브를 제공하는 과정에서 우리 법령상 요건을 경감 내지 면제하여 주는 경우가 발생할 수 있다. 또한 특히 이

---

150) 동 조항의 원문은 다음과 같다:

ARTICLE 11.8: PERFORMANCE REQUIREMENTS

1. Neither Party may, in connection with the establishment, acquisition, expansion, management, conduct, operation, or sale or other disposition of an investment in its territory of an investor of a Party or of a non–Party, impose or enforce any requirement or enforce any commitment or undertaking:

(a) to export a given level or percentage of goods or services;

(b) to achieve a given level or percentage of domestic content;

(c) to purchase, use, or accord a preference to goods produced in its territory, or to purchase goods from persons in its territory;

(d) to relate in any way the volume or value of imports to the volume or value of exports or to the amount of foreign exchange inflows associated with such investment;

(e) to restrict sales of goods or services in its territory that such investment produces or supplies by relating such sales in any way to the volume or value of its exports or foreign exchange earnings;

(f) to transfer a particular technology, a production process, or other proprietary knowledge to a person in its territory; or

(g) to supply exclusively from the territory of the Party the goods that such investment produces or the services that it supplies to a specific regional market or to the world market.

한·칠레 FTA(2004년 4월 1일 발효) 제10.7조; 한·싱가포르 FTA(2006년 3월 2일 발효) 제10.7조; 한·인도 FTA(2010년 1월 1일 발효) 제10.5조; 한·아세안 FTA(투자)(2009년 9월 1일 발효) 제6조; 한일 투자보장협정(2003년 1월 1일 발효) 제9조도 유사한 규정을 담고 있다.

러한 상황이 반복적으로 발생하게 되면 추후에 그러한 법령상 요건을 경감 내지 면제받지 못하여 규정 그대로 이행하여야 하거나 상대적으로 엄격한 규정의 적용을 받게 된 외국인 투자자의 경우, 우리 지방자치단체가 자신에 대한 투자허용의 반대급부로 부당한 이행요건을 부과하고 있다고 주장할 근거가 발생할 수도 있다.[151] 유사한 상황에 처한 다른 외국인 투자자나 한국 국적의 투자자는 관련 요건을 면제 내지 경감 받고 있는데 자신에 대해서만 부당한 조건을 제시하고 있는 것으로 주장할 수 있기 때문이다.

이러한 문제를 사전에 예방하는 방법 중 하나로 지방자치단체가 외국인 투자자에 대하여 인센티브를 제공하는 경우 그 반대급부로 적절한 수준의 이행요건을 부과하여 인센티브의 효과를 상쇄하는 방안을 검토해 볼 수 있다. 그러나 이러한 경우 인센티브가 상쇄되는 만큼 해당 외국인 투자자의 유치도 힘들어지는 상황이 발생할 수도 있다. 물론 위에서 나열한 조항 이외에, 투자관련 협정의 여타 조항에 대한 위반 역시 제기될 수 있을 것이다. 그러나 일단 이러한 조항에 대한 위반 가능성이 있음을 확인함으로써 향후 지방자치단체의 외국인 투자유치 정책을 보다 체계적으로 계획하고 운용할 필요성을 인식하는 계기를 마련할 수 있을 것이다.

상기 내용을 종합하면 결국 우리의 경우 특정 지방자치단체의 외국인 투자유치 관련 조치가 특정 투자관련 협정에 위반되는지 여부를 평가하는 "평면적" 분석에만 치중할 경우 이 문제에 관한 정확한 해답과 대안을 찾을 수 없다. 현재 우리나라에는 하나가 아닌 복수의(사실은 수많은) 지방자치단체가 존재하며, 또 우리가 체결한 BIT 및 FTA 역시 복수의 협정들이 거미줄처럼 서로 얽혀 있다. 미로처럼 얽힌 이들 협정에 대한 위반 여부를 평가함에 있어서는 지방자치단체 조치들의 상호간 비교, 그리고 각 협정들 관련 조항간 상호간 비교를 통한 "입체적" 분석이 반드시 수반되어야 한다. 외국인 투자자가 특정 투자관련 협정에 대한 위반을 주장할 경우 그 결정은 단순히 해당 협정의 관련 조항만을 보아서는 판단하기 곤란하며, 유사한 상황에서 우리 지방자치단체가 다른 나라의 투자자를 또는 우리나라의 투자자를 어떻게 대우하고 있는지를 평가한 이후에야 정확한 결론을 도출할 수 있을 것이기 때문이다.

---

151) 이와 유사한 문제가 제기가 된 사건으로는 *ADF Group v. United States*(Feb. 29, 2000)를 들 수 있다. 동 분쟁은 미국의 버지니아 주 정부가 지역 내 고속도로 보수작업과 관련하여 캐나다의 ADF International사와 계약을 체결하며 미국 내 생산 철골자재를 사용하도록 요건을 부과함에 따라 동 조치를 ADF International이 제소한 사건이다.

(7) 간접수용 문제

(a) 개념

한편 간접수용이란 투자 유치국 정부의 제반 입법/행정/사법 조치로 인하여 외국인 투자자의 투자수익 회수가 감소하거나 또는 실패하는 경우 과연 이것이 국제법상 또는 투자협정상 "수용"에 해당하는지 여부와 관련되는 문제이다.[152]

간접수용을 개념적으로 "사실상 수용(*de facto* expropriation)" 또는 "수용에 준하는 (tantamount to expropriation) 조치"로 정의하는 것도 바로 이 때문이다. 간접수용이든 직접수용이든 일단 수용으로 확정되면 조치 시행국은 보상(compensation)의 의무를 부담하게 된다. 따라서 간접수용 내지 직접수용 문제는 특정 조치가 수용에 해당하는지 여부에 관한 일종의 선결문제와 연관되는 것이고 보상의 정도 및 방법과 연관된 것은 아니라고 할 수 있다. 따라서 간접수용이라고 하여 보상의 범위나 의무가 줄어드는 것은 아니며, 단지 보상으로 가는 기제가 서로 상이할 뿐이다.

간접수용은 다양한 분야에서 발생할 수 있으나 통계적으로 이러한 분쟁의 개연성이 가장

---

152) 대표적으로 한미 FTA의 경우 Annex 11-B에서 간접수용에 관한 규정을 다음과 같이 두고 있다:

ANNEX 11-B EXPROPRIATION

The Parties confirm their shared understanding that:

3. The second situation addressed by Article 11.6.1 is indirect expropriation, where an action or a series of actions by a Party has an effect equivalent to direct expropriation without formal transfer of title or outright seizure.

  (a) The determination of whether an action or a series of actions by a Party, in a specific fact situation, constitutes an indirect expropriation, requires a case-by-case, fact-based inquiry that considers all relevant factors relating to the investment, including:

    (i) the economic impact of the government action, although the fact that an action or a series of actions by a Party has an adverse effect on the economic value of an investment, standing alone, does not establish that an indirect expropriation has occurred;

    (ii) the extent to which the government action interferes with distinct, reasonable investment - backed expectations;1 and

    (iii) the character of the government action, including its objectives and context. Relevant considerations could include whether the government action imposes a special sacrifice on the particular investor or investment that exceeds what the investor or investment should be expected to endure for the public interest.

한·칠레 FTA(2004년 4월 1일 발효) 제10.13조; 한·싱가포르 FTA(2006년 3월 2일 발효) 제10.13조; 한·인도 FTA(2010년 1월 1일 발효) 제10.12조; 한·아세안 FTA(투자)(2009년 9월 1일 발효) 제12조; 한일 투자보장협정(2003년 1월 1일 발효) 제10조; 한중 투자보장협정(2007년 12월 1일 발효) 제4조도 각각 유사한 규정을 포함하고 있다.

높은 부분으로는 공익 서비스 부분, 환경정책 부분 및 공중보건 부분을 들 수 있다. 이와 같이 간접수용은 외국인 투자기업 등 외국인 사유재산의 국유화 또는 몰수를 기본으로 하는 직접수용과 대비되는 개념이다. 만약 직접수용이 발생한다면 문제는 간단하며, 단지 보상 금액에 대해서만 투자 유치국(즉, 여기서는 수용국) 정부와 외국인 투자자간에 다툼이 발생하는 것이 대부분이다. 그러나 간접수용의 경우에는 전혀 다른 상황이 전개되는데, 여기에서는 과연 사실상의 수용이라고 볼 수 있는 조치가 존재하는지 여부에 대해 두 당사자의 입장이 첨예하게 대립하기 때문이다. 사실 간접수용 문제가 최초로 대두된 것은 *Chorzow Factory* 사건이 제기된 1926년으로[153] 거슬러 올라갈 수 있다. 이 사건에서 상설국제사법재판소(PCIJ)는 폴란드 정부의 직접수용 대상이 되지 않았던 독일계 공장도 사실상 수용에 준하는 피해를 입었음을 확인하고 이것이 수용에 해당하는 것으로 판결한 바 있다.[154] 그 다음으로 다음의 판례에서 역시 간접수용 개념이 확인된 바 있다.

1) Case Concerning Certain German Interests in Polish Upper Silesia(Germany v. Poland), 1926 PCIJ(ser. A) No. 7(May 25, 1926)

이 판결에서 PCIJ는 간접수용의 판단에 있어 단순히 형식적인 수용조치의 존재/부존재에 관한 기계적 접근이 아닌 정부 조치에 따라 실제 사업상의 손실이 초래되었는지 여부를 검토하는 실질적 접근이 중요하다는 점을 강조하였다.[155] 실제 시장에서의 상황을 검토한다는 측면에서는 오늘날의 간접수용 법리와 일맥상통하는 부분이 있다.

2) Oscar Chinn Case(U.K. v. Belgium), 1934 PCIJ(ser. A/B) No. 63(December 12, 1934)

이 판결에서 PCIJ는 일국 정부가 외국계 기업에 대하여 단순히 호의적인 배려로 혜택을 부여하는 것은 "부여된 권리"가 아니므로 해당 정부가 이를 철회하여도 수용의 문제는 발생하지 않는다고 결정하였다.[156] 또한 PCIJ는 정부가 외국계 기업과 경쟁관계에 있는 자국 기업에 대하여 합법적인 수단을 통해 특별한 혜택을 부여하는 정책을 채택하는 것은 부당하지 않다는 점 역시 확인하였다. 이 판결 역시 간접수용을 인정하기 위해서는 먼저 외국인 투자자의 재산권이 존재하여야 한다는 측면을 강조하고 있다는 차원에서 그 의의를 음미할 수 있을 것이다.

153) Factory at Chorzow(Germany. v. Poland), 1927 p. C.I.J.(ser. A) No. 9(July 26).
154) *Id.* para.81.
155) *Case concerning certain German interests in Polish Upper Silesia*(*Germany v. Poland*), 1926 PCIJ(ser. A) No. 7(May 25, 1926), para. 316.
156) *Oscar Chinn Case*(*U.K. v. Belgium*), 1934 PCIJ(ser. A/B) No. 63(December 12, 1934). para. 100.

3) Barcelona Traction, Light & Power Co.(Belgium v. Spain), 1970 ICJ 3(February 5, 1970)

설립지는 비록 캐나다이지만 실제 주주는 벨기에인이 대부분인 회사에 대한 벨기에 정부의 외교적 보호권 행사와 관련된 이 분쟁에서, ICJ는 간접수용 여부 확인에 있어 핵심적인 문제는 직접수용의 규제를 회피하기 위하여 "악의적(in bad faith)"으로 "위장된 조치(disguised measure)"를 채택하였는지 여부임을 확인하였다.[157] "위장된 조치" 채택 여부를 간접수용 판단의 근거로 삼고 있다는 측면에서 이 판결은 상대적으로 명확한 기준을 제시하고 있다고 볼 수 있다. 일국 정부가 채택한 조치가 실제 외관상 모습에도 불구하고 사실은 다른 목적을 달성하기 위하여 채택된 "위장된 조치"인지 여부는 국제통상법에서도 흔히 검토되는 기준으로서 간접수용 맥락에서도 상대적으로 안정적으로 운용될 수 있기 때문이다.

4) Eletronica Sicula S.p.A.(U.S. v. Italy), 1989, ICJ 15, 71(July 20, 1989)

미국과 이탈리아간 1989년 분쟁에서 ICJ는 영업상의 손실이 투자 유치국 정부 조치가 아닌 자신의 사업상의 실책에 기인하는 경우 간접수용의 문제는 발생하지 않는다는 점을 밝힌 바 있다.[158] 즉, 외국인 투자가가 직면하는 모든 형태의 재산손실에 대하여 보상하는 것이 아니라 정부조치와 직접적인 인과관계를 보유하는 재산손실에 대해서만 보상책임이 수반되는 것이다. ICJ는 "간접수용"이 "간접손해"에 대하여 보상하는 것이 아니라 사실상 수용으로 간주되어야 하는 조치로부터 발생하는 직접손해에 대하여 보상하는 것임을 분명히 하였다고 할 수 있다.

5) Sea-Land Service, Inc. v. Iran, 6 Iran-U.S. Cl. Trib. Rep. 149, 166(1984)

1979년 이란 혁명 이후 이란 정부의 미국계 재산 국유화와 관련하여 발생한 분쟁을 해결하기 위하여 설치된 Iran-U.S. Claims Tribunal은 간접수용 해당 여부 판단에 있어 중요한 기준의 하나가 투자 유치국 정부의 특정 조치가 문제가 된 외국계 기업의 운영에 "고의적으로 개입"하기 위한 의도로 채택되었는가라는 점을 밝힌 바 있다.[159] 이 역시 정부조치로 인하여 단순히 시장에서 발생하는 부수적인 부정적 효과가 간접수용으로 커버되는 것은 아니며, 실제 투자 유치국 정부가 외국인 투자자의 기업경영에 고의적으로 개입하는 경우 간접수용에 해당할 수 있음을 밝히고 있는 것이다.

---

157) *Barcelona Traction, Light & Power Co.*(Belgium v. Spain), 1970 ICJ 3, para.29.
158) *Eletronica Sicula S.p. A.*(U.S. v. Italy), 1989, ICJ 15, 71(July 20, 1989), para. 119.
159) *Sea-Land Service, Inc. v. Iran*, 6 Iran-U.S. Cl. Trib. Rep. 149, 166(1984), para.6.

(b) 소결

위에서 언급한 이러한 사건을 통하여 간접수용의 개념은 서서히 발전하여 왔다. 특히 1990년대 이후 투자 유치국 정부의 정책 도입 또는 변경에 따라 외국인 투자자가 "눈에 보이지 않는" 또는 "예상치 못한" 투자 손실을 입은 경우 이것이 간접수용에 해당하는지 여부에 관하여 당사자간 대립이 심화되었다. 이러한 경우까지 광범위하게 수용으로 간주하여 보상이 필요함을 주장하는 외국인 투자자와, 이러한 결과적 손실은 정부 정책의 파생적 효과에 불과한 일종의 상업상 위험으로 국제법상 또는 관련 투자협정상 수용에 해당하지 않고 따라서 보상이 필요하지 않다는 투자 유치국간 입장대립이 발생하게 된 것이다.

간접수용과 관련된 주요 판례에 관한 이러한 검토 과정에서 특히 다음 사항을 염두에 두는 것이 필요하다. 먼저 정부의 "조치"가 존재하는지 여부와 관련된 분쟁이 어떻게 해결되었는지 여부에 관한 검토가 필요하다. 때로는 정부 조치의 존재 자체에 대하여서도 당사국간 분쟁이 발생하기 때문이다. 다음으로 그러한 정부의 조치가 외국인 투자자의 "예상 기대수익을 저하 또는 소멸"시키는가라는 이슈에 관한 검토가 필요하다. 이는 문제가 된 정부 조치와 외국인 투자자 영업이익의 침해 사이에 인과관계가 존재하는가 하는 문제이며 투자협정에 관한 주요 분쟁대상 중 하나이다. 그 다음으로 그러한 예상 기대수익의 저하 또는 소멸이 정부 조치로 "귀속" 가능한가 하는 문제가 있을 수 있다. 즉, 정부의 조치가 영업이익의 침해를 초래한 다양한 인과관계 요소들 중에 압도적 또는 주도적 영향을 행사하였는가 하는 점이며 이 역시 주요한 분쟁대상 중 하나가 되고 있다.

그 다음으로 외국인 투자자가 문제가 된 영업 및 사업에 있어 "부여된 재산권(conferred property rights)"을 향유하고 있었는가 하는 문제가 제기된다. 즉, 아무리 심각한 영업이익 침해를 입었다고 하더라도 외국인 투자자가 기본적으로 "부여된 재산권"을 보유하고 있지 않은 경우에는 투자 유치국 정부의 책임문제는 발생하지 않게 된다. 나아가 문제가 된 정부 조치가 외국인 투자자에 대한 차별적 효과를 달성하기 위한 "위장된(disguised)" 조치인지 여부 역시 면밀히 검토된다. 결국 간접수용과 관련된 과거 국제법원의 판결은 이러한 다양한 고려요소를 종합적이고 총체적으로 살펴보고 내려진 결론이라고 볼 수 있다.

(c) 간접수용 관련 최근 NAFTA 판정의 검토

투자분쟁해결절차의 도입과 관련하여 현재 가장 첨예하게 제기되는 문제점 중 하나는 동 절차의 도입이 정부의 정당한 정책 입안 및 시행에 제약을 초래할 것이라는 우려라고 할 수 있으며, 이는 최근 특히 간접수용 문제와 관련하여 집중적으로 제기되고 있다. 이러한 쟁점은 NAFTA 투자분쟁해결절차에서 가장 빈번히 검토되어 오고 있는 바 이에 대하여 살펴보는 것이 필요하다. 일단 간접수용 사안을 다룬 NAFTA ISDS 절차의 판정을 검토하면 분명 투자 유치국 정부의 정책 입안 및 시행에 대하여 간접수용 법리가 일정한 견제 역할을 하고 있는 것은 분명해 보인다. 그러나 이 문제에 관한 NAFTA의 최근 판정사례를 검토하면 단순히 외국인 투자자가 투자 유치국 정부 정책이나 조치로 인해 손해를 입었다는 결과적 사실만으로 간접수용이 인정되는 경우는 찾아보기 어렵다. 보다 정확하게는 문제의 정책이나 조치가 해당 외국인 투자자에 대하여 차별적이거나 불공정하게 적용되어 사실상 수용에 준하는 상황이 발생하였을 때 NAFTA 제1106조에 규정된 간접수용의 존재가 확인되고 있는 것으로 판단된다. 특히 이 문제를 논의함에 있어 몇몇 특정의 NAFTA 분쟁사례의 결과에만 지나치게 의존하는 것은 다소 위험한 접근법이며, 제반 사례에 대한 종합적, 포괄적 판단이 필요하다.

개별 사건의 복잡한 사실관계로 인하여 쉽게 일반화하기 곤란한 점은 있으나 최근 NAFTA ISDS 절차를 통하여 회부된 사안 중 간접수용 문제가 제기된 사안은 대부분 외국인 투자자에 대한 차별적 효과를 달성하고자 투자 유치국 정부가 우회적인 방법을 동원한 사례로 보이는 것이 대부분이다. 다양한 이견이 있을 수는 있으나 실체적·절차적으로 요건을 완비한 정책에 대하여 단지 외국인 투자자가 손실을 입었다는 이유만으로 간접수용을 확인하고 투자 유치국 정부에 대한 패소 판정을 내린 경우는 찾아보기 어렵다. NAFTA 투자 챕터에 포함된 "수용 및 보상(expropriation and compensation)" 조항160)은 간접수용에 관한 내용을 구체적으로 언급하고 있지는 않으며, 단지 간접수용에도 이 조항이 동일하게 적용 가능하다는 점을 간략히 밝히고 있을 뿐이다. 동 조항은 (i) 공익 목적상, (ii) 적정절차에 따라, (iii) 비차별적 방법으로 행하여진 협정 당사국 정부의 국유화(nationalization) 또는 수용 조치가 정당하다는 국제법상 원칙을 추상적으로 규정하고 있을 뿐이다.161) 따라서 이러한 NAFTA 협정상의 "수용 및 보상" 조항은 원칙적 규정만을 제시하고 있는 데 그치고 있어, 점증하는 간접수용 분쟁에 효과적으로 대처하는 데 한계를 가질 수밖에 없다. 만약 그렇다면 NAFTA 식 접근법을 채택하고 있는 여타 투자협정에서도 간접수용 문제에 관한 한 이와 유사한 한계를 가질 수밖에 없을 것이다. 예를 들어 한미 FTA의 투자 챕터 역시 NAFTA 투자 챕터의 규정 방식과 크게 다르지 않은 바, 한미 FTA 역시 이와 같은 문제로부터 자유롭지 못한 것으로 보인다. 간접수용 개념 자체는 이제 인정하는 것이 일반적인 경향이므로 남은 과제는 보다 명확히 그리

---

160) NAFTA Chapter 11, Article 1110.

161) *Id.*

고 구체적으로 협정문에 포함시키는 것이 될 것이다. NAFTA 협정의 방식은 이제 더 이상 효과적인 방식이 아닌 것으로 보인다. 먼저 NAFTA에서 전개된 간접수용 관련 판정을 전체적으로 검토하면 다음과 같은 특징을 발견할 수 있는 것으로 판단된다. 즉, 간접수용 분쟁과 판정에는 국가간 근본적 입장 차이가 노정되는 점, 개별 사안별 검토의 속성이 특히 강조된다는 점, 모든 형태의 국가 정책이 심의 대상이 될 가능성이 있다는 점, 미국 국내법상 법리가 상당한 영향을 끼친다는 점, 그리고 외국인 투자자에 대한 우대문제가 발생한다는 점이 있다. 아래에서는 이에 대하여 각각 살펴보기로 한다.

1) 국가간 근본적 입장 차이 노정

기본적으로 국제법은 외국인 재산에 대한 정부의 수용조치를 인정하고 있다.[162] 외국인의 재산의 국유화/몰수를 내용으로 하는 수용의 경우(즉, 직접수용) 그러한 수용조치가 국제법상 기본요건을 충족할 경우[163] 국가주권 행사의 일환으로 간주되어 기본적으로 합법성이 인정되며, 단지 이에 대한 보상의 범위와 방법만이 문제로 남게 된다. 즉, 직접수용의 경우 보상 수준과 방법에 관한 당사자간 다툼은 있을지언정 수용 여부에 대한 논란은 기본적으로 발생하지 않는다. 그러나 간접수용의 경우 특정 정부조치를 어떠한 관점에서 파악하느냐에 따라 해당 조치가 사실상의 수용에 해당하고 따라서 보상이 수반되어야 하는지, 아니면 사실상 수용에 해당하지 않아 이러한 보상이 제공될 필요가 없는지의 결정이 내려지게 된다. 즉, 수용이냐 아니냐 또는 보상 제공이냐 아니냐 라고 하는 "all or nothing"의 결론이 내려지며, 양자간 타협의 가능성 내지 중간지대는 전혀 존재하지 않게 되는 것이다. 결국 ISDS 절차를 개시하는 외국인 투자자이든 아니면 이를 방어하는 투자 유치국 정부이든 일단 분쟁이 시작되면 최선을 다하여 자기 입장을 개진할 수밖에 없고 분쟁이 극단으로 치달을 수밖에 없는 구조를 갖고 있는 것으로 보인다.

NAFTA ISDS 분쟁들은 이러한 양상을 잘 보여주고 있다. 특히 미국, 캐나다, 멕시코 3국은 지리적으로도 인접하여 있고 문화적으로도 상당한 동질성을 보여주는 국가들(특히 미국과 캐나다의 경우는)임에도 불구하고, 투자분쟁에서는 여타 분쟁에서 보기 힘든 정도의 강도 높은 대립을 보여주고 있다. 결국 이러한 문제가 발생하는 기저에는 간접수용 분쟁에 각 당사국 정

---

162) Martin Dixon & Robert McCorquodale, *Cases & Materials on International Law*, Oxford Univ. Press(4th ed. 2003), at 439-440 참조.

163) 국제법상 또는 주요국의 국내법에 의하여 인정되고 있는 합법적인 수용의 4대 요건은 공익의 원칙, 무차별의 원칙, 보상의 원칙 및 국유재산 존중의 원칙이다. *Id.*, at 439-453 참조.

부가 어떠한 입장에 기초하여 국가정책을 결정하는지, 정당한 정부의 역할을 어떻게 판단하고 있는지, 그리고 정부와 민간부문간의 역할분담을 어떻게 평가하고 있는지와 같은 본질적이고 철학적인 문제에 대한 가치판단 문제가 자리잡고 있기 때문인 것으로 판단된다. 그런데 국가마다 그리고 각 중재판정부마다 이러한 문제에 대한 시각과 인식을 달리하고 있으므로, 국가별로도 입장 차이가 노정되고 있으며 중재판정부도 경우에 따라서는 서로 상이한 입장을 견지하고 있는 것으로 보인다. 따라서 한국 정부가 정당한 정부의 역할이며 정당한 정책이라고 선의로 평가하는 조치에 대해서도 협정 상대방 정부는 이를 한국 정부의 부당한 시장개입이며, 보이지 않는 어떤 정책목표를 달성하기 위하여 취하는 문제 있는 조치라고 볼 여지도 있는 것이다. 특히 미국 또는 캐나다와 달리 한국은 투자관련 국제분쟁 경험이 일천하고 축적된 유사 사례가 없으며, 특히 영미법계 국가와는 달리 간접수용 개념 자체가 생소한 국가이다. 또한 국가의 시장개입 및 규율 정도가 보다 직접적이고 자국 기업에 대한 특혜 부여 정책을 빈번히 채택하는 것으로 간주되어 향후 간접수용 관련 분쟁 발생 소지가 농후한 것으로 보인다. 물론 이러한 기본적인 입장 차이는 중재판정부의 최종 결정이 잘못된 방향으로 내려짐을 의미하는 것은 아니다. NAFTA의 사례를 보면 놀랄 정도로 이 부분 판정에 관하여 일관성을 보여주고 있는 것으로 보인다. 즉, 이러한 입장 차이에도 불구하고 간접수용이 확인되기 위해서는 사실상 수용에 해당할 정도의 조치가 존재하여야 하며, 단순히 외국인 투자자에 대한 불리한 조치가 채택된다는 사실만으로는 불충분하다. 다만 간접수용 문제가 기본적으로 국가간 본질적인 입장 차이에서 출발하는 것이 대부분이라는 사실을 항상 염두에 둘 필요가 있다.

2) 사안별 검토

그 다음으로 NAFTA 사례를 중심으로 살펴본 간접수용 문제는 기본적으로 "사안별 검토"와 "사실관계 중심적"의 성격을 보유한다는 점이 극명하게 드러나고 있다. 물론 모든 분쟁, 특히 투자분쟁은 사안별 검토의 속성을 늘 갖고 있다. 그러나 간접수용의 경우 특히나 문제의 분쟁이 발생하게 된 전체적 맥락을 따지는 것이 분쟁해결의 핵심으로 자리잡게 되어 그러한 성격이 더욱 강화되었다. 따라서 간접수용 분쟁에서는 중재재판관(arbitrator)의 재량적 판단이 결정적으로 중요한 역할을 수행한다고 볼 수 있다. 결국 어떠한 절차와 규정에 따라 중재재판관을 선정할 것인지가 각국의 초미의 관심사가 되었다. 최근 체결된 BIT와 FTA가 이 부분에 관하여 자세한 규정을 두고 있는 것은 바로 이러한 이유 때문이라고 판단된다.

3) 다양한 국가 정책 심의

한편 간접수용은 기본적으로 국가의 모든 행정/입법/사법작용으로부터 발생 가능하다는 점이 *NAFTA* 분쟁을 통하여 더욱 분명하게 나타나고 있다. 조약상 의무를 부담하는 정부는 중앙정부와 지방정부를 포괄하며, 또한 중앙정부에는 입법부, 사법부, 행정부를 모두 포함한다는 국제법의 오랜 원칙에 비추어보면,[164] 이러한 결론은 전혀 놀랄만한 것이 아니다. 그러나 ISDS 절차와 간접수용 자체를 일종의 사법주권 침해의 매개체로 보는 시각에서는 사법부의 최종 판결이 다시 국제중재판정부의 심리 대상이 될 수 있다는 가능성 자체에 상당히 부정적 반응을 보이는 것을 알 수 있다.

결국, 협정 당사국 정부가 채택하는 일체의 정부 조치 —작위, 부작위를 포함하여[165]— 가 투자협정의 적용대상이 되고, 그 결과 간접수용 문제를 초래할 가능성이 발생하게 된다. 그러나 이러한 광범위한 가능성을 반드시 민감하게 생각할 필요는 없다. 왜냐하면 정부의 모든 조치들은 직접수용 문제를 초래할 "가능성"도 언제든지 열려 있기 때문이다. 결국 문제의 요체는 어떠한 "가능성"이 존재하는지 여부가 아니라 실제 그러한 조치가 직접수용 또는 간접수용에 해당하는 것으로 결정하는 메커니즘이 체계적으로 조직되어 있는지 여부일 것이다. 이러한 NAFTA 투자분쟁 사례를 살펴보면 최소한 간접수용 문제는 "직접수용에 준할 정도의" 조치가 발생하여야 한다는 점을 명확히 밝히고 있다. 직접수용의 기준이 명확하다면, 그리고 직접수용에 준하는지 여부를 판단하는 사실판단의 기준이 신뢰할 만하다면 간접수용 문제를 특별히 백안시할 필요는 없는 것으로 판단된다.

---

164) ILC 국가책임협약 초안 제4조 제1항 참조; International Court of Justice, *Difference Relating to Immunity from Legal Process of a Special Rapporteur of the Commission on Human Rights*, I.C.J. Reports(1999), para. 62 참조.

165) *United States—Sunset Review of Anti-Dumping Duties on Corrosion-Resistant Steel Flat Products from Japan*(WT/DS244/AB/R, Dec 15, 2003), paras. 81–87 참조. 이와 관련한 항소기구의 직접적인 언급은 다음과 같다.("In principle, *any* act or omission attributable to a WTO Member can be a measure of that Member for purposes of dispute settlement proceedings. Measures that can be subject to WTO dispute settlement can include, not only acts applying a law in a specific situation, but also "acts setting forth rules or norms that are intended to have general and prospective application. Instruments of a Member containing rules or norms could constitute a 'measure', irrespective of how or whether those rules or norms are applied in a particular instance.").

D. 투자협정 해석과 적용의 구조적 특징 및 문제점

(1) 다자협정 체제 부재

대부분의 투자협정은 양자조약의 형태를 띠고 있으며, 주로 양자적 차원의 규범을 도입하고 양자적 차원의 문제를 초래하는 것이 일반적인 상황이다.166) 물론 투자분야에 관한 다자협정도 검토 가능하기는 하나167) 투자협정과 관련된 다양한 이해관계와 국가간 근본적인 입장 차를 감안하면 이를 하나로 통합하여 다자협정을 체결하는 것은 단기간에 기대하기 힘든 어려운 작업이다. OECD 주도로 1990년대 후반 진행되었던 다자간 투자협정(Multilateral Agreement on Investment: MAI)의 실패는 이 분야에서 다자협정의 체결이 얼마나 어려운 작업인지를 보여주는 대표적인 사례이다.168) WTO에서도 투자문제에 대한 논의는 상당히 오랫동안 진행되었으나 그 본질적 복잡성과 민감성으로 인하여 주요 핵심 논의 항목에는 아직 포함되지 못하고 있는 실정이다. 따라서 투자협정 문제를 이해함에 있어서는 WTO 협정과 분쟁해결절차 맥락을 그대로 대입하는 것은 기본적으로 한계가 있음에 유념하여야 한다. 통상협정과 투자협정은 상당 부분 유사성을 보유하고 있으나 기본적으로 다자주의 체제를 그 모토로 하고 있는 통상협정과 양자주의 체제를 기본으로 하고 있는 투자협정은 기본적인 골격에서 융합할 수 없는 차이점을 노정하고 있다.

(2) 개별 양자협정의 중첩적 적용

이에 따라 투자협정 분야에서는 결국 수많은 양자협정이 국가별로 적용되는 모습을 보이고 있다. 즉, 특정 국가를 상정하면 이 국가가 준수하여야 하는 규범이 일목요연하게 제시되는 것이 아니라 이 국가가 체결한 수많은 투자협정이 각각 개별적으로 적용된다. 또한 이 국가가 특정 분야에서 채택하는 입법조치나 정부정책은 대부분의 경우 하나이므로 결국 이는 동일한 정부 조치나 정책에 대하여 다양한 양자간 투자협정이 "중첩적"으로 적용됨을 의미한다. 따라서 동일한 정부 조치나 정책이 특정 체약 당사국과 체결한 투자협정에는 합치적이더라도 다른 투자협정에는 불합치적인 상황도 발생할 수 있다.

---

166) Axel Berger, *China's new bilateral investment treaty programme: Substance, rational and implications for international investment law making*(paper prepared for the American Society of International Law International Economic Law Interest Group(ASIL IELIG) 2008 biennial conference titled "The Politics of International Economic Law: The Next Four Years", Washington, D.C., November 14–15, 2008, at 1 참조; UNCTAD, *World Investment Report 2007: Transnational Corporations, Extractive Industries and Development*, New York and Geneva(United Nations) 참조.
167) 가령 미국, 캐나다, 멕시코간 3자 협정인 NAFTA가 대표적이다.
168) OECD 웹사이트(http://www.oecd.org/investment/) 참조.

이와 같이 수많은 개별 협정이 중첩적으로 적용된다는 것은 다른 조약에서는 쉽게 찾아보기 힘든 현상으로 투자협정의 해석과 이행을 어렵게 만드는 대표적인 특징 중 하나이며 다양한 분쟁을 초래하는 본질적 문제점으로 볼 수 있다. 물론 다른 조약에서도 개별 조약별로 상이한 점을 보이는 것은 일반적으로 목도되기는 하나 대부분의 경우 기본적인 의미나 방향에 대해서는 통일성이 있고 단지 국가별로 미세한 차이나 조정을 부여하고 있는 것에 불과하다. 또한 이러한 여타 조약에서는 이로부터 발생하는 분쟁을 해결하기 위하여 강제관할권이 부여된 분쟁해결절차를 도입하고 있는 경우도 찾아보기 힘들며, 이러한 분쟁해결절차에서 손해배상 등 국내법원과 유사한 구제를 명하는 경우도 찾아보기 힘든 실정이다. 즉, 투자협정의 개별성과 중첩성은 단지 조약별로 체약 상대국의 입장을 반영한 미세한 차이나 세부사항의 조정이 아니라 체약 당사국의 권리와 의무에 본질적 차이를 초래하는 중요한 함의를 내포하고 있으며, 그러한 권리와 의무의 차이는 곧바로 분쟁해결절차에서 중요한 결정요소로 작용하고 있다.

(3) 협정조문과 현실간의 괴리

투자협정을 이해함에 있어 유념하여야 할 또 하나의 중요한 구조적 특징은 협정 조문과 실제 현실간 때로는 상당한 괴리가 발생한다는 점이다. 가령 협정 조문 자체는 공정하고 형평에 맞게 규정되어 있다 하더라도 실제 그 조항이 현실에 적용되는 경우 체약 당사국간 불균형이 발생하는 문제가 있다는 점이다. 예를 들어 ISDS 절차의 공개/투명화는 절차적 정당성 확보를 위하여 당연히 우리나라를 비롯한 모든 국가가 원칙적으로 찬성입장을 표명하고 있는 이슈이며 최근 투자협정에 적극적으로 반영되고 있다. 그러나 ISDS 절차의 전면 공개는 영미권 국가인 체약 상대국에 비하여 피제소국 입장에 설 가능성이 높은 국가들에 대해서는 비대칭적인 부담을 초래하는 측면도 있다. 따라서 한미 FTA와 유럽국가와의 BIT에서 공개/투명화 원칙이 채택되어 있더라도 모든 조건이 동일하다면 우리 정부가 느끼는 실무적, 정치적 부담이 이들 국가들이 느끼는 부담을 능가할 가능성이 높다. 이러한 상황은 이들 국가의 투자자가 우리 정부에 대하여 ISDS 절차에서 전략적으로 우위에서는 기제로 작용할 수도 있다.

이러한 점은 ISDS 절차를 담당하는 중재판정부의 구성과 관련하여서도 마찬가지로 제기된다. 투자협정의 문안은 양 체약 당사국이 동일한 기회와 요건하에 중재위원을 선임하지만 실제 선임 가능한 전문가들은 주로 이들 국가 출신의 국제적 저명인사에 국한되어 있는 것이 현실이다. 결국 이러한 제한된 전문가 풀을 통해 선임된 중재위원이 내린 판정이 일부 국가 국내적으로 쉽게 수용되지 못하는 상황을 촉발하는 측면도 있다. 이러한 상황은 다양한 재판관 임명이 제도적으로 보장되어 있는 국제사법재판소(International Court of Justice)나 WTO 패널 및 항소기구 절차에서는 찾아보기 힘든 상황이다. 따라서 투자협정 모델 텍스트 작업을 진행하고 향후 여러 국가와 협상을 진행함에 있어서는 협정 조문의 "기계적" 또는 "형식적" 측면이 아닌, 실제적 파급효과 측면을 염두에 둔 평가와 전략 수립이 시급히 요구되고 있다.

그간 협상 과정에서는 주로 양 체약 당사국간 형식적 평등 및 기계적 공정성 확보에 주된 주안점을 두어 왔으나, 실제 투자협정의 적용과 분쟁해결절차의 진행에서는 실질적 평등과 현실적 공정성 확보가 보다 중요한 과제이다. 물론 이러한 입장을 우리 체약 상대국에 항상 주장하여 관철시킬 수는 없을 것이나, 최소한 이러한 부분을 인식하고 협상을 진행할 경우 추후 우리나라가 예상치 못하게 처하게 되는 상황을 가급적 예방할 수 있으며, 또한 시급히 우리 국내적으로 조치가 필요한 사항(가령 ISDS 절차 대응 역량 강화 등)에 대해서도 더 늦기 전에 효과적인 준비를 진행할 수 있을 것이기 때문이다.

(4) 항소절차의 부재

한편 투자협정의 가장 큰 특징 중 하나는 분쟁해결절차에 항소절차를 도입하지 않고 있다는 점이다. 가령, ISDS 절차의 골격과 관련하여 한미 FTA는 중재판정은 단심제로서 확정력을 보유하며, 중재판정은 금전적 손해와 적용 가능한 이윤 및 재산권의 회복만으로 한정되고 당사국의 해당 조치 취소를 강제할 수 없으며, 또한 징벌적 손해배상(punitive damages) 명령은 불가능한 것으로 규정하고 있다.

투자협정이 규율하고 있는 내용, 그리고 분쟁해결절차에서 제기되는 문제의 중대함을 감안하면 이러한 항소절차의 부재는 여러 국가에 대하여 상당한 우려감을 초래하는 주요한 이유 중 하나이다. 중요한 국가정책의 국제법상 합법성을 3인의 외국인으로 구성된 중재판정부가 단심으로 결정하고 이로부터 손해배상 책임이 부과된다는 것이 여러 국가들이 투자협정과 분쟁해결절차에 대하여 느끼는 중요한 "불편함"의 근원을 제공하고 있다. 항소절차의 부재는 특히 단심을 담당하는 중재판정부를 구성하는 전문가의 풀이 서구권의 일부 전문가 그룹에 한정되어 있다는 현실적 측면과 결합하여 투자 유치국 또는 개발도상국 정부와 국민들의 우려를 촉발하고 있다. 나아가 법리적인 측면에서도 항소제도의 도입은 중요한 현안 중 하나이다. 현재 ISDS 절차의 가장 큰 문제점 중 하나로 지적되고 있는 점은 사실상 동일한 법적 쟁점에 대해서도 중재판정부 별로 상이한 입장을 제시하는 경우가 많고, 이로 인하여 과연 어떠한 조치가 투자협정에 합치하는 지에 대한 확실한 규범을 제시하는 데 한계를 보이고 있다는 점이다. 예를 들어 투자협정의 적용에 있어 가장 중요한 문제 중 하나는 해당 분쟁을 제기한 외국인 투자자와 외국인 투자가 해당 협정의 적용대상에 해당하는지 여부를 판정하는 것이다. 그런데 최근 투자분쟁을 담당하는 중재판정부들은 "투자"의 정의에 대하여 상이한 결정을 도출하여 여러 이해 당사자들에 대하여 혼란을 초래하는 현상이 가중되고 있다.169)

이러한 상황은 국제투자분쟁해결절차에도 궁극적으로 항소절차 도입이 필요한 것이 아닌가 하는 문제의식을 일깨워주고 있다. 이를 통하여 누군가가 상충하는 중재판정부의 결정 내용을 최종적으로 조정하여 여러 국가들에 대하여 적절한 가이드라인을 제시하여 줄 수 있을 것이기 때문이다. 이러한 작업이 선행되어야만 투자협정 및 ISDS 절차와 관련하여 전개되는 다양한 정치적 논란을 종식시킬 수 있을 것이다. 항소절차를 통하여 분명한 법리가 정립이 되고 확산되면 투자협정의 해석과 적용에서도 통일성과 일관성이 확보될 수 있고, 결국 이는 불필요한 투자분쟁을 장기적으로 줄이는 효과를 거둘 수 있을 것으로 기대된다. 바로 이러한 이유로 항소절차의 도입은 현재 국제사회의 주요한 현안 중 하나이며 여러 투자협정에서도 그 가능성과 다양한 방안에 대하여 언급하고 있다.

이와 관련하여 미국 정부는 2012년 4월 20일에 Model BIT 개정안을 확정·발표한 바, 여기에는 특히 향후 다자간 및 양자간 상소 메커니즘 도입 가능성에 대하여 미국 정부가 적극적으로 논의를 주도하도록 하는 취지의 문구를 담고 있다. 유사한 맥락에서 한미 FTA 투자 챕터의 경우도 일단 양국은 항소절차 도입을 가능한 옵션으로 보고 만약 그러한 도입이 구체화될 경우 한미 양국은 동 협정도 거기에 맞추어 수정할 수 있도록 하는 조항을 도입하고 있다.170)

이는 양국이 향후 항소절차 도입에 관하여 상당히 적극적으로 논의할 준비가 되어 있음

---

169) *Global Trading Resource Corp. and Globex International, Inc. v. Ukraine*, ICSID Case No. ARB/09/11, Award of December 1, 2010 참조.

170) ARTICLE 11.20: CONDUCT OF THE ARBITRATION

12. If a separate, multilateral agreement enters into force between the Parties that establishes an appellate body for purposes of reviewing awards rendered by tribunals constituted pursuant to international trade or investment arrangements to hear investment disputes, the Parties shall strive to reach an agreement that would have such appellate body review awards rendered under Article 11.26 in arbitrations commenced after the multilateral agreement enters into force between the Parties.

ANNEX 11-D POSSIBILITY OF A BILATERAL APPELLATE MECHANISM

Within three years after the date this Agreement enters into force, the Parties shall consider whether to establish a bilateral appellate body or similar mechanism to review awards rendered under Article 11.26 in arbitrations commenced after they establish the appellate body or similar mechanism.

을 보여주는 조항으로 ISDS 절차의 중요한 특징이자 흠결 중 하나인 항소절차 도입에 양국이 긍정적인 입장을 견지하고 있음을 명기하고 있다. 다만 현재 ISDS 절차에서의 항소절차 도입 문제가 여러 각도에서 국제사회에서 논의되고 있기는 하나 구체적인 방법론에서 국가들간 입장 차이가 적지 않다는 측면을 감안하면 단시일 내에 이에 관한 진전이 있을 것으로 기대하기는 곤란하다. 이러한 점을 감안하여 우리 정부 입장에서는 항소절차 도입이 초래하는 다양한 장단점에 대한 평가를 실시하고 이에 대한 여러 체약 상대국의 상이한 입장도 고려하여 향후 이 문제에 대한 우리의 기본 입장을 수립하여 협상 과정에서 제시하여야 할 것이다.

(5) 투자협정의 정치적 민감성

투자협정과 분쟁해결절차와 관련하여 특히 주목을 요하는 부분은 이들이 초래하는 국내 정치적 민감성 부분이다. 우리나라뿐 아니라 전세계적으로 최근 10여년에 걸쳐 투자협정과 투자분쟁은 큰 관심을 끌어오고 있다. 이러한 상황은 선진국, 개도국을 막론하고 발견되는 현상이며, 정도의 차이는 있을지언정 여러 국가들이 느끼는 국내정치적 딜레마는 대부분 공통점을 보이고 있다.

이러한 국내적 갈등을 초래하는 근본적인 이유는 투자협정의 적용과 투자분쟁의 발생은 다름 아닌 정부의 규제권한 행사와 직접적으로 연관된다는 사실이다. 사실 대부분의 국제조약 및 협정은 어떠한 방식으로든 당사국 정부의 규제권한 행사와 관련되어 있을 수밖에 없으나, 투자협정의 경우 모든 형태의 정부규제 조치를 포괄적으로 그 대상으로 하여 도입된 국제조약이라는 점에서 그 범위와 깊이에서 여타 협정들과 비교할 수 없는 상황이다. 여타 국제조약의 경우 정부의 규제권을 직접 그 대상으로 하는 경우는 사실 찾아보기 힘들며 통상협정이 그러한 성격을 보유하고 있기는 하나 투자협정과 비교하면 상대적으로 규제권 침해의 정도는 약하다고 볼 수 있다. 특히 다음과 같은 측면에 주목할 필요가 있다.

먼저 거의 모든 정부 조치는 잠재적으로 FTA 및 BIT의 관련 규정의 적용을 받게 된다. 따라서 거의 대부분의 정부 조치는 FTA 및 BIT와 직/간접적인 함의를 갖게 된다. 여기에는 직접 조치를 집행하는 행정부뿐 아니라 입법부 및 사법부도 마찬가지로 포함된다. 이들 모두 총체적으로 체약 당사국 정부를 구성하기 때문이다. 이러한 상황은 입법주권 내지 사법주권 침해 문제를 야기하는 상황으로 진행하기도 한다. 그러나 이러한 민감성에도 불구하고 앞에서도 지적한 바와 같이 투자분쟁해결절차는 각 투자분쟁 중재판정부 별로 개별적으로 진행되며 일심으로 종결되는 형태를 띠고 있다. 따라서 각 중재판정부 별로 중요한 개념과 법리에 관하여 서로 다른 입장을 도출하는 경우도 적지 않으며, 그 결과 BIT 및 FTA 체결 당사국들이 안정적인 협정 이행과 적용을 달성하는데 적지 않은 장벽으로 작용하고 있다. 특히 투자분쟁해결절차의 경우 항소절차의 부재로 인하여 판결의 일관성과 예측가능성이 더욱 침해되고 있는 상황이다. 이러한 상황에서 특정 중재판정에 대하여 패소한 투자 유치국 정부나 국민이 이를 설득력 있는 판정으로 수용하는 데 근본적인 한계가 있을 수밖에 없는 상황이다.

나아가 결정적으로 BIT 및 FTA 규정의 창조적 해석과 적용이 외국인 투자자와 이들을 대리하는 법률전문가들에 의하여 주도되고 있는 현상이 일부 목도되고 있어 투자 유치국 입장에서는 예측하지 못한 소송의 가능성이 더욱 증가하는 상황에 직면하게 되었다. 예를 들어 최근 새로이 제기되는 투자분쟁의 경우 기존에 예상하지 못한 새로운 방식으로 협정 조항이 해석되고 적용되는 상황이다. 페이퍼 컴퍼니를 통한 포럼 중복소송 제한 조항 회피, umbrella 조항을 통한 협정의 확대 적용, 그리고 MFN 조항을 통한 여타 BIT의 유리한 조항 원용 등이 대표적인 사례이다. 이러한 상황이 초래된 여러 이유 중 하나는 원래 투자협정은 기본적인 사항을 개략적으로 규정하여 두는 것이 일반적인 흐름이었고 지금 목도하는 바와 같이 여러 다양한 형태의 분쟁을 염두에 두고 조항이 도입된 것은 아니기 때문이다.

또한 여타 조약과 마찬가지로 투자협정의 경우도 일단 한번 체결되면 이를 다시 개정하는 것은 지난한 작업으로 정기적으로 업데이트 하는 것이 이론적으로는 가능하나 사실상 불가능한 측면도 있다. 이러한 부분은 매년 개정 작업을 통해 수시로 변경되는 국내법과는 본질적인 차이를 노정하는 것으로 투자협정의 체결에 있어 역시 염두에 두어야 하는 부분 중 하나이다. 물론 이러한 부분은 여타 국제조약에서도 동일하게 목도되는 현상이나 투자협정이 현재 가장 활발하게 적용되며 국제분쟁을 초래하는 합의문 중 하나이므로 특히 투자협정에서 이러한 문제가 부각되고 있는 실정이다.

그리고 마지막으로 이러한 민감한 사항에 대한 검토와 결정이 투자 유치국 국내법원이 아니라 3인의 중재위원으로 구성되는 중재판정부가 담당하게 된다는 사실도 지적된다. 즉, 투자 유치국에 대하여 정치적, 법리적으로 민감한 사항에 대한 최종 결정이 외국인으로 구성된 일종의 국제재판부를 통하여 내려진다는 데에 대한 근본적인 우려가 투자협정 문제에서는 제기되고 있으며, 바로 이러한 우려가 소위 사법주권 침해 문제로 그간 제기되어오고 있는 것으로 볼 수 있다.

E. 국제투자분쟁해결제도를 중심으로

자유무역협정("FTA") 시대가 본격적으로 전개되면서 우리 국내적으로 가장 첨예한 문제로 대두된 사안이 바로 투자분쟁(investment disputes)과 소위 "투자자 대 국가간 분쟁해결절차(Investor-State Dispute Settlement Procedure, 이하 'ISDS 절차')"로 불리는 국제투자분쟁해결절차이다. 2006년 2월 한미 FTA 교섭이 처음 시작될 때만 해도 수많은 양국간 현안을 제치고 이 문제가 동 협정의 핵심 쟁점으로 대두될 것으로 예측하는 사람들은 거의 없었다. 그러나 어느 순간부터 이 문제는 양국간 교섭의 최대 쟁점 중 하나로 부각되었으며 2011년 가을 한미 FTA 비준 과정에서도 국내적으로 끊임없는 논란을 촉발하였다. 나아가 이 문제는 2012년 11월 23일 미국계 사모펀드인 론스타가 2006년 체결되어 2011년 발효한 한·벨기에 양자간 투자보호협정(Bilateral Investment Treaty: BIT)에 근거하여 우리 정부에 대한 최초의 ISDS 절차를 공식 개시함에 따라[171] 앞으로도 우리 국내적으로 적지 않은 관심을 유발할 것으로 예측된다.

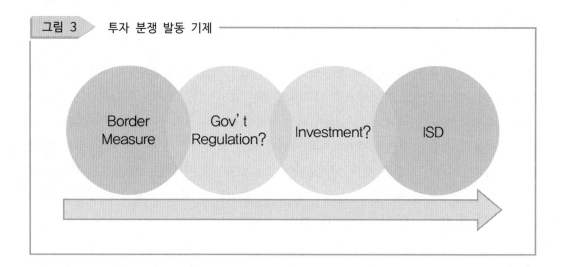

그림 3 투자 분쟁 발동 기제

한미 FTA 맥락에서 전개된 ISDS 논란과 관련하여 특이한 점 중 하나는 한미 FTA 이전에 이미 우리나라가 체결하였던 86개의 BIT 및 7개의 FTA에 대해서는 사실상 동일한 조항이 포함되어 있음에도 불구하고 놀라우리만치 별다른 관심과 문제제기가 발견되지는 않는다는 것이다. 즉, 우리나라는 이미 1976년부터 ISDS 절차를 거의 대부분의 BIT에서 수용하여 오고

---

171) 외교통상부, "론스타의 국제중재 제기 참고자료", 외교부 웹사이트 http://www.mofat.go.kr/news/ pressinformation/index.jsp?menu=m_20_30(2013년 1월 15일 방문) 참조.

있었고,172) 이러한 상황은 다른 나라의 경우에도 대동소이하였으나173) 무슨 이유에서인지 한미 FTA 제11장 투자 챕터 교섭 과정에서는 마치 이 문제가 전혀 새로운 이슈인 양 제시되고 또한 논의되었던 것이다. ISDS 절차와 관련하여 국내적으로 제기되는 문제점들은 사법주권의 침해, 정책주권의 제한 등 대부분 조약의 국내적 이행과 관련하여 제기되는 소위 "구조적"인 사안들이다. 그렇다면 이러한 문제들은 비단 미국과의 FTA에서만 제기되는 사안들이 아니라 우리나라가 이미 체결한, 그리고 앞으로 체결할 모든 BIT와 FTA에서 마찬가지로 제기되거나 또는 제기되어야 할 사안들이다. 따라서 이러한 문제들을 오로지 미국과의 FTA 맥락에서만 제기하는 것은 올바르다고 할 수 없을 것이다. 이러한 점을 염두에 두고 아래에서는 ISDS 제도의 필요성과 문제점을 살펴보고, 그 다음 우리나라가 앞으로 이 문제에 어떻게 접근하는 것이 필요한지에 관하여 살펴보고자 한다.

(1) ISDS 제도의 존재 의의

먼저 이 문제가 왜 BIT나 FTA 등 양자간 조약을 통해 규율되는지에 관하여 의문을 가질 수 있다. 대부분의 경우 BIT와 FTA는 양국간 투자분쟁 관련 문제를 포괄적으로 규정하는 최초의 협정이다. 기존의 WTO 체제하에서도 투자에 관한 별도의 부속협정이 존재하기는 하나174) 이 부속협정은 몇몇 기본적 규정만 나열하는 데 그치고 있고 투자부분과 관련하여서는 WTO 체제는 사실상 특별한 규범이 존재하여 오고 있지 않았다.175) 이에 따라 투자분쟁 관련 문제는 주로 BIT나 이의 확대된 형태인 FTA에서 처음으로 직접적으로 다루어지게 되었다. 우리의 경우 칠레 및 싱가포르와 FTA를 먼저 체결하였으나 투자분쟁 문제가 협상의 핵심적 문제로 대두되지는 않았고 미국과의 FTA 협상에서 이 문제가 본격적으로 대두되었다.

ISDS 절차의 핵심은 투자분쟁과 관련하여 외국인 투자자 개인이 투자 유치국 정부를 상대로 국제 중재판정부에 소송을 제기할 권한을 부여하는 것이다.176) 즉, 자신의 투자가 투자 유치국 정부에 의하여 부당하게 침해되었다고 판단하는 외국인 투자자는 동 정부를 해당국

---

172) 우리나라는 1967년 독일과 최초로 BIT를 체결한 이후 2012년 12월까지 모두 86개의 BIT를 체결하였고 이 중 ISDS 조항이 부재한 협정은 4개에 불과하다.

173) 한편, 전 세계적으로는 2008년 말 기준으로 각국이 체결한 BIT는 모두 2,676건에 이르고 투자 Chapter를 포함하고 있는 FTA는 모두 273건에 이르는 것으로 집계되고 있다. United Nations Conference on Trade and Development, Geneva, Switzerland, 2009, *Recent Developments in International Investment Agreements* (2008–June 2009), at 2–8 참조. 이들 대부분의 BIT와 FTA 역시 ISDS 조항을 포함하고 있는 것으로 파악되고 있다.

174) WTO Agreement on Trade Related Investment Measures 참조.

175) *Id.*

176) 한미 FTA 제11장 Section B 참조.

국내법원뿐 아니라 국제 중재판정부에도 선택적으로 제소 가능하도록 양국간 협정에서 제도적으로 보장하는 것이다. 즉, 이 제도의 기본 취지는 외국인 투자자가 투자 유치국 정부의 "부당한" 조치로 인하여 "정당한" 투자이익에 대한 침해가 발생할 경우 그 정부와 국제중재절차를 개시할 수 있는 제도이다. 이를 통해 FTA나 BIT가 규정하고 있는 일정한 요건이 충족될 경우 외국인 투자자 대 투자 유치국 정부간 분쟁해결절차가 제도적으로 도입되게 되는 것이다.

이와 관련하여 최근 우리 국내 일각에서 제기된 문제점은 기본적으로 우리 정부에 대한 외국인 투자자의 분쟁해결절차 회부가 제도적으로 가능하여 진다는 그 외양적 사실에 주로 초점을 맞추고 있는 것으로 보인다. 그러나 이 제도가 아니더라도 외국인 투자자의 한국 정부에 대한 제소는 한국 내 사법절차를 통해 언제든지 가능하다는 점, 그리고 동일한 조치에 대하여 WTO 분쟁해결절차나 FTA 양자간 분쟁해결절차에 대한 제소는 이미 가능하다는 점 등을 고려하면 단순한 對정부 제소 가능성이 아닌 동 제도에 대한 실질적 고찰이 필요하다고 할 수 있을 것이다.

사실 이러한 투자분쟁해결절차는 정당한 외국인 투자를 보호하기 위한 일종의 보호장치이다. 투자 유치국 정부가 다양한 형태의 직접, 간접적 정책수단을 동원하여 외국인 투자 내지 외국인 투자자에 대해 제한을 가하는 사례가 지속적으로 발생하고 있기 때문이다. 이러한 경우, 외국인 투자자에 대하여 투자 유치국 사법절차상의 구제수단과 더불어 국제중재절차라는 또 하나의 선택지를 제시하는 것이 이 제도의 기본 취지이다. 따라서 이 제도는 부당한 또는 불법적인 행위에 개입한 외국인 투자 내지 투자자를 그 보호대상으로 삼고 있지 않으며 또한 그 추가적 선택 가능성은 외국에 투자하는 한국기업에 대해서도 동일하게 적용된다. 즉, 미국의 연방 정부 및 주 정부의 부당한 조치에 대해서도 우리 기업이나 개인이 미국 내 사법구제절차 이외에 국제중재절차로 회부할 수 있게 되는 것이다. 최근 한국 기업의 미국 내 투자가 지속적으로 증가하고 있고 미국 국내적으로도 외국인 투자자에 영향을 미치는 연방 정부 및 주 정부의 조치가 다양하게 채택되고 있는 현실을 감안하면 장기적으로 이 제도는 우리에게도 중요한 의의가 있다고 볼 수 있을 것이다.

ISDS 제도는 외국인 재산의 수용과 관련된 기존의 국제 분쟁이 국가 대 국가간 분쟁의 형태로 진행됨에 비해 이를 "개인(기업) 대 국가"간 분쟁으로 전환시킨다는 점에 그 본질적 특징이 있다. 이러한 제도가 도입된 취지는 간단하다. 투자 유치국 정부와의 분쟁에서 분쟁

당사자인 투자 유치국의 국내법원에 제소하는 경우, 심리 및 결정의 공정성에 대하여 항상 의문이 제기되기 때문이다. 또한 국제법상 국내법원도 투자 유치국 정부의 일부로 간주되는 바, 외국인 투자자 입장에서는 분쟁의 상대방이 스스로 분쟁 심리도 담당하는 모순을 초래한다는 것이다. 따라서 ISDS 절차는 분쟁 당사자의 국내법원이 아닌 국제법정에서 중립적인 재판관을 임명하여 투자분쟁 해결을 도모함으로써 최소한 형식적 공정성을 확보한다는 데서 그 본래의 의의를 찾을 수 있다. 이러한 기본골격에 대해서는 국제적으로 컨센서스가 존재하는 것으로 판단되며 이는 이 제도가 전 세계적으로 거의 예외 없이 수용되고 있다는 사실로부터도 확인할 수 있다. 즉, 이 제도를 구체적으로 어떻게 운용할 것인지에 대해서는 다양한 의견이 제시되고는 있으나 이 제도 자체의 기본적 필요성 및 타당성은 인정하는 것이 일반적 추세인 것으로 볼 수 있다.

(2) ISDS 제도의 문제점

그러나 이러한 원칙적 타당성에도 불구하고 현실적 측면에서 ISDS 절차는 다양한 문제점을 초래한다. 무엇보다 먼저 제기되는 문제점은 이러한 형태의 분쟁해결절차는 기존의 국가 대 국가간 분쟁해결절차와는 본질적으로 상이한 역학관계에 따라 전개될 가능성이 크다는 점이다. 이러한 투자분쟁을 개시하는 외국인 투자자는 주로 다국적 기업인 바, 이러한 다국적 기업과 투자 유치국 정부간 분쟁의 전개는 분쟁의 강도 및 대응방식에 있어 기존의 국가간 분쟁과 상당한 점에서 차이를 보일 수 있다. 외교적 관례 및 상대방에 대한 기본적 존중을 바탕에 깔고 있는 국가 대 국가간 분쟁 −가령, WTO 분쟁, ICJ 분쟁− 과 달리 ISDS 분쟁은 사용 가능한 모든 수단을 총동원하는 기업 대 기업간 일반적 법률 분쟁의 속성을 국제법정에서 그대로 시현하여 경우에 따라서는 분쟁이 물량공세화, 장기화, 첨예화될 수 있는 가능성을 내포하고 있다. 최근의 삼성과 애플간의 전 세계 법원에서의 다양한 분쟁 양상을 감안하면 다국적 기업이 분쟁해결절차에서 총력전을 펼칠 경우 발생하는 이러한 특성을 잘 알 수 있을 것이다.

역시 문제점으로 지적할 수 있는 것은 투자 유치국 정부는 오로지 피고의 입장에만 서게 된다는 점이다. 이 절차의 개시는 오로지 외국인 투자자만이 할 수 있고 투자 유치국 정부는 항상 방어자의 입장에만 서게 된다.177) 제도적으로 방어자의 입장에만 서게 될 뿐 아니라 현실적으로도 투자 유치국 정부는 물리적인 제약사항에 직면하게 된다. 투자 유치국 정부의 경

---

177) 한미 FTA 제11장 Section B 참조.

우 민간부분에 비하여 자원 가용 능력이 상대적으로 제한되어 ISDS 절차 전 과정에서 기본적으로 어려움에 직면할 개연성이 높다는 점이다. 마지막으로 지적할 수 있는 점은 ISDS 분쟁은 결국 투자 유치국 정부 정책에 대한 평가 및 심리를 그 목적으로 한다는 점에서 투자 유치국 정부 패소 시 이유 여하를 막론하고 투자 유치국 국내적으로 심각한 정치/경제적 파급 효과가 초래된다는 점이다. 단순한 계약 위반에 대한 손해배상 문제가 아니라 특정한 정부 정책이 도입된 배경과 그 효과에 대하여 국제 중재판정부가 평가하고 이에 대하여 결론을 도출하게 되면 투자 유치국 국내적으로는 적지 않은 충격이 있을 가능성이 있다.

ISDS 절차가 점차 확산되어 감에 따라 국가들은 이러한 제반 문제점을 인식하게 되었고 이에 따라 동 제도에 대한 개선방안도 다양하게 제기되고 있는 상황이다. 가령 항소제도의 도입, 공정성과 전문성을 보유한 중재인 선정 문제, 이해관계 충돌(conflict of interest) 조정 문제 등의 방안이 검토되고 있다. 특히 이 제도를 적극적으로 활용하여 온 미국 등 선진국의 경우에도 동 제도의 남용 가능성에 대한 적절한 통제 필요성을 인식하게 되어 다양한 방안을 검토하고 있는 것으로 보이는 것은 고무적이다. 그러나 이러한 제반 문제점에도 불구하고 증가하는 해외투자와 이로 인한 외국인 투자자 보호 필요성 증대에 대한 전반적인 공감대 형성으로 ISDS 절차 자체는 기본적으로 확산되고 있는 추세이다. 위에서 살펴본 ISDS 절차에 내재한 기본적 문제점들도 치유 불가능한 치명적 문제점이라기보다는 이 제도를 보다 효과적으로 운용하기 위하여 개선되어야 할 사항 정도로 파악하고 있는 것이 국제사회의 일반적인 컨센서스로 관측된다. 따라서 이러한 문제점에만 초점을 맞추어 ISDS 절차 자체가 국제사회에서 신뢰를 얻지 못하고 있는 제도라든가 또는 선진국 중심의 제도인 것으로 이해하는 것은 현 국제사회의 현실을 정확하게 이해하고 있는 것으로 보기는 힘들 것이다.

ISDS 절차와 관련 특히 현재 주요 이슈로 대두되고 있는 것은 소위 "간접수용(indirect expropriation)" 문제이다. 이는 투자 유치국 정부가 직접 외국인 투자자의 재산권을 박탈하는 직접수용이 아닌 외국인 투자자에 대한 사실상의 재산권 박탈/감소 조치를 다루는 법리로서 가령, 투자 유치국 정부의 조치로 인하여 외국인 투자자가 투자 자산에 대한 재산권을 사실상 행사하기 곤란한 상황에 처하는 경우에 발생하는 문제이다.[178] 이러한 간접수용 분쟁에서 국

---

178) 대표적으로 한미 FTA의 경우 Annex 11-B에서 간접수용에 관한 규정을 다음과 같이 두고 있다:
    ANNEX 11-B EXPROPRIATION
    The Parties confirm their shared understanding that:
    3. The second situation addressed by Article 11.6.1 is indirect expropriation, where an action or a
       series of actions by a Party has an effect equivalent to direct expropriation without formal transfer

제 중재판정부는 투자 유치국 정부 정책의 의도, 배경, 효과 등에 대해 직접적으로 심리하므로 판정 결과에 대하여 논란이 존재할 가능성이 증가하게 된다. 분명 간접수용 문제는 다양한 불확실성과 회색지대가 존재하고 있으며 이는 위에서 살펴본 ISDS 절차의 기본적 문제점을 더욱 증폭시키는 측면이 없지 않다고 하겠다. 그러나 이와 관련하여 현재 국제투자법의 법리는 간접수용을 모든 형태의 재산권 침해 행위에 대하여 폭넓게 인정하고 있는 것은 아니라는 점에 주목할 필요가 있다. 즉, 지금까지의 여러 ISDS 절차에서의 선례를 검토할 경우 단순히 외국인 투자자에 대하여 부정적 효과가 발생하였다는 정도의 막연한 기준이 아니라 사실상 직접수용과 동일시할 수 있을 정도의 재산권 침해가 존재하여야만 간접수용이 인정되고 이에 따라 보상/배상의무가 인정되고 있다.179) 즉, 직접수용에 진배없는 정도의 재산권 침해가 발

----

of title or outright seizure.

(a) The determination of whether an action or a series of actions by a Party, in a specific fact situation, constitutes an indirect expropriation, requires a case-by-case, fact-based inquiry that considers all relevant factors relating to the investment, including:

(i) the economic impact of the government action, although the fact that an action or a series of actions by a Party has an adverse effect on the economic value of an investment, standing alone, does not establish that an indirect expropriation has occurred;

(ii) the extent to which the government action interferes with distinct, reasonable investment-backed expectations;1 and

(iii) the character of the government action, including its objectives and context. Relevant considerations could include whether the government action imposes a special sacrifice on the particular investor or investment that exceeds what the investor or investment should be expected to endure for the public interest.

한·칠레 FTA(2004년 4월 1일 발효) 제10.13조; 한-싱가포르 FTA(2006년 3월 2일 발효) 제10.13조; 한-인도 FTA(2010년 1월 1일 발효) 제10.12조; 한-아세안 FTA(투자)(2009년 9월 1일 발효) 제12조; 한일 투자보장협정(2003년 1월 1일 발효) 제10조; 한중 투자보장협정(2007년 12월 1일 발효) 제4조도 각각 유사한 규정을 포함하고 있다.

179) 특히 이와 관련된 문제는 이에 관한 다양한 논의를 전개하여 온 미국 대법원의 판례를 참고하는 것도 필요하다. 미국 국내법원에서 논의되는 사항과 유사한 쟁점들이 국제 중재판정부에서도 논의되고 또 판정문에도 반영되고 있기 때문이다. 가령, 이 부분에 관한 가장 대표적인 미국 국내법상의 판례인 *Penn Central Transportation Co. v. City of New York*은 광범위하게 언급되고 있다. 이러한 일련의 판례들은 "regulation"과 "taking"을 구분하고자 하는 것이 기본목적이다. 일정한 정부조치가 "regulation"에 해당할 경우 정부는 보상책임이 없으나 동일한 조치가 "taking"에 해당할 경우 보상책임이 수반된다. 따라서 어떠한 정책을 "regulation"으로 보느냐 아니면 "taking"으로 보느냐는 중요한 차이를 가져온다. 이와 관련하여 미국 제5차 수정헌법 상의 "수용" 조항은 "어떠한 사유 재산도 적절한 보상 없이는 공적인 목적으로 수용될 수 없다"고 규정하고 있다. 즉, 사유 재산의 소유자에 대하여 적정한 절차가 보장되고 보상이 이행될 경우에만 수용을 정당화하고 있다. 그러나 최근 일부에서는 "takings"의 개념을 "regulatory takings"을 포함하는 것으로 확대하고자 하는 움직임이 있어 왔으며 이는 국제법상의 "간접수용" 문제와 직접 연관되어 있다. 즉, 국제법상의 "expropriation"을 "regulatory takings"을 포함한 광의의 개념으로 이해하고자 하면 이는 공익 목적을 위한 직접적인 수용뿐 아니라 어떠한 방식으로든 투자 기업 내지 사유 재산 소유자의 경제적 이해 관계에 영향을 준 일련의 정부 정책 내지 결정이 "expropriation"으로 간주 되어 보상 범위가 획기적으로 넓어 지기 때문이다. 또한 *Concrete pipe and Products v. Construction Laborers Pension Trust* 사건에서 미국 연방대법원은 "단순한 재산가치의 하락은 보상을 요하는 regulatory takings에 해당할 수 없고 전체로서의 재산의 가치가 훼손되어야 할 필요가 있다"

생하여야 간접수용이 인정되는 것이며, 정부 규제의 불가피한 파급효과로 인하여 재산권 손실이 발생한 경우에는 이에 해당하지 않은 것으로 판단하고 있는 것이다. 그 동안 간접수용 문제에 대하여 혼선이 증폭되고 있었던 큰 이유 중의 하나는 바로 이러한 부분에 대한 정확한 이해가 결여되어 있었기 때문인 것으로 보인다.

또한 간접수용에 내재하는 불확실성을 다소나마 제거하고자 최근의 FTA와 BIT는 간접수용에 해당하지 않는 특정 영역을 명시적으로 협정문에 규정하는 추세이다. 가령, 정당한 정책목표를 달성하기 위하여 무차별적으로 시행되는 환경, 보건, 위생관련 정책은 간접수용에 미해당하는 것으로 사전에 규정하여 일종의 안전지대를 확보하여 주는 것이다.[180] 따라서 간접수용 개념 그 자체가 불합리한 것이고 당연히 국가 주권을 부당하게 침해하는 것으로 간단하게 결론을 내리는 것은 합리적인 평가라고 볼 수 없을 것이다.

또한 일부에서는 메탈클래드(*Metalclad Co. v Mexico*) 사건 등 일부 NAFTA 분쟁 사례들을 들며 투자 유치국의 정당한 환경정책, 보건정책 등이 부당한 침해를 받았음을 강조하고 있는 것으로 보이나, 사실 이러한 사안에서 문제가 된 해당국 정부의 조치들은 대부분 외국인 투자에 대한 차별적 효과를 달성하고자 우회적인 방법을 동원한 사례에 해당한다. 주관적 입장 차이가 있을 수는 있을 것이나, 실체적, 절차적으로 정당한 정책과 관련한 간접수용 분쟁에서 정부 패소 판정이 내려진 경우는 찾아보기 힘들다고 하겠다. 즉, 이러한 NAFTA 판정들은 당사국이 자국의 환경보호수준 등을 스스로 결정할 주권적 권리를 부인하는 것은 아니며, 다만 명목상의 정책목표에도 불구하고 실제 의도가 외국인 투자자에 대한 차별적 대우인 경우에만 문제가 된다는 점을 시사하고 있다.[181] 따라서 이러한 새로운 절차도입 자체로 인해 정부의 정당한 규제권한이 무력화될 것이라는 우려는 정확한 진단이라고 하기는 힘들 것이다.

위에서 언급한 이러한 상황을 감안하면, ISDS 절차 자체가 문제라든가, 혹은 간접수용 규정 자체가 문제라는 입장은 설득력이 떨어지는 것으로 볼 수 있다. 다양한 문제점에도 불구하

고 판시한 바 있다. 그러나 NAFTA Chapter11상 투자분쟁 패널은 *Metalclad v. Mexico case*의 판결에서 "중대하고(significant) 실질적인(substantial)" 투자손실을 야기할 수 있는 재산의 이용에 대한 부수적 간섭(incidental interference)도 보상을 요하는 수용에 해당할 수 있다"는 입장을 취하고 있어 미국 국내법상의 수용에 비해 보다 광범위한 수용을 인정하고 있는 것으로 판단된다.

180) 한미 FTA 제11장 부속서 11-B 참조.

181) 이러한 문제가 논의된 NAFTA 투자분쟁해결절차의 사건들로는 *Glamis Gold Ltd. v. United States of America*(2009년 6월 8일), *Waste Management, Inc. v. United Mexican States*(1998년 6월 30일), *Metalclad Corp. v. United Mexican States*(1996년 10월 2일) 등을 들 수 있다.

고 ISDS 절차는 이미 광범위하게 국제적으로 확산되고 있는 분쟁해결절차이며 간접수용 문제도 일정 부분 불확실성이 존재하는 것은 사실이나 점차 법리를 확립하여 가고 있는 상황이기 때문이다. 특히 ISDS 절차나 간접수용이 초래하는 부담은 우리측뿐 아니라 우리의 상대방에도 기본적으로 동일하게 적용되는 상황이므로 협정 내용이 일방적으로 불평등하게 규정되지 않는 한 이를 부당한 조항으로 간주할 근거는 상당히 희박한 상황이다. 이러한 상황은 미국의 경우도 간접수용 법리에 대하여 상당한 부담을 느껴 오고 있으며 자국이 체결하는 협정문에 그 내용을 가급적 구체적으로 규정하고자 노력하고 있다는 사실을 통해서도 알 수 있다.[182] 결국 우리의 상대방이 ISDS 절차의 도입을 FTA나 BIT 협상 과정에서 요구할 경우, 이에 대하여 이러한 절차 그 자체를 문제시하여 협상 대상에서 제외하고자 하기 보다는 그러한 협정에 포함될 세부적 내용에 대한 보다 구체적 검토를 통하여 그 국가와 교역관계의 구체적 맥락에서 동 절차가 현실적으로 어떠한 파급효과를 우리에게 초래하는지, 그리고 그러한 파급효과가 우리측이 수인 가능한 범위 내에 있는 것인지를 판단하는 것이 보다 현실성있는 대안으로 볼 수 있을 것이다. 특히 이러한 문제는 현재 우리나라가 협상을 진행 중인 중국과의 FTA에서도 마찬가지로 적용될 것이다.

(3) ISDS 절차에 대한 올바른 접근방법

이러한 점을 염두에 두고 그렇다면 어떻게 ISDS 절차에 접근하여야 하는지 살펴볼 필요가 있다. 그간 ISDS 절차에 관하여 다양한 논의가 전개되어 왔지만 특히 다음과 같은 측면에 대한 인식이 우리 내부적으로 부족하였던 것이 아닌가 생각된다.

(a) 여타 FTA 및 BIT와 유기적 이해

먼저 ISDS 절차의 정확한 이해를 위해서는 특정 FTA나 BIT가 아니라 우리나라가 체결한 모든 FTA 및 BIT에 대한 유기적인 이해를 필요로 한다는 점이다. 바로 모든 FTA와 BIT는 다양한 조항으로 서로 연계되어 있어 특정국가와의 FTA나 BIT에서 ISDS 절차를 배제한다고 하여 우려되는 제반 문제들이 본질적으로 해결되는 것은 아니라는 점이다. 대부분의 FTA 투자 챕터와 BIT는 서로 유사한 내용을 조항으로 담고 있을 뿐 아니라 서로 상이한 부분을 보이는 영역에 대해서도 최혜국대우 조항 등으로 촘촘한 그물망처럼 서로 얽혀있다. 또한 이들 투자협정의 적용여부를 결정하는 투자 및 투자자의 개념 역시 상당히 광범위하게 해석되고 있어 동일한 외국인 투자자가 다양한 FTA 및 BIT를 선택할 수 있는 가능성도 또한 열려 있다.[183]

---

182) 미국 정부가 2012년 4월 채택한 새로운 BIT Model Treaty도 간접수용과 관련한 상세 규정을 도입하고 있다.
183) 2012년 미국계 사모펀드인 론스타가 한미 FTA가 아닌 한·벨기에 투자보장협정을 원용하여 ISDS 절차를 개

그러므로 특정 국가와의 FTA 및 BIT에서 ISDS 절차를 배제한다고 하여 해당 국가와 투자분쟁 문제가 모두 해결되는 것은 아니며, 문제가 존재한다면 결국 다른 나라와의 FTA나 BIT 창구를 통하여 동일하거나 유사한 분쟁이 결국 제기되는 것을 막을 수 없는 상황이다.184) 가장 대표적인 사례가 바로 최근 진행되고 있는 론스타 분쟁이다. 이 분쟁의 외국인 투자자인 미국계 사모펀드 론스타는 한미 FTA가 아니라 한·벨기에 BIT를 활용하고 있다. 특정 국가와의 협상에서 설사 ISDS 절차를 배제하는 데 성공한다 하더라도 이는 한시적 해결에 지나지 않으며 결국 우리가 기 체결한 90여개의 BIT 및 FTA를 통하여 결국 유사한 형태의 투자분쟁은 계속 발생할 것이라는 점을 알 수 있다.

    ISDS 절차는 이미 우리나라가 체결한 상당수의 FTA 및 BIT에서 수용되어 있고 또 한중 FTA 등 우리나라가 체결할 FTA 및 BIT에서도 지속적으로 포함될 가능성이 상당히 농후하다. 그렇다면 이 문제에 대한 올바른 대응은 특정 국가와의 FTA 및 BIT에서 ISDS 절차를 배제할 것인지 여부를 검토하는 것이 아니라, ISDS 절차 도입을 기정사실화하고 있는 국제사회의 현 상황을 전제로 하고 여기에서 어떻게 우리나라가 이러한 분쟁해결절차에 효과적으로 참여할 수 있으며 또한 우리 정부에 대하여 제기된 분쟁에 대하여 성공적으로 방어할 수 있는지 여부를 검토하는 것이 될 것이다.

    따라서 ISDS 절차를 이해함에 있어서, 나아가 ISDS 절차의 장단점을 평가함에 있어서는 특정 국가와의 FTA 및 BIT에 대한 분석을 넘어 다양한 복수의 FTA 및 BIT를 종합적, 입체적으로 평가하여 보는 것이 필요하다. 그리고 우리가 ISDS 절차에 참여하기 위하여 준비작업을 진행함에 있어서도 몇몇 FTA나 BIT가 아니라 기체결된 모든 FTA와 BIT의 ISDS 관련 조항을 종합적/체계적으로 검토하여 어떠한 방식으로 이 절차에 참여하는 것이 공통분모를 가장 확대할 수 있을 것인지를 살펴보아야 할 것이다. 마찬가지 맥락에서 ISDS 절차와 관련된 투자협정상 우리 입장을 수정하거나 또는 관련된 국내법령과 제도를 수정함에 있어서도 이와 같이 모든 FTA와 BIT를 동일선상에 올려두고 총체적인 검토를 실시하는 것이 필요하다고 하겠다.

(b) 한국 투자자 보호 측면에 유념

    나아가 이와 관련하여 특히 주목하여야 할 점은 이 제도를 우리 투자자들이 적극적으로

    시하였고, 다국적 담배제조회사인 필립모리스가 미국·호주 FTA가 아닌 홍콩·호주 BIT에 근거하여 호주 정부를 상대로 ISDS 절차를 개시한 것은 이러한 점을 단적으로 보여주고 있다.
184) Id.

이용하게 될 가능성도 항상 염두에 두어야 한다는 점이다. 한국의 경우 제조업, IT 산업, 바이오 산업 등에 있어 이미 상당한 수준의 국제 경쟁력을 보유하고 있고 이러한 비교우위 산업은 미국, 중국 등 외국 시장으로도 급격히 진출하고 있다. 이러한 상황에서 ISDS 절차는 우리 기업이 해당 외국의 법원을 벗어나 공정한 재판을 추구할 가능성을 열어 준다는 점을 고려하여야 할 것이다. 특히 미국의 경우만 하더라도 최근 우리 기업의 대미 투자는 계속하여 증가하고 있다. 이러한 상황에서 미국과의 FTA에 규정된 ISDS 절차는 국내 투자자에 대하여 차별적으로 적용되는 미국 정부 정책이 도입될 경우 이에 대한 효과적인 제어장치로 작용할 수도 있을 것이다. 이 제도가 없다면 우리 기업은 미국 국내법원에서 문제를 제기할 수밖에 없으며, 이 경우 애매한 사안인 경우 가급적 미국 정부의 전문성을 존중하는 미국 판례의 입장으로 인하여[185] 우리 기업의 승소 가능성은 상당히 줄어들게 된다. 이러한 제한사항이 ISDS 절차에서는 존재하지 않게 된다.

특히 앞으로 우리가 교섭을 진행하게 될 FTA 상대방들은 주로 우리 기업의 해외진출의 주요 대상인 경우가 대부분이다. 중국의 경우가 대표적이다. 동남아시아 및 남미의 여러 개도국의 경우도 상황은 크게 다르지 않다. 이러한 체약 상대국들이 우리 기업에 대하여 차별적인 조치를 취하지 않도록 제도적으로 보장하는 데에는 ISDS 절차가 상당히 효과적인 방안 중 하나이다. 세계적인 불황이 지속되는 가운데 우리 기업의 수출이 증가함에 따라 현지에 진출한 우리 기업의 활동을 제한하는 다양한 조치들의 도입이 감지되는 가운데, ISDS 제도의 존재는 최소한 마지막 구제수단이 존재한다는 점을 우리 기업과 해당 외국에 인식시키는 효과가 있을 것이다. 이 제도가 없다면 모든 결정은 해당 외국의 국내법원에서 결정하는 바를 따를 수밖에 없다. 우리 기업에 유리한 결정이 내려질 가능성도 배제할 수는 없으나 개도국 국내법원의 경우 자국 정부에 유리한 판정을 내리는 상황은 흔히 목도되는 현상 중 하나이다. 이러한 측면에서 살펴보더라도 ISDS 절차를 비단 미국과의 관계에서만 살펴보는 것은 상당히 위험하며 우리나라와 우리 기업이 처한 모든 상황을 입체적/포괄적으로 파악하는 것이 긴요하다고 할 수 있을 것이다.

(c) 분쟁발생의 불가피성

ISDS 절차를 바라보며 또한 염두에 두어야 할 점은 이 절차가 부재한다고 하여 문제가 된 투자 유치국 정부 조치와 관련된 분쟁이 모두 사라지는 것은 아니며, 투자 유치국 정부가

---

[185] 연방정부 기관이 전문적인 영역에서 내린 결론을 사법부는 가급적 존중하여야 한다는 법리를 영미법상 Substantial Evidence 기준이라고 한다.

이러한 분쟁으로부터 완전히 자유로워지는 것도 아니라는 점이다. ISDS 절차가 부재하더라도 외국인 투자자와 투자 유치국 정부간 투자 관련 분쟁 발생 시 정치적 타결로 원만히 해결되지 않을 경우 투자 유치국 법원의 사법심사로 이행하거나 이를 통해서도 해결되지 않을 경우 결국 국가 대 국가간 분쟁으로 여전히 진행하게 될 것이다. 따라서 문제의 소지가 있는 정부 조치가 존재한다고 가정하면 ISDS 절차 존재 여부와 상관없이 투자 유치국 정부의 법적 책임 문제는 어떠한 방식으로든 항상 남아있게 된다. 물론 투자 유치국 국내법원을 통한 심리의 경우 투자 유치국 정부에 우호적 판결을 내릴 가능성이 있으므로 차이가 있다고 볼 수도 있으나, 현 국제사회에서 광범위하게 받아들여지고 있는 소위 "법의 지배(rule of law)" 원칙이라는 관점에서 살펴보면 동일한 협정 내용(또는 이러한 협정 내용을 이행하는 국내법령)을 적용하는 국내법원의 경우도 제기된 협정 위반 조치에 대하여 문제의 소지가 있다면 결국 협정 위반으로 결정을 내릴 것으로 예측하는 것이 합리적이다. 비록 구체적 사건에서 다소간 상이성은 존재할 수 있을 것이나 ISDS 절차나 국내사법 절차나 동일한 실체법(즉, 협정)을 적용할 경우 동일하거나 유사한 결론을 도출할 것으로 판단하는 것이 합리적이다. 그렇다면 결국 ISDS 절차의 배제가 정부를 투자 관련 소송으로부터 완벽하게 보호해주는 안전판을 제공하여 준다고 볼 수는 없을 것이다.

이미 우리나라는 세계 여러 나라 투자자들이 투자를 검토하는 주요 시장 중 하나가 되었다. 또한 우리 정부와 지방자치단체들은 이러한 외국인 투자를 유치하기 위하여 총력을 기울이고 있다.[186] 특단의 변화가 없는 한 앞으로도 이러한 추세는 계속될 것이다. 이러한 상황에서 이들 외국인 투자자들이 우리 정부의 모든 조치에 대하여 항상 만족을 표시할 수는 없을 것이며 경우에 따라서는 적지 않은 불만의 소지도 제기되는 것이 어떤 측면에서는 당연하다고 할 수 있다. 이러한 불만이 해결되지 않을 경우 국제분쟁으로 진행할 수밖에 없을 것이다. 그 동안 세계 90여개 국을 대상으로 이미 400여건의 ISDS 분쟁이 진행된 바 있다. 나아가 WTO 분쟁해결절차에 제기된 통상분쟁도 거의 500건에 이르고 있다. 여러 국가들의 정부 조치에 대하여 여러 경로를 통하여 법적인 문제 제기가 다양하게 이루어지고 있는 것이다. 세계 8위의 교역규모를 갖고 있고 현재 세계 경제 체제에서 가장 활발한 모습을 보이고 있는 나라

---

186) 투자협정상의 의무는 체약 당사국의 입법, 행정, 사법부뿐 아니라 지방정부에 대해서도 공히 미치게 된다. *Draft Articles on the Responsibility of States for Internationally Wrongful Acts*, Report of the ILC on the Work of its Fifty-third Session, UN GAOR, 56th Sess, Supp No. 10, p. 43, UN Doc A/56/10(2001)("ILC 국가책임협약 초안"), Article 4, paragraph 1 참조; *International Court of Justice, Difference Relating to Immunity from Legal Process of a Special Rapporteur of the Commission on Human Rights*, I.C.J. Reports(1999),para.62 참조.

중 하나인 우리나라가 이러한 분쟁으로부터 완전히 자유로울 수 있다고 믿는 것은 현실성이 결여된 평가라고 아니할 수 없다. 요컨대 우리나라가 현재의 경제체제와 대외정책을 유지하는 한, 그리고 우리 경제와 수출이 현재와 같이 활발하게 운용되는 한 투자분쟁의 발생은 불가피하며, 다만 그러한 투자분쟁이 우리 국내법원에서 제기되는지, ISDS 절차를 통하여 제기되는지, 또는 통상협정과의 연결고리를 통하여 WTO 분쟁해결절차를 통하여 제기가 되는지, 투자협정의 연결고리를 통하여 ISDS 절차를 통하여 제기되는지 차이밖에 없을 것이다.

따라서 문제는 ISDS 절차를 도입하지 않으면 투자분쟁이 발생하지 않을 것으로 보는 입장이 아니라, 앞으로 지속적으로 발생하게 될 다양한 투자분쟁을 어떻게 효과적으로 통제하고 이에 대응할 것인지를 검토하는 것이다. 앞으로도 투자분쟁이 지속적으로 발생할 것이며, 그러한 투자분쟁의 발생은 불가피한 측면이 있다는 점을 인식한 바탕 위에서 투자협정 및 투자분쟁 관련 정책이 수립, 시행되어야 할 것이다.

(d) 불필요한 분쟁 초래 가능성 사전제거

WTO 분쟁을 연구하는 외국의 국제통상법 학자들에게 우리나라 주요은행의 영문명은 더 이상 낯설지 않다. 한국 정부와 금융기관의 관계에 관한 한국과 미국, 한국과 유럽연합 및 한국과 일본간의 3건의 분쟁이 2002년에서 2009년간 순차적으로 지속되는 과정에서 그 이름들이 분쟁해결절차에서 반복적으로 언급되었기 때문이다.[187]

이들 분쟁에서는 우리 금융감독기관과 주요은행간의 관계가 핵심 쟁점이었으며 미국, 유럽연합 및 일본은 우리 금융감독기관이 주요 금융기관의 임원선임 및 업무에 직/간접적으로 개입하고 있음을 보여주고자 수많은 자료를 증거로 제시하였다. 우리 정부 역시 이를 반박하고자 상당한 증거자료를 제출한 것은 물론이다. 우리 정부의 줄기찬 반박에도 불구하고 일부 쟁점에서 이들 국가들의 입장이 용인되었다.[188] 그리고 이와 관련된 문제는 그 이후에도 우

---

187) 이 문제에 관한 미국과의 분쟁에 대해서는 Panel Report, *United States—Countervailing Duty Investigation on Dynamic Random Access Memory Semiconductors(DRAMS) from Korea*, WT/DS296/R, adopted 20 July 2005, as modified by Appellate Body Report WT/DS296/AB/R, DSR 2005: XVII, 8243("*U.S. —DRAMs*") 참조.

188) 특히 1997년 이후 우리나라의 금융제도는 국제기준 및 선진국의 기준을 대폭 수용하여 상당 부분 선진화, 투명화 되어왔다는 것이 일반적 평가이다. Joseph J. Norton, "'Banking Law' in the Twenty-First Century", in *Making Commercial Law: Essays in Honour of Roy Goode*, ed. Ross Cranston, 302(Oxford: Clarendon Press, 1997) 참조. 이러한 평가에도 불구하고 통상분쟁 및 투자분쟁 맥락에서는 이러한 부분에 대한 주요 교역국의 우려는 여전히 잔존하고 있는 실정이다.

리에게 지속적으로 새로운 과제로 다가오고 있다. 가령 최근 FTA 교섭 과정에서 미국 및 유럽연합은 이 문제와 관련된 다양한 요구사항과 조건을 제시한 바 있다.

이와 같이 중요한 국가적 사안에 대하여 우리나라에 불리한 결정이 WTO 분쟁해결절차에서 내려지게 된 결정적인 이유는 여러 경로를 통하여 공개되고 있는 우리 정부기관의 다양한 자료 및 문건들 때문이었다. 과거와 달리 대부분의 정부 정책관련 자료가 웹사이트, 언론보도, 학술지 등을 통하여 대외에 공개되는 요즘에는 특정 국가의 정부정책의 본래 의도를 검토하는 것이 그렇게 어려운 일은 더 이상 아니다. 수많은 공개자료가 국내외 웹사이트와 책자 등에 이미 포함되어 있기 때문이다. 우리 정부의 다양한 정책과 관련된 자료와 정보도 국내외 웹사이트에 산재하고 있다. 우리 시장에 관심을 갖는 외국 정부와 외국 기업의 경우 이러한 루트를 통하여 우리 정부 정책 관련 자료를 획득하는 경우가 빈번하며, 실제 분쟁 발생 시 그 내용들이 증거자료로 제출되는 경우도 더 이상 낯설지 않다. 가령, 상기 WTO 분쟁에서 외국 정부와 기업 입장에서는 우리 정부와 금융기관간의 관계를 보여주는 자료를 수집하는 것은 그리 어려운 일이 아니었다. 관련 정부기관과 은행의 웹사이트, 연례보고서, 보도자료 등에 상당한 분량의 정보가 이미 제시되어 있었기 때문이다. 특히 우리나라 주요 은행들이 해외 기관에 제출한 자료 —가령 미국 증권거래위원회에 제출한 공시서류— 까지 샅샅이 파악되어 WTO 소송과정에서 주요 증거로 제시되어 우리에게 불리한 판정을 도출하는데 활용된 바 있다. 우리 주요 은행들에 대한 외국인 투자가 늘어남에 따라 이들에 대한 외국의 관심도 증가할 뿐 아니라, 해외주식시장 상장 등 국제화의 진전으로 이들 은행의 내부상황에 대한 외국에서의 접근성 역시 함께 증가하고 있기 때문이다

그런데 문제는 이러한 다양한 자료들이 우리 관련 기관의 충분한 사전 검토 없이 대량으로 유포되고 해당 기관 웹사이트 등에 게시되는 바람에 원래의 의미가 정확하게 전달되지 않거나, 과장되거나 왜곡된 내용으로 전달되는 경우도 없지 않다는 점이다. 특히 원래의 우리말 문서가 영어 등 외국어로 번역되는 과정에서 우리말의 정확한 의미가 변경되는 경우가 적지 않게 발생하였다. 문제는 추후 분쟁이 발생한 이후 우리 정부가 이에 대한 소명이나 해명을 제시하여도 이미 설득력을 갖기에는 상당히 시간이 늦어버렸다는 점이다.

이와 유사한 상황이 투자분쟁과 관련하여서도 얼마든지 발생할 수 있다. 투자분쟁의 경우도 결국 한국 정부가 어떠한 정책을 어떠한 의도를 갖고 도입, 시행하였으며, 그 결과 어떠한 결과가 발생하였는지를 체계적으로 검증한다는 차원에서 기존의 WTO 분쟁과 본질적인

차이가 없기 때문이다. 결국 우리 정부의 여러 기관들이 관련 업무를 홍보, 소개, 설명하는 자료를 작성하는 과정에서 정확하고 분명한 용어를 사용하지 않거나, 애매모호한 표현을 사용하는 경우 추후 이러한 부분들이 외국인 투자자를 차별하기 위한 우리 정부의 의도를 내포하고 있는 간접증거로 활용될 가능성이 생기게 된다. 분쟁 발생 시 이 부분을 소명하여 오해를 해소할 수도 있을 것이나 반드시 그 작업이 순탄하지만은 않다는 점은 최근의 분쟁을 통하여 이미 확인된 바이다.[189]

이러한 점을 고려하여 향후 불필요한 투자분쟁 소지를 사전에 제거하기 위해서는 주요 정책에 대한 홍보 및 설명 자료를 작성함에 있어 해당 문건과 자료가 추후 투자분쟁에서 우리 정부 조치를 공격하는 외국인 투자자에 의하여 활용될 가능성이 항상 있다는 점을 염두에 두어야 할 것이다. 그리고 주요 문건을 작성함에 있어서는 법률전문가의 검토를 거쳐 불필요한 오해의 소지가 없는지 여부를 적극적으로 살펴보아야 할 것이다. 이러한 위험성은 특히 영문으로 문건을 작성하는 경우에 더욱 두드러지게 된다. 현재 웹사이트에 게재되거나 간행물로 작성되는 우리 정부 기관의 다양한 영문자료는 표기법, 오탈자 등 형식상의 오류뿐 아니라 외국인 투자자나 외국 정부에 오해를 초래할 수 있는 문구나 표현이 적지 않게 포함되어 있는 것이 현실이다. 이러한 문건들은 ISDS 절차에서 우리 정부에 불리하게 작용할 개연성이 농후하다. 따라서 장기적인 관점에서 이러한 부분에 대한 대응 작업을 개시하는 것이 필요하다.

(e) 공정/투명한 행정절차 보유국가로서의 이미지 제고

투자분쟁에 대응하기 위한 장기적인 방안을 검토함에 있어 역시 간과할 수 없는 것은 외국인 투자자에 비추어지는 우리나라의 이미지 제고 문제이다. 공정하고 투명한 행정절차를 보유한 국가로서 우리나라의 이미지가 확산될 경우 투자분쟁의 발생 가능성도 상당 부분 줄일 수 있으며 나아가 분쟁 발생 시에도 승소 가능성을 상당 부분 높일 수 있을 것이다.[190] 그동안 통상분쟁 영역에서는 한국 경제체제 및 정책집행 메커니즘에 대한 일부 왜곡된 "이미지"와 정보가 외국의 통상조치로 이어지고 이에 따라 통상분쟁으로 진행한 상황이 적지 않게 발생하였다. 우리 정부의 정책 채택 및 이행 기제에 대한 편향된 이미지와 부정확한 정보에

---

189) 이러한 부분은 중국에 대해서도 최근 집중적으로 제기되고 있는 문제이기도 하다. Appellate Body Report, *United States−Definitive Anti-dumping and Countervailing Duties on Certain Products from China*, WT/DS379/AB/R(Mar. 25, 2011) 참조.
190) 한미 FTA 11.5조 제2항 가호, 제11.6조 1항 라호 및 제21장(투명성 관련 Chapter) 참조.

기초하고 있다 보니 다른 나라에서 흔히 취하는 정책(가령 금융정책 수립, 금융시장 규제, 외국인 투자심사제도)에 대하여도 이를 외국 상품이나 서비스 공급자를 차별하기 위한 부당한 의도를 내포한 조치로 파악하는 사례가 발생하고 있는 것이다.[191] 문제가 된 특정의 조치가 외국에서 진행되었다면 아무런 통상 규제 조치를 수반하지 않았을 것이나 그것이 한국에서 진행되었다는 이유만으로 관치금융 사례로 평가되어 WTO 위반의 보조금으로 간주되어 막대한 규모의 상계관세를 한국 기업들이 부담하게 된 사례가 대표적이다.

투자분쟁 영역에서도 동일한 상황이 반복될 가능성이 농후하다. 투자분쟁의 경우도 우리 정부의 다양한 정책이 어떠한 의도를 갖고 도입되는지 여부가 중요한 평가요소인 바, 결국 외국인 투자자나 외국 정부가 이러한 우리 정책에 대하여 어떠한 이미지와 시각을 갖는지가 장기적으로는 중요한 변수로 작용할 수 있기 때문이다. 물론 우리 정부가 취하는 협정 위반의 조치에 대해서는 우리의 교역 상대방이나 외국인 투자자가 얼마든지 문제 제기를 할 수 있어야 하나, 협정 위반의 소지가 부재하거나 근거가 희박한 조치에 대해 왜곡된 정보와 과장된 시각에 기초한 분쟁이 제기되는 상황은 합리적이라고 볼 수는 없을 것이다. 결국 장기적으로는 이러한 부당한 편견의 피해자가 되지 않기 위해서는 행정절차와 규제정책 측면에서 우리의 "국가 이미지"를 개선, 제고하는 것이 비단 다른 분야 뿐 아니라 투자분쟁 대응 측면에서도 급선무라고 하겠다.[192] 그리고 그 핵심은 우리 행정절차가 여타 선진국에 버금가는 수준으로 법령에 따라 공정하고 투명하게 이루어진다는 점을 각인시키는 것이다.

(f) 법령의 정비

그 다음으로 중요한 과제 중 하나는 장기적으로 다양한 분야에서 우리 국내법령 중 필요한 부분에 대한 개정과 제정 작업을 진행하는 것이다. 여러 국가와의 복수의 FTA 체결은 우리 정부에 대해서도 상당한 부담을 초래하고 있다. 여러 FTA의 상이한 조항을 모두 국내적으로 충실하게 이행하여야 하나 이 작업이 반드시 용이하지만은 않기 때문이다. 모든 FTA 규정

---

191) Office of the United States Trade Representative, *National Trade Estimate Report on Foreign Trade Barriers*(Washington, D.C.: USTR, 2008), 343; Bruce Klingner and Anthony B. Kim, "Economic Lethargy: South Korea Needs a Second Wave of Reforms", Backgrounder no. 2090(Washington, D.C.: Heritage Foundation, December 7, 2007), 1("Current performance reflects a strengthening recovery, but inconsistent economic policies, lingering systemic deficiencies, and increasingly competitive rivals create significant long-term challenges."), 5("Layers of regulations and lingering government intervention persist, and the lack of economic opportunities, particularly among young people, encourages further frustration.") 참조.

192) *Japan-Measures Affecting Consumer Photographic Film and Paper*, WT/DS44/R(April 22, 1998), §10.43-10.46 참조.

을 포괄할 수 있는 법령이 도입되어야 하나, 매번 FTA 교섭은 새로운 이슈를 제시하고 있어 그 어려움을 배가시키고 있다. 이러한 법령 제/개정 작업이 계획대로 이루어지지 않거나 또는 제/개정 작업이 이루어진 이후에도 충실히 이행되지 않는 경우 결국 우리 정부의 협정 위반 주장으로 이어질 것이다. 그러한 주장이 정부 대 정부 차원에서 이루어질 경우 각 FTA에 규정된 국가 대 국가간 분쟁해결절차로 이행할 것이며, 한편으로 외국인 투자자 대 정부 차원에서 이루어질 경우 ISDS 절차로 이행할 것이다. 따라서 법령의 제/개정 작업을 협정에서 요구하고 있는 대로 실시하고, 그 내용이 국내적으로 충실히 이행되도록 보장하는 것이 투자분쟁에 대응하는 측면에서도 긴요하다. 우리 법령의 제/개정 작업이 그만큼 복잡하여졌고 또 변수도 많아지게 되어 이 작업에 적지 않은 시간을 투입하는 것이 필요한 상황이 되었다.

특히 법령의 정비 작업과 관련하여서는 우리 주요 법령이 정확하게 영문으로 번역되도록 보장하는 것이 필요하다. 외국인 투자자가 결국 읽게 되는 것은 우리나라가 도입한 법령의 영문본이기 때문이다. 적지 않은 분쟁에서 우리 법령의 한글 원본의 의미가 영문본에는 정확하게 전달되지 않는 경우가 있으며, 이러한 부분이 외국인 투자자나 외국 정부의 오해를 촉발하는 사례가 발견되고 있다. 모든 언어에 내재한 문제이기는 하나 한글로 작성된 법령을 영문으로 정확하게 옮기는 것은 쉬운 일이 아니기 때문이다. 정확한 번역을 위해서는 영어 번역 전문가뿐 아니라 법률 전문가의 참여도 아울러 필요할 것이다.

우리 정부 부처의 웹사이트에서는 다양한 영문 법령을 제공하고 있다. 그러나 이들 영문 법령은 충분한 검토를 거치지 않은 단순한 "번역"에 그치는 경우가 적지 않다. 이에 따라 현재 우리 정부 웹사이트에 게재된 영문법령들은 표기법 상의 문제뿐 아니라 법령별로 동일한 용어가 다르게 번역되는 등 정비가 필요한 부분이 적지 않다. 이제 새로운 FTA 체제로 우리 경제체제가 이행함에 있어 우리 법령을 체계적으로 영문화 하여 외국인 투자자나 외국 정부가 확인, 참고할 수 있도록 하는 메커니즘을 도입하는 것을 검토하여 볼 필요가 있다. 물론 제한된 인력과 자원을 고려할 때 모든 법령을 영문화 할 수는 없을 것이며 주요 법령과 외국인 투자자 등에 직접적인 연관성이 있는 법령에 중점을 두고 영문화 작업을 진행하는 것이 합리적일 것으로 판단된다. 이러한 순서와 우선순위를 정하는 작업 역시 면밀한 검토와 판단이 요구될 것이다.

(4) 결론

그 동안 우리 국내에서 ISDS 절차와 관련하여 진행된 논란은 마치 ISDS 절차 자체가 국제투자분쟁해결절차에서 불공정한 결과를 초래하는 문제의 본질인 것으로 간주하는 인식에 기초하고 있는 것으로 보인다. 그러나 ISDS 절차의 도입배경과 각국의 입장, 그리고 실제 분쟁발생의 경향을 살펴보면 ISDS 절차 자체가 문제라든가 또는 동 절차를 배제하는 것만이 반드시 공정한 투자협정문을 보장하고 나아가 우리에게 유리하다는 식의 흑백논리는 타당하지 않다는 것을 알 수 있다. 동 절차의 목적, 취지, 관련 선례 등을 종합적으로 살펴보면 동 제도 자체를 백안시하여 이를 항상 배제하여야만 주권침해를 회피할 수 있고 공정한 협정문을 도입할 수 있다는 명제로 당연히 연결되지는 않는다는 점을 알 수 있다.

보다 합리적인 판단기준은 현재 제시된 ISDS 절차가 투자협정 양측의 이해관계를 적절히 반영하고 있는지, 협정의 형식적 공정성에도 불구하고 사실상 불평등을 초래할 만한 내용은 없는지, 새로운 형태의 분쟁이 발생할 경우 합리적인 기준을 발견, 발전시킬 수 있는 자체적 메커니즘을 포함하고 있는지, 또는 중재인(arbitrator) 선임에 있어 공정한 절차가 보장되는지 등과 같이 보다 현실적이고 법리적인 문제에 대한 검토일 것이다. 다른 모든 형태의 국제협정과 마찬가지로 우리측 입장만을 완벽하게 반영하는 협정 내용을 상대방이 수용하기를 기대하는 것은 투자협정에서도 비현실적이라고 하겠다. 특정 국가와의 FTA 및 BIT에 규정된 ISDS 절차와 관련된 문제도 구체적인 협정 문안이 완벽한가 또는 우리측에 어떠한 불리한 내용도 포함되어 있지 않은가 하는 비현실적 기준이 아닌 동 규정이 전체적으로 양측 입장의 적절한 균형을 유지하고 있는가, 그리고 예측 가능한 위험을 장기적으로 예측, 관리할 수 있는가 하는 보다 현실적인 기준을 적용하여 평가되어야 할 것이다.

투자자-투자 유치국 정부간 투자분쟁해결제도가 중요한 내용을 담고 있으며 이에 대하여 신중한 접근이 필요하다는 점에는 의문의 여지가 없다. 그러나 이 제도 자체가 우리 정부의 정당한 정책수단을 제한하며 외국 대기업의 투자이윤 보장을 위한 수단으로 전락할 것이라는 주장은 성급한 결론이라고 하여야 할 것이다. 투자분쟁해결절차의 본질을 이해하고 앞으로 이 제도를 우리 기업이 어떻게 활용하고 또 우리 정부가 이에 어떻게 대응할 것인지에 대한 구체적이고 현실적인 방안을 모색하고 이행하여야 할 시점이다.

5. 통상협정으로 금융조치를 규율함에 있어 발생하는 문제점 및 내재적 한계

한편 각국 정부가 채택하는 금융조치는 그 나름의 고유한 특징을 보유하고 있다. 금융 시스템은 바로 국가 경제체제를 작동하게 하는 일종의 "혈관" 역할을 수행하고 있다. 따라서 이러한 금융 시스템의 조직 및 운용과 연관되는 금융정책은 중요한 의미를 내포한다. 바로 이러한 이유로 GATS 협정에서도 금융 서비스에 관한 별도의 부속서를 도입하고 있으며,193) FTA 협정에서도 금융 서비스에 관한 챕터를 별도로 도입하기에 이르렀다.194) 바로 이러한 이유로 통상협정을 금융조치에 적용함에 있어서는 조심스러운 접근이 필요하다. 금융조치 역시 정부의 조치인 이상 통상협정의 적용을 받게 된다는 점은 분명하다. 그러나 여타 조치와 달리 금융조치는 그 나름의 주요한 특징을 내포하고 있어 통상협정을 적용함에 있어 이러한 특징을 충분히 고려하여야 한다.

A. 각국 금융조치에 기인한 갈등의 국제통상법적 해결 이유

상술한 다양한 이유로 여러 국가들은 외국의 금융위기 상황과 이를 극복하기 위하여 이들 외국 정부가 취하는 다양한 조치에 촉각을 곤두세우고 있다. 외국 정부가 취하는 조치가 자신들에게 불리한 상황을 초래하는 경우 이들 국가들은 즉각 문제 제기를 하여 시정을 요구하거나 또는 이에 대응하기 위하여 스스로의 조치를 취하기도 한다.

그런데 문제는 이러한 시정 요구, 대응 조치 모두 통상협정의 테두리 안에서 이루어지며 통상협정의 관련 조항이 대폭 원용되고 있다는 점이다. 금융위기 극복을 위하여 취하여진 조치들이 왜 IMF 대신 WTO 또는 다른 통상협정 맥락으로 제기되고 있는가? 우선, IMF는 정치적 논의가 주된 모습을 띠고 있으며 내려진 결정을 집행할 만한 강제력이 미흡하기 때문이다. IMF의 정치적 성격은 환율문제가 그 동안 국제통상의 주요한 현안이었음에도 불구하고 단지 두 나라만(1982년 스웨덴, 1987년 한국) 환율의 인위적 조정을 이유로 하여 IMF에서 공식적인 논의의 대상이 되었고 결국 어느 나라도 환율조작국으로 IMF에 의하여 지정되지는 않았다는 점에서도 잘 알 수 있다.195) 그러나 통상협정은 이러한 단점을 획기적으로 개선하고 있다. 즉, 일국 정부가 취하는 모든 형태의 경제분야 조치가 통상에 직/간접적으로 영향을 미치기 마련이므로 이 협정의 적용 범위가 지극히 넓다는 이유도 있지만 한편으로 통상협정으로 이 문제를 가지고 올 경우 결정적인 이점이 있다. 바로 통상협정에 내재하고 있는 강력한 분쟁해

---

193) GATS 협정 금융서비스에 관한 제2부속서 참조.

194) 가령 한미 FTA Chapter 13 참조.

195) James Boughton, *Silent Revolution: The IMF 1979—89*(Washington: International Monetary Fund, 2001).

결절차가 그것이다.

다른 국제협정이나 조약과는 달리 WTO 및 FTA 등 통상협정은 강력한 법적 구속력을 담보한 분쟁해결절차를 보유하고 있어 통상협정 위반 문제는 단지 이론적인 논의와 입장 개진의 차원에 머무는 것이 아니라 국내법정에 버금가는 파급효과를 초래하게 된다. 한편으로 자국의 주권을 침해하는 부분이 늘어가고 있는 통상협정을 비난하면서도 또 한편으로는 이를 이용하기 위하여 여러 국가들이 다양한 방안을 모색하는 결정적인 이유라고 하겠다. 원래 통상협정 이외의 영역에서 오랜 기간 원만하게 진행되어 오고 있던 여타 국제협정이나 조약도 바로 이러한 이유로 통상협정의 맥락으로 포함되어 오는 추세가 목도되고 있다. 1995년 UR 협상 타결로 WTO 협정의 일부로 편입된 지적재산권 문제가 대표적이며,[196] 최근 논의가 진행되고 있는 수산보조금 문제도 마찬가지이다. WTO 무역관련 지적재산권협정 (Agreement on Trade-Related Aspects of Intellectual Property Rights: TRIPS)는 세계지적재산권기구(World Intellectual Property Rights Organization: WIPO) 중심으로 오랜 기간 안정적으로 운용되어 오던 국제 지적재산권 보호 체제와 관련 협약을 WTO 체제 내로 의도적으로 편입시킨 것이다. 그 이유는 바로 이를 통해 WTO가 보유하고 있는 강제적인 분쟁해결절차를 활용할 수 있기 때문이다.

이와 관련하여 최근 논란이 되고 있는 수산보조금 문제를 더욱 상세히 살펴보도록 한다. 수산보조금 논의는 통상협정이 국제사회의 특정한 목적 ―사실은 비통상적 목적― 을 달성하기 위하여 원용되고 활용되는 사례를 가장 극명하게 보여주는 최근의 사례이다. 주지하다시피 세계 주요 어족자원에 대한 남획과 이로 인한 자원고갈 상태는 날로 심각해지고 있다.[197]

---

196) WTO 무역관련 지적재산권협정(Agreement on Trade-Related Aspects of Intellectual Property Rights: TRIPS)은 WTO 부속협정의 하나로 부속서 1C에 포함되어 있다.

197) 가령 유엔 식량농업기구(United Nations Food and Agriculture Organization: FAO)는 세계 어업자원의 상당 부분이 이미 과잉어획 내지 붕괴상태에 있는 것으로 보고하고 있다. 최근 FAO의 통계자료에 따르면 2005년에 과잉어획 상태에 처한 어족자원이 전체 어종의 17%에 불과하였으나 불과 3년 후인 2008년에는 이 수치가 28%에 이르는 것으로 보고되고 있다. 역시 이 통계에 따르면 어족자원에 대한 미개발 및 적정개발 상태가 2005년 23%에서 2008년에는 15%로 급격히 감소하는 상황을 보여주고 있다. 2014년 2월 현재의 어족자원 상태는 더욱 악화되었을 것으로 추정된다. 현재 지구상의 주요 어업자원들이 계속 감소하고 있다는 과학적 증거는 1990년 접어 들어 속속 제시되기 시작하였으며(Food and Agriculture Organization of the United Nations, *Report of the Expert Consultation on Guidelines for Responsible Fisheries Management*, FAO Fisheries Report No. 519, Rome(1995) 참조), 이에 따라 세계 어획량이 1990년대 중반 이후 계속하여 감소하는 추세를 보이고 있다(p. Weber, *Net Loss: Fish, Jobs, and the Marine Environment*, Worldwatch Paper No.120, Worldwatch Institute(1994). Table 2, p. 15. 참조). 특히 세계은행(World Bank)과 FAO는 "Sunken Billions"라는 제목으로 2008년 공동 연구보고서를 출간하여 수산자원의 비효율적 관리로 인해 전

어족자원 보존을 위한 국제적 관심과 노력은 이미 오래 전부터 경주되었으나 그 실제적 효과는 미미하였다. 1990년대 들어와 유엔해양법협약(United Nations Convention on the Law of the Sea)과 유엔식량농업기구(Food and Agriculture Organization of the United Nations: FAO)를 통하여 다양한 방안이 모색되고 이행되었으나 실제적인 효과는 사실 미미하였고 어족자원 감소 추세는 지속되고 있는 실정이다. 이에 따라 이 문제 역시 급기야 WTO의 새로운 과제로 제기되기에 이르렀다. 각국의 수산보조금 교부가 어족자원 고갈에 결정적 영향을 미친다는 판단 하에 이를 '통상협정'의 맥락 하에서 금지하기 위한 다자간 협상이 2001년부터 도하개발 아젠다(Doha Development Agenda: DDA)의 주요 항목으로 포함되게 된 것이다. 이에 따라 WTO 반덤핑 협정 및 보조금협정 개정 문제를 담당하고 있는 DDA 규범협상그룹(Rules Negotiating Group)이 수산보조금 문제도 아울러 담당하여 국가간 다양한 협상이 진행되어 오고 있는 상황이다.198) 그런데 DDA 맥락 하에서만 우리의 관심을 끌던 수산보조금 문제가 2014년 들어와 다시금 우리의 주목을 끌고 있는 바,199) 바로 현재 미국 주도로 급속히 진전되고 있는 "환태평양 자유무역협정(Trans Pacific Partnership: TPP)"에 수산보조금 금지조항이 도입되는 것으로 협상이 전개되고 있기 때문이다. 특히 현재 외부에 공개된 TPP 초안에 따르면 이 협정에서 새로 도입되는 수산보조금 조항은 두 가지 형태의 보조금을 금지보조금으로 규정하고 있다.200) 즉, 현재 공개된 동 협정 초안 제SS.16조 6항은 "과잉어획 상태에 처한 어족자원을 어획하는 어로활동에 지원되는 보조금(subsidies that target the fishing of fish stocks that are in an overfished condition)"과 "불법어로 활동에 종사하는 어선에 제공되는 보조금(subsidies provided to any fishing vessel... for illegal, unreported or unregulated fishing)"을 각각 금지보조금으로 규정

세계적으로 연간 500억 달러의 경제적 손실이 발생하고 있다는 점을 지적하고 있다. The World Bank and Food and Agriculture Organization, *The Sunken Billions: The Economic Justification for Fisheries Reform*, Advanced ed.(2008) 참조. 이 보고서의 원문은 FAO 웹사이트 http://www.fao.org /newsroom/EN/news/2008/1000931/index.html(2014년 2월 15일 방문) 참조.

198) A. L. Mattice, *Empty Seas: Our Overfished Oceans*, Golden Gate University Law Review, Environmental Law Journal Symposium Edition(2004), p. 6 참조. 이러한 논의의 결과는 규범협상 의장 주도로 초안이 완성되기에 이르렀다. WTO Negotiating Group on Rules, *Draft Consolidated Chair Texts of the AD and the SCM Agreements*(TN/RL/W/213)(30 November 2007). 이 의장 초안은 WTO 반덤핑 협정 및 보조금협정의 개정안을 포괄적으로 정리한 내용이다. 수산보조금 부분은 이 중 보조금협정의 제8부속서로 새로이 포함되어 있다.

199) 우리나라는 TPP 협정 가입에 적극적인 움직임을 보인 바 있다. 우리나라의 관심 표명에 대하여는 예를 들어, 연합뉴스(2014년 1월 10일), "TPP 참여 발걸음 빨라질 듯... 수출전선 확대 절실" http://news.naver.com/main/read.nhn?mode=LSD&mid=sec&sid1=101&oid=001 &aid=0006694210(2014년 1월 21일 방문); 서울신문(2014년 1월 11일), "박대통령, TPP 공식참여 기대" http://www.seoul.co.kr/news/newsView.php?id=20140111004016(2014년 1월 21일 방문) 각각 참조.

200) TPP 협정 초안은 2014년 1월 15일 일반 대중에 공개되었다. 그 중 수산보조금과 관련된 부분은 http://wikileaks.org/tpp2/static/pdf/tpp-treaty-environment-chapter.pdf(2014년 1월 21일 방문) 참조.

하여 TPP 체약 당사국 정부가 이를 제공하지 못하도록 하는 구체적 의무를 부과하고 있다. 사실 수산보조금 문제는 미국, 호주, 뉴질랜드 등 TPP 협정에 참여하는 주요 국가의 오랜 현안이었으며[201] 드디어 통상협정에 처음으로 그 자리를 찾게 된 것이다. 그렇다면 이들 국가들은 왜 원칙적으로 환경문제인 수산보조금 문제를 DDA 및 TPP 등 통상협정의 맥락으로 이끌어 오려고 하고 있는가? 바로 이들 협정들이 포함하고 있는 강력한 분쟁해결절차 조항 때문이다. WTO는 물론이고[202] TPP 역시 협정 위반 조치는 그 철폐를 궁극적 목표로 강력한 법적 구속력을 부과하고 있다.[203] 바로 이러한 이유로 여러 다양한 국제사회의 현안이 담당 국제기구와 국제협정이 존재함에도 불구하고 이런 저런 흐름을 통해 통상협정의 범위 내로 포섭되고 있다.

수산보조금 논의에서 목도하고 있는 통상협정과 관련하여 전개되는 국제사회의 이러한 분위기는 금융위기 극복조치에도 마찬가지로 적용된다. 상술한 바와 같이 국제금융문제를 담당하는 기구와 협정이 따로 존재함에도 불구하고 이 문제가 국제통상의 주요한 현안의 하나로 대두되고 있는 것이다. 그리고 이에 대하여 통상협정의 규범이 적용되어 관련 이슈와 분쟁이 해결되게 되었다. 역시 강력한 분쟁해결절차의 장점이 여기에서도 부각되고 있는 것이다. 그런데 문제는 이러한 비통상 이슈들은 관련 국제기구와 협정에서 오랜 기간 해결되지 못한 사항들이므로 이를 통상협정의 테두리 내로 가지고 온다고 하더라도 결정적인 해결책을 찾을 수는 없다는 점이다. 통상협정이 적용되는 분쟁해결절차에서 확인될 수 있는 부분은 단지 해당 조치가 통상협정의 관련 규범에 대한 위반을 초래하는지 여부일 뿐이다. 그리고 이러한 평가 작업은 상당히 기계적인 과정이라고 볼 수 있다. 통상협정 해석에 내재하는 기본적인 한계 때문이다.[204] 그러므로 선의를 가진 패널리스트가 통상협정을 충실히 적용하여 해당 분쟁에 대한 결론을 도출하여도 그 결정은 통상협정 위반 문제를 평가한 것일 뿐 문제의 조치가 정책적으로 타당한 것인지, 관련 정부 정책을 추진하기 위하여 필요한 것인지, 다른 국제기구에서 논의되고 있는 것인지, 나아가 다른 국제협정이나 조약이 요구하고 있는 것인지에 대한 평

---

201) *See Office of the United States Trade Representative, USTR Green Paper on Conservation and the Trans-Pacific Partnership*, available at http://www.ustr.gov/about-us/press-office/fact-sheets/2011/ustr-green-paper-conservation-and-trans-pacific-partnership(2014년 2월 15일 방문); Japan Times, *Japan to Oppose Fishing Subsidies Ban in TPP Trade Negotiations*(2013년 6월 9일), available at http://www.japantimes.co.jp/news/2013/06/09/business/japan-to-oppose-fishing-subsidies-ban-in-tpp-trade-negotiations/#.UwPdt Muwe M8(2014년 2월 15일 방문) 참조.

202) 패널 및 항소기구 판정문의 구속력과 그 이행의무 및 미이행시 보복조치 실시에 관해서는 DSU 제19, 21조, 22조 참조.

203) TPP 협정안 제SS.12.5조, 12.6조 각각 참조.

204) DSU 제3.2조 및 19.2조 참조.

가는 이루어질 수 없다.[205] 결국 통상협정에 따라 내려진 해당 분쟁에 대한 결론이 전체적으로 타당한 것인지에 대한 평가는 이루어지지 않게 되며 단지 통상협정의 맥락에서만 두 당사국간 승패가 결정될 뿐이다. 특히나 이와 같은 통상외적 문제는 그 본질을 이해하고 양 당사국의 입장을 이해하는 데 있어 상당한 수준의 전문적 식견을 요구하고 있다. 그러나 통상법 전문가들인 패널리스트들이 이러한 통상외적 이슈와 쟁점에 대하여 짧은 시간 내에 정확한 평가를 내릴 수 있을지 의문이 제기될 수밖에 없다. 예를 들어 수산보조금 문제를 담당하게 될 TPP 분쟁해결절차의 경우를 살펴보면 3인의 법률전문가를 선임하여 항소심 절차도 없이 단심으로 신속하게 이루어지는 분쟁해결절차 특성상[206] 복잡다단한 수산과학적 문제를 충분히 검토하여 타당한 결정을 내릴 수 있을지 의문이다. 이러한 상황에서는 어떠한 취지의 판정이 내려지더라도 이에 대하여 당사국간 이견은 해소되기 힘들며 특히 자신의 입장이 배척된 패소국이 해당 판정을 진정으로 수용하여 국내적으로 이행할 것인지 또는 이행할 수 있을 것인지 의문이 제기될 수밖에 없다. 어떻게 보면 다른 국제기구와 국제협정에서 해결하지 못한 문제들을 통상협정의 맥락으로 이전시키는 것은 자신들의 책임을 통상협정의 책임으로 귀결시키기 위한 그리 떳떳하지 못한 의도도 일부 내포되어 있다고 볼 수도 있다. 한편으로 통상협정의 결정적 장점을 가장 효과적으로 보여주는 사례이기도 하나 또 한편으로는 통상협정을 남용하는 의미도 아울러 보여주고 있는 상황이다.

B. 분쟁 격화/빈발 개연성 농후

특히 우려되는 부분은 이와 같이 다른 국제기구와 국제협정의 영역에서 해결되지 않던 오래된 현안이 통상협정의 영역으로 들어오게 되면 분쟁의 강도와 빈도가 격화될 가능성이 높다는 점이다. 가령, 수산보조금의 경우 그 동안 오래된 현안인 수산보조금 금지조항이 WTO 보조금협정이나 TPP 협정 등에 포함될 경우 수산보조금 교부국에 대하여 오랜 기간 불만을 표출하여 온 일부 국가들은 새로운 조항을 통해 이들 교부국에 대하여 적극적 제재를 도모하고자 시도할 것이다. 이러한 분위기에서는 일견 TPP 협정 수산보조금 규정에 합치하는 듯한 조치에 대해서도 일방 TPP 회원국이 타방 회원국에 대하여 소위 다양한 형태의 보조금 (간접 보조금 포함하여) 공세를 다양하게 전개할 가능성이 높아지게 된다.[207] 사실 WTO 분쟁

---

205) See *Id.*
206) TPP 협정안 제SS.12.6조 1항, 2항 각각 참조.
207) World Trade Organization, *Framework of the Disciplines on Fisheries Subsidies: Communication from the Republic of Korea*, TN/RL/W/245(24 November 2009)("Korean Proposal")), at 2 참조.

해결절차 및 FTA 분쟁해결절차에서 일방 회원국의 제소 요건은 상당히 완화되어 있다. 협정 위반의 소지가 있는 조치가 시행된 사실만으로도 일단 제소 자체에는 원칙적으로 문제가 없기 때문이다. 일방 회원국이 어떻게 판단하는지 여부와 상관없이 제소국 스스로 그러한 회원국이 협정 위반 조치를 취하고 있다고 믿는 경우 얼마든지 제소가 가능하다. 이러한 절차를 거쳐 최종 결정이 어떻게 도출될지는 차치하더라도 일단 2~3년이 소요되는 WTO 분쟁해결절차 그리고 1~2년이 통상 소요되는 FTA 분쟁해결절차에 회부하는 것만으로도 제소국은 적지 않은 정치적 목적을 달성할 수 있을 것이다.[208] 특히 수산보조금과 같이 이미 그 출발점이 통상이 아닌 통상외적인 목표에 기초하고 있고, 국가간 입장 차이가 첨예하게 대립하는 사안이라면 이와 같은 정치적 동기에 의한 제소 가능성 역시 무시할 수 없을 것이다. 이러한 우려는 각국이 취한 금융위기 극복조치 내지 금융관련 조치 일반과 통상협정의 연관성 측면과 관련하여서도 마찬가지로 제기되는 부분이다.

금융위기 극복조치는 통상협정뿐 아니라 투자협정에 대한 위반 문제도 아울러 초래할 수 있다. 양자는 서로 밀접한 연관성을 갖고 있기 때문이다. 가령 외국인 투자자의 해외 송금을 제한하거나 또는 외국인 투자자의 투자 유치국 영역 내에서의 영업활동에 불리한 상황을 초래하게 된다면 이러한 부분은 각각 투자협정의 다양한 조항에 대한 위반을 초래할 가능성이 있다. 물론 최근 체결되는 투자협정은 이러한 금융위기 상황에 대한 예외조항을 도입하고 있기는 하나 이러한 요건이 충족되지 않은 상황에서 금융위기 극복을 위한 조치가 검토되는 경우도 적지 않다. 결국 이러한 성격의 분쟁은 관련 국제기관인 WTO와 IMF의 면밀한 조율과 협조가 필요한 영역이다. 그러나 이러한 부분에 대한 논의나 협조는 사실 찾아보기 힘든 것이 현실이다.[209]

C. 협정의 기계적 해석의 한계점

WTO 협정문의 해석과 적용에 기초한 각국 조치의 확인 및 평가(나아가 필요 시 WTO 분쟁

---

208) WTO 분쟁해결양해사항(*Understanding on Rules and Procedures Governing the Settlement of Disputes*: DSU)에 규정된 패널 및 항소기구 심리에 소요되는 시간에 관해서는 DSU 제8, 12, 15, 17조 및 부록 3 등 참조. 한편 이러한 규정에도 불구하고 WTO 분쟁해결절차에 실제 소요되는 상당히 오랜 시간에 관해서는 WTO 웹사이트 http://www.wto.org/english/tratop_e /dispu_e/dispu_status_e.htm(2013년 12월 7일 방문) 참조.
209) C. Fred Bergsten and Joseph E. Gagnon, *Currency Manipulation, the US Economy, and the Global Economic Order*, Peterson Institute for International Economics, N U M B E R P B 1 2 － 2 5(December 2012), p. 11.

해결절차를 통한 분쟁의 해결)는 WTO체제의 유지 및 발전에 있어 항상 중요한 역할을 수행하고 있다. 그러나 오로지 WTO 협정문에만 기초한 법리적인 접근(legalistic approach)에만 기초하여 현재의 금융위기 관련 문제를 해결하고자 할 경우 문제의 본질을 다루는 데에는 한계가 있다. 그 이유는 금융위기 극복을 위한 조치와 관련하여 발생할 수 있는 분쟁은 단순히 WTO 협정의 해석과 적용으로만 해결될 수 있는 문제는 아니기 때문이다. 현재 WTO 협정에 포함된 여러 조항들은 이러한 새로운 형태의 분쟁을 효과적으로 해결하기에는 충분한 가이드라인과 지침을 제공하고 있지 못한 상황이며, 그 결과 주요 교역국간 통상분쟁에서도 기존의 통상분쟁에서 보기 힘든 내용이 분쟁대상으로 등장하거나 이미 제기된 분쟁에서도 각국의 입장이 첨예하게 대립하고 있는 현상이 발생하고 있다. 따라서 전체적으로 최근 제기된 주요국의 통상분쟁은 그 강도 면에서 이전에 비하여 한층 격화되고 있는 상황이다. 가령, 현재 미국과 중국간에 전개되는 다양한 무역분쟁,[210) 그리고 미국과 유럽연합/일본간에 전개되는 제로잉 관련 무역분쟁은[211) 이러한 측면을 잘 보여주고 있다.

특히 현재 보조금 분쟁은 이미 국제통상법 분야에서 여러 국가간 첨예한 대립이 지속적으로 발생하고 있는 영역이다.[212) 광범위하고 추상적인 용어를 사용하고 있는 WTO 보조금협정의 규정으로 인하여 최근의 보조금 분쟁은 국가의 정당한 주권행사의 범위가 무엇인지에 관하여 본질적인 문제가 제기되고 있는 실정이다.[213) 각국의 다양한 정부 지원조치가 보조금협정 위반의 불법 보조금 교부조치로 간주되고 있고 이로 인한 분쟁이 끊이지 않고 있다.[214)

---

210) China—Measures Affecting the Protection and Enforcement of Intellectual Property Rights(DS362); China—Measures Affecting Trading Rights and Distribution Services(DS363); China—Measures Affecting Imports of Automobile Parts(DS339, 340, 342); China—Measures Related to the Exportation of Various Raw Materials(DS394/395/398) 각각 참조.

211) Appellate Body Report, United States－Laws, Regulations and Methodology for Calculating Dumping Margins("Zeroing"), WT/DS294/AB/R, adopted 9 May 2006; Appellate Body Report, United States－Measures Relating to Zeroing and Sunset Reviews, WT/DS322/AB/R, adopted 23 January 2007 참조.

212) 법무부, 『보조금협정 연구』(국제통상법률지원단 연구총서, 2003), p. 19; 이병조 · 이중범, 『국제법신강』(일조각, 2008), p. 721; 김대순 · 김민서, 『WTO法論』(삼영사, 2006), p. 141; United States－Final Countervailing Duty Determination with Respect to Certain Softwood Lumber from Canada, WT/DS257/AB/R(17 February 2004)("U.S.－Softwood Lumber Ⅳ"), footnote 35 to para. 52 각각 참조.

213) E. A. Bilsky, Conserving Marine Wildlife Through World Trade Law, Michigan Journal of International Law(2009), pp. 599, 638 참조.

214) 한편 WTO 보조금협정 제1.1조가 언급하는 상품 또는 서비스는 상당히 광범위한 개념이다. 여기에는 어떠한 종류의 상품과 서비스도 모두 포함된다. Panel Report, United States－Preliminary Determination with Respect to Certain Softwood Lumber from Canada, WT/DS236/R(14 April 1999), para. 7.23("[W]e consider that the context in which the term 'goods' is used in Article 1.1(a)(1)(iii) SCM Agreement confirms the broad ordinary meaning of 'goods' as tangible or movable personal property, other than money. In our view, the sentence 'goods or services other than general infrastructure' refers to a very

이러한 상황에서 금융위기 극복조치 등과 같이 국내적으로 지극히 민감한 사항이 또다시 추가된다면 관련 국가간 새로운 긴장관계가 조성되는 것은 불가피할 것이다. 우리나라 역시 그간 국제 보조금 분쟁의 핵심에 자리 잡고 있는 국가 중 하나이다.[215] 이러한 형태의 보조금 분쟁이 증가하는 것은 우리나라에도 결코 유리한 상황으로 볼 수는 없을 것이다. 요컨대 보조금협정의 확대 적용은 대다수 선의의 정부 조치들도 불법보조금에 해당하는 것으로 간주하거나 또는 분쟁해결절차를 통해 불법보조금으로 판정될 위험성을 내포하고 있다.[216]보조금 분쟁에 해당되는 "조치"는 대부분 피제소국의 국내법령이라는 점을 고려하면 결국 여러 회원국의 선의의 법령이 불법보조금 교부조치로 간주되어 철폐되거나 개정되어야 하는 상황에 직면하게 되는 것이다.[217] 여러 회원국 정부 입장에서는 실로 난감한 상황이 아닐 수 없다.[218] 지

---

broad spectrum of things a government may provide."). 따라서 TPP 협정안에 포함된 포괄적 금지조항이 적용되는 맥락도 수산업과 연관되는 다양한 형태의 상품 및 서비스 교부와 연결되어 제기될 수 있다. 가령 우리나라가 주로 제공하는 것으로 주장되어 오는 조선보조금 문제도 결국 포괄적 금지조항의 적용 범위 내에 포섭될 수도 있을 것이다.

215) 법무부, 『보조금협정 연구』(2003 국제통상법률지원단 연구총서), p. 4 참조. 현재에도 우리 정부의 다양한 정책과 법령이 WTO 보조금협정 위반에 해당하는 불법 보조금인지 여부와 관련하여 다양한 분쟁이 여러 포럼에서 제기되고 있다. 가령, 몇 년 전 진행된 한국산 냉장고에 대한 美상무성의 상계관세 조사에서 다양한 법령과 제도가 검토된 바 있다. United States Department of Commerce, Preliminary Determination in Countervailing Duty Investigation against Bottom Mount Refrigerators from the Republic of Korea(30 August 2011); United States Department of Commerce, Preliminary Analysis of New Subsidy Allegation in Countervailing Duty Investigation against Bottom Mount Refrigerators from the Republic of Korea(22 December 2011) 각각 참조. 이들 법령과 제도는 이 조사의 연장선상에서 진행되고 있는 한국산 세탁기 상계관세 부과에 대한 연례재심 및 관련 WTO 분쟁에서 여전히 그 심사가 계류 중이다.

216) 원래 WTO 보조금협정은 제4부에 허용 보조금 항목을 두고 정부가 반드시 운용하여야 하는 선의의 정부 조치에 대해서는 제한적이기는 하나 이를 허용하는 예외조항을 도입하고 있었다. 그러나 제4부는 그 연장에 실패하여 1999년 12월 31일 종료하였다. 그런데 현재 2007년 의장 초안은 허용 보조금 규정을 다시 도입하는 것을 예정하고 있다. 이러한 사실은 실제 정부 지원조치 중 적지 않은 부분은 반드시 그 운용이 필요한 것들로 이들에 대하여 대폭적인 금지규정을 도입하는 것은 보조금협정의 원래 구조 및 목표와도 부합하지 않는다는 비판이 가능하다. 또한 WTO 보조금협정 제1.1조(a)(1)항(iii)호도 사회간접자본에 해당하는 정부지원조치는 보조금협정의 적용대상이 아님을 밝히고 있다. 이는 대부분의 국내법령에서도 마찬가지로 계수되어 있다. 가령 미국의 국내법령과 관련하여서는 United States Department of Commerce, Countervailing Duties: Final Rules, 63 FR at 65,412(25 November 1998) 참조. 그러나 현재 TPP 협정안은 이러한 예외조항에 대한 언급은 전혀 없다. 보조금협정 자체와 상이한 접근법을 취하고 있는 것이다. 한편으로 보조금협정의 핵심 조항을 언급하고 있으면서 다른 한편으로 보조금협정의 기본 틀에서 벗어나는 접근법을 취하고 있는 것은 앞으로 다양한 논란을 촉발할 가능성이 있다.

217) 보조금협정 제3조 참조. 이와 동일한 문제를 다루고 있는 2007년 의장 초안에 따르면 보조금협정 수산보조금 부속서에 규정된 금지보조금 역시 보조금협정 제3조의 적용을 받는 것으로 예정되어 있다.

218) 이러한 상황은 선진국이라고 하더라도 예외가 아니다. 선진국간 진행되는 보조금 분쟁에서도 정당한 정부 정책이 보조금협정 위반으로 판정받는 부분에 대하여 상당한 불만과 우려가 이미 제기되고 있다. 미국과 유럽이 각각 상대방의 다양한 보조금 문제를 제기한 최근의 분쟁으로는 Appellate Body Report, European Communities and Certain Member States—Measures Affecting Trade in Large Civil Aircraft, WT/DS316/AB/R(1 June 2011); Appellate Body Report, United States—Measures Affecting Trade in Large Civil Aircraft(Second Complaint), WT/DS353/AB/R(23 March 2012) 각각 참조.

금까지 WTO 분쟁해결절차에서 제기된 보조금 분쟁의 양상을 감안하면 일면 필요한 경제정
책을 실시한 경우에도 여전히 보조금협정 위반의 소지는 존재하는 것을 알 수 있다.219)

수산보조금 논의에서의 유류보조금 사례에서도 이러한 경향성을 확인할 수 있다. 즉, 우
리나라의 경우 유류세가 교통, 환경 등의 명목으로 부과되고 도로건설이나 도시환경 등의 문
제 해결에 사용되는 사정을 고려 시 어업의 경우 유류세 면제의 합목적성이 있다고 지속적으
로 주장하고 있으나, 유류보조금의 정치적 민감성, 낮은 유류가격 자체가 가지는 문제, 유류
세 면제의 합목적성, 특정성(specificity) 관련 국가별 형평성 등이 일부 국가들로부터 집중 제
기되고 있다. 호주, 뉴질랜드, 캐나다, 중국 등 다수국은 유류보조가 최대의 금지보조금 대상
이라고 지적하고 있어 과잉능력/과잉어획을 초래하는 보조금의 금지라는 협상 mandate를 감
안 시 특정성 여부와 상관없이 모든 유류보조가 규율되어야 한다는 입장(캐나다, 멕시코, 브라
질 등)과 특정성 요건이 유지되어야 한다는 입장(우리나라, 미국, 뉴질랜드 등)과 대립하고 있다.
각국이 다양한 정책적 이유로 다양한 유류보조 프로그램을 운영하고 있는 만큼 유류보조금
문제는 복잡하고 민감한 이슈이며 면밀한 검토가 필요한데도, 유류보조금이 WTO 협정상의
금지보조금으로 규정된다면 이 문제는 각국의 정책 집행과 관련하여 큰 논란을 일으킬 것으
로 예상된다.

특히 WTO 분쟁해결절차에 외국 정부의 조치를 제소하는 것은 상당히 용이하게 진행될
수 있도록 협정 문안이 도입되어 있다.220) 협정 위반의 소지가 있는 조치가 시행된 사실만으

---

219) 특정 국가의 일반적인 경제정책 실시가 보조금협정 위반에 해당하는지 여부와 관련하여서는 이미 다양한 분쟁
이 존재하고 있다. 이러한 분쟁의 기저에는 보조금협정 자체에 정당한 경제정책과 불법적인 보조금 정책을 어
떻게 구별, 규율할 것인지에 대하여 명확한 가이드라인이 제시되어 있지 않다는 점이 깔려 있다. 이 문제에 관
하여 Appellate Body Report, *United States — Final Countervailing Duty Determination with respect to
Certain Softwood Lumber from Canada*, WT/DS257/AB/R(19 January 2004), para. 52; Panel Report,
United States — Measures Treating Exports Restraints as Subsidies, WT/DS194/R(29 June 2001), para.
8.65. 참조("⋯ negotiating history demonstrates... that the requirement of a financial contribution from
the outset was intended by its proponents precisely to ensure that not all government measures that
conferred benefits could be deemed to be subsidies. This point was extensively discussed during the
negotiations, with many participants consistently maintaining that only government actions
constituting financial contributions should be subject to the multilateral rules on subsidies and
countervailing measures"). 한편 이 문제를 다루는 최근의 미중간 보조금 분쟁에 관해서는 Panel Report,
*China — Countervailing and Anti-Dumping Duties on Grain Oriented Flat-Rolled Electrical Steel from
the United States*, WT/DS414/R(15 June 2012); Appellate Body Report, *United States — Definitive Anti-
Dumping and Countervailing Duties on Certain Products from China*, WT/DS379/AB/R(25 March
2011) 각각 참조.
220) WTO DSU 제4조와 제6조는 피제소국의 입장이나 국제사회의 일반적인 견해와는 상관없이 제소국의 독자적

로도 일단 제소 자체에는 원칙적으로 문제가 없기 때문이다. 일방 회원국이 어떻게 판단하는지 여부와 상관없이 제소국 스스로 그러한 회원국이 협정 위반 조치를 취하고 있다고 믿는 경우 얼마든지 제소가 가능하다. 이러한 점은 FTA 분쟁해결절차에서도 마찬가지이다. 이러한 절차를 거쳐 최종 결정이 어떻게 도출될지는 차치하더라도 일단 3~4년이 소요되는 WTO 분쟁해결절차, 1~2년이 통상 소요되는 FTA 분쟁해결절차에 회부하는 것만으로도 제소국은 적지 않은 정치적 목적을 달성할 수 있을 것이다.[221]

D. 정당한 금융정책 집행의 통상협정 위반 판정 가능성

또한 지금까지의 WTO분쟁사례를 살펴보면 정당한 국가정책의 집행을 통상협정체제로 가지고 오는 경우 발생하는 내재적 한계를 종종 목도하게 된다. 즉, 각국의 정당한 정책 판단도 통상협정 위반이라는 판정을 받을 가능성이 높은 것이다. 이는 특히 위생 및 식물위생 조치(SPS조치)와 관련된 정책 판단 영역에서 자주 발생한다.

가령, *Japan－Apples*(DS245)[222] 분쟁에서 일본은 부란병(fire blight; 화상병이라고도 함) 유입을 방지하기 위해 사과나무 등 숙주식물 15종과 사과의 수입을 금지하고, 수입허용조건으로 부란병균이 없는 과수원의 기준을 설정하였다. 미국은 일본의 조치가 충분한 과학적 증거에 기초하지 않아 SPS협정 제2조에 위반되며, 위험평가의 요건을 충족하지 못하여 협정 제5.1조에도 위반된다며 제소하였다. 일본은 이에 대한 충분한 과학적 자료가 존재하며, 설사 그렇지 않더라도 SPS협정 제5.7조에 의한 잠정조치로 허용된다고 주장하였다. 동 사건 항소기구는 일본의 조치는 위험의 수준과 비례하지 않는 불균형 관계에 있으며 충분한 과학적 증거에 기초하지 않아 협정 제2.2조에 위배된다고 판정하였다. 관련된 과학적 증거가 불충분하여 협정 제5.1조에 따른 위험평가를 할 수 없는 경우에만 협정 5.7조의 잠정조치 발동이 가능한데, 본 사안에서는 관련된 과학적 증거가 충분하므로 5.7조의 잠정조치가 적용될 수 없다고 본 것이다.

인 결정으로 WTO 분쟁해결절차가 개시되는 권한을 사실상 보장하고 있다. 이러한 부분은 TPP 협정안에도 기본적으로 동일하다. TPP 협정안 제SS.12.4조 참조.

221) WTO 분쟁해결양해사항(*Understanding on Rules and Procedures Governing the Settlement of Disputes*: DSU)에 규정된 패널 및 항소기구 심리에 소요되는 시간에 관해서는 DSU 제8, 12, 15, 17조 및 부록 3 등 참조. 한편 이러한 규정에도 불구하고 WTO 분쟁해결절차에 실제 소요되는 상당히 오랜 시간에 관해서는 WTO 웹사이트 http://www.wto.org/english/tratop_e/dispu_e/dispu_ status_e.htm(2013년 12월 7일 방문) 참조.

222) Japan—Measures Affecting the Importation of Apples(DS245) 참조.

EC-Asbestos(DS135) 분쟁 역시 참고할 만하다. 1996년 12월 프랑스 정부는 모든 종류의 석면 및 석면 함유 제품의 제작, 가공, 판매, 수입, 유통을 전면 금지하는 법령 96-1133호를 채택하였고, 1998년 10월 캐나다는 법령 96-1133호가 GATT 제Ⅲ조 4항(내국민 대우)에 위반된다며 제소하였다.[223] 이에 대하여 EC는 석면금지법령이 내국민 대우 위반이라 해도 인간의 생명과 건강을 보호하기 위한 조치로서 GATT 제XX조(b)에 의해 허용된다고 주장하였다. 패널이 EC의 석면금지법이 제XX조의 두문(Chapeau)과 XX(b)에 합치하는 조치이므로 GATT 제XX에 의거 허용된다고 판시함으로써 동 분쟁은 피소국인 EC의 승리로 끝나게 되었다. 그러나 동 분쟁은 국민의 생명 및 건강을 보호하기 위한 정부의 정책도 얼마든지 통상분쟁해결절차에서 문제될 수 있음을 보여주게 되었다.

EC-Hormones(DS26,48) 역시 대표적인 예로 자주 언급된다. 회원국들에게 동물 성장 촉진 호르몬 사용을 금지하고 관련 호르몬 및 파생 물질을 사용해 사육된 동물 및 육류의 수입을 금지할 것을 촉구하는 EC 이사회는 지침으로 인하여 발생한 *EC-Hormones* 사건[224]도 예가 될 수 있다. 당시 미국은 수십여 년간 가축의 성장을 촉진시키고 육질을 부드럽게 하는 천연 및 합성 호르몬의 사용이 보편화된 상태였다. 이에 미국과 캐나다는 EC의 수입금지조치가 과학적 증거에 근거하지 않았으며 국제표준에 비해 부적절하게 높은 수준의 기준을 채택한 보호무역조치로서 SPS 협정 제3조, 제5조 위반이라며 제소하였다. EC는 수입금지조치는 적절한 위험평가에 기초하고 있으므로 허용된다고 주장하였으나, 패널은 SPS협정 제5.1조는 위생검역을 이유로 한 수입규제는 관련 국제기구에 의해 개발된 위험평가기법을 고려한 적절한 위험평가에 기초해야 하며 위험평가와 수입규제조치 사이에는 합리적 연관관계가 있어야 함을 요구하는 바, EC의 조치는 적절한 위험평가에 기초한 것으로 볼 수 없어 협정 제5.1조에 위배된다고 판시하였다. 다만, EC의 조치가 협정 2.3조에 위배되는 자의적이거나 정당화할 수 없는 무역차별이며 국제무역에 대한 위장된 제한이라는 패널의 판정은 항소기구에서 번복되었다. EC가 상기 패소 판정에도 불구하고 수입 금지 조치를 계속 유지하자, 미국과 캐나다는 1999년 DSB의 승인 하에 EC에 수출품에 대한 보복조치(약 1억 2천 800만불 상당의 보복 관세 부과)를 실시하였다. 동 사건 역시 국민의 건강을 보호하기 위한 정부의 정책 집행이 통상협정 위반으로 제소될 수 있다는 맥락에서 통상규범 체제의 내재적 한계를 드러내게 되었다.

---

223) European Communities —Measures Affecting Asbestos and Products Containing Asbestos(DS135).
224) European Communities —Measures Concerning Meat and Meat Products(Hormones)(DS26: 미국 제소);
   European Communities —Measures Concerning Meat and Meat Products(Hormones)(DS48: 캐나다 제소).

보조금협정도 예외는 아니다. 역시 검토가 필요한 부분은 보조금협정에 일반적 예외(General Exception) 조항이 부재한다는 점이다. 일반예외조항은 여러 사회·정책적 고려를 반영하여 특정한 성격의 정부 지원정책을 보조금 규율 범위에서 제도적으로 배제되는 것으로 규정하여 각국 정부의 정책적 재량권(policy space)를 확보하여 두자는 것이다. 사회빈곤층에 대한 최소한의 지원조치, 복지지원 조치 등 대부분의 정부가 최소한 이행하여야 할 기본적 의무와 연관된 지원조치들이다. 이러한 지원조치마저 금지보조금으로 규정한다는 것은 비합리적이다.225) 현재 보조금협정에 이러한 지원조치에 대한 예외규정 내지 면책규정이 포함되어 있지 않은 것은 심각한 문제가 아닐 수 없다.226)

위와 같이 정부의 정당한 정책 집행이 통상협정의 맥락에서 문제될 가능성은 상술한 통상협정의 특징 및 구조상 상존하고 있으며, 이러한 상황은 금융위기 극복을 위하여 각국 정부가 취하는 조치의 경우에도 마찬가지로 발생할 수 있다. 금융위기 극복조치는 위에서 살펴본 조치와는 비교할 수 없을 정도로 중요한 국익과 연관되며 어떻게 보면 현대국가의 사활을 좌우할 정도의 중요성과 파급효과를 보유하고 있기 때문이다. 이러한 성격의 분쟁은 관련 협정의 조문만으로 해결하기에는 기본적으로 한계가 있으며 설사 WTO 패널 및 항소기구의 결정으로 최종판정이 내려진 경우에도 패소국이 이를 적극 수용하여 판정 내용을 이행하지 않거나 이행을 지체하는 경우가 발생하고 있다. 관련 WTO 부속협정의 기본취지 및 목적 나아가 협정 내 관련 조항의 기본취지 및 목적에 관하여 관련 국가들이 서로 상이한 입장을 견지하고 있기 때문이다. 이러한 상황에서 가령 자국의 금융위기 극복조치가 협정 위반의 조치로 판정을 받은 패소국은 신속한 이행에 나설 수 있을 것인가? 이러한 가능성은 상당히 희박하다. 기본적으로 금융위기 극복조치는 긴급한 경제상황 하에서 취해지는 것임을 전제로 하는데 설사 해당 조치가 협정 위반의 조치라고 하더라도 패소국이 이를 곧바로 포기하거나 철폐할 가능성은 그렇게 높지 않다. 오히려 진정한 금융위기에서 채택된 조치는 이러한 협정 위반 평가와는 별도로 해당 위기가 종료될 때까지는 그대로 유지될 공산이 크다. 패소국 입장에서는 설

---

225) Appellate Body Report, *United States—Final Countervailing Duty Determination with respect to Certain Softwood Lumber from Canada*, WT/DS257/AB/R(19 January 2004), para. 52; Panel Report, *United States—Measures Treating Exports Restraints as Subsidies*, WT/DS194/R(29 June 2001), para. 8.65 각각 참조.

226) 다만 허용보조금 도입의 필요성에 대한 국제적 공감대에 기초하여 현재 도하 라운드 규범협상에서 논의되고 있는 보조금협정 개정안에서는 R&D 보조금 등을 허용보조금으로 간주하는 조항을 부활시키는 방향으로 논의가 진행되고 있다. Negotiating Group on Rules, Draft Consolidated Chair's Texts of AD and SCM Agreements, TN/RL/W/213(30 November 2007), Part IV of the SCM Agreement 참조. 이와 같이 이미 일부 보조금에 대해서는 당연히 각국 정부가 제공하여야 하는 것으로 이해하고 있는 상황임에 반하여 TPP 협정안은 최소한 수산보조금에 대해서는 이러한 상황을 반영하지 않고 있다고 할 수 있을 것이다.

사 이행을 염두에 두고 있다하더라도 적극적으로 DSB 권고사항을 수용하여 이를 곧바로 국내적으로 이행하는 데에는 상당히 소극적 입장을 견지할 수밖에 없고 승소국의 보복조치 발동이 두려워 이행한다손 치더라도 그러한 이행은 가급적 늦게 그리고 그 범위는 가급적 최소화하는 방안을 모색하게 된다.

　결국 분쟁해결절차를 통한 공식적인 분쟁은 종료되었으나 해당 분쟁이 진정으로 종결되었다고 보기는 힘들며 당사국간 그 분쟁의 불씨는 그대로 남아있게 된다. 이러한 새로운 형태의 분쟁을 해결하기 위해서는 WTO 협정문의 기계적 해석 및 적용과 궁극적으로는 WTO 분쟁해결절차에의 회부라는 전통적인 방식을 넘어 새로운 방안과 접근방안을 검토할 필요가 있다. 가장 대표적인 방법으로는 금융위기 극복조치에 대하여는 이를 별도의 예외사유로 공식적으로 인정하여 협정 위반이 치유될 수 있는 길을 열어 두는 것이다. 또는 금융위기 극복조치에 대해서는 최소한 일정 기간 동안은 협정 위반 문제를 제기하지 못하도록 제한을 두는 방법도 역시 모색하여 볼 수 있다. 또한 이러한 문제를 다루는 별도의 협의체를 도입하여 이를 검토하고 그러한 검토 결과를 토대로 분쟁해결절차를 진행하도록 방안을 모색하는 것도 역시 검토하여 볼만하다. 요컨대 현재와 같은 통상협정은 금융위기가 발생하는 경우 각국이 직면하게 되는 곤란한 상황을 충분히 반영하지 못하고 있고 이에 따라 결국 특정 국가가 필요한 조치를 취하게 되면 이해당사국간 분쟁이 발생하고 또 격화될 수밖에 없는 구조를 띠고 있다.

제 8 장

주요 국제 분쟁 사례 검토

주요 국제 분쟁 사례 검토

1. 들어가는 말

　금융위기 극복조치와 관련한 분쟁들이 다양한 맥락에서 최근 WTO 분쟁해결절차에서 검토되고 있다. 다만 아직 FTA 분쟁해결절차에서 이러한 문제들이 다루어진 사례들은 발견되지 않고 있다. 대체로 FTA 분쟁해결절차는 사무국의 부재 등 여러 가지 이유로 아직 적극적으로 활용되지 않고 있는 상황이기 때문이다. 한편 투자분쟁해결절차(ISDS 절차)에서도 금융위기 문제가 다루어지고 있기도 하다. 특히 이 문제는 1997년 이후 아르헨티나 정부가 취한 다양한 금융위기 극복조치에 대하여 미국 및 유럽의 투자자들이 아르헨티나 정부가 이 과정에서 자신들의 투자를 차별적으로 대하거나 또는 투자를 보상 없이 수용하였다는 것을 이유로 각각의 양자간 투자협정에 근거하여 ISDS 절차에 회부한 사례에서 주로 제기되었다.[1] 이들 투자분쟁해결절차에서의 논의는 주로 해당 양자간 투자협정의 문언이 어떻게 구성되어 있는지 여부를 주로 살펴보고 그 내용을 적용하는데 초점을 맞추고 있어 금융기관에 대한 정부 조치의 전반적인 측면, 금융위기 극복조치의 법적인 성격을 전체적으로 조망하는 내용을 담고 있지는 아니 하다. 따라서 이 책에서 살펴보는 내용을 이들 투자분쟁들이 구체적으로 담고 있는

---

1) 예를 들어 Suez, Sociedad General de Aguas de Barcelona S.A., and Vivendi Universal S.A.(Claimants) and The Argentine Republic(Respondent), ICSID Case No. ARB/03/19 참고할 것.

것으로 보기는 힘들다.

이러한 측면에서 여전히 이 문제와 관련하여 여전히 중요한 시사점을 제공하여 주는 것은 WTO 분쟁해결절차에서의 선례라고 할 수 있다. WTO 분쟁해결절차에서 이들 관련 분쟁들은 때로는 금융위기 극복을 위하여 취해진 조치 자체에서, 또한 때로는 금융기관의 법적 성격과 이에 대한 평가의 맥락에서 발생하기도 한다. 전자가 직접적인 금융위기 극복조치와 관련되는 분쟁이라면 후자는 금융기관에 대한 법적 평가를 통해 금융위기 극복조치에 대하여 중요한 함의를 제시하는 간접적인 성격의 분쟁으로 볼 수 있을 것이다. 이 장에서는 이러한 분쟁들에 대하여 살펴보도록 한다.

2. 중국산 철강 반덤핑/상계관세 부과 사건

A. 분쟁의 사실관계

United States−Definitive Anti-Dumping and Countervailing Duties on Certain Products from China(DS379) 사건은 미국이 중국산 Circular Welded Carbon Quality Steel Pipe, Light-Walled Rectangular Pipe, Laminated Woven Sacks 및 Certain New Pneumatic Off- the- Road Tires에 대해 반덤핑 관세와 상계관세를 동시에 부과한 조치를 중국이 WTO 협정 위반이라고 제소한 사건이다. 미국은 중국산 Circular Welded Carbon Quality Steel Pipe에 대해 반덤핑 관세 69.20~85.55%, 상계관세 29.62~616.83%를, Light-Walled Rectangular Pipe에 대해 반덤핑 관세 249.12~264.64%, 상계관세 2.17~200.58%, Laminated Woven Sacks에 대해 반덤핑 관세 64.28~91.73%, 상계관세 29.54~352.82%, 그리고 Certain New Pneumatic Off- the- Road Tires에 대해 반덤핑 관세 5.25~210.48%, 상계관세 2.45~14.00%를 각각 부과하였다. 중국은 2008. 9. 19. 협의를 요청하였고, 2009. 1. 20. 패널이 설치되었다. 그 후 2010. 10. 22. 패널 보고서가 회람되었고, 항소심리 이후 2011. 3. 11. 항소기구 보고서가 회람되었다.

B. 분쟁의 주요 법적 쟁점

이 사안에서는 특히 ① 국영기업(State Owned Enterprise: SOE)과 국영은행(State Owned Bank: SOB)이 보조금협정(Agreement on Subsidies and Countervailing Measure) 제1조제1항(a)호1

목에서 의미하는 공적기관에 해당하는지 여부, ② 보조금협정 제2조제1항(a)호상의 법률상 특정성(*de jure* specificity)의 문제, ③ 지역특정성문제, ④ 역외기준의 적용문제, ⑤ 상계관세를 계산함에 있어서 보조금이 부여되지 않은 거래를 공제하거나 상쇄하는 문제, ⑥ 私무역회사에 의해 생산된 원료의 투입을 보조금으로 볼 수 있는지의 문제, ⑦ 상계관세와 반덤핑 관세를 부과하는 중복구제가 보조금협정 및 GATT에 위반하는지 여부, ⑧ 조사당국의 질의서에 30일의 답변기간을 부여해야 하는지의 문제, 그리고 ⑨ 美상무성이 상계관세 조사를 진행함에 있어 "이용 가능한 사실(Facts Available)"을 이용한 것이 적절한지 등 상계관세 조사의 다양한 측면이 심도 있게 다루어졌다. 이러한 다양한 쟁점 중 특히 우리의 주목을 요하는 부분은 중국 국영 금융기관에 대하여 美상무성이 어떠한 평가를 내렸는지, 그리고 이에 대하여 WTO 패널 및 항소기구가 어떠한 평가를 도출하였는지 여부이다. 이 문제는 바로 금융위기 극복조치와 직접적으로 연관되는 사안으로 볼 수 있기 때문이다.

C. 분쟁 당사자 양측의 주요 주장

이 분쟁은 중국과 미국간 반덤핑 관세 및 상계관세 부과와 관련되는 전형적인 통상분쟁이다. 이 분쟁이 중국의 금융위기 극복과정과 연관된 조치에 해당하는 것은 아니나 중국 금융기관의 법적 성격에 대한 미국의 판정, 그리고 이에 대한 WTO 패널 및 항소기구의 판정이 제시되었다는 점에서 중요한 함의가 있다. 미국은 중국의 국영은행들은 모두 중국 정부기관으로 이들이 제공하는 금융지원들은 모두 정부의 조치로 파악하고 보조금협정이 규정하는 규제대상 보조금에 해당하는 것으로 간주하였다. 즉, 미국은 일종의 '확립된 규칙(*per se* rule)'을 적용한 것으로 볼 수 있다. 이에 반해 중국은 이들 은행들을 정부와 동일시하는 것은 수용하기 힘들며 이들이 제공하는 금융지원들은 정부의 조치에 해당할 수 없고 따라서 보조금협정이 규정하고 있는 보조금에 해당하지 않는다는 입장을 제시하였다. 이들 중 어떠한 입장을 취하는지에 따라 결국 이들 금융기관들이 금융위기 시 어떠한 조치를 취할 수 있는지의 문제와도 직접 관련이 된다. 이 분쟁에서 제기된 쟁점들은 다소 맥락이 다르기는 하나 우리나라의 국책금융기관 및 정부가 지분을 소유하고 있는 금융기관에 대한 평가에 대하여도 대동소이하게 적용될 수 있다. 바로 이러한 이유로 이 분쟁이 우리의 주목을 요한다고 하겠다.

D. 최종 판결의 내용

(1) 국영기업(SOE) 및 국영은행(SOB)이 공적기관에 해당하는지 여부

(a) "공적기관" 의미 해석에 관한 일반론

1) 공적기관성 판단기준

공적기관성 판단기준과 관련 패널은 보조금협정 제1조제1항(a)호1목과 제1조제1항(a)호1목(iv)에 따르면 정부재정기여의 주체가 할 수 있는 것은 "정부", "공적기관" 그리고 재정기여임무를 정부로부터 위임받은 "민간기관" 세 가지라고 설명하면서, 제1조제1항(a)호1목의 문맥상 "공적기관"의 의미는 "정부" 또는 "정부기관"과 상이하며 이보다 더 넓은 의미의 개념으로 해석되어야 한다고 판시하였다. 즉, "공적기관"은 정부가 통제하는 기관을 통칭하는 의미이며, 정부기관이나 정부권한을 위임받아 이를 행사하는 기관에 반드시 한정할 것은 아니라는 입장을 취하였다. 왜냐하면 공적기관의 의미를 너무 좁게 획정할 경우 회원국들이 보조금협정의 적용을 우회적으로 회피할 우려가 있고, 이러한 회피 가능성을 가급적 차단하는 방식으로 해당 문구를 해석하는 것이 보조금협정의 목적과 대상을 고려할 때 타당하다고 할 수 있다는 것이다. 이에 공적기관의 실제 존재형식이 정부기관인지, 정부부처인지, 위원회인지 또는 회사인지와 관계없이 당해 공적기관을 '통제하는' 정부는 보조금협정 위반의 결과에 대해 직접 책임을 진다고 해석하는 것이 타당하다고 판시하였다. 즉, 보조금협정 제1조제1항(a)호(1)목의 "공적기관"의 의미는 "존재형식과 관계없이 정부가 통제하는 기관"을 의미한다는 것이다.

그러나 항소기구는 이에 대하여 보조금협정 제1조제1항(a)호1목에서 "(협의의) 정부 또는 공적기관"을 "정부"라고 지칭하기로 한 것은 정부 또는 공적기관 사이에 공통되는 본질적인 특성이 존재하기 때문이며, 패널의 입장처럼 단지 편의성을 위해 "정부"라고 지칭하기로 한 것이라고 할 수 없다는 입장을 취하였다. 그 근거로 보조금협정 제1조제1항(a)호1목의 "공적기관"의 의미와 관련하여 정부기능의 수행 또는 그러한 기능을 수행할 권한을 위임받았다는 사실, 그리고 그러한 권한을 행사한다는 사실은(협의의) 정부와 공적기관에 공통되는 핵심적인 특성이라는 점을 들었다. 특정기관이 공적기관에 해당한다고 해서 바로 특정 조치가 보조금협정의 대상이 되는 것은 아니므로 공적기관의 범위를 결정하는데 있어 보조금협정의 대상과 목적은 제한적으로 고려되어야 하며, 또한 특정기관이 공적기관에 해당되지 아니한다고 해서 당해 기관의 조치가 보조금협정의 대상에서 제외되는 것도 아니라는 점도 고려해야 한다는 것을 분명히 하였다. 즉, 항소기구를 단지 정부에 의해 통제된다고 해서 특정기관을 공적기관으로 보는 것은 타당하지 아니하다는 입장을 취하였다. 요컨대 정부가 일반적으로 통제권을 보유하는지 여부를 거의 결정적 변수로 파악한 것이 패널의 입장이라면, 이와 함께 실제 구체적 사안에서 이러한 통제권이 행사되어 이 사안에서 해당 공적기관이 정부기관과 동일시 될 수 있을 정도로 행동하였는지 여부를 보다 구체적으로 보아야 한다는 것이 항소기구의 입장인 것으로 요약할 수 있겠다. 국가책임 문제와 관련하여 진행되는 국제공법상 기존의 논의를 감안하더라도 항소기구의 입장이 보다 정교하고 타당하다고 평가할 수 있다.

2) 관련 국제협정 및 조약 참고 여부

한편 이 분쟁에서 '공적기관'의 의미를 해석함에 있어 국제공법 분야의 권위 있는 유엔 보조기관인 국제법위원회(International Law Commission: ILC)의 국가책임협약 초안의 적용 가능성이 문제되었다. 이에 대해 패널은 명백하게 ILC 국가책임협약 초안이 적용될 수 없다는 입장을 밝혔다. 먼저 ILC 국가책임협약 초안이 비엔나협약 제31조제3항c호상의 조약에 해당하는지 의문이며, 초안 자체에서 특정 국가책임에 대한 특별법이 존재하는 경우 그에 따른다고 규정하고 있다는 것을 그 이유로 들었다. 패널의 입장은 일단 외관상으로는 일면 타당하다.

그러나 항소기구는 이와 반대로 ILC 국가책임협약 초안은 조약의 형태로 국가들을 구속하는 것은 아니나 관습국제법 또는 법의 일반원칙을 반영하고 있는 조항들은 여전히 WTO 분쟁에 적용 가능하다고 판시하였다. 하지만 ILC 국가책임협약 초안을 본 사안에 실제 적용하여야 하는가 하는 문제에 관해서는 비국가행위자의 행위의 국가귀속 문제를 다루고 있는 ILC 국가책임협약 초안 제5조의 경우 항소기구의 "공적기관"의 해석을 뒷받침하는 것으로 보이나, 당해 해석이 ILC 국가책임법 초안 제5조에 반드시 근거하고 있지 아니하므로 이 조항이 관습국제법을 반영하고 있는지 여부를 별도로 검토할 필요가 없다고 판단하였다. 또한 ILC 국가책임협약 초안 제55조에서 특별법이 존재하는 경우 그에 따른다고 규정하고 있는 것은 적용될 법이 복수로 존재하는 경우 어느 법이 적용되어야 하는지의 문제를 다루는 것으로 여기에서 제기된 "공적기관" 해석 문제와 무관하다고 판시하였다. 역시 ILC에서의 논의와 국가책임협약의 취지를 항소기구가 보다 정확하게 평가하고 해당 분쟁에서 적용한 것으로 볼 수 있다.

(b) 해석의 적용

중국은 공적기관성 여부를 판단하기 위해서는 ① 정부가 당해 국영기업을 소유하고 있는지 ② 정부가 당해 국영기업의 이사인지 ③ 정부가 당해 국영기업의 활동을 통제하는지 ④

당해 국영기업이 정부의 정책이나 이해관계에 따라 행동하는지 ⑤ 당해 국영기업이 관련 법규에 의해 설립되었는지를 모두 고려하여야 한다고 주장하였다. 그러나 패널은 이러한 다섯 가지 요소가 정부가 당해 기업을 통제하고 있는지를 판단하는데 모두 관련되어 있는 것은 사실이나 보조금협정상 특정 기업이 정부의 통제 하에 있고 그 결과 공적기관임을 판단하기 위해 이를 모두 고려해야 하는 것은 아니라고 판단하였다. 이와 동일한 맥락에서 패널은 美상무성이 단지 중국 정부가 관련 국영기업지분의 과반수를 보유하고 있다는 것을 근거로 당해 국영기업이 열연강판, 고무, 석유화학제품 등 특정 상품의 형태로 재정적 기여를 하는 공적기관이라고 결정한 것은 아니며, 관련 증거를 충분히 검토한 후 도달한 결론이므로 이러한 美상무성의 결정은 타당하다고 판단하였다. 또한 정부가 당해 기업지분의 과반 이상을 보유하고 있다는 사실은 정부가 당해 기업을 통제하고 있다는 명확하고 상당한 증거라고 판시하였다. 국영은행의 경우에도, 패널은 중국 정부가 국영은행의 과반수지분을 소유하고 있으며, 관련 국영기업의 운영에 상당한 통제력을 미치고 있음이 증거에 의해 인정되므로 그 공적기관성이 인정된다고 판시하였다.

반면, 항소기구는 잘못된 용어해석에 근거하여 관련 국영기업과 관련 국영은행의 공적기관성을 인정한 패널의 결정을 파기하고, 이는 보조금협정 제1조제1항(a)호(1)목에 위반된다고 결정하였다. 그 이유로 미국은 美상무성이 조사과정에서 관련 기업의 소유구조에 관한 자료 외에 다른 자료를 요구하지 않았음을 인정한 바 있으며, 이에 항소기구는 美상무성이 충분한 사실에 근거하여 결정을 내리기 위해 관련 정보를 구하고 이를 객관적으로 검토할 의무를 다하지 아니하였다는 것을 들었다. 특히 기업의 소유구조만으로는 당해 기업이 정부의 통제를 받는지 판단하기에 충분하지 않으며, 당해 기업이 정부기능을 수행할 권한을 부여받았는지 판단하는 것은 더욱 역부족이라고 판단하였다. 또한 공적기관성 판단이 불합리할 경우 상계관세를 부과할 권한이 존재하지 않게 되므로 결과적으로 美상무성의 조치(SOEs가 공적기관이라는 결정)는 보조금협정 제10조 및 제32조 제1항도 위반하였다고 판시하였다. 항소기구의 이러한 판정은 공적기관성을 평가함에 있어 정부의 지분 소유와 이에 따른 일반적인 통제 가능성이라는 문제는 중요한 기준이기는 하나 이것만이 절대적인 기준이 되어서는 아니 된다는 것으로 美상무성이 주장하여온 '확립된 규칙(*per se* rule)'에 대한 결정적인 비판을 제시하고 있는 것으로 볼 수 있을 것이다.

(2) 법률상 특정성(*de jure* specific)의 문제

법률상 특정성 판단기준과 관련, 패널은 어떠한 방법을 사용하건 명시적으로 보조금에 대한 접근이 특정 기업으로 '명백하게' 한정되면 보조금협정 제2조 제1항[2]을 충족하며, 중국의 주장과 달리 반드시 재정적 기여와 그 혜택이 모두 명시적으로 특정 기업에만 부여되어야 하는 것은 아니라고 밝혔다. 또한 패널은 보조금협정 제2조제1항(a)호상 "특정 기업(certain enterprises)"이 되기 위해서 각 기업간에 유사성이 존재하여야 할 필요는 없으며, 보조금 혜택을 받는 기업들이 다양하다는 이유만으로 보조금의 법률상 특정성이 제거되는 것은 아니라고 판정하였다. 그리고 조사기관의 결정의 타당성을 판단 시, 당해 조사기관이 사용했던 증거 전체를 동일한 방법에 기초하여 판단하여야 한다고 제시하였다. 이러한 이유에 근거하여 패널은 美상무성이 법률상 특정성을 판단함에 있어 보조금협정 제2조제1항(a)호를 위반하지 않았다고 판단하였다.

(3) 지역특정성

패널은 재정적 기여가 특정 기업집단에만 부여되는 경우, 자동적으로 당해 기업집단만 혜택의 수여자가 될 수 있으므로 보조금이 아닌, 재정적 기여의 특정성으로 보조금협정 제2조 제2항[3]의 특정성을 판단하는 것은 보조금협정 제2조 제2항에 합치한다고 판시하였다. 그리고 지역특정성 판단기준과 관련하여 패널은 보조금협정 제2조 제2항상의 지역특정성이 인정되기 위해서는 보조금 혜택이 특정 지역 내의 기업에 국한되기만 하면 충분하며, 그 외의 제한 요건이 요구되는 것은 아니라고 해석하였다.

이와 관련하여 패널은 토지이용권에 관한 지역특정성에 대한 美상무성의 결정은 보조금

---

2) 보조금협정 제2조 제1항
   제1조 제1항에 정의된 보조금이 공여국의 관할 내에 있는 특정 기업이나 산업 또는 기업군이나 산업군(이 협정에서는 "특정 기업"이라 한다)에 대해 특정적인지 여부를 결정함에 있어서 아래의 원칙이 적용된다.
   a. 공여당국 또는 공여당국이 그에 따라 활동하는 법률이 보조금에 대한 접근을 특정 기업으로 명백하게 한정하는 경우 이러한 보조금은 특정성이 있다.
   b. 공여당국 또는 공여당국이 그에 따라 활동하는 법률이 보조금의 수혜요건 및 금액을 규율하는 객관적인 기준 또는 조건을 설정하고, 수혜요건이 자동적이며 이러한 기준 및 조건은 검증이 가능하도록 법률, 규정 또는 그 밖의 공식문서에 명백하게 규정되어야 한다.
   c. a호 및 b호에 규정된 원칙의 적용결과 외견상 특정성이 없음에도 불구하고 보조금이 사실상 특정적일 수 있다고 믿을만한 이유가 있는 경우에는 다른 요소들이 고려될 수 있다. 이러한 요소는 제한된 숫자의 특정 기업에 의한 보조금 계획의 사용, 특정 기업에 의한 압도적인 사용, 특정 기업에 대해 불균형적으로 많은 금액의 보조금 지급 및 보조금 지급 결정에 있어서 공여기관의 재량권 행사방식과 같은 것이다. 이 호를 적용함에 있어서 보조금 계획이 집행되는 기간뿐 아니라 공여기관의 관할 하에 있는 경제활동의 다양화 정도가 고려된다.
3) 보조금협정 제2조 제2항
   공여기관의 관할지역 중 지정된 지역 내에 위치하는 특정 기업에 한정된 보조금은 특정적이다. 이 협정의 목적상 권한이 있는 각급 정부에 의해 일반적으로 적용될 수 있는 세율의 설정 또는 변경은 특정적인 것으로 간주되지 아니한다고 양해된다.

협정 제2조에 위반하였다고 판단하였다. 왜냐하면 美상무성은 공적기관의 관할 하에 있는 지역이라면 공식적인 행정구역이나 특정 경제공동체가 아니라 하더라도 "지정된 지역(designated geographic region)"에 해당한다고 판단하였는데, 이러한 기준에 따른다면, 중국의 경우 중국 정부가 모든 영토에 대한 소유권을 가지므로 기업이 중국 어느 지역에서건 토지이용권(land-use rights)을 획득하였다는 것은 정부의 재정적 기여가 있었다는 것을 의미하게 되며, 이는 매우 불합리하기 때문이다. 美상무성의 논리에 따르면 토지는 그 정의상 당연히 특정 지역에 속하게 되므로 언제나 지역특정성을 가지게 된다. 또한 패널은 美상무성이 산업단지(Industrial Park) 내의 토지이용료가 동일한지, 또한 타지역에 비해 저렴한지에 대한 것을 별도로 입증하지 아니하였다고 판시하였다.

(4) 시장 기준(benchmarks)을 이용한 경제적 혜택의 계산

(a) 美상무성이 중국 역내기준을 사용하지 않은 것이 정당한지 여부

패널은 美상무성이 중국 역외기준을 사용한 것이 보조금협정 제14조[4]에 위반하지 않았다고 판단하였다. *U.S.-Softwood Lumber IV* 사건에서 나타난 바와 같이 정부가 당해 시장에서 주요한(significant) 공급자로 활동하며 적절한 가격보다 낮은 가격으로 상품을 공급하여 역내시장가격이 왜곡된 경우 역외기준을 사용할 수 있고, 정부가 당해 시장에서 지배적(predominant) 공급자로 활동한다고 해서 언제나 당연히 역외기준이 적용되는 것은 아니며 사건별로 판단하여야 하나 이러한 사실이 역외기준을 적용할 수 있는 주요한 근거는 되기 때문이라고 설명하였다.

---

4) 보조금협정 제14조
제5부의 목적상, 제1조 제1항에 따라 수혜자에게 주어진 혜택을 계산하기 위하여 조사당국이 사용하는 모든 방법은 관련 회원국의 국가법률 또는 시행규정에 규정되며, 각 개별사안에 대한 이들의 적용은 투명해야 하고 적절히 설명되어야 한다. 또한 이러한 방법은 다음의 지침에 부합된다.
　a. 정부의 지분자본의 제공은 동 투자결정이 동 회원국 영토 내의 민간투자가의 통상적인 투자관행(모험자본의 제공을 포함)과 불일치한다고 간주되지 아니하는 한 혜택을 부여하는 것을 간주되지 아니한다.
　b. 정부에 의한 대출은 대출을 받은 기업이 정부대출에 대하여 지불하는 금액과 동 기업이 실제로 시장에서 조달할 수 있는 비교가능한 상업적 차입에 대하여 지불하는 금액간의 차이가 없는 한 혜택을 부여하는 것으로 간주되지 아니한다. 이 경우 이러한 두 금액간의 차이가 혜택이 된다.
　c. 정부에 의한 대출보증은 보증을 받는 기업이 정부가 보증한 대출에 대하여 지불하는 금액과 동 기업이 정부보증이 없었을 경우 비교가능한 상업적 차입에 지불할 금액간의 차이가 없는 한 혜택을 부여하는 것으로 간주되지 아니한다. 이 경우 수수료상의 차이를 조정한 두 금액간의 차이가 혜택이 된다.
　d. 정부에 의한 상품 또는 서비스의 제공 또는 상품의 구매는, 이러한 제공이 적절한 수준 이하의 보상을 받고 이루어지거나, 구매가 적절한 수준 이상의 보상에 의해 이루어지지 아니하는 한 혜택을 부여하는 것으로 간주되지 아니한다. 보상의 적정성은 당해 상품 또는 서비스에 대한 제공 또는 구매 국가에서의 지배적인 시장여건(가격, 질, 입수가능성, 시장성, 수송 및 다른 구매 또는 판매조건을 포함한다)과 관련되어 결정된다.

(b) 구체적 적용

1) 보조금협정 제14조 제d호: HRS 제공(CWP 및 LWR 조사 관련)

먼저 중국 내 HRS 시장의 96.1%를 중국 국영기업들이 차지하고 있다는 것을 고려할 때, 다른 요인들의 중요성은 상대적으로 미미하다고 보아야 하는 것으로 패널은 판단하였다. 즉, 비록 국영기업이 시장에서 압도적인 지위를 차지하고 있다는 사실 이외에 여타 요인도 존재한다 하더라도 그러한 여타 요인의 영향은 적다고 보아야 한다는 것이다. 따라서 국영기업의 시장에서의 압도적인 지위는 가격왜곡의 요소가 있다고 보아야 하고 美상무성이 이를 배제하고 역외시장에서 비교기준을 채택한 것은 타당하다고 보았다.

2) 보조금협정 제14조 제d호: 정부가 제공한 토지이용권

마찬가지 맥락에서 WTO 패널은 美상무성이 중국 역내 토지가격을 기준으로 사용하지 않은 것은 보조금협정 제14조 제d항에 위반하지 않았다고 판단하였다. 중국은 여전히 모든 토지를 국가가 법적으로 소유하는 독특한 법제를 채택하고 있어 토지가격과 토지매매시장이 반드시 시장 기준에 따라 움직이는 것으로 보기는 힘들다는 것이다. 따라서 이러한 중국 내 특별한 상황을 감안하면 중국 시장에서의 토지가격 내지 토지이용권에 대한 가격은 시장 기준으로 보기 힘들고 결국 역외기준을 모색할 수밖에 없다는 것이다.

3) 보조금협정 제14조 제b호: 특혜대출

국영은행에 의한 특혜대출과 관련하여 패널은 화폐단위가 상이하다고 해서 기준으로 사용될 수 없는 것은 아니라고 결정하였다. 따라서 美상무성이 중국 역내 대출금리를 기준으로 사용하지 않고 다른 국가의 금리를 사용한 것은 그 자체로는 보조금협정 제14조 제d항에 위반하지 않았다고 판단하였다.

4) 보조금협정 제14조 제d호: 토지이용권

美상무성은 본건 조사과정에서 방콕과 그 외 방콕에 인접한 태국 내의 토지가격을 기준으로 이용하였다. 패널은 美상무성이 태국 역내가격에 대한 아무런 조정 없이 이를 기준가격으로 이용하고 이러한 기준가격이 중국의 토지이용권 가격과 정확하게 일치하는 것은 아니지만 설사 그러한 조정이 이루어졌다 하더라도 양자의 차이를 좁힐 수 있는 것은 아니므로 이는 보조금협정 제14조 제d호 위반은 아니라고 판단하였다.

5) 보조금협정 제14조 제b항: 中RMB 대출

먼저 WTO 패널은 중국의 대출시장이 왜곡되지 않았더라면 적용되었을 상업 RMB 대출에 대한 대출금리의 대체금리를 산정하는 데 있어 적용된 방법의 건전성과 적정성을 검토하였다. 패널은 美상무성이 다른 나라의 통화바스켓을 대체금리 산정의 근거로 사용한 것은 허용 가능한 방법이라고 판시하였다. 또한 세계은행이 발표한 일인당 국민총소득을 기준으로 중국과 동일한 분류에 속하는 국가군을 이용한 것도 합리적이며, 이 과정에서 인플레이션, 정치적 안정성 및 정부의 효율성 등을 고려한 것은 적정하다고 판시하였다. 그 결과 패널은 美상무성이 RMB 대출의 대체금리를 산정할 때 사용한 방법은 보조금협정 제14조 제b항에 위반하지 않는 것으로 판단하였다.

그러나 항소기구는 이러한 패널 입장과 반대되는 입장을 표명하였다. 항소기구는 대체금리를 산정하는 데 있어 적용된 방법의 건전성과 적정성을 검토하는 방법만으로는 DSU 제11조가 요구하는 객관적 평가를 실시하여야 할 패널의 의무를 충족할 수 없다고 판단하였다. 이에 따라 항소기구는 美상무성이 RMB 대출의 대체금리를 산정할 때 사용한 방법은 보조금협정 제14조 제b항에 위반하지 않았다고 한 패널 판정을 파기하였다.

6) 보조금협정 제14조 제b항: 美달러 대출

한편 패널은 대출금리는 수시로 변동하므로 연평균 대출금리를 기준으로 사용한 것은 보조금협정 제14조 제b항에 대한 위반에 해당한다고 판단하였다. 실제 상계관세 조사에서 연평균 대출금리를 활용하는 것이 일반적인 관행 중 하나라고 볼 때 이와 같은 패널의 입장은 향후 상계관세 조사에 대한 중요한 시사점을 제공하여 주는 것이라고 할 수 있다. 마찬가지로 금융기관이 취하는 대출의 상업적 합리성과 정부 관여로 인한 시장 왜곡의 존재 여부를 판단하는 것이 실로 어려운 작업이라는 것을 보여주고 있기도 하다.

(5) 보조금이 부여되지 않은 거래에 대한 공제 또는 상쇄 문제

(a) 경제적 혜택의 존재는 개별 거래별로 판단되어야 하는지 여부

패널은 美상무성이 보조금의 양(+)의 효과와 음(−)의 효과를 고려하여 양자를 상쇄하지 않은 것은 보조금협정 및 GATT 협정 위반이 아니라고 판단하였다. 그 이유로 ① 보조금협정 제14조 제d호는 "혜택을 부여하는 것으로 간주되지 아니한다"는 부정적 표현을 사용하고 있고, ② 보조금협정 제14조 제d호가 보상의 적정성의 기준으로 삼고 있는 "지배적인 시장여건(prevailing market conditions)"은 시간이 지남에 따라 변화 가능한 것으로 조사당국은 조사기간을 획일적으로 획정할 것이 아니라 가능한 한 조사대상 거래를 그와 동일한 시점의 기준과 비교하여야 하며, ③ 특정 거래에 혜택이 존재하는지 여부는 다른 거래에도 혜택이 존재하는지 여부와 관련이 없다는 것을 제시하였다.

(b) 특정 원료 투입이 복수로 이루어 질 경우 전체 투입을 하나의 "상품"으로 보아야 하는지 여부

패널은 보조금협정 제14조 제d항의 문구에 비추어, 무엇을 "상품"으로 볼 것인가 하는 문제는 그 상품의 본래 특성을 바탕으로 판단하여야 한다고 결정하였다. 왜냐하면 보조금협정 제14조 제d항은 지배적인 시장여건을 결정하는 데 있어 가격, 품질, 입수 가능성, 시장성, 수송 및 다른 구매 또는 판매조건을 고려하도록 하고 있고, 이는 정부가 제공하는 상품과 관련되는 지배적인 시장여건을 대표하는 것으로 간주되는 가격기준은 동일한 상품이 동일한 시기에 동일한 조건 하에 私경제주체에 의해 판매되었거나 판매될 경우의 가격을 반영하여야 한다는 것을 의미하기 때문이다. 패널은 이를 위해서는 개별 거래를 검토하는 것이 필요하므로 전체 요소의 투입을 하나의 상품으로 보기는 어렵다는 입장을 취하였다.

또한 패널은 단지 美상무성이 일련의 원료 투입을 '프로그램'이라는 명칭 하에 조사하였다고 하더라도, 이러한 이유로 전체 투입을 하나의 상품으로 보아야 하는 것은 아니라고 판단하였다. 일련의 원료 투입이 계약을 기초로 이루어졌거나, 조사기간 전체에 걸쳐 정부에 실제 지급된 가격이 기준가격에서 크게 벗어나지 않는 등 특별한 사정이 있는 경우에는 일련의 투입을 전체적으로 판단하는 것이 필요할 수도 있을 것이나 본 사안은 여기에는 해당하지 않는 것으로 보았다.

그러므로 보조금의 양(+)의 효과와 음(−)의 효과를 상쇄하지 않은 것은 보조금협정 제14조 제d항을 위반한 것이 아니며, 결과적으로 보조금협정 제10조, 제19조 제1항, 제19조 제4항, 제32조 제1항 및 GATT 제6조 제3항을 위반한 것이 아니라고 판단하였다.

(6) 私무역회사에 의해 생산된 원료 투입의 문제

私경제주체의 재정적 기여와 관련 정부의 위임이나 지시가 별도로 존재하였는지 여부를 판단하지 아니한 것은 보조금협정 제1조 제1항 위반인지 문제와 관련하여, 패널은 조사대상 상품의 생산자에 대하여 정부의 위임이나 지시가 별도로 존재하였는지 여부를 판단하지 아니한 것은 보조금협정 제1조 제1항 위반은 아니라고 판단하였다. 그 이유로 ① 보조금협정 제1

조는 재정적 기여가 존재할 것을 요구하고 있을 뿐 누가 재정적 기여 및 혜택의 수혜자가 되어야 하는 지에 대해서는 특별히 규정하고 있지 않고, ② 또한 재정적 기여 및 그로 인한 혜택이 하나의 주체에 귀속되어야 한다는 요건도 규정하고 있지 아니하며, ③ 선례를 살펴보아도 재정적 기여의 수혜자 및 혜택의 수혜자는 서로 다를 수 있으며, 일단 정부의 재정적 기여가 존재하면 그 후 이러한 재정적 기여의 수혜자에 대하여 정부의 위임이나 지시가 별도로 필요하지 않기 때문이라는 것을 들었다.

(7) 중복구제(Double Remedies)의 문제

美상무성이 일련의 중국산 상품에 대하여 반덤핑 관세와 상계관세를 동시에 부과한 것이 소위 중복구제(Double Remedies)에 해당하는지 여부와 관련하여, 패널은 비시장경제(Non-Market Economy) 평가방식을 이용하여 덤핑마진을 계산한 후, 이에 대해 상계관세를 추가적으로 부과하는 것은 중복구제의 문제가 발생할 가능성이 있다는 점을 인정하였다. 왜냐하면 중국이나 베트남 등 국가가 비시장경제로 지정된 이유는 바로 이들 국가의 정부 보조금지급이나 이와 유사한 행위를 통해 국가경제를 전체적으로 통제하고 그 결과 그 국가 내 시장가격을 적정한 것으로 신뢰할 수 없다는 데 있기 때문이라는 것이다.[5]

그러나 패널은 중국이 이러한 중복구제가 관련 조항에 위반되는지 여부를 입증하지 못하였다는 이유로 美상무성이 관련 물품에 대해 반덤핑 관세와 상계관세를 부과한 행위가 중복구제에 해당하는지 여부를 판단하지 않았다. 또한 중국이 제기한 美상무성의 중복구제행위의 WTO 각 관련조항 위반문제를 다음과 같은 이유로 인용하지 않았다. 먼저 보조금협정 제19조 제4항[6]과 관련하여 이 조항은 상계관세에 관한 것이며, 반덤핑 관세가 동시에 부과되는 상황을 상정하고 있지는 않다고 판단하였다. 왜냐하면 WTO 협정은 양자간의 관계를 명시적으로 언급한 GATT 제6조 제5항[7]을 제외하고는 반덤핑 관세와 상계관세를 함께 다루고 있지 않고, 보조금 효과가 전부 또는 일부 상쇄되는 방법을 사용하여 반덤핑 관세를 계산하였다고 하더라도 '보조금의 존재' 자체에는 아무런 영향을 미치지 못하므로 보조금협정 제19조 제4항은

---

5) Dukgeun Ahn/Jieun Lee, Coutnervailing Duty against China: opening a Pandora's box in the WTO System? J.I.E.L. 2011, 14(2), p. 2.
6) 보조금협정 제19조 제4항
   상계관세는 존재하는 것으로 판정된, 보조금을 지급받고 수출된 상품의 단위당 보조금 지급 기준으로 계산된 보조금 액수를 초과하여 수입품에 부과되지 아니한다.
7) GATT 제6조 제5항
   어느 체약국 영역의 상품이 다른 체약국 영역에 수입된 것에 대하여는, 덤핑 또는 수출보조로부터 발생하는 동일한 사태를 보상하기 위하여 덤핑방지세와 상계관세를 동시에 부과해서는 아니 된다.

중복구제의 문제에 관한 규정은 아니라고 보았기 때문이다.

한편, 보조금협정 제19조 제3항[8] 위반문제와 관련하여 ① 상계관세가 보조금 총액을 넘지 않는 범위에서 부과되는 경우 이는 적절하며, ② NME 방식으로 계산한 반덤핑 관세 부과는 동시에 부과되는 상계관세의 적절성에 영향을 미치지 아니하고, ③ 제19조 제3항은 중복구제 문제를 다루기 위해 고안된 조항이 아니라는 이유로 역시 중국의 주장을 배척하였다. 즉, 보조금협정 제19조 제3항의 적정성은 제19조 제4항과 동일한 문맥에서 해석되어야 하며, 이에 따라 중복구제 문제는 보조금협정 제19조 제3항에 위반되지 않는다는 것이다.

또한 보조금협정 제10조[9] 및 GATT 제6조 제3항[10] 위반 여부와 관련하여 GATT 제6조 제3항의 경우 상계관세 부과 시 보조금 액수를 초과해서는 안 된다는 것으로 보조금협정 제19조 제4항과 유사하며, 이에 보조금협정 제19조 제4항에 적용되었던 논리와 동일한 이유로 중복구제는 GATT 제6조 제3항에 위반되지 않는다고 판단하였다. 또한, NME 방식을 이용하여 계산한 반덤핑 관세를 부과하였다는 사실은 보조금의 존재나 그 액수에 아무런 영향을 미치지 못하므로, 조사당국은 반덤핑 조사 시 비시장경제평가방법을 이용하는 것이 보조금을 상쇄하는 효과가 있는지 조사할 의무는 없으므로 중복구제는 보조금협정 제10조 위반은 아니라고 판시하였다.

---

8) 보조금협정 제19조 제3항
특정 상품에 대하여 상계관세가 부과되는 때에는, 이러한 상계관세는 보조금을 받고 피해를 야기하려는 것으로 판정이 내려진 모든 원천으로부터의 수입품에 대하여 사안별로 적절한 금액으로 무차별적으로 부과된다. 단, 당해 보조금 지급을 포기하거나 이 협정의 조건에 따른 약속을 수락한 출처로부터의 수입품에 대하여는 예외로 한다. 협조거부 이외의 사유로 실제 조사를 받지 아니하였으나 자신의 수출품이 확정 상계관세의 부과대상이 된 수출자는 조사당국이 자신에 대한 개별적인 상계관세율을 신속하게 확정하기 위하여 신속한 검토를 받을 권리를 갖는다.
9) 보조금협정 제10조
회원국은 다른 회원국의 영토에 수입된 어느 회원국의 영토의 상품에 대하여 상계관세를 부과함에 있어서 1994년도 GATT 제6조의 규정 및 이 협정의 조건에 부합하도록 필요한 모든 조치를 취한다. 상계 관세는 이 협정과 농업에 관한 협정의 규정에 따라 개시되고 수행된 조사에 따라서만 부과될 수 있다.
10) GATT 제6조 제3항
어느 체약국 영역의 상품으로서 다른 체약국의 영역에 수입된 것에 대하여는 특정 상품 운송에 대한 특별 보조금을 포함한 원산국 또는 수출국에 있어서 그 상품의 제조, 생산 또는 수출에 직접 또는 간접으로 교부되었다고 확정된 장려금 또는 보조금의 추정액과 동일한 금액을 초과하는 상계관세를 부과하여서는 아니 된다. "상계관세"라는 함은 상품의 제조, 생산 또는 수출에 대하여 직접 또는 간접으로 부여하는 장려금 또는 보조금을 상계할 목적으로 부과되는 특별관세를 의미하는 것으로 양해한다.

나아가, 보조금협정 제12조 제1항[11] 및 제12조 제8항[12] 위반 문제와 관련하여 보조금협정 제12조 제1항 위반을 주장하기 위해서는 중복구제가 존재한다는 것을 보여주기 위해 美상무성이 특정한 증거를 제출해야 할 의무가 있다는 것을 입증하여야 하나, 중국은 이를 입증하지 못하였다고 패널은 판단하였다. 따라서 패널도 美상무성은 보조금협정 제12조 제8항도 위반하지 않았다고 판단하였다.

마지막으로 GATT 제1조 제1항[13] 위반문제와 관련하여, 상계관세조사 및 반덤핑 조사에 관한 규정 및 절차는 넓은 의미에서의 수입에 관한 규정 및 절차에 포함될 수 있으나 혜택이 존재하지 아니하므로 중복구제는 GATT 제1조 제1항을 위반하지 않는다고 패널은 판정하였다. 특히 패널은 중국이 중복구제 문제를 해결하기 위한 지속적인 정책이나 관행을 美상무성이 유지하고 있다는 것을 입증하지 못하였다고 판정하였다.

반면 항소기구는 다음과 같은 이유로 美상무성의 반덤핑 관세와 상계관세의 중복부과는 보조금협정 제19조 제3항, 제10항, 그리고 제32조 제1항에 위반된다고 판단하였다. 먼저 항소기구는 보조금협정 제19조 제4항이 중복구제문제를 판단하는 문제에 있어 맥락을 제공해 준다는 점에서는 패널에 동의하나 패널이 제19조 제4항이 상계관세의 적정성을 결정하는 유일한 기준으로 판단한 것은 타당하지 않다고 판단하였다. 왜냐하면 만약 보조금협정 제19조 제4항이 규정하고 있는 것처럼 보조금의 액수를 초과하지 아니하는 한 동 협정 제19조 제3항 하에서도 상계관세의 액수가 적정하다고 판단된다면, 제19조 제3항의 규정은 그 존재 자체가 불필요하게 될 것이기 때문이다. 이에 항소기구는 보조금협정 제19조 제4항보다 이 협정 제19조 제2항이 중복구제의 적정성을 판단하는 문제와 보다 관련이 있는 것으로 보았다.

---

11) 보조금협정 제12조 제1항
　　상계관세 조사에 대해 이해당사회원국과 모든 이해당사자는 당국이 요구로 하는 정보에 대해 통보받으며, 당해 조사와 관련이 있다고 그들이 간주하는 모든 증거를 서면으로 제출할 수 있는 충분한 기회가 주어진다.
12) 보조금협정 제12조 제8항
　　당국은 최종판정 이전에 확정조치의 적용거부에 대한 결정의 기초가 되는 핵심적 고려사항을 모든 이해당사회원국과 이해당사자에게 통보한다. 이러한 공개는 당사자가 자신의 이익을 방어할 수 있을 만큼의 충분한 시간을 두고 이루어져야 한다.
13) GATT 제1조 제1항
　　수입 또는 수출에 대하여 그리고 수입 또는 수출과 관련하여 부과되거나 또는 수입 또는 수출에 대한 지불의 국제적 이전에 대하여 부과되는 관세 및 모든 종류의 과징금에 관하여, 그리고 이러한 관세 및 과징금의 부과방법에 관하여, 그리고 수입과 수출에 관한 모든 규칙과 절차에 관하여, 그리고 제3조 제2항과 제4항에 기재된 모든 사항에 관하여, 어떤 체약국이 타국을 원산지로 하는 상품 또는 타국에 적송되는 상품에 대하여 부여하는 이익, 특전, 특권 또는 면제는 다른 모든 체약국 영역의 동종상품 또는 이러한 영역에 적송되는 동종상품에 대하여 즉시 그리고 무조건 부여되어야 한다.

왜냐하면 보조금협정 제19조 제2항은 조사당국에 재량권을 부여하고 있기는 하나, "보조금의 총액보다 적은 금액의 관세가 국내산업에 대한 피해를 제거하는데 적절한 경우에는 이러한 적은 금액을 관세로 책정하여야 한다"고 명시적으로 규정하고 있기 때문이다. 또한 제19조 제3항도 상계관세금액의 적정성과 피해의 정도를 연계하고 있는 것으로 보인다는 점도 지적하였다.

GATT 제6조 제5항이 수출보조금과 관련하여 명시적으로 중복구제문제를 다루고 있는데 반하여 보조금협정 제19조 제3항과 제19조 제4항은 동 문제에 대해 아무런 규정을 두고 있지 아니하므로 국내보조금과 관련하여 중복구제문제를 배제하고자 하지 아니하였다고 판단한 패널 판정에 대해 항소기구는 이를 기계적인 판단이라고 비판하였다. 항소기구는 AD 협정을 고려하지 않는다면 보조금협정 제19조 제3항의 적정성의 의미를 결정할 수 없다고 판단하였다. 이에 반덤핑협정과 보조금협정을 함께 고려하는 경우, 반덤핑 관세와 상계관세를 중복해서 부과하는 것은 각 협정에서 예정하고 있는 적정성 기준을 위반하게 될 것이라는 결론을 내리게 되었다.

이러한 이유로 항소기구는 패널이 보조금협정 제19조 제3항을 적절히 해석하지 못했다고 판단하며 패널 판정을 파기하고 중복구제가 보조금협정 제19조 제3항에 위반된다고 판단하였다. 또한 중국이 美상무성의 중복구제가 보조금협정 제10조, 제32조 제1항에 위배되는지 여부를 입증하는데 실패했다고 판단한 패널 결정을 파기하였다. 그리고 중복구제가 보조금협정 제19조 제3항에 위반된다고 판단한 이상, 제19조 제4항 및 GATT 제6조 제3항 위반 여부는 판단할 필요가 없다고 적시하였다.

(8) 보조금협정 제12조제1항제1호[14]: 질의서에 대한 30일간 답변 기간

상계관세 조사의 절차적 측면과 관련하여 패널은 질의서(questionnaires)의 사전적 정의에 의하면 추가질문 및 새로운 질문도 이에 포함되나, 제12조 제1항 제1호의 문맥상 모든 질의서에 30일간의 답변기간이 주어지는 것은 아니라고 보았다. 또한, 이해당사자가 적법절차를 향유할 권리와 조사당국이 보조금협정상 허용된 방법에 따라 조사에 필요한 정보를 획득할

---

14) 보조금협정 제12조제1항제1호
　　상계관세 조사에 사용되는 질의서를 받는 수출자, 외국생산자 또는 이해당사국회원에게는 응답을 위해 최소한 30일이 주어진다. 동 30일 기간의 연장을 위한 어떠한 요청에 대하여도 적절한 고려가 있어야 하며, 사유가 게시되는 경우 가능한 경우에는 언제나 이러한 연장은 허용되어야 한다.

권리간의 균형을 구현하고자 하는 보조금협정 제12조의 목적과 객체에 비추어 제12조상의 질의서는 최초의 종합질의서를 의미하는 것이라고 패널은 판단하였다. 금융기관과 관련한 보조금 분쟁에서는 이들 금융기관의 협조를 획득하는 것이 해당 금융기관의 정부 당국 입장에서도 쉽지 않고 이러한 상황은 때로는 이용가능한 정보 원칙의 적용으로 귀결되기도 하므로 이러한 절차적 부분에 대한 패널의 판단은 중요한 의미를 내포하고 있는 것으로 볼 수 있을 것이다.

(9) 보조금협정 제12조 제7항[15]: 이용가능한 사실(Facts Available)

국영기업(SOE)이 제공한 열연강판관련 조사에 美상무성이 이용 가능한 사실을 이용한 것이 적절한지 여부와 관련하여 패널은 이해당사자가 필요한 정보에의 접근을 거부하거나 달리 동 정보를 제공하지 아니하였다는 증거가 존재하지 아니하며, 또한 조사를 중대하게 방해하였다는 것이 입증되지 않았음을 지적하였다. 그리고 미국이 이를 주장하지도 아니하였으므로 국영기업(SOE)이 제공한 열연강판의 수량을 판단하는데 있어 입수 가능한 사실을 이용한 것은 보조금협정 제12조 제7항에 위반하는 것이라고 판단하였다.

E. 분쟁 및 판결에 대한 평가

United States－Definitive Anti-Dumping and Countervailing Duties on Certain Products from China 사건은 앞에서 살펴보았듯이 보조금협정과 관련하여 여러 가지 의미 있는 해석이 내려졌다. 특히 '중복구제' 문제를 직접적으로 다루었다는 데 중요한 의의가 있다.

미국은 전통적으로 중국이나 베트남 등 비시장경제국가(NMEs)들에 대해서는 반덤핑 관세를 부과하기는 하나 상계관세는 부과하지 않는다는 정책 기조를 유지해왔다. 그 이유는 중국이나 베트남 등 국가가 비시장경제국가로 지정된 이유가 바로 국가가 보조금지급이나 이와 유사한 행위를 통해 국가경제를 전체적으로 통제하기 때문에 그 국가 내 시장가격을 적정한 것으로 신뢰할 수 없다는 데 있었다. 즉, 국가의 통제로 인한 왜곡을 제거하기 위한 상계관세를 이에 또 부과하게 되면 보조금의 효과가 이중으로 계산되어(Double Counting),[16] 또 다른 왜곡을

---

15) 보조금협정 제12조 제7항
   이해당사회원국 또는 이해당사자가 합리적인 기간 내에 필요한 정보에의 접근을 거부하거나, 달리 동 정보를 제공하지 아니하는 경우 또는 조사를 중대하게 방해하는 경우, 입수가능한 사실에 기초하여 긍정적 또는 부정적인 예비 및 최종판정이 내려질 수 있다.
16) Yaling Zhang, The Link Between Countervailing Duty Investigations and Non-Market Economy Status

가져오기 때문이다. 그러나 미국은 2006년 들어 중국 위안화 환율조작 문제가 해결되지 않자, 對 중국 무역적자를 해소하기 위한 일환으로 비시장경제국가의 상품에 상계관세를 부과하지 않던 오랜 정책을 변경하여, 상계관세와 반덤핑 관세를 동시에 부과하기 시작하였다.17)

한편, 미국도 상계관세와 반덤핑 관세를 동시에 부과할 경우 발생할 중복구제의 위험에 대해 인식하고 있었다. 먼저, 위에서 살펴본 바와 같이 비시장경제의 상품에 대해서는 상계관세를 부과하지 않는 정책을 오래 유지하였을 뿐만 아니라, 2009년 9월, *GPX International Corporation et al. v. United States* 사건에서 이러한 인식을 반영한 판결이 미국 연방법원에 의해 내려지기도 하였다. 상기 사건에서 미국 연방국제무역법원(Court of International Trade: CIT)은 미국이 비시장경제국가의 상품에 대해 반덤핑 관세와 동시에 상계관세를 부과하는 정책을 유지할 경우, 보조금 효과가 중복하여 계상되는 것을 방지하는 방법이 고안되어야 할 것이라고 판시하였다.

한편, 중복구제가 WTO 협정의 해석상 허용되지 않는다는 항소기구의 판정에 대해 WTO 협정이 체결된 역사적 관점에 비추어 문제가 있을 수 있다는 견해가 존재한다. 즉, 항소기구는 보조금협정 제19조 제3항의 "적정함(appropriateness)"의 해석과 관련하여 반덤핑협정과 보조금협정을 연계하여 해석을 하고 있는 바, WTO 협정의 체결과정을 보면 양 협정을 연계하려는 의도가 없었다는 것이다. 왜냐하면 '적절한 금액(appropriate amount)'이라는 문구는 케네디 라운드(Kennedy Round)의 반덤핑코드(Antidumping Code)에서 비롯된 것인데, 당시 보조금코드(Subsidy Code)에는 그러한 문구가 없었다는 것이다. 이를 이유로 양 협정이 상호작용한다는 이유로 이를 함께 읽어야 한다는 항소기구의 해석은 무리가 있을 수 있다는 점을 이들 비판론자들은 지적하고 있다.18)

그러나 이러한 비판은 조약해석의 기본원칙에 비추어 볼 때 타당하지 않다고 판단된다. 비엔나협약 제31조에 따르면 원칙적으로 조약은 '그 문맥에 따라 조약의 문언에 부여되는 통상의 의미(ordinary meaning)를 고찰하고 조약의 대상 및 목적에 비추어 성실히' 해석되어야 한다. 이러한 해석방법을 동원하여 해석을 시도하였으나, 조약문언의 의미가 불명확하거나 명백

---

in Light of United States: Definitive Anti–Dumping and Countervailing Duties on Certain Products from China, Currents: *International Trade Law Journal*, Winter 2010 19 WTR CURNTS 13, pp. 2 − 3.

17) *Id.*, p. 2.

18) *Id.*, pp. 19 − 20.

436 금융위기 극복을 위한 정부 및 기업의 조치와 국제통상법

히 불합리한 경우에는 조약체결의 준비문서 및 관련사정 등을 보충적 수단으로 참조하게 된다.[19] 즉, '적절한 금액'의 의미를 해석함에 있어서 케네디라운드 때의 사정 등을 참고하는 소위 역사적 접근방법은 문언해석 및 목적해석 등에 보충적으로 적용되는 것으로 보아야 할 것이다.[20] 그러므로 '적절한 금액'을 해석함에 있어서 반덤핑협정과 보조금협정의 관계를 고려하지 아니하고, 동 문언의 유래에 근거하여 각 협정상 부과 관세를 독립적으로 인식하여 보조금협정 제19조 제2항에 규정된 바와 같이 보조금의 총액을 넘지 않는 한 적절한 금액이라고 해석한다면, 항소기구가 지적한 바와 같이 제19조 제3항의 존재 자체를 유명무실하게 할 위험이 있다. 이는 조약의 체계를 고려하여 각 조항이 자신의 의미를 가질 수 있도록 해석하여야 한다는 소위 '유효한 해석의 원칙'에 반하는 해석이라고 할 것이다.

우리나라의 경우, 중국을 시장경제국가로 인정하였으므로, 중국과의 관계에서 본 사안과 동일한 문제는 발생하지 않겠지만, 다른 비시장경제국가로부터 수입되는 상품에 대해 상계관세와 반덤핑 관세를 동시에 부과하는 일이 발생한다면, 보조금 효과를 중복하여 계상하는 일이 없도록 관세폭을 조정하는 기제를 도입하여야 할 것이다. 또한 본 사건은 중국의 비시장경제국가지위라는 독특한 상황을 전제로 하여 발생한 것이기는 하나 중복구제문제는 상계관세와 반덤핑 관세가 동시에 부과되는 한, 이론적으로 비시장경제국가와의 관계에 있어서만 발생하는 것은 아니므로, 분쟁의 사전예방을 위해 관련 정책의 검토가 필요하다고 판단된다. 나아가 우리나라의 수출상품에 대해 상계관세와 반덤핑 관세가 동시에 부과될 때, 중복구제의 문제가 발생할 여지가 없는지를 적극적으로 검토해보는 것도 필요하다고 하겠다.

3. 한국산 반도체 상계관세 부과 사건[21]

A. 분쟁의 사실관계

1997년 금융위기로 인한 급격한 시장 상황 악화로 재정난에 처한 한국의 현대전자(하이닉

---

19) 비엔나협약 제32조, 정인섭·최승환·이근관 외 공저, 『국제법』, 한국방송통신대학교 출판부(2010), p. 193.
20) 이한기, 『국제법강의』, 박영사(2002), pp. 527-528; Lori F. Damroch, Louis Henkin, Sean D. Murphy & Hans Smit, *International Law*, West, 2009, pp. 165-170; Malcolm D. Evans, *International Law*, Oxford, 2010, pp. 183-189.
21) United States-Countervailing Duty Investigation on Dynamic Random Access Memory Semiconductors (DRAMS) from Korea(Korea v. the United States), Appellate Body Report, WT/DS296/AB/R(2005).

스 반도체)를 위하여 다수의 한국 금융기관은 수차례에 걸쳐 대규모의 채무재조정(debt restructuring)을 실시하여 회사의 회생을 도모하였다. 2년여에 걸친 다양한 채무재조정의 주요 내용은 다음과 같다:

- 2001. 12. 신디케이트론 제공: 10개 은행 참가
- 2001. 1. 수출환 어음 지원 금융(D/A Financing): 14개 은행 참가
- 2001. 1. 한국산업은행 회사채 신속인수제도 참가(KDB Fast Track Program): KDB 주도로 9개 은행 관여
- 2001. 5. 채무재조정: 17개 은행 참가
- 2001. 10. 채무재조정: 17개 은행 및 100여개의 제2금융권 참가
- 2002. 12. 제2차 채무재조정: 17개 은행 참가

이에 대하여 미국의 반도체 생산기업인 Micron은 2002년 11월 美상무성에 상계관세 조사를 위한 청원서를 제출하여 보조금협정에 따른 관련 조사가 개시되었다. 美상무성은 이 상계관세 조사를 통해 이러한 채무재조정 조치가 금융기관의 자발적 선택이 아닌, 정부의 압력을 통해 실시된 위장된 보조금 지급 조치임을 결정하였다. 美상무성은 이에 따라 하이닉스 반도체가 미국으로 수출하는 DRAM 반도체에 대하여 고율의 상계관세를 부과하기에 이르렀다. 2003년 4월 7일 예비판정(57.37%)에 이어 2003년 8월 11일에는 최종 상계관세(44.29%) 명령이 부과되었다.

이에 대하여 한국 정부는 2003년 8월 18일 미국의 상계관세 부과조치가 WTO 보조금협정을 위반함을 주장하여 WTO 분쟁해결기구에 제소하기에 이르렀다. 이에 대하여 WTO 패널과 항소기구가 각각 심리를 실시하였다. 그간 대부분 보조금 관련 소송은 정부의 직접적인 자금 제공과 관련된 소위 직접 보조금 사건이었음에 반해 본 소송은 정부가 우회적으로 특정 기업에 대한 지원을 유도하였는가 하는 소위 '간접 보조금' 사건이라는 점에서 상당한 관심을 초래하였다.

B. 분쟁의 주요 법적 쟁점

이 분쟁의 핵심은 결국 하이닉스 반도체의 채권은행단이 실시한 2001년과 2002년의 채무재조정이 상업적 합리성에 근거한 정상적인 결정이었는지, 아니면 정부의 관여 하에 이루어

진 위장된 형태의 정부 보조금 교부조치인지 여부였다. 정부의 관여라는 문제는 결국 '관치금융' 문제와 직접 관련된 사안이기도 하다. 따라서 이 분쟁은 오랜 기간 국내외에서 언급되어온 우리 정부기관과 금융기관의 밀접한 관계가 국제통상분쟁의 맥락에서 전개된 대표적인 사안이라고 볼 수 있을 것이다. 이에 따라 이 분쟁에서는 우리 정부기관과 금융기관의 관계를 보여주는 다양한 자료들이 간접증거의 형태로 美상무성에 의하여 검토되었고 또 WTO 패널에 제출되기도 하였다. 정부의 관여가 존재하였는지 여부에 따라 결국 해당 채무재조정이 정부의 조치인지 여부가 결정이 되고 이에 따라 보조금협정의 적용대상 여부가 결정되기 때문이다.

C. 분쟁 당사자 양측의 주요 주장

이 분쟁에서 한국 정부는 채권은행단의 상업적 합리성에 근거한 채무재조정의 성격을 주장하였고 정부의 관여는 단지 시장감독자로서의 역할만을 수행한 것에 국한된다는 것이다. 이에 반해 미국은 한국 정부의 통제와 지시 하에 이러한 채무재조정이 실시되었고 그러한 맥락에서 이 채무재조정은 정부의 "조치"이며, 그러한 조치가 수출기업인 하이닉스 반도체에 대하여 상당한 경제적 혜택을 부여한 특정적인 지원조치라는 점을 주장하였다.

D. 최종 판정의 내용

이 분쟁을 담당한 WTO 패널은 한국의 산업은행과 같은 일부 정부소유은행을 제외한 대부분의 민간은행에 대한 美상무성의 "위임 및 지시(Entrustment or Direction)" 판정은 잘못되었다는 부분 승소 판정을 도출하였다. 이는 형식은 부분 승소이나 사실상 주요한 부분에서 한국 정부의 입장을 대부분 수용한 판정으로 볼 수 있다.

그러나 미국의 항소로 진행된 항소심 분쟁에서 항소기구는 패널의 판정과 상이한 판정을 내리게 되었다. 즉, 항소기구는 간접 보조금에 효율적으로 대처하기 위해서는 보조금협정상 "위임 및 지시"의 범위를 지나치게 좁게 해석하여서는 아니 되며 현실을 적절히 반영한 해석이 필요하다고 언급하였다. 즉, 이에 관하여 적용될 적절한 기준은 일국 정부가 보조금 지급의 효과를 달성하기 위하여 특정 민간주체에 대하여 명령을 발하였는가 하는 정도의 높은 기준이 아니라 단지 그 민간주체에 책임을 부여하거나 또는 민간주체에 대하여 권한을 행사하였는지 여부가 기준이라는 점을 확인하였다. 또한 "위임 및 지시" 혐의에 따라 조사를 실시하는 상계관세 조사당국은 문제가 된 개별 조치 별로 검토를 실시할 의무는 없으며 관련된 조치를 전체적으로 파악하여 보조금 해당 여부를 판단하는 것도 허용된다는 입장도 아울러 밝혔다. 또한 WTO 항소기구는 간접 보조금은 그 특징상 간접 및 정황증거가 광범위하게 활용될 수 있다는 점도 확인하였다. 요컨대 항소기구는 이 분쟁의 핵심 쟁점인 "위임 및 지시"에 관한 패널의 결정을 번복하여 새로운 기준을 제시하였으나, 이러한 새로운 기준에 따를 경우 국의 상계관세 조사 및 관세부과가 타당한지에 관하여는 결정을 유보하고 미확정 상태에서 사건을 종결하기에 이르렀다. 이러한 미확정 상태는 DSU 제17.13조에 따른 내재적 문제점 중 하나인 파기환송(Remand) 제도의 부재로 인한 귀결이었다.

E. 분쟁 및 판정에 대한 평가

이 분쟁은 이후 금융위기 관련 분쟁 또는 금융기관 관련 분쟁과 관련하여 주요 판례(leading case)로서 자리잡게 되었다. 그 이유는 정부와 금융기관의 관계를 금융위기 극복과정에서 평가하고 있기 때문이다. 이 분쟁과 동시에 EU 집행위원회가 부과한 상계관세, 그리고 일본 재무성이 부과한 상계관세 조치 역시 각각 WTO에 제소되어 이들 국가와의 분쟁도 동시에 전개되었다. 결국 이들 세 분쟁은 동일한 사안을 다루고 있고 그 내용도 큰 맥락에서는 대동소이하다. 대체적으로 각각의 분쟁 당사자가 일부 승소 및 일부 패소의 판정을 받게 되었으므로 해당 분쟁의 승패 자체는 큰 의미가 없다고 할 수 있을 것이다. 그러나 여기서 도출된 금융위기 극복과정에 대한 통상법적 평가, 그리고 이 과정에서 금융기관의 역할, 그리고 무엇보다 정부의 역할이라는 측면에서는 이들 세 분쟁은 중요한 시사점을 제공하여 주고 있다고 할 수 있다.

(1) 금융위기 극복조치 관련 함의

간접 보조금 문제가 처음으로 다루어진 이 사건은 그 이후 보조금협정 법리 발전에 상당한 영향을 미쳤다. WTO 회원국 정부들이 점점 다양하고 우회적인 방법으로 보조금을 제공하고자 노력하는 현실을 감안하면 간접 보조금에 대한 적절한 규제가 필요하고 이를 위해 조사당국의 조사 권한을 가급적 광범위하게 보장하는 것이 필요하다는 항소기구 결정의 취지는 기본적으로 타당하다. 그렇지 않을 경우 많은 국가들이 위장된 조치 및 방법을 통해 자국의 주요 기업에 대한 사실상의 보조금 지급을 도모하는 것을 적절히 억제할 수 없을 것이기 때문이다. 그러나 한편으로 불법 보조금 규제 노력이 타국의 정당한 경제정책 집행 및 운용을 불법 보조금 지급조치로 간주하여 이에 대하여 제재조치를 취하는 부당한 결과를 초래해서는 안 될 것이다. 현 보조금협정에서 간접 보조금을 적절히 규제하기 위해서는 이러한 상충하는 양 이익간 적절한 균형을 맞추는 것이 필요하다. 항소기구의 이 사건에서의 판정은 이러한 문제에 대하여 본격적인 검토를 하고 이에 관하여 새로운 법적 기준을 제시하고 있다는 점에서 그 기본적 의의를 찾을 수 있다.

즉, 보조금협정상 극히 추상적으로 규정되어 있는 "위임 및 지시"의 구체적 요건이 무엇인지, 나아가 WTO 회원국의 정당한 시장 개입과 불법적인 보조금 지급의 경계선이 무엇인지에 관하여 기본적인 지침을 제공해 주고자 시도하였다는 점에서 이 결정의 의의를 찾을 수 있을 것이다. 그러나 항소기구의 결정이 일부 사안에 관해서 기존 법리 및 동 사건 패널의 결정 내용을 더욱 발전시킨 측면도 있는 반면, 일부 사안에 관해서는 다소 미흡한 분석으로 오히려 향후 혼선을 초래할 가능성도 있는 부분은 우려되는 부분이다. 특히 조사당국의 권한 강화에 지나치게 치중하여 보조금협정의 기본 이념인 조사당국과 보조금 조사 대상국간의 적절한 이해관계의 균형을 사실상 무너뜨린 것이 아닌가 하는 비판도 가능할 것이다. 대표적인 사례로 들 수 있는 것이 증거채택 및 증거력 평가에 있어서 조사당국의 광범위한 재량을 인정하고 이에 대하여 기본적으로 WTO 패널이 수용하도록 선언하고 있는 부분을 들 수 있을 것이다.

이 분쟁 항소기구의 입장을 따를 경우 금융위기 극복과정에서 취하여진 다양한 조치에 대한 간접 보조금 내지 이와 유사한 보조금 해당 주장이 전개된다면 궁극적으로 보조금 판정으로 귀결될 가능성이 농후하다는 점을 보여주고 있다. 바로 제반 구성요건 판단에 있어서 조사당국의 재량권을 광범위하게 인정하기 때문이다.

4. 한국 조선 보조금 분쟁

1997년 외환위기의 파장이 통상분쟁에 반영된 또 다른 분쟁은 바로 우리나라와 EU간 조선 보조금 분쟁이다. 주지하다시피 한국과 EU는 조선 분야에서는 치열한 경쟁을 벌이고 있다. 2010년 이후 중국이 부상하여 세계 조선 시장에서 새로운 판도를 형성하기 전까지는 우리나라와 EU가 세계 시장을 양분하고 있었다. 이러한 양측의 경쟁관계가 외환위기라는 연결고리를 통하여 WTO 분쟁으로 비화한 것이다. 이 분쟁 역시 그 이후 여러 국가가 원용하고 있을 정도로 중요한 법리를 제시하였다.

A. 분쟁의 사실관계

EU는 한국 정부가 조선산업에 대하여 특별한 지원을 제공한다는 점에서 오랜 기간 우려를 제기하였다. 특히 금융위기 극복과정에서 우리 정부가 여러 조치를 채택하고 이들 조치가 여러 산업, 특히 조선산업에 대하여 지원을 제공하는 모습을 보이게 되자 이를 보조금협정 위반이라는 이유로 WTO 패널에 제소하게 되었다. 또한 우리나라의 주요 금융기관들이 조선업체들에 대하여 제공한 다양한 대출 프로그램과 채무재조정을 역시 대표적인 보조금 교부조치로 파악하여 EU는 문제 제기를 하였다. 이러한 부분을 지적하며 EU는 2002년 10월 우리나라를 WTO 분쟁해결절차에 제소하여 오랜 패널 심리절차를 거쳐 2005년 4월 11일 최종 패널 보고서가 채택되어 동 분쟁이 종결되었다.[22] 한편 EU의 우리나라 제소에 대항하여 우리나라 역시 EU를 불법 보조금 교부 혐의로 맞제소한 분쟁 역시 패널 심리절차를 거쳐 2005년 6월 20일 최종 패널 보고서 채택으로 마무리되게 되었다.[23] 각각의 분쟁에서 양측이 모두 승소하게 되어 결국 서로 패소하게 된 상황으로 종결되었고, 승소를 한 부분도 이미 조치가 종료가 된 사안들이 대부분이라 특별히 새로운 상황을 야기하지는 않았다. 결국 이 분쟁은 양측의 라이벌 의식이 통상분쟁으로 비화된 것으로 볼 수 있을 것이다.

사실 EU와의 조선분쟁은 우리나라 조선산업이 선박의 수주, 건조량 및 수주잔량 등 조선 관련 관련지표에서 세계 1위를 차지한 1999년부터 점차 제기되기 시작하였다. 이러한 점을 고려하면 최근 우리 조선업계가 여러 어려움에 직면하고 있는 상황을 극복하고 다시 세계 시장에서 주도적 역할을 담당하게 되면 EU가 지난 2000년대 초반과 유사한 통상공세를 펼칠 가능성은 특히 농후하다고 하겠다. 2016년 현재에도 조선산업과 유관 산업이 여전히 2008년 금융위기의 후폭풍에서 완전히 벗어나지 못하였으며, 이들에 대한 금융지원과 채무재조정 등은 여전히 진행되고 있다. 따라서 기존의 주장이 거의 대동소이하게 다시 한번 제기될 가능성은 적지 않다고 볼 수 있을 것이다. 2002년 WTO 제소 시 EU는 1997년 외환위기 이후 우리나라의 수출입은행이 조선업체들에게 제공한 선수금환급보증(Advance Payment Refund Guarantee) 및 인도전금융(Pre-shipment loan), 그리고 대우중공업 등 일부 조선업체의 구조조정 과정에서 이루어진 채무재조정 조치가 WTO 보조금협정[24]을 위반하는 조치라는 주장을 주로

---

22) *Korea—Measures Affecting Trade in Commercial Vessels*, European Communities v. Republic of Korea, Panel Report(WT/DS273/R)("*Korea—Commercial Vessel*") 참조.

23) European Communities—Measures Affecting Trade in Commercial Vessels(WT/DS301/R) 참조.

24) WTO Agreement on Subsidies and Countervailing Measures. 이하 "보조금협정"으로 약칭한다.

제기하였다.[25] 이들 조치 역시 동일하지는 않더라도 유사한 조치는 여전히 오늘날도 조선업체 및 유관업체들이 주로 사용하고 있는 상황이기도 하다.

B. 분쟁의 주요 법적 쟁점

먼저 이 분쟁에서 우리 수출입은행이 조선업체들에 제공한 선수금환급보증과 인도전금융이라는 금융 프로그램이 보조금협정상 보조금에 해당하는지 여부가 주요한 쟁점이었다. 이들 프로그램은 저리의 대출을 그 요체로 하는 것이므로 시장 이자율과의 차이만큼 경제적 혜택이 부여된다는 것이다. 또한 수출입은행은 정부소유 금융기관으로 이로부터의 대출은 자동적으로 정부로부터의 재정적 기여에 해당하는지 여부 역시 주요한 쟁점이었다. 또한 이들 지원조치가 특정성이 있는지 여부 역시 주요한 쟁점 중 하나였다. 한편 채무재조정과 관련하여서는 정부 주도의 조치로 상업적 합리성이 결여된 거래로 일종의 간접적인 보조금 교부조치로 파악되어야 하는지 여부가 주요한 쟁점이었다. 채무재조정 문제가 WTO 분쟁해결절차에서 다루어진 최초의 사건이라고 볼 수 있을 것이다.

C. 분쟁 당사자 주요 주장

이에 대하여 EU는 먼저 수출입은행은 한국 정부가 100% 지분을 소유하고 있는 국책은행으로서 이로부터의 대출은 자동적으로 정부로부터의 재정적 기여를 충족한다는 점을 지적하였다. 그리고 시장 이자율과의 차이가 존재하는 만큼 경제적 혜택이 존재하며, 이들 프로그램은 주로 수출기업들이 주요 대상이므로 금지보조금인 수출보조금에 해당한다는 것이다. 또한 EU는 대우중공업의 채무재조정은 정부 주도의 조선산업 지원조치로 상업적 합리성이 결여된 보조금 교부조치인 것으로 주장하였다.

한편 이에 대하여 한국은 먼저 수출입은행이 정부기관이라는 주장 자체를 반박하며 일반적인 상업은행과 동일한 기준에 따라 영업활동이 이루어진다는 점을 강조하였다. 따라서 정부로부터의 재정적 기여 자체가 있는 것으로 볼 수 없다는 것이다. 또한 한국은 수출입은행이

---

25) 이와 동시에 EU는 역내 조선소가 한국과 경쟁하는 경우 이들에게 선박가격의 6%까지 운영보조금을 지급할 수 있는 이른바 '임시방어조치(Temporary Defensive Mechanism: TDM)'를 도입하였다. 이에 한국은 TDM이 DSU 제23조 등에 위반되는 일방적인 무역제한조치라는 이유로 EU를 맞제소하였다. 2005년 3월 11일 국제거래법학회에서 법무법인 세종 김두식 변호사 발표 내용 참조.

적용한 이자율은 시장 이자율로서 이에 대하여 경제적 혜택이 없다는 점을 주장하였다. 채무 재조정 역시 채권은행단의 자발적 결정에 따라 진행된 것으로 이에 대하여 정부가 개입하여 이를 실시하였다는 주장이 사실관계에 부합되지 않는다는 점을 역시 한국은 주장하였다. 정부의 개입이 부재한 채무재조정은 일반적인 상황에서 흔히 목도되는 자발적인 채권단 결정으로 이것이 정부의 조치, 나아가 보조금 교부조치로 파악될 수는 없다는 것이다.

D. 최종 판결의 내용

이에 대하여 패널은 다음과 같이 판정하였다. 먼저 두 가지 금융 프로그램에 대해서는 이들과 수출과의 직접적인 연관성을 인정하여 수출보조금임을 확인하였다. 수출보조금의 판정은 보조금협정 제4조에 따라 해당 프로그램에 대한 철폐가 요구된다. 어떻게 보면 프로그램의 철폐는 강력한 제재이므로 이 부분에서 우리나라가 패소하였다는 부분은 적지 않은 파장을 초래할 수도 있는 부분이기도 하였다. 그러나 우리나라는 이미 분쟁 진행 중에 상기 두 프로그램을 철폐하였으므로 실제 패소의 결과 이행이라는 측면에서 우리나라가 새로이 부담하는 새로운 부분은 없었다. 결국 이러한 성격의 금융지원조치는 보조금협정에 위반된다는 확인적 성격의 판정이라는 점에서 그 의의를 찾아야 할 것이다. 결국 우리나라가 패소하였으나 이로부터 EU가 특별히 향유한 실익은 없었다고 할 것이다. 다만 이 판정 결과 이와 유사한 조선 분야 금융 프로그램은 보조금협정에 위반되는 수출보조금이라는 부분은 확인이 되었으므로 추후 다른 나라가 이와 유사한 프로그램을 도입하는 과정에서는 중요한 시사점을 제공하여 줄 수 있을 것이다. 특히 2013년 3월 이후 조선산업을 지원하기 위한 다양한 금융지원조치가 모색되어 온 현실을 감안하면 2000년대 초반의 분쟁 경험이 이들 최근의 논의 과정에 중요한 시사점을 제공하여 준다. 최근 검토되는 조선산업 관련 금융지원조치도 결국 다양한 명목으로 조선산업에 대하여 저리의 대출을 제공하고 이를 통해 수출을 지원한다는 것이 골자라는 측면에서 기존의 분쟁의 사례가 그대로 적용될 수 있을 것으로 보인다. 앞으로 우리가 유념할 부분이다.

한편 채무재조정과 관련하여서는 상대적으로 고무적인 판정이 내려졌다. 다만, 수출입은행을 정부기관으로 간주하여 정부로부터의 재정적 기여가 존재한다는 부분이 확인된 것은 우리로서는 큰 부담으로 다가오는 부분이다. 그러나 채권은행들이 다양한 합리적 고려를 통한 상업적 판단으로 채무재조정을 실시하였다는 부분, 나아가 이로 인해 경제적 혜택이 부재하였다는 부분은 채무재조정 조치가 보조금협정에서 어떻게 평가되는지 여부를 잘 보여주는 첫

케이스가 되었다. 나아가 금융위기 극복조치가 보조금협정에서 어떻게 평가되는지 여부를 잘 보여주는 중요한 법적 가이드라인을 제시하게 되었다. 요컨대 채무재조정 등의 조치는 정부의 관여 없이 독자적인 차원에서 상업적 고려를 통하여 진행된다면 WTO 협정에 합치적인 성격이 부여된다는 것이다. 향후 금융위기 극복조치를 다양하게 모색하는 과정에서 중요한 전범으로 삼아야 할 법리이다. 이 분쟁은 항소기구로 항소되지 않은 사안이다.

E. 분쟁 및 판결에 대한 평가

한·EC 조선 분쟁에서 보조금협정의 제반 이슈에 관한 폭넓은 검토가 이루어졌으며, 본 사건에서 가장 중요한 판정은 한국에서 1997년 이후 광범위하게 이루어진 채무재조정 문제 (debt restructuring)에 관하여 WTO 패널이 한국의 입장을 수용, 보조금 성립을 부인한 것이 아닌가 한다. 특히 보조금협정 제1조상의 "위임 및 지시"의 기준은 특정 정부 행위나 조치에 따른 결과적 혜택이 특정 민간 기업에 부여되는가 여부가 아닌, 최소한 정부로부터 어떤 형태이든 "적극적인 행위를 요구"하고 있음을 확인한 것에 큰 의미가 있는 것으로 볼 수 있다. 즉, 보조금협정상 정부에 의한 재정적 기여(financial contribution by a government)의 판단에 있어서는 정부의 적극적 조치(action)가 중요한 기준점이며 민간 주체(특히 민간금융기관)의 반작용 (reaction)이 중요한 것이 아니라는 점을 확인하여 주었다고 볼 수 있을 것이다. 이 사건과 반도체 상계관세 사건에서의 WTO 판정이 최종 확정되어 일국의 정당한 경제 및 재정 정책 운용과 불법 보조금 지급 수단으로서의 "위임 및 지시"를 보다 더 명확히 구별할 기준을 제시할 수 있게 되었다.

채무재조정 조치는 재정난에 봉착하였으나 장기적으로는 회생 가능성 있는 기업에 대하여 채권단이 선별 지원한다는 점에서 어떤 측면에서는 미국의 Chapter 11상 절차와 유사한 조치라 볼 수 있다. 한국법에 따른 법정관리절차 및 회사정리절차에서 기인하는 문제점(오랜 시간 소요 등)을 고려하여 경우에 따라서는 채권단이 채무재조정 조치 실시를 선호하는 상황이 발생한다. 즉, 여러 상황을 종합적으로 고려한 채권자들이 자신의 채무회수 극대화 및 이윤 극대화를 위한 합리적인 선택 또는 일종의 차선의 선택이었다고 볼 수 있을 것이다. 이 분쟁에서 EC의 주장, 그리고 유사한 내용인 한국산 반도체 상계관세 부과사건에서 미국 및 EC가 주장하는 내용의 핵심은 정상적인 은행 및 투자자는 이러한 기업에 대해 대출 및 투자를 하지 않았을 것이므로, 이러한 기업에 대한 대출 및 투자 등을 포함하는 채무재조정은 정부의 개입 외에는 설명할 수 없다는 것이다. 그러나 이러한 주장은 일견 타당한 듯 보여도,

기존의 채무자들은 "매몰비용(sunken cost)"이론 등에 따라 일반적인 신규 채무자 및 신규 투자자들과는 다른 형태의 의사 결정을 내린다는 현실에 대한 몰이해에서 기인하는 것이 아닌가 사료된다.

이 사건에서도 언급되었다시피, 보조금 관련 WTO 절차에서 그리고 각국의 국내 상계관세 조사 과정에서 "정황증거"를 어떻게 파악할 것인가, 그리고 정황증거에 어떠한 법적인 의미를 부여할 것인가가 앞으로도 중요한 문제로 대두될 것으로 예상된다. 정황증거 문제는 보조금 관련 분쟁에서 더욱 두드러진다고 볼 수 있는 바, 보조금 분쟁이 타국의 국가 정책을 직접 다루고 있음에 따라 조사국이 외국인 피조사국 정부의 내부 의사 결정 과정의 직접적 증거를 확보하기는 상당히 곤란하다는 현실적인 측면을 주장하는 국가들과, 또 직접적인 증거 및 사실관계가 확인된 정황증거만이 법적인 의미가 있다고 주장하는 국가들의 의견이 첨예하게 대립하고 있는 것으로 보인다. 특히 간접 보조금의 경우, 민관간 복잡한 상호작용 및 미묘한 상관관계를 다루고 있기에 이러한 문제는 더욱 증폭된다고 할 수 있을 것이다

이 분쟁을 통하여 알 수 있는 점은 외국 정부의 한국에 대한 보조금 주장은 실은 국제 시장에서 한국이 주도적인 시장 참여자일 경우 더욱 빈번하게 일어난다는 점이다. 예를 들어 반도체 및 조선의 경우 한국이 부동의 세계 1위 생산국이다. 따라서 한국이 세계 시장을 주도하고 있는 분야에서(예를 들어 IT 산업 등) 이러한 종류의 새로운 형태의 보조금 분쟁이 장기적으로 증가할 것으로 전망된다.

이러한 보조금 분쟁을 거치며 우리나라와 EU의 다양한 정부 프로그램 및 정책 등이 보조금협정의 제반 조항에 근거하여 심도 있는 평가를 받게 되었으며, 분쟁 당사국인 양국의 첨예한 입장차가 노정된 바 있다. 이러한 분쟁에서 도출된 패널 판정은 대규모 초기투자와 국가경제 정책과 직/간접적으로 밀접한 연관성을 보유하는 조선산업의 경우 국가를 불문하고 기본적으로 보조금 분쟁에 대한 민감성과 취약성을 보유하고 있음을 잘 보여주고 있다. 특히 이러한 일련의 분쟁에서의 경험은 세계 조선시장에서 경쟁이 치열해지고 채산성이 악화될 경우 유사한 또는 변형된 형태의 보조금 분쟁이 조선분야에서 언제든지 재발하거나 격화될 가능성이 있음을 잘 보여주고 있다.

또한 이러한 보조금 이슈는 단지 WTO 이슈에 국한되지 않고 OECD, FTA 등 다양한 국제 통상 포럼에서 문제로 대두되고 있는 사항임을 감안하면, 이 이슈가 향후 WTO를 포함한 다양

한 국제적 포럼을 통하여 전개될 가능성이 농후한 것으로 보인다. 특히 이러한 분쟁이 단지 보조금 분쟁의 본질적인 영역에만 국한되지 않고 경쟁법, 투자분쟁 등 여타 관련 영역으로 전이되어 전개될 가능성도 아울러 우려된다. 가령 2005~2006년간 진행된 STX 조선의 유럽 조선업체와의 M&A 승인 심사과정에서 유럽연합 집행위원회는 한국 정부의 보조금 교부 가능성을 집중적으로 심리한 바 있다. 유럽연합이 우리 정부 및 기업에 제시한 질의서(questionnaire)는 우리 정부가 제공하고 있다고 주장되는 보조금 프로그램에 대한 상세한 사항을 문의하고 있기도 하다.[26]

따라서 향후 보조금 분야 및 여타 유관 분야 등 다양한 절차와 영역에서 조선산업 관련 제반 법적 이슈가 제기될 것으로 판단되며, 이를 둘러싼 국가간 의견대립, 협상진행, 분쟁발생 등이 예측되는 시점이다. 이러한 제반 법적 이슈에 대한 면밀한 검토와 이를 토대로 우리 측의 장기적 대응방안 수립이 필요한 시점이다.

5. 　캐나다 자동차 산업 사건

한편 이 분쟁은 캐나다 정부가 미국산 자동차에 대하여 사실상 특혜를 부여하는 조치를 취한 것에 대하여 EU와 일본이 이를 제소한 사건이다. EU와 일본은 캐나다 시장에서 미국 자동차와 경쟁하고 있으므로 이들 입장에서는 캐나다의 조치가 자국 자동차에 대한 차별적 조치로 인식되었던 것이다.

A. 분쟁의 사실관계

이 분쟁[27]은 일부 외국 자동차에 특정 조건 하에 수입 관세 면제 혜택을 부여하는 캐나다의 제도에 대하여 EC와 일본이 각각 제소했던 사건이다. GATT 협정, 보조금협정, GATS 협정상의 의무 위반이 문제되어 패널을 거쳐 항소기구의 판단을 받았다. 캐나다는 일련의 조치들을 통해 일정 조건을 충족하는 캐나다 내 자동차 회사들에게 외국산 자동차의 수입 시 관세 면제 혜택을 부여하는 내용의 제도를 운영해 왔다. 그 제도의 핵심에는 1998년 제정된 Motor Vehicle Tariff Order(MVTO 1998)가 있었지만, 그 외 Special Remission Orders(SROs)

---

26) 한국 정부에 대한 유럽연합 집행위원회의 2008년 1월 30일자 질문서 참조.
27) Canada－Certain Measures Affecting the Automotive Industry(WT/DS189/AB/R, WT/DS142/AB/R).

규정, 관세표, 특정 기업들이 캐나다 정부에 제출한 서약서(Letters of Undertaking)도 이에 포함된다.[28]

이 무관세 수입 혜택의 시발점은 캐나다가 1965년에 미국과 체결한 속칭 Auto Pact로, 특정 조건을 충족하는 캐나다 내 자동차 제작사(manufacturers)들을 그 대상으로 했다. 무관세 혜택을 받기 위해서는 세 가지 조건을 충족해야 했는데, (1) 기준년도에 수입하고자 하는 차량과 동급(class)의 차량을 캐나다 내에서 생산한 사실이 있어야 하고, (2) 문제의 캐나다 내 생산 차량의 순매출액(net sales value) 대비 수입된 동급 차량의 캐나다 내 순매출액의 비율이 기준년도보다 같거나 높아야 하면서 동시에 75 : 100 미만이어서는 아니 되었다. 이를 매출액 비율요건(ratio requirement)이라고 한다. Panel의 판단에 따르면 이 제도의 운영 과정에서 실제 부과된 매출액 비율요건은 승용차의 경우 95 : 100 가량이었고, 버스 및 기타 상업차량의 경우에는 최소한 75 : 100이었다. 또 (3) 캐나다 내 자동차 생산에 투입된 부가가치가 기준년도의 동급 차량에 대해 투입된 부가가치보다 같거나 높아야 했다(CVA requirement). 부가가치의 산출에 대한 계산은 자동차 부품 또는 재료·원료비, 운송비, 캐나다 내에서 발생한 임비, 캐나다 내에서 발생한 총생산경비, 자동차 제작과 관계되어 캐나다 내에서 발생한 행정적 비용, 캐나다 내에서 산정한 감가상각비 등의 총합을 기본으로 하여 계산되었다.[29]

B. 분쟁의 주요 법적 쟁점

이 분쟁에서는 먼저 캐나다 정부의 해당 조치가 수출보조금에 해당하는지 여부가 주요한 쟁점으로 대두하였다. 수출보조금을 확인하기 위하여 문제가 된 정부조치와 수출실적간에 어느 정도의 밀접한 연결고리가 있어야 하는지 여부가 핵심 쟁점이었다. 캐나다는 양자간 밀접한 연관관계가 있어야 하나 이 조치에 대해서는 그러한 연관관계가 없으므로 수출보조금에 해당하지 않는다는 것이다. 반면에 제소국인 EU와 일본은 양자간 밀접한 연관관계가 있어 이 경우 수출보조금이 존재하며 따라서 문제의 조치는 신속히 철폐되어야 한다는 것이다.

그 다음으로 제기된 쟁점은 문제의 조치가 상품 교역과 연관되는 조치인지 서비스 교역과 연관되는 조치인지를 면밀히 검토한 이후 둘 중 하나에 대해서만 위반 여부가 검토되어야

---

28) Report of the Appellate Body, *Canada — Certain Measures Affecting the Automotive Industry*(WTO Doc. WT/DS189/AB/R, WT/DS142/AB/R), para.7.

29) AB Report, paras. 9 – 11.

하는지 여부이다. EU와 일본은 양자 모두에 대한 저촉 여부가 문제된다는 것인 반면, 캐나다는 둘 중 하나에 대한 위반 여부만 검토되어야 한다는 것이다.

C. 분쟁 당사자 양측의 주요 주장

항소심에서 일본과 EC가 GATT, GATS 및 보조금협정 위반을 주장하였다. TRIMs 협정은 패널 단계에서는 거론이 되었으나 항소 과정에서는 배제되었다. 일본과 EC의 주장 요지는 캐나다의 문제의 조치가 각각 GATT와 GATS상의 최혜국대우 조항과 내국민 대우 조항의 위반이며, 또 보조금협정이 금지하고 있는 수출보조금에 해당한다는 것이었다. 그에 따라 각각 GATT 1994 1.1조와 3.4조, GATS의 2조와 17조, 보조금협정 제3.1조 (a)항 및 (b)항에 위배됨을 주장했다.

D. 최종 판결의 내용

(1) 보조금협정 제3.1조(a) 위반 여부

보조금협정 제3.1조(a) 위반 여부와 관련하여 캐나다는 먼저 이 사건 조치를 패널이 '보조금'으로 판단한 것에 대해서부터 이의를 제기했다. 캐나다의 시각으로는 이 사건 조치는 '정부가 받을 수 있는 세입을 포기한 경우'도 아니며, 동 협정의 footnote 1에 해당하는 사례여서 보조금으로 분류되지 않는다는 것이다.[30] 항소기구는 우선 수입관세 역시 정부 세입에 해당한다는 점을 분명히 하고, 이에 대한 면제가 동 협정 제3.1조(b)상의 규정한 '이득'이라는 점에도 이의가 없다는 사실을 전제한다. 관건은 '정부가 받을 수 있는 세입을 포기한 경우'에도 해당하는지 여부인데, 여기서 항소기구는 U.S.−FSC 사건[31]에서의 항소기구 보고서를 인용하여, 이론상으로는 모든 것이 세수가 될 수 있으므로 추상적인 가능성만으로 '정부가 받을 수 있는 세입' 여부를 판단해서는 안 되나, 문제의 조치가 있을 때와 없었을 때를 비교하여 피제소국의 조치의 구체적 내용에 따라 가늠해 보아야 한다고 하였다.[32] 이를 이 사건에 적용하면 면세 혜택을 받지 못하는 자동차 수입에 대하여는 6.1%의 관세가 붙는데, 혜택을 받는 경우에는 그만큼의 면제가 있는 것이므로 캐나다의 항변에는 이유가 없다고 보았다. 또한 캐나다는 이 사건 조치가 동 협정 Footnote/Remark 1에 해당하여 예외로 취급되어야 한다고

---

30) AB Report, para. 87.
31) AB Report, WTO DOC. WT/DS108/AS/R.
32) AB Report, para. 90.

주장했지만, 항소기구는 footnote 1은 상품수출 시를 상정한 것으로 수입 시의 관세가 문제되는 이 사건과는 하등의 관계가 없다고 배척하였다.[33]

패널은 이 사건의 캐나다 조치는 매출액 비율요건을 도입하고 이 요건은 기준년도 기준으로 캐나다 내 생산된 자동차의 판매총액에 캐나다 내 판매된 동급 차량의 판매 총액을 대비시켜 전자가 최소한 후자 수치의 75% 이상이어야 한다는 것을 그 내용으로 하고 있으므로, 이 요건을 충족하기 위해 결국 캐나다 자동차업체는 수출량을 증대시켜야 하고, 따라서 이 사건 조치는 수출실적에 따라 지급되는 보조금에 해당된다고 주장했다. 캐나다는 이 판단에 대하여 패널이 가상적 상황을 상정하여 살펴보았을 뿐 정작 필요한 '수출실적에 따른(… contingent)'의 의미를 확정하려는 시도는 전혀 하지 않았다고 이의를 제기했다. 그러나 항소기구는 매출액 비율요건의 내용을 살펴보면 무관세로 수입할 수 있는 자동차의 대수는 전적으로 그 사업체가 수출할 수 있었던 자동차의 대수에 달려 있다는 결론에 도달하게 되며, 이 점은 실제 요구되는 ratio가 얼마인지 여부와는 사실 무관하다는 점을 지적하고 따라서 요구되는 ratio를 불문하고 이 사건 조치는 법적으로 수출에 부수되는 보조금이라는 패널의 판단을 재확인하고, 동 조항의 위반이 있었다는 판정도 재확인했다.[34]

(2) GATS 제1.1조 해당 여부

GATS 협정상의 논점들에 대한 캐나다의 상소이유로 가장 핵심적인 것은 애초에 이 조치가 GATS 협정의 적용범위에 해당된다고 본 패널의 판단이 잘못됐다는 것이었다. 캐나다는 동 조항은 문언상 GATS가 "서비스 교역에 영향을 미치는 조치"에 대하여 적용된다고 규정하고 있는데, 이 사건 조치는 서비스 교역에 영향을 미치지(affect) 않는다고 주장했다. 왜냐하면 이 사건 조치는 자동차의 상품가격에 영향을 미칠 수 있을 뿐, 자동차의 도매와 유통 등 공급의 문제와는 무관하기 때문이라는 것이었다. 설사 영향을 끼친다 해도 매우 미미한 수준이기 때문에 GATT 1994로 검토하면 충분하고, 아예 서비스협정의 적용대상이 아니라고 주장했다.[35]

패널이 이 사건 조치가 GATS 적용대상이라고 판단한 것은, '서비스 무역에 영향을 미치는 조치'란 포괄적 개념이며 그 의미를 추상적으로 결정하는 것은 불가능하므로, 문제의 조치

---

33) AB Report, para. 92.
34) AB Report, paras. 104 & 106.
35) AB Report, para. 20

가 논란이 되고 있는 GATS상의 주요 의무들을 위반하였는지에 대한 판정과 더불어 행해져야 한다는 논리를 먼저 세우고 그에 따라 종합적인 판단을 내린 결과였다.[36] 그러나 항소기구는 GATS 1.1과 2.1의 문언을 보면 무엇보다 먼저 GATS 적용대상 여부 판단이 선행되어야 한다는 해석이 도출되고, 논리적으로도 그 편이 합당하므로, 패널의 판정은 잘못된 것이라고 보고 번복하고,[37] GATS 1.1 해당 여부에 대해 직접 판단하였다.

우선 먼저 '서비스 무역(trade in services)'이 존재하는지의 여부를 검토했는데, 제소국들은 이 사건에서 문제되는 서비스 무역이란 캐나다 내 '자동차 도매 서비스'라고 주장했고, 캐나다도 미국, EC, 일본 무역 서비스 공급자들이 자국 내에 들어와 있다는 사실을 부인하지 않았으므로, 이 사건에서의 'trade in services'란 'wholesale trade services of motor vehicles supplied by service suppliers of certain Members through commercial presence in Canada' 라 보았다.[38] 그 다음으로 이 사건 조치가 이 사건 서비스에 영향을 미치는가의 여부에 대하여는 패널이 영향이 존재하는지의 여부를 결정하는 데 필요한 심리를 충분히 하지 않았고, 그에 오류가 있었으며, 따라서 항소기구도 결론을 내릴 수 없다고 판시했다.[39] 그러나 그럼에도 불구하고 GATS 제2.1조 위반 여부에 대하여는 패널의 판정에 대한 검토를 하겠다고 밝히고 있다.

E. 분쟁 및 판정에 대한 평가

이 판정은 이후 관련 분쟁에 중요한 영향을 초래하였다. 특히 서비스 교역과 상품교역이 동시에 문제가 될 수 있다는 부분을 WTO가 확인한 것은 중요한 의의가 있다. 결국 어떠한 조치를 평가함에 있어서는 단지 해당 조치가 상품 교역을 주요 대상으로 하여 도입된 것인지 아니면 서비스 교역을 주요 대상으로 하여 도입된 것인지가 중요한 것이 아니라 실제 어떠한 효과를 초래하고 있는지를 살펴보는 것이 보다 중요한 작업이 되었다. 따라서 금융위기 극복 과정에서 채택되는 다양한 조치도 사실은 이러한 조치가 상품교역과 서비스 교역에 동시에 영향을 미치는 조치인 한도 내에서는 양 측면에 대한 검토가 동시에 이루어져야 한다.

---

36) AB Report, para. 150.
37) AB Report, para. 152.
38) AB Report, para. 157.
39) AB Report, para. 166.

6. 분쟁해결절차를 통한 해결의 한계

통상이슈과 관련하여 국가들이 취하는 조치와 관련된 국가간 갈등은 다양한 루트를 통하여 표출되며 가장 대표적인 경로 중 하나가 바로 통상분쟁해결절차를 거치는 것이다. 이는 통상협정이 또는 통상분쟁해결절차가 이러한 형태의 분쟁을 해결하기 위하여 보다 특화되어 있기 때문이 아니다. 금융위기 극복을 위한 정부의 조치 역시 예외가 아니어서 이러한 금융조치로 인한 분쟁은 두 가지 측면에서 통상분쟁해결절차로 진행하게 될 가능성이 높다.

먼저 이러한 조치는 곧바로 각국의 수출입 상황에 영향을 초래하는 대표적인 통상관련 "조치(measure)"에 해당한다. 통상협정이 "조치"를 상당히 광범위하게 해석하고 있음을 염두에 두면 이러한 금융조치 역시 통상협정 적용대상인 조치에 해당하는 것은 어렵지 않게 예측할 수 있다. 그 다음으로 이러한 조치가 통상분쟁해결절차로 회부되는 이유는 강제관할권을 보유하고 있는 국제법원이 있으며 이로부터 구속력 있는 결정을 도출할 수 있다는 점이다. 이 역시 다른 국제협정에서는 찾아보기 힘든 통상협정과 분쟁해결절차의 독특한 특징이다. 바로 이러한 이유로 금융조치로 인하여 초래된 국가간 분쟁도 결국 통상협정의 테두리 내로 넘어올 가능성이 지대하다고 할 수 있다.

즉, 각국 정부의 금융조치로 인하여 분쟁이 발생하고 있고, 이 경우 국가들은 대부분 통상분쟁해결절차를 통하여 이러한 분쟁을 해결하려고 시도하게 된다. 그러나 앞서 살펴본 바 있듯이 기존의 분쟁해결절차의 내재적 한계로 인하여 본질적인 분쟁 해결이 불가능한 상황이 지속적으로 발생하고 있다. 이러한 분쟁은 관련 협정의 조문만으로 해결하기에는 기본적으로 한계가 있으며 설사 WTO 패널 및 항소기구의 결정으로 최종판정이 내려진 경우에도 패소국이 이를 적극 수용하여 판정 내용을 이행하지 않거나 이행을 지체하는 경우가 발생하고 있다. 관련 WTO 부속협정의 기본취지 및 목적 나아가 협정 내 관련 조항의 기본취지 및 목적에 관하여 서로 상이한 입장을 견지하고 있기 때문이다.

이처럼 국가간 갈등이 근본적으로 해결되지 않는 상황이 계속된다면 현재의 통상협정 체제 자체에 대한 신뢰도 저하로 이어질 가능성도 발생할 수 있다. 따라서 이러한 새로운 형태의 분쟁을 해결하기 위해서는 WTO 협정문의 기계적 해석 및 적용과 궁극적으로는 WTO 분쟁해결절차에의 회부라는 전통적인 방식을 넘어 새로운 방안과 접근방안을 검토할 필요가 있다. 세계 각국 역시 이러한 문제점을 인식하고, 금융위기 극복조치를 기존 통상협정의 맥락에서 논의하기 위하여 여러 포럼에서 노력을 경주하고 있다. 금융위기 극복과정에서 채택된 국가의 조치와 이로 인하여 전개되는 통상분쟁은 이러한 측면을 더욱 잘 보여주고 있다. 다음 장에서는 이러한 국제적 논의 동향에 대하여 검토하고, 이러한 기존 포럼/협정의 맥락에서는 내재적 한계를 극복하기 어려움을 살펴본다.

제 9 장

금융위기 극복조치의
통상법적 평가를 위한 최근 국제적 동향

제 9 장

금융위기 극복조치의
통상법적 평가를 위한 최근 국제적 동향

1. OECD 논의 동향

금융위기 극복조치와 관련하여서는 다양한 국제기구가 이와 연관된다. 먼저 OECD가 이와
관련하여 중요한 역할을 수행하고 있다. OECD는 철강산업, 조선사업 등 특정 영역에서 회원
국 정책의 합리성을 제고하기 위하여 다양한 논의를 전개하고 있는 바, 그 한도 내에서는 이들
각각의 구체적 영역에서 OECD 내부의 논의가 금융위기 극복조치와 직접 연관이 된다. 이와
별도로 OECD에서는 최근 다국적 기업에 대한 규율을 점차 강화하여 나가는 모습을 보여주고
있다. 이러한 논의가 촉발된 배경은 다국적 기업이 이제 왠만한 주권국가에 버금가는 영향력을
국제사회에서 행사하고 있다는 인식 하에서 이들에 대하여 적용되는 규범을 보다 강화하자는
것이다. 국제법은 국가들간에만 기본적으로 적용되는 규범이므로 다국적 기업에 대하여 이러
한 규범을 적용하는 데에는 내재적 한계가 있다. 그 결과 정작 중요한 역할을 수행하는 다국적
기업이 주요한 국제사회의 논의에서 그리고 규범에서 배제되는 듯한 모습을 보이고 있다. 이러
한 상황이 국제사회에서 법의 지배를 확보하는 데 도움이 되지 않음은 물론이다. 이러한 부분
은 금융위기에 대한 국제적 대응 내지 각국의 금융위기 극복조치를 평가하는 과정에서도 그대
로 적용된다. 다국적 기업은 금융위기를 촉발하는 데에도, 그리고 그러한 금융위기를 극복하는
과정에서도 각각 중요한 역할을 수행하고 있기 때문이다.

이러한 점을 염두에 두면 금융위기 극복조치와 관련하여서도 OECD에서의 최근 논의과정을 살펴보는 것은 중요하다. 특히 OECD에서는 다국적 기업이 어떠한 방식으로 국제사회에서 영업을 진행하고 국제사회의 여타 주요한 가치와 조화되게 영업을 운용하여야 하는지에 대하여 가이드라인을 정하고 각국이 자국 영역 내에서 활동하는 다국적 기업들이 이를 준수하도록 노력한다는 합의를 도출하였다. OECD의 이러한 최근 동향은 전체적으로 다국적 기업을 견제하는 데에 중요한 역할을 수행한다. 금융위기의 촉발이 사실은 다국적 기업, 특히 다국적 금융기관의 다양한 투자와 거래활동에서 상당부분 기인한다는 점, 그리고 이들에 대한 각국 금융당국의 적절한 통제가 필요하다는 점 등을 감안하면 이러한 가이드라인에 대한 OECD에서의 논의는 금융위기 극복조치 맥락에서도 중요한 의의가 있다. 즉, 앞에서의 논의가 주로 각국 정부가 금융위기 극복과정에서 어떠한 역할을 수행하여야 하는지를 살펴보았다면 이 문제는 반대로 각 기업들이 —특히 다국적 기업들이— 어떠한 역할을 수행하고 어떻게 행동하여야 하는지를 다룬다는 측면에서 새로운 각도에서의 논의라고 할 수 있을 것이다. 이러한 점을 염두에 두고 아래에서는 이를 중점적으로 살펴보도록 한다.

A. 다국적 기업에 대한 국제적 규율 강화 움직임

오늘날 점차 그 영향력을 확대하여 가고 있는 다국적 기업에 대한 국제사회의 규율 강화 움직임은 현재 국제법의 첨예한 쟁점 중 하나이다. 그간 국제법은 주로 국가의 활동을 규율하는 법체계였으나 점차 그 영역을 확대하여 현재 국제사회의 중요한 주체로 등장하고 있는 "다국적 기업(Multinational Corporations: MNCs)"[1]에 대하여도 제한적이나마 그 규범이 적용되는 현상이 목도되고 있다. 이러한 새로운 규범의 형성은 주로 OECD와 UN 등을 중심으로 이루어지고 있다. MNC의 활동을 규제하기 위한 국제협약은 아직 체결된 바 없으며 단지 원칙적인 규범을 제시하는 일종의 "연성법(soft law)"적 성격이 강한 영역이다. 다만 연성법인 경우 그 공식적인 법적 구속력은 부재하나 MNC 및 이와 관련한 각국의 행동을 일정한 방향으로 이끌어가는 일종의 가이드라인으로서의 성격은 보유하므로 실제에 있어서는 적지 않은 법적 의미를 내포하고 있음에 유의하여야 한다.

다국적 기업 문제를 살펴봄에 있어서 제일 중요한 점은 이러한 새로운 규범이 규율하고

---

1) 다국적 기업은 "multinational corporation, transnational corporation", "multinational enterprises" 등 다양한 이름으로 불리고 있으나 국제법상 "multinational corporations(MNCs)"로 불리우는 것이 가장 일반적인 것으로 보이므로 이 책에서도 일단 영어 표기로는 "MNC"라는 용어를 사용한다.

자 하는 대상은 국제교역에 참여하는 모든 기업이 아니라는 점이다. 특정의 요건을 충족하는 일정 범위의 기업만이 MNC에 해당하고 이들에 대하여 일정한 내용의 연성법이 형성되고 적용되고 있다는 점에 유념하여야 한다.

(1) 국제법상 다국적 기업의 정의

(a) 다국적 기업의 일반적 정의

다국적 기업의 의미에 관하여 이를 결정적으로 정의하는 국제협약 등은 존재하지 아니한다. 그러나 이를 다루는 여러 문건을 종합적으로 검토하면 어느 정도 일관성 있는 개념 정의를 발견할 수 있다. 즉, 국제법에서 일반적으로 정의되는 다국적 기업은 복수의 국가에서 영업활동을 영위하는 국제적인 성격의 회사를 의미한다. 다시 말해, 회사가 설립된 자국 영역 이외에 복수의 외국에서 생산시설 내지 판매시설 등을 유지하며 영업활동을 진행하는 것을 의미한다.[2] 국제법에서 규율하는 다국적 기업은 복수의 국가에 동시에 존재하는 이러한 특성을 통하여 국경을 넘어 생산활동과 영업활동을 영위할 수 있는 국제적 성격을 보유한 기업을 의미하는 것으로 정리할 수 있다.[3] 단지 국제적 성격을 보유하고 있는 모든 형태의 기업을 다국적 기업으로 정의하고 있는 것은 아니라는 점에 유념하여야 한다.

(b) OECD 다국적 기업 가이드라인

이러한 점은 이 문제와 관련하여 가장 직접적인 규범을 제시하고 있는 OECD "다국적 기업 가이드라인(Guidelines for Multinational Enterprises, 이하 OECD 가이드라인)"을 통해서도 확인할 수 있다. 이 가이드라인은 1976년 최초 채택된 이후 5차례에 걸쳐 개정되었으며, 2011년 5월 25일 개정된 가이드라인이 현재 적용되고 있는 상황이다. 이 가이드라인에서도 기본적으로 다국적 기업의 정의를 구체적으로 제시하고 있지는 아니하다. 그러나 다국적 기업의 성격을 파악하기 위한 최소한 기본적인 요건을 제시하고 있는 바, 그 원문을 살펴보면 다음과 같다:

---

2) 가령, 이 문제를 다루는 UN 문서는 다국적 기업을 다음과 같이 정의하고 있다:
"an economic entity operating in more than one country or a cluster of economic entities operating in two or more countries–whatever their legal form, whether in their home country or country of activity, and whether taken individually or collectively."
UN Draft Norms on the Responsibilities of Transnational Corporations and Other Business Enterprises with Regard to Human Rights, UNCHR, Sub–Commission on the Promotion and Protection of Human Rights(26 August 2003) UN Doc E/CN.4/Sub.2/2003/12/Rev.2(Draft Norms), para. 20 참조.
3) Peter T. Muchlinski, *Multinational Enterprises and the Law*(2d ed. OUP 2007), 7f; John Dunning, *The Theory of Transnational Corporations*(1993 New York: Routledge), p. 3 각각 참조.

A precise definition of multinational enterprises is not required for the purposes of the Guidelines. These enterprises operate in all sectors of the economy. They usually comprise companies or other entities established in more than one country and so linked that they may coordinate their operations in various ways. While one or more of these entities may be able to exercise a significant influence over the activities of others, their degree of autonomy within the enterprise may vary widely from one multinational enterprise to another. Ownership may be private, State or mixed. The Guidelines are addressed to all the entities within the multinational enterprise(parent companies and/or local entities).[4]

비록 이 OECD 가이드라인에도 명확한 "정의" 규정은 부재하나 상기 내용을 살펴보면 여기에서 말하는 다국적 기업은 "여러 국가에 존재하는 여러 기업들이 소유 및 지분관계로 서로 연결되어 있는 상황을 원칙적으로 상정"하고 있음을 알 수 있다. 그러한 기본 요건이 충족되는 기업 내지 기업군을 광범위하게 다국적 기업으로 간주하며 이에 대해 OECD 가이드라인을 적용하는 것으로 예정하는 것으로 볼 수 있다. 비록 이러한 개념 규정과 관련하여 국내법(가령 회사법)과 같이 세부적인 요건을 구체적으로 제시하고 있지는 않으나 최소한의 기본적인 요건 내지 성격은 제시하고 있는 것으로 이해할 수 있을 것이다.

가령 각국 국내법에서는 자국 국적인의 소유 지분이 50% 이상인 기업을 자국 기업으로 간주한다거나 또는 자국 주주가 사실상 통제하는 기업을 자국 기업으로 간주한다는 등의 구체적 기준을 제시하고 있으나 OECD 가이드라인에서는 다국적 기업과 관련하여 상세하고 구체적인 기준을 제시하고 있지는 않다. 그러나 최소한 특정 기업이 모회사와 자회사 등의 관계로 국경을 넘어 복수의 국가의 영역 내에서 동시에 생산 및 판매활동을 영위하는 등 최소한의 요건은 충족하여야 하는 것으로 OECD 가이드라인은 상정하고 있다. 그러므로 이러한 기본요건을 충족하지 못하는 기업에 대해서는 설사 국제적인 성격을 일부 보유한다고 하더라도 OECD 가이드라인 적용대상 자체가 아닌 것으로 판단하는 것이 타당할 것이다.

(c) 다국적 기업의 정의

결국 위의 논거를 검토하면 단지 국제적 활동에 종사한다고 하여 특정 기업을 "다국적 기업(MNC)"으로 지정할 수 있는 것은 아니며 비록 상당히 완화된 기준이기는 하나 최소한 일

---

4) 2011 OECD 가이드라인, para. 4 참조.

정한 요건을 충족하는 것이 필요하다. 그러한 충족 요건을 정리하면 다음과 같다:

복수의 국가(최소한 2개의 국가 이상)에서 항구적인 생산 및 영업시설을 영위, 유지하며, 이들 각각의 국가에서 실제 경제활동에 참여하여야 한다. 그리고 비록 명확하게 규정되어 있지는 않으나 다국적 기업의 요건을 충족하기 위해서는 최소한 경제활동 참여 내지 교역의 규모가 일정 수준 이상을 점하여야 하는 것으로 보아야 할 것이다. 설사 복수의 국가에 영업시설 등을 유지하고 있다고 하더라도 그 판매량이 미미하여 실제적 영향을 미치지 못하는 기업이 있다면 이를 다국적 기업으로 파악하는 것은 타당하지 아니하다. OECD 등에서 다국적 기업을 규제하고자 노력하는 움직임을 보이고 있는 이유도 그러한 다국적 기업이 각국의 경제활동에 그리고 각국 국민의 생활에 중요한 영향을 초래하기 때문인 바, 소규모 기업은 처음부터 그러한 영향을 초래할 가능성이 미미하므로 이러한 규범 적용을 위해서는 이를 합리화할 수 있을 정도의 최소한의 규모는 갖추어야 하는 것으로 볼 수 있을 것이다.

(2) OECD 규범의 법적 성격

(a) 자발적 준수 원칙

OECD 가이드라인에서는 기본적으로 그 준수가 자발적이며 법적으로 그 의무를 강제할 수 있는 것은 아님을 규정하고 있다. 따라서 이 가이드라인을 해석함에 있어 마치 특정 국제 협약이나 조약의 조항을 해석, 적용하는 상황과 동일시 하는 것은 경계하여야 한다. 그러므로 동일한 사안에 대해서도 국가간 서로 상이한 입장을 견지할 가능성이 여전히 열려 있으며 이에 대하여 어느 국가의 입장이 타당하다거나 또는 자국의 입장을 타국에 강요하는 상황으로 이어져서는 아니 될 것이다.

물론 상황에 따라서는 OECD 가이드라인에 포함된 내용이 관련국의 국내법에 체화된 경우 그러한 국내법이 적용되어 관련국 국내적으로는 강제력이 발생할 수 있다. 그러나 그 경우에도 법적 구속력을 창출하는 것은 그러한 국내법 규정이며 OECD 가이드라인 자체는 아니라는 점에 유념하여야 한다. 따라서 우리 기업이 위치한 외국이 자국 법령을 우리 기업에 대하여 강제하는 것은 만약 그러한 법령이 우리나라와 체결한 국제협정에 부합한다면(가령 WTO, FTA, BIT) 이를 제한할 방법은 없으나, 만약 그러한 강제적 적용의 기준이 OECD 가이드라인 그 자체라면 이는 법적으로 문제의 소지를 내포하고 있다.

(b) 중소기업·대기업 구별 원칙

한편, OECD 가이드라인은 중소기업에 대해서는 대기업과 동일한 수준의 의무를 준수하도록 요구하는 것이 타당하지 않다는 취지의 언급도 포함되어 있음에 주목하여야 한다.5) 즉, 설사 다국적 기업의 요건을 충족하는 기업이라고 하더라도 국제적으로 명성이 있는 대기업과 소규모 중소기업은 OECD 가이드라인 적용 맥락에서는 서로 구별하여야 한다는 점이 동 가이드라인에 제시되어 있는 것이다.

(c) 상충적 규범 부과 금지

OECD 가이드라인은 다국적 기업에 대하여 상충되는 규범을 부과하는 것을 금지하고 있다. 이와 관련된 OECD 가이드라인 문구는 다음과 같다:

While the Guidelines extend beyond the law in many cases, they should not and are not intended to place an enterprise in situations where it faces conflicting requirements.6)

따라서 우리 국내법령과 상충되는 규범을 다른 나라가 부과하는 경우, 그 대상이 되는 다국적 기업에 대해서 특정 외국이 스스로 OECD 가이드라인을 일방적으로 적용하는 것 역시 동 가이드라인의 기본원칙과 배치되는 측면이 있음에 유념하여야 한다. 결국 OECD 가이드라인은 기본적으로 전체적인 진행방향을 제시하고 있는 일종의 연성법에 불과하며 구체적인 이행과 집행에 대해서는 가급적 관련 국가간 충분한 협의와 조율을 달성하도록 권고하고 있는 것으로 이해할 수 있을 것이다.

(d) 국제적으로 인정된 인권보호

그 다음으로, OECD 가이드라인이 적용되는 인권분야는 모든 인권문제를 포괄하는 것이 아니며 "국제적으로 승인된 인권의 기본틀" 내에서 인권문제가 다루어진다는 점이다. 이와 관련된 OECD 가이드라인은 다음과 같다:

---

5) 2011년 OECD 가이드라인, para. 6 참조("Governments wish to encourage the widest possible observance of the *Guidelines*. While it is acknowledged that small-and medium-sized enterprises may not have the same capacities as larger enterprises, governments adhering to the Guidelines nevertheless encourage them to observe the *Guidelines*' recommendations to the fullest extent possible.").

6) 2011년 OECD 가이드라인, para. 2 참조.

States have the duty to protect human rights. Enterprises should, within the framework of internationally recognised human rights, the international human rights obligations of the countries in which they operate as well as relevant domestic laws and regulations.[7]

따라서 최근 해외에서 영업 중인 일부 우리나라 기업과 관련하여 제기되고 있는 인권침해 주장사항들이 과연 "국제적으로 승인된 인권의 기본틀" 내에 포함되는 것인지 여부에 대해서도 추후 면밀히 살펴볼 필요가 있다. 다국적 기업에 대한 국제적 규율과 국제법 위반 소지가 있는 "국내법의 역외적용" 문제는 서로 상이하다는 점에 착안하여야 한다. 국내법의 역외적용이 국제법상 허용되는 경우도 있으나 "수입국의 독자적인 판단으로 외국 상품의 차별적 대우"를 부과하기 위하여 또는 "투자 유치국의 독자적인 판단으로 외국 투자자에 대하여 차별적 대우"를 부과하기 위하여 적용되는 경우 이는 국제법 위반의 소지도 상당히 존재한다는 점에 주목하여야 한다.

(3) 통상/투자협정 위반 가능성

해당 우리 기업의 행위가 부당한지 여부는 다른 기준에 따라 평가하여야 할 문제이며(가령 관련국의 국내법 등), 이를 OECD 가이드라인 등 다국적 기업에 대하여 그 적용이 논의되고 있는 기준을 상세한 검토 없이 기계적으로 적용하는 것은 국제법 위반의 소지도 내포하고 있다. 따라서 상대국이 이를 근거로 우리 기업에 대한 차별조치를 실시하거나 유지할 경우 관련 국제협정에 따른 우리 정부 및 기업의 권리 행사 가능성을 고지할 수도 있을 것이다. 특히 OECD 가이드라인 자체에서 가이드라인 적용을 이유로 여타 국제협정상 부과된 의무를 위반하여서는 아니 된다는 점을 명기하고 있음에 유념하여야 한다.[8]

이를 이유로 수입국이 해당 우리나라 회사가 수출하는 우리 상품에 대한 수입제한 조치를 취하는 경우 WTO GATT 협정 내지 FTA 협정(FTA 체결국이라면)에 대한 위반 문제가 제기될 수 있다. 수입국은 이 경우 GATT 제20조 및 이에 상응하는 FTA 조항을 원용하여 해당 조치가 자국의 "공서양속(public moral, public order)"을 보호하기 위하여 필요한 조치라는 점과

---

7) 2011년 OECD 가이드라인, 제Ⅳ장(Human Rights) 도입부 참조.
8) 2011 OECD 가이드라인, para. 8 참조("Governments have the right to prescribe the conditions under which multinational enterprises operate within their jurisdictions, subject to international law."), para. 9("Governments adhering to the *Guidelines* set them forth with the understanding that they will fulfil their responsibilities to treat enterprises equitably and in accordance with international law and with their contractual obligations.").

교역에 부당한 장벽을 초래하지 않는 비자의적이고 합리적인 조치라는 점을 들어 정당화하는 것을 시도할 수 있을 것이다. 그러나 이 기준은 통상법상 상당히 높은 수준의 요건을 부과하고 있기 때문에 이를 충족하는 것은 용이하지 않다.

마찬가지로 해당 우리나라 기업들은 스스로 관련국 정부가 우리나라와 체결한 BIT를 위반하였음을 이유로 투자분쟁해결절차를 개시할 수도 있을 것이다. 그러나 이 경우 해당 기업은 투자 유치국 정부와 상당한 수준의 갈등을 감수하여야 하고 또 우리 기업의 최초 외국 정부 제소라는 점에서 적지 않은 부담이 있을 것이다. 다만 그럼에도 불구하고 그러한 가능성을 언급하는 것은 필요한 협의 환경을 조성하는 데에는 일조할 수는 있을 것으로 보인다.

(4) 소결

국제사회에서 "다국적 기업"이라는 개념은 상당히 광범위하게 활용되고 있다. 그러나 법적인 의미에서의 "다국적 기업"은 구체적이고 제한적인 범위에서 적용되고 있고, 이러한 점은 OECD 및 UN 규범 내지 문서에서도 확인되고 있다. 따라서 현재 한국기업 내지 한국계 기업의 수출 내지 생산활동에 대하여 그 국제적 성격에만 초점을 맞추어 다국적 기업으로 간주할 수 있는 것은 아니며 그 해당 여부를 보다 구체적으로 살펴보아야 한다.

따라서 이들에 대하여 OECD 다국적 기업 가이드라인을 제시하며 다양한 제한을 검토하는 것은 그 자체로 법적인 문제를 안고 있는 것으로 볼 수 있을 것이다. 정부의 제재 조치는 단지 각자의 국내법에 따라서만 가능하며, 그러한 국내법은 상대국 정부와 체결한 여러 국제협정에 합치하는 성격의 것이어야 한다. 그러므로 이러한 협정 합치적인 국내법인지 여부를 검토하지 아니한 채 단지 OECD 가이드라인만 제시하며 제재 조치의 정당성을 주장하는 것은 합리성이 결여되어 있는 것으로 판단된다.

2.　WTO DDA 논의 동향

2001년 11월 이후 현재 진행되고 있는 DDA 협상은 현행 WTO 협정을 개정하기 위한 협상이나, 이 협상이 타결되어 협정이 개정되기 전까지는 오로지 현재의 협정이 그대로 적용된다. 따라서 단지 협정 개정 협상이 진행 중이라는 이유만으로 협정 요건을 준수하지 않는 것은 허용되지 않으며 이는 곧바로 협정 위반으로 귀결될 것으로 볼 수 있다. 2014년 1월 26일 현재 WTO 분쟁해결절차에 제기된 총 474건의 분쟁은 모두 현행 WTO 협정에 근거하여 제기되고 있으며 협상 진행 내용이나 개정 논의 내용이 관련 당사국의 권리나 의무의 범위에 영향을 미치지는 아니한다.

2001년 DDA 협상 개시 이후에도 모두 226건의 분쟁이 WTO 분쟁해결절차에서 제기되었으나 이러한 분쟁에서 선진국, 개도국을 막론하고 어느 국가도 DDA 협상의 진행을 이유로 자신의 기존 협정상의 의무가 변경되거나 수정되어야 한다는 주장을 제기한 바 없다. 그 이유는 모든 협정은 개정(amendment) 내지 폐기(termination or withdrawal) 전까지는 협정문에 규정된 그대로 적용되기 때문이다.[9]

3. G-20 논의 동향

2010년 11월 11일 서울에서 개최된 G-20 정상회의는 당면한 세계경제의 제반 현안에 대한 주요국간 허심탄회한 논의의 장을 제공하여 G-20 참여국간 긴밀한 공조체제의 강화 및 G-20 참여국을 포함한 세계경제 질서 전반에 대한 새로운 화두 제공의 중요한 계기가 되었다. 특히 G-20 정상회의는 2008년 범세계적 경제위기 극복과정에서 상당한 역할을 수행한 것으로 평가할 수 있으며, 특히 국제통상 분야에서 각국의 보호무역조치의 문제점을 제시하고 확산방지를 위한 국제적 공감대를 형성하는데 중요한 기여를 한 것은 주목할 만하다.

A. 보호무역조치 동결 합의의 성과

2008년 11월 G-20 정상회의 시 합의된 G-20 국가의 보호무역조치 동결합의("standstill")는 2008년 세계경제위기 이후 급격한 확산 조짐을 보이던 각국의 보호무역조치 확산 움직임을 효과적으로 억제하는데 중요한 역할을 수행하여 왔다. 특히 이 조치는 G-20 국가 주도로 채택되었으나 여타 국가들에 대해서도 보호무역주의의 폐해와 그로 인해 범세계 경제에 초래될 치명적인 결과를 사전에 고지함으로써 범세계적인 보호무역주의 억제에 중요한 역할을 한 것으로 평가할 수 있다. 2008년 경제위기의 타격이 예상보다 완화된 여러 결정적인 이유 중 하나는 보호무역조치 동결 합의를 통한 국제교역체제의 안정적 운용으로 볼 수 있을 것이다.

---

9) 1969년 조약법에 관한 비엔나 협약 제26조, 31조, 39조, 54조, WTO 설립협정 제10조, 16조 각각 참조.

현재의 세계 경제 회복 추세를 지속적으로 지원하기 위해서는 보호무역조치 동결 합의 및 이와 유사한 조치가 지속적으로 유지되는 것이 긴요하다. 만약 국내적 요구를 수용한 각국의 보호무역조치가 다양한 형태로 다시 대두될 경우 세계 경제 회복에 치명적 영향을 초래할 수 있을 것이다.

B. 보호무역조치 동결 합의에 대한 중간 점검 및 정비 필요성

일단 G-20 국가간 보호무역조치 동결 합의가 원래의 목표를 일단 충분히 달성한 것으로 판단되나, 이 합의에는 기본적으로 내재하는 한계도 있다. 바로 이 합의는 기본적으로 전통적인 또는 일반적인 의미의 무역장벽만을 그 규율대상으로 하고 있기 때문이다. 이러한 전통적인 개념의 무역장벽은 그 조치의 외양이 분명하고 객관적으로 평가 가능하므로 그러한 조치의 시행 여부 및 철폐 여부 등을 상대적으로 용이하게 평가할 수 있다.

그러나 현재 각국의 관심을 끌고 있거나 분쟁 대상으로 제기되고 있는 소위 새로운 형태의 무역장벽은 이러한 전통적인 무역장벽과는 상이한 양태로 발현되고 있으며, 그 존재 여부의 확인과 해당 장벽의 철폐가 반드시 용이하지는 아니하다. 그 이유는 이러한 무역장벽은 기존의 무역장벽과는 상이한 형태로 나타나게 되어 확인과 입증이 곤란하며, 또 대부분의 경우 다양한 국가정책 목표와 혼재되어 있어 조치 시행국이 쉽게 그 철폐에 동의하기 힘든 부분이 많기 때문이다. 이러한 새로운 형태의 무역장벽은 점차 국가들간 논란을 초래하고 있으며 국제 통상분야에서 긴장을 제고시키고 있는 상황이다. 따라서 이러한 새로운 형태의 무역장벽을 확인하고 점진적으로 철폐할 수 있는 체계적인 방안을 도입하는 것이 필요하다.

C. 보호무역조치 동결 합의의 한계와 과제

이러한 점을 염두에 두고 아래에서는 지난 2008년 및 그 이후 지속된 G-20 국가 중심의 보호무역조치 동결 합의의 한계와 앞으로의 과제에 대하여 보다 구체적으로 살펴보도록 한다. 보호무역조치 동결 합의는 중요한 의의를 내포하고 있으며 2008년 금융위기를 극복하는데 있어 중요한 기여를 한 것으로 평가된다. 아울러 그러한 합의에는 내재적 한계도 아울러 존재한다. 바로 보호무역조치가 무엇인지에 대한 합의가 부재한 상황에서 결국 각국 정부가 채택하는 전형적인 수입제한조치 ―가령 반덤핑 조치, 상계관세 부과조치― 에만 초점을 두고 통계를 산출하는데 그치고 있기 때문이다. 이는 각국이 금융위기 극복조치 맥락에서 채택하는 다양한 조치 중 빙산의 일각에 불과하다. 대부분의 중요한 조치는 결국 이러한 보호무역 동결 조치 합의의 대상에는 의도하였든 또는 의도하지 않았든 빠져 있는 상황이 되었다. 이를 염두에 두고 아래에서 보다 상세히 살펴보도록 한다.

(1) 현 보호무역조치 동결 합의에 대한 평가

(a) 2008년 11월 보호무역조치 동결 합의 내용 소개

지난 2008년 11월 15일 워싱턴에서 개최된 G-20 정상회의 공동선언문에서 각국은 향후 무역투자 장벽과 수출 제한 등 보호무역주의 조치를 도입하지 않기로 합의하였다. 이 합의는 우리나라가 최초 제안하였으며 이에 대하여 각국이 찬성하는 입장을 표명한 바 있다. 이러한 합의를 도출하게 된 배경은 세계 경제위기의 확산을 차단하기 위해서는 자유무역에 대한 각 국의 약속을 다시 한번 확인하고 이를 통한 위기감의 확산 차단과 교역 증대를 도모할 수 있을 것이라는데 공감대가 형성되었기 때문이다. 자유무역체제의 유지가 세계 경제위기 극복의 핵심과제라는 데 모든 참여국이 동의하였다.

(b) 2008~2010년 보호무역조치 현황 평가(WTO 무역장벽 보고서 기초)

이에 따라 WTO는 세계 각국의 보호무역조치에 대한 모니터링 작업을 실시하여 정기적으로 모니터링 보고서를 채택하고 있다. 이러한 보고서는 각국의 다양한 보호무역주의의 실상과 문제점을 객관적으로 수치화하여 제시함으로써 보호무역주의의 확산 현상과 그 폐해를 효과적으로 국제사회에 전달하였다. 가령, WTO의 제1차 보고서에 따르면 11개국 13개 조치가 확인되었음에 반하여 제2차 보고서에 따르면 27개국 99건의 보호무역조치가 확인되었다. 이들 보호무역조치에는 부당한 관세부과, 수입절차의 지연, 수입허가 조건의 강화, 반덤핑/상계관세/긴급수입제한 조치 등 무역구제 제도의 부당한 발동 등 다양한 영역을 포함하고 있다.

한편 무역협회의 통계에 따르면 2009년 3월 말 기준, 우리나라 수출품은 19개국으로부터 총 123건(조사 중 20건 포함)의 수입규제를 받고 있으며, 국가별로는 인도가 총 27건(22%)으로 가장 높은 것으로 확인된 바 있다. 무역장벽 문제는 우리 기업에 대해서도 직접적인 피해를 초래하고 있다. 따라서 보호무역주의의 확산 또는 무역장벽의 강화 문제는 무엇보다도 우리의 통상 이익에 직접적인 피해를 초래하고 있다. 이와 같이 2008년 보호무역조치 동결 합의는 일단 상당한 성과를 거둔 것으로 평가할 수 있으며 경제위기 속에서 자유무역 정신의 유지에 적지 않은 기여를 한 것으로 판단된다.

그러나 이러한 외형적 성과에도 불구하고, 현재 주요국간 통상분쟁은 지속적으로 격화되고 있는 상황이며(가령, 미중간의 통상분쟁), 특히 이러한 최근의 분쟁은 이전의 분쟁에 비해 그 내용과 강도 면에서 일층 치열한 전개양상을 보이고 있다. 특히 분쟁의 대상이 된 각국의 무역제한 조치 내지 보호무역조치는 기존의 개념 및 정의만으로는 쉽게 확인하기 곤란한 부분이 적지 않은 상황이다. 현재 문제가 제기된 사안이 보호무역조치에 해당하는지는 분쟁 당사국의 입장이 상이하게 나뉘고 있으므로 여기에서 일률적인 판단을 내리기는 쉽지 않다. 일단 이러한 상황은 기존의 보호무역조치 개념이 쉽게 적용되기 곤란한 새로운 현상이 대두되고 있다는 현상 및 이러한 새로운 현상에 대하여 각국의 입장이 첨예하게 대립되고 있다는 사실은 잘 보여주고 있다. 따라서 현재의 2008년 보호무역조치 동결 합의는 이와 같이 새롭게 전개되는 상황에 맞추어 적절히 업데이트 되는 것이 필요할 것이다.

(c) 현 보호무역조치 동결 합의의 내재적 한계

WTO 협정문의 해석과 적용에 기초한 각국 보호무역조치의 확인 및 평가(나아가 필요 시 WTO 분쟁해결절차를 통한 분쟁의 해결)는 보호무역조치에 대한 적극적인 대처에 있어 항상 중요한 역할을 수행하고 있다. 그러나 앞서 언급한 바 있듯이, 오로지 WTO 협정문에만 기초한 법리적인 접근(legalistic approach)에만 기초하여 현재의 보호무역주의 문제를 해결하고자 할 경우 문제의 본질을 다루는 데에는 한계가 있다. 그 이유는 무역분야에서 현재 진행되는 주요국간 분쟁은 단순히 WTO 협정의 해석과 적용으로만 해결될 수 있는 문제는 아니기 때문이다. 마찬가지 맥락에서 각국의 무역관련 주요 조치가 과연 보호무역 조치에 해당하는지 여부도 단순히 WTO 협정문의 적용과 해석으로는 평가하기 곤란한 상황이 점차 증가하고 있다.

현재 WTO 협정에 포함된 여러 조항들은 이러한 새로운 형태의 분쟁을 효과적으로 해결하기에는 충분한 가이드라인과 지침을 제공하고 있지 못한 상황이며, 그 결과 주요 교역국간 무역분쟁에서도 기존의 무역분쟁에서 보기 힘든 내용이 분쟁대상으로 등장하거나 이미 제기된 분쟁에서도 각국의 입장이 첨예하게 대립하고 있는 현상이 발생하고 있다. 따라서 전체적으로 최근 제기된 주요국의 무역분쟁은 이전에 비하여 그 강도 면에서 한층 격화되고 있는 상황이다. 가령, 현재 미국과 중국간에 전개되는 다양한 무역분쟁,[10] 그리고 미국과 유럽연합

10) China—Measures Affecting the Protection and Enforcement of Intellectual Property Rights(DS362); China—Measures Affecting Trading Rights and Distribution Services(DS363); China—Measures Affecting Imports of Automobile Parts(DS339, 340, 342); China—Measures Related to the Exportation of Various Raw Materials(DS394/395/398) 각각 참조.

/일본간에 전개되는 제로잉 관련 무역분쟁은[11] 이러한 측면을 잘 보여주고 있다. 이러한 분쟁은 관련 협정의 조문만으로 해결하기에는 기본적으로 한계가 있으며 설사 WTO 패널 및 항소기구의 결정으로 최종판정이 내려진 경우에도 패소국이 이를 적극 수용하여 판정 내용을 이행하지 않거나 이행을 지체하는 경우가 발생하고 있다. 관련 WTO 부속협정의 기본취지 및 목적, 나아가 협정 내 관련 조항의 기본취지 및 목적에 관하여 서로 상이한 입장을 견지하고 있기 때문이다.

따라서 이러한 새로운 형태의 분쟁을 해결하기 위해서는 WTO 협정문의 기계적 해석 및 적용과 궁극적으로는 WTO 분쟁해결절차에의 회부라는 전통적인 방식을 넘어 새로운 접근 방안을 검토할 필요가 있다.

(d) 기존 보호무역조치 동결 합의의 기본적 한계

그러나 보호무역조치 동결 합의는 앞에서도 지적한 바와 같이 주로 기존의 통상적인 보호무역조치의 확인과 대응을 위하여 도입된 제도로 새로운 형태의 보호무역조치에 효과적으로 대응하는 데에는 기본적인 한계를 노정하고 있다. 위에서 언급한 바와 같은 새로운 형태의 또는 위장된 형태의 보호무역 조치의 확산을 방지하고 또 이 분야에서 점차 격화되고 있는 국가간 입장 차이를 적절히 조율하고 줄이기 위한 새로운 접근 방법을 국제사회는 검토할 필요가 있다.

기존의 보호무역조치를 평면적인 보호무역조치라고 정의한다면 새로운 형태의 보호무역조치는 입체적인 보호무역조치라고 볼 수도 있을 것이다. 또한 기존의 보호무역조치를 아날로그형 보호무역조치로 파악한다면 최근의 보호무역조치는 디지털형으로 간주될 수 있을 것이다. 현재 국제사회에서 적용 중인 보호무역조치의 확인과 현황을 정확하게 파악하기 위해서는 과거와 같은 평면적/아날로그식 접근뿐 아니라 입체적/디지털식 접근도 아울러 필요할 것이다. 평면적/아날로그식 접근법만 채택할 경우 보호무역조치의 일부만을 파악하게 되는 구조적 문제점에 직면하게 될 것이다.

또한 현재 성공적으로 운용되고 있는 것으로 평가되는 기존의 2008년 보호무역조치 동결

---

11) Appellate Body Report, United States—Laws, Regulations and Methodology for Calculating Dumping Margins("Zeroing"), WT/DS294/AB/R, adopted 9 May 2006; Appellate Body Report, United States—Measures Relating to Zeroing and Sunset Reviews, WT/DS322/AB/R, adopted 23 January 2007 참조.

합의가 향후에도 지속적인 존재의의를 확보하고 그 효용성을 극대화하기 위해서는 단순히 평면적/아날로그적인 보호무역조치 이외에 입체적/디지털적인 보호무역조치도 아울러 다룰 수 있는 포괄적인 보호무역조치 모니터링 시스템의 도입이 한층 요구되는 상황이다.

4.　양자간 통상현안 협의 채널을 통한 논의 동향

또한 현재 일부 BIT에서는 특정 정부정책에 대하여 협정 적용의 면제를 규정하거나 또는 객관적인 평가를 가능하게 하는 제도를 도입하고 있는 바, 이러한 부분에 대해서도 가능성 여부 판단이 이루어지고 있다. 가령 정부의 금융감독 정책에 대한 투자협정의 적용을 배제하는 금융건전성 감독(prudential regulation) 예외조항의 도입과 이에 대한 판정 문제가 있다.

A. 일반적 예외조항 포함 가능성

투자협정에 통상협정과 같은 일반적 예외조항을 도입하는 것이 타당한 것인지에 대한 논란은 여전히 진행되고 있다. 일단 투자협정에서는 일반적 예외조항을 포함하지 않는 것이 일반적인 흐름으로 이해되고 있으나 앞으로 일반적 예외조항이 도입될 가능성을 완전히 배제하기는 힘든 상황이다. 현재로서는 다른 나라가 체결한 일부 투자협정에서만 일반적 예외조항이 발견되고 있다. 현재 투자협정과 투자분쟁의 광범위한 적용 가능성으로 인하여 각국 정부의 우려가 점차 증가하고 있는 상황으로 이에 대한 반작용으로 일반적 예외조항 도입이 점차 일반화될 가능성도 없지 않다.

일반적 예외조항에 해당하는 조치인지 여부에 대해서는 이를 중재판정부에 맡겨두기 보다는 양 체약 당사국이 공동으로 구성하는 합동위원회 등에서 이를 평가하도록 하는 것이 타당하지 않을까 판단된다. 체계적인 법리 정립이 현재로서는 곤란한 투자협정의 특성을 감안할 때 일반적 예외 해당 여부에 대한 판정을 중재판정부에 위임하여 두면 오히려 현재 제기되고 있는 법리상 혼란이 증폭될 가능성이 있기 때문이다. 체약 당사국간 구성되는 합동위원회에서 이를 평가하도록 하면 정부 정책의 타당성 여부에 대하여 보다 객관적이고 합리적인 평가를 도출할 수 있으며, 이러한 평가를 토대로 중재판정부가 필요한 심리와 판정을 진행하도록 유도하는 것이 합리적인 선택일 것이다.

따라서 우리 투자협정의 모델 조항에도 이와 관련한 조항을 장기적으로 포함하는 방안을 진지하게 검토할 필요가 있다. 일단 통상협정에 포함되는 일반적 예외가 투자협정에는 적용되지 말아야 할 본질적인 이유는 찾기 힘들다고 할 수 있다.

(1) FTA 협정에서 일반예외의 도입 및 이를 투자에 확대 적용하는 문제

GATT와 GATS는 그 자체적으로 이미 일반예외의 상황이 어떠한지 그리고 어떠한 법리가 적용되는지에 대해 상당히 정형화되어 있고 상당 부분 예측 가능하다. 그런데 투자 챕터에서는 이러한 법리를 기계적으로 적용하는 것은 무리가 있는 것으로 보인다. 이는 GATT 뿐 아니라 GATS도 마찬가지이다. 투자 챕터에서 부과하는 의무의 내용과 상품/서비스 교역에서 부과하는 의무의 성격이 서로 다르므로 후자에서 적용되는 일반예외를 그대로 가지고 와서 전자에 적용하는 것은 추후 예상치 못한 문제를 초래할 가능성이 있다. 가령 MFN 조항만 하더라도 투자 챕터의 MFN과 상품/서비스 교역의 MFN은 서로 상이한 부분이 있다. 투자 챕터에서는 분쟁해결절차 등에는 MFN 원칙이 적용되지 않는 것으로 이해되고 있다. FET 조항이나 수용 관련 조항도 마찬가지이다. 정형화된 분쟁해결절차를 갖고 있는 상품/서비스 교역 문제와 비교하면 각 개별 건 별로 당사자들이 분쟁해결절차의 구조를 정하는 ISDS 절차도 서로 상이한 점을 다수 갖고 있다. 이러한 투자 고유 이슈에 대하여 GATT/GATS 일반예외가 그대로 적용될 수 있을지 의문이다.

따라서 투자 챕터에 대해서는 일반예외의 적용 가능성을 좁게, 구체적으로, 그리고 GATT 및 GATS와 독립적으로 규정하는 것이 적절한 기본방향이 될 수 있다. 주지하다시피 이미 상품 및 서비스 교역과 투자 문제는 서로 다른 법리 발전의 길을 걷고 있다. 양자가 서로 밀접한 연관성이 있는 것은 맞지만 서로 다른 길을 걸어오고 있고, FTA는 단지 두 체제가 임시적으로 동거하는 형태를 띠고 있는 것으로 보인다. 앞으로 이 문제가 어떻게 법리 발전이 이루어질지 모르는 상황에서 양자를 하나로 합쳐서 일반예외로 규정하는 것은 한편으로 간단하기도 하지만 한편으로 다소 위험한 선택이 아닌가 판단된다. 특히나 지금과 같이 이 법리 발전의 근거를 WTO 항소기구의 판정에 따르도록 하고 있는 취지를 담고 있는 조항이 있는 경우 이러한 위험성은 더욱 증폭될 것이다.

정리하면 GATT/GATS 분쟁에서 일반예외를 인정하는 논거와 투자협정에서 일반예외를 인정하는 논거는 100% 일치하는 것은 아닌 것으로 판단된다. 동종 상품간 또는 서비스간 공정한 경쟁을 보장하기 위한 GATT/GATS와 투자 유치국 정부가 외국인 투자자를 어떻게 규율하는 것인지에 관한 투자 챕터는 그 성격이 서로 상이하기 때문이다. 그러므로 이러한 맥락에서 FTA의 체결방식을 다시 한번 검토하여 볼 필요가 있다고 생각된다. 특히 이러한 분쟁이 발생할 가능성이 보다 높은 국가와의 FTA는 이 문제에 대하여 보다 면밀히 검토하는 것이 필요하다. 이러한 점을 감안하면 현재 우리나라가 제안하는 바와 같이 별도로 투자 챕터에 관한 예외를 도입하는 것은 적절한 방식으로 사료된다.

그 다음으로, GATT 부분에 대한 파급효과와 관련하여 이러한 양자간 "불일치의" 위험성은 더욱 증폭될 것으로 볼 수 있을 것이다. GATT 협정은 그야말로 국경에서 그리고 국내시장에서 상품이 교역되는 상황을 규율하는 협정인데, 여기에 대한 일반예외가 외국인 투자자가 서울에서 투자를 하여 활동하는 상황에 적용되는 다양한 규범(국내법령과 제도)에 대한 예외를 제시하여 줄 수 있는지 의문이기 때문이다. 때로는 연관성이 있을 수도 있지만, 대부분의 경우 양자간 서로 다른 맥락에서 규제가 이루어질 가능성이 있다. 그러므로 이에 대하여 GATT 일반예외를 도입하는 것은 적절하지 않은 것으로 판단된다.

이 문제를 살펴볼 때 제일 중요한 것은 GATT의 경우 또는 GATS의 경우 그 일반예외의 인정은 그 나름대로 협정의 테두리 내에서 구체적으로 이루어진다는 점이다. 가령 GATT 제20조 예외는 비록 유사한 조치이지만 TBT나 SPS 협정에 따른 조치에는 적용되지 않는다. 각각의 협정에 이러한 예외 상황과 연관되는 별도의 규정이 있기 때문이다. GATS의 경우도 예외가 주로 적용되는 내국민 대우나 시장접근 문제는 양허표에 약속한 부분에 대해서만 적용이 되고 그 상황도 구체적이다.

그러나 투자 챕터는 상당히 광범위한 영역에 대하여 포괄적으로 적용되는 규범이다. 즉, 투자 챕터는 때로는 TBT나 SPS 조치와 연관하여서도 제기될 수 있는데 정작 GATT 20조는 적용되지 않는 상황에서 단지 해당 조치가 투자문제와 연관되어 있다고 하여 GATT 20조가 적용되는 어색한 상황이 이러한 조항의 도입으로 발생할 수도 있게 된다. 이와 같이 서로 적용범위가 상이한 부분에 대하여 하나의 예외를 다른 규범의 예외를 위하여 그대로 원용하는 것은 적절하지 않은 것으로 판단된다. 따라서 FTA 및 투자협정 체결에 있어 상기의 이러한 특징을 염두에 두는 것이 필요하다. 가령 GATT 1994 제XX조(a)에 규정되어 있는 공중도덕은 서비스 교역에 대한 위반을 치유하는 예외사유로는 타당하지만 이 규범이 투자규범 전체에 대한 예외가 될 수 있을지는 의문이다. 투자에서 문제되는 것은 대부분 공중도덕이나 공공질서와 연관되기 때문이다. 이러한 부분이 제한적으로 연관되는 서비스 교역이나 상품교역과는 구별되는 것으로 보인다.

B. 구체적 예외조항 포함 가능성

만약 일반적 예외조항 도입이 여의치 않다면 몇몇 구체적 사항에 대하여 예외조항을 도입하는 방안 역시 검토하여 볼 수 있다. 가령 현재 대부분 투자협정에서 포함되고 있는 안보상 예외조항을 보다 확대하여 국가안보의 개념을 군사적 개념뿐 아니라 핵심적·경제적 이익을 포함하는 개념으로 확대하여 예외를 적용하는 방안을 상정할 수 있을 것이다. 마찬가지로 진정한 의미의 환경보호를 달성하기 위하여 도입된 조치에 대해서도 투자협정 적용을 면제하여 주는 조항도 상정 가능하다. 구체적 예외조항에 해당하는 사항은 각 협정별로 상이하게 규정할 수 있을 것으로 판단된다.

구체적 예외조항이 도입된 이후 특정 사안에서 원용되는 예외조항이 진정한 의미로 여기에 해당하는 조치인지에 관하여 당사국간 이견이 있거나 분쟁 당사자간 이견이 있으면 이는 양국이 공동으로 구성하는 합동위원회 등에서 이를 평가하여 결정하는 것으로 규정할 수도 있을 것이다. 그렇지 않으면 투자분쟁을 담당하는 중재판정부가 이를 결정할 것이나 예외조항 해당 여부는 합동위원회에서 이를 평가하도록 하는 것이 적절하지 않을까 사료된다.

(1) 금융건전성 감독 예외조항

특히 구체적 예외조항의 특별한 형태로 금융건전성 확보 조치에 대해서는 투자협정의 적용으로부터 면제하여 주는 조항이 최근 발견되고 있다. 앞에서도 설명한 바와 같이 이는 우리나라에 대해서도 중요한 함의가 있는 조항으로 향후 투자협정에서 적극적으로 수용하여 이를 예외사항으로 규정하여 두는 것이 필요할 것이다. 특히 다른 예외사항과는 달리 여기에 대해서는 전반적인 국제사회의 공감대가 형성되어 있는 것으로 판단되어 향후 투자협정에서 이를 반영하는 것이 크게 어렵지는 않을 것으로 판단된다.

C. 세이프가드 조항

한편 한미 FTA에는 국경간 자본 거래나 송금을 일시적으로 제한하는 일시적 긴급제한조치(세이프가드)가 포함되어 있다. 이는 과거 IMF 외환위기 등 일련의 경험에 기초하여 긴급한 상황에서 외국인 투자의 급격한 이탈을 제한하기 위한 안전장치를 마련하여 두자는 취지이다. 이에 대하여 미국측은 이 조항 논의 과정에서 세이프가드 조치가 발동될 경우 한국에 진출한 자국 기업의 대외 송금에 제한이 발생한다는 이유로 이의 도입을 반대한 바 있다. 다음 사항을 고려할 경우, 여타 국가와의 FTA에 있어서도 앞으로 이와 유사한 세이프가드 조항의 도입이 필요할 것이다.

(1) 국제교역체제에서 세이프가드 조치의 일반적 채택

(a) 상품 및 서비스 교역에서의 세이프가드 조치

세이프가드 조치는 비상 상황에 대처하기 위한 일시적 제한 조치로서 국제교역체제에서 빈번하게 채택되고 있다. 투자와 직접 관련되지는 않으나 세이프가드 제도는 상품교역에서 도입되어 있으며 서비스 교역에서도 그 필요성은 원칙적으로 인정되고 있음은 주목을 요한다. 그렇다면 서비스 교역과 직접적으로 연관되는 투자 부분에서 이러한 세이프가드 제도를 도입하지 못할 근본적 이유는 존재하지 않는다고 할 것이다. 그렇다면 금융위기 극복조치 맥락에서도 이러한 세이프가드 조치는 주요한 방어기제로 활용될 수 있을 것이다

(b) 세이프가드 조치의 기본취지

세이프가드 조치는 국가가 심각한 교역상 위기에 봉착하는 경우 협정상 의무로부터 일정 기간 한시적으로 일탈을 허용하는 것으로 반드시 상품 또는 서비스의 특정 분야에만 국한되어 채택, 시행되는 것은 아니다. 그러므로 여러 영역에 대하여도 유사한 개념이 확대 적용될 가능성은 열려 있고 투자부분이라고 하여도 예외는 아니라고 하겠다. 결국 이는 각국이 이 문제에 대하여 어떻게 협의하고 합의하는지 여부에 상당 부분 좌우되는 것이라고 하겠다. 따라서 금융위기 극복조치 과정에서 투자부분에서 필요한 조치를 취하게 되더라도 기존의 세이프가드 조치를 이에 확대 적용하는 부분도 기존의 협정에서 이미 커버가 되거나 또는 새로운 협정 체결 시 이를 포함하는 것은 전체적인 틀에서 벗어나는 것은 아니라고 할 것이다.

(2) 투자분야 세이프가드 조치의 현실적 필요성

한편 투자분야에서 세이프가드 조치에 대한 도입을 적극 검토하여야 하는 필요성은 여러 가지 측면에서 존재한다. 대체로 다음과 같이 살펴볼 수 있을 것이다.

(a) 투자분야에서 세이프가드 조치의 필요성 증대

상품 및 서비스 교역에서 세이프가드 조치가 이미 통상협정에서 존재한다는 점은 위에서

살펴보았다. 자세히 살펴보면 오히려 상품 및 서비스 분야에 비하여 투자분야의 경우 비상상황에 직면하여 이러한 세이프가드 조치를 강구하여야 할 실익은 더욱 증대한다고 볼 수도 있을 것이다. 특히 해외투자의 급격한 회수 및 철수는 투자 유치국 경제체제의 마비와 직접적으로 연관된다는 점을 고려하면 상품 및 서비스 교역에 비하여 세이프가드의 필요성은 더욱 심각하다고 판단된다. 바로 이러한 급격한 철수와 투자자금의 회수가 대부분의 경우 금융위기로 이어진다는 점은 이미 목도한 바이다. 우리나라의 경우도 1997년 외환위기는 외국 자금의 급격한 이탈로 촉발되었고 2008년 위기 또한 그러한 가능성을 여러 차례 보여준 바 있다. 이를 감안하면 세이프가드 조치의 도입은 향후 금융위기 촉발 시 가장 효과적인 대응방안을 제공하여 줄 것이다.

(b) 비상사태에 대비한 임시조치의 성격 유지

또한 세이프가드 제도가 국내산업에 대한 심각한(serious) 피해가 발생 또는 예상되는 경우 긴급히 발동될 수 있는 잠정조치의 성격을 보유하도록 제한하는 한, 이러한 제도를 투자분야에 적용하는 것이 불합리하다고 볼 수는 없을 것이다. 이 제도가 남용되어 외국인 투자자나 투자를 제한하는 방향으로 사용되는 것은 물론 차단되어야 한다. 그러나 현재 통상협정에서 상품 및 서비스 교역에서 이 개념이 적용되는 바와 같이 긴급한 상황에 직면하여 국내산업이 심각한 위기에 처하였음이 확인되고 이에 대응하기 위하여 단기간에 적용되는 방식으로 세이프가드 조치를 도입한다면 투자부분에서도 그 가능성을 배제할 원천적인 이유를 찾기는 힘들다고 하겠다. 그렇다면 이러한 성격을 유지하는 한 금융위기 극복조치의 한 수단으로 세이프가드 조치를 원용하는 방안도 앞으로 검토하여 볼 만하다.

(3) 한국의 경험

(a) 1997년 외환위기

특히 1997년 우리 외환위기나 여타 국가의 외환위기에서 입증된 바와 같이, 특정한 위기 상황에서는 투자 유치국 정부 입장에서는 단기적으로 투자 자본의 해외 유출을 제한할 필요성이 분명히 존재한다. 외환위기의 원인에는 다양한 요인이 자리 잡고 있으나 최소한 단기적으로 그러한 위기가 촉발되는 계기는 해외 자본의 급격한 입출입에 있는 경우가 빈번하다. 우리나라만 하더라도 1997년 금융위기는 그러한 상황에 제대로 대처하지 못하여 발생하였고, 반면에 2008년 금융위기는 그러한 상황에 잘 대처하여 효과적으로 통제하였던 경험이 있다. 이러한 경험에 기초하여 평가하여 보면 앞으로도 외국 투자가 급격히 우리나라에서 이탈하는 상황에서는 적절한 임시적인 방어장치를 활용할 수 있는 가능성을 열어 두는 것이 필요할 것이다. 이는 금융위기 극복조치의 주요한 한 부분을 차지하게 될 것이다.

(b) 한국의 경우 세이프가드 조항 필요성 증대

특히 경제 및 금융체제가 안정적인 미국 및 EU에 비하여 우리나라는 상대적으로 유동적인 상황이 빈번하여 이러한 비상 상황에 직면할 가능성이 높으므로 그만큼 세이프가드 조항에 대한 필요성은 더욱 두드러진다고 할 것이다. 이에 더하여 우리나라의 국내시장 특히 금융시장은 상대적으로 소규모인 바, 외국인 투자자의 급격한 이탈 시 그 파급효과는 보다 직접적으로 시장에 영향을 초래할 수 있다. 이에 더하여 우리나라는 1995년 OECD 가입 이후 금융분야에서 상당한 자유화를 달성하여 외국인 투자의 입출입이 자유로운 실정이다. 그 결과 외국인 투자의 급격한 이탈의 가능성은 항상 존재한다고 볼 수 있을 것이다. 그러므로 모든 조건이 동일하다고 하더라도 우리나라 또는 이와 유사한 국가들 입장에서는 이러한 세이프가드 조항의 필요성은 더욱 제기된다.

(4) 장래 분쟁 대비

세이프가드 조항을 도입하는 또 다른 실익은 이러한 조항은 궁극적으로 투자분쟁 발생 또는 여타 형태의 분쟁 발생 시 결정적으로 중요한 논거를 투자 유치국 정부에 제시하여 준다는 것이다. 우선 협정 자체에 세이프가드 조항이 도입되면 이를 원용하는 조치가 협정 합치적 판정을 받게 되는 것은 물론이다. 이에 더하여 이러한 조항이 존재한다면 여타의 상황에서도 세이프가드 조항의 취지가 충분히 고려되어 평가되도록 하는 간접적 영향도 기대할 수 있기 때문이다. 즉, 급격한 외국인 투자의 이탈을 방지하기 위하여 세이프가드 조치 허용 조항이 투자협정 내지 통상협정에 포함되어 있다면 투자 유치국 정부가 세이프가드 조치가 아니라 여타 맥락에서 긴급한 금융위기 극복조치를 채택하는 경우에도 협정 합치적인 평가를 받을 가능성은 그만큼 높아지는 것으로 볼 수 있을 것이다. 바로 이러한 이유로 세이프가드 조치를 도입하거나 또는 그 적용 범위를 금융위기 조치를 충분히 포함할 수 있도록 구성하는 것은 중요한 의미가 있다.

(a) 불필요한 투자분쟁의 사전차단

특히 1997년 이후 아르헨티나의 경우에서 살펴본 바와 같이 투자분쟁의 경우 외환위기 상황에서 폭증하는 경향을 보이고 있다. 아르헨티나는 금융위기 극복과정에서 다양한 조치를 취하였는데 이들 조치가 추후에 미국 및 EU의 투자자로부터 투자협정 위반의 조치로 주장되며 ISDS 절차로 이행하게 되었다. 아르헨티나에 대한 이러한 분쟁의 수가 거의 50여건에 이르며 이들 분쟁은 2015년인 현재에도 여전히 진행되고 있다. 특히 아르헨티나 분쟁 사례를 살펴보면 결국 현재의 투자협정체제에서 이 경우 투자 유치국의 패소 가능성이 적지 않다는 점을 알 수 있고, 이를 극복하기 위해서는 앞으로 통상협정 및 투자협정에 세이프가드 조항을 포함시켜 두는 것은 실로 긴요하다고 할 수 있을 것이다. 이들 분쟁을 살펴보면 간단하게라도 관련 문구가 협정문에 포함되어 있는 경우 때로는 중요한 의미가 있는 것으로 간주되고 있음에 유념하여야 한다.

(b) 국가 비상사태 시 정책 운용권 확보

세이프가드 조치의 도입으로 국가 재정위기 및 비상사태 시 투자분쟁해결절차 회부 가능성을 최소화하여 각국 정부의 정책 운용권을 평상시에 비하여 보다 광범위하게 유지할 수 있을 것이다. 이는 금융위기 극복조치의 통상협정에의 합치성을 담보하는 데 중요한 영향을 끼칠 수 있을 것이다. 다만 현재 검토되는 세이프가드 조치는 투자협정 맥락에서 주로 검토가 되는 것으로 투자협정에 대한 위반이나 또는 투자 챕터를 포함하는 통상협정에 대하여 금융위기 극복조치의 협정 합치성을 담보하는 데에는 유용한 수단을 제공하여 준다. 그러나 그렇다고 하여 통상협정의 여타 측면에까지 포괄적인 방어수단을 제공하여 주는 것은 아니라는 점에 유념하여야 한다. 즉, 금융위기 극복조치가 여전히 GATT 협정, 보조금협정, 서비스 협정 등에 위반될 가능성은 상존하고 있다는 것이다. 이 문제를 해결하기 위해서는 결국 통상협정 자체에 일반예외나 구체적 예외사유로 금융위기 상황이나 더 나아가 경제위기 상황을 포함하도록 조항을 채택하는 것이 필요하리라고 본다.

5.   최근 국제적 논의 동향의 한계

A. 모호한 협정기준 채택 시 자의적 적용 가능성

모호한 기준이 채택될 경우 제시되는 현실적인 문제점은 그러한 기준이 자의적으로 적용될 가능성이 농후하다는 점이다. 가령, 현재 WTO 보조금협정의 세 가지 구성요건이 추상적으로 제시되어 있어 그 자의적 적용으로 인하여 우리나라는 적지 않은 피해를 보고 있는 상황이다. WTO 반덤핑 협정의 경우에도 수출국 국내시장의 정상가격(Normal Value: NV)과 수입국 시장에서의 수출가격(Export Price: EP)을 비교하는 방법론에 관한 모호한 규정으로 인하여 미국의 경우 소위 부당한 비교방법("제로잉 조치")을 실시하여 우리 기업이 적지 않은 피해를

보고 있는 상황이다.12)

　　이러한 사례에서 공통으로 나타나는 특징은 협정문에 포함된 단어를 어떻게 해석하는지에 관하여 국가들간 서로 상이한 입장을 채택하고 있다는 점과, 국가들간 입장차가 대립할 때 어떠한 입장이 궁극적으로 채택될 지는 예측 불가하다는 점이다. 이러한 이슈와 관련된 제반 분쟁에서 우리나라도 다양한 입장 개진을 통하여 우리가 판단하는 정당한 해석기준을 강력히 제시하였으나 적지 않은 경우 우리 입장이 기각되는 상황이 초래되었다. 결국 WTO 반덤핑 협정 사례에서 목도하는 바와 같이 설사 추상적 개념 자체는 타당성이 인정된다 하더라도(즉, 덤핑 조치의 시장왜곡적 기능 및 이에 대한 대응 조치 필요성에는 모든 국가들의 의견이 일치하지만) 그러한 개념의 기준 자체가 불명확한 경우 결국 원래의 의도와는 상관없이 자의적 적용 및 남용의 가능성이 높아진다는 점은 특히 유의하여야 할 대목이다. 이러한 사례를 살펴보면 결국 애매모호한 규정의 도입은 협상의 조기타결에 촉매제로 작용할 수는 있으나 결국 자의적인 적용과 남용 가능성을 항상 내포하고 있음을 알 수 있다.

---

12) 반덤핑 원심조사는 수입국 조사당국이 각 피조사기업별로 조사대상 기간 동안 수출국 국내시장 가격(정상가격, normal value)과 수입국에서의 수출가격(export price)을 비교하여 덤핑 여부를 확인하고 그 최종적인 종합적인 결과를 산출하는 과정이다. 즉, 수출가격이 정상가격 보다 낮은 경우 그 차이만큼 덤핑이 존재하게 되며, 조사대상 기간 동안 이러한 차이를 모두 합산하여 이를 종합적으로 계산하면 해당 기업에 대한 최종적인 덤핑 마진이 산출된다. "제로잉" 조치란 이러한 합산 과정에서 수출가격이 정상가격 보다 높은 경우에는 그러한 차이만큼 "음(Negative)"의 수치를 부여하여 덤핑이 발생한 경우를 상쇄하는 것을 허용하지 않고자 수출가격이 정상가격 보다 높은 경우는 단순히 "0"으로 기재하는 방식이다. 이러한 방식을 사용하면 실제 덤핑이 존재하지 않는 경우에도 존재하는 것으로 확인되게 된다. 미국이 주로 사용하는 제로잉 조치는 최근 지속적인 국제통상분쟁의 대상이 되고 있다. *United States−Measures Relating to Zeroing and Sunset Reviews*, Recourse to Article 21.5 of the DSU by Japan(WT/DS322/AB/RW)(Aug. 31, 2009) 등 참조.

제 10 장

금융위기 극복조치에 대한
통상규범상 평가의 한계

제 10 장

금융위기 극복조치에 대한
통상규범상 평가의 한계

1. 구조적 문제

　금융위기에 대한 대응 조치 또는 보다 광범위하게 금융관련 조치를 다루는 데 있어 어려운 점은 바로 금융위기 또는 금융조치의 필요성은 다양한 요인의 복합적 작용으로 발생하는 경우가 많다는 것이다. 가령 IMF도 최근의 신흥국 금융위기는 단지 특정 요인이 단독으로 작용하였다기 보다는 다양한 요인의 복합적 결과임을 지적하고 있다.[1] 2008년 미국의 금융위기 역시 금융감독 시스템의 붕괴 등 보다 구조적인 문제에서 출발하였다는 점을 상기할 필요가 있다.[2] 따라서 금융위기의 극복을 위해서도 이러한 구조적인 문제를 해결하기 위한 노력에 초점을 두어야 하며 단기적인 수출입 등락을 유도하는 정책은 그 효과가 반감될 수밖에 없을 것이다. 이러한 문제가 대부분 국제금융체제의 구조적 문제에 기인한다면 이를 위한 해결책 역시 국제적인 차원에서 구할 수밖에 없다. 국제공조의 필요성이 제기되는 또 다른 이유이다.

　한편 다양한 요인이 복합적으로 작용한 구조적인 현상으로 국제 금융위기가 발생하고 또

---

[1] IMF는 최근 신흥국의 경제불안은 외부 금융상황, 성장률 둔화, 원자재 가격 하락에 기인한다고 밝힌 바 있다.
[2] 신세돈, 중앙일보(중앙 Sunday), "양적완화 축소에 증시 불안은 과민 공포", 2014년 2월 2일자, 제19면 참조 (신세돈의 거시경제 읽기) 참조.

여러 국가들이 필요한 조치를 취한다면, 미국과 같이 자국의 필요에 의해 다양한 조치를 취한 국가들 역시 그러한 조치들이 신흥국의 금융위기를 초래한 것은 아니라는 반론을 제기할 수 있다. 그러나 다양한 요인들이 내재하고 있더라도 그러한 요인을 수렴하여 특정한 방식의 효과가 초래되도록 촉발시킨 것은 이들 조치라는 점에서 여전히 이러한 반론은 힘을 얻기는 어려울 것이다.

A. 금융위기 극복조치에 대한 상세한 검토 및 대비 필요성

금융위기 극복 관련 조치에 대한 논의를 전개함에 있어 대두되는 사항 중 하나는 다른 나라 정부도 유사한 지원정책을 도입하여, 활용하고 있다는 주장이다. 또는 타국 정부의 보조금 정책을 이유로 들어 우리 정부도 유사한 정책을 검토하여야 하는 것으로 주장하는 사례도 없지 않다. 이러한 정부 지원의 요청은 일면 충분히 이해가 가는 측면이 있다. 타국 정부도 그렇게 지원하고 있으니 우리 관련 업계에 대해서도 유사한 정부 지원이 있어야 동일한 조건에서 경쟁할 수 있을 것이라고 할 수 있기 때문이다. 이러한 "보조금 상쇄" 전략에 대해서는 다음과 같은 점을 검토할 필요가 있다.

가령, 현재 미국을 포함한 모든 국가들이 자동차 산업 지원에 나서고 있다. 그렇다면 우리 정부가 유사한 정책을 취하는 경우, 설사 그러한 조치가 WTO 보조금협정에 위반되거나 또는 미국 통상법에 근거하여 상계관세 조사를 개시할 만한 요건을 충족하는 경우에도 미국 정부가 이에 대하여 문제를 삼지 않을 가능성이 물론 존재한다. 자신들도 지원정책을 채택하는 마당에 한국에 대해서만 문제를 삼는다는 것은 분명 비합리적이기 때문이다. 미국 정부가 보조금 교부를 이유로 우리나라를 WTO에 직접 제소하거나 또는 상계관세 조사를 시작할 경우 이러한 부분을 우리가 적극 강조할 수 있음은 물론이다. 이러한 내용에 대하여 가령 WTO 패널의 경우도 우리측에 호의적인 반응을 보일 가능성이 있다.

그러나 이러한 측면과 함께 다른 한편으로 우리나라가 미국에 비하여 보조금 제소 및 상계관세 분쟁에 특히 취약하다는 점 역시 무시할 수 없다. 바로 대부분 우리 상품이 미국에 수출되는 경우가 그 반대의 경우보다 많기 때문이다. 가령, 우리 자동차 산업은 미국시장에 대한 수출에 의존하는 비율이 월등히 높다. 즉, 미국이 우리나라에 수출하는 자동차보다 우리가 미국에 수출하는 자동차가 훨씬 많으므로 동일한 조건이라면 우리가 상계관세 조사에 훨씬 취약하게 노출되어 있다. 따라서 모든 조건이 동일할 경우 우리나라 자동차의 대미수출을 막기 위하여 미국이 상계관세 부과를 시도할 가능성이 그 반대의 경우보다 훨씬 높다고 볼 수 있다. 이 경우 우리는 너희도 지원하였으니 상계관세 부과를 하면 안 된다 라고 심정적으로는 주장할 수 있을지 몰라도, 법리적으로는 그러한 주장은 타당하지 않으며 용인되기도 힘들다. 미국 입장에서는 한국 정부도 동일하게 미국 자동차에 대하여 상계관세 조사를 하면 된다고 반박할 것이기 때문이다. 이는 미국뿐 아니라 대부분의 국가가 취할 수 있는 입장이다.

그러나 우리가 설사 상계관세 조사를 통해 상계관세를 부과한다고 하더라도 미국산 자동차가 한국으로 들어오는 수량은 극히 미미하므로 미국에 대하여 상계관세 부과는 직접적 효과가 거의 없다고 볼 수 있다. 물론 미국이 우리 자동차에 대하여 상계관세 조사를 시작하면 미국의 자동차 산업 보조금 교부 조치를 직접 WTO에 제소하는 방법도 있기는 하나 양자는 그 실제적 효과 면에서 상당한 차이가 있다. 가령, WTO 직접 제소의 경우 실제 제재의 효과는 3~4년 정도 경과하여 보복을 실시하는 시점에 발생함에 반하여 상계관세 조사는 1년만에 추가 관세 부과를 통하여 곧바로 시장 차단 효과가 발생하기 때문이다.

따라서 최소한 보조금 관련 영역에서는 단순히 우리가 미국과 동일한 조치를 취하였으므로 안전하리라고 보는 것은 다소 성급한 판단으로 볼 수 있을 것이다. 시장의 차이와 동원 가능한 수단의 차이로 인하여 양국이 동일한 조치를 취하여도 우리가 훨씬 취약하게 노출될 수 있다. 2001~2009년간 진행된 반도체 상계관세 분쟁은 바로 이러한 점을 잘 보여주고 있다. 미국 정부가 동 사건의 국내 청원기업이었던 미국의 마이크론을 다양한 방법으로 지원하고 있어도 우리는 이에 대한 상계관세 조사를 시작하는 것이 불가능하였다. 바로 이들의 한국으로의 수입물량이 거의 없기 때문이다. 반면 우리 반도체의 미국 시장으로의 수출물량은 상당한 규모이므로 조사의 피해를 우리가 고스란히 받을 수밖에 없었다는 점은 이와 관련하여 시사점을 제공하여 주고 있다.

이와 관련하여 또 하나 고려할 점은 미국의 경우 특정 산업 지원 법령을 도입하더라도 상당히 정치(精緻)한 입법을 실시하는 경우가 상대적으로 빈번하다는 점이다. 우리나라의 경우 직접적인 지원을 표면적으로 드러낸 입법이 많음에 반하여 미국의 경우 이런 저런 세부적인 규정을 상세하게 규정하여 설사 보조금 쟁송이 발생하더라도 빠져나갈 수 있는 여지를 많이 확보하여 두고 있는 것으로 보인다. 따라서 실제적으로 동일한 지원 내용을 골자로 하는 법령 및 정책이 WTO 등에서 문제가 되더라도 미국이 우리에 비하여 보조금 쟁송에서 다소 유리한 입장에 서 있는 경우가 적지 않다. 이러한 점도 우리나라가 동일한 상황에서는 미국에 비하여 보조금 분쟁에서 불리한 상황에 처할 가능성이 있음을 보여주는 근거라고 할 수 있다.

B. 국가간 근본적 입장 차이 노정

금융위기 극복조치 및 금융관련 조치와 관련하여 제기되는 구조적 문제 중 가장 중요한 부분은 여기에서는 국가간 근본적인 입장 차이가 노정되는 경우가 빈번하다는 것이다. 다시 말해, 금융위기 극복 정책이 통상규범을 위반하는지 문제가 용이하지 않은 것은 바로 어떠한 정책이 필요한지 또는 어느 정도의 시장 개입이 정당화되는지에 대하여 국가별로 입장이 상이하다는 데에 기인하고 있다. 가장 대표적으로 환율 문제를 살펴보도록 하자. 우리나라의 경우 1997년 외환위기의 쓰라린 경험으로 인하여 환율보유고 확보에 최우선을 두고 경제정책을 실시하여 오고 있다. 그 결과 2015년 3월 말 기준으로 우리나라의 외환 보유고는 3,627.5억 달러에 달하고 있다. 그런데 그간 일반적인 이론에 따르면 적절한 외환 보유고는 3개월치의 수입품의 가격에 상응하면 된다는 것이다.[3] 하지만 이는 이론적인 근거에만 기초한 주장으로 국가 정책의 다양한 측면을 포괄하지 못하는 한계가 여기에서도 드러나고 있다. 또한 2008년 9월 경제위기에 직면하여 급격한 외국자본 이탈로 환율의 급격한 변동을 겪은 우리나라로서는 더구나 이러한 국제 "핫머니(hot money)"의 공격에 취약하게 노출되어 있기도 하다. 이러한 상황에 종합적으로 대처하기 위해서는 일반적인 상황보다 충분한 정도의 외환 보유고를 유지할 수밖에 없다는 주장은 충분히 설득력이 있다.

이러한 현실적 필요에도 불구하고 단지 이론적 근거에 기초하여 다른 국가의 환율 정책을 부당한 시장개입이자 통상협정 위반이라고 주장한다면 그 정당성은 의심받을 수밖에 없을 것이다.

경제위기 내지 금융위기 극복을 위한 정부의 공공정책적 성격의 지원정책은 정당한 국가주권의 행사로서 간주되어 기본적으로 합법성이 인정된다는 것이 국제법상 일반적인 입장이다. 다만 이러한 지원정책 중 어떠한 정책이 협정에서 금지하고 있는 불법적인 지원정책에 해당하는지 여부에 대해서는 국가간 입장 차이가 존재하고 있으며 이는 주로 근본적인 철학적 관점의 차이에 기초하고 있다. 즉, 정부와 민간의 역할 구분을 어떻게 할 것인가, 정당한 정부의 역할

---

3) C. Fred Bergsten and Joseph E. Gagnon, *Currency Manipulation, the US Economy, and the Global Economic Order*, Peterson Institute for International Economics, N U M B E R P B 1 2 − 2 5(December 2012), p. 6.

은 무엇인가 등 기본적인 문제에 대한 각국의 입장 차이에서 출발하고 있는 것이다. 이는 단지 특정 국가의 조치가 협정 위반에 해당하는지 여부에 대한 '법리적 이견'만을 의미하는 것이 아니다. 과연 특정 상황이 위기상황인지, 그리고 그러한 위기상황에 어떠한 조치가 필요한 것인지 여부에 대하여 국가간 본질적인 입장 차이가 존재한다. 기본 전제에 대하여 이와 같이 입장 차이가 있는 경우 이에 대한 후속적인 평가와 협정의 적용에는 당연히 상당한 이견이 노정될 수밖에 없다. 동일한 사안을 두고도 국가간 서로 다른 이해와 입장을 견지하고 있는 것이다.

특히 국가의 경제주권을 가급적 강하게 보호하려는 개발도상국의 입장과 경제주권에 우선하는 국제규범의 강화를 강조하는 선진국의 입장이 첨예하게 대립하고 있다. 이러한 기본적인 입장 차이를 어떻게 확인하고 또 융합할 것인지가 현재 이 문제 해결을 위한 중요한 출발점이다. 따라서 위에서 살펴본 최근 사례에서 나타난 바와 같이 새로운 형태의 무역분쟁은 단순한 무역이슈와 연관되어 있기 보다는 점차 국가 주권의 정당한 운용범위 또는 WTO 협정 등 무역협정이 적용되는 범위에 대한 국가간 기본적인 시각(perspectives) 차이에 상당 부분 기초하고 있다. 이러한 새로운 형태의 통상분쟁이 제기되는 추세라고 하여 기존의 통상분쟁이 감소되거나 해결된 것은 아니며, 기존의 통상분쟁에 더하여 새로운 형태의 통상분쟁이 동시에 발생하고 있는 것으로 파악하는 것이 보다 정확하다.

가령, 국가 경제체제 운용을 위한 정부의 정당한 역할이 무엇인가, 정부가 민간분야 업무에 어느 정도 관여할 수 있는가, 정당한 정책목적을 달성하기 위하여 시행된 조치가 통상분야에 간접적 영향을 미치는 경우 이를 통상협정으로 어떻게 규율할 것인가, 통상협정이 비통상분야에서의 국가정책을 통제하는 범위는 어디까지인가 등과 같은 본질적인 문제가 제기되고 있다. 따라서 이러한 상황에 대한 효과적인 대응 방안이 도입되지 않을 경우 국가간 무역분쟁은 새로운 각도에서 더욱 격화될 가능성이 크며 일단 제기된 분쟁도 종국적인 해결에는 보다 많은 시간과 노력이 필요할 것이다.

이러한 본질적인 문제에 대해서는 WTO 협정이 상세한 가이드라인을 제시하고 있지는 아니하며 기본적인 시각 차이 및 견해 차이에 기초한 각국의 입장이 첨예하게 대립하고 있는 상황이다. 이러한 구조적 문제가 극복되지 않고는 통상협정의 적용 여부 그리고 위반 여부에 대해서도 계속하여 이견이 노정될 수밖에 없으며, 이러한 이견은 설사 분쟁해결절차로 회부되더라도 종국적으로 해소되기는 어렵다. 판정이 내려지는 경우라고 하더라도 결국 해당 분쟁에서의 기계적인 해결일 뿐 문제의 본질을 해소하지는 못하며 결국 패소국은 유사한 상황에서 유사한 조치를 또 취할 수밖에 없을 것이다. 패소국 입장에서는 자국의 정당한 경제주권이 침해되고 있는 것으로 받아들일 가능성이 있기 때문이다. 이러한 상황에서는 일단 패소하는 경우에도 형식적인 이행조치만 취할 가능성이 크고 문제가 된 조치는 다른 대안이나 더욱 위장된 형태로 재현될 가능성이 농후하다.

C. 사안별 검토

이와 관련하여 제기되는 또 다른 구조적 문제는 금융위기 극복조치의 경우, 사안별 검토가 필요하여 일관된 법리의 적용이 곤란하다는 점이다. 물론 기본적으로 모든 통상분쟁이 사안별로 검토되어야 하는 측면이 있다. 그러나 금융위기와 관련된 조치의 경우 특히나 그 개별성, 일회성이 두드러지며 국가별 상황이 모두 상이하여 이에 대하여 일관된 법리를 적용하여 평가하는 것이 특히 어렵게 되어 있다. 따라서 이러한 이슈와 관련된 분쟁에서는 조사관 내지 판정관의 재량적 판단이 결정적으로 중요한 역할을 수행하게 된다. 위에서 지적한 바와 같이 국가간 근본적인 입장 차이가 존재하는 사안에 대하여 이러한 재량적인 판정이 내려질 경우 분쟁 당사국이 쉽사리 수용하기 힘든 상황이 빈번하게 발생한다. 결국 여기에서 제기되는 과제는 이러한 사안별 검토의 속성을 포괄하여 전체적으로 적용될 수 있는 해결방안과 규범을 어떻게 도출할 것인가의 문제일 것이다.

D. 거시경제에 대한 전문적 식견 요구

이와 관련하여 제기되는 또 다른 문제점은 금융위기 극복조치 및 금융관련 조치를 평가하는 작업은 실로 광범위한 경제정책을 그 대상으로 한다는 점이다. 각국은 금융위기를 극복하기 위하여 여러 형태의 정책을 순차적으로 또는 동시에 채택하게 된다. 특히 이러한 경제정책은 대부분 거시경제 문제와 관련된 것으로 전문적인 식견을 가진 전문가의 평가가 필요하다. 그러나 이러한 문제에 대한 평가가 전문가가 아닌 결국 법률가의 몫으로 남겨져 있다는 근원적 한계가 있다.[4] 결국 이러한 전문가의 식견과 평가를 어떻게 협정의 해석과 이행으로, 그리고 분쟁해결절차로 녹여낼 것인가의 문제가 중요한 과제라고 할 것이다.

---

4) 이와 관련하여 현재 논의 중인 TPP 환경 챕터 문안은 중요한 시사점을 제시하여 주고 있다. 여기에서는 고도로 전문화된 과학적 이슈가 논의되도록 예정되어 있음에도 불구하고 결국 법률전문가 3인이 이를 평가하고 결정하도록 되어 있다. 다른 FTA 분쟁해결절차도 이와 크게 다르지 않다.

E. 미국 및 유럽 중심의 법리 수용

또한 이러한 문제를 살펴봄에 있어 대두되는 중요한 구조적 한계는 미국 및 유럽 중심의 평가와 법리가 주로 적용된다는 것이다. 금융위기의 원인과 대처에 대한 평가에서 서구 중심의 평가와 이론이 적용되는 것은 물론, 이에 대한 법리적 평가와 적용에서도 결국 서구 중심의 기준이 적용되고 있다. 따라서 이 문제는 미국과 유럽을 제외한 여타 국가 특히 제3세계 국가들에 있어서는 기본적으로 접근과 대처가 용이하지 않은 영역으로 볼 수 있다.

대부분의 금융시장이 서구 중심으로 움직이고 있고 실물경제와 시장에서의 평가도 이러한 시장을 중심으로 이루어진다는 점을 감안하면 이러한 부분은 일면 불가피한 측면도 있다. 그러나 금융위기에 처한 국가의 조치 타당성, 나아가 통상협정 합치성을 평가함에 있어서는 다양한 시각과 기준이 복합적으로 적용되는 것이 필요하다. 특히 위에서 지적한 바와 같이 각 금융위기의 개별성과 일회성을 감안하면 이를 반영하지 않는 평가는 기본적으로 한계에 직면할 수밖에 없다. 각 조치 시행국의 정확한 상황을 평가하기 위해서는 미국 및 유럽 중심의 기준을 그대로 적용하여 결론을 도출하는 것은 위험성을 내포하고 있다.

특히 시장의 역할과 기능에 대하여 중요한 평가를 하는 현 WTO 협정의 취지를 감안하면 "어떠한 시장"을 평가를 위한 준거점으로 삼을 것인가가 이러한 형태의 분쟁의 핵심인 바, 이 문제에 대한 공통의 인식이 아직 결여된 상황이다. 이러한 경향은 개발도상국 내지 비서구권 국가가 이러한 성격의 분쟁에 대처하는 것을 일층 어렵게 만들고 있다.

F. 관련국 경제주권 침해 문제

금융위기 극복조치에 대한 통상법적 평가가 실질적으로 중요한 의의를 지니는 이유는 결국 상대 교역국이 또는 국제법원이 어떠한 평가를 내리는지 여부에 따라 궁극적으로 조치 시행국에 대한 경제주권 침해 문제로 귀결될 수도 있다는 점이다. 물론 협정 위반 조치를 협정 위반으로 판정하는 것은 당연한 결론이며 이로 인하여 경제주권 침해 문제가 발생하지 않는다.

그러나 협정의 적용 여부가 불분명하거나 또는 협정 위반에 해당하지 않는 것으로 간주되는 사안에 대하여 체약 상대국이 통상협정 위반을 이유로 또는 이와 관련되는 국내법령에 근거하여 수입제한 조치 등을 취하게 된다면 이는 결국 경제주권 침해 문제로 이어질 것이다. 해당국의 해외 수출 산업 및 여타 국내 관련 산업에 심대한 피해를 야기할 뿐만 아니라 관치 금융 및 시장조작국으로 낙인찍힘에 따른 국제적 이미지의 실추도 피할 수 없게 된다. 특히 현 국제시장에서 국제 투자 자본의 흐름 및 외환 거래가 해당국 시장의 투명성 및 신뢰성에 즉각적으로 반응하는 현실을 감안하면, 이러한 부당한 낙인(stigma)의 보이지 않는 부정적 효과는 쉽게 계량화하기 힘들다고 할 수 있을 것이다.

따라서 금융위기 극복을 위한 조치를 WTO 협정 및 자유무역협정에 위반하는 것으로 결정할 경우 이는 각국의 경제/금융 주권에 대한 심각한 침해 문제를 야기할 소지가 있다. 금융위기 극복조치와 관련한 평가가 중요한 국제적 함의를 띠는 이유는 바로 여기에 있다.

G. 문화적 상대주의(Cultural Relativism)와의 관련성

금융위기와 관련된 통상분쟁의 가장 큰 피해자는 주로 아시아의 수출주도형 국가와 개발도상국이라고 할 수 있을 것이다. 그 이유는 국가 주도의 경제 개발 정책과 보다 직접적인 정부의 민간 부문에 대한 규제 및 관여 정책을 채택하고 있는 아시아 권 수출주도형 국가와 개발도상국의 특성상 금융위기 시 채택되는 상당 부분의 정부 조치가 WTO 협정 및 자유무역협정에 위반되는 것으로 결정될 가능성이 상대적으로 농후하기 때문이다.

세계 194개국 개별 국가마다, 또 동일한 국가라 하더라도 각 시대와 상황별로 금융시장의 상황은 천양지차이므로 어떠한 정부 개입과 지원이 타당하고 어떠한 지원과 개입은 타당하지 않은가에 관련한 규범을 일반화하거나 또는 유사한 상황에 대해 항상 동일한 결론이 도출되는 것으로 포괄적, 일반적으로 주장하는 것은 기본적으로 한계를 내포하고 있다. 위에서 지적한 바와 같이 이 문제는 특히 국가별로 상이(country-specific)하고 또한 사안별로 상이(case-specific)한 것이 그 속성이기 때문이다.

결국 국가마다 금융시장의 상황과 정책목표 등이 상이한 바, 금융위기 시 채택되는 정부 조치에 대한 법적 기본틀은 각국 특유의 경제정책 및 금융시장의 상황을 충분히 고려하여야 한다는 원칙을 반영할 필요가 있다. 따라서 보조금 및 상계관세 조사에 있어 제소국 또는 조사국 정부는 상대방 국가의 특별한 상황이나 고유의 업무처리 환경에 대한 충분한 고려가 필요하다고 하겠다. 그럼에도 불구하고 이에 대한 고려가 전혀 없이 자국의 기준만을 정당한 업무처리의 기준으로 삼고 이와 다르거나 이 기준에 미치지 못하는 것은 정당성에 문제가 있는 조치로 보아 정부의 "위임 및 지시"의 산물로 보는 사례가 증가하고 있는 것은 문제라고 할 것이다.

두 번째로는, 보조금협정 전체를 통괄하고 있는 선의와 형평에 따른 보조금 및 상계관세 조사의 원칙을 들 수 있다.[5] 국가마다 금융시장 상황과 정책 목표 및 실제 집행과정이 상이하다는 점이 公知의 사실인 만큼, 상계관세 및 보조금 조사는 피조사국 특유의 경제정책 및 금융시장의 상황을 충분히 고려하여 이루어져야 한다는 점을 요구한다고 할 수 있다. 일방국의 기준을 일방적으로 적용하여 판단하는 것은 형평성을 상실한 처사일 뿐만 아니라 보조금협정 위반도 구성한다고 볼 수 있을 것이다.

2. 법적 문제

나아가 법적인 측면에서는 다음을 살펴볼 필요가 있다. 즉, WTO 협정 자체의 내재적 한계로 인하여 다른 협정이나 조약에서 다루는 요소를 충분히 고려할 수 없다는 문제점이 있

---

5) 보조금협정 전반에 걸쳐 이러한 취지는 산재하고 있다. 예를 들어, 보조금협정 Footnote 2는 다음과 같이 규정하고 있다:
Objective criteria or conditions, as used herein, mean criteria or conditions w*hich are neutral, which do not favour certain enterprises over others*, and which are economic in nature and horizontal in application, such as number of employees or size of enterprise(*emphasis* added).
한편 Footnote 9와 10은 다음과 같이 규정하고 있다:
This expression *is not meant to allow countermeasures that are disproportionate* in light of the fact that the subsidies dealt with under these provisions are prohibited(*emphasis* added).
또한, 현지 실사와 관련한 보조금협정 12.6조의 규정은 다음과 같다:
The investigating authorities may carry out investigations in the territory of other Members as required, *provided that they have notified in good time the Member in question and unless that Member objects* to the investigation. Further, the investigating authorities may carry out investigations on the premises of a firm and may examine the records of a firm if (a) the firm so agrees and (b) the Member in question is *notified and does not object*(*emphasis* added).
또한 보조금협정 12.11조는 다음과 같이 규정하고 있다:
The authorities shall *take due account of any difficulties experienced by interested parties*, in particular small companies, in supplying information requested, and shall provide any assistance practicable (*emphasis* added).
이러한 조항들을 총체적으로 고려할 경우, 보조금협정에서 예정하고 있는 보조금 조사 및 상계관세 조사는 조사국 당국의 자의적 조사권의 행사가 아닌 관련 피조사국의 제반 정황을 고려한 형평성에 기초한 조사이어야 함을 나타내고 있다고 할 수 있을 것이다.

다는 점이다. 바로 통상협정의 주요한 특징 중 하나인 소위 자기완비적 체제(self-contained regime)로 인하여 발생하는 문제이다. 이는 통상협정의 구조적 특징이라는 측면에서 이를 당장 개선하거나 고칠 수 있는 방안이 있는 것은 아니나 이에 대하여 충분히 인식하는 것은 필요하다. 결국 이를 정리하면 현 WTO 분쟁해결절차에 따를 경우 WTO 협정 위반 문제에 대한 심리를 담당하는 패널은 오로지 WTO 협정에 기초하여서만 해당 분쟁에 대한 결론을 도출하여야 한다. 다만 그러한 분쟁을 해결함에 있어 그와 관련된 여타 국제협정이나 합의문이 있는 경우 그러한 문서는 WTO 협정과 상충하지 아니하는 범위 내에서 담당 패널이 이를 고려할 수 있다.

A. WTO 분쟁해결절차 판례 검토

한편 상기 사안에 관한 대표적인 WTO 판례는 *U.S. —Shrimp* 사건으로서[6] 동 사건에서는 환경문제와 WTO 협정과의 상관관계가 검토되었다. 동 사안에서 문제가 된 조치는 멸종위기에 처한 바다거북이를 보호하기 위하여 바다거북이를 보호할 수 있도록 고안된 특별한 기구를 통하여 어획된 외국산 새우만 수입을 허가하는 미국 정부의 방침이었다. 이에 대하여 미국으로 새우를 수출하는 국가들이 이러한 미국 정부의 조치는 WTO 협정에 대한 위반을 구성함을 주장하게 된 것이다. 이 분쟁은 환경관련 다자협약(Multilateral Environmental Agreement, 이하 "MEA")과 밀접하게 연관된 사안이었다.[7] 당시 다양한 MEA들이 이러한 멸종위기에 처한 동식물을 보호하기 위하여 노력하고 있었기 때문이며 WTO 회원국들도 이러한 MEA에 동참하고 있었기 때문이다. 따라서 이 분쟁에서는 WTO 규범과 환경관련 국제법 규범이 충돌하는 상황이 발생하게 되었던 것이다.[8]

일단 동 사안에서 WTO 패널 및 항소기구가 환경 관련 여타 국제협정을 검토한 것은 사실이다. 그러나 여기에서 유념할 점은 동 사안은 환경을 이유로 WTO 협정 위반을 정당화시켜 주는 근거로 MEA를 원용한 것은 아니며, 단지 WTO 협정 조항을 적용함에 있어서 필요한 범위 내에서 담당 패널 및 항소기구가 MEA 등 여타 협정의 관련 내용을 원용 내지 참고한 것에 불과하다는 점이다.[9] 가령 동 사안에서 WTO 항소기구는 유엔 해양법협약(UNCLOS) 및

---

6) United States—Import Prohibition of Certain Shrimp and Shrimp Products(WT/DS58/AB/R).

7) *Id.*

8) *Id.*

9) David Palmeter & Petros C. Mavroidis, *Dispute Settlement in the World Trade Organization*, 2nd ed., pp. 73–75.

멸종동식물 보호협약(CITES) 등 관련 환경협약을 언급하며 이를 통하여 WTO 협정 관련 조항의 의미를 보다 분명히 밝히고자 노력하였다.[10]

따라서 *U.S.−Shrimp* 사건을 근거로 하여 금융조치로 인하여 야기된 WTO 협정 위반을 정당화시켜 준다거나 또는 WTO 패널 및 항소기구가 WTO 협정 관련 규정과 동일한 선상에서 금융조치 관련 규정을 검토할 것이라는 취지의 논리를 전개하는 것은 타당하지 않은 것으로 보인다. 다만 위에서 살펴본 바와 같이 WTO 협정을 운용하는 과정이나 분쟁을 해결하는 과정에서 금융과 관련한 통상문제가 제기가 될 경우 그 의미를 해석하거나 그 범위를 확정함에 있어서 기타 협약 등 관련 규정이 "고려"될 수는 있을 것이다. 그리고 그러한 고려는 DSU 제13조에 의해서도 지지됨을 앞에서도 살펴보았다.

B. 심리기준(Terms of Reference) 문제

DSU 관련 규정 문제와 함께 살펴볼 문제는 WTO 패널 심리의 관행이다. WTO DSU 절차에 의하여 설치되는 패널은 해당 분쟁에 관한 심리기준(Terms of Reference)에 엄격히 구속된다. 그리고 이러한 심리기준은 제소국(complainant)이 패널 설치요청서(request for the establishment of the panel)에 나열한 사항에 따라서 결정되며, 또한 제소국은 패널 설치 요청서를 작성함에 있어 오로지 WTO 설립협정 및 부속협정의 관련조항만을 언급할 수 있게 되어 있다. 결국, 제소국이 작성하여 제출하는 패널 설치요청서에는 WTO 협정 관련 조항만이 나열되게 되고 이에 따라 패널이 확정하는 심리기준도 결국 WTO 협정 관련 조항만이 포함되게 된다.

---

10) 이와 관련된 동 사건의 항소기구 판정은 다음과 같다:

130. From the perspective embodied in the preamble of the *WTO Agreement*, we note that the generic term "natural resources" in Article XX (g) is not "static" in its content or reference but is rather "by definition, evolutionary."109 It is, therefore, pertinent to note that modern international conventions and declarations make frequent references to natural resources as embracing both living and non-living resources. For instance, the 1982 United Nations Convention on the Law of the Sea("UNCLOS"), in defining the jurisdictional rights of coastal states in their exclusive economic zones, provides:

132. We turn next to the issue of whether the living natural resources sought to be conserved by the measure are "exhaustible" under Article XX (g). That this element is present in respect of the five species of sea turtles here involved appears to be conceded by all the participants and third participants in this case. The exhaustibility of sea turtles would in fact have been very difficult to controvert since all of the seven recognized species of sea turtles are today listed in Appendix 1 of the Convention on International Trade in Endangered Species of Wild Fauna and Flora("CITES"). The list in Appendix 1 includes "all species *threatened with extinction* which are or may be affected by trade."

따라서 관련 국제협정이 존재한다고 하더라도 WTO 분쟁해결절차에서 해당 분쟁을 담당하는 패널은 오로지 WTO 설립협정 및 부속협정에만 근거하여 해당 분쟁을 심리하게 되는 것이다. 따라서 비단 DSU 관련 규정뿐 아니라 패널의 평가범위를 확정하는 심리기준을 살펴보더라도 WTO 분쟁해결절차 내에서는 WTO 설립협정 및 부속협정만이 고려되게 된다는 점을 알 수 있다.

C. 소 결

결론적으로 타 협정 규정이 WTO 협정 위반을 정당화시켜 주거나 협정 위반을 경감시켜 주지는 아니한다. WTO 협정에 대한 위반을 구성하는 회원국의 조치가 발생할 경우, 그 조치는 WTO 협정 위반으로 패널 및 항소기구가 결정하여야 하며 해당 조치가 다른 협정의 기본정신이나 목적에 부합한다는 이유로 WTO 협정 위반이 치유될 수는 없다. 최소한 현재의 WTO 협정 체제 내에서는 인권, 환경, 문화, 안보 등을 이유로 하는 여타 국제협정들이 체결된다 하더라도 그러한 협정체결이 WTO 회원국으로서 해당국의 권리와 의무에 변동을 가져오지는 아니한다. 그리고 이러한 분쟁을 담당하게 되는 패널이나 항소기구도 그러한 여타 협정을 WTO 협정에 우선하여 적용할 수는 없으며 WTO 협정을 우선 적용하여야 한다. 다만 WTO 협정과 상충하지 아니하는 범위 내에서 이러한 여타 국제협정을 간접적으로 고려 내지 활용할 수 있을 뿐이다. 그러한 "고려"는 문자 그대로 "고려"에 불과하며, WTO 협정과 상치되는 경우 그러한 고려를 통해 WTO 설립협정 및 부속협정과 다른 내용의 규정을 도입하거나 그와 상치되는 판정을 내릴 수는 없다. 가령, 문화적 다양성과 직접적으로 연관되는 GATS상 서비스 시장 개방 양허표(Schedules of Specific Commitments)가 존재하는 경우 그러한 양허표의 규정에 위반되는 회원국의 협정 위반 조치는 그 자체로서 위반으로 남게 된다. 설사 그러한 조치가 필요하다고 하더라도 패널이 이러한 부분을 고려는 할 수 있을지언정 이를 이유로 이미 발생한 해당 위반이 경감 내지 치유되지는 아니 한다.

제 11 장

대안의 모색
– 통상협정 개선 및 개정 방안

대안의 모색
– 통상협정 개선 및 개정 방안

1. 기존 협정에 대한 발전적 해석 가능성 모색

현재 보조금협정 제1.1(a)(1)(iii)조는 현 보조금협정과 마찬가지로 일반사회간접자본 (General Infrastructure)은 정부의 재정적 기여에 해당하지 않아 보조금협정의 규율대상이 아니라는 입장을 견지하고 있다. 즉, 이 조항은 항만, 공항, 고속도로 등 일반 사회간접자본은 보조금협정의 적용에서 배제된다는 점을 밝히고 있다. 이러한 맥락에서 금융제도 역시 일종의 사회간접자본의 일환으로 파악하는 방안도 적극 모색할 필요가 있다. 금융제도는 경제체제의 피를 공급하는 체제로 어떻게 보면 고속도로나 항만시설보다 더 사회의 기초를 이루는 체제로 볼 수 있기 때문이다. 이러한 맥락에서 금융제도를 사회간접자본으로 파악하게 되면 이를 구축하거나 또는 위기 시 회복하기 위하여 필요한 조치를 취하는 것이 불법적인 보조금에 해당하는 가능성을 원천적으로 차단할 수 있을 것이다.

2. 통상협정 개선/개정 필요성

전통적으로 경제적 영역에만 국한되는 것으로 간주되어 오던 통상 문제가 국제사회 및 국내사회의 여타 다양한 영역과 교차되는 현상이 최근 급증하고 있다. 가령, 노동, 인권, 환경, 테러 등 다양한 분야에서 제기되는 현안과 통상규범과의 상호접촉(overlapping)이 광범위하게 발생하고, 이에 따라 이러한 분야에서 기 체결되었거나 또는 새로이 체결되는 국제협약이 통상규범을 관장하는 WTO 협정상의 권리 및 의무와 충돌하는 경우가 급증하고 있다. 통상규범과 긴장관계를 형성하는 그러한 여러 이슈들 중에서도 금융조치의 경우 특히 그 의미의 "광범위성"과 "추상성"으로 인하여 기존 통상규범과의 충돌 가능성이 한층 높다고 할 수 있다. "금융" 개념의 이러한 "영역별 광범위성"과 "국가별 개별성"을 감안할 때, 금융조치와 관련된 내용을 특히 WTO 협정을 중심으로 "보편성"과 "통일적 규범"을 그 핵심으로 하는 통상규범에 대입하게 되면 상당한 혼란이 초래되는 것은 불가피하다.

그렇다면 결국 남은 문제는 이러한 충돌을 어떻게 해결할 것인가 하는 점이다. 안타깝게도 현 국제법 체제 하에서는 이를 조화롭게 해결할 만한 메커니즘은 아직 존재하지 않는 것으로 보인다. 다만 최소한 현 WTO 분쟁해결절차에서는 이러한 충돌 발생 시 오로지 WTO 협정을 적용하도록 예정하고 있다. 따라서 특정 국가의 조치가 금융관련 규범에는 완벽히 부합하더라도 WTO 협정의 관련 조항에 대한 위반을 구성할 경우 이를 심리하는 패널 및 항소기구는 WTO 협정 위반에 관한 결정을 내릴 수밖에 없다. WTO 분쟁해결절차에서 이러한 상황에 대한 수정과 변경이 필요하다면 이는 여타 국제법 관련 분야에서의 상충하는 협약 체결이 아닌 WTO 규범 자체에 대한 본질적인 수정 및 변경을 통해서만 가능하다. 현재 진행되고 있는 도하 라운드(Doha Development Agenda, 이하 "DDA")가 바로 그러한 협정 개정의 장을 제공하고 있다.

무역과 금융, 무역과 환경, 무역과 인권, 무역과 문화, 무역과 안보 등 새로이 대두되는 다양한 문제들은 우리나라의 지속적인 관심을 요구하고 있다. 현재 여러 영역에서 진행 중인 DDA 협상에서 우리가 취하는 입장의 기본골격은 기존 통상 규범의 불명확성, 자의성을 제거하고 가급적 명확성을 제고하자는 것이다.[1] 이러한 우리의 기본 입장에 비추어 본다면 이러한 새로운 문제들을 어떻게 조화롭게 조율하여 신뢰할 만하고 명확한 국제적 규범을 도출할 것인가 하는 문제는 우리의 핵심 과제 중 하나이다. 바로 이러한 신뢰성과 명확성을 담보한 새로운 국제규범만이 각국의 자의적인 남용 가능성을 최소화할 수 있을 것이기 때문이다. 불명확한 규범이 도입될 경우 우리 상품과 서비스를 수입하는 교역 상대국은 이를 근거로 자의

---

1) 강문성 등, WTO DDA 협상동향 및 향후 전망(대외경제정책연구원)(2005. 12. 30)(http://www.kiep. go.kr/publication/std_data_view.asp?num=131951&sCate=013002&lTp=r&nowPage=4&listCnt=15) 참조.

적인 수입규제조치를 도입할 가능성이 크고 이는 우리 상품과 서비스의 해외 진출에 또 다른 비관세 장벽(Non-Tariff Barrier, 이하 "NTB")으로 작용하게 될 것이다. 수출위주의 경제체제를 갖고 있는 우리에게 이러한 상황은 특히 우려된다. 바로 이러한 이유로 금융, 인권, 환경, 문화 등 여타 국제법 영역과 국제통상과의 관계정립 문제는 우리에게도 중요한 현안이라 아니할 수 없다.

3. 관련 협정 개정 시 포함되어야 할 조항 및 문안

A. 긴급피난 예외조항 도입

극히 예외적인 경우이지만 국제법 위반의 일반적인 조각사유(justifying ground)가 적용될 상황도 이론적으로는 가능할 것이다. 즉, 국제법(국제관습법)상 일반원칙 중 하나는 국가가 긴급상황(state of necessity) 시 국제법상 의무로부터 일탈할 수 있는 근거를 제공하고 있다. 즉, 정상적인 상황이라면 협정 위반을 구성할 상황이나 국가경제, 안보 등 심각한 위기상황에 직면한 경우에 협정 위반을 정당화하여 주는 사유로 이를 원용할 수 있다. 그러나 이러한 "위법성 조각사유"를 원용하기 위해서는 "그러한 조치를 취하는 것이 국가의 핵심 이익을 보호하기 위한 유일한 방안에 해당하여야 한다"는 엄격한 요건을 충족하여야 한다.[2]

가령, 아르헨티나의 경우 이러한 일반 국제법상의 긴급피난 상황 항변(state of necessity defense)을 2000~2002년간 국가 재정 긴급 조치와 관련한 간접수용 관련 분쟁에서 주장하였으나 대체로 기각된 바 있다. 즉, *CMS v. Argentina* 분쟁에서 중재 판정부는 아르헨티나가 제시하는 경제위기 상황이 긴급피난 상황을 원용할 정도로 충분히 심각하지 않았고(the crisis was not severe enough), 또 아르헨티나 정부가 채택한 조치가 아르헨티나의 경제상황에 대처하기 위한 유일한 방법(the only way)이라는 입증도 완수하지 못하였다는 이유로 아르헨티나의 주장을 기각하였다. 그러나 *LG&E v. Argentina* 사건에서는 중재 판정부가 아르헨티나의 긴급피난 상황 항변을 용인하는 취지의 결정을 내리며, 아르헨티나에 대하여 배상 명령을 부과하되 아르헨티나가 주장하는 긴급피난 상황의 기간은 제외하는 결정을 내린 바 있다. 이와 같이 긴급피난 항변은 ISD 분쟁에서 최근 새로 대두되는 국제법상 원칙 중 하나로서 국가별

---

2) "The act must be the only way for the State to safeguard an essential interest against a grave and imminent peril." Article 25 of the International Law Commission's Draft Article on State Responsibility.

또는 사안별 특정적인 성격으로 인하여 특정 사안에서 구체적인 결정 방향을 예측하기는 곤란하나, 극단적인 경우에 투자 유치국이 원용할 수 있는 법적 근거 중 하나임을 염두에 둘 필요가 있다.

이와 관련하여 역시 적용 가능성이 있는 국제법 원칙은 모든 형태의 조약의 해석 및 운용에 적용되는 선의해석의 원칙(Principle of Good Faith)이다.3) 이는 조약 규정을 해석, 적용함에 있어 일방 당사국의 조치가 설사 명백히 조약 규정을 위반하지는 않는 것으로 일견 판단되어도 동 조치가 조약의 기본 취지와 목적에 위반하는 방향으로 채택되거나 운용되는 경우 국제법 위반(즉, 동 조약 위반)으로 결정되는 상황이다. 이러한 원칙을 금융위기 시 국가들이 취하는 조치의 맥락에 적용하면 설사 특정 조치를 시행함에 있어 분쟁을 회피하고자 당사국 정부가 다양한 조치를 채택하더라도 그러한 조치가 오로지 협정상의 권리를 남용하기 위하여 도입된 것이라면 그 형식적 합치성에도 불구, 협정 위반으로 판단될 가능성도 없지 않다.4) 가령, 협정 당사국 정부가 특정 정부 조치의 실제 효과와 목표는 다른 정책 영역과 연관되나 간접수용 예외조항의 적용을 위하여 형식적 외관은 환경정책으로 채택하는 경우, 이는 형식적으로는 간접수용 예외상황에 해당된다고 하더라도 실제 목표는 이와 다른 경우 조약상 권리의 남용(abuse of right)으로 간주될 가능성도 없지 않다. 따라서 이러한 예외조항의 도입이 이 분야에 연관된 모든 조치에 대하여 항상 면죄부를 제공하는 것은 아님을 염두에 둘 필요가 있다.

B. 금융위기 극복조치에 대한 통상법적 평가를 위한 조항 도입

현재와 같이 금융위기 극복조치에 대한 국제적 논란이 계속되는 상황에서는 각국의 금융위기 극복조치를 통상법적 측면에서 보다 본격적이고 체계적으로 다루기 위한 별도의 조항을

---

3) 이 부분에 관한 대표적 판례인 *Anglo-Norwegian Fisheries* 사건에서 국제사법재판소는 다음과 같이 언급한 바 있다:
"The principle of good faith requires that every right be exercised honestly and loyally. Any fictitious exercise of a right for the purpose of evading either a rule of law or a contractual obligation will not be tolerated. Such an exercise constitutes an abuse of the right, prohibited by law."
Anglo-Norwegian Fisheries Case, ICJ Reports 116(1951), p. 142.

4) 가령, *AMCO Asia v. Indonesia* 사건에서 중재관정부는 이러한 신의성실 원칙이 이에 기초하여 투자자가 claim을 제시할 수 있는 법적 근거를 제공한다는 점을 확인한 바 있다.("An investor should be entitled to realize the investment, to operate it with a reasonable expectation to make profit and to have the benefit of the incentives provided by law without suffering the arbitrary exercise of a right which would prevent such enjoyment.") 1 ICSID Reports, 377, pp. 490, 493.

통상협정 내로 도입하는 것이 궁극적으로 필요할 것으로 판단된다. 가령 다음과 같이 금융위기 극복조치가 통상협정 위반의 조치에 해당하는지 여부를 평가하는데 사용될 수 있는 적절한 가이드라인을 제시하는 것을 모색하여 볼 수 있을 것이다.

Financial regulatory measures in response to an identified financial crisis means any practice or measure of a Party which restricts imports or exports of a product or services originating from or destined to the other Party, which is adopted by the Party in order to overcome the financial crisis on a temporary basis, in a manner that violates this agreement and the whole(or main) purpose of which is to circumvent otherwise applicable provisions of this agreement.

1. In evaluating the financial regulatory measures, the fact that a mere negative trade effect exists as a result of a particular practice or a measure, in and of itself, shall not be dispositive in determining whether the measure constitutes violation of the agreement; instead, it should be satisfactorily established that the measure in question has been proposed and adopted in order to restrict the flow of goods and services to and from the other Party in a way that exceeds the necessary extent to address the identified financial crisis.

2. The Party challenging a practice or a measure set forth above as a violation of the agreement is required to establish, with particularized evidence, that its exporters and importers are suffering economic injury from the alleged practice or measure, as opposed to a generalized allegation that the trade in general has been negatively affected as a result of the practice or measure.

3. The fact that a practice or a measure is mainly related to the domestic regulation of financial matters falling under domestic jurisdiction does not necessarily prevent the measure from being categorized as a financial regulatory measure for the purpose of this agreement. As long as the practice or the measure systemically relates to overall operation of the Party's international trade regime vis–à–vis the other Party, it can be regarded as a financial regulatory measure irrespective of its association with the domestic issues.

C. 국제기준 활용 시 협정 합치 추정

한편 이미 통상협정의 여러 부분에서 국제기준 활용에 대하여 다양한 언급이 포함되어 있다.5) 이러한 국제기준이 금융관련 조치에 대해서도 적용되지 못할 이유는 없다고 할 것이다. 예를 들어 SPS 협정과 TBT 협정에서도 국제기준의 활용과 분쟁해결절차에서 이 기준이 중요하게 고려되어야 한다는 점을 밝히고 있다. 이 두 협정은 고도로 전문화된 과학적 지식과 논의를 전제로 한다는 점에서 이러한 규정 방식은 타당하고 또 필요하다. 그리고 국제기준은 이들 협정과 관련한 국제분쟁에서 중요한 역할을 담당하여 오고 있다. 이는 WTO 농업협정도 마찬가지이다. 농업협정에서도 각국 정부가 자국 농산품 생산자에게 지원조치를 실시함에 있어 이와 관련된 금융분야 국제기준 및 국제협정을 고려하도록 의무를 부과하고 있다. 즉, 농업협정 제10조는 제2항에서 농업부분에 적용되는 국제금융기준을 각국이 공동으로 발전시키기 위하여 노력하도록 하는 의무를 부과하고 있을 뿐 아니라, 제4조에서는 국제식량원조를 실시하는 WTO 회원국들은 이 문제를 다루는 국제식량농업기구(FAO)의 관련 기준을 준수하고 또 역시 이와 관련되는 1986년 국제식량원조협약 규정을 준수하도록 요구하고 있는 것이다. 이들 조항의 원문은 다음과 같이 규정하고 있다:

Article 10 Prevention of Circumvention of Export Subsidy Commitments

2. Members undertake to work toward the development of internationally agreed disciplines to govern the provision of export credits, export credit guarantees or insurance programmes and, after agreement on such disciplines, to provide export credits, export credit guarantees or insurance programmes only in conformity therewith.

4. Members donors of international food aid shall ensure:

   (a) that the provision of international food aid is not tied directly or indirectly to commercial exports of agricultural products to recipient countries;

   (b) that international food aid transactions, including bilateral food aid which is monetized, shall be carried out in accordance with the FAO "Principles of Surplus Disposal and Consultative Obligations", including, where appropriate, the system of

---

5) DSU 제3.2조 및 19.2조 참조. 국제적으로 수용된 과학적 기준의 적용과 관련하여서는 WTO 동식물 위생협정 (Agreement on the Application of Sanitary and Phytosanitary Measures: SPS 협정) 제3.2조 참조. 한편 동 협정에서는 SPS 조치를 도입함에 있어 과학적 원칙(scientific principles)에 근거하도록 규정하고 있으며(SPS 협정 제2.2조), 또한 해당 상품에 적용되는 국제적 기준과 상이한 조치를 취함에 있어서는 위험평가(risk assessment)를 실시하도록 요구하고 있다(동 협정 5.1조).

Usual Marketing Requirements(UMRs); and

(c) that such aid shall be provided to the extent possible in fully grant form or on terms no less concessional than those provided for in Article Ⅳ of the Food Aid Convention 1986.

즉, SPS 협정, TBT 협정, 농업협정 등에서 채택하고 있는 전문적 영역에서의 국제기준 및 여타 국제협정 계수 논의를 금융위기 극복조치와 관련하여서도 적극 도입하는 방안을 검토할 수 있을 것이다. 특히 SPS 협정과 TBT 협정에서 취하고 있는 방식인 국제기준에 대하여 부여하는 협정 합치의 추정원칙을 금융위기 극복조치에 유추 적용하면 IMF 등 국제기구의 권고에 따르거나 또는 국제 금융기준에 부합하는 성격의 금융조치들은 WTO 보조금협정 등 관련 통상협정의 규범에 일단 합치하는 것으로 추정을 부여하는 것도 검토하여 볼 만한 대안이다.

4. 금융조치 관련 향후 새로운 협정 도입 모색

A. 국제금융제도의 객관적 기준에 관한 국제사회 논의의 필요성

국제금융제도상 객관적 기준을 정립해 놓을 필요성은 브라질이 미국을 보조금협정 및 농업협정 위반으로 제소한 *United States－Subsidies on Upland Cotton*(WT/DS267/AB/R (adopted on March 21, 2005)) 사건 판정에서 확인할 수 있다. 동 사건에서 브라질은 미국 정부가 자국 면화 생산자에게 제공하는 다양한 형태의 지원은 그러한 지원을 금지하고 있는 양 협정에 정면으로 위반됨을 주장하였다. 패널은 브라질의 주장을 대부분 수용하였으며 항소기구도 패널의 주장을 대부분 용인(uphold)하였다.

먼저 보조금협정 제6.3조(c)항이 나열하고 있는 요건 충족 문제와 관련하여 패널은 다음과 같은 분석을 실시하였다. 보조금협정은 제5조에서 조치가능 보조금(actionable subsidy)을 규정하며 WTO 회원국이 타방 회원국에 부정적 효과(adverse effect)를 초래하는 것을 금지하고 있다. 또한, 그러한 사례로 타방 회원국에 대하여 심각한 손상(serious prejudice)을 야기하는 경우를 언급하고 있다. 한편 보조금협정 제6.3조(c)항은 이러한 심각한 손상이 발생하는 경우로 "보조금 교부를 받은 상품으로 인하여 국내외 시장에서 판매되는 동종의 상품에 대하여 가격 억제 효과(price suppression) 발생"을 열거하고 있다. 브라질은 미국 정부가 면화 생산업자에게 제공하는 시장판매 지원융자(Marketing Loan Program), 시장손실 보전지원(market loss assistance), 흉작기 손실지원(counter-cyclical payments)이 바로 국내외 면화시장으로의 미국 면화의 초과 공급을 초래하여 가격 억제 효과를 초래하였으므로 보조금협정 제6.3조(c)항 위반임을 주장하였다. 특히 브라질은 미국 정부가 이러한 지원 프로그램에서의 지원 범위를 세계 시장에서의 면화가격과 연동시킴으로써(소위 price-contingent subsidies) 세계 면화 시장 가격에 직접적인 억제 효과를 발생시키고 있음을 주장하였다. 이에 대하여 항소기구는 미국이 주장하는 개별 국가 시장별 가격억제 효과 분석을 거부하고 브라질이 주장하는 세계 시장(world market)에서의 가격 억제 효과 분석을 인정하였으며, 특히 세계 면화 시장 현황 데이터가 브라질의 입장을 지지함을 확인하였다. 세계 시장에서의 경쟁관계에 있는 상품에 대해서는 그러한 세계 시장에서의 데이터가 요긴한 기준을 제시한다는 점을 이 분쟁은 잘 보여주고 있다.

한편 농업 협정 제10.1조는 제9조에서 열거하는 감축 계획에 포함되지 않은 수출 보조금이 수출 보조금 감축 계획을 우회(circumvent)하는 조치로 활용되어서는 아니 됨을 규정하고 있다. 또한 보조금협정 제10.2조는 WTO 회원국은 수출신용(export credits), 수출신용보증(export credit guarantee) 또는 보험 프로그램에 관하여 국제적인 합의를 도출하기 위하여 노력하며, 이러한 합의가 도출된 이후에는 동 프로그램들을 이에 합치하는 방법으로 운용할 것을 규정하고 있다. 브라질은 미국 정부가 자국의 농산물 수출업자가 외국 금융기관에서 자금 조달 시 제공하는 수출신용보증 제도가 농업 협정 제10.1조를 위반하는 것으로 주장하였다. 이에 대해 미국은 제10.2조의 "프로그램적 규정" 취지가 수출 보조금 규율을 위한 농업 협정 및 보조금협정상 규정이 수출신용보증 제도에는 적용되지 않음을 분명히 한다고 반박하였다. 이에 대해 항소기구는 미국의 수출신용보증 제도는 명백히 농업 협정 제10.1조의 규율을 받는 수출 보조금의 한 형태임을 확인하였다. 즉, 제10.2조의 취지는 수출신용보증 제도가 제10.1조의 규율을 받지 않는다는 것이 아니라 다만 앞으로 이 분야에 관한 세부적인 국제적 합의 도출이 필요함을 추가로 언급하고 있는 것에 불과함을 지적하며 미국의 주장을 배척하였다. 따라서 항소기구는 미국의 수출신용보증 제도가 농업 협정 제10.1조와 10.2조에 대한 위반, 그리고 동일한 맥락에서 보조금협정 제3.1조(a)항에 대한 위반을 각각 구성함을 확인하였다.

B. 관련 규범 정치화(精緻化)의 현실적 이익

현재 보조금 규범의 가장 큰 문제점은 WTO 보조금협정의 여러 조항들이 애매모호한 상태로 남겨져 있다는 점이다.6) 바로 이러한 애매모호성으로 인하여 각국이 제반 지원조치를 채택하고, 실시함에 있어 준수하여야 할 정확한 규범을 제시하지 못하고 있고, 그 결과 보조금 분쟁이 여러 맥락에서 지속적으로 전개되고 있는 상황이다. 이러한 입장 차이는 비단 선진국, 개도국간뿐 아니라 선진국 상호간에도 현저한 상황이다. 가령, 유럽연합과 미국간 항공기 보조금 분쟁은 선진국간에도 여러 항목에서 보조금 분쟁이 격화할 수 있음을 보여주는 대표적인 사례이며, 미국과 중국간 보조금 분쟁의 빈발은 주요 교역국간 무역분쟁의 대표적인 수단으로 보조금이 활용될 수 있음을 시사하여 주고 있다.7)

우리나라의 경우도 보조금 분쟁에서 자유롭지 아니한 바, 최근 우리나라에 대한 보조금 분쟁도 그 빈도가 높아지고 있는 상황이다.8) 우리나라가 수출위주의 경제체제를 유지하고 있고 상대적으로 국내시장의 규모가 작아 여타 교역 상대국이 우리 보조금 문제를 조사하거나 WTO에 제소하는데 상대적으로 부담을 적게 느끼기 때문이다. 우리 국내시장이 규모가 클 경우 외국의 부당한 상계관세 조사에 대하여 우리도 방어적인 성격의 상계관세 조사를 해당 외국의 상품에 대하여 개시할 수 있으나 우리나라의 경우 그러한 가능성 자체가 상당 부분 봉쇄된 상황이다. 이에 반하여 중국의 경우 미국, EU 등에 의하여 자국 상품에 대한 상계관세 조사가 개시될 경우 이들 국가의 유사 상품에 대하여 즉각적으로 보복적인 성격의 상계관세 조사 발동이 가능하여 일정한 견제력을 보유하고 있다.

이러한 현상은 현 보조금 규범의 구조적인 문제로서 모든 형태의 수출품과 관련하여 발생하고 있는 것으로 볼 수 있다. 그러나 특히 금융분야의 경우 정부 지원프로그램과 항상 밀접하게 연관되어 있고, 각국의 경쟁이 특히 치열하다 보니 보조금 쟁송의 위협에 특히 노출되어 있다. 또한 그 맥락에서 현 보조금 규범의 애매모호함으로 인하여 초래되는 혼선과 국가간

---

6) 가령 WTO 보조금협정의 경우 여타 부속협정에서 찾아볼 수 있는 전문(preamble)도 부재한 상황이다. 이는 우루과이라운드 협상 당시 협정의 목적과 대상을 총괄적으로 설명하는 전문에 대해서도 당사국들간 합의를 도출하지 못하였기 때문이다. 이 점은 보조금협정에 내재하는 국가간 입장 차이와 긴장관계를 효과적으로 보여주는 사례라고 할 수 있다.

7) 가령, 2009년 하반기 미국이 개시한 17건의 상계관세 조사 중 12건이 중국 상품을 상대로 한 조사였다. See "Semi-Annual Report under Article 25.11 of the Agreement"(U.S. report to the WTO Committee on Subsidies and Countervailing Measures), Report no. G/SCM/N/203/USA, 18 March 2010.

8) 2011년 3월 30일 미국의 주요가전업체인 Wirlpool Corporation이 우리나라의 삼성전자와 LG전자가 미국으로 수출하는 대형 냉장고가 보조금 교부를 받았다는 이유로 美상무성에 제소하여 상계관세 조사가 새로이 개시되었다. 미국 청원기업인 Wirlpool의 제소장에는 2008년 우리 정부의 경기부양정책에서부터 신성장동력 산업 선정에 이르기까지 다양한 내용의 보조금 주장이 전개되고 있다. Bottom Mount Combination Refrigerator – Freezers from the Republic of Korea and Mexico: Antidumping and Countervailing Duty Petition on Behalf of Wirlpool Corporation(Mar. 30, 2011) pp. 31 – 114 참조.

입장 차이가 금융분야에서는 더욱 심각하게 노정되는 것으로 보인다. 이러한 점을 감안하면 새로운 협상을 통해 최소한 금융분야에서라도 보조금 규범이 보다 구체적이고 명확하게 규정되는 경우 우리나라에 대해서는 여러 측면에서 실익이 있을 것이다. 보조금 규범이 정치하게 규정되는 경우 다음과 같은 두 가지 측면에서 우리나라에 대하여 실익을 가져다 줄 수 있을 것으로 판단된다.

(1) 타국에 대한 보조금 제소 시 활용 측면

보조금 규범의 정치화(精緻化)에 따른 실익은 우리나라가 다른 나라의 금융 보조금을 제소하는 경우와 또 다른 나라가 우리나라의 금융 보조금에 대하여 제소하는 경우 양 측면에서 살펴볼 필요가 있다.

먼저 보조금 규범이 정치(精緻)하게 정립되어 있는 경우 우리나라가 타국의 조선 보조금을 문제삼거나 또는 분쟁해결절차 등에 제소하는 경우 상당한 실익이 있을 수 있다. 바로 어떠한 조치가 보조금을 구성하고, 또 어떠한 경우에 보조금 규범이 위반되는지 여부가 최소한 금융분야에서는 분명하게 정립되게 되므로 우리 정부와 금융업계가 제소 여부를 결정함에 있어 적지 않은 실무적 가이드라인을 제공하여 줄 수 있을 것이기 때문이다. 현재 보조금협정은 어떠한 형태의 정부정책이 보조금에 해당하는지, 그리고 그러한 보조금을 확인하는데 있어 구체적으로 평가를 하여야 하는 부분은 무엇인지에 관하여 상세한 규정이 미비한 실정이다. 보조금협정은 보조금의 구성요건과 보조금으로 인하여 초래되는 자국 산업의 피해상황을 평가하는 기준을 개괄적으로 설명하는 데 그치고 구체적으로 어떠한 정부 정책이 문제가 될 수 있는지에 대해서는 자세한 규범을 제시하지 않고 있다. 바로 이러한 이유로 우리나라와 같이 타국의 정부 프로그램을 대상으로 제소하는 데 있어 상당히 보수적인 입장을 견지하고 있는 국가의 경우 설사 타국의 보조금이 의심되는 경우에도 그 위반 여부가 분명하지 않은 경우 제소를 포기하는 경우도 적지 않다. 이러한 부분은 우리나라의 경우 교역 상대국의 보조금을 조사하기 위한 상계관세 조사를 아직 한 건도 개시한 바가 없다는 점, 그리고 우리와 유사한 성향을 보유하고 있는 일본의 경우도 그간 단 한 건의 상계관세 조사만 개시하였다는 점에서도 살펴볼 수 있다.[9]

반면, 미국, EU 등의 경우에는 경미한 혐의만 있어도 상계관세 조사, 보조금 제소 등 다

---

[9] 일본이 실시한 유일한 상계관세 조사는 바로 한국산 반도체에 대한 2006년의 상계관세 조사이다. 이는 우리나라가 기본적으로 외국의 보조금 조사에 노출되어 있음을 보여주는 반증이기도 하다.

양한 조치를 공격적으로 취하는 성향을 찾아볼 수 있다. 특히 최근 보조금 분쟁의 주요 쟁점이 소위 간접 보조금 내지 은닉 보조금(우회 보조금)으로 실제 외관상으로는 보조금인지 여부가 분명하지 않은 경우가 대부분이다. 이러한 관점에서는 보조금 판정에 관한 기준이 현재보다 명확하고 구체적으로 제시될 경우 우리측이 이를 활용하여 이러한 형태의 새로운 보조금을 확인하고, 문제제기를 하는 것이 일층 용이하게 될 것으로 사료된다. 특히 중국이 이러한 간접 보조금 내지 은닉 보조금을 적극 활용하고 있는 것으로 알려지고 있으며 그러한 추세는 더욱 강화될 것으로 볼 수 있으므로 새로운 협상을 통해 명확한 보조금 규범과 가이드라인이 채택되는 것이 우리에게 유리하다고 볼 수 있을 것이다. 따라서 금융분야에서 보조금 규범이 새로운 협상을 통해 정치하게 규정되어 명확한 법적 가이드라인이 제시될 경우, 외국의 금융 보조금에 대하여 우리나라가 보다 적극적인 자세를 취하는 분위기가 조성될 것이다. 신 금융 협정 위반 여부, 제소 시 승소 여부 등이 보다 객관적으로 평가될 수 있어 상대방에 대하여 문제를 제기하거나 종국적으로 제소여부를 결정하는 데에 신뢰할 만한 가이드라인을 우리측에 제시하여 줄 수 있을 것이다. 가령, 규범이 명확하게 규정되고 확인 방법이 구체적으로 제시가 되면 우리의 경쟁국이 보조금에 해당하지 않는 것으로 주장하는 정부 지원 프로그램에 대해서도(가령, 일부 산업에 대한 금융대출상의 특혜, 수출에 유리한 환율제도의 유지 등) 보조금 해당 가능성을 우리측이 보다 체계적으로 주장할 수 있게 될 것이다.

(2) 타국의 우리나라에 대한 보조금 제소 시 방어 측면

한편, 보조금 규정의 정치화(精緻化)는 우리나라에 대하여 타국이 조선 보조금을 이유로 제소하는 경우에도 우리측에게 적지 않은 도움을 제공할 수 있을 것이다. 바로 보조금협정 여러 조항의 애매모호한 부분들이 우리나라에 대하여 그간 상당히 불리하게 작용하여 왔기 때문이다. 각 분야 세계 시장에서 현재와 같은 구도의 경쟁상황이 지속된다는 점을 전제로 하면 우리나라는 EU, 중국 등 주요 경쟁국으로부터 지속적인 보조금 제소의 위협에 노출되어 있는 것으로 볼 수 있다. 그렇다면 우리 입장에서는 이러한 보조금 제소의 위협을 제도적으로 낮출 수 있는 안정적인 법적 규범을 도입하는 방안을 적극 지지할 필요가 있다.

EU의 경우, 이미 우리나라의 조선 보조금을 이유로 WTO에 제소한 바 있으며, 그 이후에도 한·EU FTA 협상, 우리 조선업체의 유럽업체와의 M&A 심사 등 여러 기회를 통해 우리측 보조금에 대한 문제를 제기하여 오고 있는 상황이다. 이러한 저간의 상황을 살펴보면 향후 한·EU간 조선분야에서의 경쟁관계가 격화될 경우 다시 WTO 제소 또는 새로운 금융관련 협정 분쟁해결절차를 통한 제소 가능성은 상존하고 있는 것으로 볼 수 있다. 특히 중국의 경우, 현재 적극적인 WTO 제소 정책을 추진하고 있고 상계관세 조사를 활발하게 전개하고 있는 바, 외국 보조금에 대한 이러한 적극적 공세가 향후 우리나라에 대하여 표출될 가능성도 완전히 배제할 수는 없는 상황이다.

이와 같이 우리나라에 대한 EU와 중국의 보조금 제소 가능성은 명확하고 구체적인 법적 규범이 도입될 경우 상당 부분 억제될 수 있을 것으로 예측되고 있다. 현재 보조금협정의 기본 한계는 어떠한 정부 지원정책은 허용되고 어떠한 지원정책은 허용되지 않는지에 대하여 명확한 지침을 제시하지 않고 있다는 측면에서 유래하고 있으며, 바로 이러한 이유로 대부분의 지원정책은 모두 불법 보조금으로 주장되거나 판정되는 상황이다. 따라서 불법 보조금과 허용되는 정부 지원정책간의 관계를 명확히 설명하고, 그 경계선이 제시된다면 우리나라와 같이 주로 보조금 분쟁에서 제소나 조사를 당하는 국가 입장에서는 방어가 용이하게 될 것이다.

현재 보조금 분쟁의 문제점은 어떤 국가가 보조금 관련 분쟁에서 설사 패소하였다고 하더라도 구체적으로 어떠한 조치가 어떻게 잘못되었는지 여부가 객관적으로 제시되기 힘든 상황이라는 것이다. 따라서 추후 유사한 상황이 발생하지 않도록 패소국 정부가 정책을 재조정하는 것이 용이하지 않다. 가령, 우리나라 금융기관의 대출관행을 신뢰할 수 없다는 내용의 판정이 WTO 패널 및 항소기구로부터 내려지는 경우, 문제는 단지 해당 분쟁에서의 패소가 아니라 향후 우리 정부나 금융기관이 해당 이슈(금융기관의 대출관행)를 어떻게 재조정하여야 하는지에 대하여 아무런 구체적인 가이드라인을 찾을 수가 없다는 점이다. 현재 보조금협정 법리에 따르면 금융기관의 대출관행이 상업적 합리성을 담보한 것이어야 한다는 지극히 원론적인 지침만을 제시하고 있을 뿐이며, 구체적인 대출이 그러한 상업적 합리성을 담보한 것인지 여부는 특정 분쟁이 제기된 이후에 의사결정자(WTO 패널, 조사당국)가 사안별로 제반 정황을 검토하여 결정을 내릴 수밖에 없는 구조이다. 구체적으로 어떠한 대출이 상업적 합리성을 담보하고 있는지 여부 등이 객관적인 기준으로 제시되지 않는다면 피소국 또는 피조사국은 항상 불리한 위치에 있게 될 것이다.

특히 금융산업의 경우 다른 산업과 다른 특성을 보유하고 있고 여러 산업과 연계되어 운용되는 만큼 일반적인 보조금 규범으로는 완벽하게 행위규범을 제시하기에 한계가 있다. 새로운 협상을 통해 금융산업의 특성을 반영하는 보조금 규범이 도입된다면 보다 현실과 부합되는 규범으로 인정받게 될 것이고, 그러한 규범은 우리나라와 같이 보조금 분쟁에는 취약성을 보여 온 국가의 이해관계를 효과적으로 보호하여 줄 수 있을 것으로 기대된다. 이러한 관점에서 새로운 협상이 개시된다면 이를 금융위기 극복을 위한 조치에 적용되는 정치한 국제법 규범을 창출하는 수단으로 적극 활용할 가능성을 검토할 필요가 있다.

새로운 맥락에서 보조금 규범을 항목별로 구체화, 명확화하기 위한 방법은 다음 장에서 상세하게 살펴보기로 한다.

5. 조약문 작성 시 유의점

A. 동일한 협정요건 적용의 시장별 차이 고려

협정문상으로 동일한 용어도 실제 시장상황에 적용되는 경우에는 다양한 차이를 초래한다. 통상협정에서 제시되는 기준은 각각 관련 시장에서 적용되는 것을 예정하고 도입되어 있으므로 동일한 기준도 이 기준이 적용되는 시장이 어떠한 상황인지에 따라 최종적인 결과는 시장별로 서로 상이할 수 있게 된다. 예를 들어 *China—Intellectual Property Rights* 분쟁에서 검토된 바와 같이 TRIPS 협정 제61조는 "상업적 규모(commercial scale)" 요건을 부과하며 이 요건은 모든 WTO 회원국에 동일하게 적용된다. 그러나 이러한 법리적 동일성에도 불구하고 실제 각 시장별로 개별 상품마다 적절한 상업적 규모를 정의하는 것은 상이할 수밖에 없다. A국에서의 상업적 규모에 해당하는 것은 전혀 맥락과 상황을 달리하는 B국에서는 상업적 규모에 해당하지 않을 수도 있는 것이다. 따라서 이러한 문제는 본질적으로 각 회원국의 독자적인 결정의 영역에 상당 부분 남겨져 있을 수밖에 없다. 즉, 각 WTO 회원국이 상품별로 적절하다고 생각하는 상업적 규모를 스스로의 판단 하에 규정하여 놓으면 그 수준에 대해 다른 회원국이 분쟁을 제기하더라도 법적 효력이 높은 타당한 증거를 제출하지 않는 한 승소하기 어려울 것으로 볼 수 있을 것이다.

B. 개념(definition)의 재정립

먼저 현재의 협정에는 구체적 개념 정립이 아직 미흡한 다수의 용어가 산재하고 있다. 가령 가장 대표적으로 현재 "보조금" 또는 "간접 보조금"이 어떠한 의미를 보유하는지를 WTO 보조금협정의 테두리 내에서 보다 구체적으로 새로운 금융관련 협정에 규정하는 경우 협상국들간 상호 불신과 우려는 일부 해소될 수도 있을 것이다. 향후 협상 과정에서 이러한 부분에 대한 구체화 내지 재정립 작업이 진행될 경우 금융위기 극복조치와 관련된 문제를 제기하게 된 기본적인 우려에 대하여 체계적으로 대처할 수 있는 기제를 수립할 수 있을 것이다.

C. 발전적 해석 원칙과 관련한 개념 정의의 중요성

협정의 주요 용어는 특히 이 부분에 관하여 향후 문제나 분쟁 발생의 소지가 적지 않은 것으로 판단된다. 기 체결된 협정은 대부분 기본적인 내용을 기계적으로 규정하는 데 그치고 있으며 오늘날 우리가 느끼는 정도의 민감성이 정확하게 반영되어 있지 않기 때문이다. 여기에 더하여 국제거래가 이루어지는 방식과 투자의 양태는 다양하고 복잡하게 변하고 있어 상당 부분의 거래가 결국 협정의 적용 범위에 포섭되는 상황이 실제 발생하고 있다. 이러한 부분은 투자협정뿐만 아니라 여타 협정에 포함된 모든 규정과 관련하여서도 발생하는 문제이며, 이에 대해 어떠한 입장을 취하는지에 따라 협정의 해석과 분쟁 해결의 최종 결과의 향배에 중요한 영향을 미치고 있다.

이러한 부분을 최대한 회피할 수 있는 방법은 협정의 관련 규정을 최대한 상세하고 구체적으로 기술하는 것이다. 물론 그렇다고 하여 모든 위험성을 차단할 수는 없으나 그래도 기본적인 문제점은 일단 해결할 수 있을 것으로 보인다. 이러한 부분을 감안하면 결국 모델 텍스트의 경우도 지금까지 우리나라가 체결한 가장 상세한 규정을 따라갈 수밖에 없으며 앞으로도 점점 그 분량 면에서는 늘어날 수밖에 없을 것으로 판단된다.

결국 협정의 관련 조항들도 체약 당사국의 특별한 의사 표시가 기재되어 있지 않으면 변화하는 시대 상황과 여건을 반영하여 해석되는 것이 일반적인 흐름으로 볼 수 있다. 이러한 점은 우리나라가 1970년대에 체결한 협정의 해석에 있어서도 현 시점에서의 상황과 여건이 반영되어 이루어질 가능성이 높고, 이는 결국 현재 새로이 체결되는 협정에 비하여 이들 과거 협정이 상대방이 활용하기 용이한 법적 기제를 제공하는 상황으로 이어지고 있다. 간단히 요약하면 그러한 규범이 적용되는 외부적 여건은 동일한데 과거의 협정은 조항이 간략히 기술되어 있고 지금 체결되는 협정은 조약이 상세히 기술되어 있는 것으로 볼 수 있다. 분쟁해결절차로 제소하는 외국 입장에서는 전자의 협정문을 활용하여 자신의 입장을 개진하는 것이 다양한 제한요건이 부과되어 있는 후자에 비해서는 유리하다고 판단할 개연성이 농후하다. 최근 진행되고 있는 론스타 분쟁에서 미국계 투자자가 한미 FTA가 아니라 2007년 한·벨기에 BIT를 원용하고 있는 배경에도 이러한 부분이 영향을 미치고 있는 것으로 볼 수 있을 것이다.

　이러한 최근 통상협정 및 투자협정에서 제기되는 '창조적인' 적용 사례는 국제법의 중요한 이슈 중 하나인 조약해석의 원칙과 관련하여서도 중요한 함의를 제시하고 있다. 바로 조약이 체결된 이후 오랜 세월이 경과하고, 그 과정에서 원래 조약문에 포함되었던 용어의 의미가 조금씩 변천하는 경우 이러한 부분이 비엔나 협약 제31조에 따른 조약해석 원칙에 어떻게 반영되는가 하는 부분이다.

D. 적용규범의 강화

　새로운 협정에 포함된 보조금 규범의 적용과 집행을 보다 강화하는 방안을 모색하는 것도 적극 검토가 필요한 영역 중 하나이다. 가령 향후 구체화 작업을 진행하는 과정에서 새로운 협정에 기존의 WTO 보조금협정보다 강화된 규범을 도입하는 방안을 검토하는 것도 필요하다. 즉, 금지 보조금 항목을 별도로 추가한다든가 또는 금융분야에 적용될 "부정적 영향", "실질적 손상" 및 "실질적 피해"의 의미를 구체화하여 규정하는 방안을 검토할 수 있을 것이다. 이러한 방식을 택할 경우 WTO 보조금협정의 테두리 내에서 이를 보다 구체화하는 성격을 띠게 되어 WTO 협정 위반의 소지나 중복적 적용으로 인한 혼란 초래 가능성을 상당 부분 해소할 수 있다는 장점이 있을 것이다.

　예를 들어 현재 OECD 맥락에서 진행되고 있는 신조선협정 협상 맥락에서는 기존의 보조금 규범을 보다 강화하여 신조선협정에 도입한다는 소위 "WTO-plus" 방식은 적지 않은 국가의 지지를 받아온 상황이다. 다만 보조금 규범을 강화하여 이 내용을 새로운 협정에 포함시키는 경우 기존의 WTO 보조금협정과 불합치 내지 상충하는 조항이 새로운 협정에 도입되는 상황이 발생하게 되어 이 문제를 어떻게 해결할 것인가 하는 기본적인 문제는 계속 상존할 것이다. 이러한 부분은 금융위기 극복조치를 검토하고 이와 연관되는 국제규범을 도입하는 논의에도 중요한 시사점을 제공하여 줄 것이다.

　WTO 보조금협정과 불합치 내지 상충하는 협정을 회원국들이 별도로 체결할 경우 이 분야에서 WTO 협정 규범을 준수하도록 한 협정 관련 조항에 대한 위반을 구성할 가능성이 발생한다. 이 부분에 대해서는 협상 참여국간 법리적 관점에서 면밀한 검토를 거칠 필요가 있으며 WTO와도 사전 의견조율 과정을 거치고 이를 명문화하여 두어야 추후 협정 위반 문제 제기 소지를 차단할 수 있을 것이다.

E. 위반조치에 대한 징계 현실화

새로운 협정의 규범력을 강화하는 방안으로는 동 협정 위반에 대한 징계조치를 보다 현실화하는 방안도 있다. 현재는 문제가 된 조치를 패소국이 철회하는 것을 기본적인 아이디어로 포함하고 있으나, 이러한 조치 철폐 요구 방안은 때로는 실효적인 징계에 미치지 못하는 경우가 빈번하다. 보조금 교부 국가의 경우 보조금 교부가 이미 종료된 이후에 그러한 형식적인 조치(가령 법령 등)를 철회하는 것만으로도 패소국으로서의 의무를 모두 이행하게 되기 때문이다. 따라서 이미 교부가 완료된 보조금의 경우 패소가 확정되면 수혜기업이 동일한 액수를 자국 정부에 다시 상환하도록 하는 등 보다 실효성을 보유한 규범이 도입될 경우에 각국 정부와 금융기관에 대한 효과적 통제수단이 되어 목표를 간접적으로 달성할 수 있을 것이다.

이러한 효과적 구제수단의 모색은 분쟁 담당 패널이 이를 결정하는 경우 WTO 분쟁해결양해사항(DSU)에서도 특별한 문제가 없는 것으로 이해되어 오고 있다. 그러므로 이러한 방안은 WTO 협정과 상충되는 문제없이 시행 가능할 것으로 사료된다.

F. 신속한 분쟁해결절차 도입 모색

동일한 맥락에서 분쟁해결절차를 현재의 협정보다 단축시키는 것도 고려하여 볼 만하다. 가령 60일간의 양자협의 기간을 삭제하거나 합리적 이행기간을 삭제하는 등의 방법으로 절차의 단축을 도모할 수 있을 것이다. 이러한 방식의 절차 단축도 분쟁 당사국이 합의할 경우 WTO 분쟁해결양해사항(DSU)에서도 특별한 문제가 없는 것으로 이해되어 오고 있으므로 이러한 방안은 WTO 협정과의 상충 문제없이 시행 가능할 것이다.

G. 전문가 활용 방안 제도화

분쟁 발생 시 패널의 심리를 지원하고 현 시장 상황에 관하여 적절한 의견을 제시할 수 있는 전문가 그룹을 구성하여 두는 것도 검토할 만한 대안 중 하나이다. 현재 금융조치 관련 새로운 협정을 WTO 협정 이외의 영역에서 별도로 도입하고자 하는 기본적인 취지는 금융업계가 일반 상품교역 영역과 상이한 특성을 보유하고 있다는 것이다. 이러한 취지를 효과적으로 구현하기 위해서는 이 분야에 전문성을 보유한 전문가 그룹을 사전에 구성하여(또는 분쟁 발생 시 사후적으로 구성하여) 패널의 심리를 효과적으로 지원하게 된다면 문제의 보조금 교부 조치로 인하여 가격인하 등이 발생하고 궁극적으로 경쟁조건이 왜곡되었는지 여부를 객관적으로 평가할 수 있을 것이다. 이러한 전문가 그룹이 효과적으로 활용되고 객관성을 보장할 수 있다면 유사한 효과를 기존의 조항과 법리를 통해서도 충분히 달성할 수 있을 것이다.

H. 입증책임의 강화

한편, 금융조치 관련 협정이 성안될 경우 이는 전례없는 조항을 최초로 국제통상규범에 도입하는 것인 만큼 그 성공적 시행 여부에 적지 않은 의문점이 있는 것이 사실이다. 따라서 이러한 관점에서 실제 운용에 있어 제소국의 입증책임을 강화하는 방안을 검토하여 볼 수 있을 것이다. 즉, 상대국의 협정위반을 주장하는 측이 객관적인 자료를 통하여 그 상황을 상세히 입증하도록 요구하는 내용을 새로운 협정문에 포함시키는 방안이다. 일반적인 법리에 따르면 제소국이나 주장국이 원래 모든 주장요소에 대하여 입증책임을 부담하게 되어 있다. 그러나 보조금협정과 같이 정부 정책과 관련된 분쟁에서는 제소국이 피소국 정부 내부 자료에 대한 접근이 제한된다는 이유로 경미한 입증책임만 부담하게 하고 사실상의 입증책임을 피소국에 부담시키는 경우가 늘어나고 있다.

이러한 상황을 차단하기 위하여 금융위기 극복을 위한 조치와 관련하여서는 입법적으로 제소국의 철저한 입증책임 완수가 요구된다는 점을 명문으로 포함시킬 수 있을 것이다. 즉, 피소국의 금융조치가 부당한 조치라는 점, 그리고 그러한 조치로 인하여 자신의 국내산업이 피해를 보았으며 양자간 인과관계가 존재한다는 점을 제소국이 상세히 소명하도록 하는 방안이다.

이와 같이 입증책임을 강화하게 될 경우 EU 등 우리의 경쟁국이 우리나라를 새로운 협정을 통하여 제소하는 상황이 그만큼 어려워지게 될 것이며, 실제 제소가 이루어지는 경우에도 입증책임을 완수하지 못하여 우리나라가 사실상 승소하는 상황이 발생할 가능성도 그만큼 높아지게 될 것이다. 다만 이러한 메커니즘이 도입되는 경우 경쟁국 업체를 차단하는 것도 그만큼 어려워진다는 측면을 아울러 고려하여야 할 것이다.

한편, 이와 관련하여 다음과 같은 사례를 참고할 수 있다. EU와의 조선분쟁에서도 입증책임 문제가 중요한 변수로 대두되었다. 이 분쟁에서 '가격인상억제'나 '가격하락'에서 '동종물품'간의 비교를 요구하는지 여부와 관련하여 EU와 우리측의 입장이 대립하였다. 이러한 논쟁이 대두된 실제 배경은 선박거래의 특수성과 이로 인한 입증책임 문제에서 기인한다. 즉, 선박마다 크기나 톤수, 사양이 천차만별인데 만약 '가격인상억제'나 '가격하락'에서 '동종물품'간의 비교를 요구한다면 EU가 선박에 있어서의 '동종물품'을 제시하는 것도 쉽지 않을 뿐 아니라, 그러한 '동종물품'간에 가격인상억제 또는 가격하락을 입증하는 것도 매우 어렵게 될 것이기 때문에 EU는 가급적 '동종물품'을 전제로 한 분석을 배제하고자 노력하였다.

패널은 EU의 주장을 수용하였다. 즉, 패널은 제6.3(c)항에서 '가격인상억제'와 '가격하락'에 '동종물품'을 언급하지 않고 있다는 문맥상의 근거 외에, 이 조항의 협상경위를 보더라도 '가격인상억제'와 '가격하락'에 있어 협정 기초자들이 '동종물품'과의 비교를 의도적으로 제외한 것으로 보인다고 판단하였다.10) 이와 같은 해석에 따르면 '가격인상억제' 또는 '가격하락'에 근거하여 보조금에 의한 '심각한 손상'을 주장하는 제소국은 '보조금이 지급된 물품(subsidized product)'과 '동종물품'을 특정할 필요가 없고, 마찬가지로 패널도 제소국이 임의로 제시한 물품 전체에 대한 "관련시장" 전체에서의 가격수준 및 가격동향과 이러한 가격동향을 초래한 이유들을 총체적으로 분석하면 되고 군이 동종물품간(product-by-product)에서의 가격동향을 검토해야 할 필요는 없게 된다.11) 그러나 패널은 어느 경우에도 제소자측은 자신이 제시한 물품의 가격동향과 보조금과의 인과관계는 반드시 입증하여야 하므로 결국 '가격인상억제' 또는 '가격하락' 주장에 있어서 대상물품을 정하는 문제는 인과관계 분석에 관련된 문제로 귀결된다고 파악하였다.12) 물론 구체적인 맥락은 상이하나 이 분쟁은 금융위기 극복을 위한 조치의 문제를 다룸에 있어 어느 당사국이 입증책임을 부담하는지가 실제 중요한 변수임을 잘 보여주고 있는 사례로 평가할 수 있다.

---

10) Panel Report, Korea – Measures Affecting Trade in Commercial Vessels, WT/DS273/R, para. 7.551 참조. 패널에 의하면 제6.3(c)항의 Uruguay Round 원래 초안은 "there is a significant price undercutting by the subsidized products as compared with the price of a like product of another signatory in the same market result in price suppression, price depression or lost sales"라고 되어 있었다. 즉, 원래 price suppression 또는 price depression은 '동종물품에 대한 price undercutting으로 인한 결과로 예정하였으나, 후자를 전자와 분리하여 이를 별도의 심각한 손상 기준으로 설정하면서 '동종물품'과의 비교요소는 일부러 채택하지 않았다는 것이다.
11) Korea – Commercial Vessels, para. 7.557.
12) Korea – Commercial Vessels, para. 7.559 – 7.560.

I. 보조금 범위 제한

또한 향후 새로운 협상에서 금융조치를 다루게 되는 반대급부로 보조금 측면의 적용 범위를 상응하게 축소하는 방안을 검토할 수 있을 것이다. 즉, 시장왜곡적 효과가 상대적으로 커서 금융산업과 보다 직접적인 연관성을 갖는 보조금을 선별하여 이들을 보조금 분야에서 새로운 협정의 적용대상으로 포함시키고 여타 보조금의 경우에는 동 협정의 적용 범위에서 배제하여 WTO 보조금협정의 규정만을 적용받도록 하는 방안을 검토하여 볼 수 있을 것이다.

물론 일반적으로 어떠한 보조금이 시장왜곡 가능성이 지대한지 여부를 평가하는 것은 상당히 어렵고 논란의 소지가 있는 작업일 것으로 볼 수 있다. 보조금은 그 종류와 규모, 수혜기업의 시장에서의 위치 및 수혜상황 등과 같이 구체적인 조건과 개별 기업의 구체적 상황에 따라 그 효과가 상이하며, 그 결과 시장왜곡 효과도 상이할 수밖에 없다. 따라서 특정 프로그램의 외양만으로 시장왜곡 여부를 판단하는 것은 용이하지 않다고 볼 수 있다.

다만, 보조금협정은 보조금 유형을 크게 두 가지로 나누어 소규모로 정기적으로 부여되는 보조금(소위 recurring subsidy)과 규모로 일회성으로 부여되는 보조금(소위 non-recurring subsidy)으로 하고 있으며, 이들 중 후자가 보다 시장왜곡적 효과가 큰 것으로 일반적으로 이해되고 있는 상황이다. 또한 어떠한 보조금이 시장왜곡 효과를 수반하는지에 관하여 보조금협정 제6.1조 역시 시사점을 제공하고 있다. 즉, 동 조항에 따르면 보조금의 크기가 일정 수준을 넘는 경우 또는 채무재조정, 운영비 보전과 같이 보다 직접적으로 생산시설 운영과 관련되는 보조금들은 시장왜곡적 효과가 상대적으로 큰 것으로 간주되고 있다. 이러한 기준들을 활용하여 시장왜곡적 효과가 큰 보조금과 여타 보조금으로 일단 구별을 하여 볼 수는 있을 것이다. 이러한 구별에 기초하여 시장왜곡적 효과가 상대적으로 큰 것으로 일반적으로 간주되는 보조금을 선별하고 이들만 새로운 금융협정의 규율 대상으로 포함시킬 수 있을 것이다.

보조금으로 인하여 초래되는 시장왜곡 상황과 공정경쟁 저해 상황을 새로운 협정으로 상당 부분 커버할 수 있을 것으로 예견되므로 문제의 소지가 큰 일부 핵심 보조금에 대해서만 새로운 협정이 규제하더라도 상당한 허점이 발생할 것으로 판단되지는 않는다는 주장을 전개할 수 있을 것이다. 또한 새로운 협정의 적용대상에서 제외되는 보조금도 여전히 보조금협정의 적용대상으로 남아 있으므로 공백(loophole) 문제가 적절히 제어될 수 있을 것이라는 논리도 전개 가능하다. 이 방안에 따라 새로운 협정의 적용대상으로 선별될 시장왜곡적 효과가 큰 보조금에 대한 규율의 구체적 방법은 향후 협정 협상 시 논의되어야 할 것이다. 가령, 이들을 금지 보조금으로 규정하여 규제할 수도 있을 것이며 부정적 효과(adverse effect) 테스트를 거치는 제소가능 보조금으로 규정하여 규제할 수도 있을 것이다. 어떠한 구체적 규제 방법을 선택할 것인지의 여부는 향후 새 협상 개시 후 협상 의제가 최종 확정된 다음 당사국간 구체적 논의가 필요한 사안이라고 볼 수 있다. 어쨌든 이러한 절충적 방안을 통하여 자의적 적용 가능성과 일부 국가에 대해서만 유리한 상황을 초래하는 불공평성을 상당 부분 해소할 수 있을 것으로 사료된다.

6. 새로운 협정문의 예시

위에서 살펴본 유의점들을 고려하여 새로운 협정문안을 제시하여 보면 다음과 같다.

PREAMBLE

The "Agreement Respecting Normal Competitive Conditions in the Financial Sector and Governing Financial Regulatory Measures" aims at establishing, in a legally binding manner, a 'level playing field' in the international financial market and transactions through: (1) a discipline for government support measure relating to financial sector, (2) a legal instrument to deal with injurious exchange rates actions of the government and related banks, and (3) binding dispute settlement before an independent international Panel, while recognizing the importance of ensuring the policy space for the governments of Contracting Parties in administering their own national economic policies and the unique characteristics of the financial industries.

A. GOVERNMENT SUPPORT MEASURE RELATING TO FINANCIAL SECTOR

The term government measure relating to financial sector as used in this Agreement shall mean the subsidy within the meaning of Articles 1 and 2 of the *Agreement of Subsidies and Countervailing Measures*("SCM Agreement").

Unless otherwise stated in this Agreement, the terms including financial contribution by the government, benefit and specificity have the same meaning as they appear in the SCM Agreement.

This Agreement shall apply to both direct support measures, which are provided directly to the financial institutions or financial service providers and the indirect support measures which pass or are reasonably expected to pass benefits to the financial institutions or financial service providers through third parties. The indirect support measures, however, shall not include a national economic policy of general application within the territory of the Contracting Parties. Incidental benefits arising from the administration or operation of a national economic policy of general nature thus shall not fall under the benefit as the term is used in this Agreement or the SCM Agreement.

Circumvention measures which are adopted to circumvent the regulation of this Agreement shall be subject to the relevant provisions of this Agreement.

Ⅰ. Prohibited Measures of Support

1. The following measures of support, when specifically provided, directly or indirectly, to the financial institutions or financial service providers are prohibited and have to be eliminated at the time the Agreement enters into force:

a) Export subsidies;
b) Grants;
c) Loans on terms and conditions more favourable than those obtainable on the market;
d) Loan guarantees that support loans on terms and conditions more favourable than those obtainable absent the government guarantee;
e) Forgiveness of debts;
f) Provision of equity capital inconsistent with usual investment practice;
g) Provision of goods and services at less than the adequate remuneration;
h) Tax policies and practices benefiting the financial institutions or financial service providers;
i) Assistance to suppliers of goods and services to the financial institutions or financial service providers if such assistance specifically provides benefits to the financial institutions or financial service providers;
j) Official regulations and practices, including domestic build or repair or domestic content requirements,that discriminate in favour of the domestic financial institutions

or financial service providers, or regulations having similar effects.

k) Provision of equity capital inconsistent with usual investment practice;

l) Provision of goods and services at less than the adequate remuneration;

m) Tax policies and practices benefiting the financial institutions or financial service providers;

n) Assistance to suppliers of goods and services to the financial institutions or financial service providers if such assistance specifically provides benefits to the shipbuilding industry;

o) Official regulations and practices, including domestic purchase or domestic content requirements, that discriminate in favour of the domestic financial institutions or financial service providers, or regulations having similar effects.

p) Other assistance.

2. The complaining party shall bear the burden of proof for these support measures listed in the above category including the commercial reasonableness of the transactions at issue and the relevant markets to be compared. The burden of proof shall be borne with concrete evidence and not by conjecture or speculation showing the possibility of alternative commercial choices or transactions

3. When financial institutions and financial service providers are utilized to provide benefit to other industries or companies through one of the means listed above, the provisions of the SCM Agreement shall apply to determine whether such provision constitute subsidy within the meaning of the SCM Agreement.

Ⅱ. Permitted Measures of Support

1. Export Credits for Manufactures and Industries

Export credit facilities consistent with the provisions of the(revised) Understanding on Export Credits for Ships [i.e. interest at CIRR; 12 year duration of credit; 20 per cent downpayment].

2. Loans and Loan Guarantees to Domestic Purchasers of New Ships

Loans and loan guarantees on the same terms and conditions as may be granted pursuant to the applicable international rules and guidelines.

Other loans and loan guarantees on the same terms and conditions available on the market shall also be permitted. The market as used in this paragraph shall mean the market in which the recipient of the loans and loan guarantees would pursue the extension of such loans and guarantees in the normal course of business operation. Consequently, the market as used here shall mean a domestic market, an international market or both, depending upon the specific situation of the recipient.

3. Research and Development
The following aid intensities are permitted:

a) Fundamental research: 100 per cent of eligible costs;
b) Basic industrial research: 50 per cent of the eligible costs;
c) Applied research: 35 per cent of the eligible costs;
d) Development: 25 per cent of the eligible costs.

Under specific conditions, the maximum allowable aid intensity for research and development related to deter a financial crisis or overcome a financial crisis may be 25 percentage points, or more, higher than the percentages mentioned under b., c. and d. above.

The maximum allowable aid intensity for research and development carried out by small and medium financial institutions and financial service providers shall be 20 percentage points higher than the percentages mentioned under b., c. and d. above.

Information on the results of research and development is to be published promptly, at least annually.

4. Assistance to the Retired Employess as a Result of Restructuring
Assistance to cover the cost of measures for the exclusive benefit of the retired employees as a result of restructurings in the respective financial industiries or other manufacturing industiries, when such assistance is related to the discontinuance or curtailment of the financial institutions.

5. Restructuring Support
Restructuring of financial institutions and other manufacuting corporations by the decision of the banks and shareholders consistent with the commercial reasonableness standard shall not be regarded as a government support within the meaning of this Agreement or a subsidy within the meaning of the SCM Agreement and thus shall be permitted under the Agreement. The fact that the government of a Contracting Party owns a shareholding of a bank or investment vehicle, in and of itself, shall not transform a decision for restructuring into that of the government. Restructuring

support may continue to be provided but must be terminated as announced at the conclusion of the Agreement;

6. Measures to Achieve the Objectives of the Agreement

Subsidies exclusively for facilitating the achievement of the objectives of this Agreement.

7. Measures to Achieve the Socio-Economic Consideration of the Contracting Parties

Subsidies exclusively for operating and administering governmental programmes which aim to achieve Contracting Parties' legitimate socio-economic policy objectives by supporting:

(1) re-education, retraining or redeployment of employees of the financial institutions and other manufuacutirng industries into occupations unrelated to the shipbuilding, repair or directly associated activities as a result of restructuring of the relevant industries;

(2) early retirement or permanent cessation of employment of employees of the financial institutions and other manufuacutirng industries as a result of government policies to conduct resturucturings in the related industries;

(3) the relief of employees of the financial institutions and other manufuacutirng industries as a result of global financial crisis, provided that they are directly related to the effects of that crisis, are limited to the affected industrial sectors and institutions, are time-limited, and in the case of reconstruction subsidies, only restore the affected industries and instituions.

Ⅲ. Remedy

1. The remedy to be adopted by a Panel in accordance with the relevant provisions of this Agreement shall be to bring the measure challenged into conformity with this Agreement and with the SCM Agreement. Such compliance shall be undertaken either through withdrawal of the measure or amendment of the measure as the case may be.

2. In certain instances, where a Panel finds extraordinary nature of the government support in distorting fair competition in the global financial market, the Panel may consider ordering collection by the government concerned, from the financial institutions and other manufuacutirng industries which have received support prohibited under the Agreement, of a charge equal to the benefit received plus

interest there-upon, or, if collection is not legally possible, taking of other appropriate action to remove or offset the benefits obtained.

3. Violations and amounts are to be determined by an independent international Panel with final and binding effect.

IV. Sanctions

1. In case of failure to implement the Panel's decision, i.e. non-payment by the financial institutions and other manufuacutirng industries of the charge(or non-implementation of agreed alternative measures) or of failure by the government to amend or withdraw an inconsistent measure of support, as the case may be, the following actions may be taken with the authorization of the Panel:

a) At the decision of the Parties Group, the financial institutions and other manufuacutirng industries which received the improper benefit may be made ineligible to be considered injured by injuriously determined exchange rates by other countries or financial institutions of other countries;

b) The adversely affected party(ies) may suspend equivalent concessions under the WTO Agreements or applicable Free Trade Agreements, with preference to be given to those concessions that are related to the product or products associated with the violation.

c) These sanctions may be authorized separately or in combination.

2. Any sanction thus authorized shall terminate promptly when the Contracting Party against which an adverse decision was rendered subsequently amends or withdraws the measure in question or when the financial institutions and other manufuacutirng industries of such Contracting Party forfeits the determined benefit through domestic administrative or legal proceedings.

B. INJURIOUS EXHCHANGE RATES CHARGES

I. Purpose of Injurious Exchange Rates Charges

1. Injurious exchange rates, by which currency of one Party is set at an exchange rate below the applicable standard exchange rate in the international market shall be condemned if it causes or threatens to cause material injury to an established industry in the territory of a Party or materially retards the establishment of a

domestic industry of the Party. In order to remedy or prevent injurious exchange rates, a charge may be imposed on the products manufactured by the manufcturers from the former Party.

2. For the purpose of this Agreement, the term standard exchange rate shall mean the average exchange rate in the same category of transactions in the international market. When this Agreement enters into force, the Contracting Parties shall:

a) Adopt categories of transactions where exchange rates are grouped in separate categories reflecting the types, usages or other practical considerations in the market.

b) Decide on the average exchange rates on an annual basis for the respective categories as adopted in paragraph(a) above. The average exchange rates shall be calculated for the respective categories of trnsactions from the average of the exchange rates of the economic entities falling under a particular category in the year(s) in question. The average exchange rates shall mean the standard exchange rate as the term is used in this Agreement.

Ⅱ. Injurious Exchange Rates Investigations

1. Initiation of Investigation

(a) An injurious exchange rates investigation will, generally, be initiated upon a written application by or on behalf of the domestic industry, filed within specific deadlines, and not later than six months from the date of adoption of the alleged measure in question.

(b) The application shall include evidence of the essential elements, e.g. the existence of the exchange rates measure at issue, the injury, the causal link between the injuriously determined exchange rates and the alleged injury; simple assertion, unsubstantiated by relevant evidence, cannot be considered sufficient. The application shall contain such information as is reasonably available on: a complete description of the allegedly injuriously determined exchange rates, rates at which currencies are sold in the international market below the applicable standard exchange rates, as determined in a manner set forth above.

(c) The Panel shall examine the accuracy and adequacy of the evidence provided in the application to determine whether there is sufficient evidence to justify the initiation of an investigation.

2. Determination of Injurious Exchange Rates

(a) An exchange rate is to be considered as being injuriously determined if the value of the currency of the Contracting Party at issue at the time of the transaction is less than the comparable exchange rate, in the ordinary course of trade, for the like transactions in the relevant categories of the international market.

(b) Adjustment shall be made with respect to the specific transactions in question to the extent the transactions contains characteristics or features that are not accounted for in other transactions.

3. "Domestic industry'" means the domestic financial institutions and other manufuacutirng industries as a whole that participate in the transactions of currencies at issue in the operation of their business activities.

Ⅲ. Remedy(Imposition of an Injurious Exchange Rates Charge)
  (To be determined by the Panel)

1. The injurious exchange rates Charge shall be the sole remedy for the injurious exchange rate in accordance with the determination of a Panel.

2. The amount of the injurious exchange rates charge shall not exceed the margin of injurious exchanges rate. It is desirable that the charge be less than the margin, if such lesser charge would be adequate to remove the injury to the domestic financial institutions and other manufuacutirng industries.

3. If an injurious exchange rates charge is warranted, the financial institutions and other manufuacutirng industries governmental agencies at issue from the Contracting Party whose exchange rates policy is being investigated has to pay that charge within 180 days to the Party that has initiated the panel proceedings for the injurious exchange rates in question. The financial institutions and other manufuacutirng industries shall be given a reasonably extended period where payment in 180 days would render them insolvent or otherwise force them to face financial difficulties.

4. For the purpose of this Agreement, Contracting Parties whose average exchange rates in a particular category are below the standard exchange rates in the comparable category in the international market shall not invoke the injurious

exchange rates claim under this Agreement *vis-à-vis* Contracting Parties whose average exchange rates in the same category are higher than the standard exchange rates in the international market.

IV. Sanctions(Countermeasures)

1. In the event the financial institutions and other manufuacutirng industries shipbuilder does not pay the injurious exchange rates, or otherwise comply with an alternative equivalent remedy, <u>and subject to the authorization from the reviewing Panel, the complaining Contracting</u> may deny benefits accorded to the financial institutions and financial services providers from the responding Contracting Party. This countermeasure may initially be imposed, subject to thirty days prior public notice, for a maximum period of 1 year after the adoption of the exchange rates policy at issue.

2. A Panel can review the countermeasure to determine its appropriateness and adequacy of the scope, and the length and extension of the duration.

3. A list of the exchange rates policies that are subject to countermeasures or remedial action will be maintained, updated periodically and circulated by the OECD Secretariat, WTO Secretariat or IMF. /END/

제 12 장

금융위기 극복조치 모색 관련 정책 제언

제 12 장

금융위기 극복조치 모색 관련 정책 제언

1. 금융위기 극복조치 관련 통상분쟁에 대한 고려사항 및 대응전략

　　이상에서 금융위기 극복조치가 갖는 다양한 함의와 그로 인한 파급효과를 상세히 살펴보았다. 또한 금융위기 극복조치가 그 시급한 필요성에도 불구하고 통상협정에서는 이를 반드시 호의적으로만 고려하여 주지는 않는다는 불편한 진실도 아울러 살펴보았다. 물론 이 문제를 해결하는 가장 안전하고 체계적인 방법은 관련 협정에 필요한 조항을 신설하거나 기존의 조항을 개정하는 것이 될 것이다. 앞으로 이러한 방향으로 진행이 이루어질 것으로 기대하여 본다. 그러나 동시에 현재의 협정 체제 하에서도 금융위기 극복조치가 통상협정 위반 문제로 비화되는 상황을 차단하거나 그 가능성을 가급적 줄이는 것이 무엇인지를 면밀히 살펴보는 것 역시 필요하다. 아래에서는 현 협정 체제 하에서 금융위기 극복조치가 통상협정 위반으로 이어지는 상황을 최대한 차단하기 위하여 정책수립과정에서 염두에 두어야 할 사항들을 살펴보기로 한다.

A. 고려사항

(1) 보조금 지원 조치 관련 고려사항

그 동안 각국 여러 정부 부처는 금융위기 발생 시 이를 극복하기 위하여 다양한 종류와 형태의 지원조치를 검토하고 시행하였으며, 향후 이러한 조치는 더욱 확대될 것으로 예상되고 있다. 한국의 경우도 마찬가지이다. 이러한 논의 및 이행과정에서 중요한 부분은 WTO 협정, FTA 협정 등 우리가 체결한 다양한 통상협정들은 정부가 기업에 대하여 지원조치를 실시함에 있어 특정한 요건을 따르도록 규정하고 있다는 점이다.

만약 이러한 요건을 충족하지 못하는 경우 그러한 지원조치는 일종의 보조금으로 간주되어 수입국의 무역규제의 대상이 된다. 가령 그러한 정부 지원을 받은 기업이 제조하여 수출하는 상품에 대하여 수입국 정부가 추가 관세 부과 등을 검토할 수 있게 되는 것이다. 중소기업이라고 하여 이러한 규범으로부터 면제되는 것은 아니다.

특히 한국 정부의 경우 그간 우리 정부가 적용하여 온 적지 않은 기업 지원정책이 우리의 주요 교역상대국으로부터 보조금으로 판정되어 온 점을 감안하면 새로운 기업 지원정책을 도입하는 경우 항상 통상협정 관련성 여부에 대한 면밀한 검토가 선행되어야 한다. 그렇다면 차제에 어떻게 중소기업 지원정책을 수립하는 것이 필요할 것인가? 여러 사항 중 특히 다음과 같은 측면을 고려하여야 한다.

(a) 포괄적 지원정책 실시

가능한 한도 내에서 기업 일반을 포괄적인 대상으로 하는 지원정책을 실시하는 것이 필요하다. 중소기업을 산업별, 업종별로 세분화하여 선별적인 지원조치를 실시하는 경우 위에서 언급한 통상협정 위반 가능성은 그만큼 높아진다. 지원대상 중소기업 세분화의 정도와 불법 보조금 해당 가능성은 서로 비례하여 증가한다는 점에 유념할 필요가 있다. 마찬가지 맥락에서 지원대상 중소기업의 자격요건도 법령 등에 최대한 일반적, 포괄적으로 규정하여 두는 것이 통상협정 합치성 담보라는 측면에서는 우리에게 유리한 환경을 제공한다.

(b) "수출" 진흥 목적 언급 자제

그 다음으로 우리 정부의 기업 지원정책의 핵심이 이들의 수출진흥을 도모하기 위한 것이라는 언급은 가능한 한 자제하는 것이 필요하다. 동일한 지원정책이라도 수출진흥을 위한 정책인지, 아니면 일반적인 산업정책인지 여부는 통상협정의 적용에 있어 상당한 차이를 초래하기 때문이다.

(c) 구조 개선 방안에 초점

마지막으로 지원정책의 구체적 방법과 관련하여 가능하다면 직접적인 자금 지원은 꼭 필요한 부분으로 한정하고 가급적 기업의 영업환경을 구조적으로 개선시킬 수 있는 제도적 방안 모색에 초점을 맞추는 것이 필요하다. 모든 조건이 동일하다면 직접적인 자금지원의 경우 보조금으로 판정될 가능성은 그만큼 높아지기 때문이다. 반면 자금대출환경의 개선, R&D 사업의 지원, 공동운영기금의 조성 등은 실제 중소기업이 필요로 하는 도움을 제공할 수 있으면서도 통상협정 위반 가능성은 상대적으로 낮다.

최근 기업에 대한 광범위한 지원제공이라는 단기적 목표에만 매몰되어 그러한 지원을 제공하는 구체적인 방법에 대한 논의는 뒷전으로 밀려나 있는 듯하다. 선의로 시작한 기업 지원조치가 몇 년 후 오히려 그러한 기업의 수출의 발목을 잡게 되는 상황이 초래된다면 낭패가 아닐 수 없다. 기업 지원정책의 검토 및 입안은 우리 국내기업의 현실과 함께 촘촘히 얽혀있는 통상협정의 다양한 조항들도 아울러 검토하여 불필요한 위험을 최소화하는 방향으로 진행되어야 할 것이다.

(2) 새로운 분쟁해결절차 도입 시 고려사항

분쟁해결절차 관련 논의를 전개함에 있어서는 다음 두 가지 사항을 기본적으로 염두에 두어야 할 것이다.

(a) 분쟁의 신속한 해결 가능성 고려

분쟁해결절차 관련 논의를 전개함에 있어 핵심적 고려사항은 장래에 발생할 당사국간 분쟁을 효율적으로 해결할 장치를 제공하고 있는가 하는 점이다. 당사국간 분쟁을 해결하기 보다 오히려 격화시키거나 또는 종국적 해결을 곤란하게 하는 분쟁해결제도의 도입은 지양되어야 한다. 이러한 경우라면 분쟁해결절차를 별도로 유지하지 않고 지금과 같이 WTO/FTA 체제에서 활용하는 것이 보다 효율적일 수도 있을 것이기 때문이다. 따라서 새로운 분쟁해결절차 도입을 위한 논의도 양국간 분쟁의 단순화, 명료화, 신속한 해결 가능성을 염두에 두고 진행되어야 할 것이다.

(b) 양 당사국간 이해관계의 균형

분쟁해결절차의 구체적 내용을 확정함에 있어 또한 염두에 두어야 할 것은 분쟁의 양 당사자, 즉 제소 당사국과 피소 당사국의 이해관계가 적절히 반영되고 양자의 힘의 균형이 이루어져 있는가 하는 점이다. 이러한 균형감이 반영되지 아니한 분쟁해결절차의 도입은 일방 당사국에게만 궁극적으로 유리하게 작용하게 될 것이다. 특히 우리의 경우 제소국이 될 경우 보다 피제소국이 될 가능성이 일단 높으므로 피제소국의 권리가 적절히 보호될 수 있도록 분쟁해결절차를 도입하는 것이 필요할 것이다.

(c) WTO 분쟁해결절차와의 입체적 고려

또한 새로이 도입하는 분쟁해결절차는 그 자체로서 독립적으로 존재하는 것이 아니라 WTO/FTA 분쟁해결절차와 실질적/절차적으로 밀접하게 연관되어 있음에 유념하여야 한다. 따라서 FTA 분쟁해결절차의 논의는 그 자체에만 국한하여 진행되어서는 한계가 있으며 반드시 WTO 분쟁해결절차와의 상호 연관성과 상호 작용의 기틀 위에서 검토되고 파악되어야 한다.

(3) 투자협정 관련 고려사항

앞서 살펴본 현재 투자협정 및 투자분쟁해결절차와 관련된 다양한 현안(IV.-4. 참조)과 함께 이 장에서는 특히 우리나라의 상황에서 구체적으로 제기되는 고려사항을 살펴보도록 한다.

(a) 투자협정과 주권침해

모든 투자협정에 포함되는 ISDS 절차는 외국인 투자자가 투자 유치국 정부의 "부당한" 조치로 인하여 자신의 "정당한" 투자이익에 대한 침해가 발생할 경우 그 정부에 대하여 국제중재절차를 개시할 수 있는 제도이다. 이 제도는 특히 투자 유치국 정부가 다양한 형태의 정책수단을 동원하여 외국인 투자에 대해 제한을 가하는 경우 이를 투자 유치국 국내법원에서만 다투도록 하는 것은 공정한 결론을 보장하기 힘들다는 일반적인 우려에 기초하여 1966년 최초 도입되었다. 이러한 ISDS 절차는 이미 전세계적으로 광범위하게 수용되고 있고, 최근 체결되는 모든 투자협정에 일관되게 포함되고 있다.[1]

---

1) 우리나라의 경우도 2015년 4월 현재 발효한 86개 BIT 중 82개에서 이 제도가 도입되어 있다.

그런데 이 절차는 한편으로 국내적으로 사법주권 침해 문제를 제기하고 있기도 하다. 즉, ISDS 절차는 투자 유치국 국내법원이 아닌 3인으로 구성되는 국제중재판정부가 투자 유치국 정부를 채택하여 시행하고 있는 정부조치의 투자협정 합치성을 결정하고 위반 시 상당한 액수의 보상을 실시할 것을 명령한다는 점에서 주권침해 문제, 특히 사법주권 침해 문제를 제기하고 있다. 특히 이 문제는 한미 FTA 체결과정에서 우리 국내적으로 심각한 논의를 촉발한 바 있다.

그러나 이미 각국 정부 조치의 협정 합치성이 국제사법재판소 내지 WTO 분쟁해결기구 등을 통해 해당국 국내법원이 아닌 국제법원에서 평가되고 있는 사실을 감안하면 이와 같이 단지 국제법원에서 중재판정이 도출된다는 그 사실만으로 사법주권이 침해되는 것으로 볼 수 있을지는 의문이다. 예를 들어 2013년 말 현재 WTO 분쟁해결절차의 경우 이미 469건의 분쟁이 제기되어 오고 있으며 우리나라의 경우도 30차례나 제소국 또는 피제소국의 지위에서 참여한 바 있다. 따라서 이들 국제분쟁해결절차에의 참여가 그 자체만으로 사법주권 침해에 해당한다는 것은 지금의 국제사회의 현실과 괴리되어 있는 평가로 볼 수 있다. 즉, 사법주권 침해 문제는 일반적인 국제조약이나 투자협정에서 발견되지 않는 방식으로 우리 국내법원의 권한이 제약되는지 여부에서 논하여져야 하며 단지 정부 조치에 대하여 국제재판부가 관할권을 갖는다는 사실에 근거하여서는 아니 된다.

(b) 금융기관 건전성 규제 조치에 대한 예외

투자협정 및 투자분쟁과 관련하여 우리나라가 특별히 관심을 두어야 하는 사항 중 하나는 금융감독기관이 채택하는 조치를 어떻게 평가하는지 문제이다. 우리나라의 소위 "관치금융" 문제는 국제적으로 다양한 통상분쟁을 초래한 바 있고 지금도 다양한 맥락에서 우리에게 현안을 제시하고 있다. 한편으로 우리 금융감독기관은 여러 국내법령상 근거를 이유로 국내 금융기관에 대하여 규제조치를 촉발하고 있으며 또한 그러한 감독을 더욱 강화하라는 것은 국내적 요구사항이기도 하다.

이러한 점을 감안하면 추후 우리나라에 대한 투자분쟁이 제기되면 특히 금융권 또는 금융감독조치와 관련하여 제기될 가능성이 상당히 농후하다. 최근 우리 정부에 대하여 제기된 최초의 ISDS 절차인 론스타 분쟁에서도 금융감독조치가 제소의 핵심을 구성하고 있다는 점은 우리에게 이와 관련하여 시사하는 바가 적지 않다. 이러한 점을 감안하면 앞으로 우리가 체결하는 투자협정에는 가능한 한 금융 건전성 규제 조치와 관련한 사항은 투자협정의 예외 사항으로 구체적으로 명시하여 두는 것이 적절할 것으로 본다. 최근 일부 투자협정에서는 체약 당사국 금융감독당국이 실시하는 "건전성 규제 조치(Prudential Regulation)"의 경우 처음부터 ISDS 절차의 적용을 받지 않는 것으로 규정하고 있는 모습을 보이고 있다.[2] 사실 대부분의 정부가 금융기관의 건전성 확보에 중요한 정책목표를 두고 있다는 점을 감안하면 이러한 조치는 처음부터 ISDS 절차에서 배제하는 것으로 합의하는 경우 투자 유치국 정부 입장에서는 상당한 심적 안도감을 확보할 수는 있을 것이다. 그러나 한편으로 최근 진행되는 상당수의 투자분쟁이 금융감독당국의 조치와 관련되고 있다는 점을 감안하면[3] 과연 금융당국의 어떠한 조치가 건전성 감독관련 조치이고 따라서 ISDS 절차에서 배제되며, 어떠한 조치가 일반적인 규제조치여서 ISDS 절차의 대상이 되는지 여부는 사실상 상당히 애매모호한 부분을 내포하고 있다.[4]

현재 2012년 한중일 투자보장협정(한중일 TIT)의 경우 ISDS 절차의 적용이 배제되는 중요한 예외를 규정하고 있으며 그것은 바로 금융감독당국의 건전성 규제 조치이다. 그런데 이와 같이 중요한 의미를 갖는 건전성 규제 조치의 범위가 어떠한지에 대해서는 협정은 특별한 가이드라인을 제시하지 않고 있다. 그 결과 조치 시행국 정부가 특정 조치를 건전성 규제 조치로 주장하거나 포장하는 경우 원천적으로 ISDS 절차의 적용이 배제되는 본질적인 문제가 발생하게 된다. 물론 이러한 문제는 추후 ISDS 절차로 이행하여 다투어질 수 있을 것이나 이 문제를 담당하는 ISDS 중재판정부는 관할권 문제의 일환으로 이 문제를 심각하게 평가할 가능성이 농후하고, 이에 관하여 투자 유치국 정부가 어떠한 입장을 견지하는지에 대하여 상당히 가중치를 둘 가능성이 없지 않다. 따라서 이 경우 ISDS 절차의 효과가 감소될 우려가 있는 바, 우리 투자자들이 중국 등에서 이로 인하여 피해를 볼 가능성을 염두에 둘 필요가 있다.

이 문제를 접근함에 있어서도 동일한 방어 방법을 우리 정부가 원용할 수도 있으므로 현재와 같이 추상적인 상태로 남겨 두는 것이 오히려 우리나라의 전체적인 입장에서는 보다 유리한 것이 아닌지 여부를 역시 검토할 필요가 있다. 한중일 TIT에서도 제기되는 바와 같이 중국의 경우 통상협정과 투자협정의 적용에 있어 가장 근본적인 문제로 제기되는 사항은 협정의 적용 범위가 어떠한지가 상대적으로 불분명하다는 점이다. 이러한 상황이 발생하는 이유는 바로 중국에 대거 존재하고 있는 국영기업(SOE) 때문이다. 이러한 국영기업의 경우 정부의

---

2) Subparagraph(b), paragraph 12, Article 12, and Article 20 of the TIT 참조.

3) 2012년 11월 23일 ICSID에 Request for Arbitration이 제출된 *Lone Star Dispute* 참조.

4) See *U.S. - DRAMs*, *EC - DRAMs*, *Japan - DRAMs* dispute at the WTO panels and the Appellate Body.

일부분으로 볼 것인지 아니면 민간부분으로 볼 것인지 여부에 따라 협정 적용의 대상이 될 가능성도 있으며 협정 적용대상이 아닌 민간기관으로 간주될 가능성도 있기 때문이다. 따라서 향후 중국과의 FTA 협의에 있어서는 이러한 부분에 대하여 면밀히 검토할 필요가 있다. 이와 관련하여 최근 이 문제를 논의한 *White Industries Australia Limited v. Republic of India, Paushok v. Mongolia,* 그리고 *Hamester v. Ghana* 등의 판례를 면밀히 살펴볼 필요가 있다. 이러한 최근 ISDS 판정의 취지는 국영기업 문제를 협정문에 명확히 규정하여 둘 필요성을 제시하고 있다.

이와 관련하여 최근 중국·캐나다 BTI의 규정은 우리에게 시사점을 제시하여 주고 있다. 이 투자협정은 양국간에 만약 특정 조치가 건전성 규제 관련 조치인지에 따라서 ISDS 절차에서 배제되는 것인지 여부에 대하여 다툼이 있는 경우 양국 담당관으로 구성되는 위원회를 개최하고 여기에서 해당 조치가 건전성 규제 조치에 해당하는지 여부를 최종 결정하도록 규정하고 있다. 그리고 이러한 결정 사항은 투자분쟁을 담당하는 중재판정부를 구속하도록 역시 규정하고 있다.[5] 비록 이와 같은 명시적 규정은 부재하나 2012년 한중일 TIT의 경우도 국가 대 국가간 분쟁해결절차[6] 또는 공동위원회 심의절차를[7] 통해 이 문제에 관한 의미 있는 결정을 도출할 수 있을 것이며, 이러한 결정은 해당 투자분쟁 중재판정부에 구속력을 갖는 것으로 평가할 수 있을 것이다.

(c) 국내사법절차 및 행정절차 전치주의 도입 여부 및 방안

그 다음으로 제기되는 우리의 구체적 현안 중 하나는 투자협정에서 국내사법절차 내지 행정절차 전치주의를 도입할 것인지, 그리고 도입한다면 어떻게 이를 도입할 것인지 구체적인 방안을 검토하는 것이다. 특히 이 문제는 사법주권 보호 문제와 밀접하게 연관되어 있는 사안 중 하나로 향후 국내적으로 다양한 논란을 초래할 가능성이 있다. 국내사법절차 내지 행정절차 전치주의를 거치게 하는 경우 일단 우리 법원과 행정기관의 판정을 먼저 거치도록 하는 차원에서 우리나라의 주권을 가급적 최대한 행사하는 효과는 분명 존재하고 있다. 나아가 이러한 과정을 거치며 외국인 투자자와 우리 정부기관간의 분쟁이 협의를 통하여 해결될 가능성도 제고되는 측면도 아울러 존재한다.

---

5) Article 10 of the China－Canada BIT 참조.

6) Article 17 of the TIT 참조.

7) Article 24 of the TIT 참조.

그러나 동시에 이러한 절차는 그 반대의 효과도 아울러 초래할 수 있다. 즉, 이러한 절차를 거쳤음에도 불구하고 외국인 투자자가 우리 정부를 ISDS 절차로 제소하게 되면 결국 문제의 분쟁에 대하여 판정을 내린 우리 법원 및 행정기관의 결정이 번복되는 상황이 극적으로 제시되게 될 것이며 이는 다시 사법주권 및 행정주권 침해 문제를 오히려 촉발하는 계기가 될 수도 있을 것이다. 따라서 이 문제는 "양날의 칼"의 성격을 갖는 것으로 이해하고 접근하는 것이 적절하다. 사법절차 전치주의 문제는 최근 이 제도를 도입하는 사례가 일부 중국 BIT를 제외하고는 찾기 힘들다는 점을 감안하여 향후 우리가 체결하는 BIT에서는 이를 구체적으로 규정하기 보다는 "fork in the road" 조항의 맥락에서만 접근하는 것이 보다 현실성이 있을 것이다. 또한 행정절차 전치주의 경우는 이를 통해 우리 정부의 담당기관과 외국인 투자자간 실질적인 논의를 객관적 측면에서 진행할 수 있는 하나의 절차적 계기로 삼을 수 있도록 제도를 도입하는 것이 적절할 것으로 판단된다.

이와 관련하여 한중일 TIT에서는 각 체약 당사국이 외국인 투자자가 ISDS 절차로 이행하기 전에 먼저 자국 국내 행정기관의 재심절차를 반드시 거칠 것을 요구할 수 있다는 점을 명문으로 규정하고 있다. 이를 규정하고 있는 이 협정 제15조는 다음과 같다:

Article 15 Settlement of Investment Disputes between a Contracting Party and an Investor of Another Contracting Party

7. When the disputing investor submits a written request for consultation to the disputing Contracting Party under paragraph 2, the disputing Contracting Party may require, without delay, the investor concerned to go through the domestic administrative review procedure specified by the laws and regulations of that Contracting Party before the submission to the arbitration set out in paragraph 3.

여기에서 말하는 행정재심절차는 문제의 조치를 직접 부과한 행정기관이 다시 한번 심사하는 경우는 물론, 별도의 행정기관(가령 상급기관 또는 독립기관)이 해당 조치를 심사하는 경우도 아울러 포함된다. 반면에 한미 FTA 제11장에는 이와 유사한 조항이 존재하지 않는다. 한중일 TIT의 경우 전체적으로 중국의 입장을 수용하여 일단 투자 유치국 국내법상의 행정재심 제도를 먼저 거치도록 요구할 수 있다는 조항을 추가한 것으로 판단된다. 일단 행정재심 제도를 먼저 거치도록 하면 이 절차를 통해 외국인 투자자의 불만사항이 제거되어 불필요한 ISDS 절차를 사전에 차단할 수도 있으며, 또한 모든 ISDS 이슈에 대하여 어떤 형태로든 일단 투자

유치국 국내기관의 심사를 먼저 받도록 한다는 측면에서 "주권행사"라는 측면에서도 어느 정도 안전판의 효과를 기대할 수 있기 때문이다.

(4) 자의적 협정 해석을 통한 조치 시행 불가

금융위기가 닥친 경우 정부는 사회 각 부문이 직면한 여러 가지 위기를 극복하기 위하여 다양한 지원조치를 도입하여 시행하게 된다. 그러나 그러한 지원조치의 시행 과정에서 통상/투자협정 조항의 해석상으로는 도입이 제한되는 조치임에도 불구하고, 일국의 정부가 해당 협정을 자의적으로 해석하여 그러한 조치 시행을 정당화하려 시도하는 경우가 있을 수 있다. 또한 이하에서 보듯이 협정 개정을 위한 협상이 진행 중이라는 이유로 협정상의 의무를 지키지 않아도 된다는 자의적인 해석을 하는 경우도 있을 수 있다. 그러나 위에서 살펴본 바와 같이 이러한 해석은 허용되지 않으며, 이러한 자의적인 해석에 근거한 조치는 통상/투자협정상의 의무 위반을 초래할 뿐이라는 점을 고려하여야 한다. 이하에서 사례를 들어 검토한다.

(a) 농업협정 관세화 문제의 예
1) 문제의 제기

1994년 WTO 농업협정 타결 시 우리나라는 1995~2004년(10년)간 쌀 관세화 유예를 허용 받은 바 있다. 그리고 2004년 말 재협상을 통해 동 유예기간이 10년간 연장되어 2014년 종료되었다. 이에 2014년 말 쌀 관세화 유예종료를 앞두고 최근 일부에서 소위 "현상유지" 주장이 제기되었는바, 이 주장의 핵심은 DDA 타결 전까지 쌀 수입에 대한 추가협상이 부재하여도 우리나라는 현행 MMA 조건을 유지할 수 있다는 입장으로 요약할 수 있다. 그러나 이러한 해석은 WTO 협정 및 이에 기초한 기존의 판례에 부합하지 않는 것으로 판단되며, 현재 우리나라에 적용되는 WTO 회원국으로서의 의무는 2014년 말 기 합의된 대로 관세화 조치를 실시하는 것으로 보아야 한다.

2) 법적 검토
ⓐ 농업협정의 의미

이 문제는 현재 WTO 농업협정에 규정된 바에 따라서만 해석되어야 하며, 진행 중인 DDA 또는 여타 협상 진행 상황에 따라 판단되어서는 아니 된다. WTO 농업협정은 쌀 관세화 유예를 연장하기 위한 협상은 2004년 이전에 완료할 것을 요구하고 있으며, 그러한 유예 연장이 종료되는 시점에는 더 이상 연장을 허용하지 않고 관세화하여야 할 의무를 부과하고 있다. 농업협정의 관련 조항을 살펴보면 다음과 같다. 먼저 농업협정 제4조 2항은 다음과 같

이 규정하고 있다:

Article 4 Market Access

2. Members shall not maintain, resort to, or revert to any measures of the kind which have been required to be converted into ordinary customs duties1, except as otherwise provided for in Article 5 and Annex 5.

즉, WTO 농업협정은 쌀 등 농산품에 대한 관세화 이외의 조치를 WTO 회원국에 원칙적으로 허용하지 않으며, 단지 유일한 예외로 오로지 협정 제5조와 제5부속서에 따르는 경우에 한정하고 있다. 협정 제5조의 경우 특별 세이프가드 관련 조항이며 관세화 유예 문제는 오로지 제5부속서에서 다루고 있는 바, 결국 현재 제기된 현안을 검토하기 위한 목적상 농업협정이 부과하는 의무의 성격은 오로지 제5부속서에 따라 결정될 수밖에 없다. 이와 관련하여 제5부속서는 다음과 같이 관련 조항에서 규정하고 있다:

ANNEX 5 SPECIAL TREATMENT WITH RESPECT TO PARAGRAPH 2 OF ARTICLE 4

8. Any negotiation on the question of whether there can be a continuation of the special treatment as set out in paragraph 7 after the end of the 10th year following the beginning of the implementation period shall be initiated and completed within the time-frame of the 10th year itself following the beginning of the implementation period.

9. If it is agreed as a result of the negotiation referred to in paragraph 8 that a Member may continue to apply the special treatment, such Member shall confer additional and acceptable concessions as determined in that negotiation.

10. In the event that special treatment under paragraph 7 is not to be continued beyond the 10th year following the beginning of the implementation period, the products concerned shall be subject to ordinary customs duties, established on the basis of a tariff equivalent to be calculated in accordance with the guidelines prescribed in the attachment hereto, which shall be bound in the Schedule of the Member concerned⋯

제5부속서의 상기 3조항은 결국 관세화 유예는 (1) 오로지 2004년 말 이전에 진행되고 합의되는 협상을 통해서만 가능하고(제8항), (2) 일단 2004년 말 이후에도 관세화 유예를 연장하기로 합의되는 경우 오로지 그 합의만을 따르도록 되어 있으며(제9항), (3) 나아가 그러한

협상결과 합의된 연장기간이 종료하면 반드시 관세화할 의무를 구체적으로 부과하고 있다(제 10항). 따라서 상기 세 조항의 규정을 WTO 분쟁해결절차에서 적용되는 비엔나 협약 제31조 상의 "조약해석원칙(General Rules of Treaty Interpretation)"에 기초하여 파악하면 농업협정상 쌀 관세화 유예 문제는 "2004년 말 이전에 합의된 연장 조건에 따라 관세화 유예기간이 일단 연 장된 이후에는 그 기간이 종료하면 반드시 관세화를 실시하여야 한다"는 의미로 밖에 해석될 수 없다. 즉, 현재 WTO 회원국으로서의 우리나라의 의무를 규정하는 WTO 농업협정은 2004 년 연장 합의된 관세화 유예조치가 종료되는 2014년 말 이후에는 쌀 관세화를 시행하여야 할 구체적 의무를 우리나라에 부과하고 있는 것으로 판단된다.

ⓑ 의무면제 요청 방안

물론 WTO 설립협정에 규정된 바와 같이 경우에 따라서는 WTO 협정 일탈을 공식적으로 인정하는 의무면제(Waiver)를 신청하는 방법이 있기는 하나, 이는 협정의 위반을 국제적으로 허용받는 "지극히 예외적"인 절차이다. 설사 이러한 방안을 추진한다 하더라도 이를 위해서는 162개 회원국 3/4의 동의를 얻어야 하며, 이 과정에서 대부분의 국가들이 자신들의 현안을 양자적으로 해결할 것을 조건으로 삼는 등 상당한 반대급부가 제시되어야 하는 바, 그 현실성 은 상당히 의문시되고 있다. 특히 저개발 개도국이 아닌 162개 회원국 중 교역규모 8위를 차 지하고 있는 우리나라의 의무면제 신청은 국제사회에서 적지 않은 파장을 초래할 뿐 아니라 우리나라와 교역상 이해관계를 보유한 161개국이 모두 상당한 반대급부를 요구할 가능성이 농후하여 그 현실성은 상당히 떨어지는 것으로 보아야 할 것이다.

3) 소결 및 향후 대응방안

따라서 현재 WTO 회원국에 적용되는 농업협정은 우리나라에 대하여 쌀 관세화 유예연 장을 위한 추가 연장협상도 허용하지 않고 있으며 2014년 말 쌀 수입 관세화를 실시할 구체 적 의무를 부과하고 있는 것으로 파악하는 것이 동 조항에 대한 WTO 협정과 법리에 따른 합리적 해석이라고 볼 수 있다. 이러한 의무로부터 이탈하는 유일한 방안은 의무면제를 신청 하는 방안이나 161개 회원국과 다양한 무역상의 이해관계를 보유하고 있는 우리나라의 경우 이는 비현실적인 방안으로 본 사안의 경우 적용될 가능성은 상당히 희박하다고 보아야 할 것이다.

(5) 금융관련 정책 수립 시 검토 필요사항

최근 금융관련 조치와 관련한 각국의 이견은 이 문제에 관한 국가간 첨예한 입장 차이를 보여주고 있다. 특히 소위 간접 보조금 해당 여부를 둘러싸고 양국간 지속적인 분쟁이 전개되고 있는 상황이다. 이를 염두에 두고 아래에서는 이러한 문제에 효과적으로 대처하기 위한 우리 정부 차원에서의 대응 방안을 간략히 검토하여 보고자 한다.

(a) 정부 담당자 언급의 중요성

美상무성의 상계관세 조사와 관련하여 가장 먼저 염두에 두어야 할 부분은 우리 정부 담당자의 발언 내용이 보조금 확인의 핵심적 증거로 종종 활용된다는 점이다. 특히 점차 중요성을 띠어가는 간접 보조금의 경우 그 속성상 그 존재는 소위 간접 증거에 의존하여 증명될 수밖에 없고 그러한 간접증거로 가장 용이하게 확보 가능한 것이 바로 피조사국 정부 담당자의 과거 및 현재의 발언 내용이기 때문이다. 美상무성은 이러한 간접증거 확보 및 활용에 상당한 노하우를 축적하고 있다. 따라서 주요 산업과 관련된 사안에서는 항상 이러한 가능성을 염두에 두어야 할 것이다.

(b) 보조금협정 위반 가능성 사전 검토

경제 정책 및 재정 정책은 우리 정부 의도와 상관없이 통상 분쟁, 특히 보조금 분쟁을 유발할 가능성이 존재한다는 현실을 인식하여, 관련 정책 수립 및 발표 시 이에 대한 사전 검토가 필요하다고 하겠다. 정당한 경제정책 및 개발정책인 경우에도 전혀 의도하지 않은 보조금 분쟁으로 비화될 수 있음을 인식할 필요가 있다. 특히 외국 정부의 상계관세 조사는 우리 정부의 정책에 대한 조사인 만큼 이와 연관된 파급효과는 반덤핑 조사와는 비교할 수 없을 정도로 심대하다. 특히 최근 우리나라에 대한 미국 정부의 상계관세 조사는 간접 보조금 요소에 집중하고 있다는 점에서 그 성격과 범위 면에서 이전의 조사와는 상이한 양상을 보이고 있다.

간접 보조금을 이유로 한 개별적 상계관세 조사의 합리성 및 타당성 여부는 차치하고서라도 일단 이들 조사가 반도체, 철강 등 한국이 선도적 역할을 수행하고 있는 분야에서 빈발하고 있다는 점은 간접 보조금 조사의 보호무역주의적 활용 가능성을 잘 보여주고 있다. 美상무성의 논리인 광범위한 간접 보조금 확인 방법에 따르면 이러한 주요 기업 이외에 여타 수출기업들도 결국 언젠가는 간접 보조금 수혜자로 확인되어 상계관세 부과의 대상이 될 수 있음을 알 수 있다. 간접 보조금을 이유로 한 상계관세 조사는 기본적으로 피조사국 민관관계 및 경제체제 자체에 대한 문제제기에 기초하고 있으므로 그 파급효과가 보통의 직접적인 보조금과 이로 인한 상계관세 조사보다 포괄적이다. 가령 반도체 및 제지산업에 대한 상계관세 조사의 경우 한국 정부와 민간 금융기관의 관계 또는 한국은행과 한국 시중은행과의 관계 등이 주요 쟁점으로 대두되었다. 이러한 조사를 통하여 간접 보조금 교부 메커니즘이 확인되면 이는 우리 정부와 민간영역의 기본적 골격 자체에 대한 美상무성의 평가이므로 이에 기초하여 여타 산업에 대해서도 보조금 확인이 그만큼 용이하게 된다. 반도체, 철강, 제지 산업뿐 아니라 모든 한국의 산업 및 기업이 그러한 시스템 하에서 움직이고 있기 때문이다.

따라서 간접 보조금을 이유로 한 또는 간접 보조금을 주요 요소로 포함하고 있는 상계관세의 경우 이에 대한 적극적인 대응이 절실히 요구된다. 이는 피조사 기업의 이해관계와는 반드시 일치하는 것이 아니므로 필요 시 정부 차원에서 적극적인 대응을 모색할 필요가 있다.

(c) 지방자치단체의 지원으로 인한 재정적 기여 충족 가능성

"정부로부터의 재정적 기여"는 금전적 가치가 있는 무엇인가가 직접 또는 간접적인 방법으로 정부로부터 민간부문으로 이전되었는지 여부를 고찰하는 것이다. 무상자금지원(Grant)의 경우처럼 입증이 용이한 경우도 있을 것이나 —이 경우는 정부 예산 명세서와 송금기록을 확인하면 될 것이므로— 때로는 민간부문에 대한 위임 또는 지시의 경우처럼 사실관계의 입증이 곤란한 경우도 존재한다.

한편 재정적 기여를 부여할 수 있는 정부기관에는 중앙정부는 물론 지방정부와 여타 공적기관도 포함된다. 이 맥락에서 지방정부가 제공하는 자금지원 역시 중앙정부의 자금제공과 동일하게 평가된다는 점에 주목하여야 한다. 사실 이미 적지 않은 보조금 분쟁에서 지방정부의 보조금 교부 프로그램이 주요 쟁점으로 대두되고 있는 상황이다. 가령 최근 대형 민간항공기 분야 보조금 교부와 관련하여 미국과 유럽연합간 전개된 *EC-Large Civil Aircraft* 분쟁 또한 지방정부가 중앙정부로부터 독립하여 독자적으로 제공하는 보조금 운용 상황과 이로부터 초래되는 국제협정 위반 문제가 제시되었다. 이 분쟁에서 프랑스, 스페인 등 유럽연합 국가들의 지방정부의 보조금 교부 행위도 중앙정부의 보조금 교부행위와 동일하게 취급되어 협정 위반 판정이 내려진 바 있다. 이는 중앙정부와 지방정부를 불문하고 국가행위 귀속 여부를 평가하도록 한 ILC국가책임협약 제4조의 당연한 귀결로 볼 수 있을 것이다.

현재 우리나라의 경우도 각 지방자치단체가 제공하는 지원정책도 적지 아니한 바, 이러한 지원정책과 중앙정부가 제공하는 지원정책을 어떻게 조율할 것인지, 또는 이러한 지방정부 지원정책이 초래하는 다양한 국제법적 문제점 등에 대하여도 검토할 필요가 있다. 특히 지방자치단체가 특정 대기업이나 공장을 유치하기 위하여 세금감면 조치를 취하거나 사회간접

자본 구축사업을 대신 진행하여 주는 경우 보조금에 해당하는 대표적인 사례라고 볼 수 있다.

(d) 언론보도 문제

또한 경제 정책 관련 담당자의 국내외 기자회견 및 면담 시 해당 언급 내용이 추후 타국에 의해 통상 규제를 위한 조치의 증거자료로 활용될 수 있음을 인식하고 어휘 선택 및 언급 내용에 신중을 기할 필요가 있다는 점을 염두에 둘 필요가 있다. 특히 언론보도가 정확한 발언 내용을 그대로 전달하지 못하는 경우도 있는 바, 이러한 부정확한 내용이 추후 상계관세 및 보조금 분쟁에서 핵심적 증거자료로 활용되는 사례가 적지 않다.

따라서 이러한 위험성을 사전에 인지하고 있을 필요가 있으며 정확하지 않은 보도 내용에 대해서는 즉각적인 정정보도 청구 등이 필요하다고 하겠다. 이 중에서도 특히 해외 언론과의 인터뷰 및 의견 표명은 전세계적으로 배포되는 포괄성으로 인하여 상대적으로 이러한 문제를 야기할 가능성이 높으므로 이에 대한 철저한 사전 대비가 필요하다고 할 수 있을 것이다.

(e) 정책 홍보 문제

동일한 맥락에서 정부 부처의 수출진흥 홍보 정책도 불필요한 보조금 분쟁을 초래할 가능성이 있다. 특히 수출진흥과 관련된 측면을 특정 정책의 홍보자료 및 정부기관 웹사이트에서 필요 이상으로 강조하는 경우, 경쟁 기업을 가진 외국 정부의 주의를 끌게 되고 결국 양자 간 및 다자간 통상 분쟁으로 이어지게 되는 경향을 노정하고 있다. 물론 이러한 정부 정책은 필요하며 반드시 진행되어야 할 정책들이다. 그리고 관련 부처 입장에서는 이러한 사업을 추진하는 것은 당연한 소관업무의 수행이라고 할 수 있을 것이다. 다만 대외 홍보과정에서 이러한 정책들이 언론 등을 통해 수출 사업 진흥이라는 측면이 지나치게 과도하게 부각되어 미국 등으로부터 불필요한 주의를 끌게 되는 상황이 초래된다는 점이다. 따라서 이러한 정책수립 및 조정은 미국 정부나 기업의 눈을 끌지 않는 조용한 형태의 진행이 보다 합리적이라고 판단된다.

미국을 포함하여 모든 WTO 회원국 정부는 경제 개발 정책의 주요 축으로서 다양한 산업 정책을 채택하고 있다. 즉, 자국이 경쟁력을 확보할 수 있는 산업의 발굴, 해당 산업에 대한 정부 차원에서의 적절한 지원, 해당 산업의 장기적 운용 방향 모색 등이 이러한 산업 정책의 핵심이다. 한편, 일정한 요건에 해당되는 정부의 민간부문에의 지원 —특히 수출산업에의 지원— 을 WTO 보조금협정은 적극적으로 금지하고 있다. 주요 산업 육성을 위해 노력하는 각국 정부의 전통적 역할을 감안하면, 보조금협정에 따른 각국의 직/간접 보조금 지급행위에 대한 적극적인 규제는 기존의 정부의 역할과 기대와 상충되는 측면이 있다. 美상무성은 이러한 상충하는 가치관과 현실을 자신들에게 유리한 방향으로 적극 활용하고 있다.

美상무성의 최근 한국을 대상으로 한 간접 보조금 공세는 주요 수출 산업 분야에서의 정책 수립 및 운용 시 조심스러운 접근이 필요하다는 점을 보여주고 있다. 최근 간접 보조금 분쟁에서 노정된 바와 같이 美상무성은 한국 정부의 산업 정책 입안 상황 및 운용 현황에 대해서는 여러 가지 경로로 파악하고 있다. 美상무성 담당자들은(국내청원기업의 협조를 통해) 우리 정부 관련 부처의 웹사이트, 언론보도, 정부 당국자의 언급 등 다양한 경로를 통해 한국의 산업 정책을 파악하고 있다. 이러한 자료를 통해 미국 정부는 한국의 특정 산업 정책이 특정 분야 및 기업을 지원하기 위한 의도로 입안, 시행되는 것인지 또는 의도와 상관없이 경제적 지원 혜택이 존재하는지에 관해 면밀히 주시하여 오고 있다. 따라서 정부 입장에서는 정부기관의 정책 결정 과정이 美상무성 및 미국 국내기업의 관심을 받고 있음을 인식하고 각종 산업 정책 입안에 있어 사전에 WTO 협정 등 관련 국제통상 규범과의 합치성 여부를 적절히 심의할 필요가 있다.

B. 정부 차원의 구체적 대응전략

한편 금융위기 극복조치와 관련하여 우리 정부에 대하여 제시되는 시사점은 또한 다음과 같다. 그간 사실상 동일한 조치를 취하였는데 결국 일부 국가의 금융위기 극복조치는 별다른 문제제기가 없는 반면 다른 국가의 유사한 조치는 문제가 되었던 사례를 여러 차례 목도하였다. 안타깝게도 우리나라는 주로 후자의 범주에 속하는 경우가 많았다. 물론 우리 정부가 협정 위반의 조치를 취하였다면 이에 대하여 비난 받고 시정 조치를 취하는 것은 당연하다. 그러나 결국 유사한 상황에서 유사한 조치를 취하는 국가들이 일부는 문제가 되고 일부는 문제가 되지 않는 상황은 분명 법의 지배라는 차원에서는 쉽게 수긍할 수 있는 것은 아니다. 또한 이러한 상황의 존재는 결국 통상협정이 불공평하게 적용된다는 인식의 확산을 초래하는 측면도 있다. 어느 경우이든 환영할 만한 상황이라고 볼 수는 없을 것이다.

그간 우리나라 및 다른 나라가 관련된 금융위기 극복조치 관련 통상분쟁을 살펴보면 대체로 다음의 결론을 도출할 수 있다. 즉, 문제의 조치가 어떠한 과정과 절차를 거쳐 채택이 되고 그 과정에서 정부와 민간영역이 어떠한 역할 분담을 이루는지 여부가 해당 조치의 통상협정 합치성 여부를 평가하는 데 있어서 결정적인 변수로 작용하였다는 것이다. 즉, 최종적인 조치의 모습은 유사하더라도 그러한 조치에 이르기까지 일련의 과정이 어떻게 진행되었는지 여부가 해당 조치의 최종적인 협정 합치성을 결정한다는 것이다. 이러한 점은 향후 금융위기 극복조치를 검토하는 우리 정부에 대해서도 중요한 시사점을 제공하여 준다. 이러한 시사점은 2015년 현재 다양한 금융위기 극복조치를 취하는 과정에서도 그대로 적용되어야 함은 물론이다.

(1) 간접증거 원용 가능성 염두

ISD 소송 전략적 측면에서도 가급적 관련 자료의 공개를 통해 충분한 논의 과정을 거치는 것이 우리측에 유리한 측면도 있다. ISD 분쟁의 특성상 중재재판부는 문제가 된 피제소국 정부 정책의 실제 입안 의도, 정책 목표 등에 관하여 심층적인 분석을 실시할 수밖에 없다. 그러나 대부분의 경우 설사 일국 정부가 외국 투자자 차별을 위한 악의의 의도를 내포하고 있었다고 하더라도 최소한 외관상 그러한 의도는 표출되지 않으며 중립적/객관적인 언어로 포장된다.

따라서 이러한 국가 정책 관련 분쟁에서는 대부분의 경우 직접증거(direct evidence)는 확보하기 곤란하며 이를 심리하는 재판부(ISD 절차에서는 중재재판부)는 결국 다양한 형태의 소위 간접증거(indirect evidence) 내지 정황증거(circumstantial evidence)에 의존할 수밖에 없을 것이다.[8] 이러한 사건에서 간접증거 활용 필요성에 대한 논리로 가령 WTO 항소기구는 정부 정책과 관련한 분쟁에 있어 관련 정보의 비밀성 내지 비접근성을 언급하고 있다.[9] 그러나 이는 역으로 왜 이러한 정부 정책에 대한 국제재판부의 평가가 위험성을 수반하는가 하는 점을 잘 보여주고 있다. 즉, 바로 이러한 형태의 심리는 상대방 국가의 극히 내부적이고 때로는 비밀스러운 정책결정과정을 그 대상으로 하고 있기 때문이다.[10] 결국 중재재판부는 이러한 간접증거의 "총체적 고려(totality of circumstantial evidence)"를 통하여 피제소국 정부 정책의 실질적

---

8) 가령, *WTO* 사건에서 정부 정책에 대한 심의가 문제가 된 경우 이와 같이 간접증거의 대폭 활용을 패널 및 항소기구는 인정하고 있다. *U.S. −DRAM*, Appellate Body Report 참조; *U.S. −DRAM*, Panel Report, para. 157 참조; Argentina−Textile and Apparel, Panel Report, para. 6.39 참조; Canada−Aircraft, Panel Report 참조.

9) *U.S. −DRAM*, Appellate Body Report, para. 24 참조.

10) 예를 들어 美상무성은 동 사건의 제1차 연례재심에 있어 한국 정부의 청와대, 재정경제부, 산업자원부, 금융감독위원회 등 모든 부처에서 하이닉스 이슈가 언급된 모든 회의 자료를 제출할 것을 요청한 바 있다. 동 조사 Questionnaire 참조.

측면을 검토할 수밖에 없게 된다.

그러나 최근 전개된 간접증거 및 정황증거 관련 분쟁에서는 정확한 사실관계에 대하여 분쟁 당사국이 서로 다른 견해를 보여 왔다. 이는 각 분쟁 당사국이 서로 자신에게 유리한 간접증거 및 정황증거만을 원용하고 또 그러한 증거를 자신의 입장에만 유리하게 각색하기 때문이다. 최근 국가 정책 심리와 연관된 WTO 분쟁에서 우리측에 비해 우리의 분쟁 상대방이 이러한 간접증거 및 정황증거의 활용에서 성공적이었다고 평가되고 있다.

그 이유로는 먼저 단순한 협정문의 법적 해석 문제에 국한되지 않고 복잡한 소송기술적 전략을 요하는 이러한 영역에서는 우리측이 아직 경험이 부족하다는 점을 들 수 있다. 또한 이유로 살펴볼 수 있는 것은 간접증거 및 정황증거의 활용은 제소국/피제소국 구별을 떠나 방어를 하는 측에 대체로 불리하게 작용한다는 점이다. 이는 어떠한 사실을 주장하는 측은 간접증거 및 정황증거에 의존하게 되면 자신의 *prima facie* 사건을 성립시키는 것이 보다 용이해지기 때문이다. 최근 한국 정부의 정책과 관련된 분쟁에서 상대방이 우리 정부 정책에 대하여 공격을 하고 우리측이 사실상 방어자의 입장에 처한 상황이 많았으므로 간접증거 및 정황증거의 활용은 대체로 우리측에 불리한 상황을 초래하였다.

그러므로 ISD 절차에서는 그 과정에서 원용되는 간접증거 및 정황증거에 대한 공정한 선별작업, 정확한 성격규명 및 면밀한 사실관계 확인이 긴요하다. 이를 보다 효과적으로 담보하기 위해서는 ISD 절차에서 제시되는 자료와 문건은 가급적 공개하여 다양한 관련자로부터 폭넓은 피드백을 신속하게 받을 수 있도록 하는 것이 필요하다. 따라서 이러한 목적을 달성하기 위해서도 관련자료의 공개 및 절차의 투명화는 가급적 확대하는 것이 당분간 방어자의 위치에 설 우리측에 유리할 것으로 판단된다. 특히 이러한 분쟁에서 간접증거 및 정황증거로 가장 빈번히 활용되는 것은 관련된 정부 공무원의 언론과의 인터뷰 등 발언 내용이다. 이는 국제분쟁을 담당하는 재판부의 입장에서는 정부 공무원의 발언 내용이 해당 정부 정책의 실제 의도를 가장 적절히 설명하여 준다고 판단하기 때문이다. 가령 최근 유럽의 비통일적 관세제도 운영과 관련하여 미국과 유럽연합간에 진행되고 있는 분쟁에서 유럽연합의 관세제도가 비통일적으로 운영되고 있다는 증거로서 미국은 유럽연합 고위 당국자들의 언급 내용을 주요 증거로서 제시하고 있다.[11] 또한 최근 진행된 한국과 미국, 한국과 유럽연합, 한국과 일본간의 반

---

11) EC-Selected Customs Matters의 미국의 First Written Submission para.3 참조.

도체 상계관세 분쟁 그리고 한국과 유럽연합간 조선분쟁에서도 WTO 패널이 한국 정부 정책의 실제 의도를 평가하는데 있어 한국 정부 담당자의 발언 내용이 결정적 간접증거로 활용되었다.

그러나 문제는 이러한 형태의 간접증거는 본질적 위험성이 존재한다는 것이다. 특정 국가 정부의 관련 공무원의 발언 내용이 동 정부가 실제 채택한 조치와 반드시 동일하지 않은 경우도 빈번하다. 담당 공무원 스스로가 언론과의 인터뷰 등에 있어 여러 가지 이유로 정확한 사실관계를 의도적으로 과장 또는 왜곡하는 경우도 있다. 분쟁의 일방 당사국이 소송 과정에서 우위를 점하고자 타방 당사국 정부의 정확한 정책 목표와 의도를 의도적으로 왜곡하는 경우도 빈번하다. 가령 미국과 유럽연합간의 관세제도와 관련한 분쟁에서 유럽연합은 미국이 유럽연합 공무원의 언급내용을 의도적으로 문맥에서 벗어나게 인용(taken out of context)하였다고 주장한 바 있고[12] 한국 정부도 최근 반도체 및 조선 상계관세 분쟁에서 동일한 취지의 주장을 전개한 바 있다. 이러한 위험성에도 불구하고 공무원의 발언 내지 언급 내용은 정부 정책과 관련된 분쟁에 있어서는 핵심적 증거로 원용되고 있다. 개별 공무원의 발언 내용은 물론 중요한 증거 중 하나이지만 정부의 공식적 입장 및 여타 관련 증거들과 총체적으로 검토되어야 한다. 그러나 일부 공무원의 특정 발언에만 초점을 맞추어 최종적인 결론을 도출하는 경우가 빈번하다. 이러한 점을 고려하여 향후 ISD 절차에서의 부당한 상황 발생을 사전에 방지하기 위해서는 우리 정부 공무원 및 관련자에 대하여 정책 입안 및 집행과 관련한 개인적 발언은 신중히 행해져야 하며 이에는 철저한 사전검증이 필요하다는 점을 주지시킬 필요가 있다. 정부 공무원의 이러한 발언 및 언급의 부당한 왜곡 및 변경 가능성을 최소화하기 위해서도 가급적 ISD 절차에서 제출되는 각종 문서 및 자료의 공개와 투명화는 필요할 것으로 판단된다.

(2) 금융관련 조치 채택 관련 지방자치단체와 중앙정부간 조율 필요성

지방자치가 더욱 뿌리내리며 지방자치단체의 활동 영역도 양적, 질적 측면이 공히 확대를 거듭하고 있으며, 특히 해외투자 유치는 각급 지방자치단체의 핵심 과제가 되었다. 그러나 동시에 BIT 및 FTA 체제가 구축되면서 투자분쟁 발생 가능성은 점점 높아지고 있는 상황이다. 이 분야에서 우리는 일종의 딜레마 상황에 빠져 있는 것이다. 이러한 상황을 조금이라도

---

12) EC-Selected Customs Matters의 유럽연합의 First Written Submission para. 248, 284 참조(Once again the U.S. bases its argument on a partial quotation and chooses selectively to address some issues in isolation, ignoring all features of the system that the EC has put in place…).

극복하기 위해서는 다음과 같은 방안을 검토하여 볼 수 있을 것이다.

(a) 지방자치단체의 활동 관련 현행 법령 확인

지방자치단체의 금융관련 조치로 인하여 이와 같은 예기치 못한 문제가 발생할 수 있다면 이를 해결하기 위한 쉬운 방안 중 하나는 지방자치단체로 하여금 이러한 문제점을 이유로 아예 이러한 활동을 진행하지 못하도록 규제하는 방안일 것이다. 그러나 현재 관련 법령상 중앙정부가 지방자치단체의 국제활동 전반에 대하여 또는 이와 관련된 국제 합의서 채택, 계약 체결, 조례제정 등을 일반적으로 금지할 법적 근거는 부재한 것으로 판단된다. 이와 관련하여 지방자치법 제9조와 제11조를 살펴볼 필요가 있다.

먼저 지방자치법 제9조는 각급 지방자치단체가 담당 처리할 수 있는 사무범위를 예시적으로 나열하고 있다. 여기에 포함되는 업무는 지방세의 징수, 사회복지시설의 운영, 상공업의 진흥, 농수산물의 생산 및 유통, 지역산업의 육성, 중소기업의 육성, 지역개발사업의 시행 등 실로 광범위한 영역에 걸쳐 있다.[13] 즉, 지방자치단체의 사회간접자본 구축 및 운영, 지역 내

---

13) 지방자치법 제9조에 나열된 지방자치단체의 위임사무 중 외국인 투자와 직/간접적으로 연관되는 사항만 나열하면 다음과 같다:
   제9조(지방자치단체의 사무범위) ① 지방자치단체는 관할 구역의 자치사무와 법령에 따라 지방자치단체에 속하는 사무를 처리한다. ② 제1항에 따른 지방자치단체의 사무를 예시하면 다음 각 호와 같다.
   1. 지방자치단체의 구역, 조직, 행정관리 등에 관한 사무
      바. 지방세 및 지방세 외 수입의 부과 및 징수
      사. 예산의 편성·집행 및 회계감사와 재산관리
      자. 공유재산관리(公有財産管理)
   2. 주민의 복지증진에 관한 사무
      가. 주민복지에 관한 사업
      나. 사회복지시설의 설치·운영 및 관리
      마. 보건진료기관의 설치·운영
      자. 청소, 오물의 수거 및 처리
      차. 지방공기업의 설치 및 운영
   3. 농림·상공업 등 산업 진흥에 관한 사무
      가. 소류지(소유지)·보(洑) 등 농업용수시설의 설치 및 관리
      나. 농산물·임산물·축산물·수산물의 생산 및 유통지원
      사. 공유림 관리
      차. 지역산업의 육성·지원
      타. 중소기업의 육성
      파. 지역특화산업의 개발과 육성·지원
   4. 지역개발과 주민의 생활환경시설의 설치·관리에 관한 사무
      가. 지역개발사업
      나. 지방 토목·건설사업의 시행
      다. 도시계획사업의 시행

산업진흥, 주요자원 관리, 교육/보건 등 주요시설의 설치 및 운영과 관련된 대부분의 업무가 지방자치단체의 업무에 속한다. 결국 금융위기와 관련되는 대부분의 경제 영역 역시 제9조에 나열된 지방자치단체의 사무범위에 일견 포함된다고 볼 여지도 없지는 않다.14)

한편 지방자치법 제11조는 지방자치단체가 처리하지 못하는 업무를 "국가사무"란 이름으로 한정적으로 나열하고 있다.15) 가령 외교, 국방, 사법, 국세 등 국가운영의 핵심적 사항에 대해서는 지방자치단체가 이를 처리하지 못함을 규정하고 있다.16) 마찬가지 맥락에서 물가정책, 금융정책, 수출입정책 등 주요 경제정책에 대해서도 지방자치단체의 개입을 차단하고 있으며, 우편, 철도 등 국가 전체의 통일적 운용이 필요한 사항에 대해서도 이는 중앙정부만이 담당함을 명시하고 있다.17)

그런데 제11조의 제한사항 어디에도 특정 조약의 통일적 이행을 위하여 필요한 조치 등을 국가사무로 규정하고 있지는 아니하다. 지방자치법 제11조의 중앙정부와 지방정부간 업무

        라. 지방도(地方道), 시군도의 신설·개수(改修) 및 유지
        마. 주거생활환경 개선의 장려 및 지원
        사. 자연보호활동
        자. 상수도·하수도의 설치 및 관리
        카. 도립공원·군립공원 및 도시공원, 녹지 등 관광·휴양시설의 설치 및 관리
        타. 지방 궤도사업의 경영
        거. 지역경제의 육성 및 지원
    5. 교육·체육·문화·예술의 진흥에 관한 사무
        가. 유아원·유치원·초등학교·중학교·고등학교 및 이에 준하는 각종 학교의 설치·운영·지도
        나. 도서관·운동장·광장·체육관·박물관·공연장·미술관·음악당 등 공공교육·체육·문화시설의 설치
            및 관리
14) Id. 참조.
15) 지방자치법 제11조는 다음과 같이 "국가사무"를 규정하고 있다:
    제11조(국가사무의 처리제한) 지방자치단체는 다음 각 호에 해당하는 국가사무를 처리할 수 없다. 다만, 법률에 이와 다른 규정이 있는 경우에는 국가사무를 처리할 수 있다.
    1. 외교, 국방, 사법(司法), 국세 등 국가의 존립에 필요한 사무
    2. 물가정책, 금융정책, 수출입정책 등 전국적으로 통일적 처리를 요하는 사무
    3. 농산물·임산물·축산물·수산물 및 양곡의 수급조절과 수출입 등 전국적 규모의 사무
    4. 국가종합경제개발계획, 국가하천, 국유림, 국토종합개발계획, 지정항만, 고속국도·일반국도, 국립공원 등 전국적 규모나 이와 비슷한 규모의 사무
    5. 근로기준, 측량단위 등 전국적으로 기준을 통일하고 조정하여야 할 필요가 있는 사무
    6. 우편, 철도 등 전국적 규모나 이와 비슷한 규모의 사무
    7. 고도의 기술을 요하는 검사·시험·연구, 항공관리, 기상행정, 원자력개발 등 지방자치단체의 기술과 재정능력으로 감당하기 어려운 사무
16) Id. 참조.
17) Id. 참조.

분장규정은 투자분쟁과 관련된 한도에서는 그다지 큰 도움을 주지는 못한다고 할 수 있을 것이다. 즉, 이러한 법 규정은 오히려 중앙정부와 지방정부간 이러한 국제적 업무에 있어 그 경계선이 어디인지에 대하여 동상이몽의 상황을 초래할 개연성만 내포하고 있다는 비판을 받을 수 있다.

지방자치법 제9조와 제11조를 복합적으로 검토할 경우 중앙정부가 담당하는 외교/경제업무를 침범하지 않는 한, 단지 국제적 성격을 보유한다는 사실만으로 지방자치단체의 소관업무와 연관된 국제협력 활동을 제한할 근거는 부재하다고 보아야 할 것이다. 따라서 남은 과제는 금융위기 극복조치와 관련한 여러 규범들이 각급 지방자치단체의 조치에 직접 적용되는 현실, 그러한 협정상 세부 규정들에 대한 구체적 준수방안, 지방자치법의 규정, 그리고 지방자치단체의 국제화 노력에 대한 지원 필요성 등을 종합적으로 고려하여 해결방안을 모색하는 것이 될 것이다. 물론 한편으로 법령의 내용이 문제라면 관련 법령의 개정을 통하여 지방자치단체의 외국인 투자유치 활동을 제약하는 방안도 검토할 수 있을 것이나 이는 우리 헌법 관련 조항을 위반할 가능성이 있어 역시 현실적이지 않은 것으로 판단된다.[18] 이러한 입장을 취할 경우 지방자치단체를 인정하고 그 업무의 독자성을 보장하고 있는 헌법 제117조의 취지를 형해화시킨다는 주장이 제기될 가능성이 있기 때문이다.

(b) 중앙정부와 지방자치단체간 또는 지방자치단체 상호간 협조 및 조율

지방자치단체의 금융위기 극복조치는 해당 지방자치단체의 문제에만 국한되는 것이 아니다. 어떠한 형식과 내용으로 해당 조치가 유치, 진행되는지에 따라 다양한 측면에서 장기적 파급효과를 초래한다.[19] 사전에 이러한 문제점을 파악하여 분쟁 발생 가능성을 차단하고 또 분쟁 발생 시에도 우리 입장이 수용될 수 있는 가능성을 제고하기 위해서는 각급 지방자치단체가 문제된 조치의 검토 단계부터 중앙정부(특히 외교부) 및 여타 지방자치단체와 긴밀한 협의를 실시하는 것이 긴요하다.[20] 지방자치단체의 경우 중앙정부와 자신의 소관업무와 관련하

---

18) 헌법 제117조는 지방자치와 관련하여 다음과 같이 규정하고 있다:
  제117조 ① 지방자치단체는 주민의 복리에 관한 사무를 처리하고 재산을 관리하며, 법령의 범위 안에서 자치에 관한 규정을 제정할 수 있다.
19) 가령 적지 않은 투자분쟁은 중앙정부와 지방정부간 입장 차이와 이로 인한 정부정책의 일관성 상실로 인하여 발생하였다. 박노형 외 15인 공저, 『국제경제법』, 박영사(2006), pp. 512-513 참조.
20) 이와 관련하여 지방자치법은 이미 몇 가지 활용 가능한 조항을 제시하고 있다. 먼저 지방자치법 제147조는 필요 시 지방자치단체간 상호협의를 규정하고 있는 바, 이 조항을 외국인 투자유치 정책 조율과 관련하여 적극 활용할 수도 있을 것이다. 동 조항은 다음과 같다:
  제147조(지방자치단체 상호간의 협력) 지방자치단체는 다른 지방자치단체로부터 사무의 공동처리에 관한 요

여 협의를 실시하는 것에 대하여 반드시 적극적이지만은 않다는 측면에서 법령 정비 등을 통하여 이러한 협의체제를 보다 체계화, 공식화하는 것도 검토하여 볼 필요가 있다.[21]

(c) 정부 내 조율기구의 확인 및 정비

한편, 이 문제와 관련하여 현재 지방자치단체의 금융위기 극복조치 관련 정부 내 심의절차가 존재하고는 있으나 여러 측면에서 아직은 미흡한 것으로 볼 수 있다. 그러므로 앞으로는 정부 차원에서 이러한 의견 조율을 할 수 있는 실질적인 기구가 도입되는 것이 시급하다. 그렇지 않으면 대부분의 지방자치단체는 자신의 필요에 따라 다양한 조치를 취하고 이는 우리나라의 통상협정 위반으로 이어질 것이다. 이러한 협의 및 조율의 필요성은 특히 금융위기와 같이 국가긴급상황에서 더욱 두드러진다. 이러한 기제가 부재하면 결국 서로 경쟁적으로 필요한 조치를 취하게 되고 그 결과 일부 지역에서 타당한 조치가 국가 전체 차원에서는 부적절한 조치로 그리고 협정 위반의 조치로 비화되게 될 것이다. 이를 최대한 차단하기 위한 조율기구의 도입이 시급하다.

청이나 사무처리에 관한 협의·조정·승인 또는 지원의 요청을 받으면 법령의 범위에서 협력하여야 한다.
한편 지방자치법 제166조와 동 법 시행령 제103조도 필요 시 중앙정부가 지방자치단체의 사무에 관하여 감독을 실시할 권한을 부여하고 있는 바, 이 조항도 외국인 투자유치 정책 조율과 관련하여 적극 활용을 모색할 수 있을 것이다. 동 조항은 다음과 같이 규정하고 있다:
제166조(지방자치단체의 사무에 대한 지도와 지원) ① 중앙행정기관의 장이나 시·도지사는 지방자치단체의 사무에 관하여 조언 또는 권고하거나 지도할 수 있으며, 이를 위하여 필요하면 지방자치단체에 자료의 제출을 요구할 수 있다. ② 국가나 시·도는 지방자치단체가 그 지방자치단체의 사무를 처리하는 데에 필요하다고 인정하면 재정지원이나 기술지원을 할 수 있다.
제103조(지방자치단체의 사무에 대한 지원 및 보고 청취) ① 중앙행정기관의 장이나 시·도지사는 법 제166조와 제167조에 따른 조언·권고 또는 지도를 위하여 필요하다고 인정하면 지방자치단체의 장이나 관계 공무원의 회의를 소집할 수 있다.
또한 외국인 투자촉진법 제27도 외국인 투자 위원회를 통하여 중앙정부와 지방자치단체간 외국인 투자와 관련하여 정책 협의를 진행할 법적 근거를 제시하고 있다. 외국인 투자 위원회는 외국인 투자에 관한 기본정책과 제도에 관한 중요사항, 외국인 투자 환경의 개선에 관한 소관 부처별 대책의 종합 및 조정에 관한 사항 등을 논의하기 위하여 지식경제부 산하에 설치된 위원회이다. 지식경제부장관이 동 위원회의 위원장이 되고, 기획재정부장관, 외교통상부장관, 행정안전부장관, 교육과학기술부장관, 문화체육관광부장관, 농림수산식품부장관, 환경부장관, 노동부장관, 국토해양부장관, 금융위원회위원장이 위원으로 참석하며, 때로는 외국인 투자 위원회의 회의에 부치는 안건과 관련된 중앙행정기관의 장 또는 시·도지사 역시 참석하도록 규정하고 있다. 이 위원회는 1998년 11월 17일 외국인 투자 촉진법이 최초 시행된 당시부터 도입, 운영되고 있다. 자세한 내용은 외국인 투자 촉진법 제27조 참조.

21) 현재 지방자치법 제147조 및 166조는 이러한 협의 가능성을 열어 놓고 있기는 하나 중앙정부와 지방자치단체간 그리고 지방자치단체 상호간 외국인 투자와 관련한 협의를 정기적, 체계적으로 실시하기 위해서는 보다 구체적인 의무를 부과하는 조항의 도입이 필요할 것이다.

(d) 지방자치단체의 국제합의 문서 작성시 법적 함의 유념

나아가 지방자치단체가 체결하는 국제합의 문서가 다양한 법적 함의를 내포하고 있음을 각급 지방자치단체에 주지시키고, 관련 문서의 교섭 내지 합의 시 불필요한 용어와 형식이 추가되지 않도록 계도할 필요가 있다. 이러한 문제는 지방자치단체의 국제활동 전반에 걸쳐 제기되는 문제이기는 하나 특히 금융위기 극복조치와 관련하여서는 조심스럽게 접근하는 것이 적절하다.

(e) 가이드라인의 작성 및 배포

이러한 점을 고려하여 각종 통상협정이 규정하고 있는 주요 의무 사항을 구체적으로 재확인하고, 우리나라가 현재 이러한 의무를 이행하는 데 있어 법적/제도적 문제점은 없는지 면밀한 검토가 필요하다. 또한, 반영한 중앙정부 내, 그리고 지방자치단체에 대한 일종의 매뉴얼이나 가이드라인을 도입하는 것이 필요할 것으로 사료된다. 이러한 매뉴얼 및 가이드라인을 통하여 우리 정부의 각 부처가 동 협약상 의무를 정확하게 이해하고 이행하기 위한 토대가 마련될 수 있을 것이며, 특히 향후 이 문제를 보다 본격적으로 다루게 될 외교부 입장에서도 필요한 구체적 지침을 확보할 수 있을 것이다. 또한 이러한 매뉴얼과 가이드라인을 통하여 중앙정부가 예기치 않게 국제분쟁에 휘말리거나 법적 책임 추궁의 대상이 되는 상황을 사전에 회피할 수 있을 것이다.

각급 지방자치단체가 금융위기 극복조치를 국제법적 쟁점을 초래하지 않는 방식으로 준비, 진행할 수 있도록 지원/계도하기 위한 내용을 담고 있는 이러한 자료는 오히려 지방자치단체의 원활한 국제활동을 지원하기 위하여도 필요한 부분으로 볼 수 있다. 또한 이러한 매뉴얼과 가이드라인을 통하여 금융위기 극복조치를 안정적이고 체계적으로 운용할 수 있을 것이다. 현재 각급 지방자치단체 입장에서도 자신들의 조치가 중앙정부 차원의 문제나 협정 위반 등에 따른 국가책임을 초래할 수도 있다는 점에 대하여 정확하게 인식하지 못하여 독자적인 결정을 내리고 있는 경우가 적지 않다. 향후 관련 매뉴얼이나 가이드라인이 도입될 경우 이러한 부분을 상당 부분 해소하여 향후 우리 지방자치단체가 올바른 방향으로 이러한 조치를 준비, 진행할 수 있도록 지원, 보장할 수 있을 것이다.

우리 지방자치단체의 경우 자신의 정책이 다양한 법적 함의를 내포하고 있음을 인식하지 못하고 있는 상황을 극복하기 위해서는 중앙정부가 각급 지방자치단체를 대상으로 개별적인 조치가 초래할 수 있는 국제협정 위반 소지 등에 대하여 적극적인 설명을 제시하는 것이 필요하다. 가령 중앙정부는 각급 지방자치단체의 담당자가 참여하는 설명회나 워크숍 등을 개최하는 방안을 모색하여 볼 수 있을 것이다. 외국과의 협정 체결과 교섭을 담당하는 외교부, 투자분쟁 발생 시 우리 정부를 대리하여 소송에 참여하게 될 법무부, 지방자치단체와 중앙정부간 소통역할을 수행하는 안전행정부 등의 담당자들이 이러한 설명회나 워크숍에서 필요한 사항을 전달하고 다양한 질문에 대하여 응답할 수 있을 것이다.[22]

2. 금융위기 극복조치 관련 통상분쟁 발생 경감 방안

무엇보다 금융위기 극복조치들은 통상협정의 기계적 적용으로부터 배제될 수 있는 협정 조문의 도입이 필요하다. 이러한 조문이 도입되지 아니하면 결국 각 체약 당사국은 상대방이 설사 금융위기를 극복하기 위하여 필요한 조치를 취하여도 이를 통상협정 위반의 조치라고 주장하며 그 철폐를 요구하고 나아가 통상분쟁해결절차에 회부하는 악순환이 계속될 것이다. 이러한 상황을 우리나라는 1997년과 2008년 금융위기 극복과정에서 목도하였다. 특히 1997년 금융위기 이후 우리 경제체제의 생존을 위하여 그리고 IMF 등 국제기구의 요청에 의하여 필요한 긴급조치를 취하였어도 추후 미국이나 유럽은 이를 통상협정 위반이라고 주장하며 우리나라를 오랜 기간 곤란한 상황에 몰아넣은 적이 있다. 그리고 이러한 입장은 해당 위기가 발생한지 18년이 지난 오늘에도 여전히 잔존하며 각종 통상분쟁에서 주요 쟁점으로 등장하고 있다. 이러한 점을 감안하면 향후 체결되는 통상협정에 이러한 부분을 커버할 수 있는 예외조항 내지 면책조항이 포함되는 것이 필요하다. 현재 통상협정에는 이러한 조항이 부재하고 있으며 그 결과 이들에 대한 비엔나 협약 제31조에 따른 기계적 해석은 결국 통상협정 위반 그리고 이로 인한 지속적인 분쟁의 발생으로 귀결될 수밖에 없는 구조이다. 향후 협정 체결 협상을 진행하거나 논의를 전개하는 과정에서 이러한 부분을 충분히 고려할 필요가 있다.

---

22) 국가를 당사자로 하는 소송에 관한 법률 제2조 참조("국가를 당사자 또는 참가인으로 하는 소송(이하 "국가소송"이라 한다)에서는 법무부장관이 국가를 대표한다"). 또한 정부는 법무부와 협조 하에 국가를 당사자로 하는 소송을 지원하기 위하여 정부법무공단을 2006년 12월 설치하였다. 정부법무공단은 법무부와 밀접한 협조체제를 구축하여 직접적으로 국내외 송무 등을 담당하고 있다. 정부법무공단법 제4조, 제6조, 제10조 등 참조.

3. 관련 국내법령 및 정책 개선 필요사항

한편 이와 별도로 우리나라가 국내법령과 제도를 도입 및 개선함에 있어서도 이러한 그 간의 경험과 과거의 분쟁사례를 충분히 고려할 필요가 있다. 그러나 최근 진행되는 논의를 보면 과거의 사례를 망각하고 동일한 실책을 반복하고 있는 듯한 모습을 보이고 있다. 금융권에서 지속적으로 논쟁을 촉발하고 있는 관치금융 문제가 대표적이다. 또한 채무재조정 과정 등에 정부가 직접적으로 개입하고 있는 모습이나 특정 기업을 염두에 둔 듯한 제도의 운용 등의 모습이 그러하다. 과거의 경험은 이러한 요소들은 결국 추후 협정 위반 문제를 촉발할 가능성이 높다는 점을 보여준다. 그럼에도 불구하고 이에 대한 충분한 검토나 논의 없이 과거의 사례를 그대로 답습하고 있는 듯한 모습을 보이는 것은 실로 아쉬운 점이다.

우리나라에 대해서는 최소한 통상협정과 관련한 한 1997년 금융위기와 2008년 금융위기는 아직 완전히 극복되지 아니 하였다. 2015년 현재에도 그 당시 조치와 관련하여 지속적인 분쟁이 진행 중이기 때문이다. 나아가 앞으로 금융위기가 다시 도래하는 경우에도 그 파급효과를 최소화하기 위해서는 지금부터 단추를 정확하게 끼워두는 것이 필요하다. 그렇지 않으면 실제 금융위기가 격화되는 상황에서 필요한 조치를 갑자기 모색하게 되고 결국 예기치 못한 통상협정 위반의 늪 속으로 빠지게 될 것이기 때문이다. 금융위기 관련 제도를 재정비하거나 모색하는 데 있어 과거의 경험과 여타 국가의 변화를 충분히 검토하고 반영하여야 한다. 2015년 현재 다양한 금융위기 극복조치가 모색되고 있는 실정인 바, 이 과정에서 이러한 부분이 충분히 반영되도록 다양한 방안을 강구하여야 한다.

제 13 장

맺는 말
- 금융위기 극복조치에 대한 통상협정 적용의 한계 및 과제

제 13 장

맺는 말
- 금융위기 극복조치에 대한 통상협정 적용의 한계 및 과제

　단지 상품 교역을 규율하는 관세율 조정과 철폐에만 적용되는 것으로 흔히 이해되어 온 WTO/FTA 등 통상협정이 정부 정책의 여러 측면에 영향을 미치고, 파급효과를 초래하며 또 상세한 법적 규범을 제시하고 있는 상황에 대하여 적지 않는 정부 담당자들과 국민들은 당혹스럽게 생각하고 있는 듯하다. 통상협정이 어떻게 우리 국내 정책결정 사항이나 입법사항에 대해서도 관여할 수 있는지 의문을 제기하며, 나아가 본질적으로 통상문제에 해당하지 않는 사항에 대하여 어떻게 '통상협정'이 적용되는지 본질적인 질문을 던지기도 한다. 이러한 관점에서 살펴보면 통상협정의 확대 적용 움직임은 통상협정이 부당하게 각국의 정당한 정책결정 영역에 관여하고, 나아가 각국의 주권을 부당하게 침해하는 기제로 이해되고 있는 실정이다.

　이러한 상황은 우리나라뿐 아니라 다른 나라에서도 마찬가지로 목도되고 있다. 통상협정에 대한 각국 정부와 국민의 급증하는 관심사와 우려는 여러 통상협정에 대한 논의와 교섭을 복잡하게 하고 정치적으로 민감하게 변화시키는 결정적인 변수가 되었다. 여러 어려움 속에서도 1994년 타결된 우루과이 라운드 협상과는 달리 도하 라운드 협상은 13년이 지난 현 시점에서도 여전히 타결의 움직임이 보이지 않고 점점 혼미한 상황 속으로 빠져들고 있다. 여기에는 여러 가지 요인이 작용하였겠지만 그 중 중요한 요인 중 하나는 바로 통상협정에 대한 각국의 인식과 접근법이 바뀌었다는 점이다. 통상협정이 이와 같이 그 한계를 찾기 힘들 정도로 광범위하게 적용되는 배경에는 통상협정 적용의 기본적 요건인 국제교역에 영향을 초래하는 'WTO/FTA 회원국 정부의 조치'라는 개념이 광범위하게 해석되고 적용되고 있다는 사실이 작용하고 있다.

이러한 법적 기준은 일견 간략하게 보이지만 실제 어떠한 의미를 내포하고 있는가? 이 기준을 다음과 같이 보다 세분하여 살펴보면 그 적용 범위가 지극히 광범위하다는 점을 알 수 있을 것이다. 현재 162개국의 WTO 회원국이 존재하므로 '대부분'의 국가가 통상협정의 적용 대상이 되고 있다는 점, 국가간 경제교류가 질과 양 측면에서 공히 밀접하게 연결되어 있어 일국 정부의 정책결정 사항 중에 타국의 교역상의 이해관계에 영향을 초래하지 않는 사항을 찾아보기 힘들다는 점, 통상협정의 적용에 있어 '정부'라는 개념이 입법부, 사법부, 행정부를 아우르고 중앙정부와 지방정부를 모두 포함하는 광범위한 개념이라는 점, 그리고 마지막으로 정부의 '조치' 역시 국제교역에 영향을 미치는 일체의 정부의 '작위 및 부작위'를 포괄하는 광범위한 개념이라는 점을 정확하게 인식할 필요가 있다. 결국 통상협정의 적용 요건 자체는 단순하고 명료하나 이를 구체적으로 세분하여 살펴보게 되면 그 하위 요건인 4가지 사항이 모두 광범위하게 적용될 수 있는 가능성을 열어 두고 있다는 점을 알 수 있다. 바로 이러한 법리적 내지 구조적인 이유로 통상협정의 적용 범위 자체는 광범위한 영역과 이슈에 걸칠 수밖에 없는 것이다.

그러므로 통상협정의 적용 범위 전체에서 상품의 통관조치와 관세부과조치가 차지하는 비중은 그야말로 '빙산의 일각'에 지나지 않는다. 사실 국가 정책 중 통상협정의 적용대상이 아닌 것을 찾아보는 것이 보다 용이한 상황이라고 보는 것이 정확하다고 하겠다.

이러한 현실을 정확하게 이해하지 못하고 WTO나 FTA 교섭 목표와 그로 인한 효과를 관세인하 및 철폐에 따른 시장개방효과에만 국한하여 그 장단점을 설명하는 것은 지극히 위험한 접근법이다. 시장개방 효과는 물론 통상협정의 가장 중요한 부분이다. 그러나 보다 중요한 부분은 장기적으로 그 효과가 발생하는 부분으로 이는 통상협정 체결로 인하여 그 이행과정에서 국내법령을 제/개정하고 국내정책 수립과 실시를 협정상 요건에 맞추어 진행하는 것이다. 이 작업은 실로 오랜 시간에 걸쳐 다양한 국가 정책영역에서 이루어지는 복잡하고 지난한 작업이다. 이 과정에서 다양한 영역과 성격의 국내정책에 대하여 협정 합치성 여부가 문제될 수밖에 없다. 조치 시행국 정부는 특정 조치가 통상협정에 합치한다고 믿는 경우에도 다른 체약 당사국 정부가 다른 생각을 갖고 있는 경우 얼마든지 이에 대한 심도 깊은 평가가 분쟁해결절차 등을 통하여 이루어질 수 있는 것이다. 그러므로 이러한 구조적인 부분에 대한 명확한 인식 없이 단지 통상협정의 적용 범위가 지나치게 광범위하므로 국내적으로 여러 문제를 초래하고 있다는 식으로 일반적이고 추상적인 관찰을 제시하는 것으로는 현재의 어려운 파고를 극복하기 힘들 것이다.

그 다음으로 염두에 두어야 할 점은 통상협정의 적용대상이 되는지 여부가 초래하는 중요한 현실적 함의이다. 통상협정 적용대상이 되는지 여부가 단지 이론적 내지 학술적 논의에만 머무른다면 사실 어떠한 결론이 내려지더라도 이에 대하여 각국이 그렇게 민감하게 반응할 이유는 그다지 없을 지도 모른다. 그러나 통상협정 적용대상이 되는지 여부는 중요한 현실적 함의를 수반한다. 바로 통상협정 적용대상이 되는 것으로 판명되면 곧바로 각 통상협정이 규정하고 있는 분쟁해결절차의 회부대상이 되는 것이다. 통상협정이 다른 국제협정 내지 조약과 구별되는 가장 큰 차이는 바로 강제관할권을 보유하고 있는 국제재판소가 존재한다는 점이다. WTO든 FTA든 통상협정에 가입하는 모든 국가는 해당 협정이 규정하고 있는 해당 국제재판소의 강제관할권을 그대로 수용하도록 요구받고 있다. 이는 결국 통상협정의 모든 체약 당사국들은 여타 체약 당사국이 자신을 제소하는 권리를 기본적으로 인정하고 있으며, 이에 대한 최종적인 판단은 자국의 국내법원이 아니라 오로지 관련 분쟁해결절차를 통해서만 내려진다는 점에 대하여 동의하고 있는 것이다.

국제사회의 여러 이슈가 이런 저런 이유로 통상협정의 테두리 내로 들어오고 있는 이유 중 하나도 바로 이러한 강력한 분쟁해결절차가 있다는 점에 기인하고 있다. 다른 국제 포럼에서는 미약한 집행절차로 인하여 제대로 이행되지 않던 사안들이 통상협정의 범위 내로 포섭되게 되면 강력한 분쟁해결절차의 혜택을 곧바로 받게 된다. 통상협정의 이러한 특성은 특정 국가의 조치에 대하여 불만을 가진 상대국이 그러한 조치를 통상협정의 적용대상이 되는 '통상조치'로 주장할 실익이 그만큼 크다는 점을 보여주고 있다. 통상조치로 성격 규명을 하는 순간 현재 가장 강력한 집행력을 가진 통상협정상 분쟁해결절차로 회부될 가능성이 열리기 때문이다. 요컨대 위에서 살펴본 바와 같이 '법리적'으로도 통상협정의 적용 범위가 광범위하게 확장될 수밖에 없는 실정에 더하여, '현실적'으로도 다른 국가의 통상조치에 대하여 문제를 제기하는 국가 ㅡ즉, 분쟁해결절차에 참여하는 제소국ㅡ 입장에서는 가급적 이를 통상협정의 적용대상이 되는 통상조치로 주장하여야 할 중요한 인센티브가 있는 것이다. 다시 말해 '법리적 가능성'과 '현실적 필요성'이 서로 결합하여 통상협정의 광범위한 적용 상황을 초래하고 있는 것으로 정리할 수 있을 것이다.

　　한편 이러한 상황은 통상협정이 적용되는 다양한 영역과 이슈에서 최근에 공히 목도되고 있다. 그리고 이러한 상황 전개는 이슈별로 여러 관련국간에 첨예한 입장 대립을 초래하고 있다. 본질적으로 환경보호 조치에 해당하는 정부정책에 대해서도 통상분야로의 파급효과를 이유로 통상협정의 적용대상 조치로 파악하여 분쟁해결절차를 통하여 해결을 도모하고자 하는 움직임이 대표적인 사례이다. 각국의 문화적 다양성을 보호하기 위하여 상품과 서비스 교역에 대하여 제한을 부과하는 조치나 국민의 건강과 생명을 보호하기 위하여 부과되는 수입 규제 조치는 또 다른 흔한 사례이다. 이러한 '비전통적인 통상 이슈'에 대해서는 문제의 통상협정과 함께 원래 이러한 이슈에 적용되어 오던 국제협정이나 조약도 아울러 적용하게 된다. 일종의 동일 사항에 대한 '중복 규범의 적용' 내지 '규범의 충돌 현상'이 바로 이 부분에서 새로이 제기되는 새로운 도전이 되었다.

　　바로 이와 같은 국제사회의 새로운 과제, 그리고 국제통상체제의 새로운 도전이 가장 극명하게 나타나고 있는 분야가 바로 금융분야이다. 특히 1997년, 2008년, 2010년 그리고 2014년 현재 계속되는 국제 금융위기로 인하여 여러 국가들은 심각한 어려움을 겪었거나 또 현재도 겪고 있는 상황이다. 비단 개도국뿐 아니라 선진국들도 정도와 형태의 차이는 있을지언정 금융위기로 인한 어려움을 겪고 있는 국가들이 적지 않다. 심지어 미국의 경우도 2008년 이후의 금융위기로부터 2013년에 들어서 조금씩 회복의 기미를 보였으며 드디어 2014년부터는 양적완화 제도의 축소를 통해 원래의 금융체제로 복귀하는 움직임을 보이고 있다. 이러한 미국의 움직임도 여전히 유동적이며 다시 위기가 감지되는 상황도 완전히 배제하기 힘든 실정이다. 국제금융체제와 밀접하게 연관되어 움직이는 우리나라 역시 이러한 금융위기로부터 자유롭지 않으며 1997년, 2008년 금융위기로부터 심각한 어려움을 겪은 바 있다. 특히 1997년 금융위기는 우리 경제체제의 틀을 다시 짤 정도로 상당한 충격파와 파급효과를 우리나라에 초래한 바 있다. 이러한 금융위기를 극복하기 위하여 여러 국가들은 실로 다양한 조치를 취하였고 또 지금도 취하고 있다. 또한 그 연장선상에서 그리고 때로는 독립적으로 다양한 형태의 금융관련 조치를 취하고 있다. 독자적인 형태의 금융관련 조치가 취해지더라도 그 저변에는 금융위기의 경험과 어려움이 그대로 반영되어 있으므로 결국 큰 그림에서는 금융위기 극복조치의 일환으로 볼 수 있을 것이다. 이러한 다양한 조치, ―즉 직접적인 금융위기 극복조치와 그 연장선상에서 취해지는 금융관련 조치를 이 책에서는 "금융위기 극복조치"라는 명칭 하에 살펴보았다.

　　그런데 문제는 바로 이러한 "금융위기 극복조치"가 통상협정의 다양한 측면과 직접 연관된다는 점이다. 원래 금융위기 극복조치는 통상외적 요소가 강한 영역으로 사실 통상협정이 적용되는지 여부가 불분명하였다. 금융위기 극복을 위하여 필요한 조치나 공조는 주로 이 분야를 담당하는 국제기구인 IMF나 OECD 그리고 이를 담당하는 국제협의체인 G-20 등을 통하여 검토되거나, 때로는 통화스와프 협정 체결 등 양자간 차원의 논의를 통하여 검토되었다. 그러나 위에서도 언급한 바와 같이 이러한 금융 본래의 논의의 틀은 법적 구속력 있는 규범을 제시하거나 또는 구속력 있는 판정을 도출할 수 있는 분쟁해결절차로 회부하는 데 있어서 기본적 제한이 있으므로 점차 이 문제가 강력한 규범과 분쟁해결절차를 겸비한 통상협정의 영역으로 점차 넘어오게 되었다. 금융위기 극복조치를 통상협정의 맥락에서 살펴보게 되면 다양한 협정과 영역에서 그 함의를 도출할 수 있으며 협정에 저촉되는 부분을 발견할 수 있다.

　그러므로 금융위기를 극복하기 위하여 불가피하게 취하여진 조치나 심지어 국제공조체제의 일환으로 취해진 조치라고 하더라도 통상협정에 저촉되거나 위반될 가능성이 제시되고 있는 것이다. 사실 금융위기 극복조치가 기술적으로 WTO 협정에 대한 위반을 구성하여 분쟁해결절차에 회부된 사례도 적지 않게 발견되고 있기도 하다. 통상협정상의 분쟁해결절차로 회부되는 경우 일단 분쟁당사국간 승패가 정하여진다는 측면에서는 분쟁이 해결되는 것으로 외관상 판단될 수도 있으나 반드시 실제적으로도 그러한 것은 아니라는 점에 문제의 본질이 있다. 금융위기 극복조치에 대한 통상협정상의 평가는 단지 관련 통상협정 조항에 대한 '기계적' 위반을 확인하는 것에 불과하며 그러한 조치가 국가의 필수적 이해관계를 보호하기 위하여 필요불가결한 조치였는지, 그리고 다른 국제협정상의 의무와는 합치하는지 여부에 대해서는 평가가 이루어지지 않기 때문이다.

　그러므로 패소국 입장에서도 통상협정상 분쟁해결절차가 도출한 판정 자체를 일면 수긍하면서도 진심으로 이를 올바른 판정으로 수용하여 추후 유사한 상황에서 이를 전범으로 삼아 협정 합치적 조치를 취하는 것을 기대하기 어렵게 되었다. 금융위기가 한 국가만의 책임이 아니며 그리고 금융위기가 최근 국가들이 직면하는 가장 포괄적이고 파괴력 있는 외부적 위협이라고 생각하면 앞으로 유사한 위기가 발생할 경우 정부 입장에서는 유사한 극복조치를 채택하여 시행할 수밖에 없는 상황이다. 만약 통상협정이 그러한 조치를 협정 위반 조치로 간주하거나 또는 제한한다면 어떻게 보면 협정 규범 자체가 현실과 유리되어 있거나 또는 준수할 수 없는 규범을 각국에 부과하고 있다는 비판에 직면하게 될 것이다. 바로 이러한 점에서 금융위기 극복조치와 이와 연관되는 통상협정의 관계를 다시 한번 살펴볼 시점이 도래한 것이다. 2015년 4월 현재 일련의 국제사회의 논의에서도 알 수 있다시피 앞으로 금융관련 조치에 대한 국제적 논의와 감시는 더욱 증가할 것으로 보인다. 금융관련 조치에 대한 국제적 관심과 국가별 필요성이 고조되면 고조될수록 양자간 이러한 갈등관계는 더욱 심화될 것이다.

한편 이 책에서는 통상협정이라는 개념을 광범위하게 사용하였다. 여기에는 WTO 협정과 FTA 협정뿐 아니라 투자협정도 역시 포함하여 평가하였다. 통상협정과 투자협정이 적용되는 영역이 이미 다양하게 중복적으로 발생하고 있으며, 양자의 적용범위를 실질적으로 나누는 것이 어렵게 되어 있기 때문이다. 통상조치가 투자조치이며 반대로 투자조치가 통상조치인 경우도 적지 않게 발견되고 있다. 현재 진행 중인 호주와 필립 모리스간 담배갑 규제와 관련한 국제분쟁은 이러한 측면을 효과적으로 보여주고 있다. 또한 투자조치는 곧바로 통상문제의 주요 이슈 중 하나인 서비스교역의 Mode 3 문제와 동일한 문제이기도 하다. 바로 이러한 이유로 FTA 협정에서도 투자문제가 가장 중요한 챕터의 하나가 되었으며 WTO 논의에서도 투자문제가 지속적으로 제기되어 검토되고 있다. 특히 각국 정부가 취하는 투자조치는 외국인 투자 및 투자자와 밀접하게 연관되어 있어 양자의 연결고리가 더욱 탄탄하다고 할 수 있다. 금융분야에서는 통상조치와 투자조치가 사실상 하나의 유기체로 움직이는 것으로 보는 것이 보다 정확하다. 그러므로 금융위기 극복조치를 통상협정 맥락에서 검토하는 목적상 "통상협정"은 단지 '협의'의 통상협정뿐 아니라 투자문제를 포함하는 '광의'의 통상협정으로 파악하는 것이 타당하다. 이를 반영하여 이 책에서는 WTO, FTA뿐 아니라 금융관련 조치와 직접 연관되는 투자협정상의 관련 규정과 분쟁내용도 포함하여 분석하였다.

현재 통상협정이 각국이 취하고 있는 또는 앞으로 취할 금융위기 극복조치에 대하여 신뢰성 있는 규범을 제시하지 못한다는 문제의식 하에 이 책에서는 이러한 규범을 채택하기 위하여 필요한 가이드라인을 제시하였다. 통상협정상 분쟁해결절차 회부시 초래되는 기계적 분쟁해결상황을 지양하고 실제 분쟁의 소지를 제거하고 국가간 이견을 해소할 수 있는 실질적인 방안을 모색하였다. 궁극적으로 분쟁해결절차의 회부가 필요하더라도 이와 같이 전문적 식견이 필요하고 기본적으로 국가간 시각차가 존재하는 영역에 대해서는 일종의 비구속적 분쟁해결절차를 확대 적용하는 것이 좋은 대안일 수도 있다.

또한 현재 WTO에서 정기적으로 발간하고 있는 "보호무역조치 모니터링 보고서"에 이와 같이 각국이 취하는 금융위기 극복조치 관련 사항도 포함하여 이에 대한 논의를 공론화 하는 것 역시 필요하다. 이러한 보고서에 포함시키는 경우 그 조치의 통상협정 합치성 또는 불합치

성 여부를 판단하고자 하는 것이 아니라 단지 이러한 조치로 인하여 통상부분에서 국가간 이
견이 발생하고 있다는 점을 단지 확인하고 사실관계를 분명하게 밝히는 것이다. 대부분의 분
쟁이 사실관계 자체에 대한 다툼에서 출발하는 경우도 많다는 점에서 일단 사실관계에 대한
문제를 확인하고 이에 대한 각국의 입장을 정리하여 두는 것만으로도 이 문제의 장기적 해결
을 위한 중요한 주춧돌을 놓는 것이 될 것이다. 그리고 이러한 사실적 기초위에서 국제적으로
신망 있는 전문가를 위촉하여 조정이나 중개 등을 하는 경우 문제의 완화 내지 해결을 도모
할 수 있을 것이다. 반드시 법적 구속력을 담보한 분쟁해결절차로 회부하여야 하는 상황도 물
론 도래할 것이나 일단 분쟁해결절차로 진행하게 되면 분쟁 당사국간에는 일종의 돌이킬 수
없는 다리를 건너는 측면도 있고 그 이후에는 분쟁 자체의 '자생력'으로 분쟁이 격화되는 상
황도 목도되고 있으므로 오히려 일단 비구속적 절차를 통한 해결을 도모하는 것도 나름대로
중요한 실익이 있을 것이다.

　그리고 또한 이 과정에서 각국 정부의 지속적인 협의와 여타 국제기구와의 협조체제 구
축이 긴요하다. 금융위기 극복조치에 대한 문제는 G-20, IMF, OECD 등 이 문제에 대하여 다
양한 규범을 제시하고 국가간 논의를 주도하고 있는 이들 국제기구 및 협의체와 논의를 지속
적으로 진행하지 않고는 합리적인 해결책을 모색할 수 없다. 본질적으로 통상문제가 아닌 이
슈에 대하여 통상협정 자체의 분쟁해결절차로만 이 문제를 해결하고자 하는 경우 정확한 조
치의 분석과 이에 대한 합리적인 해결책의 모색에는 한계가 있기 때문이다. 이는 때로는 전문
적 식견의 미흡함일 수도 있고 때로는 법리적인 제한 때문이기도 하다. 가령 WTO 분쟁해결
양해사항(DSU)은 이와 같은 여타 국제기구와의 협의나 여타 국제협정을 규범력 있는 분쟁해
결의 근거로 계수하는 것을 제한하고 있기 때문이다.

　나아가 이러한 점을 궁극적으로 해결하기 위해서는 이 분야에 적용되는 국제협정 교섭과
체결을 한번 모색하여 볼 수 있을 것이다. 이는 통상협정에 포함되어 체결될 수도 있을 것이
며 또는 이와 별도로 체결될 수도 있을 것이다. 통상협정과의 연결고리를 강화하고 통상협정
맥락에서 금융위기 극복조치를 관리, 통제하기 위해서는 통상협정의 일부로 이 문제를 포함
하여 규정하는 것이 일단 보다 합리적인 대안이 아닐까 판단된다. 이러한 점을 고려하여 이
책에서는 이 분야에 적용되는 국제협정의 기초가 될 초안을 한번 제시하여 보았다. 향후 이
분야의 의미 있는 논의의 진전을 위한 출발점을 제공하여 줄 수 있을 것이다.

　이 책에서 제시하고 있는 현 통상협정의 한계와 이로 인하여 제기되는 새로운 과제는 단

기간에 해결될 수 있는 성격의 문제가 아니다. 또한 이 문제는 급변하는 국제통상체제를 목도하고 있는 현재의 국제사회에 '전체적'으로 새로운 도전과 과제를 제시하며, 동시에 그 변화의 흐름 속에서 생존을 도모하고 있는 여러 국가들에 대하여도 공히 '개별적'으로 새로운 도전과 과제를 제시하고 있다. 국제통상체제의 구조적 변화에 직면한 이상 선진국이든 개도국이든 또는 서구 국가이든 아시아 국가이든 그러한 새로운 환경에 적응하여 생존하는 것이 커다란 국가적 과제인 것은 동일하기 때문이다. 그러나 이 문제는 우리나라에 대해서는 더욱 시급하고 중요한 함의를 제시하고 있다.

먼저 우리나라는 금융위기 극복조치로 인하여 통상협정 위반 문제가 제기되어 2001년 이래 지금까지 다양한 맥락에서 국제분쟁해결절차에 참여하고 있는 국가 중 하나이다. 그리고 그 후속여파는 아직도 완전하게 극복되지 않았으며 여전히 우리나라의 중요한 통상현안의 하나로 남아 있는 실정이다. 그러므로 우리나라는 특히 이 문제에 대하여 생생한 경험을 축적하고 있으므로 이에 대하여 보다 적극적으로 대응책을 모색하는 것이 필요하다고 하겠다. 그 다음으로 우리나라는 국제금융체제의 변화에 상당히 민감한 국가 중 하나가 되었다. 우리 금융체제가 개방되고 외국인 투자의 유출입이 자유로워진 반대급부로 볼 수 있을 것이다. 그러므로 우리 스스로의 잘못이나 위기가 아니라 다른 국가의 잘못이나 위기로 인하여 우리 금융시장이 흔들리고 그 여파로 국내경제와 수출입에 곧바로 영향을 초래하는 상황을 우리나라는 2008년에 실감한 바 있고, 나아가 2014년 현재에도 이러한 상황은 크게 바뀌지 않았다. 그러므로 우리나라 역시 다양한 이유로 금융위기 극복조치를 취하여야 할 개연성이 높은 국가 중 하나이며 그 결과 이러한 조치가 통상협정에 어떻게 연결되는지 여부에 대하여 관심을 갖고 있는 국가 중 하나가 되었다. 세 번째로 우리나라는 수출 주도형의 국가이다. 물론 대부분의 국가가 수출을 강조하고 있으나 우리나라만큼이나 수출 주도형 경제체제를 유지하는 국가는 찾아보기 힘들다. 수출이 우리나라 경제에 차지하는 비중은 거의 70%에 가까워 중국의 40% 내지 미국의 20%에 비할 수 없을 정도로 높다. 그런데 통상협정의 적용은 때로는 우리 수출상품에 대한 양자적 측면 또는 다자적 측면에서 교역의 제한으로 이어지므로 결국 이는 수출장벽으로 변화될 개연성을 항상 내포하고 있다. 만약 금융위기 극복조치로 인하여 이러한 교역상의 장벽이 추가된다면 결국 그 피해를 입을 가능성이 높은 국가는 수출 주도형 경제체제를 가진 우리나라 등이 될 개연성이 높다. 바로 이러한 이유로 이 문제에 대하여 우리나라가 관심을 경주하여야 할 현실적인 이유가 있는 것이다. 마지막으로 우리나라는 2010년 서울에서 개최된 G-20 회의 이후 국제금융체제의 새로운 질서를 구축하는데 있어 새로운 규칙제정자(Rule-Setter)로서 자리 잡고자 노력하여 오고 있다. 그리고 우리나라의 그간의 아이디어와 제안이 다양한 각도에서 수용된 바도 적지 않다. 그러므로 이러한 리더십을 계속 유지하여 금융위기 극복조치와 통상협정간의 상관관계를 체계적으로 제시하고 이를 토대로 새로운 국제협정안을 모색하거나 분쟁해결절차를 정비하여 효과적이고 체계적인 대안을 국제사회에 제시한다면 그간의 우리나라의 리더십을 더욱 강화할 수 있는 계기가 될 것이다.

판례 색인

 사항 색인

참고 문헌

본 QR코드를 스캔하시면, '금융위기 극복을 위한 정부 및 기업의 조치와 국제통상법'에서
인용된 필자의 기존 저술 저서 및 논문의 목록과 그 출처를 확인할 수 있습니다.

저자 소개

이 재 민

서울대학교 법과대학(법학사) (1992. 2)

서울대학교 법과대학원(법학석사, 국제법 전공) (1995. 2)

서울대학교 법과대학원(법학박사, 국제법 전공) (2006. 2)

美 매사추세츠 주 소재 Boston College Law School(Juris Doctor) (2001. 5)

美 워싱턴 DC 소재 Georgetown University Law Center(LL.M. in International Legal Studies) (2004. 5)

제26회 외무고등고시(1992. 2)

외교부 근무(1992. 4~2001. 8)

미 워싱턴 DC 소재 Willkie Farr & Gallagher LLP 변호사(2001. 9~2004. 8)

한양대학교 법과대학·법학전문대학원 조교수, 부교수, 교수(2004. 9~2013. 8)

서울대학교 법과대학·법학전문대학원 부교수, 교수(2013. 9~현재)

대한국제법학회 국제이사(2014~2015)

서울국제법연구원 편집이사(2011~현재)

한국국제경제법학회 부회장(2016)

국제거래법학회 이사(2008~현재)

금융위기 극복을 위한 정부 및 기업의 조치와 국제통상법

초판인쇄	2016년 4월 18일
초판발행	2016년 4월 28일
지은이	이재민
펴낸이	안종만
편 집	김효선
기획/마케팅	조성호
표지디자인	권효진
제 작	우인도·고철민
펴낸곳	(주) **박영사**
	서울특별시 종로구 새문안로3길 36, 1601
	등록 1959. 3. 11. 제300-1959-1호(倫)
전 화	02)733-6771
f a x	02)736-4818
e-mail	pys@pybook.co.kr
homepage	www.pybook.co.kr
ISBN	979-11-303-2885-0 93360

정 가   42,000원